4 G 681

Paris
1896

Hamy, Ernest-Théodore

Etudes historiques et géographiques

ÉTUDES
HISTORIQUES
ET
GÉOGRAPHIQUES

PAR

L. D. E. T. HAMY

MEMBRE DE L'INSTITUT,
PROFESSEUR AU MUSÉUM D'HISTOIRE NATURELLE
CONSERVATEUR DU MUSÉE D'ETHNOGRAPHIE, ETC.

Ouvrage contenant 10 cartes hors texte et 25 figures

PARIS
ERNEST LEROUX, ÉDITEUR
28, RUE BONAPARTE, 28

MDCCCXCVI

ÉTUDES

HISTORIQUES ET GÉOGRAPHIQUES

ANGERS. — IMPRIMERIE DE A. BURDIN, RUE GARNIER, 4.

ÉTUDES
HISTORIQUES
ET
GÉOGRAPHIQUES

PAR

Le Dr E.-T. HAMY

MEMBRE DE L'INSTITUT
PROFESSEUR AU MUSÉUM D'HISTOIRE NATURELLE
CONSERVATEUR DU MUSÉE D'ETHNOGRAPHIE, ETC.

Ouvrage contenant 10 cartes hors texte et 21 figures

PARIS
ERNEST LEROUX, ÉDITEUR,
28, RUE BONAPARTE, 28

MDCCCXCVI

A

M. A. HIMLY

MEMBRE DE L'INSTITUT

DOYEN DE LA FACULTÉ DES LETTRES

―――

CHER CONFRÈRE ET CHER MAÎTRE,

C'est en écoutant autrefois à la Sorbonne vos brillantes leçons sur la découverte de l'Afrique, que j'ai senti se développer en moi le goût particulier pour l'histoire des sciences géographiques qui m'a conduit plus tard à écrire les mémoires réunis dans ce volume. Il est donc bien naturel que je veuille inscrire en tête de ces *Études* le nom du savant maître qui m'en a, le premier, fait comprendre tout l'intérêt.

Vous n'avez pas cessé depuis, soit à la Société de géographie, soit au Comité de géographie historique et descriptive, de soutenir mes efforts de vos bienveillants encouragements, et je suis heureux de vous en témoigner ici toute ma reconnaissance.

Les études ainsi groupées sous votre patronage sont, d'ailleurs, inspirées d'une méthode que vous préconisez depuis de longues années. Elle tendent toutes, en effet, à appliquer aux questions géographiques les méthodes rigoureuses exigées des historiens modernes.

J'y ai donné la plus large place à l'étude minutieuse des

documents originaux, et plus spécialement à l'examen, trop longtemps négligé, des monuments de la cartographie, de ces mappemondes, de ces cartes marines, de ces portulans, si importants à bien connaître pour quiconque veut comprendre comment s'est longuement préparée, dans le monde latin, la conquête scientifique du globe, dont les dernières phases achèvent de se dérouler sous nos yeux.

Agréez, etc.

E.-T. Hamy.

Muséum, 26 mai 1896.

TABLE DES MÉMOIRES

CONTENUS DANS CE VOLUME

	Pages.
I. Les origines de la cartographie de l'Europe septentrionale.	1
II. Un naufrage en 1332. — Documents pour servir à l'histoire des marques commerciales au xive siècle . . .	95
III. Cresques lo Juheu. — Note sur un géographe juif catalan, de la fin du xive siècle	105
IV. Notice sur une carte marine inédite du cosmographe majorcain Gabriel de Vallsecha (1447).	111
V. Quelques observations sur l'origine du mot *America* . . .	121
VI. Notice sur une mappemonde portugaise anonyme de 1502, récemment découverte à Londres	131
VII. L'œuvre géographique des Reinel et la découverte des Moluques.	145
VIII. Note sur la mappemonde de Diego Ribero conservée au Musée de la Propagande de Rome.	179
IX. Commentaires sur quelques cartes anciennes de la Nouvelle-Guinée pour servir à l'histoire de la découverte de ce pays par les navigateurs espagnols (1528-1608) . . .	187
X. Jean Roze, hydrographe dieppois du milieu du xvie siècle .	229
XI. Francisque et André d'Albaigne, cosmographes lucquois au service de la France	241
XII. Giacomo Russo, de Messine, et Domenico Vigliarolo, de Stilo	261
XIII. Le *descobridor* Godinho de Eredia	281
XIV. Les Français au Spitzberg au xviie siècle	309
XV. La Question des Carolines	333
XVI. Cook et Dalrymple	343
XVII. Correspondance inédite de Jean-Baptiste-Léonard Durand, directeur de la Compagnie du Sénégal (1785-1786) . .	357
XVIII. Cormatin géographe (1786)	371
XIX. Collection de dessins provenant de l'expédition de D'Entrecasteaux	377
XX. Nicolas-Martin Petit, dessinateur a bord du *Géographe* (1801-1804).	394

APPENDICES

	Pages.
I. La mappemonde d'Angelino Dulcert, de Majorque (1339)	419
II. Nomenclature comparée des noms de lieux des Îles Britanniques dans les premières cartes italiennes et catalanes	429
III. Nomenclature des pays du nord de l'Europe dans les documents espagnols du xive siècle	437
IV. Documents pour servir à l'histoire des marques commerciales au xive siècle	444
V. Quelques mots encore sur Cresques lo Juheu	448
VI. Nomenclature comparée d'un fragment de la carte marine de G. de Vallsecha de 1447 et de la portion correspondante de l'atlas de Charles V de 1375	454
VII. Documents à l'appui du mémoire sur Francisque et André d'Albaigne	456
VIII. Nomenclature comparée des côtes méditerranéennes de la France	467
Table des matières par ordre alphabétique	471

ÉTUDES HISTORIQUES
ET
GÉOGRAPHIQUES

I

LES ORIGINES
DE LA
CARTOGRAPHIE DE L'EUROPE SEPTENTRIONALE [1]

On ne saurait refuser à l'Italie le premier rang entre toutes les nations maritimes du moyen âge. Dès l'époque carolingienne, elle se montrait féconde en marins expérimentés [2]. La construction et l'armement des vaisseaux atteignaient de bonne heure, dans ses chantiers, une remarquable perfection.

Si ses pilotes n'ont pas les premiers connu les propriétés de l'aiguille aimantée, du moins est-il vraisemblable que c'est l'un d'eux, Flavio Gioja, d'Amalfi, qui en a généralisé l'emploi sur les navires [3].

---

(1) Mémoire présenté à la Section de géographie du Comité des travaux historiques et scientifiques, le 1er décembre 1888, et imprimé p. 333-432 du *Bulletin* de la même année, avec les planches reproduites ci-après.
(2) Cf. W. Heyd, *Histoire du Commerce du Levant au moyen âge*, trad. Furcy Renaud, t. I, p. 95, etc. Leipzig, 1885, in-8°. — Etc.
(3) C'est, en effet, Flavio Gioja qui paraît avoir eu l'idée de loger l'aiguille dans l'habitacle; d'où l'instrument nouveau a tiré son nom de boussole, *bos*

C'est chez les Italiens que l'on retrouve les plus vieux *portulans*[1]; c'est chez eux aussi que l'on rencontre les plus anciens *marteloges*[2].

Ils ont enfin, les premiers, entre les peuples latins, tracé de véritables cartes marines : l'un de ces monuments, représentant les côtes de la mer Noire, remonterait, dit-on, aux premières années du XIII° siècle[3].

Tout cet ensemble de faits assure, sans contredit, aux marines italiennes une place tout à fait à part dans l'histoire des progrès de la navigation et, par suite, dans celle du développement de la connaissance du globe. Cette prépondérance ainsi bien reconnue, il faut, en toute justice, constater que quelques-uns des écrivains les plus récents sur la matière élargissent démesurément le champ d'action des navigateurs italiens, en réduisant d'autant le rôle géographique de nations maritimes qui, elles aussi, ont puissamment contribué à reculer dans certaines directions les limites de l'inconnu.

Les Espagnols, par exemple, pris en général, les Catalans et les Majorcains, en particulier, possédaient des forces maritimes respectables dès le commencement du IX° siècle[4]; Barcelone éten-

---

solo, bussola. (Cf. d'Avezac, *Anciens témoignages historiques relatifs à la boussole*, note lue à la Société de géographie de Paris. Paris, 1858, br. in-8°.)

(1) *Portolano* : un manoscritto cioè o un libro che non ha tavole a disegno, ma soltanto scrittura e descrizione graduata di coste che additano le distanze da porti a porti, da capi a capi ; nota le forme o indizi estrinseci che fanno distinguere i più notevoli punti a colpo d'occhio, il miglior luogo d'accesso, gli scogli e le secche, la profondità dell' acqua, il flusso e riflusso, tutto in somma che giova meglio od è necessario rappresentare collo scritto piuttosto che col disegno. (C. Desimoni, *Le Carte nautiche italiane del medio evo* (Estr. dagli *Atti della Società Ligure di Storia Patria*, vol. XIX, Genova, 1888, br. gr. in-8°, p. 13.)

(2) Le *Marteloge* (*martelojo*) est une table de calculs, fondée sur l'hypothèse d'une navigation de cent milles, dans certaines conditions indiquées dans quatre colonnes sous les titres : *allargare, avanzare, ritornare, avanzare di ritorno*. (Id., *ibid.*, p. 15. — Cf. Id., *Elenco di carte ed atlanti nautici di autore genovese oppure in Genova fatti o conservati* (*Giornale ligustico di archeologia, storia e belle arti*, Ann. II. fasc. 2-3, febbr. e marz , 1875.)

(3) Vivien de Saint-Martin, *Histoire de la Géographie et des découvertes géographiques depuis les temps les plus reculés jusqu'à nos jours*. Paris, 1875, in-8°, p. 294.

(4) Hermengaire, comte d'Ampurias (*Hermingarius comes Emporitanus*), surprend, en 813, dans les eaux de Majorque, une escadre de Maures qui venaient de ravager les côtes de Corse et s'empare de huit vaisseaux qui renfer-

dait son commerce jusqu'en Sicile au temps d'Edrisi (1154); on sait que le contenu d'un navire qui arrivait de cette ville, chargé des marchandises les plus précieuses, fut donné par Roger de Sicile au savant géographe arabe, qui venait d'exécuter pour le roi la sphère et le disque d'argent représentant le monde [1].

En 1118, Raimond, comte de Barcelone, visite Pise et Gênes et combat en Provence à la tête de ses vaisseaux [2].

Si les caraques génoises excitent, au XIVe siècle, l'admiration du Castillan Pero Tafur [3], Froissard proclame au XIIIe que « sur mer Espaignos sont malle gents et ont grans vassaulx et forts [4] ».

On sait que les Majorcains pratiquaient la boussole avant 1272 [5] et que leurs *mappemondes* sont les premiers monuments de la géographie où l'on ait cherché à combiner les minutieuses indications de la *carta de marear* aux renseignements bien moins précis de l'itinéraire terrestre.

Une notable partie des navigations espagnoles prennent d'ailleurs leur cours dans une direction négligée par la plupart des autres nations marchandes de la Méditerranée.

Si les Génois franchissent de bonne heure, comme les Catalans, le détroit de Gibraltar pour affronter les périls de la grande navigation extérieure, c'est pour tenter quelques entreprises hardies le long des côtes africaines. Ils ne remontent guère vers le nord.

Les marins d'Espagne, au contraire, accomplissent régulière-

---

maient plus de 500 capilis. (*Rer. Gall. et Francic. Script.*, t. V, p. 62, 186, 262.)

(1) Edrisi, trad. de Goeje, *Introd.*, p. IV.

(2) D. Ant. de Capmany de Monpalau, *Coleccion diplomatica*, n° 1 (*Memorias historicas sobre la marina, comercio y artes de la antigua ciudad de Barcelona*. Madrid, 1779, in-4°, vol. II, p. 1-2).

(3) Pero Tafur, *Andanças y Viages*, édit. de la Espada. Madrid, 1874, in-12 t. I, p. 13. — Cf. C. Desimoni (*Atti della Soc. Lig.*, vol. XV, p. 333, 1881).

(4) *Chroniques de J. Froissart*, édit. Siméon Luce, t. IV, p. 328. — Cf. Ibid., p. 321 : « E vous di que Espagnols se confient grandement en leurs vaissiaus, lesquels ils ont grans et fors trop plus que les Englois » ; et t. VIII, p. 37, de la même édition. « Cil Espagnols qui estoient en leurs vaissiaus si graus qu'il se moustroient tout deseure ces vaissiaus d'Engleterre. »

(5) *Descubrimiento de la aguja nautica, de la situacion de la América, del arte de navegar y de un nuevo método para el adelantamiento en las artes y sciencias*, disertacion en que se manifiesta que el primer Autor de todo lo expuesto es el Beato Raymundo Lulio, etc... su el autor et R. P. Mtro Don Antonio Raymundo Pasqual. Madrid, 1789, petit in-4°, p. 7. — Cf. Capmany, *op. cit.*, t. III, p. 72.

ment le périple de la péninsule ibérique, et tout en se créant en France, en Angleterre et dans les Pays-Bas des relations commerciales importantes, leurs marchands et leurs pilotes rapportent de leurs voyages des connaissances géographiques, qui permettent aux cosmographes de Barcelone et de Majorque, d'élargir

FIG. 1. — Esquisse d'une partie de la mappemonde cottonienne (xe siècle) représentant l'Europe septentrionale et occidentale.

considérablement le champ des cartes dans la direction du nord et du nord-est.

Je montrerai dans la suite de ce travail que c'est aux Espagnols en général, aux Catalans en particulier, que l'on doit les premiers linéaments à peu près exacts de la presqu'île danoise ; l'essai de meilleures formes appliqué aux péninsules norvégienne et suédoise ; un tracé, beaucoup moins incorrect qu'aucun des précédents, de la Baltique et des contrées riveraines ; enfin des données encore vagues, il est vrai, mais bien supérieures à toutes celles que l'on possédait jusqu'alors (fig. 1, 2, 3), sur le nord-est de l'Europe, sur les pays slaves en particulier.

Les Catalans ont constitué, en somme, le prototype de la carte de l'Europe septentrionale, tel qu'il s'est maintenu chez les géographes pendant près de deux siècles. C'est ce prototype que je me propose d'étudier avec quelque détail, après avoir, toutefois, rapidement résumé l'histoire des premières entreprises des marines latines dans la grande mer occidentale.

I

La première apparition des marins italiens sur les rivages de l'Atlantique, dont l'histoire ait gardé le souvenir, date du com-

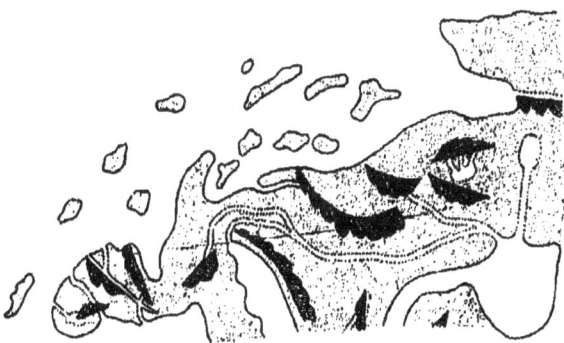

Fig. 2. — Esquisse d'une partie de la table ronde de Roger (1154) représentant l'Europe septentrionale et occidentale.

mencement du xii° siècle. Voici dans quelles circonstances elle s'est produite[1].

[1] A prendre à la lettre l'*Historia Compostelana* à laquelle nous empruntons ces renseignements, les Génois auraient été appelés deux fois en Galice, en 1115 et en 1120. La comparaison des deux textes insérés, le premier dans un livre de l'*Historia* (l. I, ch. ciii), le second, dans l'autre (l. II, ch. xxi), semble toutefois montrer qu'elle se rapportent à un seul événement raconté à deux reprises par les chroniqueurs avec quelques variantes. Aussi avons-nous cru devoir les fondre en un seul récit.

C'était au temps d'Alphonse Ier, comte, puis roi de Portugal. Les Sarrasins de Séville, d'Alméria, de Lisbonne et d'autres ports encore avaient pris, dit l'*Histoire de Compostelle*, l'habitude de venir par mer en Galice. Ils détruisaient et brûlaient les églises, enlevaient toutes choses de valeur, assassinaient les hommes ou les emmenaient enchaînés, faisaient esclaves les femmes et les petits enfants, bref, saccageaient tout le pays. Aussi, « de la mi-avril à la mi-novembre, les rivages de la mer de Galice étaient-ils dépeuplés et déserts [1] ».

L'archevêque de Saint-Jacques, pour mettre un terme aux souffrances de son troupeau, ne trouva pas d'autre moyen que d'envoyer quérir au loin des charpentiers adroits qui pussent lui construire des galères et des pilotes qui les vinssent diriger.

Il n'y avait point alors en Galice d'hommes habiles dans la pratique de la mer [2] et les envoyés du prélat partirent pour Arles [3], pour Gênes et pour Pise, chercher les meilleurs charpentiers de vaisseaux. Un Génois, nommé Ogerio, ramené en Galice, fabriqua deux birèmes qui délogèrent les Sarrasins des îles où ils se réfugiaient [4] et rendirent la paix au pays.

Ogerio était venu sans doute par la route de terre, seule connue

---

(1) « A temporibus Alphonsi regis bonæ memoriæ Sarraceni ab Hispali, ab Almaria, Olisbona et a ceteris locis mari finitimis navigio in Galliciam venire consueverant, ecclesias destruere ac comburere, et quæcumque inde abstrahere, homines alios trucidare, alios victos ducere, mulieres, parvulos captivare, cæteraque sibi necessaria erant in prædam, vineas, arbores succidere, domos incendere ; castella etiam, sicut in Sancta Maria de Lancata et in Sancto Pelagio de Luto accedit, crebris assultibus invadere atque irrumpere, erat eis præ manibus. Hac de causa, a medio aprilis usque ad medium novembris littora Galliciani maris deserta et depopulata erant ». (*Historia Compostelana hasta hoy no publicada*, l. II, ch. XXI (*España Sagrada ; theatro geografico-historico de la Iglesia de España*, t. XX, Madrid, 1765, pet. in-4°, p. 301.)

(2) Quoniam in partes Galliciæ homines nauticæ artis periti non habebantur, Arelatum, Genuam et Pisam nuntios suos miserat, qui ad se peritissimos navium artifices illinc venire facerent. (*Ibid.*, p. 309.)

(3) On remarquera cette mention d'Arles, *Arelatum*, placée ici sur le même pied que Gênes et Pise au point de vue nautique.

(4) « Ad insulas namque quæ prope sunt scilicet Flamiam, Aonios, Salvaram, Aroucam, Creviam, Montemque Lauros cursus destinantes, ibi sedem suam figebant, ibique se ipsos navesque suas ab itineribus labore reficiebant. » (*Ibid.*, p. 198.) — *Mons Lauros* est le M. Louro, *Crevia*, Grove ; *Aroua*, nommé ailleurs *Ouras*, Arosa ; *Salvara*, Salvora. *Aonios*, appelée aussi plus loin *Laonia*, est Ons. *Flamia* devient dès lors, par exclusion et dans l'ordre géographique, l'une des îles Cies ou Baiones, ou encore Bueiro.

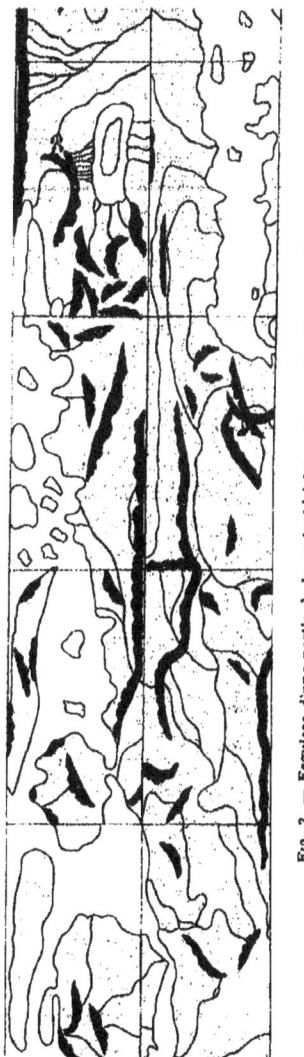

Fig. 3. — Esquisse d'une partie de la carte édrisienne du ms. Asselin (XIVe siècle).

de ses guides et ses luttes contre les Sarrasins s'étaient localisées aux bouches du Minho, de l'Ulla ou de la Tambre[1]. Aussi à son intervention, d'ailleurs très efficace, ne fit-elle point accomplir de réels progrès à la connaissance des côtes occidentales de la péninsule ibérique[2].

La plus ancienne carte marine italienne que l'on possède[3] donne encore, un siècle et demi après le séjour d'Ogerio en Galice, les contours extérieurs de la presqu'île sous des formes très primitives, ainsi qu'on peut le voir un peu plus loin dans la figure 4.

L'orientation générale est entièrement faussée au delà de l'embouchure du Tage, et l'on ne voit inscrits sur les côtes que fort peu de noms de lieux, estropiés pour la plupart et parfois méconnaissables.

Les localités les plus remarquables ne sont même pas mentionnées. En Portugal, Lisbonne est remplacé par *Almada*, qui en est comme le faubourg, sur la rive sud du Tage. Dans la Galice (*Galizia*), Santiago, si célèbre qu'il soit, est passé sous silence ; mais une île, désignée sous le nom d'*isula flama*[4] et une entrée de ri-

---

(1) C'est probablement la route encore indiquée dans le célèbre itinéraire brugeois publié par Lelewel. (*Géographie du moyen âge. Épilogue*, p. 281-308. Bruxelles, 1857, in-8º.)

(2) Les Bayonnais qui fréquentaient ces parages au XIIIᵉ siècle n'ont laissé aucun document cartographique. (Cf. *Lettres de rois, reines, etc.*, t. I, p. 418 (*Coll. de Doc. inédits*). — Fr. Michel, *Histoire du commerce et de la navigation à Bordeaux principalement sous l'administration anglaise*. (Bordeaux, 1866, t. I, p. 154.)

(3) Carte pisane. (*Bibl. Nat. Dép. des Cartes géogr.*, c. 1634.) — Les premières notions sur ce précieux monument sont dues à Jomard, qui lui a imposé, en 1839, le nom qu'elle a porté, sans preuve aucune, jusqu'à ce jour. Jomard admettait que la carte qu'il avait achetée à Micoll et Joyau, le 19 avril 1839, était *pisane*, parce que les vendeurs lui avaient assuré qu'elle provenait « d'une ancienne famille de Pise » ; la chose n'était cependant point démontrée, puisque la pièce ne présente aucun caractère intrinsèque, qui justifie cette localisation. Il signalait en outre, à l'appui de son hypothèse, les mots *Isula pisany* inscrits sur la côte barbaresque, à côté de *Bugea* (Bougie) ; or, ces mots se rencontrent sur les cartes génoises les plus anciennes. L'*Atlante Luxoro* mentionne à cette même place un *pᵗ pixan*, et la carte de Visconte de 1318 a une *isolla de pisani* dans les mêmes parages. (L. de Mas Latrie, *Traités de paix et de commerce... Suppl.*, Paris, 1872, in-4º, p. 5.) La nomenclature de la soi-disant *carte pisane* est toute génoise, et la construction en est si peu spéciale, qu'on la retrouve à un peu plus d'un siècle de distance, à peine modifiée, dans l'une des cartes du Majorcain Sollery.

(4) L'île Flamia et le Lauros de la *Chronique de Compostelle* mentionnées plus haut.

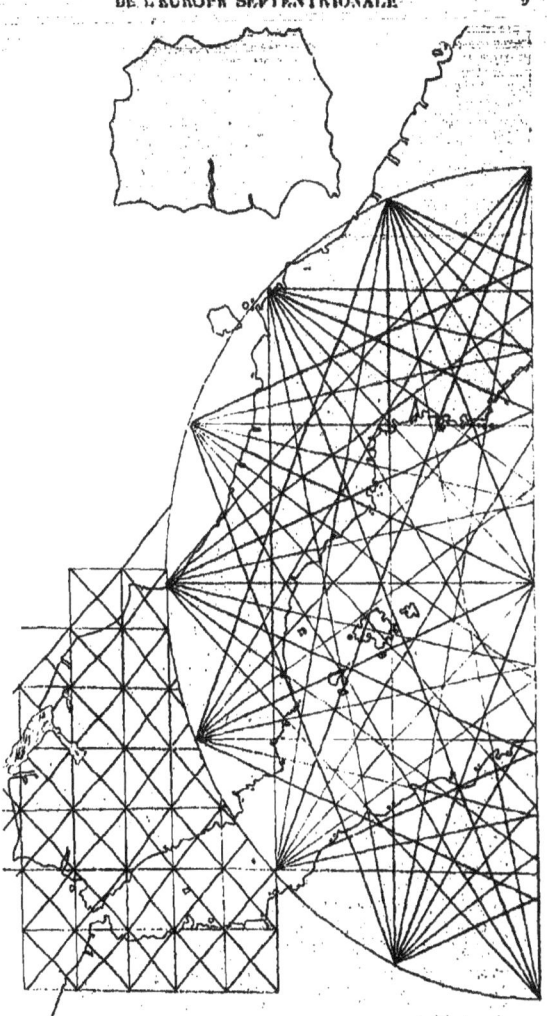

Fig. 4. — Esquisse de la partie occidentale de la carte Pisane dressée vers 1275.

vière où l'on déchiffre péniblement le mot *lariso*, en marquant les abords[1].

Le célèbre cap Finisterre est appelé *Sĉa maria de finibus terra*; la Corogne, Coruna, se déforme en *civitate crosina*.

Aux Asturies et en Biscaye, le cartographe ne connaît que *Sĉo Andrea*, Santander et *Erdo*, Laredo; enfin, en Guipuzcoa, *Ordialesi* et *Sco Sabastiano* correspondent au Castro de Urdiales et à Saint-Sébastien.

L'auteur de cette carte, dite *pisane*, est moins bien renseigné encore sur le littoral français. Supprimant presque complètement, d'une part, le golfe de Gascogne, de l'autre, la presqu'île bretonne, il fait de toute cette côte, aux contours alternativement très concaves et très convexes, une courbe assez régulière, à peine un peu déprimée en son milieu et qui se dirige du sud-sud-ouest au nord-nord-est, de la Corogne au cap Saint-Mathieu. Quelques noms de provinces ou de villes, d'une identification parfois bien difficile, sont tout ce que l'on y peut lire[2]. Sainte-Marie de Soulac et Saint-Nicolas-en-Grave, qu'on reconnaissait en gagnant Bordeaux[3]; Oléron, qui couvre La Rochelle, Belle-Ile; le groupe de Glénan et le cap Saint-Mathieu qu'il faut éviter pour aller au nord tels sont, dans toute cette étendue, les seuls points sur lesquels notre géographe ait certaines données d'ailleurs bien vagues.

Plus au nord, il est plus incorrect encore. Une seconde courbe, semblable à la première, nivelle le Cotentin et le Boulonnais d'un seul trait, et quelques rares noms de lieux s'y inscrivent dans un remarquable désordre[4]. Wissant, par exemple, se trouve au sud

---

(1) On lit sur les côtes occidentales de la péninsule les mots que voici avec l'interprétation que nous en proposons : *Cauo Sĉo Vicenzo*, cap Saint-Vincent; *Almada*, en face Lisbonne; *isula Flama*, île Flamia? *Lariso*, M. Lauros ou Louro; *Sĉa Maria de finibus terra*, Sainte-Marie du Finisterre; *Galisia*, Galice; *Civitate Crosina*, La Corogne; *Sĉo Andrea*, Santander; *Ordo*, Laredo; *Ordialesi*, Castro de Urdiales; *Sĉo Sebastiano*, Saint-Sébastien.

(2) Voici ces noms dans l'ordre suivi par la carte : *Boiona*, Bayonne, *Gasconia*, Gascogne; *Sĉo Nicolau*, Saint-Nicolas-en-Grave; *Bordelos*, Bordeaux; *Sĉa maria de sac*, Sainte-Marie de Soulac; *Rocella*, La Rochelle; *Isula loira*, Oléron; *Bertaigne*, Bretagne; *Porto glamar*, Glenan, *Isula Bilel*, Belle-Isle; *Rasa maieu*, cap ou raz Saint-Mahé ou Saint-Mathieu.

(3) Soulac était aussi le lieu où débarquaient les pèlerins ramenés du Nord pour Saint-Jacques de Compostelle par les bateaux allant à Bordeaux. Les pèlerins gagnaient, par la route des Landes, Bayonne et Saint-Jean-de-Luz. (Cf. Fr. Michel, op. cit., t. I, p. 508-510.)

(4) Ce sont du sud au nord : *Baspau*, Batz; *Dieppa*, Dieppe; *Nermendia*,

de Saint-Valery, Gravelines au sud de Boulogne, placé lui-même bien au nord de Wissant. L'auteur de la carte connaît par ouï-dire ces divers ports de la côte française, mais ses informateurs n'y ont point abordé, et les positions qu'il leur assigne demeurent tout à fait arbitraires, et, d'ailleurs, en dehors des *roses des vents* dont les rayonnements ne dépassent pas la Bretagne.

Il en est de même pour l'Angleterre, *Isula engreterra*; notre cosmographe sait que la ville de Londres en est la capitale et le port le plus important : il inscrit les mots *civitate londra* au fond d'un long estuaire sinueux, mais il ouvre l'entrée de cette Tamise innomée au milieu de la côte sud, à peu près vers l'île de Wight[1]. *Civitate dobra* et *sco pomas de contarba* correspondent à Douvres et à Saint-Thomas de Cantorbéry, dans l'angle sud-est de l'île ; *Convalla* à la Cornouaille, dans son angle sud-ouest.

Le dessinateur n'a d'ailleurs aucune idée des formes de la Grande-Bretagne, de ses dimensions réelles, de ses rapports avec le continent, de l'existence d'autres îles dans son voisinage, et il la représente sous l'aspect d'un trapèze irrégulier, de hauteur relativement médiocre et complètement séparé de toute autre terre, au nord aussi bien que vers les autres points de l'horizon.

Tel était l'état des connaissances géographiques des italiens vers le troisième quart du XIII° siècle, en ce qui touchait aux pays baignés par la mer extérieure. Cette mer continuait à inspirer une véritable terreur ; traverser ses redoutables tempêtes et braver les pirates qui en sillonnaient les abords était considéré comme un véritable exploit nautique[2].

Normandie ; *Chiusan*, Wissant ; *Sco yellaby*, Saint-Valery ; *Gravalingue*, Gravelines ; *Sca maria de bulogña*, Boulogne-sur-Mer ; *Friza*, Frise : *Porto niuo*, Nieuport ; *Brugis*, Bruges ; *Flandis*, Flandres ; *Allamaigna*, Allemagne.

(1) On remarquera que cette topographie, assez analogue à celle des Arabes, dans ses caractères généraux, lui est extrêmement inférieure comme détails. Ainsi, dans la carte edrisienne du XIII° siècle de la collection Asselin, reproduite (fig. 3), d'après Lelewel, l'Angleterre montre le tracé de trois montagnes, de quatre cours d'eau, dont la Tamise, bien mieux orientée que chez le pseudo-pisan, et un certain nombre de noms de lieux : *Londes, Dobris, Hastinks, Schorham*, etc., etc. L'Écosse (*Skosia*) apparaît sous la forme d'un petit appendice digital, recourbé vers l'ouest dans la mer Ténébreuse. Une grande île, orientée transversalement, et nommée *Reslanda*, occupe la place où nous trouverons plus tard la *Tile* des Catalans.

(2) « *Il n'y a personne qui oserait prendre son large*, dit Abou Rihan le Birounien en parlant de l'Atlantique, *on tient ses rivages*. » Et en 1431 le Vénitien Piero Quirini, qui s'est détourné de sa route vers l'Ouest pour échapper

II

Les expéditions des Italiens vers le Nord commencent d'une manière active et se poursuivent avec continuité, à partir d'une date bien postérieure à la confection de la carte dont nous venons d'examiner brièvement les régions septentrionales[1]. Les premières navigations génoises, dont on ait gardé le souvenir dans l'histoire d'Angleterre, ne remontent pas au delà du règne d'Édouard Ier.

Une société de marchands, ayant à sa tête un certain Luciano, avait chargé un gros navire ou *coche* de diverses marchandises précieuses d'Orient, dépassant la valeur de 14,300 mcs. sterling. Quoique muni de lettres de protection et de sauvegarde émanées du pouvoir royal, le navire génois fut pris et pillé près des dunes de Sandwich (*apud Dunas de Sandwico*) par le commandant même des forces d'Angleterre, Hugo le Despencer[2].

---

aux Génois en guerre avec son pays, parle des abords des Canaries, où il se trouve, comme de lieux inconnus et effrayants « luoghi incogniti e spaventosi a tutti i marinieri, *massimamente delle parti nostre* » [*Viaggio del magnifico messer Piero Quirini gentilhuomo Venitiano* (Ramusio, *Secondo volume delle Navigationi*, etc. Venetia, 1583, fº 200)].

Cf. Capmany, *op. cit.*, t. I, p. 128-129, ch. x, *Del Comercio y navegacion a los puertos y ciudades de Flandes*.

(1) Les navigations gasconnes sont bien antérieures (Cf. Fr. Michel, *op. cit.*, t. I, p. 85, etc.), mais elles n'ont laissé aucune trace dans l'histoire de la cartographie. On ne connaît aucune carte ancienne, aucun portulan rédigé à Bordeaux, à la Rochelle, par des pilotes indigènes ou étrangers.

(2) Cum Yvanus Lucianus et socii sui, concives vestri, écrit le roi, quamdam Navem grossam, sive Cocham, diversis Rebus pretiosis et mercibus orientalibus in valore summam quatuordecim mille et tres centarum marcarum sterlingorum excedentibus onerassent et se versus Regnum nostrum causa negotiandi cum dictis mercibus divertissent : Literasque Protectionis et Salvæ Gardiæ a celebris memoriæ Domino Eduardo Rege Angliæ, Patre nostro, de ingrediendo dictum Regnum, ibidem mercandizando, merces inferendo et ducendo (ita tamen quod solverent custumas debitas) habuissent et sub confidentia Protectionis hujusmodi venissent apud Dunas de Sandwico, Hugo le Despencer (qui supra mare cum navibus dicti Patris nostri cum Armatâ Potentiâ præteuditur tunc fuisse) dictam Navem sive Cocham contra formam Protectionis prædictæ cepit et deprædavit in magnam Depauperationem et Dampnum non modicum vestrorum concivium in custumis nobis debitis de quibuscumque prædictorum. (Rymer, t. II, p. I, p. 132.)

Cet attentat contre le droit des gens donna lieu à toute une longue série d'incidents diplomatiques. Nicolino de Flisco fut envoyé spécialement en Angleterre pour obtenir justice, et le roi Édouard II accorda enfin à titre d'indemnité 8,000 marcs sterling à prendre sur les droits d'entrée, de vente et de sortie, qu'avaient à payer les marchands de Gênes négociant en Angleterre [1].

Cette solution, obtenue en 1317, tend à faire croire que le commerce des Génois en Angleterre avait pris un développement particulièrement rapide et donnait lieu, peu d'années après ses premiers débuts, à un chiffre d'affaires déjà relativement élevé.

Nous connaissons plusieurs des voyages commerciaux entrepris par les Génois à cette époque. Le plus ancien est celui dont il est question dans un acte du 25 octobre 1306, récemment publié, et qui nous montre Manuel Pessagno et Leonardo, son frère, maîtres et patrons de deux galères, nolisant ces bâtiments à Janino Marocello, pour son compte et pour celui de deux marchands milanais. Les galères ont dû partir en mai 1306 de Gênes pour l'Angleterre (*de Janua ad partes Anglie*) où elles allaient charger de la laine. Londres (*Londres*), Sandwich (*Sanuis*), Southampton (*Antona*) sont les ports mentionnés dans cette intéressante pièce [2].

Leonardo Pessagno ne tarda pas à passer lui-même en Angleterre, où il conquit rapidement la faveur du roi Édouard II [3]. Ce souverain protégeait d'ailleurs les entreprises commerciales des marchands et mariniers (*mercatores et marinarios*) de Gênes, et il prend soin de le rappeler dans une lettre aux Génois du 18 juillet 1316, où il se plaint de rencontrer des négociants de cette ville parmi les partisans de Robert Bruce [4].

---

(1) Mercibus et mercimoniis per homines Januenses per se, vel per alios pro eis, infra dictum Regnum nostrum adductis, ibidem dimissis et ab eo eductis et extractis, ita videlicet quod de singulis hujus modi mercibus sic adductis, dimissis, eductis et extractis (exceptis lanis) integra custuma, et de lanis predictis custumæ nobis debitæ ipsis Januensibus, etc. (*Ibid.*, p. 149). — Cf. p. 201 et t. II, p. 93.)

(2) L.-T. Belgrano, *Documenti e Genealogia dei Pessagno Genovesi, ammiragli del Portogallo* (*Atti della Società Ligure di Storia Patria*, vol. XV, p. 250-251, 1880). — Tautam lanam de Anglia que sit cantaria duo milia septingenta ad cantariam Janue, pro defferendo Janue...

(3) Dilectum nobis Leonardum Pessaigne, est-il dit dans la charte du 31 janvier 1317 (v. st.) (Rymer, *Fœdera*, t. II, part. I, p. 112).

(4) ... Omnes cives et mercatores et marinarios civitatis vestræ prædictæ ubique infra Potestatem nostram venientes semper a tempore, quo Regni

Il envoyait à Gênes, l'année suivante, Leonardo négocier le prêt de cinq galères de combat (*quinque galeas defensabiles*) pour lutter contre les Écossais [1].

Passés ainsi au service de l'Angleterre, les marins de Gênes apprennent à connaître de mieux en mieux le littoral méridional et oriental de l'île, depuis Bristol jusqu'en Écosse où les conduisent leurs croisières contre les vaisseaux de Bruce, et l'on s'expliquera fort aisément que dès 1318 l'un de leurs cosmographes, Pietro Vesconte (*Petrus Vesconte de Janua*), puisse tracer d'une manière à peu près satisfaisante les côtes de la Grande-Bretagne, des îles Sorlingues à Berwick [2].

Le Génois Vesconte a travaillé un certain temps à Venise, d'où il a daté notamment l'un de ses atlas de 1318 [3]. Il n'est pas interdit de supposer que les additions d'origine génoise, consignées par lui dans le nord de ses cartes nautiques, n'ont pas été étrangères aux premières tentatives commerciales des Vénitiens en Angleterre vers 1323.

Ces premières relations des marins de Venise avec les Anglais ont d'ailleurs été marquées par des violences qui n'ont pas été sans exercer une influence fâcheuse sur les affaires des Vénitiens dans les ports britanniques [4].

---

nostri regimen suscepimus (1308) protegi et tueri perceperimus. (Rymer, *Fœdera*, t. II, part. I, p. 98.)

(1) D'autres Génois travaillaient au contraire pour la cause de Robert Bruce. La pièce du 18 juillet 1316, citée ci-dessus, mentionne Simon Dentur, Simon et Manuel Majanacha, de Gênes, compromis par des papiers trouvés sur un Écossais qui s'est fait prendre à Newcastle. (*In Villa nostra de Novi Castri super Tynam.*)

(2) En 1336, Gênes prête encore aux Anglais d'autres galères et des *ussiers* (*usceria*), vaisseaux ayant une porte ou *huis* pour faciliter l'embarquement des chevaux. (Rymer, *ibid.*, p. 151). — Cf. *Mémoire de l'amiral Benoît Zacharie à Philippe le Bel sur les moyens d'équiper une flotte et de se procurer une armée navale pour faire une descente en Angleterre.* (*Notices et Extraits*, t. XX, 2ᵉ part., p. 113, 1862.)

(3) La première carte connue de Vesconte, datée de 1311, n'était destinée qu'à la navigation de la Méditerranée orientale et de la mer Noire. (Th. Fischer, *Sammlung mittelalterlicher Welt-und Seekarten italienischen Ursprungs und aus italienischen Bibliotheken und Archiven...* Venedig. Ongania. 1886, 1 vol. in-8°, p. 115-116.)

(4) On lit par exemple dans les analyses des *Misti Senato* de Rawdon Brown. « [The galleys] not to go to England unless the agrement be stipulated » [*Calendar of state Papers and Manuscripts relating to the english affairs existing in the Archiv and Collections of Venice and other Libraries of Northern Italy* (vol. I, p. 3 London, 1864, gr. in-8°).]

Rymer nous a conservé toute une suite de pièces relatives aux conflits qui se sont élevés entre les marins de la flotte de Venise de 1323 et ceux de Southampton et de l'île de Wight.

Dans une de ces pièces, en date du 10 avril, Joan de l'Ile de Wight, chevalier, expose « come n'adgaires cinq Galeis, de la ville de Venyse feussent menez en Port de Suthampton, chargeez de divers merchandizes et a teu temps entre les Patrons, Marchantz, Maistres et Mariners des dites Galeis d'une part et mes gentz, servantz, tenantz franks et autres d'autre part contestes sourdissent en lequeu contest gentz estoient mortz d'une part et d'autres et mes biens et de mes gentz, servants et tenantz avant ditz feussent prisez, emportez, desulez et parduz en diverses maners dont a moi et mes servantz et tenantz avant ditz estoit et est accion accreu de felonie et de trespas¹... ».

Cette pénible affaire, portée devant le Parlement, se termina par la grâce des coupables, prononcée le 10 mars suivant.

III

Après une longue période d'hostilités¹, les marins d'Espagne et de Portugal entretenaient alors des relations amicales avec l'Angleterre². Ainsi on conuait des lettres d'Édouard Ier, du 17 février 1294⁴, à « Henri de Lacy, comte de Nicole (Lincoln) tenant son leu en Gascoigne et Johan de Saint-Johan, son senechal en ces parties » par lesquelles le roi fait savoir qu'à la demande du comte de Flandre, il a accordé un sauf-conduit valable jusqu'à la

---

(1) Rymer, t. II, part. II, p. 68. — Cf. p. 69 et 93.) — Il est fait mention dans la dernière des pièces publiées par Rymer, non seulement des gens de Southampton (*de partibus Suthamptoniæ*), mais aussi de ceux de l'Ile de Wight *et insulæ Vectis*).

(2) M. Francisque Michel en fournit des exemples remontant aux années 1226 à 1243 (*op. cit.*, t. I, p. 153-154).

(3) Il est question par exemple, en 1290, d'un « neef de Espaigne » qui a porté à *Winchelese* du vin qui appartient à des « gents de Calais et de Saint-Omer » [(*Lettres de rois, reines*, etc., t. I, p. 368. (*Coll. de doc. inédits*)].

(4) Rymer, *Fœdera*, t. I, part. III, p. 126. — Par suite d'une erreur manifeste, la même pièce revient trois ans après dans le recueil de Rymer (*Ibid*, p. 176). Les deux documents ne diffèrent que par la date qui est du 17 février 1294 pour l'une, pour l'autre du 17 février 1297.

Saint-Michel suivante, aux « marchans et mariniers de Espagne et de Portugal » se trouvant dans ses États et charge ces fonctionnaires de réclamer pour ses propres sujets la même faveur des souverains de Portugal et d'Espagne.

L'intervention du comte de Flandre dans cet acte montre bien qu'une partie au moins des marins de la péninsule, qui bénéficiaient du sauf-conduit royal, se dirigeaient vers les ports flamands[1], après avoir touché à ceux de la Gascogne qui dépendaient de la couronne d'Angleterre[2]. Le commerce maritime de la Péninsule s'était, en effet, porté, depuis de longues années déjà, vers les Flandres où l'Italie n'était encore représentée que par quelques banquiers lombards ou des marchands venus par terre des foires de France et de Champagne[3].

(1) Deux ans plus tard, suivant la chronique de Lanercost (A. D. 1296, p. 182), des pirates anglais capturaient 1.200 barriques de vin sur les bâtiments venus d'Espagne.

(2) Il existait, au XIII° siècle, des relations maritimes habituelles entre cette partie du littoral français et les ports flamands. La grande charte de Gravelines, publiée par M. Alph. Wauters (*De l'origine et des premiers développements des libertés communales en Belgique, dans le nord de la France*, etc. — Preuves, Bruxelles, 1869, in-8°, p. 201-209), assure la protection spéciale de la comtesse Marguerite « a nos amés as mers et as communs de la ville de La Rochele, de la ville de Sainct Jehan d'Angeli et de la ville de Niort et à lor marcheans et à tous autres marcheans de Poitou, de Gascogne et d'ailleurs de ces parties delà ». On trouvera des renseignements abondants et précis sur le commerce de la Gascogne avec le nord de la France, l'Angleterre, les Pays-Bas, dans le tome I°r du livre de M. Francisque Michel déjà cité, p. 34, 79, 104.

(3) M. G.-M. Thomas a publié un document qui montre que des marchands de Venise allaient en Flandre dès 1273; l'association, dans cette pièce, du voyage de Flandre à celui des foires (de Champagne, probablement) montre « qu'il est question d'itinéraires continentaux (*ad feras vel in Flandriam vel ad alias partes illarum contratarum*) (G.-M. Thomas, *Die ältesten Verordnungen der Venezianer für auswärtige Angelegenheit. Eine Beitrag zur Geschichte der volkerrechtlichen Verkehrs, aus archivalischen Quellen* (*Abhandl der Münchener Akad. der Wissensch. Phil. Hist. Klass.* Bd. XIII, s. 142, 1875. — Cf., Marin, *Hist. civil. e politica del commercio del Veneziani*. Venetia, 1800, vol. V, p. 295. — Rawdon Brown, *Calend. of State Papers*, vol. I, p. 2). — C'est à ces mêmes marchands, « *universis mercatoribus per Italiam, Romaniolam, Tusciam, Siciliam, Apuliam, Calabriam, Terram laboris et Sardinium ac aliis frequentantibus nundinas Franciæ, Campaniæ et Flandriæ* », que s'adresse la charte de l'empereur Rodolfe, datée du camp près de Porrentruy (*Burnendrut*), 30 mars 1283, que M. Gheldolf a retrouvée dans les archives d'Ypres (Warnkœnig, *Hist. de Flandre*, éd. Gheldolf, t. V, p. 18). Ces marchands avaient pour capitaine, en 1297, un Milanais, Albertone de Médicis, « *Albertonus de*

Grâce aux Catalans, aux Andalous, aux Galiciens, certains articles de commerce, d'origine ibérique, pénétraient au loin dans le Nord dès le milieu du xiii° siècle. Ainsi le fer d'Espagne [1] (*ferrum de Ispania*), les draps (*saccus prunorum de Ispania*) figurent parmi les marchandises dont il est question dans les négociations douanières suivies, en 1252, par Hermann Hoyers, de Lubeck, envoyé spécial des marchands de l'Empire en Flandre [2].

Les importations de *Navarre*, de *Galice*, d'*Arragon*, de *Castel* (Castille) et *Leon* (Léon), d'*Enteluse* (Andalousie), *Sebille* (Séville) et *Cordes* (Cordoue), *Granate* (Grenade), *Mailorgues* (Majorque), occupent la plus large place dans l'énumération des produits étrangers introduits à Bruges à la même époque, tandis que l'Italie n'y est représentée que par le commerce fort restreint de la Sardaigne, alors dépendance de l'Aragon.

La Navarre envoie en Flandre des *filaches* dont on fait *sarges*; des *corduans*, des *basans*, des *ricolisses* (réglisse), des *amandres*, de la *peloterie*, des draps (toiles) dont on fait les voiles des grands navires. L'Aragon expédie les mêmes marchandises et en plus du safran et du riz. De Castille il vient de la *graine* d'écarlate, de la cire, du cordouan, de la basane, de la *filache*, de la laine, du vif-argent, du fer, etc. D'Andalousie on introduit du miel, de l'huile, des olives, de grosses figues, du raisin, etc., etc. [3]

Medicis, de Mediolano, capitaneus et rector universitatis mercatorum Italiæ, nundinas Campaniæ ac regnum Franciæ frequentantium », qui conclut, au mois de juillet de cette année, un arrangement, qu'il me suffit de mentionner ici, avec François de Dixmude (*de Dyquamua*), Philippe et Pierre Foucher, d'Ypres (Warnkœnig, *trad. cit.*, t. II, p. 505).

(1) Les ouvriers en fer de Bayonne adressaient le 24 février 1295 une pétition au roi d'Angleterre pour qu'il soit remédié au tort que leur faisait l'importation des *opera ferrea operata*, venant de *Yspania*, de *Navarra et quibusdam aliis partibus* (*Lettres de rois, reines*, etc., t. I, p. 411. Coll. de doc. inédits).

(2) Sartorius, *Geschichte des Ursprungs der Hansa*, Bd. II, s. 55. — K. Höhlbaum, *Hansisches Urkundenbuch*, Bd. I, s. 144, Halle, 1876, in-4°.

(3) Du royaume de *Navarre* vient filache, dont on fait sarges, corduans, basans, ricolisses, amendres, peloterie, drap dont on fait voiles à grands nez.

Du royaume d'*Arragon* vient tex auoirs, comme de Navarre et saffrans et riz.

Du royaume de *Castele* vient graine, cire, corduans, basenne, filache, laine, peloterie, vif argens, sui, vins, coumins, heuls, amendres et fer.

Du royaume de *Leon* vient autex auoirs comme dessus est dit, sans fer.

Du royaume d'*Enteluse*, c'est de *Sebille* et de *Cordes*, vient miel, olle d'olive, cuirs, peloterie, cire, grand figues et raisins.

Ajoutons que l'ordonnance de 1304 sur le commerce des épices à Bruges fait une mention toute spéciale du sucre et du raisin de *Malique* (Malaga), des laines, du blanc, du vert et de la cire d'*Espaigne*[1].

Les marchands de la Péninsule sont, d'ailleurs, avec ceux de la France méridionale et de l'Empire, les seuls dont il soit jamais question dans les pièces que nous connaissons sur l'histoire du commerce des Flandres au XIIIe siècle. Si l'on consulte, par exemple, les documents assez nombreux parvenus jusqu'à nous sur les débats relatifs au *poids de Bruges*, qui troublèrent si profondément, pendant plusieurs années, toutes les transactions commerciales; on n'y rencontre d'autres marchands étrangers que des Allemands, des Français ou des Espagnols. Jamais un Pisan, un Génois, un Vénitien n'interviennent à un titre quelconque dans cette mémorable querelle.

C'est au profit des « marchans d'Espaigne et de Alemaigne » chassés par les exactions des Brugeois que Guy, comte de Flandres et marquis de Namur, institue l'étape d'Ardembourg, le 26 avril 1280[2]. Ce sont « li marchant dou Roiaume de Castiele et d'Aragonne et de Navarre et de Portingal et de Cresin et de Gasconge » qui adressent au comte et au sire de Ghistelles les réclamations au sujet des « pois de balanche » que Warnkœnig a publiées

---

Du royaume de *Grenate* vient cire, soie, figues, raisins et amendres.
Du royaume de *Galice* vient suins, vif-argent, vin, cuirs, peleterie et laine.
Du royaume de *Portigal* vient miel, peleterie, cire, cuir, graine, vins, oile, figues, raisins, balai...
Du royaume de *Maiorgues* vient alum et ris, cuir, figues qui croissent au pays... *(Ce sont li royaume et les terres desquex les marchandises viennent à Bruges* (Legrand d'Aussy, *Fabliaux et Contes*, éd. Renouard, t. IV, p. 9. — Warnkœnig, *Histoire de la Flandre et de ses institutions civiles et politiques jusqu'à l'année 1305*, trad. Gheldolf, t. II, p. 514-515.]

(1) Warnkœnig, *trad. cit.*, t. IV, p. 356 et suiv., 1851. — Cf. *Della decima et delle altre gravezze*, etc. *Tomo terzo contenente la pratica della mercatura scritta da Francisco Balducci Pegolotti*. Lisbona-Lucca, 1766, in-4°, p. 295, etc.

(2) Guis cuens de Flandres et marchis de Namur... sachent tous ke nous reuuerde et considere le comun proufit et le villitei de nostre terre de Flandres et des marchans autans et repairans en elle terre pour leurs marchandises a tous marchans d'Espaigne et de Alemaigne et a tous autres marchans dautres terres ki a ces marchans deseure dis accompaigh se verron pour auter et repairer en nostre ville de Ardembourgh et leur marchandises amener. (A. Kluit, *Historia critica Comitatus Hollandiæ et Zeelandiæ ab antiquissimis inde deducta temporibus*, Medioburgi, 1782, in-4°, t. II, p. 828.)

d'après les inventaires des chartes de Rupelmonde[1]. C'est encore de ces marchands qu'il s'agit dans les correspondances échangées au sujet de la même affaire entre les villes de Münster, Goslar, Dortmund, Halberstadt et celle de Lubeck[2].

Enfin il n'est question, dans l'ordonnance sur les pesées du 13 août 1281, que des marchands allemands et espagnols. Johann de Dowaie et Lambert dit Witte représentent le négoce de l'Empire romain; Nicolas dit Garcie de Burs et Pierre de Antomaan, de Montpellier[3], les marchands espagnols; pendant que Lambert Tolnare et Nicolas dit Walker, citoyens de Bruges, défendent les intérêts flamands[4].

Il est vrai qu'aux Espagnols (dont la nationalité est comprise dans le sens le plus large, puisqu'un de leurs députés est de Montpellier) se rattachent des *adhérents*, dont on ne dit pas l'origine, mais ces adhérents ne peuvent être que les Portugais, les Gascons, les Provençaux, dont les noms figurent dans les autres pièces du procès.

IV

C'est seulement quelques années plus tard que les Italiens interviendront personnellement dans les affaires maritimes du Nord[5].

---

(1) Warnkœnig, *trad. cit.*, t. IV. *Histoire constitutionnelle et administrative de la ville de Bruges*, p. 78, 275, 276, Bruxelles, 1851, in-8°.

(2) K. Höhlbaum, *Hansisches Urkundenbuch*, Bd. I, s. 300-301. — Le mot Provence remplace celui de *Cresin*, traduit Quercy par Warnkœnig, et que je rapprocherais volontiers du *civitate crosina* de la carte pseudo-pisane. Ce serait la Galice?

(3) Ce document a échappé aux recherches de Germain, qui ne mentionne aucune pièce relative au commerce de Montpellier avec les Flandres, antérieure à 1315. (Cf. A. Germain, *Histoire du Commerce de Montpellier, antérieurement à l'ouverture du port de Cette*. Montpellier, 1861, in-8°, t. I, p. 449; t. II, p. 37, 38, 325, 329.)

(4) Johannes de Dowaie et Lambert dictus Wite, ex parte mercatorum Romani Imperii... Nicolaum dictum garcie de burs et petrum de Antomaan de Monpelier ex parte mercatorum hyspanorum et ipsis adherentium. Lambertum Tolnare et Nicolaum dictum Walker, oppidanos brugenses ex parte mercatorum flandrensium deputatos super balantiis et ponderatione ponderis earumden. (Sartorius, *op. cit.*, p. 125.)

(5) Rappelons toutefois que, parmi les étrangers alors établis en Flandre, il y avait plusieurs *Lombards* anonymes, auxquels il est fait allusion dans une des pièces analysées ci-dessus. (Cf. Kluit, *loc. cit.*)

20   ORIGINES DE LA CARTOGRAPHIE

Pegolotti est à Anvers en 1315[1] comme agent des célèbres ban-

Fig. 5. — Esquisse d'une partie de la carte d'Europe, d'après la carte sanutine de Paris.

quiers lombards, les Bardi, puis passe au même titre à Londres

(1) Heyd., t. I, p. xvii. — Il avait été précédé dans les Pays-Bas par le changeur Jayme (Jacobus), de Villasera, Barcelonais, établi à Dordrecht, *in Dordrech in Holandia*, dès 1299. Il est question de ce Villasera à l'occasion d'un prêt de 26 livres sterlings par lui consenti à deux Lucquois, les frères Hugolini, établis à Boston, *in villa sancti Botulfi* et dont il n'avait point été payé comme il devait l'être, soit à Londres, *apud Londres*, soit à Lincoln, *vel apud Nitholam*. (Capmany, *op. cit.*, t. I, p. 199.)

en 1317[1] et c'est en 1318 que Guicciardini signale la première flotte des Vénitiens dans les eaux de la Flandre[2].

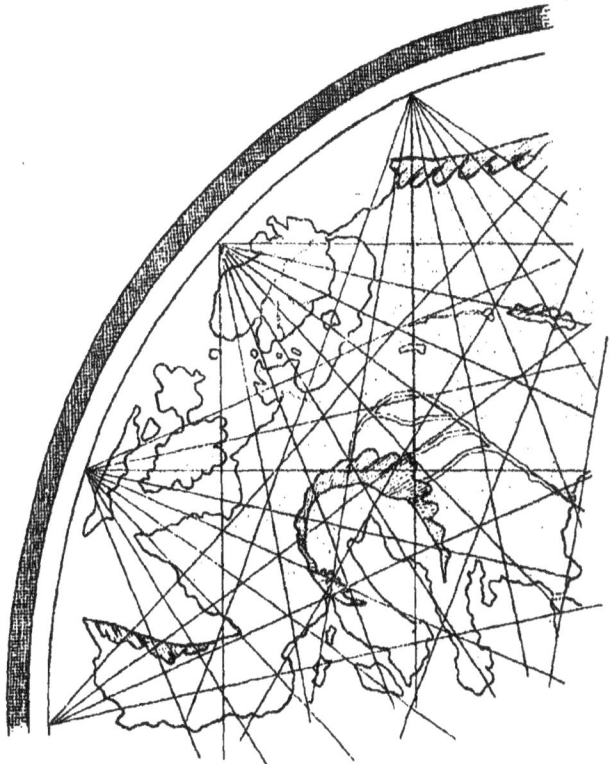

Fig. 6. — Esquisse d'une partie de la carte d'Europe, d'après la carte nautique de Bruxelles.

C'est peut-être à bord d'un des navires de cette flotte que Ma-

---

(1) Les Bardi étaient très bien vus du roi d'Angleterre Édouard III. Il en est question dans une des pièces du 20 mars 1330, imprimée par Rymer, t. II, p. II, p. 40) : « dilectos mercatores nostros de societate Bardorum de Florentia. »
(2) Guicciardini, *Description de tout le Pays-Bas aultrement dit la Germa-*

rino Sanuto s'est rendu par mer de Venise à l'Écluse[1]. Il faut, en tout cas, placer son voyage avant le 24 septembre 1321, date à laquelle le noble Vénitien a présenté au pape Jean XXII le célèbre *Liber secretorum fidelium crucis* où il y est fait allusion[2]. Sanuto ne nous dit malheureusement point par quel moyen il s'est transporté dans le Holstein (*Holsatia*) et sur les bords de la Baltique (*Sclavia*) qu'il a visités ensuite, pour se renseigner sur le concours qu'on pouvait tirer de ces contrées en faveur d'une nouvelle croisade.

Ce voyageur a rapporté de ses itinéraires à travers les pays du Nord certains éléments cartographiques inconnus à ses prédécesseurs[3]. Il a fermé ou peu s'en faut la Baltique, que jusqu'alors on laissait largement ouverte vers le fond[4], il a énuméré presque

---

nie inférieure ou Basse-Allemaigne, Anvers, 1567, p. 159. « Je trouve que dès l'an MCCCXVIII cinq galeores vénitiennes chargées d'espièces et de drogues, qui venoyent aux foirres, arrivoient au port de cette ville (Anvers). » D'après Van Heyst, deux galères de Venise seraient entrées dans le port d'Anvers en mai 1318; trois autres auraient suivi en février 1319 (Mertens en *Torf-Geschiedenis van Antwerpen*, ap. W. Heyd., *trad. cit.*, t. II, p. 721). C'est en 1317, suivant M. Rawdon Brown, que débute le service régulier de navigation entre Venise et la Flandre (Rawdon Brown, *Calendar of State Papers*, etc. p. LXI, CXXII, CXXXII).

(1) Jam ego praesens capitulum consumaveram et ecce per mare de Venetiis ad portum Clusae in Flandriam cum galeis armatis veniens, ibi a fide dignis accepi et pro parte oculis meis vidi quod maritima Alemania in qua dictus portus existit, valde nostrae maritimae Venetae est conformis. (*Liber secretorum fidelium crucis super Terrae sanctae recuperatione et conservatione... cujus auctor Marinus Sanutus dictus Torsellus, patricius Venetus (Orientalis Historiae,* t. II, Hanoviae, 1611, lib. I, c. XVII, p. 72).

(2) Sunt autem in *Holsatia* et in *Sclavia ubi personaliter affui* notabiles multae terrae, etc (*Ibid.*, c. XVIII, p. 72).

(3) On sait que les Arabes, qui possédaient dès le commencement du XII° siècle une nomenclature assez étendue des pays du Nord, étaient assez incomplètement renseignés sur leur topographie pour placer la Suède, *Svada*, et le Finmark au sud de la Baltique, la Norvège, *Norbeza*, formant une grande île au nord. (Edrisi., trad. Jaubert, t. II, p. 427 et suiv. — Cf. J. Lelewel, *op. cit.*, t. III, p. 177, et plus haut, fig. 3.)

(4) On trouve certaines variations à ce point de vue entre les diverses cartes sanutines (fig. 5 et 6). Celle du manuscrit 9405 de Bruxelles, dont la Bibliothèque nationale de Paris possède une copie exécutée par M. Pinchart en 1849, donne à la Scandinavie la forme d'une feuille rattachée par son pétiole au pays des Karéliens, *infideles Kareli*. La carte sanutine, plus ancienne, de la Bibliothèque nationale de Paris (Ms. lat., n° 4939) montre cette même péninsule fracturée en diverses pièces. Du point où sont mentionnés les *infideles Kareli* sort un long promontoire mince et aigu auquel se rattachent un premier

sans erreur les contrées qu'elle baigne : à l'est, la Russie ou pays des Ruthènes schismatiques, *Rutenia protenditur usque ad occasum et ad Polonos et sunt scismatici*; au nord, la Karélie, la Finlande (*Finlandia*), la Suède (*Suecia*), divisée en *Alania, Gotia, Scania*, et la Norvège (*Norvegia*); au sud, l'Esthonie (*Estonia*), la Livonie (*Liuonia*), la Courlande (*Kurland*), la Prusse (*Prutia*), la Poméranie (*Pomerania*) et le Mecklembourg (*Sclauia*) sur les côtes; la Lithuanie (*Lintofani pagani*), la Pologne (*Polonia*), la Moravie (*Moravia*), la Bohême (*Boemia*), etc., dans l'intérieur; à l'ouest enfin, le Danemark (*Dacia*) avec le Jutland (*Jucia*). Il a connu et placé approximativement sur ses cartes un certain nombre de localités du nord-est et du nord : Wirland ou Viro qu'il nomme *Varlant*, Riga, Cracovie (*Cracovia*), Thorn (*Toronum*), Wismar (*Wismaria*), Nerung (*Naria*), Ystad (*Ystadi*), Lund (*Lundis*). Il mentionne l'île de Rügen (*Ruia*), la Vistule (*Vuandal*) et l'Oder (*Odra*). Enfin il fait du Danemark une presqu'île jointe au continent par un isthme dont il exagère seulement l'étroitesse et la longueur (*introitus Daciæ*). L'Écosse (*Scotia*) tend à se réunir à l'Angleterre (*Anglia*) dont on l'a si longtemps séparée[1], et l'archipel britannique se complète par l'île de Man et par l'Irlande (*Ybernia*).

Ces particularités étaient alors à peu près ignorées en Italie, du moins ne rencontre-t-on d'autre monument qui les mentionne, en partie, que la mappemonde du prêtre génois Giovanni di Carignano[2], dont tout ce que l'on sait de positif, c'est qu'elle est antérieure à 1344, date présumée de la mort de son auteur.

Cette carte, récemment publiée d'une façon tout à fait insuffisante[3], semble empruntée à des sources très diverses par un géographe érudit. Ainsi, pour nous borner à ce qui concerne l'Europe septentrionale, les formes des îles Britanniques et du Danemark sont manifestement imitées de celles que ces terres prennent dans

groupe de quatre petites îles, puis une île plus grande avec le mot *finlandia*, enfin une grande terre avec les inscriptions *Scania de regno dacie*, Scanie, du royaume de Danemark, *lundis metropol. dacie*, Lund, métropole de Danemark, *ystadi*, Ystad, enfin *naria*, Nerung, transportée ici par erreur.

(1) Ici encore il y a divergence entre les cartes sanutines; sur la mappemonde de Paris, les deux pays demeurent séparés par un détroit que remplace un isthme sur la mappemonde de Bruxelles, n° 9405 (fig. 5 et 6).

(2) « Presb. Joannes rector Sēi marci de portu Janue me fecit », dit la légende de cette carte, actuellement déposée dans les Archives centrales de Florence.

(3) Cf. Th. Fischer, *op. cit.*, p. 117.

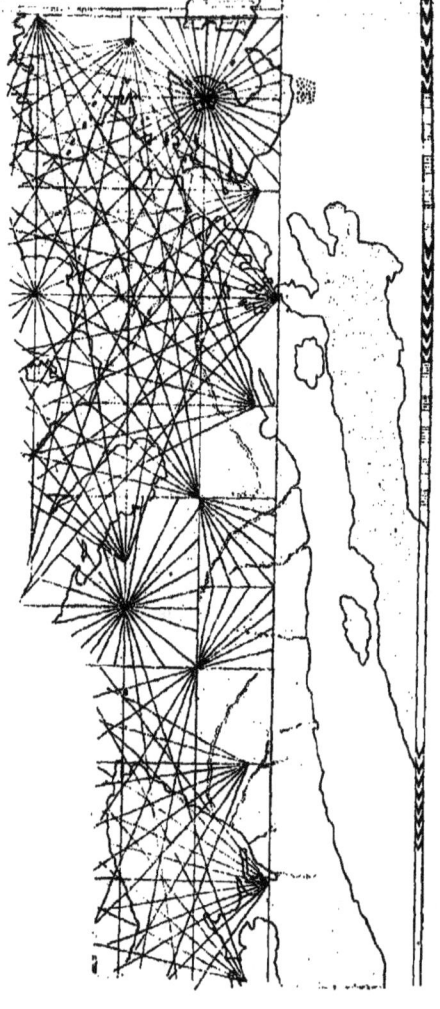

Fig. 7. — Esquisse d'une partie de la carte d'Europe, d'après le planisphère de Giovanni da Carignano.

les manuscrits de Ptolémée[1], tandis que l'extension démesurée de la Baltique de l'ouest vers l'est rappelle l'aspect particulier de cette mer dans les cartes edrisiennes. Enfin la Scandinavie, prise à quelque source nordique, aujourd'hui disparue, allonge dans le haut de la carte d'excentriques digitations (fig. 7).

M. Desimoni, aux patientes recherches duquel on doit le peu qu'on sait de Carignano[2], nous montre ce prêtre laborieux consultant tour à tour, pour améliorer son œuvre, les ambassadeurs du Grand Khan des Tartares Olgiaitu, débarqués à Gênes en 1306, et certain marchand génois qui avait séjourné à Sigilmessa au Maroc. Les renseignements sur le nord de l'Europe ont pu lui être rapportés par le pilote de la galéasse qui alla de Gênes en Flandre en 1312[3].

D'autres navires, attirés par les privilèges accordés aux marchands génois par Jean III, duc de Lorraine, Brabant et Limbourg, et par la commune d'Anvers[4], tentent avec plus ou moins de succès de suivre la même route.

Le 25 mai 1319, par exemple, une galéasse, chargée de marchandises pour les Flandres, se fait prendre par une escadre des Gibelins de Savone[5]. L'année suivante, trois autres galéasses encore, qui allaient entreprendre le même voyage, sont mises en ré-

---

(1) Cette influence ptoléméenne est intéressante à noter ici. On admet en effet très généralement que le livre de Ptolémée, assez répandu chez les Byzantins, connu en Sicile dès l'époque d'Edrisi (1150), n'a cependant exercé aucune influence sur la géographie occidentale avant le commencement du XV⁰ siècle, et que, suivant les expressions de Lelewel, « ni possession, ni influence, ni connaissance de l'ouvrage positivement avérée par quelque monument géographique, ne se décèlent nulle part, durant l'espace de plusieurs siècles (J. Lelewel, op. cit., t. II, p. 122).

(2) C. Desimoni, Intorno alla vita ed ai lavori di Andalo di Neyro matematico ed astronomo genovese del secolo decimo quarto e d'altri matematici e cosmografi genovesi (Extr. del Bolletino di bibliografia e di storia delle scienze matematiche e fisiche, tom. VII, luglio 1874). Roma, 1875, br. in-4°, p. 23-24.

(3) Atti della Società Ligure, t. V, p. 520.

(4) C Desimoni et L.-T. Belgrano, Documenti ed Estratti inediti o poco noti reguardanti la storia del commercio e del la marina ligure (Atti della Società Ligure, t. V, p. 3-3).

(5) Die autem XXV maij Guibellini Saonæ existentes, totique occidentali Ripariæ Januæ dominantes.. cum sex galeis pleno armatis portum Januæ ingressi sunt in aurora diei, ubi unam Galeam grossam, tum oneratam et paratam versus Flandriam navigare ceperunt, illam ducentes apud Castrum Illicis, quod tenebant... (Georgii Stellæ Annales Genuenses ap. Muratori Rerum Italicarum Scriptores, t. XVII, col. 1035).

quisition pour la flotte combinée que la République de Gênes arme avec Frédéric de Sicile. En 1341, six galères de Gênes, naviguant vers la Flandre, sont pillées et brûlées par des pirates anglais[1]...

Les navigations commerciales ont rarement des historiens, quand elles réussissent ; ce sont des accidents qui nous font presque toujours constater l'existence d'un transit qui, sans ces événements plus ou moins exceptionnels, n'aurait peut-être laissé, dans l'espèce, d'autres traces que le recueil des prescriptions édictées à Gênes en 1340[2] pour les galères de l'État faisant le voyage des Flandres[3].

V

La concurrence des voyageurs italiens ne semble point, du reste, avoir découragé les commerçants de la péninsule ibérique. Ils continuent à envoyer chaque année leurs vaisseaux dans le Nord, et les pilotes de Majorque ou de Barcelone recueillent, à Bruges, de la bouche de leurs collègues hanséatiques, les renseignements à l'aide desquels ils vont dresser une carte de l'Europe Septentrionale, bien autrement complète que celles de Giovanni da Carignano et de Marino Sanuto.

Leurs navigations, qui ont été ainsi fort utiles au progrès de la cartographie, auraient été cependant tout à fait oubliées, si plusieurs d'entre elles n'avaient point abouti à de véritables désastres. Ce sont encore des réclamations présentées au sujet de navires pillés, qui nous révèlent la présence de navires de commerce catalans dans les mers de Flandres au commencement du xive siècle.

---

(1) Sex galeæ Januæ, onustæ mercibus, sub fiducia securitatis tam per dilectos et fideles nostros, homines de Flandria quam per Nicholinum de Flisco et Nicholaum Usus Maris, constabularium nostrum Burdegalim ex parte nostra, et per literas nostras Patentes promissas versus Flandriam navigarent ac quidem marinari Regni nostri Angliæ, ipsas galeas hostiliter depredaverint et combusserint. (Rymer, t. IV, p. 97-98.)

(2) Off. Gaz. p. 352-366, ap. Heyd (Histoire du commerce du Levant au moyen âge, trad. Furcy Raynaud, t. II, p. 720, 1886).

(3) MM. Desimoni et Belgrano n'ont trouvé aucune pièce à publier entre les privilèges de 1315 cités plus haut, et les lettres patentes du doge Antoniotto Adorno, faisant connaître le traité d'amitié et de commerce conclu par la commune de Gênes avec Philippe le Hardi, duc de Bourgogne et comte de Flandre. (Documenti ed Estratti, p. 385).

En 1323, par exemple, un bateau marchand de Majorque, naviguant dans la mer du Nord, *en el mar de Alemánia*, est enlevé par un corsaire britannique. La même année, les deux galères de Berenguer Liconis, qui rentraient en Espagne chargées de marchandises de Flandre, sont prises par des pirates de la même nation entre Calais et Sandwich (*inter Calesium et Sandwicum*[1].

En 1325 et en 1343 deux flottes catalanes sont également pillées par des pirates anglais et gascons dans les mers de Flandre et menées, l'une à Sandwich (*ad portum de Sandwyco*)[2] et l'autre à Dartmouth (*in porta de Dertemuth*)[3]. A la demande des villes de Gand (*Gandavo*), Bruges (*Brugges*) et Ypre (*Ipre*), Édouard III doit prendre sous sa protection et sous sa défense spéciale (1340) les marchands de la péninsule, catalans, majorcains et autres qui venaient pacifiquement trafiquer avec leurs navires, leurs biens et leurs marchandises aux parties de Brabant et Flandres, retournaient de même et ne causaient d'ailleurs aucun préjudice à ses sujets anglais[4].

(1) Rymer, *Fœdera*, t. II, part. II, p. 84. — Cf. *Ibid.*, p. 109, 128.
(2) Les victimes de ce rapt sont Bernard Serra, Petr. Rubi, Guill. Pastorio et Pere de Palatlo, tous citoyens et marchands de Barcelone... in redeundo de partibus Flandrie... galeis suis divitis rebus et mercibus oneratis (*Carta del Rey Eduardo II de Inglaterra al de Aragon D. Jayme II sobre unas galeazas Barcelonesas, que volviendo cargadas de mercadurias de las partes de Flandres fueron emballidas y sequeadas por unos Pirates ingleses y levadas al Puerto de Sandwich*, ap. Davorriam, 12 septembre 1325 (Capmany, *Coll. de document.*, t. II, p. 90, n° 54).
(3) Duæ cochæ Petri Tosqueril et aliorum Fidelium vestrum (écrit Édouard II à don Pedro IV d'Aragon), civium Barchinonæ et Valentie pretiosis mercibus oneratæ ad partes Flandriæ pacifice navigarent; duæ naves armatæ quarum alteri vocatæ *la Cateline* Petrus Bernardi de Tholosa et alteri vocatæ *la Nan Dieu*, Raymundus de Bir, nostri subditi de Baiona ut captanei præsidebant, prædictas cochas, ipsosque vestros subditos hostiliter invaserunt et postquam dicti subditi nostri ipsos subditos vestros sub securitatis fide receperunt, ipsos quos sic sub fide salva tenebant, in Mari, exceptis certis personis, inhumaniter projecerunt. « L'information démontre que les Catalans ont tué les gens du canot envoyé pour savoir qui ils étaient, ce qui explique la vengeance des Gascons. (Rymer, *Fœdera*, t. II, p. IV, p. 148. — Claryndon, 19 juillet 1343). Les gens de la Péninsule prenaient leur revanche à l'occasion, et le livre déjà cité de Fr. Michel (t. I, p. 71, 80, etc.) mentionne diverses agressions des pirates espagnols contre des navires anglais ou gascons, chargés de marchandises.
(4) Sumpsimus in protectionem et defensionem nostram specialem universos singulos fideles mercatores de partibus Ispanie, Cataluniæ et Majoricarum, ac aliis partibus, veniendo more pacifico et non guerrino, cum navibus,

Mais de nouvelles hostilités éclatent en 1349 entre les deux marines. Au commencement de novembre, des Espagnols s'emparent, à l'embouchure de la Gironde, de plusieurs navires anglais qui transportaient du vin en Angleterre et tuent les équipages[1]. Édouard III se venge de cet acte de piraterie et de diverses autres « malefaçons et pillages[2] », en attaquant en personne, avec toute sa flotte, le 29 août 1350, en face de Winchelsea (Wincenesee) les Espagnols « qui estoient venu en Flandres pour leurs marchandises ». Après une bataille « durement forte et bien combatue », l'escadre des marchands passe, laissant aux mains des Anglais quatorze nefs sur quarante qui la composaient[3].

En 1373 et 1374, des barques de Majorque ou de Barcelone, allant en Flandre, ou en revenant, sont pillées et coulées, et leurs équipages massacrés, brûlés vifs ou emmenés captifs à Brest

---

bouls et mercandisis suis versus partes Bravantiæ et Flandriæ nec non mercandisas suas exercendo, et ad propria quando et prout eis placuerit, redeundo pacifici sicut prædictum est (*Salvo conducto concedido por el Rey de Inglaterra Eduardo III a peticion de las Ciudades de Ganto, Ipre e Brujas, a favor de las naves y mercaderes Castellanos, Catalanes y Mallorquinos que hoyan al viage de Flandres.* (Capmany, *Ibid*, t. I, p. 110, n° LXIV).

Louis de Male, comte de Flandre, prit aussi sous sa protection spéciale, par un acte daté de 1366, les amiraulx, marchans, maistres de nerfs, maronniers et subjectz du royaulme et de la seignourie du roi de Castille, et par ce privilège souvent renouvelé depuis, accorda que « désormais les marchans de Castille et de Biscaye et leurs biens, nefs et marchandises, et ce qui y appartient seroient saulfs et seurs par tous ses pays et seignories en sa protection et sauvegarde ». Il est intéressant de constater que le chroniqueur de la fin du XVe siècle, Wielant, auquel j'emprunte ces renseignements, classe dans l'ordre suivant les privilèges accordés en Flandre aux marchands étrangers : Castille et Biscaye, Oosterlins, Espaignols, Portugallois, *Italiens* et autres nations (*Antiquitez de Flandre*, t. IV du *Recueil des Chroniques de Flandre* de Smet, Bruxelles, 1865, in-8°, p. 271) Capmany a montré, d'après les documents flamands qu'il avait étudiés, que les Biscayens avaient à Bruges leur bourse nationale dès 1348, les Catalans en 1389, tandis que les Vénitiens ne possèdent la leur qu'en 1415 ; les Teutoniques avaient bâti la leur en 1340 ; les gens de Nuremberg en avaient fait une en 1361, etc. (Capmany, *op. cit.*, t. I, p. 128).

(1) Robert de Avesbury, *Hist. d'Éd. III*, p. 184 et 185, citée par Siméon Luce dans son édition de Froissart, t. IV, p. XXXVI.

(2) Froissart, liv. I, part. II, ch. 3.

(3) « e en i ot grant foison de mors et de blecés d'une part et d'autre, et plus aussi des Espagnols que des Englois, ensi comme il fut apparent car ils i laissièrent quatorze nefs et les hommes et l'avoir qui dedans estoient (Froissart, éd. Siméon Luce, t. IV, p. 327).

(*Brist*), que tiennent alors les Anglais, alliés de Simon de Montfort [1]. ¶ Les marins castillans Boccanegra, Cabeza de Vaca, Ferrand de Pyon et Ruy Diaz de Rojas viennent de détruire la flotte de Pembroke (le comte de Pennebruch, comme l'appelle Froissart), en face de La Rochelle (22 et 23 juin 1373) [2]. Le dernier, en compagnie du prince « Yewain de Galles », alors au service de France, a mis en déroute les Anglo-Gascons qui assiégeaient Soubise, et pris leurs chefs, le fameux Captal de Buch et l'Anglais Thomas Perci [3]. Ainsi battus à deux reprises par la flotte royale de Castille, les Anglais s'en prennent de leurs désastres maritimes aux bâtiments de commerce des pacifiques marchands de Catalogne [4].

---

(1) La première de ces barques, appelée la *Santa Clara*, commandée par Arnaud Besaya, faisait partie d'une escadre de trois navires armée par des négociants de Barcelone et de Majorque. Chassée par une tempête des parages de La Rochelle (*la Rutzela*) vers l'entrée de la Manche (*ad maria canalis Flandriarum*) elle est enlevée au cap Saint-Mathieu (*lo Ras de Sent Marti* en face de Ouessant ;Jambol? *lo semblo*) par une escadre anglaise que commande Roger de Pols, et les quarante-trois hommes qui la montent demeurent dix ans prisonniers au château de Brest (*in quadam turri castri de Brist*).

Le navire de Pierre Grallera, Nicolas Bertrandi et George Francolini, de Majorque, monté par soixante hommes, est pris à 60 milles de *Palamisa* par trois vaisseaux et cinq barques aux couleurs d'Angleterre, pillé, puis incendié à la hauteur du cap Saint-Mathieu avec trente de ses marins qu'on y a enfermés; seize hommes seulement se sauvent en se cachant dans la cale d'un navire commandé par Gabriel Bentone.

Enfin un autre navire, sous les ordres de Fr. Atelin et de B. de Pinabel rentrant de la Flandre qu'il avait quittée le 15 janvier 1373 et parvenu en bon état au port de Claudon (*ad portum de Caldo cum plena incolumitate pervenerit*), est pillé par quinze navires anglais, et son équipage de 60 hommes est enfermé au susdit château de Brist. (Capmany, *Suplemento a las memorias historicas sobre la marina, comercio y artes de la antigua ciudad de Barcelona*. Madrid, 1792, in-4°, p. 167 et suiv.).

(2) « Et estoient cit Espagnol [de vue flotte] quarante grosses nefs et treso barges bien pourveues et breteschies ensi que nefs d'Espagne sont; si en estoient patrons et souverain quatre vaillant hommes, Ambrose Boukenègre, Cabesse de Vakes, dan Ferrant de Pyon et Radigos de la Roselle. » (*Chronique de J. Froissart*, éd. Siméon Luce, t. VIII, p. 37 et suiv.)

(3) Capmany, *Suplemento a las memorias historicas sobre la marina, comercio y artes de la antigua ciudad de Barcelona*. Madrid, 1792, in-4°, p. 164. — Cf. Rymer, *Fœdera*, t. III, part. III, p. 14.

(4) Ils avaient pillé vers le même temps deux navires, l'un de Gênes, l'autre de Naples, passant de Flandre au Port Pisan. Ils prétendaient avec une insigne mauvaise foi que ces navires allaient *ad partes Ispanorum inimicorum*, etc. (Rymer, *Fœdera*, t. III, part. III, p. 18).

La chancellerie d'Aragon réclame à maintes reprises, auprès d'Édouard III, puis de Richard II, des réparations qui ne lui sont point accordées. Deux fois des envoyés spéciaux passent en Angleterre pour régler l'affaire [1]; leurs démarches demeurent infructueuses. Alors don Juan Ier se décide, après avoir permis (15 février 1389) aux commerçants de Barcelone et de Majorque d'armer jusqu'à quatre galères pour la sécurité des navires qui faisaient le voyage de Flandre (*vintges en los parts de Flandres*) [2], à autoriser les intéressés à user de représailles envers les sujets du roi d'Angleterre, jusqu'à ce qu'ils se soient indemnisés complètement de leurs pertes (16 août 1392).

Non seulement la fin du XIVe siècle trouve les Espagnols armant des navires pour leur compte, afin de négocier dans les mers du Nord; nous voyons encore ces hardis marins aller chercher loin de chez eux des marchandises qu'ils porteront en Flandre [3]. En 1380, par exemple, le *Saint Christophe* commandé par Ramon Soberera de Barcelone, charge à Gênes pour l'Ecluse une cargaison qui appartient à L. Gentile et à C. Doria.

En février 1382, une nef de Biscaye dont le capitaine est Juan Sanchez Piñaga, de Placentia, sort de Barcelone pour aller porter des marchandises en Flandre [4].

En 1386, ce sont sept vaisseaux de Biscaye tant « gallees que vaisseaux » chargés de vin pour la Flandre que les Anglais entrant à la Corogne « orent à leur profit, dit Froissart, et les marchands orent tantost tout vendu » [5].

En 1390 et 1394 ce sont d'autres expéditions encore pour le même pays, armées par des négociants barcelonais, et dans le détail desquels il n'est pas nécessaire d'entrer ici [6].

---

(1) Rymer, *Fœdera*, t. III, part. III, p. 21, et Capmany, *Suplemento*, etc., p. 167 et suiv.
(2) Id., *ibid*, p. 164.
(3) L'inverse avait lieu également. Il est question, par exemple, de marchands de Valence (*mercatores Valentini*) ayant chargé des marchandises en même temps que des Florentins, des Lucquois, des Vénitiens, sur les navires génois pris par les Anglais en 1371. (Rymer, *Fœdera*, t. III, part. II, p. 178).
(4) Capmany, *Collec. diplom.*, n° CV, t. II, p. 171.
(5) *Chroniques de J. Froissart*, liv. III, ch. xxxiv, ann. 1386.
(6) Capmany, t. I, part. II, p. 132.

VI

Les voyages que poursuivaient ainsi les vaisseaux de la péninsule depuis le milieu du XIII° siècle dans la grande mer extérieure exigeaient chez les pilotes qui les conduisaient, d'une part la connaissance bien précise des conditions d'une navigation fort différente de celle de la Méditerranée, de l'autre des notions relativement étendues sur l'aspect des côtes qu'ils devaient longer, les ressources qu'elles présentaient, au point de vue du mouillage, de l'eau, du bois, etc., la nomenclature de leurs caps et de leurs golfes, de leurs rivières et de leurs îles, de leurs ports et de leurs marchés commerciaux.

Or il n'existait point pour les plages de l'Atlantique de *portulan* comme les Arabes, d'une part, les Italiens, de l'autre, en avaient construit pour la Méditerranée, et les cartes que l'on avait tenté de faire à Gênes ou ailleurs ne contenaient, nous l'avons vu, qu'un fort petit nombre d'indications utilisables pour les navigateurs.

Les Arabes, dont la science géographique était à son apogée, possédaient de meilleurs renseignements que les Latins. On connaît des cartes arabes du XIII° siècle, comme la carte mogrebine de la Bibliothèque ambrosienne de Milan (fig. 8), qui fournissent bien plus de renseignements exacts sur les pays du Nord qu'aucune autre pièce contemporaine d'origine latine. Or, comme cette nomenclature arabe affecte des formes qui se rapprochent beaucoup de celles adoptées plus tard par les Catalans, il est logique d'admettre que ces derniers ont tiré un certain secours des représentations côtières et des listes de noms de lieux dont la carte ambrosienne nous a conservé l'intéressante succession. D'une part, en effet, la morphologie de cette carte est celle que conserveront avec persévérance les pilotes majorcains, valenciens, etc.; nous y retrouvons successivement, du sud au nord, l'Espagne figurée avec une sûreté tout à fait inconnue jusqu'alors, la France moins correcte de formes, avec le littoral gascon trop oblique, la Bretagne trop ramassée, le Cotentin trop épais à sa base, etc.; la Flandre démesurément échancrée vers les bouches de l'Escaut, de la Meuse et du Rhin; le Zuyderzée, au contraire, fort restreint

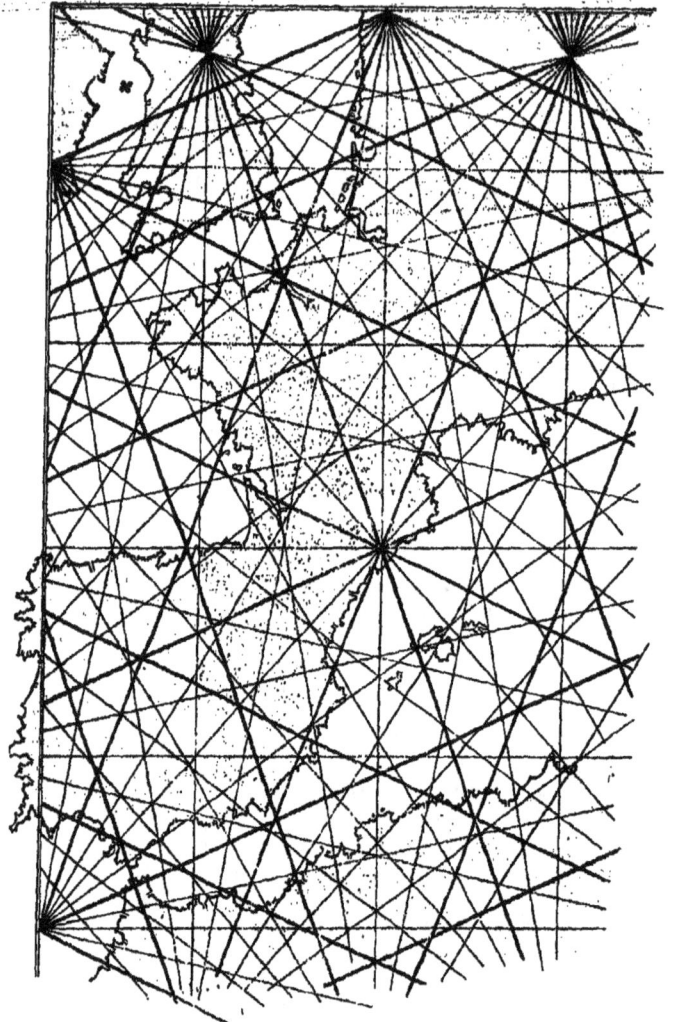

Fig. 8. — Esquisse d'une partie de l'Europe occidentale, d'après la carte mogrébine du xiiie siècle, de la Bibliothèque ambrosienne.

dans son étendue; enfin les côtes au delà de l'Elbe, trop verticales et trop raccourcies tout ensemble[1].

D'autre part, la nomenclature est, le plus souvent, toute semblable chez le Mogrebin du XIII° siècle et chez les Catalans du XIV° [2]. Prenons à titre d'exemple quelques-uns des noms inscrits par l'anonyme arabe le long du littoral des Iles Britanniques. Il y en a quatre sur la côte occidentale d'Irlande, qui apparaît dans l'angle supérieur de sa carte. Ce sont, suivant les lectures de M. G. Hoffmann, *Stanforda*, *Doudsouh*, *Dunbelim*, *Qatdfort*. On ne peut contester que trois de ces mots soient tout pareils aux vocables correspondants de notre plus ancienne carte catalane, *Stanforda*, *Doudach*, *Dunuelim* et *Qataforda*. Sur les côtes de la Grande-Bretagne, *Berwiki* et *Berhuic* (Berwick), *Ullo-Ullo* et *Vllo* (Hull), *Qisalesiun* et *Guinsalexeo* (Winchelsea), *Mirfort* et *Miraforda* (Milford), *Dunfris* et *Donfres* (Dumfries), etc., peuvent passer pour identiques.

D'autres mots, en petit nombre, sont, il est vrai, difficilement réductibles aux formes catalanes. Par contre, on n'arrive à expliquer que grâce à leur passage et à leur déformation chez les géographes arabes, les formes singulières que prennent et gardent plusieurs des termes de la nomenclature géographique du XIV° siècle.

Nous citerons, à titre d'exemples, *Virgalles*, terme inscrit au pays de Galles par les géographes catalans, qui vient clairement d'un *birkales* arabe que M. G. Hoffmann considère comme une mauvaise variante de *norkales*. *Cur de laga*, cette bizarre appellation que porte le cap de la Hague, *Veles quel*, cet autre singulier vocable, inscrit parfois entre Noirmoutier et les Sables-d'Olonne, ont pu passer par l'arabe avant de parvenir à nos cosmographes catalans.

Ceux-ci ont combiné ce fonds géographique emprunté à la nomenclature mogrebine avec celui que leur donnait le portulan

---

(1) Amat de S. Filippo et Uzielli, *éd. cit.*, t. II, p. 229. — Th. Fischer, *op. cit.*, p. 226. — Tastu a plusieurs fois insisté sur certains détails d'origine arabe, qu'il rencontrait dans l'*Atlas catalan de Charles V* (op. cit., pp. 28, 32, 35), et la grande carte majorcaine de Gabriel de Vallsequa. — Cf. J. Lelewel, *Épilogue*, p. 127.

(2) L'antériorité considérable de cette carte arabe, son étendue restreinte vers le N.-E., le peu de noms qu'on y trouve, à proportion, dans les régions limitées qu'elle représente, tout cela doit empêcher d'accepter l'idée qui a été préconisée d'une imitation de documents d'origine latine, faite dans le Mogreb, à Ceuta, par exemple, par un dessinateur instruit (Th. Fischer, *loc. cit.*).

génois et couvert ainsi de noms variés et nombreux leurs cartes marines. Le catalogue des noms de lieux de la Grande-Bretagne, par exemple, se compose de près de quatre-vingts mots dans la première mappemonde connue, d'origine majorcaine, quand la même liste ne comptait que dix-neuf mots dans la carte arabe de Milan, et trente huit chez Pietro Visconte.

Mais c'est surtout, ainsi que je l'ai déjà dit, en élargissant vers le nord et le nord-est le cercle des connaissances positives que les cosmographes de Majorque et de Barcelone, etc., ont bien mérité de la science.

Les Hanséates, qu'ils fréquentaient à Bruges, leur communiquaient ce qu'ils savaient des côtes de la Baltique et de la mer du Nord, et leur donnaient, au moins en résumé, les portulans des Scandinaves[1], qui apparaissent pour la première fois combinés aux itinéraires commerciaux des marchands du Saint-Empire dans la mappemonde de Dulcert, de 1339, la plus ancienne que l'on connaisse aujourd'hui de celles de l'école catalane[2].

C'est à ce cosmographe, hier encore tout à fait ignoré, qu'il y a lieu d'attribuer provisoirement l'honneur de ce progrès énorme. Nous insisterons toutefois sur ce point, à savoir que, si Dulcert est bien le premier, par ordre de date, des cosmographes catalans dont les travaux nous ont été conservés, il est extrêmement probable que sa mappemonde de 1339 reproduit, en la modifiant peut-être à quelques égards, une œuvre plus ancienne, véritable prototype dont se sont inspirés, non seulement Angelino Dulcert, mais encore Guillaume Sollery et tous ces cosmographes anonymes qui dessinaient des mappemondes à Majorque, à Barcelone ou à Valence.

Toutes leurs œuvres se rassemblent; elles ont, dès le premier abord, un air de parenté qui les fait reconnaître entre les autres

---

[1] On connaît, en effet, plusieurs portulans scandinaves de la seconde moitié du XIIIe siècle, qui ont été imprimés dans les *Scriptores rerum Danicarum medii ævi* de Langebek. Le plus intéressant au point de vue de notre sujet actuel est celui qui est intitulé *Navigatio ex Dania per mare Balthicum ad Estoniam* (Langebek, t. V, p. 623). Un autre portulan de même époque expose l'itinéraire maritime que suivaient les pèlerins du Nord se rendant en Terre Sainte par le Vestrveg (*Navigatio ex Dania per mare OccidentaleOrientem versus circa 1270* (Langebek, t. V, p. 672. — Cf. P. Riant, *Expéditions et pèlerinages des Scandinaves en Terre Sainte au temps des Croisades*. Paris, 1865, in-8o, p. 72, etc.).

[2] Voyez plus loin l'Appendice, n° 1.

monuments géographiques du temps, et ce n'est pas l'impression la moins frappante que suggère l'étude un peu attentive de leurs détails que celle de l'uniformité de tant de travaux, échelonnés pourtant sur un espace de plus de trois siècles...

Une fois en possession de ce type cartographique, acquis au prix d'énormes difficultés, pendant la grande période d'expansion de leur influence politique et commerciale, les Catalans ne feront plus que le recopier sans cesse, en Italie où ils émigrent aussi bien qu'en Espagne; qu'ils exécutent d'ailleurs des cartes usuelles comme les Benincasa [1], les Prunes, les Olives, ou qu'ils enluminent avec luxe, en or et en couleur, les grandes mappemondes, qui ont fait le renom d'un Gabriel de Valsequa.

VII

Le prototype de l'école catalane, dont nous allons maintenant aborder l'examen, en ce qui concerne le septentrion de l'Europe (Pl. I), est à la fois largement étendu et considérablement détaillé.

Il attribue, en effet, à cette région une surface d'environ $0^m,70$ à $0^m,75$ de largeur sur $0^m,25$ à $0^m,30$ de hauteur, et inscrit, dans cet espace, des centaines de noms et un certain nombre de descriptions plus ou moins étendues. Toute cette nomenclature n'est pas également intéressante; il ne sera vraiment utile de nous arrêter qu'aux noms employés pour la première fois par l'auteur, ou à l'occasion desquels il nous fournira quelque renseignement personnel.

Je commence cet examen par l'angle Nord-Ouest de la carte où se trouve peint un disque, avec ces mots *Insula de Brazil*.

Insula de Brazil. — L'île ainsi désignée, située au couchant de l'Irlande, est une des nombreuses îles fantastiques semées dans l'Océan par l'imagination des hagiographes occidentaux. Elle se rattache à cet ensemble de terres inconnues où les croyances populaires ont tour à tour placé la *Terre promise des Saints* et le *Paradis des Oiseaux*, l'*Ile des Délices* et l'*île Perdue*, le séjour des disciples de Patrice et d'Ailbée et les *Septe citade* de l'archevêque

(1) Je prouverai ailleurs que les Benincasa d'Ancône sont originaires de Majorque.

de Porto et de ses suffragants[1], îles mobiles et fugaces, vues quelque jour par grand hasard, et qu'on ne retrouvera jamais ensuite.

L'île de Brazil ou O'Brasil, célèbre dans la légende irlandaise, n'était pas encore oubliée au XVIIe siècle.

« Des îles d'Aran, écrivait alors O'Flaherty, et du continent de l'ouest paraît souvent visible l'île enchanteresse que l'on nomme O'Brasil et en irlandais Beg'Ara ou la petite Aran (*lesser* Aran), aujourd'hui bannie des cartes de navigation. Est-ce une île réelle, rendue inaccessible par ordre spécial de Dieu, comme une sorte de paradis terrestre, ou bien le résultat d'une illusion produite par de légers nuages apparaissant à la surface de la mer; ou encore faut-il y reconnaître le séjour de quelques mauvais esprits? Ce sont là des questions qu'il ne nous appartient point de juger[2]. »

Les cosmographes ont presque tous inscrit, après Dulcert, l'île de Brazil sur leurs mappemondes; il en est même plusieurs qui ont répété à diverses reprises ce nom qui garnissait un peu les vides de leur carte. On trouve deux îles de Brazil dans l'Atlas de Charles V[3], et la carte des Pizzigani de 1367 en mentionne jusqu'à trois.

(1) D'Avezac, *Les îles fantastiques de l'Océan occidental au moyen âge*. Paris, 1845, br. in-8.
(2) R. O'Flaherty, *A Chorographical Description of West or H.-Iar Connaught (1684)*. Dublin, Irish Arch. Soc. 1846, in-4°, p. 68-69.
(3) L'atlas de Charles V, dont il est ici question, est le manuscrit grand in-f° qui porte le n° 6816 de l'ancien fonds des manuscrits de la Bibliothèque nationale de Paris. Composé en 1375, il a fait partie, dès 1380, de la Bibliothèque du roi, placée alors au Louvre (Cf. L. Delisle, *Le Cabinet des manuscrits de la Bibliothèque impériale*, t. I, p. 22, 1868, in-4). Walckenaer a, le premier, appelé l'attention sur ce précieux document, et J. Tastu en a publié, avec J.-A.-C. Buchon, une description détaillée en 1839 [*Notice d'un Atlas en langue catalane, manuscrit de l'an 1375, conservé parmi les manuscrits de la Bibliothèque royale sous le n° 6816, fonds ancien, in-folio maximo* (Notices et extraits des manuscrits, t. XIV, 2e part.). Paris, 1839, in-4°, 6 pl., gr. in-f°]. Les lectures de Buchon et Tastu sont généralement bonnes, mais leurs déterminations géographiques sont fréquemment mauvaises, et je n'aurai que rarement à les mentionner : il serait trop long et tout à fait inutile d'en relever les erreurs.

Deux autres documents espagnols du XIVe siècle seront cités nombre de fois dans les pages qui suivent avec l'atlas de 1375; ce sont une mappemonde catalane qui appartient au *Museo Borbonico* de Naples et qui, gravée par Rodini, sous la direction de Mgr Rossi, a été brièvement commentée par

Irlanda. — Après avoir entretenu des relations assez actives avec le reste du monde occidental, l'Irlande s'était peu à peu isolée à tel point que l'on avait perdu, chez les peuples de la Méditerranée, presque toute notion exacte de la situation, de la grandeur, de la forme de cette terre à peu près oubliée.

Aucun autre nom de lieu n'était demeuré dans la mémoire des géographes que celui de l'île elle-même[1], qu'ils écrivaient *Hibernia*, *Ybernia*, en lui donnant d'ailleurs les positions, les dimensions et les contours les plus divers.

La mappemonde cottonienne (fig. 1) assigne, pour la première fois, à l'Hibernie des formes générales qui se rapprochent de la réalité, mais l'orientation y est fort mauvaise, et les rapports de l'île avec les îles voisines ne sont aucunement observés. Au xiiiᵉ siècle encore, l'*Hibernia* de la mappemonde d'Hereford, allongée en forme de poisson, est entièrement incorrecte.

Les Anglais sont seuls à commercer dans ces parages[2]; tous les renseignements nautiques utiles sont entre leurs mains et ne paraissent pas s'étendre bien loin sur les côtes, au nord et au sud de Dublin. Aussi, quand les Arabes et les Italiens exécutent les premières cartes marines, c'est seulement un petit coin de l'île qu'ils représentent, avec quelques noms de ports tels que Dublin, (Dunbelim), ou Waterford (Qatafor)[3].

La seule carte italienne du commencement du xiiiᵉ siècle[4], qui

d'Avezac (*Carte du Musée Bourbon, à Naples. Bull. Soc. de géogr.*, 2ᵉ sér., t. XX, p. 64-68, 1843), et un ouvrage composé vers 1350 par un anonyme, que l'on a longtemps cru être un frère mendiant, ayant parcouru le monde, et qui n'est autre chose qu'une géographie *en action*, un récit de voyages fictifs reposant, comme M. Morel-Fatio l'a fait observer (*Rev. crit. d'hist. et de litt.*, t. X), sur l'examen de quelque mappemonde analogue à celle que nous commentons ci-après. On trouvera dans les notes qui suivent maintes preuves à l'appui de notre manière de comprendre cet ouvrage. (Cf. *Libro del Conoscimiento de todos los reinos et terras et senorios, que son por el mundo.*, etc., publ. par Marcos Jiménez de la Espada. Madrid, 1877, 1 vol. in-8ᵒ, planches).

(1) Encore ce nom fait-il lui-même défaut aux cartes des xiᵉ et xiiᵉ siècles de Turin, de Leipzig, etc. (Cf. Jomard, *Monuments*, etc., Santarem et Lelewell, *Atlas*, pass., etc.)

(2) « Que vaudrait l'Irlande, dit William de Malmesbury, sans les marchandises qu'y apportent les vaisseaux anglais ? » (*Gesta Regum Anglorum*, lib. V, ann. 1119. Londini, 1840, in-8, vol. II, p. 638.)

(3) Voy. plus haut, p. 33.

(4) Desimoni e Belgrano, *Atlante idrografico del medio evo posseduto dal Prof. Tammar Luxoro, pubblicato a fac-simile ed annotato*. Genova. Soc. Lig.

ait fait une place à l'Irlande, énumère les points remarquables depuis le golfe de Dunseverick que le cartographe appelle *Dansobrinim* jusqu'à *Gleabarom*, où je crois reconnaître, avec MM. Desimoni et Belgrano, la petite ville de Skibbereen, un peu au delà de Cork. La côte est assez exactement figurée du cap Clogh au cap Stet, et le cours du fleuve, aux bords duquel sont placés *Roxe* (Ross) et *Gataforda* (Waterford), est passablement dessiné.

La carte catalane de 1339 trace avec une certaine précision le littoral entre le cap Stet et Dunseverick (*Donsobrin*), indiqué seulement dans l'*Atlante Luxoro* et le prolonge au nord jusqu'au Port Rush (*Porto Rosso*) et à Bann Haven (*Le Bam*). En outre les côtes occidentales y apparaissent pour la première fois avec une nomenclature assez abondante, qui se poursuit au nord jusqu'au comté de Tyrconell dont le Catalan fait une île, *insula de T'conel*.

Le rivage tracé au-dessus de ce dernier mot, et qui rejoint, sous un angle obtus, celui de *Donsobrin*, est encore une ligne de convention qui ne répond à aucun levé direct; mais celui qui s'étend au sud de Tirconel a déjà l'aspect résultant d'une observation personnelle, si superficielle qu'elle puisse être.

Nous allons l'examiner avec quelques détails.

Les premiers mots écrits dans le N.-O. de l'île, *Insula de T'conel*, correspondent au comté du même nom, aussi appelé comté de Donegall et séparé de Fermanagh et de Leitrim par les lacs Earn et le courant qui déverse leurs eaux dans la baie de Donegall. Ce territoire pouvait très aisément être pris au premier abord pour une grande île.

A quelque distance au N.-O. de *Tirconel*, une île ronde, d'une certaine grosseur, porte le nom *Ingildaculy* pour Insul[a] d'Aculy, l'île ou les îles d'Achill, à l'entrée de la baie de Clow[1].

Cauo Seligra, qui vient ensuite sur la côte occidentale, me paraît rappeler Sligah, qui possédait jadis un château construit par Maurice Fitz Gerald, *chief-justice* d'Irlande en 1242 et resté la propriété de la puissante famille des Fitz Gerald jusqu'au temps de John, premier comte de Kildare[2].

1867, in-8°. — Cf. Desimoni, *Nuovi studi sull' Atlante Luxoro*. Genova. Soc. Lig. 1868, in-8°.

(1) C'est un premier exemple de ces déplacements assez fréquents chez les cosmographes du XIV° siècle, et qu'explique fort aisément une connaissance insuffisante de rivages sur lesquels on ne possédait encore que des renseignements peu précis.

(2) W. Camden, *Britannia, a Chronographical Description of the flourish-*

Abram semble être le petit groupe des îles Arran situé vers la rive méridionale de l'entrée de la baie de Galway[1]. La principale de ces îles était appelée *Arran Naomh* ou Arran des Saints; elle avait été consacrée par le fameux saint Brandan et possédait les corps d'un certain nombre de pieux personnages, en l'honneur desquels des monuments religieux y avaient été construits. On assurait que dans cette île les cadavres humains ne se décomposaient point[2].

C'est une des nombreuses merveilles que la légende a longtemps prêtées aux terres irlandaises et dont Dulcert énumère les plus connues avec beaucoup de complaisance dans une longue inscription placée à quelque distance au nord de l'île.

In Hibernia, dit le cosmographe de 1339, *que Irlanda dicitur sunt multa mira | bilia que credenda sunt. vt narrat Yssidolus. | Est autem in Ibernia Insula quedan parua in qua homines | nonquam moriuntur, Sed quando nimio senio aficiuntur | ut moriantur, extra Insulam deferuntur. Est alia | Insula in qua sunt arbores quabus aves portantur et sicut | papones maturant. Item est allia Insula in qua | mulieres pregnantes nonquam pariunt. Sed quando sunt | determinate ad peperiendon extra Insulam | deferuntur secondom consuetudinem.*

Nulus est serpens, nula rana, nula aranea | venenosa. Ymo tota tera est contraria adeo | venenosis vt idem delata et dispersa perimit.

L'atlas catalan de Charles V (1375) reproduit presque textuellement les mêmes légendes, avec quelques inversions :

En Inbernia, y lit-on, *ha moltes illes merauellosas que son credores | en les quals nia vna poque quels homens nuyl tempms no y | moren mas con son molt veys qve muyron son aportats | fora la illa. No y a neguna serpent ne naguna granota | ne naguna aranya verinosa, ahans tota la terra es contr | ariosa, a tota bistia verinosa : Cor aqui es lacus e insull | Encora mes hi a arbres als quels aucels hi sun por | tats axi com a figu mmadura, item hia altre illa en | la*

---

ing Kingdoms of England, Scotland and Ireland and the adjacent Islands from the earliest antiquity. Ed.-R. Gough. London, 1784, in-f°, t. III, p. 639. — Il y a aussi dans ces parages une ville et une baie de Sligo.

(1) O'Flaherty, auteur de la description du Connaught citée plus haut, a donné de longs détails sur ces îles.

(2) On trouve une allusion à cette légende dans la mappemonde des Pizzigani de 1367. — Cf. *Giraldi Cambrensis opera*, edited by James F. Dimock, vol. V, p. 83. London, 1887, in-8. — Gough, *loc. cit.*, p. 583.

qual les fembres no enfanten mas con son determe | nades a enfantar son portades fora la illa segons custuma.

Tastu, qui annotait ce dernier texte, ayant rencontré les mêmes histoires ou à peu près dans le *Dittamondo* de Fazio degli Uberti, traducteur et amplificateur de Solin, qui écrivait entre les années 1355 et 1367, se persuada que c'était à ce poète italien que l'anonyme de 1375 avait emprunté ses légendes[1].

Leur présence en un coin de la mappemonde de Dulcert, antérieure de seize ans au moins au *Dittamondo* de Fazio, montre que la source en doit être cherchée plus haut.

Elles sont, en effet, largement développées déjà dans la *Topographia Hibernica*[2] de Giraldus Cambrensis, ouvrage de la fin du XII⁰ siècle (vers 1167 ou 1168), et quelques-unes d'entre elles figurent dans les écrits bien plus anciens de Saxo Grammaticus, du vénérable Bède, d'Isidore de Séville, ainsi que le proclame Dulcert, — *Ut narrat Ysidolus*.

L'île où l'on ne peut pas mourir est la plus petite, dit Girald de Cambrien, de deux îles situées dans un lac du nord du Munster (*lacus in Momonia boreali*). On nomme pour cette raison cette île l'*île des Vivants* (*Viventium insula*)[3]. « Quand ils n'ont plus aucun espoir, dit Girald, quand ils sentent qu'il ne leur reste rien de véritablement vital, et que, le mal s'aggravant, ils en sont, en définitive, si profondément atteints qu'il leur semble préférable de mourir vraiment que de vivre une vie de mort, ils se font porter en canot dans la grande île. A peine ont-ils touché la terre qu'ils rendent l'esprit[4]. »

Une note de Kelly, citée par M. Dimock à propos de ce texte, place l'*île des Vivants* à trois milles de Roserca, paroisse de Corbally, dans un lac appelé *Lough Cree*, aujourd'hui desséché. Ne

---

(1) Cf. Tastu, *op. cit.*, p. 44, n° 1.

(2) *Topographia hibernica*, distinct. II, c. IV et sqq. (*Giraldi Cambrensis opera*, edited by James F. Dimock, vol. V, p. 80, etc. London, 1867, in-8.)

(3) Ce serait, suivant Camden, l'une des îles d'Arran, dont je parlais plus haut... mentioned in romances by the name of the *island of living* (ed. cit., t. III, p. 580). Le mot *Virencium*, inscrit dans la mappemonde de Hereford, la reporte à l'extrémité sud de l'Irlande.

(4) Cumque nihil amplius spei, nihil vitæ vitalis superesse præsentiunt, eumque, invalescente valetudine, tam finaliter afflicti fuerint, ut morte mori mallint quam vitam ducere mortis, in majorem demum insulam se navicula deferri faciunt. Qui statim ut terram attingunt, spiritum reddunt (*Girald. Cambr.*, dist. II, c. IV, p. 81).

serait-ce pas l'une des *insule Lacaris*, semées en si grand nombre au milieu d'un golfe profond qui échancre un peu plus bas sur notre carte la côte occidentale de l'Irlande? Ce *Lough Cree*, aussi nommé *Lough Keara* sur les cartes des derniers siècles, était jadis la source première des eaux fort abondantes qui s'écoulent dans la baie de Galway par le Lough Corrib. Or ce dernier renferme justement dans son bassin supérieur une si grande quantité de petites îles que, suivant un dicton populaire, *il y en a une pour chaque jour de l'année*. Ce sont ces innombrables îles du lac Corrib, qui représentent les *insule Lacaris* de la mappemonde de *Dulcert*. Elles figuraient déjà à la même place dans une des cartes sanutines, avec cette inscription :

Gulffo de issolle CCCLVIII[1] *beate et fortunate.*

La légende des îles fortunées appartient à ce cycle de récits fantastiques inspirés peut-être à l'origine par les fables maritimes des Orientaux, et considérablement augmentés par les narrateurs des voyages de Saint-Brandan ou de Saint-Malo dans l'Ouest[2]. Îles du *Bonheur* chez les Arabes, elles deviennent l'*Île des Délices*, la *Terre promise des Saints*, etc., pour les Irlandais du XIe siècle, et le golfe où Dulcert les groupe prend sous la plume de ses successeurs le nom de *lacus fortunatus* (Atlas de Charles V) ou *fortunatus* (Solery) qu'il conservera pendant tout le Moyen Âge[3].

La fable des arbres où poussent des oiseaux, résumée par notre cosmographe, est, comme la précédente, tout au long dans la *Topographia Hibernica*. C'est aux *bernaches* ou *bernacles*, palmipèdes fort voisins des oies, que cette fable s'applique. « Il est ici, dit Girald, des oiseaux nombreux nommés bernaches, que la nature produit d'une façon admirable et contre nature; ils sont semblables aux râles de marais, mais plus petits. Ils poussent comme des gommes sur les branches de sapin[4] entraînées sur les

---

(1) C'est 365 qu'on devrait lire, pour qu'il ait une île pour chaque jour de l'année.

(2) D'Avezac, *Les Îles fantastiques*, etc., p. 9.

(3) Gratiosus Benincosa réunit même les deux mentions dans sa carte de 1467. On lit en effet : « *Lacus fortunatus ubi sunt Insule que dicuntur Insule Sancte Beate* CCCLXVII.

(4) C'est en souvenir de cette fable que, dans certaines de nos provinces, on appelle parfois, encore aujourd'hui, la bernache du nom de *sapinette*.

eaux. De là, comme par un algue adhérente au bois, enfermés, pour faciliter la formation, dans un test coquillier¹, ils pendent par le bec jusqu'à ce que, par la suite du temps, ayant revêtu un solide costume emplumé, ils tombent dans l'eau ou librement se transportent en volant à travers les airs. Ils prennent ainsi leur aliment et leur accroissement d'un suc tout à la fois ligneux et marin, par une force séminale occulte qu'on ne saurait trop admirer². » Et Girald ajoute qu'il a vu fréquemment de ses yeux sur le bord de la mer, suspendus à un seul arbre, plus de mille de ces petits corpuscules d'oiseaux, enfermés dans leur test et déjà tout formés. Il affirme d'ailleurs qu'il n'y a chez les bernaches ni rapprochement sexuel, ni nidification, ni incubation d'aucune sorte³, ce qui explique que, dans certains cantons (*in quibusdam Hiberniæ partibus*), évêques et religieux mangent ces oiseaux

---

(1) D'où le nom d'*analife* qui désigne encore un genre de coquilles et qui vient des mots *anas*, canard, et *fero*, je porte, *coquille qui porte un canard*. L'analife lisse est d'ailleurs, encore maintenant, désignée par les Bretons sous les noms de *bernacle* ou *barnacle*.

Albert le Grand avait réfuté ces contes absurdes dès l'époque même où Girald contribuait à les répandre; ils se sont cependant maintenus dans la science jusqu'au XVIIᵉ siècle. On trouvera l'histoire détaillée des croyances sur la bernache dans Buffon. (*Hist. nat. des Oiseaux*, t. IX, p. 93 et suiv. Paris, impr. roy., 1783, in-4.)

(2) Sunt et aves hic multæ, quæ bernacæ vocantur; quos mirum in modum contra naturam natura producit, aucis quidem palustribus similes, sed minores. Ex lignis namque abietinis, per æquora devolutis, primo quasi gummi nascuntur. Dehinc tanquam ab alga ligno cohærente, conchilibus testis ad liberiorem formationem inclusæ, per rostra dependent; et sic quo usque processu temporis, firmam plumarum vestituram indutæ, vel in aquas decidunt, vel in aeris libertatem volatu se transferunt. Ex succo ligneo marino que occulta nimis admirandaque seminii ratione, alimenta simul incrementa que suscipiunt. Vidi multoties oculis meis plusquam mille minuta hujusmodi avium corpuscula in litore maris ab uno ligno dependentia, testis inclusa et jam formata... (Id., *ibid.*, dist. I, ch. xv, p. 47).

(3) « Comme les bernaches ne nichent que fort avant dans les terres du Nord, dit Buffon, personne, pendant longtemps, ne pouvoit dire avoir observé leur génération, ni vu leurs nids; et les Hollandois, dans une navigation au 80ᵉ degré, furent les premiers qui les trouvèrent (*Trois navigations faites par les Hollandais au Septentrion*, par Gérard de Vera, Paris, 1599, p. 112 et 113). Cependant les bernaches doivent nicher en Norwège, s'il est vrai, comme le dit Pontoppidan, qu'on les y voit pendant tout l'été... elles se rendent aussi en Irlande, et particulièrement dans la baie de Lough foyle, près de Londonderri... » (Buffon, *Hist. nat. des Oiseaux*, t. IX, p. 99-100).

les jours maigres, *tanquam non carneis, quia de carne non natis*[1].

On trouve encore de longs détails dans Girald le Cambrien sur l'île où les femmes ne peuvent accoucher ; il la place au nord de la Bretagne, *in boreali Britanniæ parte* [2].

L'absence de serpents, signalée déjà dans Solin [3], est également l'objet des observations de Girald. L'Irlande, assure-t-il après Bède[4], n'a point d'animaux venimeux ; elle n'a ni serpents, ni couleuvres, ni crapauds, ni grenouilles, ni tortues, ni scorpions, ni dragons [5], et si l'on y trouve des araignées, des sangsues, des lézards, toutes ces bêtes sont inoffensives [6].

L'Irlande devrait ce privilège, suivant certaines conjectures, à l'intervention de saint Patrice et d'autres saints locaux ; mais Girald croit plus probable que, dès les premiers temps, par conséquent bien avant l'établissement du christianisme, l'île était déjà exempte d'animaux venimeux, par une sorte d'immunité naturelle.

Non seulement, d'ailleurs, rien de venimeux ne peut naître sur

(1) Tout ceci se retrouve un peu abrégé dans le *De Natura Rerum*, d'Alexandre Neckam, aussi nommé Alexandre de St-Alban (1158-1207). (Girald, Cambr., dist. I, ch. cxv, p. 48, n.)

(2) « Est in boreali Britanniæ parte insula quædam, quæ et sancta vocatur, ubi mulieres non pariunt ; concipiunt tamen et præguantes effectæ usque ad pariendi articulum naturaliter intumescunt. Quo imminente, ad alteram insulam advectæ, naturali libertate naturæ indulgent. Quæ si forte detentæ fuerint, sicut aliquoties probandi gratia compertum est, intolerabili statim vexatione torquentur ; et usque ad ipsas fere mortis angustias, donec emittantur, dolore premuntur (Id., *ibid.*, dist. II, ch. iv, p. 82).

(3) Illic nullus anguis (C.-Julii Solini *Polyhistor.*, ch. xxxv).

(4) Nullum ibi reptile videri soleat, nullus vivere serpens valeat (Bedæ *Hist. Eccles.*, I, 1).

(5) La faune herpétologique irlandaise est, en effet, fort pauvre. La Grande-Bretagne a deux espèces de grenouilles et deux espèces de crapauds ; l'Irlande ne possède aucun spécimen de ces deux genres, et ses seuls batraciens sont deux tritons (la Grande-Bretagne en a deux autres en plus). Comme serpents l'Irlande ne connaît qu'une colubridé du genre *trepidonotus* et deux lacertiens qui vivent aussi en Grande-Bretagne où l'on trouve en outre un *pelias*, une *coronelle* et un *anguis* (Cf. E. Schreiber, *Herpetologia Europea*, Braunschweig, 1875, in-8°, pass.). Quant aux araignées et aux sangsues, on sait qu'aucune espèce dangereuse ne vit dans le nord de l'Europe.

(6) Inter omnia vermium genera, solis non nocivis Hibernia gaudet. Venenosis enim omnibus caret, caret serpentibus et colubris, caret bufonibus et ranis, caret tortuis et scorpionibus, caret et draconibus. Habet tamen araneas, habet sanguisugas, habet et lacertas, sed has prorsus innocuas. (Id., *ibid.*, dist. II, ch. xxviii, p. 62.)

le sol irlandais, rien de venimeux apporté d'ailleurs n'y peut vivre [1]. Et Girald cite, à l'appui, comme Bède l'avait déjà fait, des expériences qu'il considère comme parfaitement concluantes [2].

Il est question de crapauds morts en touchant la terre irlandaise ou de serpents que l'air seul suffit à faire mourir, quand ils dés passent le milieu du canal de Saint-Georges. Une seule fois, près de Waterford (*apud Waterfordiam*), on trouva une grenouille dans un pré, et le roi Duvenald en tira de funestes présages, que la conquête de l'île par les Anglais vint bientôt après vérifier [3].

Il est temps de revenir, après cette digression, provoquée par les inscriptions accolées par Dulcert au profil de son Irlande, à l'étude de la nomenclature de la côte occidentale que nous avons laissé au mot *Abram*.

Le mot suivant est *Comincidela*. J'y crois retrouver une déformation des mots *Conail Cinel*, employés dans le poème de Cormacan Eigeas pour désigner en un point de son périple la race ou progéniture de Conaill. Les gens de Conaill, dit John O'Donovan, étaient les descendants de Conall Gurban, fils de Niall, *the son*

---

[1] Nil venenosum aliunde advectum usquam continere vel potuit vel potest (Girald. Camb, *op. cit.*, dist. II, ch. xxix, p. 63).

[2] Nam sæpe illo de Britannia adlati serpentes, mox ut, proximante terris navigio, odore aeris illius adtacti fuerint, intereunt. (Bed. *Hist. Eccles.*, I, 1). — Legitur namque in antiquis terræ istius sanctorum scriptis quod aliquoties experiendi gratia, serpentes in ollis æneis delati sunt. Sed quam cito medium maris hibernici cursum transmeaverant, exanimes et mortui reperti sunt. Toxicum quoque, similiter allatum, mediis in fluctibus innata malitia benignior aura privavit... Scrutatores oceani mercatores asseruerunt audivimus, quod cum naves in porto hibernico aliquoties exonerassent, bufones casu illatos in fondo navium invenerunt; quosdam vivos in terram projecissent, statim vero ventre, videntibus et admirantibus multis, medii crepuerunt et interierunt. (Girald. Camb., *op. cit.*, dist. II, ch. xxix, p. 63).

[3] « Nostris tamen temporibus, apud Waterfordiam, herbosis in pascuis rana reperta fuit ; et coram Roberto Poer, tunc ibi rectore, aliis que multis tam Anglicis quam Hibernicis, in curiam viva delata est. Cumque ipsam multum Anglici, multoque plus Hibernici cum admiratione conspexissent, demum Duvenaldus rex Ossiriensis, vir prudens in gente sua et fidelis, tunc forte præsens existens, cum grandi capitis concussione, gravique cordis dolore, verbum hoc eructavit : « Pessimos in Hiberniam rumores vermis iste portavit. » Utensque tanquam pronostico vero, certissimum hoc signum esse dicebat adventus Anglorum, imminentis que conquisitionis et expugnationis totius gentis suæ. » (Girald. Camb., *op. cit.*, dist. II, ch. xxxii, p. 65. — Les ch. xxx et xxxi sont intitulés, l'un : *De pulvere terræ istius* (Hiberniæ) *venenosos vermes necanti*, l'autre : *De corrigiis terræ istius contra venena conferentibus*.)

of Niall of the Nine Hastages, monarch of Ireland in the fourth Century [1].

Bordeali, qui suit *Comincidela*, pourrait bien correspondre au Broad Haven de nos cartes nautiques [2].

Confrenchellan, qu'on lit ensuite, est, de même que *Comincidela*, un petit membre de phrase qui s'est profondément modifié en passant de l'erse dans les dialectes latins. J'ai très longtemps cherché, avant de trouver une identification acceptable, et celle que je propose à titre provisoire n'est encore fondée que sur une ressemblance partielle. Je trouve dans Camden [3] les mots *ellan n'fradadory* traduits par Ile du purgatoire (*the island of Purgatory* and *Patrick' Purgatory*). Si Confrenchellan et *ellan'*a fradadory ont vraiment quelque chose de commun, ainsi que je le suppose, on pourra voir dans l'emploi du premier de ces vocables pour désigner un point de l'Ouest irlandais le souvenir d'une des légendes les plus remarquables de l'Ulster et du Connaught [4]. Les choses ainsi réglées, Dulcert et ses imitateurs seront lavés du reproche d'avoir négligé d'indiquer dans leurs mappemondes une localité célébrée dans la légende de Fortunatus et les récits de Henry de Saltrey, de Mathieu Pâris, etc., etc. [5], et qui s'est maintenue dans

---

(1) *The circuit of Ireland by Muircheartach Mac Neill*, etc. (*Tracts relating to Ireland*, printed for the *Irish Archæological Society*, vol. I, p. 50, Dublin, 1840, in-4°.)

(2) Lelewel qui a tenté d'expliquer toute cette nomenclature, dont il connaissait à peu près la suite par l'atlas de Charles V, n'a point identifié *Comincidela* qu'il rapproche du Connadella de Benincasa et du Cormadella de Ubello et Esseler. Il fait de *Bordeali* (Bordellini de Benincasa) une forme ancienne de Burishool, de Boraco et de Broca (?). (Cf. *Atl. cit., Portulan général*, p. 1-2.)

(3) Camden, *éd. cit.*, vol. III, p. 639. — Ce purgatoire de saint Patrick, si célèbre au Moyen Age, est placé tantôt dans la ville de *Vernic* près *Valdric*, tantôt et le plus souvent dans une caverne de la petite île du Lough Dery, comté de Donegall.

(4) On pourrait encore rapprocher *Confrenchellan* de *Cretshalach*, aujourd'hui Cratlagh, localité bien connue du comté de Clare, à 4 milles au N.-O. de Limerick. Il est question de *Cretshalach* dans le poème déjà cité de Cormacan Eigeas [*The circuit of Ireland by Muircheartach nar Neill* (*Tracts relating to Ireland*, printed for the *Irish Archæological Society*, vol. I, p. 47)].

(5) S. Baring-Gould, *Curious Myths of the Middle Ages*, London, 1884, in-12, p. 230-249. — Cf. R. P. Fr. Bouillon, *Histoire de la vie et du purgatoire de saint Patrice*, Paris, 1651; — Tarbé, *Le purgatoire de saint Patrice, légende du XIII° siècle*, Paris, 1842, in-8°; — Wright (Th.), *S. Patrick's Purgatory* London, 1844, in-8°; — Champollion-Figeac, *Mélanges historiques*, t. III; — F. Denis, *Le Monde enchanté*, Paris, 1843, in-16°, p. 157, 174. etc. — Voir aussi

la cartographie jusqu'à la fin du dernier siècle, quoique bouleversée par ordre de Rome dès l'année 1497 [1].

Lelewel avait cru pouvoir identifier notre *Confrenchellan* à Cronekell, ce qui est absolument inadmissible. Il faisait du *cap Stronbre* qui vient ensuite la pointe Cadon, du canton de Corsomroe. Je considère, pour ma part, ce cap Stronbre, dont je ne retrouve point le nom sur les cartes des XVIe, XVIIe et XVIIIe siècles que j'ai sous les yeux [2], comme formé de l'ensemble de la péninsule comprise entre l'embouchure du Shanon et la baie de Dingle, dont il va être maintenant question.

San brandan est le mont Saint-Brandon; *Ledens* correspond à Dingle. « A cinq milles de Dingle, dit Gough, est St-Brandon's Hill, à peine un peu inférieur, s'il l'est même, au Mangerton ou The Recks, et dépassant si bien en hauteur le Knock Patrick de Limerick, célébré par Necham comme la plus haute cime d'Irlande, que Smith ne doute point qu'il ne soit vraiment la montagne visée par le vieux poète. »

Dranert est Ardeannaght, *Boreta* rappelle le Bray-Head des cartes modernes. *Drorosey* est sans aucun doute l'île Dursey, *Bire* l'île Bear. Le *cap de Clar* est le cap Clear avec ses ruines auxquelles se rattache le souvenir de saint Kieran, et *Caocauenu*, Crookhaven; avec son excellent port et les restes du château de Dunbeacon, *Donborg* de la mappemonde de Dulcert.

J'ai déjà dit que je croyais reconnaître *Grenbaron* de notre carte dans la petite ville de Skibbereen à quatre milles de Baltimore, où subsistent les débris du vieux monastère de Shrowry [3].

Les autres noms du littoral irlandais font déjà partie de la nomenclature de l'atlas Tamar Luxoro, étudiée par MM. Desimoni et Belgrano [4]. Nous renvoyons le lecteur à cette bonne monographie.

---

dans Rymer (t. III, part. 1, p. 174, et part. IV, p. 135) deux pièces de 1358 et 1397 relatives à des pèlerinages au purgatoire de saint Patrick. *purgatorium sancti Patricii infra Terram nostram Hiberniæ constitutum.*

(1) S. Baring-Gould, *op. cit.*, p. 244.

(2) Je me demande cependant s'il ne faut chercher dans ce *cap Strombre* le cap Strumble du comté de Pembroke, au pays de Galles, ayant subi, par ignorance, un énorme déplacement vers l'Ouest.

(3) Cf. Gouch., *loc. cit.*, *pass*.

(4) Je ferai seulement observer que *dom* et *grava*, séparés par une embouchure du fleuve sur la carte n° 1, de l'Atlas Tamar Luxoro et portés comme deux noms distincts sur la liste de MM. Desimoni et Belgrano, n'en doivent former qu'un seul correspondant à Dungarvan.

VIII

Britannia. — On a vu plus haut de quelle façon les plus anciennes cartes marines, comme la mogrebine de Milan, représentaient, au XIII° siècle, la Grande-Bretagne [1]. Les Génois en avaient, au commencement du XIV°, modifié quelque peu les formes et surtout considérablement multiplié les noms de lieux. La carte de Dulcert double presque cette nomenclature géographique, tant en Angleterre qu'en Écosse [2].

Les côtes du pays de Galles sont encore assez mal connues; à Majorque, on inscrit toutefois le long de la bande Nord du canal de Bristol un certain nombre de noms de pays, plus ou moins estropiés d'ailleurs, tels que *Millefret*, Milverd (Girard), Milford (Leland) [3]; Milford Haven, le plus beau et le plus sûr des ports de toute l'Europe, suivant Camden [4]: *Pombriya*, le vieux Pen-bro [5], Pembroke; *Timbil*, Tinby [6] (Leland) Tenby; *Bristoya*, que l'anonyme de 1375 remplacera par *Bremasel* Wormshead.

São Nicolao, qui vient ensuite correspond à Cardiff. *Bristo* est Bristol, enfin *Sën Elena* correspond peut-être à Elmore [7]. La bande Sud du même canal est complètement négligée; Dulcert n'y connaît que le havre de Padestow (*Potrifto*), et je suis admis

---

(1) Voy. plus haut, p. 32. — Cf. Lelewel, *op. cit.*, *Atlas*, pl. XII.

(2) La carte d'Angleterre, dont se servait l'auteur anonyme du *Conoscimiento* ne portait que onze noms de villes : « Sabed que es tierra (de Inglaterra) muy poblada en falle ella onze çibdades grandes. La mayor dellas do coronan los Reyes llaman *ondres*, Otra *Guusa* do son los estudios generales, otra dizen *Antona* et *Bristol* et *Artamua* et *Premua* et *Miraforda* et en esta isla de Inglaterra ay vna grand prouincia que dized *Galas* en que ay una gran çibdat que dizen *Dirgales*. » Cette dernière est notre Virgales, qui n'est pas une ville, comme le croyait, à vue de cartes, l'auteur du *Conoscimiento*.

(3) *The Itinerary* of John Leland the Antiquary in nine volumes published by M. Thomas Hearne. Oxford. 1770, in-8°. Vol. V, p. 25.

(4) The noblest and safest in Europe for its many creeks and good anchorages which cleave the banks like so many fibres, etc. (vol II, p. 513).

(5) Gough. *Ibid.*, p. 513. Ce nom intervient très fréquemment dans les chartes sous les formes *Pembrochin*, *Pembrok*, *Pembrugge* (Rymer. *Fœd.*, pass).

(6) Id , *ibid.*, Vol. V., p. 25.

(7) *Calamerh*, *Vernas*, *Suberna*, ajoutés par l'anonyme de 1375, représentent Caermarthen, sur la Towy, le château de Pennarth, dans la baie d'Oxwich, enfin la rivière Saverne.

à supposer que, en quittant ce point de relâche, les navigateurs du temps remontaient droit au nord jusqu'en face de Milford, pour gagner ensuite, en vue des côtes, le fond du golfe, où le commerce de Bristol les attirait.

La côte méridionale de la Grande-Bretagne est toute garnie de noms de lieux, chez Dulcert, comme chez ses prédécesseurs italiens, et l'on ne trouve à relever dans son œuvre que des variantes d'orthographe, des omissions légères et quelques additions un peu plus importantes [1].

Les identifications sont presque toujours très aisées. *Musafola* est Mowsehole de Leland [2], Mousehole des cartes modernes; *Falemua* répond à Falemuth (Leland), Falmouth [3]. Dans *Godeman*, on reconnaît la Dodman Point. *Portmua* est Plymouth [4], *Artamua* Dartmouth [5]. *Tores* est devenu Torbay [6]. *Tingamua*, *Lim*, se retrouvent dans Teignmouth [7] et Lyme Regis [8]. L'église, dont on voyait encore les ruines au temps de Camden à la pointe Sud de Portland, et cette pointe elle-même correspondaient au *saco* et au *cauo de porlan* [9].

Quelques difficultés surgissent à l'occasion des noms qui suivent. *Sèa Antermo*, par exemple, m'a arrêté pendant un certain temps; j'ai fini par y reconnaitre le nom de l'apôtre Æthelmer qui renversa l'idole saxonne de *Heil* et fonda en 987 la fameuse abbaye de Cerne. *Sèa Pola* me paraît correspondre à Poole, très ancien bourg, dit Gough, avec marché et port de commerce [10].

Balener est issu, me semble-t-il, d'une mauvaise transcription

---

(1) Voy. le tableau I à la fin de ce mémoire.
(2) « A praty flyschar towne (Leland. Vol. VII, p. 117).
(3) « Falemuth ys a havyng vero notable and famose, and yn a maner the most principale of al Britayne (Leland, vol. VII, p. 119).
(4) Plommouth (Rymer, *Fœd.*, t. III, part. 1, p. 173).
(5) Derthemuth (*Ibid.*, t. III, part. 1, p. 179). — *Sabbie* et *Godester* (intercalés plus tard (Atl. de Charles V) correspondent l'un à S. Blaise, près Fowey, l'autre à Stert Point (Cf. Camden., *ed. cit.*, vol. I, p. 16 et 26).
(6) « Torbay a very convenient harbour, for ships, dit Camden (p. 27), when the south west wind blows, having a small village of the same name on it... »
(7) C'est, dit-on, à Teignmouth, Tuemuthe, Tincmutha, Tinanmuthe, Tynemue (*Monum. Hist. Britann.*, vol. I, p. 50, 185, 233, etc.), que les Danois abordèrent pour la première fois en Angleterre en 800 (Camden, vol. I, p. 27).
(8) Cf. Leland, vol. III, p. 74.
(9) Port ou Portland (*Monum. Hist. Britann.*, vol. I, p. 345, 339).
(10) Gough, *loc. cit.*, p. 49.

d'Abby Leonard, que je trouve derrière l'île de Wight, à égale distance de l'entrée de Harts et de la rivière de Tees.

Puis ce sont *Antona*, la ville de *Hantescyre* ou comté de Hant du *Doomesday book*, que sa situation méridionale a fait depuis nommer Southampton [1]; *Portamua*, Portesmutha, Portesmudham, Portesmuth, Portesmue [2], Portsmouth; *Soram*, le vieux Scorcham [2], Shoreham des cartes actuelles; *Saforda*, Seaford [4]; *Beocep*, Beachey-head, la pointe du South Down; *Guinsalexeo*, Winchelsea, plusieurs fois mentionnée plus haut; *Romaneo*, Romney; *Dobla*, Douvres; *Sanuix*, Sandwich, dont il était aussi question au commencement de ce travail sous les noms de *Sanuis*, de *Sandvicum*, de *Sandwycum* [5]; enfin *Londres* et *Tamexa*, Londres et son fleuve, la Tamise (*Thamisia*).

La nomenclature de la côte orientale est généralement tout aussi facile à localiser. Avec un peu d'attention on retrouve le groupe *Orellem*, *Orcorda*, *Arois*, dans Orwell, le port d'Ipswich, au bas de la rivière du même nom, Arwerton et Harwich sur les deux rives de la Stour. *Arecorda* [6] est Orford, ancienne ville maritime, abandonnée par la mer, et dont les pêcheurs s'étaient signalés au temps d'Henry Ier, en capturant un *homme marin toutvivant* [7].

Je fais de *Tarquelay*, Kirkley, ancien village maritime, au sud de Lowestoffe, qui l'a absorbé. *Iaruemua* est Yarmouth; *Cafor* est Castor Saint-Edmunds, connu pour ses antiquités [8];

---

(1) Voir plus haut, p. 13, etc. — *Southamptonia* (1372) (Rymer, *Fœd.*, t. III, part. II, p. 190).

(2) Rymer, *Fœd.*, t. III, part. II, p. 190. — *Monum. Hist. Britann.*, vol. I, p. 301, 524, 711, 788.

(3) « In former ages ships used to come up under sail to Brembre (Bramber) which is farther from the sea (Camden).

(4) « Another small fishing town, which has the privilege of a *cinque port* and borough (Camden).

(5) Voir plus haut, p. 13 et 27.

(6) Oreford « was a large and populous town suffering from the retreat of the sea, which has gradually retired itself and seems to envy it the advantage of its harbour. (Camden, vol. II, p. 75. — Cf. Gough, *Ibid*, p. 87.)

(7) « In the time of king Henri I, when Barth. de Glanville was warden of Oreford castle, the fishermen took in their nets a wild man, having the human shape complete, with hair on his head, a long and picked beard, and a great deel of shaggy hair in his breasts, but he stole away to sea privately, and was neven seen afterwards. »

(8) « Castor is certainly the most considerable station in these part. (Gough vol. II, p. 105, 110.)

Aftacer et *Cacardo* représentent Attlesham et Kirkdale[1]. *Bracanea* correspond à Blakeney[2]; *Lena*, la *Lennia* des chartes[3], à Lynn; *Ely* n'a pas changé de nom.

Sanbetorfo n'est autre que Saint-Botholf, Botholph's Town, qui a donné par contraction Boston[4]. *Rauenzor* se retrouverait peut-être dans le Waynflet, Wainflete ou Waynfleete de Leland[5]; *Nisa* paraît répondre à Nnith, *Vmbro* est certainement l'Humber; *Vllo* s'appelle maintenant Kingston upon Hull[6]; *Cavo venbro* enfin, le cap de l'Humber, porte aujourd'hui le nom de Sprunhead, c'est la pointe qui couvre au nord l'entrée du fleuve dans la mer[7].

Ce fleuve, ou plutôt ce détroit, va d'une mer à l'autre dans notre mappemonde, séparant ainsi la Grande-Bretagne en deux parties inégales, et sur sa berge Nord on voit s'élever deux montagnes abruptes, dont l'une, celle de l'Ouest, porte l'étendard d'Écosse, et la légende *castro beruhic*, château de Berwick. — la montagne de l'Est a pour nom *castro nouo*. Berwick est cependant sur la Tweede où nous allons le retrouver plus loin, et dès le xiiie siècle sa possession, comme celle de Roxburgh, est continuellement disputée par les Anglais et par les Écossais.

Dulcert revient à un sentiment plus juste des choses avec *Scardenborg*, Scardeburg[8] (Lelang), Scarborough, connu dès le Moyen Age par ses pêcheries de harengs, *Sutina*, *Tyna*[9], la Tyne,

---

(1) Attlesham, comme Attleborough, Attlebridge, rappelle le nom du roi Attling. — Godaner, placé avant Aftacer, a résisté à toute identification.

(2) Et non pas à Brancaster, l'ancien *Brannodunum*, comme le croyait Lelewel.

(3) On faisait à *Lennia*, Lynn, au commencement du xive siècle, le commerce du poisson et des meules de Norvège. (G.-F. Sartorius, *Urkundliche Geschichte des Ursprunges der Deutschen Hansa* herausg. von J.-M. Lappenberg. Hamburg, 1830, in-8°, Bd. II. p. 228-229.)

(4) Camden, vol. II, p. 234.

(5) Leland, vol. IV, p. 32; vol. VI, p. 57; vol. VII, p. 40. — Waynefiete a praty Market stonding on a Brake nere to the Se. To this Toune long smau vessels. — Cf. Gough, II, 275.

(6) Kyngeston super Hull. (Rymer, *Fœd.*, t. III, part. 11, p. 194.)

(7) L'Atlas Catalan énumère *cafor, godaner, afcacer, cacardo, lena, elly, sanbetorf, rauenzor, nissa, vnbro, vllo, cauo venbro*.

(8) Le nord de l'Angleterre dans l'Atlas Catalan porte les noms suivants : *scardenborg, sutina, banborg* (Bambrough), *tueda, beruhic*. Banborg est le vieux Bebbanburg, la ville de Bebba, la forteresse et l'ancienne résidence des rois du Northumberland. (*Monum. Hist. Britann.*, vol. I, p. 102, 178, 188, etc.)

(9) Voir plus haut, p. 34.

et enfin *Beruhic*, Berwick, dont il répète le nom, en mettant cette fois à sa véritable place la forteresse de la Tweede, *Tueda*¹.

IX

Escocia. — L'Ecosse n'était représentée dans les premiers essais des cosmographes du Moyen Age que par un nom d'abord, puis par un petit quadrilatère séparé primitivement de celui qui correspondait à l'Angleterre, réuni ensuite à celui-ci, et prenant dans la carte édrisienne la forme d'un doigt recourbé. Elle commence à se développer vers le nord dès l'apparition des auxiliaires génois, qui viennent combattre pour Édouard II les navires de Robert Bruce, et dans la mappemonde de Dulcert elle occupe déjà un vaste quadrilatère un peu plus haut que large², qui se prolonge dans son angle supérieur gauche en une pointe assez longue dirigée vers le N.-O. et dite *finis scocie* et se continue dans son angle supérieur droit par une île arrondie, *insula de tile*. C'est l'*ultima Thule* des anciens³ que, par une adaptation qui leur est propre, Dulcert et ses imitateurs placent à peu près en face de Dundee (*Donde*) et du Tay (*Lataya*), sur l'estuaire duquel est située cette vieille cité, aujourd'hui la troisième de l'Écosse⁴. C'est le dernier point qu'occupera cette terre, si longtemps célèbre, avant de disparaître définitivement de la carte⁵ ou plutôt de se confondre, comme Peucer l'avait reconnu, avec l'archipel des îles Shetland⁶.

(1) Tuidi, Tweda, Thuede. (*Monum. Hist. Britann.*, vol. I, p. 171, 242, 845, etc.)
(2) C'est encore une île chez l'auteur du *Conoscimiento*. «... Dende llegamos a la isla de Escocia y falle en ella quatro çibdades grandes, a la vua dixen Donfres, Enerule otra Donde otra Veruic. (*Conoscim.*, p. 18.)
(3) Camden et Gough ont réuni tous les textes anciens qui concernent Thule dans les pages 126 et 127 du tome III de l'édition souvent citée plus haut de la *Britannia*.
(4) Est-ce par tradition que, sur l'emplacement même de cette *insula de tile*, les hydrographes ont longtemps marqué un énorme banc de sable de forme ovale s'étendant en face de la côte écossaise entre Fif Ness et Buchan Ness. (Cf. Bonne, *Isles Britanniques* (*Encycl. méth.*, pl. 73). — Etc.]
(5) Cette *Tile* imaginaire était encore entre l'Écosse et la Norvège chez quelques cartographes de la fin du xvᵉ siècle. Je citerai entre autres l'auteur de la mappemonde de 1489 du British Museum. (Santarem, *Atl. cit.*)
(6) If what the very learned Gaspar Peucer has observed in his book about the measure of the earth be true (and I cannot controvert him), that the seamen call *Schet land Thillensell*, we have found Thule. (Camden, vol. III, p. 726.)

Outre *Donfres* et *Lataya*, Dulcert connaît encore en Écosse *fert*, *cauo dorada* et *tueda*, le Forth, le Whan ness ou cap Saint-Abbs et la Tweede. Ses continuateurs ajouteront à cette trop courte liste *Rockburch*, Rosburgh ou Roxburgh, qui joue un rôle si important dans l'histoire de l'Écosse au XIIIe et au XIVe siècles [1].

Scetiland, Orchina, Chatenes. — Outre le disque, qui répond à l'*insula de tile*, dont nous venons de dire quelques mots [2], le cartographe majorcain de 1339 a dessiné dans le nord des Iles Britanniques trois autres figures irrégulières, superposées en ligne droite et à des distances égales, au-dessus de *finis scocie* mentionné plus haut.

La première, ovale, à grand diamètre transversal, porte l'inscription *insula Scetiland*; la seconde, en forme de pentagone irrégulier, est appelée *insula Orchania*; la troisième, à peu près arrondie, est surmontée des mots *insula Chatenes* [3]. Ce sont à peu près les terres que l'on retrouve dans les mêmes parages sur les autres mappemondes catalanes du XIVe siècle.

Insula Chatenes, *ila Chatanes* de l'anonyme de 1375, *insula de Cotanes* de la carte de Naples, est le comté de Caithness qui forme l'angle N.-E. de l'Écosse, et qu'un renseignement erroné a transformé en île et repoussé bien loin dans l'Océan septentrional. Le Sutherland, dont Caithness fait partie, profondément séparé du reste de l'Écosse par la longueur du golfe de Dornock, du lac Shin et du lac Laxford, avait aisément pu passer pour une île aux yeux des premiers navigateurs. C'est d'ailleurs sous une forme presque insulaire que se montre encore *Catones* dans la carte de Mathieu Pâris, reproduite par Lelewel [4].

---

(1) Cf. Gough, vol. III, p. 297-298.

(2) L'auteur du *Conoscimiento* raconte avoir touché à cette île imaginaire en allant de Frise en Écosse : « llegamos a otra isla que dizen insula Tille et dende llegamos a la isla de Escocia » (p. 18). Il prétend également avoir visité les îles dont il est question ci-après, et qu'il appelle *Eterus*, *Artania* et *Citilant* (p. 20), dans le même passage, du reste, où il fait d'*Ibernia* ou *Bernia* une terre distincte de *Irlanda*.

(3) Dans l'atlas catalan de 1375, le disque équivalant à l'*insula de Tile* de Dulcert est anépigraphe; aussi Tastu et Buchon ont-ils pensé que la Thule, qu'il leur fallait trouver, était cette *ila Chatanes*.

(4) J. Lelewel, *op. cit.*, *Atlas*, pl. XXIV, n° 1. — L'auteur anonyme de la carte n° 5 de la même planche écrit *Cainesse* et non loin de là, *hic abundant lupi*.

L'*insula Orchania* de Dulcert, de l'atlas de 1375 et de la mappemonde de Naples, représente les Orcades, *Orkney Islands*, prises en bloc, sans distinction aucune entre les nombreuses îles qui composent l'archipel¹. *Insula Scotilant*² correspond de même aux Shetland. Dulcert a écrit à côté l'inscription que voici : *Insula ista habet Regem et habent linguam noricam*. Les rois des Shetland étaient en effet des Norvégiens³, et la nomenclature actuelle des noms de lieux est encore toute nordique⁴.

Suivent quelques indications météorologiques sur la durée de l'hiver et la congélation de la mer⁵.

Je n'insisterai pas sur la nomenclature des îles Hébrides, n'ayant rien à ajouter à ce que Lelewel en a dit, dans son *Portulan général*.

X

Norveca ou *Novergia*⁶. — Les pays scandinaves étaient moins connus encore que l'Écosse et les îles voisines des cosmographes qui dessinaient les premières mappemondes parvenues jusqu'à

---

(1) L'atlas catalan dit ce qui suit des Orcades :
En aquesta illa de Archunia ha VI messes de dia, que la nit es clara, e l'I messes de nit, que lo jorn es fosch.

(2) *Illa de Stillanda* (Atlas catalan), *Insula di Stillanda* (Mus. Borb.). Ce dernier ajoute que *an la langua de Norvegua e son ztianas*. Le premier avait dit *q. han la qlangua ds nurveyu e son Ntinas*.

(3) Cf. P. Riant, *op. cit.*, p. 26.

(4) « In the Shetlands every local name, without exception, is Norwegian (Rev. Isaac Taylor, *Words and Places*, London, 1864, in-12, p. 178).

(5) J'ai omis de signaler dans la marge gauche de la carte les deux mots *Mare Concretom* inscrits à la hauteur de *Chateues*, par opposition aux deux mots *Mare Occeanom* inscrits dans la même marge un peu au-dessus de l'Irlande.

(6) La Norvège est appelée *Norweon* dans le privilège de l'église de Hambourg de 834 (*in gentibus, videlicet... Norweon* (*Hludovici Imp. Privilegium ecclesiæ Hammaburgensi concessum* (Lindenbrogii *Script. Rer. Germanic.*, Hamburgi, 1706, in-f°, p. 125-126). Les Norvégiens sont nommés *gens Norlwehorum* dans la confirmation de Grégoire IV (*Ibid.*, p. 127) et *g. Norwenorum* dans celle de Léon, successeur de Grégoire (*Ibid.*, p. 127). — L'auteur du *Conoscimiento* nomme la Norvège *Norueya* (p. 16), les cartographes catalans l'appellent *Nuruegu* ou *Noruega*.

nous. On savait toutefois, dès le premier tiers du xiv° siècle, que, loin d'être des îles, comme les anciens l'avaient cru et comme les premiers dessinateurs de cartes l'avaient représenté, ces vastes contrées se rattachent vers l'Orient, par un isthme plus ou moins large, au reste de l'Europe septentrionale.

Mais, en dehors de quelques cantons méridionaux sur lesquels on avait obtenu des indications encore assez vagues, on ne connaissait rien de bien net de la situation relative, de la topographie côtière, de la nomenclature des noms de lieux de la Norvège ou de la Suède.

Dulcert traça donc à une faible distance de l'Écosse, des Shetland et des Orcades, trop au nord et trop à l'ouest tout ensemble, une terre à laquelle il donnait des formes de convention tout à fait exceptionnelles. C'est une sorte de grande forteresse à quatre faces, dont les deux latérales remontent jusque dans la bordure de la carte, tandis que l'inférieure projette vers le sud quatre ou cinq bastions irrégulièrement espacés. Cette enceinte figure des amoncellements de rochers couverts d'une sombre végétation; c'est dans la pensée du cartographe l'image de ces farouches côtes de Norvège, dont l'abri inhospitalier effrayait encore nos pilotes de la fin du xvi° siècle.

Dulcert prend soin d'ailleurs d'ajouter à son croquis de courts commentaires, et l'on peut lire, dans le haut de la mappemonde qui fait l'objet de ces recherches, la phrase que voici :

Norvegia est regio asperrima, frigidissima, montuosa, silvestris et nemorosa [1]. « Les habitants de ce rude pays, continue le cosmographe de 1339, vivent plus des produits de leur chasse et de leur pêche que du pain qu'ils peuvent fabriquer avec les maigres récoltes que le froid leur laisse.

Les animaux ainsi chassés sont d'abord des cerfs, puis des ours blancs, qui vivent de poisson (*Hic sunt ursi albi et comedunt pisces crudos*), enfin des faucons remarquables par leur taille (*Hic sunt grandes falcones*[2]).

---

(1) *Aquesta regio de Nurvega*, dit l'anonyme de 1375, *est molt aspra e | molt freda e muntanyosa salvatgosa e plena de | boschs. Los habitadors de la qual mes viven | de peix e de caça que de pa, auena si fa e fort | pochs por lo gran fret, moltes feres hi hu ço es ceruos orsos blanches e grifalts*

(2) « En las montanas desda Nervega, lit-on dans le *Conoscimiento*, crian muchas aues girifaltes açores falcones otrosi crian muchas animalias fuertes jaualis blancos osos blancos (*loc. cit.*, p. 16).

Ces faucons de Norvège ou gerfaults étaient très estimés en Orient comme en Occident ; il en est souvent question dans les documents du XIII° et du XIV° siècle. Nous savons par exemple que Lodinn de Leppr, ambassadeur du roi Hakon en Tunisie (1263), a emporté des gerfaults pour le souverain musulman et que le skalde Sturli Thordarson, célébrant dans ses vers le départ de l'ambassade, disait que ces oiseaux feraient « la joie des seigneurs de là-bas [1] ». Nous savons encore que dans une convention passée avec Gerald de Olivaria, citoyen de Barcelone, à la date du 20 décembre 1321, Don Jayme, el Justo, stipulait qu'il lui serait fourni cinq gerfaults, dont un blanc, s'il était possible d'en trouver de tel ; il voulait envoyer ces oiseaux au soudan de Babylone [2].

C'était de Flandre qu'on apportait en Espagne [3] les gerfaults venus de Norvège [4]. Encore au dernier siècle les Norvégiens appelaient tous les ans d'Allemagne et de Hollande des chasseurs spéciaux pour prendre ces rapaces dans l'Osterdal, dans le diocèse de Christiansand et en particulier à Iedderen [5].

(1) P. Riant, *Expéditions et pèlerinages des Scandinaves en Terre Sainte au temps des Croisades*. Paris, 1865, in-8°, p. 351. — Le même auteur mentionne une autorisation du pape Clément VI au roi de Suède de vendre pendant cinq ans des faucons aux Sarrasins. (*Dipl. Suecica*, n° 4, 226.)

(2) Teneamini procurare, emere vestris sumptibus et habere quinque falcones grifalts primi inter quos sit unus albus si poterit reperiri et duas pecias presseti rubei alteram de Duay (Douai) et alteram de Ipre (Ypre) ; item duas pecias panni de Xalone (Châlons) optimi, alteram coloris lividi clari et alteram coloris viridi festaquini ; Item octo pennas varias et sex pecias telarum de Rems (Reims) tenues et optimas que omnia presententur et dentre pro parte nostra per dictos nostros nuncios Soldano Babilonie supradicto... Dertuse (Tortose), 20 déc. 1321. (*Col. de Documentos ineditos del Archivo general de la Corona de Aragon*, t. VI, p. 232.)

(3) D. Pedro. Al amado Lope de Guiester de casa nuestra et aministrador en Cerdenya salud et dileccion. Recibiemos una lettra vestra en laqual nos faziades saber que vos yeran venidos de part de Flandres falcons girifaldes..., Barocha, 20 août 1337. (*Ibid.*)

(4) Les gerfaults sont relevés spécialement parmi les articles de Norweghe énumérés dans le document du milieu du XIII° siècle, déjà cité d'après Legrand d'Aussy et Warnkœnig.

(5) « I shall only observe, that here in Norway, particularly in Osterdalen ; and also in the diocese of Christiansand, and particularly at Iedderen, there is found extraordinary good Falcons for the sport ; they are grey and white and are of several kinds, large and small : to catch them we generally used to have people come from Germany and the Netherland annually. » (Right Rev. Erich Pontoppidan, bishop of Bergen in Norway, *The Natural History of Norway*. London, 1755, in-f°, part. II, ch. III, s. vij, p. 72.)

Quant aux ours blancs, le trait de mœurs qui leur est attribué par le Majorcain était depuis longtemps légendaire, lorsque Olaüs Magnus l'a fixé dans un de ses plus curieux récits [1]. Le même auteur nous apprend, de plus, que ces animaux étaient demeurés assez communs de son temps dans la région où notre carte les place, pour que l'église métropolitaine de Nidaross ou Trondjhem fût, chaque hiver, abondamment fournie de tapis en peaux d'ours blancs offerts aux autels par la piété des chasseurs norvégiens [2].

Nidaross, dont je viens d'emprunter à Olaüs Magnus le nom modernisé, Nidarosia, ainsi qu'on l'appelle dans les anciennes Sagas [3], est chez les Catalans la plus importante des villes de Norvège.

C'est une forteresse qui domine la mer du haut de sa falaise escarpée et au-dessus de laquelle brille une croix, tandis que flotte au vent le pavillon armorié où, sur champ d'or, passe un lion de sable. Fondée à l'embouchure de la Nid, elle avait emprunté le nom de cette rivière. A ce nom s'est peu à peu substitué à l'étranger d'abord, dans le pays ensuite, celui de Trondheim [4].

Ce dernier nom était parvenu à Majorque sous la forme adoucie de *Tronde* [5]; on le prit pour le nom d'une autre ville, distincte

---

(1) « Ursi albi maximi et fortissimi, qui unguibus glaciem rumpunt, et foramina multa faciunt... per quæ glacialia foramina se in mare immergunt et, sub glacie pisces rapientes, eos extrahunt et, ad littus deferentes, inde vivunt : idque, toties quoties opus fierit, reiterant pro sua suorumque catulorum sustentatione... (*Historia de gentibus septentrionalibus earumque diversis statibus, conditionibus, motibus, ritibus, superstionibus...* autore Olao Magno... Romæ, 1555, in-4°, lib. XVIII, ch. xxiv, p. 621.)

(2) Pelles horum vrsorum albæ per venatores offerri solent summis altaribus Cathedralium, vel Parochialium Ecclesiarum, ne Sacerdos celebrans in pedibus tempore horrendi frigoris gelu patiatur. In Ecclesia Nidrosiensi, id est Metropoli regni Norvegiæ, continuis annis tales reperiuntur albæ pelles voto venatorum fideliter in omni præda raptæ atque oblatæ (*Ibid.*).

(3) *Nidarosia, Nidaross* (*Saga af Olafi Tryggva Syni*, ch. lxxii, ap. *Noreg's Konunga Sögor*, t. I, p. 870, etc. Hauniæ, 1777, in-f°).

(4) « Vox Nidaros significat fluvii Nidæ ostium signatque hic locum in quo postea fundata est urbs, dicta Nidaros, quam exteri primum, postea ipsi indigenæ vocarunt Throndemiam (*Ibid.* n.).

(5) Le récit si répandu du célèbre naufrage de Piero Querini (1431) fit prévaloir plus tard les formes *Trondon* et *Trondo* (Ramusio, ed. cit., II, 210 v°). C'est ce même malheureux voyage qui a donné les premières notions sur la côte au nord de Trondheim et en particulier sur les Loffoden Sandö

de la première, et l'on dessine à côté de *Nidrozia* une seconde cité sans drapeau, il est vrai, mais d'ailleurs toute semblable à la métropole norvégienne[1].

Alogia[2] est moins considérable. Cette ville est l'*Asloia* ou résidait le roi Swer, et qu'un récit danois de 1191 donne comme une cité riche et peuplée, la troisième de la Norvège[3]; c'est la *Civitas Asloensis* des chartes norvégiennes; c'est Aalesund, la patrie de Rollon, dont on montre encore aujourd'hui le *borg* ruiné, non loin du port[4].

Bergis est Bergen, Biörgyn des récits scandinaves[5]. Sans donner à ce port déjà très fréquenté les contournements anfractueux et profonds dont la nature l'a doté, notre cosmographe l'a pourtant dessiné au fond d'un golfe, mal orienté, il est vrai, puisqu'il s'ouvre au sud au lieu de regarder le couchant[6].

Bergen était, dès la fin du XIIIᵉ siècle, une ville très populeuse et abondait en ressources variées. L'anonyme de 1191, que je viens déjà de citer, parle avec enthousiasme des navires qui arrivent de tous pays dans son port et des marchandises variées qu'ils y amènent. Il a vu à Bergen des Islandais et des Groënlandais, des Anglais et des Teutons, des Danois et des Suédois, des Gothlandais et des hommes d'autres nations encore qu'il serait trop long d'énumérer. Les poissons secs appelés *skrei* sont si abon-

---

(*isola de'Santi*) Röst (Rustene) (Ibid., II, 208 r°, 209 v°). — Cf. Bullo, *Il Viaggio di M. Piero Querini e le relazioni della Republica di Venezia colla Svezia*. Venezia, 1880, in-8°. — Pennesi, *Viaggio del Mag. M. Piero Querino* (Boll. della Società geografica Italiana, Roma, 1885). — G. Marcel, *Un voyage involontaire en Norvège au XVᵉ siècle* (Rev. Scient., 30 oct. 1886).

(1) L'auteur du *Conoscimiento* tombe dans la même erreur (p. 16), que ne savent pas éviter non plus l'anonyme de 1375 et celui du Mus. Borb. qui juxtaposent dans leurs cartes *Nidroxia* et *Trunde*.

(2) Il n'est question d'Alogia ni dans le *Conoscimiento* ni dans l'Atlas de 1375.

(3) ... Quae civitas est dives multum et populosa, tertiaque totius regni nobilior. [Anonymus, *De profectione Danorum in terram sanctam*, ch. IX. (Script. Rer. Danic. mediiaevi, coll. Langebek, t. V, p. 392. Haunia, 1783, in-f°.)]

(4) M. Dahlgren est disposé à identifier Alogia avec Halogaland, Helgeland, Holrelant de la carte de Donis de 1482.

(5) Vid Konungehello, oc vid Oslu, vid Tunsberg, vid Borg, vid Biörgyn oc nodr vid Nidarös. « (*Af Haraldi Hardrada* (Noreg's Konunga Sögur, t. III, p. 173.)

(6) L'atlas catalan de 1375 nomme cette ville *Bragis*, le *Conoscimiento* l'appelle *Regs* et ajoute que c'est là qu'on couronne les rois : « do coronan los Reyes ».

dants qu'on n'en saurait dire le nombre; le miel, l'orge, les vêtements, l'argent monnayé affluent sur cet important marché [1].

Mastranlo vient ensuite dans un second golfe semblable. C'est *Malstrander*, *Malstrandir*, *Malstrandom* de la Saga d'Haconar (1264-1271)[2], *Masterland*, *Marstrand* des géographes de la période moderne, située dans une île du Skager-Rak, à trente kilomètres au nord-ouest de Göteborg, et que l'ignorance des géographes de la Méditerranée transportait au xiv° siècle sur la côte méridionale de Norvège entre Bergen (*Bergis*) et Tunsberg (*Trunbeg*).

Cette dernière[3] localité, qui, sur la carte de Dulcert, est couchée au fond d'un golfe symétrique à celui de Bergen, golfe où l'on est contraint de chercher le *fjord* de Christiania, était jadis un port de commerce (*Tunsberg quod tunc erat emporium*, dit la Saga d'Haralld[4]) : Christiania, l'ancienne Opslo, Drammen, Moss, l'ont depuis longtemps remplacée.

XI

Suecia. — La presqu'île suédoise (*Suecia* ou *Suetia*, Sanut. *Suionia*, Carign.) est séparée de la Norvège, sur la mappemonde catalane de 1339 et sur les cartes qui s'en sont inspirées, par le cours d'un fleuve innomé correspondant au Göta Elf (*ingens fluvius Elf appellatus*)[5] qui conduit au Kattégat les eaux du grand lac

---

(1) ... Civitas (Bergæ)... populosa valde, religiosorum virorum ac feminarum illic monasteria, dives et abundans multis opibus, sacrorum piscium, qui vocantur Screiz tanta copia, ut mensuram excedat et numerum. Affluentiam navium et hominum undique venientium, Islandos, Groenlandos, Anglicos, Theotonicos, Danos, Suecos, Gutlandos, ceterasque nationes, quas dinumerare longum est, si curiosus esse volueris, illic reperire poteris vim mellis, tritici, bonarumque vestium, argenti quoque ceterarumque rerum venalium, multa sufficientia et de singulis grata satis mutuatio [Anonymus, *De profectione Danorum in terram sanctam*, ch. x. (*Scriptore Rerum Danicorum medii ævi*, coll. Langebek, t. V, p. 352)].

(2) *Norey's Konunga Sögor*, t. V, p. 155, 239, 383.

(3) *Trunberec* du *Conoscimiento* (p. 37).

(4) *Norey's Konunga Sögor*, t. I, p. 88. — L'anonyme de 1191 l'appelle *Civitatem Tunsbergem* (Langebek, *op. cit.*, t. V, p. 350). Les chartes lui donnent les noms de *Tunsberga* et *Tunsbergh* (Sartorius, *op. cit*. Bd. II, s. 155, 235).

(5) Anonymus, *De profectione Danorum in Terram Sanctam*, c, vIII. (Langebek, *op. cit.*, t. V, p. 350). L'Elf était alors une frontière nationale. « *In sua dextra parte*, dit l'anonyme, *Goutos admittit et Danos, in sinistra vero solos fertur generare Northmannos* (p. 351).

Venern. Ce lac, auquel notre cartographe attribue une forme régulièrement circulaire, porte chez lui le nom de *lacus scarsæ* [1].

L'antique Skara [2], dont Adam de Brême exaltait l'importance, était située à sept journées de marche de la Scanie. C'était la capitale de la Westrogothie. Tout près de là, à Husebya, Sigfried a baptisé le roi Olaf [3].

Skara existe encore, bien amoindrie, sous le nom de Skaraborg, entre les deux lacs Venern et Vettern. Le géographe catalan l'a dessinée avec son étendard aux deux lions de sable passant, assise, sur le bord méridional du premier de ces lacs.

On lit au nord de cette même masse d'eau l'inscription suivante :

Ad partes istas est magnum frigus et propter hoc non seminat auenam [4].

La limite septentrionale de la culture de l'avoine passe en réalité bien plus au nord entre Westerbotten et Norrbotten [5].

A la suite du Göta Elf s'étend du nord au sud une ligne de côtes légèrement concave. On y voit une figure de ville surmontée d'une croix et le nom de *Lunde* [6].

Cette ville est la *Lundona* d'Adam de Brême, que la piraterie avait faite si riche, au dire de cet annaliste [7]. C'est le *Lundæ* des chartes et des chroniques danoises [8], le siège des primats de Scandinavie, la métropole où les rois étaient autrefois couronnés. *Lundis metropolis dacie*, suivant l'expression de l'auteur de la carte sanutine de la Bibliothèque nationale [9].

---

(1) *Lacus escarde* du *Conoscim.*, p. 35.

(2) *Tarsa* du *Conoscimiento* (p. 35), *Scara* des mappemondes.

(3) Io. Philippi Murray, *Commentatio posterior. Descriptio Terrarum septentrionalium, sæculis ix, x et xi, ex idea Adami Bremensis, aliorumque scriptorum germanicorum istius ævi* (Nov. Comment Soc Reg. Scientiarum Gottingensis, t. I Comment Hist. et Philolog., p. 157-158, 1771).

(4) Voir plus haut (p. 54, n. 1) ce que dit l'anonyme de 1375, de l'avoine en Norvège.

(5) Suivant A. de Candolle l'avoine peut pousser jusqu'au 65°, le seigle jusqu'au 67° et l'orge jusqu'au 70° (Alph. de Candolle, *Géographie botanique*, t. I, p. 395. Paris, 1855, in-8°).

(6) *Landis* (*Conoscim*, p. 33).

(7) Promontorium Sconim, ubi est civitas *Lundona*. Aurum ibi plurimum, quod raptu congeritur piratico

(8) Cf. K. Höhlbaum, *op. cit*, Bd I, s. 134, 329, 330, 431, 439.

(9) Bibl. Nat., Ms. 4939, f° 9 — J'ai réussi à déchiffrer complètement les inscriptions de cette partie de la carte sanutine de Paris, que Santarem et Lelewel n'avaient pas débrouillées (Cf. Lelewel, *op. cit.*, t. II, p. 25) On y lit : *Scania de regno Dacie; lundis* (le mot coupé en deux par le signe que

Dépouillée de ses privilèges à la suite de la Réforme, ruinée par les Suédois, Lund n'a dû qu'à son université, demeurée florissante, de conserver jusqu'à nos jours une certaine importance relative.

Skanor, récemment incendiée (1312) par les gens de Rostock et leurs alliés [1], se relevait de ses ruines au moment où Dulcert la faisait figurer sur sa carte. Giovanni da Carignano avait inscrit aussi ce nom dans sa mappemonde ; mais, au lieu d'en faire un port de Scanie, il confondait la province et la ville et attribuait le vocable de *Scanor* à une grande île séparée par un canal étroit de la Suède ou *Suionia*. C'est sur cette terre, demeurée innomée, que la mappemonde sanutine de la Bibliothèque nationale de Paris [2] montre l'inscription plusieurs fois citée par les historiens des grandes pêches au moyen âge :

In hoc mari est maxima copia aletiorum.

« Dans cette mer, il y a une très grande abondance de harengs. »

Les pêcheries de harengs de Skanor sont souvent mentionnées dans les documents du temps [3], mais il y est plus fréquemment question encore des grandes foires qui se tenaient annuellement dans cette ville et dans la petite ville voisine de Falsterbö, *Valsterbode, Falsterbode, Falsterbothe* [4], et qui attiraient les marchands de Hambourg, de Ripen, de Kiel, de Lübeck, de Wismar, de Rostock, de Demmin, de Stralsund, de Greifswald, de Stettin, d'Anklam, de Riga même (1251-1294) [5].

Aussi ai-je cru devoir admettre, avec M. Dahlgreen, le savant secrétaire de la Société de géographie de Stockholm que le mot *andine* [6], qu'on rencontre dans Dulcert après *lunda* et *scamor*, puisse se lire *nundinæ* et rappeler les fameuses *foires de Scanie*, auxquelles les chartes danoises du XIII° et du XIV° siècle font de si fréquentes allusions [7].

le cartographe donne aux villes) *metropolis Dacie*; *Ystadi*, *Naria* (voy. plus haut, p. 22, 23).

(1) Civitatenses de Rostock et aliis civitatibus Slaviæ incendunt Helsingör, Amach, Scanör cum castro (*Continuatio chronici Danorum ab anno 1308 ad annum 1357* (Langebek, coll. cit., t. VI, p. 520).

(2) Bibl. Nat., Ms. Lat., n° 4939, f° 9.

(3) Cf. Sartorius, op. cit., Bd. II, p. 12 etc.

(4) Sartorius, op. cit., Bd. s. 95, etc.

(5) Cf. K. Höhlbaum, op. cit., Bd. I, s. 131, 133, 226, 268, 275, 293, 319, 320, 399, etc.

(6) An*i*ine (Conoscim., p. 25) ; dondine (Mus Borb).

(7) ... In nundinis Scanore et Valsterbode... ad nundinas nostras in Skanor..., fundum sive locum in nundinis nostris scaniensibus. (Sartoribus, op. cit., Bd. II, s. 12, 136, 296, etc. — K. Höhlbaum, op. cit., Bd. I, s. 133, 319, etc.)

Mais je ne saurais accepter que le terme suivant de la nomenclature de Dulcert, *Chiclobergis* [1] puisse désigner Trelleborg, l'ancien Drelleborch, comme le croit M. Dahlgreen.

Chiclobergis me paraît correspondre à *Cholberch* ou *Cholberg*, l'une des formes qu'on donne dans les chartes du XIII° siècle au nom de la ville poméranienne de Kolberg [2]. Les marins de cette ville s'adonnaient particulièrement à la pêche du hareng [3] et fréquentaient par suite les parages de Skanor, où Dulcert, mal renseigné, est venu placer leur ville, au lieu de la laisser sur la rive méridionale de la Baltique.

Le cosmographe de Majorque, qui ne travaille plus dans ce coin de sa carte que sur des renseignements extrêmement indécis et mal coordonnés, inscrit bientôt après une deuxième fois sous une forme un peu différente la métropole de Scanie, *Lundes*, qu'il avait déjà mise en place, et fait suivre ce nom fameux de quelques noms bien moins connus qu'il aligne assez vaguement les uns au bout des autres. Il semble que, ayant mis en place d'une manière à peu près exacte les termes d'un premier portulan, il se croie obligé d'utiliser un second document de même ordre, bien différent toutefois et dont il cherche à tirer un parti quelconque pour garnir des rivages innomés qui lui sont complètement étrangers.

Sa seconde liste, qui recommence à *Lundes*, ne contient ni *Skamor*, ni *Andine*, ni *Chiclobergis*, mais on y lit les noms d'*Ystach*, de *Sormershans* et d'*Aoxia*.

Ystach, *Ystadi* de la mappemonde santuine [4], est, sans la moindre hésitation, le petit port d'Ystad, en Scanie. *Sormershans* correspond à l'ancien Sommershafn, appelé aujourd'hui Cimbrishamn ou Simbrishamn, un peu à l'est de Ystad [5]. *Aoxia* représente l'ancien *Aos* ou *Ahus*, le petit port actuel d'Ahus, à l'embouchure de la rivière Helge-än.

(1) Chicobergis (*Conoscim.*, p. 35), Ciclobergis (*Mus. Borb.*).

(2) Ce nom est orthographié de 1244 à 1298 Colberg, Kolberg, Colberge, Colberch, Kolberch, Cholberch et Cholbergh (K. Höhlbaum, *op. cit.* Bd. I, s. 105, 111, 171, 215, 254, 323, 383, 433).

(3) On connaît notamment une charte de 1266 de Barnim I°, duc de Poméranie, qui affranchit les bourgeois de *Cholberch* de certains droits qui pesaient sur leurs pêcheries de hareng... *decem et octo denariorum de remo et unius masse allecium de navi* (K. Höhlbaum, Bd. I, s. 215).

(4) Voy. plus haut, p. 23. — Ystad (*Conoscim.*, p. 35.) transformé par le graveur de la mappemonde du *Mus. Borbonico* en *Rozosto*?

(5) Som[...] dans l'atlascatalan; Somershaus (*Muv. Borb.*); Formeaus (*Conoscim.*, p. 35).

Le Venern de nos géographes s'appelait chez Dulcert *lacus scarsa*, à cause de la ville de Scarsa ou Scara, assise sur ses bords. Le Wettern prend de même, chez lui, le nom de la ville, récemment bâtie sur une de ses îles, *lacus Stocol*, le lac de Stockholm [1], fondée seulement à la fin du XIII° siècle par Birger Iarl, et encore faible à l'époque où nous reporte notre mappemonde

Kalmar est alors tout autrement important. C'est dans cette cité que va bientôt se conclure (1397) entre les trois États scandinaves le célèbre traité qui porte dans l'histoire le nom d'*Union de Kalmar*. Dans les pièces du XIII° et du XIV° siècle, on trouve habituellement les formes *Kalmaria* ou *Kalmarnia* [2]. Le portulan publié par Langebek et Suhm nomme ce port *Kalmarne* [3]. Dulcert l'appelle *Kalman* [4].

Kalmar, ici placé à l'est de Stockholm, est, en réalité, bien loin au sud de cette capitale, en face de l'île d'Oland. Avec cette nouvelle et frappante *hétérotopie*, nous recommençons l'analyse d'une troisième liste géographique, d'un troisième fragment de portulan, mis au bout des deux autres par le Majorcain et qui forme une espèce d'itinéraire d'une partie de la côte orientale de Suède. Ce portulan comprend *Kalman, Sudrepigel, riperia roderin, câp de Vexiom, fl. Vettur, roderin*, et enfin *flum. etham*.

Le littoral oriental de la Suède était connu, dès les temps les plus anciens, sous le nom de Roden [5]. M. Dalgreen voit, avec raison, dans ce terme géographique, l'explication des mots *riperia Roderin* inscrits après *Suderpigel*, Söderköping, le marché du Sud [6], dans la mappemonde de Dulcert [7].

Câp de Vexiom, qu'on lit ensuite à l'extrémité d'une pointe de terre qui termine à l'est la longue courbure dont nous avons parlé, correspond, suivant M. Dalgreen, à la ville de Vexiö, *Vaeksior*, des documents du XIV° siècle.

---

(1) Il n'est plus question depuis bien longtemps de Biörkö.
(2) Sartorius, Bd. II, s. 143, 144, 147, 262, etc.
(3) *Navigatio ex Dania per mare Balthicum ad Estoniam* (Script. Rer. Danic. medii ævi, t. V., p. 623).
(4) Calman (*Conoscim.*, p. 15).
(5) Actuellement Rosladen. De ce mot on dérive, dit M. E.-W. Dalgreen, celui de *Ruotsi* qui désigne la Suède en finlandais (*Comm. mste*).
(6) L'anonyme du *Conoscimiento* écrit *Surdepinche*.
(7) *Tota aquesta ribera ers apellada Roderim*, dit la mappemonde du *Museo Borbonico*.

Vexiö se trouve cependant bien plus au sud, dans la province de Småland; cette ville est, en outre, située assez loin de la mer, avec laquelle elle communique, il est vrai, par un réseau d'étangs et de petites rivières[1]. On ne s'explique point en tout cas ce mot de cǎp accolé à son nom, que l'anonyme du *Museo Borbonico* a traduit *cauo* de Vexions.

Fl. vetur est la Motala, l'émissaire du grand lac Vettern, qui a déjà paru plus haut sous le nom de lac de Stockholm[2]. Quant au *flum. etham*[3], dont les eaux, descendant du nord, tombent au fond du cul-de-sac qui termine la mer Norique (*mare noricom et Suerie*), j'en fais le Dal-elf, si renommé encore à présent par ses grandes pêcheries de saumon.

Deux inscriptions d'une certaine longueur complètent la nomenclature des parages septentrionaux. L'une a trait à la Gothie, et se montre très difficilement lisible dans son ensemble. On voit seulement qu'il est surtout question de la force des habitants; le reste est inintelligible[4].

L'autre est celle de l'Europe dont elle fixe les limites. EUROPA *incipīt ad Tanay...., finit in Galicia ad partes occidentis*. Le Tanaïs est depuis longtemps considéré comme la limite orientale de l'Europe, au moment où Dulcert dessine son œuvre. Je rappellerai seulement les deux textes dans lesquels Rubruk[5] avait consacré cette division[6].

---

(1) C'est le port de Carlshamn, qui dessert aujourd'hui Vexiö.

(2) Entre *Vettur* et *Etham*, Roderin se présente de nouveau sous la forme d'une ville, dont l'image est surmontée d'une croix. J'en ferais volontiers Upsala, chef-lieu de l'Upland, auquel appartient le Rosladen, et qui fut, avant la fondation de Stockholm, la métropole de la Suède. « Una grand çibdat qui dizen muy rica et muy pobla la », dit de Roderin le *Conoscimiento* (p. 14). L'anonyme prétend s'y être embarqué pour Gothland (p. 15)! L'auteur de la mappemonde du *Museo Borbonico* a ajouté, après *flum. vectur*, *offlondena* qui est peut-être une déformation du mot *Finlande*.

(3) *Flum etam*. (Mus. Borb.), *fl. echan*. (*Conosc.*, p. 13).

(4) L'auteur de la mappemonde de Naples inscrit à cette place suivant la copie de Rodini : *provincia distaquia e de gotia hou ha gents meyns de coll q̃ lo cap se ten ab lespalles esson grans cavadors et cassen ab grifults*.

(5) Υsque Tenayn qui est terminus Asiæ et Europæ (Guillaume de Rubruck, *Mém. Soc. de géog.*, t. IV, p. 246)... pervenimus ad fluvium magnum Tanaim, qui dividit Asiam ab Europa, sicut fluvius Egypti Asiam ab Africa (Id., *ibid.*, p. 249).

(6) L'auteur du *Conoscimiento* tombe ici dans une erreur, qui suffirait à elle seule à démontrer que les voyages qu'il raconte sont de ceux que tout le

En face de la *riparia Roderin* et du *cap de Vexiom* sont trois îles, deux petites et une grande. Les deux petites sont appelées *Liter* et *Colad*[1]; celle-ci correspond sans aucun doute à l'île d'Oland. Celle-là semble se retrouver dans l'îlot appelé *Loet*, sur la bande orientale d'Oland.

La grande île est *Gotilandia*, Gothland avec sa capitale, *Visbi*[2]. Elle porte une inscription que je déchiffre ainsi : in[sul]a de got[il]andia, ipsa habet [n]onaginta parochia[s]. *Visbi*. Les quatre-vingt-dix paroisses de Gothland sont plusieurs fois célébrées dans les monuments géographiques du temps: Wisby avait alors atteint le plus haut degré de prospérité[3].

« Placée, dit Riant, à égale distance des côtes scandinaves et slaves et en dehors des guerres civiles ou religieuses qui les ensanglantèrent pendant tout le moyen âge, défendue contre les pirates par ses hautes et dangereuses falaises, Gothland, « l'œil de la Baltique »(*Eystrasalts auge*), était habitée par une population gothique, ayant dès lors sa langue et ses mœurs particulières et indépendante des souverains limitrophes du continent. Sous le régime libre et hospitalier des lois gotlandaises, le commerce, chassé par les Slaves païens des antiques cités de la Poméranie, s'était concentré dès le xi° siècle dans la ville de Visby, située sur la côte occidentale de l'île. »

C'était l'entrepôt des marchandises de l'Orient dont nous allons suivre la route par Novgorod et Kiew jusqu'à la mer Noire. Les Gotlandais (*Gutenses*[4]) entretenaient des relations suivies avec les contrées les plus méridionales de la Russie, où une tradition nationale plaçait le siège d'une colonie émigrée de leur île au ix° siècle, tandis que de nombreux vaisseaux allaient et venaient entre Wisby et les principaux ports de Suède et de Danemark.

monde pouvait faire du bout du doigt sur une carte dessinée comme la nôtre. Quittant la Pologne, il prend la mer et arrive .. *en Europe*. « Despues desto torneme por la otra marisma deste mar de Alemaña a la parte de la trasmontana que dizen la tierra de Europa (p. 14) », c'est-à-dire qu'il déclare avoir visité une contrée du Nord particulièrement désignée sous le nom d'Europe qui n'est autre que le bord Nord de la carte, où, suivant la coutume, le cosmographe a inscrit le nom de cette partie du monde.

(1) *Lister et Colant* (Mus. Barb.); *lister e cola* (*Conoscim.*, p. 17).
(2) *Civitas Wisbacensis* (Sartorius, op. cit., Bd. II, s. 116; *Wisbu*, *Wysby in Gotlendia* (Ibid., p. 153, 184), *Bisui* (*Conoscim.*, p. 15).
(3) P. Riant, *Expéditions et pèlerinages des Scandinaves en Terre Sainte au temps des Croisades*. Paris, 1865, in-8°, p. 64.
(4) Sartorius, op. cit., p. 5.

XI

Rossia ou *Rutenia*[1]. — Plus nos géographes s'enfoncent dans les profondeurs de la Baltique, presque inconnue alors des navigateurs du Midi[2], plus ils aggravent leurs erreurs. L'île d'Oesel, *Oxilia*[3], marque l'extrême limite des renseignements exacts qu'ils possèdent. Ils ignorent complètement l'existence du golfe de Bothnie et remplacent le golfe de Finlande par un fleuve nommé *Nu*, dont le large cours déverse dans la mer Norique une partie des eaux d'un grand lac marécageux, de forme ovale, d'où sortent en même temps vers le nord-est et le sud-est deux autres fleuves beaucoup plus importants dont nous étudierons le parcours un peu plus loin.

Sur la rive du fleuve, plus près du lac d'où il s'échappe que de la mer où il se jette, est dessinée une grande ville[4] surmontée d'un pavillon, et auprès de laquelle on lit *Nogorade*[5].

---

(1) Rutenia dans Dulcert, qui ajoute que partie de ce pays est appelée Galatie, *Galacia*, et saisit l'occasion que lui fournit ce mot pour rappeler l'épître aux Galates de l'Apôtre Saint-Paul.

(2) Nous venons de voir qu'elle était, au contraire, assez bien connue des navigateurs du Nord. Le portulan de 1270, déjà cité dans les pages qui précèdent, s'étend, en effet, jusqu'à l'île de Portkalaud (*Purkal*) sur la côte de Nyland, Finlande, et jusqu'à Revel (*Revelburgh*) en Livonie. Le golfe de Finlande, inconnu des Catalans, est nommé dans ce document *mare estonum* (*Navigatio ex Dania per mare Balticum ad Estoniam* (Script. Rer. Danic. medii ævi, éd. J. Langebek et. P. Fr. Suhm, t. V, p. 612, 623).

(3) Il est parfois question de l'évêque d'Oesel, *episcopus Oxilius* ou *Oxilensis*, dans les documents recueillis par Dreyer, Sartorius et Langebek (Cf. G.-F. Sartorius, *Urkundliche Geschichte der Ursprunges des Deutschen Hanse*, erhausgegeben von J.-M. Lappenberg, Bd II, s. 73. — Langebek, op. cit., t. V, p. 502, etc.)

(4) « El grand lago de tanay, écrit l'auteur du *Conoscimiento*, es en luengo tres jornadas et en ancho dos et nascen dende tres rios muy grandes el vno dizen tanay que entra en el mar mayor apres de la cludad de tana. Al otro rio dizen tir et va se contra las tierras del albirzibi por tierras deshabitadas. Al otro dizen nu et va contra el poniente et mete se en el mar de alemaña apres de vna ciudad que dizen virona de que ya conte de suso, con este rio nu contina una grand provincia que dizen siccia et es tierra muy fria » (*Conosc.*, p. 111-112). Cette ville de Virona en Scythie est Viro, Wesenberg, en Esthonie.

(5) Nogarado... cabeça del reynado (*Conoscimiento*, p. 112).

Or on sait que Novogorod, la ville de Rurik[1], est bâtie sur la rive gauche du Volkhov, près de la pointe Nord du lac Ilmen. Notre fleuve *Nu* est donc en partie le Volkof ou Moutniy, qui fait communiquer avec le lac Ladoga, anciennement nommé Nevo, le bassin marécageux de l'Ilmen ; mais il correspond aussi (puisque les cartographes le prolongent jusqu'à la mer) au fleuve Néva, qui verse à la Baltique les eaux du Ladoga.

Le *Nu* est donc, en somme, d'une manière très générale, pour Dulcert et son école, l'artère fluviale qui de Novogorod débouche à la mer et par laquelle circulait (je l'ai déjà dit) au commencement du moyen âge une partie du commerce des pays du Nord.

C'est plus exactement, dans le traité conclu par Mistislav Davidowitch, duc de Smolensk, avec la ville de Riga et les marchands de Gothland en 1229, la portion de cette voie commerciale qui correspond au cours de la Néva des géographes modernes. « *Cum autem mercatores*, dit le texte de ce traité, *venunt in aquam, que dicitur* Nv, *fruentur libertate quam ab antiquo in omnibus habuerunt*[2]. Les autres localités du parcours, désignées dans le traité, sont *Engera*, l'Ingrie habitée par les *Engeri*, Ingriens, que le *Nü* sépare des *Careli*, Caréliens ; *Aldagen*, le Ladoga, *Wolcowe*, le Volkhov, enfin *Nogardia*, Novogorod. Il n'y est pas question du lac d'où sort le Volkhov et auquel nos cartographes assignent le nom d'*Edill*. *Aquel estuyn est appellat Edill*[3]. C'est l'Ilmen, ou mieux c'est le réseau de lacs et d'étangs qui couvre toute cette portion du pays désignée souvent par les Russes sous l'appellation de *région des sources*.

Le nom d'*Edill* que donnent à cet ensemble nos vieux cartographes est presque identique à celui que porte alors la Volga. Etilia, Athil et nos Catalans, grâce à cette confusion, attribuent au lac l'étrange faune ichthyologique que nourrit la *mère des eaux*.

En loqual se nodrexen lostorions[4] ed altres pexes molt estranies, dit l'anonyme de 1375.

---

[1] (Rurik) s'avança jusqu'à l'Ilmen, fortifia une petite ville sur le Volkhov et l'appela Novogorod ; il s'y établit comme prince et partagea entre ses compagnons les terres et les villes [*Chronique dite de Nestor*, traduite sur le texte slavon-russe, avec introduction et commentaire critique par Louis Léger (*Publications de l'École des Langues orientales vivantes*, 2ᵉ sér., t. XIII, 1884, p. 15)].

[2] G.-F. Sartorius, *op. cit.*, Bd. II, s. 34. — On trouve dans le même volume (p. 231) une autre pièce de 1303 où il est question de navigation, *versus Nyn ad Nogardiam*.

[3] Id., *ibid.*, s. 35, 37.

[4] *Hic sunt sturioni*, Dulcert.

La route se continuait plus loin par la Lovot, affluent de l'Ilmen, et le Dnieper jusqu'à la mer Noire et à Constantinople[1].

Elle est figurée, sur nos cartes, par un cours d'eau, dit *flumen Lusom* ou *Lussom*, qui sort d'un massif montagneux, *montes Rossiæ*, *munt Lusson de Russia*, située au sud-est et près du lac Edill, pour descendre perpendiculairement à la mer Noire.

Ce fleuve Lusom ou Lussom n'est autre que le Dniéper[2] déjà désigné sous le nom d'Usom dans Aboulféda. Deux villes sont dessinées au voisinage du fleuve[3]. Il n'est pas trop malaisé de reconnaître dans la première, *Branchicha* (atlas catalan) ou *Brancica* (Pizzigani, 1367) la ville commerçante de Briansk[4] ou Bransk, et dans la seconde, *Chira* (Dulcert), la métropole de saint Wladimir, Kiev, appelée *Cuiewa* par Thietmar[5] et *Chiue* par Adam de Brême[6].

Briansk est, il est vrai, situé sur la Desna, affluent de gauche du Dniéper, au bord duquel nos cartographes la font pourtant asseoir; le vieux Kiev, par contre, s'élève sur les collines qui dominent la rive droite du fleuve, tandis que toutes nos mappe-

---

(1) Cette voie fort ancienne est ainsi décrite dans son ensemble par la chronique dite de Nestor (trad. Léger, p. 4, 5). « Du temps où les Polianes vivaient isolés dans leurs montagnes, il y avait une route qui allait du pays des Varègues en Grèce et du pays des Grecs chez les Varègues, le long du Dniéper; et au-dessus de Dniéper il y avait un portage pour les bateaux jusqu'à la Lovot; par la Lovot on entrait dans le grand lac Ilmen. De ce lac sort le Volkhov qui tombe dans le grand lac Nevo d'où il coule dans la mer des Varègues. » Cette route est l'*Austrvegr*, le chemin de l'Orient ou *Færingaveyr* chemin des Varègues, dont il est fait mention dans les plus anciens poèmes du Nord (Cf. P. Riant, *Expéditions et pèlerinages des Scandinaves en Terre Sainte au temps des Croisades*, p. 63).

(2) Dans la mappemonde des Pizzigani il porte le nom de *Brançica* (fleuve de Briansk) vers la source et d'*Erese* vers l'embouchure. Les montagnes dont on le fait sortir n'ont pas de nom chez les Italiens. Ce sont les « prétendues Kokaïa » dont parle Lelewel à propos d'Edrisi et qui, dit-il en son jargon, « coloraient l'ignorance par ses cimes blanches » (t. III, p. 192).

(3) Les Pizzigani en ajoutent une troisième *Jercasalef*, qui est peut-être Krylov.

(4) Les marchands de Briansk sont encore aujourd'hui, en beaucoup de cas, les intermédiaires entre Moscou et les districts du midi de la Russie.

(5) Pertz, *Monumenta Historiæ Germaniæ. Script.*, t. III, p. 859. Thietmar emploie les formes *Cuiewa* et *Kitawa* (p. 870) pour cette capitale dont il célèbre l'importance : « *In magna civitate que istius regni caput est, plus quam quadringenta habentur eclesiæ et mercatus octo* (p. 871). Constantin Porphyrogénète l'appelle Κιόβα ou Κιαβον (*De administr. imp.*). Gallus écrit *Chyou* (Bielowski *Monument.*, p. 402).

(6) Adam de Brême en 1072 la qualifiait de *rivale de Constantinople*.

mondes le placent à une certaine distance dans la direction de l'ouest.

Mais il n'y a pas lieu de s'étonner de semblables incorrections. Les Hanséates, par l'intermédiaire desquels nos Catalans recevaient, principalement à Bruges, les renseignements qu'ils consignaient dans les cartes que nous étudions ici, ne dépassaient guère Novogorod, qu'ils désignaient sous les noms de *Nougarden Nogarden* ou *Nogarten*, *Nougardia* ou *Nogardia*[1]. C'était dans un quartier spécial de cette ville, où les Hanséates avaient acquis au XIIIe siècle des comptoirs fort importants, que se concentraient les opérations commerciales traitées avec les indigènes, Moscovites, Tartares, etc. Ces négociants, venus de toute l'Allemagne[2], pénétraient peu au cœur du pays, sur la géographie duquel ils ne pouvaient fournir, à leur retour, que des renseignements fort succincts, et souvent fort inexacts. Nous savons cependant qu'ils se risquaient parfois jusque sur le Dniéper, *in aquas que Use vocantur*[3], pour gagner Smolensk. Ils remontaient aussi de Riga vers cette ville par la Dwina et Poloszk (*Poloco*), l'Orszank (*aqua dicta Saac*) et le Dniéper. Ils pouvaient enfin emprunter la route de terre par Narva (*Ter Naerwe*) ou par Pskov (*Pleskau*) dont l'itinéraire de Bruges nous a conservé les détails[4]. Mais ces divers chemins n'étaient pas toujours sûrs et ce sont encore cette fois les pertes éprouvées par les marchands teutoniques pendant leurs voyages qui nous en révèlent l'existence au XIIIe et au XIVe siècles. En 1228, en 1292 et en 1335, leurs expéditions commerciales à l'intérieur furent particulièrement malheureuses[5].

---

(1) Sartorius, *op. cit.*, Bd. II, s. 156, 161, 163, 221, 265, etc.

(2) « Iste sunt ciuitatesque solent et tenentur appellare a curia Nogarden, ad ciuitatem Cublicensem : Colonia (Cologne), Tremonia (Trèves ?), Padeburnen (Paderborn), Minda (Minden), Lymego (Lemgo), Lippia (Lippstadt), Heruordia (Herworden), Huxaria (Höxter), Magdeborgh (Magdebourg), Hallis (Halle), Brunswich (Brunswick), Goslaria (Goslar), Hildensen (Hildesheim), Honouero (Hanovre), Luneburgh (Lunebourg), Stralessund (Stralsund), Wismaria (Wismar), Kylo (Kiel), Stadium (Stettin), Riga (Riga), Dantzege (Dantzig), Elbinghe (Elbing) » (Sartorius, Bd. II, s. 184).

(3) Voir ce que nous avons dit plus haut du *flumen Lusom*.

(4) *De ryge usque grote halborde in ruchia et ultra usque moskau* [Lelewel, *Itinéraire brugeois de la fin du XIVe siècle (Géographie du moyen âge. Épilogue*, p. 286, Bruxelles, 1857, in-8°)].

(5) Cf. Sartorius, *op. cit.*, Bd. II, s. 156-163. — Notum sit omnibus hanc cedulam visuris vel audituris, quod hec dampna facta sunt Theutonicis mercatoribus inter Nogardiam et Plescowiam, cum bonis eundo et redeundo... Les

Une seconde route fluviale, reconnue sommairement au xive siècle, à travers les territoires russes est celle du Don ou Tanaïs. Les géographes catalans connaissent la direction générale de ce fleuve, mais le font sortir du grand lac qui a déjà donné naissance au Nu. Il porte les noms de *flumen Tanay*[1]; c'est, nous l'avons dit, la limite orientale de l'Europe au moyen âge, *Europa incipit ad flumen Tanay*.

Des deux côtés de ses rives s'élèvent les villes de *Rostaov*, de *Rasanpaflao*, de *Baltachinta*. *Rostaov* est Rostov, que notre cartographe a singulièrement déplacée vers le sud, en la ramenant des bords du petit lac Néro dans le bassin du Don. Rostov, où Rurik établit un de ses compagnons vers 862[2], est la plus ancienne ville du nord-est de la Russie. C'était le chef-lieu d'une principauté importante qui comprenait le gouvernement actuel de Iaroslaw et une partie de ceux de Vladimir, de Novogorod et de Vologda.

Rasanpaflao[3] est Pereyaslaw Rasanskiy[4]. Cette ancienne ville, dont il est fait deux fois mention dans la Chronique dite de Nestor[5] fut détruite par Baty-Khan en 1237[6]. Aussi dans l'atlas catalan de 1375 le nom de Rasanpaflao, que connaissait encore Dulcert en 1339, se trouve-t-il remplacé par celui de *Perum*, Mourom[7], chef-lieu d'une principauté réunie à celle de Moscou en 1262, et lieu de naissance du héros légendaire Ilia Mouromets[8]. C'était le grand marché des anciens Bulgares de la Volga qui venaient,

noms de lieux mentionnés dans la suite de la pièce sont : *Pulcrum opus* (Schoneswerk), Use (Lussom, Dniéper, fl.), Sacc. (Orszank, rivière), Poloco (Poloszk), Narwia (Narva), Wolchouve (Volkhov, rivière). Les noms de peuples sont : Plescowenses (les gens de Pleskov), Nogardenses (ceux de Novogorod), Letwini (les Lithuaniens), Rutheni (les Russes).

(1) Ille fluuius est terminus orientalis Ruscie, et oritur de paludibus meothidis, que pertingunt usque ad Occeanum ad aquilonem](Rubruck, *ed. cit.*, p. 250).

(2) *Chronique dite de Nestor*, trad. cit., p. 15.
(3) Ransian paflio (Pizzigani, 1367).
(4) L. Léger, *loc. cit.*, p. 361.
(5) *Chronique dite de Nestor*, p. 103, 200.
(6) Riazan s'est plus tard relevée de ses ruines; c'est même aujourd'hui un centre commercial assez actif.
(7) *Chronique dite de Nestor*, trad. cit., p. 100, 175, 192, 197.
(8) Rambaud, *La Russie épique*, Paris, Maisonneuve, 1876 : — L. Léger, *loc. cit.*, p. 338.— Mouroum doit son nom aux Mouroma, qui vivaient au ixe siècle dans cette partie de la vallée de l'Oka.

chaque été, échanger leurs denrées contre les articles de négoce importés par les marchands slaves ou grecs[1].

Baliachinta (1339), *Baltachinta* (1375) répond peut-être à Balta déplacée. Enfin *Moscnor* est Moskov, comme *Rostaor* est Rostov.

Il me reste, pour en avoir fini avec la Russie, à dire quelques mots du troisième fleuve, issu du lac Edill, c'est la Volga, l'Athil, l'*Etilia* de Guillaume de Rubruck[2] que les géographes catalans appellent *flumen Tyrus*. La source de ce grand fleuve se trouve, comme l'on sait, à une assez faible distance au sud-est du groupe de lacs, dont l'Ilmen est le plus important et à l'une des extrémités de la *région des Sources*, dont nous parlions plus haut. Dulcert fait sortir son fleuve du lac Ilmen, après l'avoir légèrement infléchi vers le nord-est, le conduit, par une suite d'ondulations parallèles à celles du *Tanay*, à un confluent où il reçoit les ondes d'un autre cours d'eau, la Kostroma, descendant symétriquement de l'angle nord-est de la carte. Les deux courants réunis, la Volga n'a plus qu'à gagner droit au sud, en suivant un méridien, le fond de la Caspienne.

Notre cosmographe connaît dans ces parages *Toraki*, Torjok, « le Marché » situé sur la Tvertza et qui était déjà depuis longtemps un grand entrepôt de commerce. *Tifer*, Tver, au confluent de la Tvertza et de la Volga, resté le port principal du haut fleuve[3], *Sclaviza*, dont je ne retrouve point l'emplacement, *Castrama*[4], Kostroma, fondée en 1152 au confluent de la rivière du même nom, par le prince Georges Dolgorouki. *Zizara*, Sizran, lieu de passage très fréquenté à l'embouchure de la rivière du

---

(1) L'auteur du *Conoscimiento* qui écrivait, nous l'avons montré, en suivant une carte, ses voyages fictifs, a énuméré toutes ensemble les villes des deux bassins du *Tanay* (Don) et du *Tirus* (Volga); *Baltachinca, Escleurza*, qui est la Sclaviza de Dulcert, *Tifer* (Tver) *Coranchi*, notre Torachi (Toriok) (p. 109-110).

(2) « Etilia, que est major fluvius quam unquam viderim, et venit ab aquilone, de majori Bulgaria tendens ad meridiem, et cadit in quemdam lacum habentem spatium iiij^or mensium in circuitu de quo postea dicam vobis. Ista ergo duo flumina Tanays et Etilia, versus regiones aquilonis per quas transivimus, non distant ab invicem nisi X. dietis : sed ad meridiem multum dividuntur ab invicem. Tanays enim descendit in mare Ponti. Etilia facit predictum mare, sive lacum, cum aliis multis fluminibus que cadunt in illum de Perside (Rubruck, *ed. cit.*, p. 252).

(3) Cf. E. Reclus, *Nouvelle Géographie universelle*, t. V, p. 708, 1880.

(4) « *Casrama*, dit l'auteur du *Conoscimiento* (p. 110)... Cabeça del reyno de sabur E esto reyno es todo cercado de los dos rios que dizen flumen tyr et el flumen tanay. »

même nom; *Zara* enfin, Saraï (Selitrennoje, puis Tzarov¹), établie par Batou, Khan des Tartares, sur l'Aktouba, bras oriental du delta de la Volga, à 90 kilomètres de la ville actuelle d'Astrakhan.

Cette capitale du Kiptchak, aussi bien que les villes de *Castrama, Baltachinta, Perum, Rusanpaflao, Moscaor, Granchicha,* et enfin *Nogorade* ², porte l'étendard de la horde d'or ³.

La domination directe des Khans tartares s'étendait en effet jusqu'au Dniester, et les princes de Riazan, de Vladimir, de Novogorod, etc., reconnaissaient leur suzeraineté.

En 1339, au moment où se terminait la mappemonde de Dulcert, Ivan Iᵉʳ Danielowich, surnommé Kalita, accomplissait la douzième année de son règne à Moscou, où la bienveillance d'Usbeck-Khan l'avait institué *grand prince*, et Dulcert, exactement renseigné sur les liens de vassalité du souverain de la jeune capitale, arborait sur *Moscaor* le drapeau de Kiptchak.

Astachia. — Le littoral russe de la Baltique a souvent, dans les documents cartographiques du xivᵉ siècle, les noms d'*Astachia* (Dulc.), *Asteckia* (Pizz.)⁴, qui paraissent n'être qu'une déformation de celui de *Scythia* qu'on lit à la même place dans la mappemonde anglo-saxonne du xᵉ siècle ⁵.

Les Grecs du Bas-Empire donnaient volontiers le nom de Scythes à une partie des peuples du Nord-Est sans s'inquiéter de leur véritable nationalité. C'est ainsi que le continuateur de Constantin Porphyrogénète, Cedrenus, Zonaras ont appelé les Russes ἔθνος σκυτικόν ⁶. Jusqu'à la fin du xvᵉ siècle, la Baltique s'est appelée *Scythique* ⁷ chez certains chroniqueurs.

L'*Astachia* des premières cartes catalanes n'avait que deux

---

(1) Cf. W. Heyd, *trad. cit.*, t. II, p. 227-228.
(2) Cette dernière ville a toutefois dans le *Conoscimiento* son étendard spécial : « *un pendon roxo con un castillo blanco* (*loc. cit.*, p. et fig. XCI).
(3) Cf. Hammer. *Geschichte der goldenen Horde.*
(4) Nous avons déjà vu plus haut que l'auteur anonyme de la mappemonde catalane de Naples reporte ce nom plus à l'ouest sous la forme *Staquia*.
(5) Cf. *Magasin Pittoresque*, t. VIII, p. 208, 1840.
(6) Cf. *Chronique dite de Nestor, trad. cit.*, p. 8, 9 et 37.
(7) Mare... barbarum sive scythicum. (*Incerti auctoris Chronica Slavica*, ap. Lindenbrog. (*Script. Rer. German. Septentr.*, Hamburgi, 1706, in-f°, p. 189, etc.)

noms de villes : *Unguardia*¹ ou plutôt *Nugardia*, faisant double emploi avec celui de *Nogardia*, Novogorod, inscrit déjà sur le bord du fleuve Nil, et *Riga*, demeuré sans changement le nom de la capitale de la Livonie². La carte sanutine de Bruxelles et la catalane du *Museo Borbonico* portent dans ces parages le nom de *Varlant*, *Vuarlant*, Wirlant, Wesenberg, Viro des Esthoniens, que nous rencontrons sous la forme *Wironia* dans la charte de 1278, déjà citée plus haut à propos de Revel³.

Polonia. — *Polonia* est au sud d'*Astachia*. La Pologne a pour capitale *ciuita de leo*, la cité de Lwow, Leopol, fondée en 1259 par le duc ruthène de Halicz, Lwo ou Leo, fils de Daniel.

C'est, sur la mappemonde de Dulcert, une grande cité surmontée d'une croix et d'un large étendard où se dessine une ancre de vaisseau⁴.

On lit au-dessous de la figure qui représente *leo* la curieuse inscription suivante :

Ad ciuitatem istam veniunt mercatores com | species et postea vadunt per mare gothilandie | ad partes frandres specialiter in bruges, inscription que l'anonyme de 1375 interprète ainsi en catalan : *en esta ciutat vetien alcuns merchaders, losqual venan ves las partides de Levant per esta mar de Lamenya en Flandes.*

(1) Ungardia (*Conoscimiento*). — Les sagas lui donnent encore le nom de Holmgard, et M. L.-S. Borring essaie d'expliquer cette déformation, en supposant que c'est « à cause des fleuves, des lacs et des marais » dont le pays de Novogorod est entouré, et qui le font ressembler à une île, « *holmr*, en langue du Nord » [M. L.-S. Borring, *Kanut Levard, narration historique d'après la Saga de Knytlinga* (Mém. Soc. des Antiq. du Nord, 1836-39, p. 201)]. M. Dahlgren suppose que cette ville d'Ungardia pourrait être Reval. Une carte ancienne, trouvée à Varsovie par M. Nordenskjöld et dont on ne nous donne pas la date, porte les mots *Vngardia reualea ciuitas* que M. Dahlgren propose de traduire *Reval, le port de Novogorod*. *Vngardia* et *Reualea ciuitas* me semblent ici former deux inscriptions distinctes. On trouve *Nogardia* seule, au fond de la Baltique, dans la carte de Giovanni da Carignano.

(2) *Ryga*, *Riga* dans les chartes (Sartorius, op. cit., Bd. II, p. 28, 111, 189, 197, etc.) ; *la Rigue* dans la charte de Philippe le Bel.

(3) Symon miles dictus de Oberch, capitaneus illustris regis Daccie per Revaliam et Wironiam. (Sartorius, op. cit., Bd. II, s. 109.)

(4) Les pattes très épaisses et la croix relativement petite qui les surmonte feraient douter de cette détermination, si l'on n'avait sous les yeux les figures tout à fait décisives de l'atlas catalan, de la mappemonde de Naples, etc.

La route qui reliait ainsi le Levant à la Baltique par Léopol[1] devait suivre habituellement le cours du Dniester[2]. Toutefois, à en juger par nos cartes une autre voie détournée semble avoir relié la Pologne à la mer Noire : la Teiss.

De Lemberg on descendait à la mer de Gothland, c'est-à-dire à la Baltique, par la Vistule, que l'on atteignait à Sandomir (*Sandamitio*, Dulcert; *Sadonua*, Pizz.; *Sudumera*, atl. cat.). Nous reviendrons plus loin sur cet itinéraire.

Les autres noms de lieux inscrits en Pologne par Dulcert sont : *ciuitas polonia, ciuitas cracouia* et *ciuitas sča maria* ; à chacun de ces mots correspond une large image de ville surmontée d'une ou de plusieurs croix.

La première de ces villes est appelée *Pollania* par l'anonyme de 1375. C'est la *Pollania* de la carte catalane de Naples, Polaniecz[3], à mi-chemin de Sandomir et de Cracovie.

La *Ciuitas Cracovia* de Dulcert figurait déjà dans Sanuto et dans Carignano. Cette ville, l'ancienne capitale de la Pologne, est doublée dans l'atlas catalan sous les formes *Cracovie* et *Cracovia*. L'une des deux images qui lui sont consacrées est surmontée de l'étendard vert orné d'une ancre rouge que nous avons déjà vu planté sur les remparts de la *ciuita de leo*.

Je ne sais que faire de la cité de Sainte-Marie, que Dulcert et, d'après lui, les autres catalans placent entre Cracovie et Sandomir, Polaniecz et Léopol. Faut-il admettre, avec Lelewel, qu'il s'agisse d'une localité du bassin du Danube[4], reportée trop au nord comme Ulm et Ratisbonne, que l'on trouve à côté sous les noms de *Ulms* et de *Ratisbona*, ou encore comme *sčo vito*, Saint-Veit[5], figuré par le même cartographe non loin de *Cracovie*?

Litefania, Kareland. — Dulcert a dessiné, à la suite de Riga, le long de la concavité du rivage baltique, deux images de villes,

---

(1) M. Heyd admet que l'on débarquait à Akkerman et remontait à Lemberg par Suczawa, ce qui me paraît compliquer inutilement la route très directe qu'offrait le fleuve Dniester à des barques de faible tonnage.

(2) Il est question de cette route par Leopol (*lo Leo*) Lemberg (*Leynburk*) dans divers textes du xiv⁰ siècle mentionnés par M. W. Heyd (*Histoire du Commerce du Levant au Moyen Age*, trad. F. Raynaud, t. II, p. 193 et 730-731).

(3) J. Lelewel, *op. cit.*, t. II, p. 65.

(4) Sainte-Marie, vis-à-vis de Presbourg (Id., *ibid.*, p. 65).

(5) Saint-Veit, vis-à-vis de Vienne (Id., *ibid.*, p. 65).

accompagnées des mots *Litefania* et *Kareland* et de cette petite phrase : *Iste ambe sunt paganorum*[1].

Le premier de ces noms ne peut donner prise à aucun doute; *Litefania* est la Lithuanie, le pays des *Litra* ou *Letwini*, dont il a déjà été fait mention plus haut[2]. Le second, *Kareland* ou *Karelant*, me paraît correspondre à la Courlande[3], placée à l'ouest de la Lithuanie par nos cosmographes qui font ainsi correctement descendre jusqu'à la mer, entre Riga et le duché de Courlande, la Lithuanie, à laquelle se rattachaient, en effet, les *Jemgala* de l'Aa et de la Duna, dont parle Nestor, devenus plus tard les *Semigallia*.

Les Lithuaniens étaient encore païens, comme le font remarquer Sanuto, Dulcert, etc. Leur chef Mendog ou Mindove avait bien accepté le baptême et le titre de roi du pape Innocent IV; mais se repentant de cette abjuration, il avait plus tard rejeté tout à la fois le christianisme et la suprématie des chevaliers porte-glaive, auxquels la Courlande seule avait dû rester soumise. C'est seulement sous Iaghiel ou Jagellon, converti en 1386 à la religion chrétienne, que le paganisme commença à disparaître de la Lithuanie, où certains cantons ont pourtant conservé très tard bien des vestiges des anciens cultes[4].

Les Courlandais, quoique conquis par les chevaliers teutoniques au XIIIe siècle, étaient, eux aussi, demeurés en partie païens au XIVe.

Ces indigènes sont appelés par les premiers historiens du Nord *Chori*, *Kuri* ou *Curetes*, et leur pays est désigné sous les noms de *Kurtlande* et de *Curlandia*. Rimbert, Adam de Brème, Saxo Grammaticus, les *Sagas Orwar*, *Oddi* et *Knytlirga*, le cadastre de

---

(1) On trouve à la même place dans l'atlas catalan *Litefanie pagani*, *Karelant pagani*, avec deux images de villes séparées par une embouchure de fleuve. C'est le *flumen asmaticis* qui sépare sur la carte de l'anonyme du *Museo Borbonico* le Cast⁰ *litefanie paganorum* du Cast⁰ *carelant paganorum*. C'est peut-être l'Aa de Mittau, l'Aa courlandaise. L'auteur du *Conoscimiento* se borne à mentionner *litefania* et *catalant*, *dos grandes cibdades que son entre el mar mayor et el mar de alemuña* (p. 12).

(2) Voir plus haut, p. 69.

(3) Il ne peut être ici question des Caréliens, comme l'a pensé Lelewel (II, 65). On a vu, en effet, par les textes relatifs au fleuve Nu (p. 66), que les Karéliens ne dépassaient pas ce cours d'eau, dont les Ingriens occupaient dès lors la rive Sud.

(4) Schafarik, *Slavische Alterthümer*, Bd I, s. 445 (trad. fr. in. *Ann. des voyages*, déc. 1852, p. 210).

Waldemar II contiennent sur la contrée et sur ses habitants au moyen âge des renseignements relativement précis[1].

Notre cartographe se borne aux indications sommaires que nous avons transcrites. S'il ne connaît rien des formes alternativement concaves et convexes de la péninsule courlandaise, il sait du moins que cette terre n'est pas une île, ainsi que l'avaient cru longtemps ses prédécesseurs.

XIV

Germania, Allamania. — Quelque suivies qu'aient été dès la fin du xiiie siècle[2] les relations entre les marchands et les marins ibériques et allemands, les villes hanséatiques n'étaient pas encore toutes connues des géographes de la péninsule en 1339.

Dulcert en énumère toutefois une douzaine, le long du littoral allemand de la Baltique. Ces villes inscrites sur sa mappemonde sont de l'est à l'ouest *Turon, Neria, Godansee, Elbingana, Scorpe, Allech, Stetin, Grisvaldis, Lundis magne, Roystock. Usmaria, Lubeck*[3].

Turon, Turun, Thorun, Thorn des chartes du xiiie siècle[4], *Toronium* de Sanuto, *Torron* de Carignano est la ville actuelle de Thorn, située sur la Vistule à une assez grande distance de la mer et que Dulcert dessine au bord même de la Baltique, et bien à l'ouest de son *flumen Vandalorum*.

Neria vient ensuite au débouché d'un lac de même nom, *lacus Neria*, où il faut retrouver la Frisch Nehrung des cartes modernes.

---

(1) Langebek et Suhm, *coll. cit.*, t. VII, p. 543 et 650, etc.
(2) Voir plus haut, p. 17, etc.
(3) « Parti del Reino de dacia, dit l'auteur du *Conoscimiento* (p. 11), et torneme para alemaña a una cibdat que dizen lubec que es en el ducado de xaxonia et dende a rosgot et a bondizmague que son cibdades de alemaña la alta et dende a una cibdat que dizen grisualdiz que es rribera de un grand lago de aqua que dizen alechon et paselo et fue a vna cibdat que dizen corueric et dende a la cibdat de escorpe et dende a otra que dizen danciebia et por esta danciebia pasa vn grand Rio que dizen turonie que sale de las sierras de boemia et metese en el mar de alemaña. » On voit par l'étude de ce texte que l'auteur continue à fournir des preuves contre lui, en transformant par exemple sa ville de Thorn en une rivière de *Turonie*.
(4) Cf. Sartorius, *op. cit.*, Bd. II, s. 46; — K. Hohlbaum, *op. cit.*, Bd. I, s. 87, 105, 112, u. s. w.

Godansee, *Ongedasa* de Carignano, *Dantzege* des chartes [1], est Gdansk, Dantzig ; *Elbingana*, *Elbingho* des chartes, *Elbange* de Carignano, *Évilgue* de Philippe le Bel, Elbing, déplacée vers l'ouest, mais néanmoins facile à reconnaître. *Scorpe* correspond à Stolpe sur la rivière du même nom, trop reportée aussi du côté de l'occident [3]. *Allech* enfin semble bien, ainsi que Lelewel le suppose [4], le village de Hela, bâti à l'extrémité de la Putziger Nehrung, qui limite au nord-ouest la baie de Putzig, désignée par Dulcert sous le nom de *lacus Allech*.

Cette petite localité, inscrite déjà dans la mappemonde de Carignano sous la forme *Anchela*, marquait à la fin du xiie siècle sur le littoral baltique les bornes des territoires slaves du côté de l'Orient [4].

Stelin, Stettin, est quelquefois mentionnée dans les chartes publiées par Sartorius [5] sous les formes *Stelin* et *Stetyn*.

Il est souvent question de *Grisvaldis*, Greifswald, dans l'histoire de la hanse. Cette ville est désignée sous les noms de *Gripeswold-Grypeswoll*, *Gripeswold*, *Gripeswald*, *Grypeswall* dans les actes du xiiie et du xive siècles, publiés par Sartorius [6]; Carignano l'appelle *Grisvald*.

Lundis magne serait, suivant Lelewel, Lüdershagen, près Bart, dans le pays des anciens grands Lutices [7]. Je crois bien plus volontiers, avec M. le docteur Hugo Schuman, que nous avons là une mauvaise lecture de *Sundis mayne* et qu'il s'agit de Stralsund, qui apparaît en effet sous la forme Sundis dès 1320 dans le *Codex Pomeraniæ diplomaticus* [8].

---

(1) Id., *ibid.*, s. 184.
(2) L'ordre naturel de l'est à l'ouest serait *Neria*, *Elbingana*, *Turon*, *Godansee*, *Allech*, enfin *Scorpe*.
(3) Lelewel a montré beaucoup de pénétration dans les identifications proposées pour ces divers noms de lieux. Il me paraît s'être trompé toutefois à propos de *Scorpe* qu'il considère comme une répétition du mot *Gnarpe*, qu'on lit non loin de là dans la carte catalane et dont il fait un *warf*, « un jet, une embouchure » de l'Oder.
(4) A termino qui dicitur Hel... (Anonymus, *De profectione Danorum in Terram Sanctam*, ch. v (*Script. Rer. Danic. medii ævi*, coll. Langebek, t. V, p. 368.)).
(5) Sartorius, *op. cit.*, Bd. II, s. 101, 133 ; — K. Höhlbaum, *op. cit.*, Bd. I, s. 106, 182, u. s. w.
(6) Sartorius, *op. cit.*, Bd II, s. 101, 120, 127, 141, 143, 145, 169, 184, u. s. w. — Cf. K. Höhlbaum, *op. cit.*, Bd. I, s. 125, u. s. w.
(7) J. Lelewel, *Géographie du moyen âge*, t. II, p. 65.
(8) « Anno Domini MCCCXX coram nobis Wizlao principe Rugianorum hæc

Roystock, Rostock, est appelée dans les documents de la hanse *Rostok, Rostock, Rozstokh, Rozstock, Rozstocke, Rotstockh, Raudstok* et *Rustocke*[1]. *Usmaria*, Wismar, s'y nomme *Wismaria, Wissmarie, Wissmare, Wismare* et *Wissemer*; Lubeck y est écrit *Lubeke, Lybek, Lybeke, Lybekh, Lubica, Lybica*[2], etc.

L'atlas de 1375 ajoute à ces divers noms du littoral baltique celui de *Rivalia*, Revel, connue des navigateurs danois de la fin du XIIIe siècle sous l'appellation de *Reuelburg* et que des chartes du même temps nomment *civitas revaliensis* ou *rrvalia*[3].

Il nous donne encore le nom de *Prutenia*, la ville du Pregel, Kœnigsberg, fondée en 1255 sur les bords de ce fleuve à quelques kilomètres de son embouchure dans le Curish Haff; et celui de *Cucenjo*[4], l'un des ports de cette lagune, peut-être Memel, dont l'origine remonte à 1254.

Plus à l'ouest on peut y lire en outre les noms de *Stetin*, Neu-Stettin, de *Colberg*, Kolberg, l'ancienne capitale des Cassoes, ramenée cette fois de Suède en Slavie, de *Stadin*, Stettin, enfin de *Guarpe*, qui est peut-être Neuwarp, sur le Gross Haff.

Tous ces noms sont d'ailleurs espacés à des distances pres-

---

bons obligata sunt et possunt saltem per nos redimi si nostri vasalli qui ea obligarunt hoc neglexerint. Primo in terra Ruge Hartwicus Zweko posuit Gherardo iustitori in *Sundis* XII marcarum redditus...» (*Codex Pomeraniæ diplomaticus*, Hasselbach, p. XXVII, cité par le Dr Hugo Schumann avec deux autres textes semblables dans une lettre qu'il m'a écrite à la date du 17 août 1889). Avant de recevoir ces trois textes tout à fait concluants je soupçonnais déjà l'identification démontrée par mon savant correspondant (voir 1re Édit., p. 72, n. 7); mais j'étais réduit, faute de documents précis, à m'étonner que Stralsund, ville importante et souvent citée dans les chartes du XIIIe siècle sous les formes *Stralæsundæ, Stralesundern, Stralessundt, Stralessunt, Stralessont, Stralowe*, que seules je connaissais, ne fût pas mentionnée par les cartographes du siècle suivant (Sartorius, *op. cit.*, Bd. II, 108, 109, 112, 126, 143, 145, 173, etc.; — K. Höhlbaum, *op. cit.*, s. 89, u. s. w.).

(1) Sartorius, *op. cit.*, Bd. II, s. 27, 75, 101, 126, 127, 133, 143, 145, 169, 184, 225, 231; — K. Höhlbaum, *op. cit.*, Bd. I, s. 48, u. s. w. — Les chroniques danoises du XIVe siècle écrivent Rostoch ou Rostock (Langebek, *coll. cit.*, t. VI, p. 253, 520, etc.); la charte déjà citée de Philippe le Bel orthographie ce mot *Rostoc* (Sartorius, *op. cit.*, Bd. II, s. 175; Carignano écrit *Roistoc*.

(2) Sartorius, *op. cit.*, Bd. II, s. 27, 46, 52, 101, 126, 127, 143, 145, 150, 169, 225, 261, u. s. v.; — K. Höhlbaum, *op. cit.*, Bd. I, s. 34, 37, u. s. w. — La Charte de Philippe le Bel de 1295 écrit *Lubeque, Huissemaire*: Sanuto nomme seulement *Wsmaria*, Carignano orthographie *Lubeck* et *Vismaria*.

(3) Sartorius, *op. cit.*, Bd. II, s. 111, 153, 303.

(4) *Curconia* (*Conoscimiento*, p. 82).

que égales le long de la côte méridionale de la Baltique et dans un désordre qui montre bien que, encore à la fin du xiv° siècle, on était relativement ignorant dans la Méditerranée des choses du nord de l'Europe. *Ricalia*, qui devrait être bien au nord de Riga, lui succède au sud-ouest. Après avoir mis en place le Curish Nerung, Elbing, Dantzig et Stolpe, le cartographe recommence à inscrire les noms qui correspondent à Nehrurg, Hela, Neu-Stettin et Colberg.

Mais c'est surtout lorsqu'il cherche à mettre en ordre les notes confuses qu'il s'est procurées sur l'intérieur du pays qu'on a de la peine à le suivre. J'ai déjà dit que les mappemondes catalanes et celles qui en sont dérivées ne figurent dans l'intérieur de l'Allemagne du Nord que le cours de quelques fleuves de diverses longueurs, qu'elles font descendre d'une chaîne de montagnes qui décrit les trois quarts d'un cercle autour de la Bohême.

Le premier de ces fleuves, dans la carte de 1375, se jette près de *Prutenia* après avoir suivi une longue courbe, à peu près régulière, à convexité orientale ; il baigne trois villes, *Foczim* (Feltin), *Sudona* (Sandecz) et *Sudumera* (Sandomir[1]) ; c'est la Vistule[2].

Mais un second fleuve, partant des mêmes montagnes et décrivant une courbe de même sens, inscrite dans la première, vient se jeter dans la Baltique entre *Albing* (Elbing) et *Godansse* Dantzig) ; c'est de nouveau la Vistule[3].

Enfin un troisième fleuve serait la Vistule encore, si l'on ne tenait compte que de son embouchure reportée à l'est de Hela (*Alech*) ; mais les noms de villes qu'on peut lire le long de ce cours d'eau, ceux que l'on trouve inscrits auprès de l'affluent que le cartographe lui attribue, montrent bien qu'il s'agit de l'Oder et de la Warta, l'un de ses tributaires. Le tracé, peu différent, de la mappemonde de Dulcert porte d'ailleurs le nom de *fluvius Odiri*[4].

(1) Dulcert, qui ne représente que cette seule ville, le long du *fluvius Vandalorum*, la nomme, nous l'avons dit déjà, *Sandamirio*.

(2) « *Vistula* Plinio et *Vistillus*, Iornandi *Visula*, Marcellino *Bisula*, Melæ *Visula*, Vadiano *Iustula*, aliis *Iustilla*, *Istula*, Orientalibus populis nobis viciniorihus *Alba Aqua*, a colore albo, Germanis *Weichsel*, *Weixel*, Polonis *Wisal*. (G. Rzaczynski, *Historia Naturalis curiosa regni Poloniæ, magni ducatus Lituaniæ, annexarumque provinciarum*. Sandomiriæ, 1721, in-4°, p. 145.)

(3) Ce second fleuve manque à la mappemonde de 1339. Le troisième fleuve de la même mappemonde, celui dont il va être question et qui porte le nom de *fluvius Odiri*, tombe à la mer entre *Scorpe* (Stolpe) et le lac *Allech* à 3 degrés à l'est de l'embouchure réelle de l'Oder.

(4) Sanuto nomme l'Oder *Odra* (Bibl. Nat. Ms. lat., n° 4939). Carignano a un

Les noms de villes auxquelles je viens de faire allusion sont *Posna* (Pozna, Posen), *Asna* (Gnezna, Gnesen), *Sira* (Sieradz, Siradia), sur la Warta, et, sur l'Oder, *Garagona* (Glogau) et *Epoli* (Oppeln [1]).

On voit encore au-dessus d'*Epoli* le nom de *Ceam* que je n'ai pas pu identifier. J. Lelewel, qui avait lu ce nom *Ceane*, proposait d'y voir Cieschine ou Teschen sur l'Elve, affluent supérieur de droite de l'Oder [2].

L'île de Rugen, *Ruya*, est représentée le long de la côte sous l'aspect d'un petit ovale transversalement allongé. C'est sous cette forme ou celle de *Rugia* qu'on la rencontre mentionnée dans les actes de la fin du XIIIe siècle et du commencement du XIVe [3]. L'auteur du *Conoscimiento* écrit son nom *Ruyna* et la réunit dans une très brève description aux trois îles danoises qu'il connaît sous les appellations de *Erria*, de *Finonia* et de *Ganglante*.

Ces trois vocables se retrouvent mieux orthographiés dans Dulcert, qui a dessiné, le long de la côte orientale de Danemark, deux petites îles dont une seule porte un nom *Era* (Aroë), mais qui repousse tout le reste de l'archipel danois entre la pointe de Skagen et la concavité du Kattégat. Les îles qu'il connaît sont : *Langland* (Langeland), *Finonia* (Fyen ou Fionie), *insula Salandia* (Själland ou Seeland), avec une ville du même nom, *cibdat que dizen Colanda*, suivant la formule du *Conoscimiento*[4], c'est-à-dire Copenhague, fondée au XIIIe siècle par l'évêque Axel et qui était devenu tout récemment la résidence de la cour de Danemark.

Odera fluvius sommairement tracé avec *Grosna* (Crossen), *Stinavia* (Steinau), *Patila* (Breslau), *Coxle* (Cosel), tout le long de son cours. Si l'on compare ces noms à ceux des cartes catalanes, on constatera qu'il n'en est pas un de commun à ces monuments de sources très différentes.

(1) L'itinéraire de Prague à Cracovie descendait à *Bresselau* (Breslau), de *Yuerdents* (Schweidnitz), par le cours de la Weistraz et remontait l'O Ier par *Pric* (Brieg) et *Sppel* (Oppeln) pour gagner Strelitz [J. Lelewel, *Itinéraire brugeois de la fin du XIVe siècle* (*Géographie du moyen âge. Épilogue*, p. 239. Bruxelles, 1857, in-8°)].

(2) L'auteur du *Conoscimiento* ajoute à la suite du dernier texte que j'ai cité plus haut « en el Reyno de boemia son siete cibdades grandes. s. grisua, et posna et sirca et noxia... (p. 11).

(3) On lit par exemple dans deux pièces de 1278 et de 1283, publiées par Sartorius, *Wizlaus* ou *Wizelaus princeps Ruianorum* (*op. cit*, bd. II, s. 112, 132, dans une autre de 1302 *Wizelani principis Ryanorum* (*Ibid.*, s. 225), enfin dans une dernière de 1313 *principi Ruyanorum* (*Ibid.*, s. 269). *Rugia* serait plutôt la forme danoise (Langebek, VI, 520, etc.)

(4) *Conoscimiento*, p. 10.

XV

Dacia. — Le Danemark était connu dans ses traits les plus essentiels dès le x⁰ siècle de notre ère. La célèbre mappemonde de la bibliothèque cottonienne[1] le représente déjà comme une presqu'île de forme irrégulièrement ovale, se détachant vers le nord des rives baltiques auxquelles la relie un isthme étroit et contourné. C'est à peu près sous le même aspect que les cartes édrisiennes nous présentent *Danmarcha*[2].

La mappemonde sanutine de Paris (fig. 5, p. 20) en exagère la longueur et en tourmente les contours; elle y distingue l'isthme par les mots *introitus dacie* et divise la presqu'île en deux parties qu'elle nomme Vandalie, p. *Vandalia*, et Norique, p. *Noricie*[3].

Carignano, adoptant l'ancien type ptoléméen, ainsi que je l'ai déjà fait remarquer (fig. 7, p. 24), incline fortement à droite l'extrémité de la presqu'île que Dulcert redresse et dessine pour la première fois, sous des traits qui s'éloignent peu des contours réels du Jutland[4]. La péninsule est toujours mal en place, à la fois trop au nord et trop à l'est, mais la figure en est devenue presque exacte.

L'entrée de la presqu'île danoise, *introytus dacie*[5] (Dulcert), fermée par la rivière Slia[6] ou Slie (*aque Vllie*), était défendue au moyen âge par les forteresses de Slesvig[7], *servic* (M. B.), et de

---

(1) Voy. plus haut, fig. 1, p. 4.

(2) La carte édrisienne du manuscrit Asselin (fig. 3, p. 7) lui donne la forme d'une presqu'île arrondie, reliée au continent par un isthme fort étroit. Mais cette carte est du xɪɪɪᵉ siècle, comme le manuscrit auquel elle se rattache. Le texte du célèbre géographe arabe (éd. Jaubert, t. II, p. 427) définit le Danemark (*Danmarcha*) « une île de forme ronde, son territoire est sablonneux. On y remarque quatre villes principales », etc.

(3) Les transcriptions de Lelewel sont tout à fait inacceptables. On lit sur l'original, *introitus dacie, dacia, p. Vandalia, p. no ricie*, et en dehors *nogia*, *novergia*.

(4) Jutia (Sanuto et Langebek, t. V, p. 350). Judland, Judlant (Pertz, *Monum. Germ. Hist. Script.*, VI, 608, VII, 367).

(5) *Dania, quæ nunc Dacia dicitur* (Script. Rer. Dan, pass.).

(6) *Descriptio insularum aquilonis* (Pertz, *Monum. Germ. Hist. Script.*, t. VII, p. 367).

(7) *Sliaswig* (Pertz, *Monum. Germ. Hist. Script.*, t. VI, p. 608). *Slesvicum* (Rer. Dac. Hist., authore Joh. Isacio Pontano, Amstelodami, 1631, in-f°, p. 180) *Ep. Sleswicensis* (Ibid., t. II, p. 775).

Gottorp (*Casta Gotorp*). Tandis que la première de ces places est tombée dans une profonde décadence, la seconde, dont le rôle historique a été beaucoup plus important et beaucoup plus soutenu, est encore aujourd'hui le siège de l'administration de toute la province.

Des nombreux petits ports abrités au fond des fjords de la côte orientale du Jutland, deux seulement étaient connus des premiers géographes catalans; c'étaient *Caldeng* (Colding) et *Randeus* (Randers), aujourd'hui petit chef-lieu de district, au fond du *Randers-fiord*.

Le cap d'*Uxelant* ou d'*Oxeland* des Catalans[1] est le Skagen des cartes modernes; ce mot signifie *terre des bœufs*, et il faut convenir qu'une telle appellation convenait parfaitement au Jutland qui élevait et exportait un fort grand nombre de ces ruminants[2].

Le seul nom de localité qu'on rencontre sur la côte danoise de Skager-Rack est celui de *Burgalensis* qui est, sans hésitation possible, la petite ville de Borglum ou Börlum, ancien siège épiscopal (*episcopatus Burglanensis*), dont il est fréquemment fait mention dans les documents du moyen âge sous les noms de *Burgliem*, *Burlum*, *Burölaund*[3], et dont le nom primitif semble avoir été *Burlanis*. Ælnothus, qui la désigne ainsi, suppose qu'elle a tiré cette appellation d'une dame Burlina, qui en aurait été autrefois possesseur[4]. Borglum, au temps de saint Canut, est une villa royale; elle figure dans le cadastre de Valdemar II sous le nom de *Burlun*[5].

Ce dernier document appelle *Thytæ*[6] la ville de Thy (Thysted), indiquée par les cosmographes catalans près du promontoire qui

---

(1) Les autres Catalans du XIVe siècle ont ajouté à ces deux noms ceux de *Dandorg* (Dranderop), *Andexop* (Wanderop), *Orgnes* (Horsens), *Arrus* (Aarhus), *Almebrung* (Aalborg).

(2) La seule douane foraine de Gotorp percevait chaque année, au XVIIe siècle, des droits de sortie sur cinquante mille bœufs; c'est à peu près le chiffre actuel (48,274, suivant M. Schmidt, *Le Danemark à l'Exposition universelle de 1867*, Paris, 1868, in-8°, p. 199). Ces animaux viennent surtout du nord de la presqu'île, des environs de Thy en particulier.

(3) Langebek et Suhm, *Script. Rer. Dan.*, t. VII.

(4) Villa regia, quæ a domina quondam loci ipsius quæ Burlina dicebatur, jam mutata vocali, *Burlanis* nuncupatur [*Ælnothi historia S. Canuti Regis* (Langebek, *Script. Rer. Dan.*, t. III, p. 336)].

(5) *Ibid.*, t. VII.

(6) Thytæsysel, hodie Thyland (*Sysel* vel *Sysle*, dit Suhm, est vox antiquissima et significat partem regionis. In Jutia erant 15 *Sysler* (*Ibid.*, p. 554).

termine la presqu'île du côté du nord-ouest. Dulcert l'appelle *Tuya*. Thy se prononce *thü* en danois); mais ses imitateurs déforment ce mot en *ruia* et même *riua*, qui devient inintelligible [1].

Viborg, surmonté de l'étendard royal d'or à trois lions de sable, est à sa place vers le centre de figure de la péninsule. *Vuiberg*, dit la légende, *hic coronatur rex Dacie*.

C'est, en effet, à Viborg qu'ont été bien souvent élus les anciens souverains, non seulement du Sylland, mais aussi du Danemark tout entier. A l'époque païenne, Vuiberg était une colline sacrée (*Vi*, sacrum, *berg*, mons) où l'on faisait des sacrifices aux idoles. L'introduction du christianisme amena la création d'un évêché (*ep. Wibergensis*) [2]. L'annaliste saxon et le chroniqueur Ekkehard en désignent le siège sous les noms de *Wigberg* et de *Viburg* [3]; le cadastre de Valdemar II appelle cette localité *Wibiörgh* [4].

La dernière ville danoise vers le sud-ouest n'est autre que Ripa (Rypen), le vieil et célèbre évêché, le port de commerce dont Adam de Brême mentionnait déjà les relations avec la Frise, la Basse-Saxe et même l'Angleterre [5], et qu'une navigation régulière reliait à la Flandre au XIII° siècle [6]. Notre carte lui donne le nom de *Ripis* sous lequel il demeurera bien longtemps désigné chez les peuples méditerranéens [7].

---

(1) *Tuya*, Dulc. *Ruia*, non *riva*. Atl. cat. Tastu en a fait à tort Ribe, le *Ripis* écrit un peu plus bas. Les variantes des anciennes chartes danoises, relevées par Suhm, sont *Thiüt*, *Thiot*, *Twiid*, *Thyd*, *Thüithæ*, *Thüdes* et même *Dudes* (*loc. cit.*, p. 561).

(2) Pertz, *Monum. Germ. Hist. Script.*, t. II, p. 775.

(3) *Ibid.*, t. VI, p. 159, 555.

(4) *Script. Rer. Dan.* VII, 519.

(5) Ripa... quae civitas alio tangitur alveo, qui ab oceano influit et per quem vela torquentur in Fresiam, vel in nostram Saxoniam, vel certe in Angliam (c. 208, p. 56).

(6) De ripa in flandriam ad c/nesal velificari potest 11 diebus et 11 noctibus (*Navigatio ex Dania per mare occidentale orientem versus*, circa 1270 (Langebek, t. V, p. 622).

(7) L'auteur du *Conoscimiento* n'a point manqué d'altérer profondément les divers noms qu'on vient de lire. *Vuiberg* (Wiborg) devient sous sa plume *Burbena*: *Tuya* devient *Riua*; *Randeuz*, *Tandeuz*, etc. En outre, pour bien démontrer qu'il n'a jamais vu le Danemark et que les renseignements qu'il donne sont tirés d'une carte mal lue et mal comprise, il énumère parmi les douze cités importantes (*doze çibdades grandes*) *Daçia* et *Danes marc.*, le nom du pays lui-même, sous deux formes différentes et qu'il suppose désigner deux villes distinctes (*loc. cit.*, p. 10).

Le long de ces côtes, relativement bien dessinées, le cartographe majorcain a figuré trois petites îles, qui correspondent à Fanö, à Sylt et à Fora. Ces diverses îles n'ont point de dénomination collective dans les cartes modernes, mais on les désignait au xiv° siècle sous le nom de *Insulæ sanctæ*, les îles saintes [1].

C'était un souvenir de la légende de l'évêque Einbert, enlevé par des pirates, tandis qu'il se rendait dans son diocèse de Fionie, et transformant si profondément la contrée barbare dans laquelle il se trouvait captif, qu'il en pouvait faire un *pays de Saints, Heiligeland* [2].

Une quatrième île, un peu plus grande, se voit plus bas. C'est l'île de *Strand*, au nord de l'Eyderstede, que les Catalans se bornent à dessiner, sans lui imposer aucun nom. L'Eyder (*E'gdore, Ethrina*) est désigné sous le nom de Leulie. Hambourg échappe aux cosmographes, malgré son importance commerciale, et ils n'écrivent le long du cours de la Basse-Elbe que le nom de *Vangaroga*[3], qui s'applique à une île que l'on voit dessinée à l'embouchure du fleuve, Wangeroog, la plus orientale des îles frisonnes, dont le gisement réel est plus à l'ouest, entre les bouches du Weser et de l'Ems.

Le cours de l'Elbe (*flumen Albia*) offre des particularités curieuses. Déjà Carignano avait connu, d'une manière encore vague, la courbe que décrit le grand fleuve à travers la Bohême avant de prendre sa direction finale vers la mer du Nord. Le Catalan la représente sous un aspect très singulier. Au lieu de descendre du nord au sud des Riesengebirge, pour remonter ensuite du sud-est au nord-ouest et sortir de Bohême au défilé de Schandau, l'*Albia* qu'il dessine part du sud-ouest décrit les cinq sixièmes d'une circonférence, puis se précipite vers la mer par un cours à peine

---

(1) *Insule s˜e*, dans la carte de 1339 : *isole sẽe* dans la mappemonde Pizzigani de 1367, *insule sẽe* dans l'atlas catalan de 1375, etc. Tastu a lu à peu près correctement cette dernière inscription, mais il a pris S˜e pour un nom propre, qu'il a traduit par celui de *Syll*, qui désigne aujourd'hui l'une des îles du groupe (p. 41).

(2) La petite île d'Helgoland, en face de l'Elbe, devrait son nom à cette même légende, suivant quelques-uns. Ph. Murray a cependant proposé une autre étymologie. *Nomen vero potius ab excelsa petra, quam dialectis suis HOELL dixere gentes boreales, qualisque est, quæ illam fere constituit, derivamus, quam a loci sanctitate* (op. cit., p. 145). Le nom de *Halgoland*, en Norvège, aurait, suivant lui, la même origine.

(3) *Vuangroga* (atl. cat.), *Vuan garoga* (Mus. Borb.).

ondulé, dirigé à peu près du nord-est au sud-ouest. Dans tout son trajet circulaire, le *fluvius albia* est enveloppé de montagnes, *montes boemorum*, et *praga* (Prague) occupe le milieu de ce cirque naturel, la Bohême (*Boemia*)[1].

Perne (Pirna), *Dresden* (Dresde), *Guice* (Würtzen), *Mandborg* (Magdebourg), *Stendart* (Stendhal), occupent les rives du fleuve[2] dans sa traversée des provinces de *Saxonia* (Saxe) et de *Frixia* (Frise).

XVI

Ollanda. — La Hollande commence dans Dulcert par le mot *Ollanda*, qui, chez les autres Catalans, recule légèrement vers l'intérieur. Le territoire hollandais se présente sous l'aspect d'une côte dirigée du nord au sud continuant directement le rivage occidental du Danemark et assez profondément échancrée, en manière de bassin de forme ovale, que couvre incomplètement du côté de la mer une presqu'île étroite remontant vers le nord. C'est le Zuiderzee, assez exact, mais de dimensions trop réduites, et c'est la presqu'île hollandaise.

Un peu au nord du golfe, une île ovale porte le nom de *Mosdicpia*, écrit aussi dans les mappemondes postérieures *Masdepia* et *Maldiepa*. Ce nom est encore aujourd'hui celui du détroit (*Mars*

---

(1) L'auteur du *Conoscimiento*, qui ne connaît les lieux que par une carte semblable à la nôtre, représente la capitale, Prague, comme enveloppée par l'Elbe, puis par une haute chaîne, les montagnes de Bohême : « Praga do coronan los Reyes de bocmia et esta praga es toda çercada de vna alta sierra que dizen los montes De boemia et en medio es vna gran nava et en medio esta la cibdad asentada çercada en derredor de vn Rio grande que dizen albia » (*Conosc.*, p. 11-12).

(2) Cette dernière en est pourtant en réalité assez distante. Ces noms prennent dans l'atlas de 1375 les formes suivantes : *Praga, Dresden, Guise, Mangobros, Stendar*. Les progrès de la géographie ont enrichi cette nomenclature des noms de *Missen* (Meissen), *Aquis* (Aachen), *Argent munde* (Tangermunde), *Le Sem* (Lentzen).

L'anonyme du Museo Borbonico met en place *Prag, Dresden, Missem, Guisse, Berg* (Muhlberg), *Aquis, Margoborg, Argentmonde, Stendar, Scaxem*. Schausen, sur l'Oste, comme Stendhal, mais très près de l'embouchure de cette rivière dans l'Elbe).

diep) qui sépare l'île du Texel de l'extrême pointe de Hollande [1]. Pour qui vient du sud, ce canal est la grand'route de la Frise [2].

P. Scallinge ou *Scalingue*, fortement déplacé par nos Catalans dans la direction du midi, marque un second passage de la haute mer vers le Zuiderzee. C'est Der Schelling ou Terschelling, droit au nord de la péninsule frisonne, avec Vlie Reede et Cogger Diep, qui mènent à Harlinger, Staveren, etc. [3].

Ces villes, si importantes qu'elles pussent être, étaient ignorées de nos géographes qui ne connaissaient que deux points du périple du Zuiderzee; encore les plaçaient-ils fort mal.

L'un est *Ardrohic*, l'autre est *Utrech*.

Ardrohic est Harderwyk, aujourd'hui petite ville de 4 à 5.000 habitants, mais qui, dès les dernières années du XIIIe siècle, moins de cinquante ans après sa fondation par le comte de Gueldres, Othon VIII [4], équipa des flottilles et tint tête à Hambourg. La médiation de Deventer, de Zwolle et de Kampen, fit cesser en 1280 une lutte préjudiciable aux deux villes rivales, et Harderwyk entra dans la ligue hanséatique où elle joua longtemps un certain rôle.

Vtrech (Utrecht, Uytrecht) a une histoire commerciale beaucoup plus importante et beaucoup plus longue. Verhoeven en a résumé les principaux événements [5] depuis 1204; nous ne pouvons mieux faire que de renvoyer nos lecteurs à sa dissertation.

Gravesant, dont le nom est écrit par Dulcert, près du cap qui termine au midi la presqu'île hollandaise [6], existe encore sous le nom de S'Gravesande. C'est un petit bourg, au bord de la mer du

---

(1) Cf. *Nieuwe Caerte waerinne vertoont de gantsche Vaert van Amsterdam over de Watten tot de Stadt Hamborch toe den liefhebberen en den reysenden luyden tot nut en vermaeck introper gesneden door Henricus Hondius,* 1634.

(2) Le port actuel du Helder, ouvert sur la rade du Texel, a rajeuni le nom du vieux canal. Il s'appelle, en effet, *Nieuwe Diep*.

(3) *Nieuwe Caerte*, etc.

(4) *Civitati Harderewick et civibus in ea commorentibus*, disent les chartes du comte Othon VII, de 1229 et 1231, citées par M. Havard (*Voyage aux villes mortes de Zuiderzee*. Paris, 1874, in-12, p. 370-71).

(5) W.-F. Verhoeven, *Historische Tyd-en Oordeelkundge Aenteekeningen, met algemeyne Aenmerkingen op de Zelve, dienende tot Antwoord op de Vraege hoedaenig was den staet van de haud. Werken, en van den Koophandel in de Vederlanden, ten tyde van de derthiende en veerthiende iemve?* (Mémoires sur les questions proposées par l'Académie Impériale et royale des sciences et belles-lettres de Bruxelles qui ont remporté les prix en MDCCLXXVII Bruxelles, 1778, in-4°, p. 105).

(6) *Grabesant* de Visconte, *Grauexant* de l'atlas de Tamar Luxoro.

Nord, à quelques kilomètres de la ville de Delft. *Gravesant* n'a jamais eu par lui-même la moindre importance, mais sa situation à l'entrée septentrionale des bouches de la Meuse en faisait, pour la navigation des Hanséates, un point de repère important.

Au sud de *Gravesant* commence le grand delta commun aux eaux du Rhin, de la Meuse et de l'Escaut, et dont les îles les plus importantes composent la meilleure partie de la province de Zeelande, désignée par les cartographes du commencement du xiv° siècle sous le nom de *Sollanda*[1].

Ces îles sont au nombre de cinq dans la carte de Dulcert, comme dans celles de ses imitateurs directs. De ces cinq îles, deux seulement ont des noms ; l'une au sud est dite *Seuta*, Lelewel en a fait Schouwen[2] ; l'autre au nord est appelée *Ost-forn*, et correspond peut-être au grand banc appelé *Ooster* dans les cartes marines[3]. Je ne donne ces identifications que sous toutes réserves. Ainsi que MM. Desimoni et Belgrano le font justement observer, les changements considérables, survenus depuis six siècles dans ces contrées, compliquent singulièrement les comparaisons entre la nomenclature ancienne et celle de nos jours. Au surplus, on évitait des parages, alors particulièrement dangereux pour la navigation, privés d'ailleurs de ports et de commerce maritime, et l'on ne mentionnait par suite sur les cartes que des repères extérieurs, des points pouvant servir d'*amers* aux navires qui contournaient de loin, avec prudence, des pays noyés[4] sans feux ni balisages. On trouve toutefois, parmi les noms inscrits comme au hasard sur la terre ferme voisine, des noms comme *greuelet* et *breuet*[5] qui s'appliquent encore à des îles ou à des presqu'îles de l'archipel de Zélande sises à l'intérieur. La première de ces localités correspond, suivant Lelewel, au Grouwe dert, dans la pres-

---

(1) *Sallanda* (Visconte), *Sollanda* (Dulcert). — Colanda est une ville pour l'auteur du *Conoscimiento* : Una cibdat que dizen Colanda » (p. 10). L'anonyme de la collection Tamar Luxoro écrit *Salanda* entre *Iiodret* et *Adreborg*.

(2) *Portulan général*, p. 3.

(3) Les îles de Zélande inscrites dans l'atlas Tamar Luxoro sont, suivant MM. Desimoni et Belgrano, *Gavrant* (Cadsand), *Andoim* (Tholen? Beveland?), *Y-das* (Duiveland?), *Y-clan* (Schouwen?) et *Licoder* (Gora? Overflakkee?) [*loc. cit.*, p. 31].

(4) Ce nom de *pais noyé* est encore donné, sur les cartes du xviii° siècle, à toute la contrée entre Berg-op-Zoom et Sud-Beveland.

(5) *Ccoret* de l'atlas Tamar Luxoro.

qu'île d'Hulst sur l'Escaut. On ne saurait méconnaître, dans la seconde, l'île de Biervliet à l'est de Cadsant.

Maxe est le cours inférieur du Rhin, *Mossa* la Meuse et *Scalt* l'Escaut.

Le *fluvius Maxe* de Dulcert, *Moxa* de Visconte, *Maxa* de l'anonyme de 1375, *Mauxa* de l'atlas Tamar Luxoro[1], est un long cours d'eau parallèle, dans la plus grande partie de son étendue, au *flumen albia* dont nous avons précédemment étudié le tracé. Il ne prend son vrai nom de Rhin, *flumen rinus*, qu'en amont de son confluent avec la Moselle, *fluvius mosela*. Le long de son cours légèrement sinueux on lit les noms de *collogna* (Cologne), *confluencia* (Coblentz), *argentina* (Strasbourg) et *basilea* (Bâle)[2].

Les géographes catalans ne connaissent d'ailleurs pas mieux la haute vallée où ils inscrivent ces derniers noms que celles des autres fleuves que nous avons déjà remontés à leur suite. Cette ignorance semble au premier abord assez extraordinaire; elle porte en effet sur un cours d'eau navigable, à la fois très important, relativement peu éloigné et d'accès généralement facile. On ne peut trouver une explication plausible de ces incertitudes que si l'on veut bien tenir compte des obstacles opposés aux négociants dans la traversée de Cologne (*Collogna*), demeurée néanmoins la première place de commerce des pays rhénans[3].

D'après un vieil usage établi à Cologne, les marchands des contrées à l'est de la ville, ne pouvaient la dépasser à l'ouest, tandis que les voyageurs remontant des embouchures vers le haut du fleuve ne devaient remonter que jusqu'à Rodenkirchen; les gens des pays en amont avaient le droit de commercer vers l'aval au delà du village de Ryle. Grâce à ces dispositions, d'origine réputée immémoriale, presque toute communication suivie était interrompue sur le Rhin[4], dont les eaux supérieures demeu-

---

(1) Placé avec *Cologna* au nord de *Dodret*.

(2) Le *Conoscimiento* fait aussi de *Maxa* une ville « Otra (cibdat) que dizen Maxa (p. 8).

(3) Il est remarquable que les Catalans ignorent Anvers, que les Génois inscrivaient pourtant avant eux sur leurs cartes sous le nom d'*Anguerxa* (Tamar Luxoro). L'auteur de cet atlas écrit aussi le nom de *Malines*, inconnu aux Catalans, malgré son importance industrielle et commerciale (Cf. Verhoeven, *op. cit.*).

(4) Voy. sur ce sujet Wauters, *Table chronologique des chartes et diplômes imprimés concernant l'histoire de la Belgique*, t. VI. Bruxelles, in-4°, 1881. — Introduction, p. LXXXV.

raient ainsi à peu près inconnues des Flamands, des Brabançons et des autres indigènes du Bas Pays, près desquels seuls pouvaient se renseigner nos géographes du midi de l'Europe[1].

Dulcert représente, nous l'avons dit, le Rhin courant directement de l'est-nord-est à l'ouest-sud-ouest, depuis un lac de forme ovale jusqu'à la mer de Flandre. Ce premier lac n'a point de nom (on voit seulement écrits sur sa rive sud les mots *rivus de...*) et ne correspond à rien de réel. Plus haut le cours du fleuve remonte vers le nord et passe à *Sant Usent* (Schaffhausen) pour aboutir bientôt au *lacus rinus*, notre lac de Constance, orienté nord-sud, et sur la rive occidentale duquel est assis la ville de *constancia*. La source du fleuve est indiquée un peu plus bas à gauche[2].

Le Danube s'échappe des *Alpes Allamanie* en décrivant vers l'est une courbe symétrique à la courbe rhénane, ornée d'un lac factice, *lacus danoye*, qui fait pendant au *lacus rinus*. Les gens de Hongrie ou d'Allemagne orientale, qui auraient pu porter en Flandre et, par suite, aux Catalans des renseignements sur le pays qu'arrose ce grand fleuve, étaient, nous l'avons vu, obligés de consigner leurs marchandises à Cologne, et l'on ne connut longtemps que bien vaguement chez les cosmographes le tracé du Danube (*flumen danoye*), de ses îles et de ses affluents, et les noms de quelques villes situées sur les rives, *rastibona* (Ratisbonne), *patavia* (Passau), etc.

Revenons maintenant à la vallée du Rhin, pour faire remarquer que ni sur la Moselle, ni sur la Meuse, Dulcert et ses imitateurs n'inscrivent de noms quelconques. *Alsatia*, *litoringia*, *brabancia*, *frandria*, sont les seuls mots à l'intérieur des terres. Ceux qu'on lit à la côte en deçà des bouches du Rhin, de la Meuse et de l'Escaut, appartiennent à une nomenclature que les cartes génoises ont déjà développée, et à laquelle il serait inutile de consacrer ici de longs commentaires.

(1) Les gens de Gand ont seuls réussi à obtenir en 1178 *ascensum supra coloniam* (Cf. Warnkœnig, *trad. cit.*, t. II, p. 428).

(2) Tout ce que nous disons ici du cours du Rhin de la mappemonde de Dulcert pourrait se répéter en décrivant le même fleuve sur toutes les autres. Le *portulan médicéen*, la mappemonde des Pizzigani, l'atlas catalan de Charles V, les mappemondes de Sollery et de l'anonyme du *Museo Borbonico* ne diffèrent de ce prototype que par la multiplicité plus ou moins grande des noms de villes distribuées le long du cours du fleuve. Aux noms copiés par Dulcert il faut ajouter *Bonna* (Pizz.), Bonn; *Ardenaco* (Pizz.), Andernach; *Bopardiz* (atl. cat. et borb.), Bopard; *Magontia*, Mayence, et enfin *l'eymacia*, Worms.

Dordret, Drodec (Visconte), *Dodret* (atl. Luxoro), est Dordrecht, la plus ancienne ville de Hollande [1].

Ardenborg, Ardenbot (Visconte), est Ardembourg. On a vu plus haut quel rôle avait joué cette place dans les démêlés des Flamands avec les Hanséates et les Espagnols relatifs au poids de Bruges [2]. C'était une des villes de la hanse flamande de Londres [3].

Clusa est la *Crussa* de Visconte, *la Clussa, Laxclussa*, des autres Catalans, le port longtemps célèbre de l'Écluse [4] qui desservait *Bruges* (Bruges), devenu, à la fin du XIIIᵉ siècle, suivant un contemporain, le marché de l'univers [5].

Branzaberga [6] (Blankenberghe), remplace un certain cap Sainte-Catherine (*cauo sca catalina* [7]), dont le petit village de Sainte-Ca-

---

(1) Sa fondation remonte à 994 : en 1366, le juge, les échevins, le conseil et toute la communauté de cette ville écrivaient à Hambourg pour provoquer des relations commerciales entre les deux cités (Sartorius, *op. cit.*, Bd. II, s. 93).

On remarquera que Rotterdam, dont l'histoire commerciale remonte cependant à 1270 au moins (Verhoeven, *loc. cit.*, p. 82-83), n'est pas plus mentionnée par les Catalans qu'Amsterdam ou Anvers (*Id.*, p. 53-57, 82).

(2) P. 18. — Les privilèges accordés par les comtes de Flandre à la ville d'Ardembourg « oppido Ordenburgensi », sont rapportés par Sartorius (*op. cit.*, Bd. II, s. 240) et Warnkœnig.

(3) Cf. Warnkœnig, *trad. cit.*, t. II, 507-509. — Les autres villes de la hanse flamande de Londres citées dans les titres publiés par Warnkœnig sont Bruges, Ypre, Tornaco ou Tornay, Insula ou Lille, Orcies (Orchies), Furnes, Dixmud, ou Dikemue, Audenbore ou Oudenburg, Ostebore ou Ostburgh, Isendike, La Mue (Ter Muyden), Dam, Thorout, Bergh (Bergues), Ballis (Bailleul) et Poperinge.

(4) C'était déjà, sous le nom de *Sclusas*, l'un des ports de l'empire de Charlemagne (*per civitates, vel vicos, castella aut trajectus vel portus, exceptis Quentovico, Dorestato atque Selusas*, dit un texte souvent cité). C'est probablement la localité désignée sous le nom de *Cincdal* par le Scholiaste d'Adam de Brême, le port de *Cincsal* où les navigateurs danois du XIIIᵉ siècle allaient de Rypen en deux jours et deux nuits et d'où ils passaient à Prol (*de Ripa in Flandriam ad Cincsal velificari potest II diebus et II noctibus*, etc. Langebek, *op. cit.*, t V, p. 622). C'est enfin Eccio, où l'on se rendait de Bruges au XIVᵉ siècle, avant de gagner, par Mourbeke, Anvers, Gueldres, etc. (*Itinéraire brugeois*, ap. Lelewel. *Épilog.*, p. 285).

(5) Mercatores universi Flandriam frequentantes in oppido Brugensi (Sartorius, *op. cit.*, Bd. II, s. 117).

(6) *Brancaverga* (Pizz.) *Branzaberga* (Atl. cat. et borb.).

(7) Les deux noms coexistent pourtant chez l'anonyme génois, auteur de l'*Atlante Luxoro*. On lit côte à côte, dans une de ses cartes, *Santa Catarina* et *Blanca Uersa*. *Mazico*, du même cosmographe, entre *Norpois* (Nieuport), et *Grauelinze* (Gravelines), est probablement Mardick, petit port, aujourd'hui comblé, non loin de Dunkerque.

therine Capelles, au sud de Nieuport, a sans doute fourni le nom aux informateurs de Visconte.

Puis l'on ne trouve plus à signaler que des variantes à peu près dépourvues d'intérêt; telles que l'omission de Dunkerque (*Dumqerqo*, Visc.) ou l'addition de Waben (*vuaban*, Dulc.)[1] à l'entrée de la Manche.

XVII

J'ai terminé mon rapide voyage à travers les contrées du nord de l'Europe, à la suite du cartographe majorcain de 1339. La carte muette, un peu réduite, qui accompagne ce mémoire (pl. I), suppléera, je l'espère, à l'insuffisance de mes descriptions.

Reproduite dans les ateliers majorcains, répandue peut-être jusqu'en Italie, la mappemonde de Dulcert contribua certainement d'une manière efficace à propager chez les navigateurs de la Méditerranée occidentale des notions relativement justes, bien plus exactes en tout cas que celles qu'ils possédaient alors, sur les contrées que baignent l'Atlantique et les mers qui en dépendent.

Douze ans après Dulcert, un Italien, probablement Génois, dres-

---

(1) Le nom de *Vuaban* introduit dans leur nomenclature par les Catalans, à l'imitation de l'anonyme génois, auteur de l'Atlas Luxoro, est par erreur inscrit au sud de la Somme. C'est aujourd'hui le village de Waben, arrondissement de Montreuil (Pas-de-Calais).

« On ne se douterait pas, en traversant ce petit village, dit M. de Calonne (*Dict. hist. et arch. du Pas-de-Calais, arrond. de Montreuil*, p. 410), que ce fut jadis un port de pêche et de commerce important. Les atterrissements de la Manche l'ont isolé de la mer, mais c'était au moyen âge la principale ville du Ponthieu après Abbeville et Montreuil. » Les comtes résidaient au château bâti sur une vaste motte dont la fondation remontait à la domination franque, à en juger par le résultat des fouilles pratiquées, il y a quelques années, dans le voisinage immédiat de cette ancienne forteresse. En l'an 1400, Gui II de Ponthieu concédait à l'abbaye de Saint-Josse huit *aquatias* (aquatia... jus piscandi tribus diebus in anno. Du Cang. *Gloss.*) *ad victum fratrum* (Cartul. de Saint-Josse, n° II, f° 2. Arch. départ. du Pas-de-Calais). Le même comte, d'après un autre acte de la même année (*ibid.*, n° IV, f° 2 v°) déclare avoir donné *septem aquatias apud Waben et vnam apud Stapulas* (Etaples) (*Documents communiqués par M. l'abbé D. Haigneré*).

Les comtes de Ponthieu possédaient à Waben un droit de *siège* qui « leur attribuait 8 d. parisis sur chaque bateau flamand qui y abordait; les bateaux anglais payaient 8 esterlins et les bateaux normands 8 petits tournois » (De Calonne, *op. cit.*, p. 411).

sait le bel atlas de la Bibliothèque Laurencienne¹, dont la carte V représente la plus grande partie de l'Europe occidentale et septentrionale².

La comparaison de ce document avec la mappemonde de Dulcert est à l'avantage de cette dernière en ce qui concerne les pays scandinaves, démesurément agrandis par le cartographe italien, qui étale si bien les promontoires énormes de sa *Noruega* qu'elle atteint presque vers l'ouest le méridien de la côte occidentale d'Irlande. Le Jutland gigantesque est presque aussi long que l'Angleterre et l'Écosse réunies, et la nomenclature de cette presqu'île, comme celles de Suède et de Norvège, est des plus pauvres et des plus défectueuses. On ne lit, sur les côtes de ce dernier pays, que les seuls mots *breges* (Bergen) et *tardola* (Tronjheim). *Stade* (Ystad) et *cehenas* (Scanor?) sont l'une et l'autre devenues des îles sises en face d'un des lourds promontoires norvégiens. Le littoral suédois ne nous montre que Vexiö (*cuxia*)³ et, bien loin dans l'est, Scara (*c. scarsa*) avec les îles de Bornholm, transformées en *bune dao*, et de Gothland, confondue par le cartographe avec la Seeland danoise sous le nom de *Solanda*.

Les Iles Britaniques demeurent à peu près les mêmes que dans le Luxoro. Nous constatons cependant que, en dehors de régions communes, presque identiques dans les deux atlas, l'Irlande du *Mediceo* s'est enrichie de presque toute la nomenclature nouvelle détaillée plus haut sur la première des mappemondes catalanes.

Mais certaines routes fluviale d'Allemagne commencent à être bien mieux connues dans le sud de l'Europe et les rives de la Vistule

(1) *Firenze. Bibl. Laurenziana. Gaddiani reliqui*, n° 9. — Cet atlas a été l'objet d'une dissertation du comte Baldelli Boni, qui le désigne sous le nom de *portulano mediceo* (*Storia del Milione*). M. R. Fischer en a publié, en 1881, une reproduction photographique fort médiocre dans la collection Ongania (*Fac-simile del portolano Laurenziano-Gaddiano del anno 1351*. Venezia, Ongania, 1881, in-f°).

(2)... « Comprende il continente d'Italia, la Spagna fino al fiume Segura al sud di Valenza, parte del littorale protoghese, quello di Francia, Olanda, Germania, Gran Brettagna ed il Baltico. A occidente e a settentrione dell'Irlanda sono notate *insula de Brazi, Ingildagli, Saluaga, Siltant* ». [G. Uzielli et P. Amat di S. Filippo, *Mappamondi, carte nautiche, portolani ed altri monumenti cartografici specialmente italiani dei secoli* XIII-XVII (*Studi biografici*, etc.,' vol. II, p. 55. Rome, 1882, in-8°.)]

(3) N'ayant sous les yeux que l'épreuve photographique fort réduite et assez mal venue du *Mediceo* de la collection Fischer-Ongania, je ne garantis pas mes lectures péniblement faites avec un verre grossissant.

et de l'Oder se montrent, dans le nouvel atlas, toutes chargées de noms, en partie nouveaux pour la science et pour le commerce, tandis que les bords de l'Elbe demeurent vierges de toute nomenclature géographique.

L'école vénitienne élargit, à son tour, le cercle de ses connaissances dans la direction du Nord; le célèbre planisphère qui porte le nom de Pizigano et la date de 1367 [1] embrasse la même étendue que celui de Dulcert, et en reproduit toutes les dispositions essentielles. L'Elbe, l'Oder, la Vistule et surtout la Volga sont remarquables par le grand nombre des villes dessinées sur leurs bords. Les marchands d'Italie doivent avoir remonté ou descendu fréquemment ces divers fleuves, pour qu'un cartographe vénitien ait pu grouper et mettre en place tant de noms jusqu'alors inconnus de ses compatriotes.

Il ne reste plus à citer, après ces deux grandes œuvres italiennes que des cartes marines, toutes catalanes commes celle de Dulcert, et se rattachant à ce prototype [2] par leurs formes générales, leur décoration, leur nomenclature, etc. Ce sont l'atlas catalan de 1375 et la mappemonde de Naples, si souvent cités plus haut, puis les deux cartes marines de Soleri de Majorque, sur lesquelles je compte revenir, celle de Viladestes et celles de Vallsecha, enfin l'œuvre multiple des Beniucasa, émigrés des Baléares à Ancône [3], mais demeurés fidèles à la tradition géographique de la mère-patrie.

Toute cette série de cartes, seuls restes des innombrables pièces du même genre dont les ordonnances d'Aragon [4] imposaient l'usage

---

[1] On trouvera, dans l'ouvrage déjà cité de MM. G. Uzielli et P. Amat di S. Filippo (*éd. cit.*, vol. II, p. 58), la bibliographie complète de ce document dont il n'existe malheureusement d'autre reproduction qu'une grande lithographie assez incorrecte de Jomard (*Monum.*, n°s 44-49).

[2] Nous employons toujours ce mot à titre provisoire. D'autres découvertes viendront, nous n'en doutons pas, vieillir encore la gloire des écoles géographiques de Barcelone et de Majorque.

[3] Que les Beniucasa soient d'origine catalane, un document du XIII° siècle le prouve sans réplique puisqu'il nous montre ce nom, d'origine arabe incontestable, porté par un individu de Barcelone compris dans la partition de Majorque publiée par Dameto... *Alqueria Benicilla*, dit ce document, *quatro jovadas es de B. Benencuca de Barcelona* (*Repartimiento general de las tierras de la isla y lo demas que en alla hizo el serenissimo Conquistador*, ap. Dameto, *La historia del Regno Balearico*, Mallorca, 1632, in-4°, p. 289).

[4] « *Ordenanzas de las Armadas navales de la Coruna de Aragon, aprobadas por el rey D. Pedro IV, año de 1354. Van acompañados de varios edictos y reglamentos promulgados por el mismo rey sobre el apresto y alis-*

aux marins, dès le milieu du xiv° siècle, toute cette série, je l'ai déjà dit, forme un ensemble parfaitement homogène. Les documents se répètent avec des variantes sans importance, et il ne faudra rien moins que la renaissance de la géographie grecque, à la fin du xv° siècle, pour introduire dans ces allures traditionnelles des modifications, d'ailleurs toutes défavorables.

On sait comment la première version de Ptolémée, exécutée par Jacques Angelo de Florence, se répandit à travers l'Europe à l'aide de copies manuscrites, puis d'éditions imprimées se succédant avec une grande rapidité [1]. Les manuscrits les plus anciens ou les meilleurs de l'*Hyphégèse géographique* avaient conservé vingt-six cartes en projection plate, parmi lesquelles il s'en trouvait quatre consacrées aux régions que nous venons d'étudier plus particulièrement. Ces cartes représentent la Grande-Bretagne fortement courbée en forme d'S à ses deux extrémités, la péninsule danoise toute déjetée vers l'orient, les terres scandinaves dépecées et la Baltique largement ouverte vers le nord. Ces formes rétrospectives, si différentes de celles que la tradition nautique a consacrées

---

tamiento de Armamentos Reales y de particulares, sobre las facultades del Almirante, y otros puntos relativos a la navegacion mercantil en tiempo de guerra. Copladas por D. Antonio de Capmany con orden de S. M. del archivo del Maestro Racional de Cataluna, y del Real y General de la Corona de Aragon, y vertidas literal y fielmente por el mismo del idioma latino y lemosino al castellano con insercion de los respectivos textos originales de cada Instrumento. Madrid, en la Imprenta Real, 1787, in-4°.

Dans l'appendice n° 1 de ces ordonnances, intitulé : *De las clases y armamentos de las galeras de la corona de Aragon en el siglo xiv*, commence, à la page 2, l'inventaire des objets que doit contenir chaque galère, et parmi ces objets on mentionne « deux timons, deux gouvernails avec leurs pointes *deux cartes de navigation* (dos timones, dos gobernalles con sus espigones *DOS CARTAS DEMAREAR*) ». Il est ensuite question de voiles, de rames, etc.

Don C. Fernandez Duro, auquel je dois l'indication de ce texte, plusieurs fois mentionné vaguement, mais jamais exactement cité jusqu'à présent, veut bien m'adresser en même temps une autre mention fort curieuse de cartes marines empruntée à un auteur oublié du xv° siècle, le comte de Buelna (*Cronica de D. Pedro Nino, conde de Buelna*. Madrid, 1782, 2° part., cap. xii).

Parlant d'une tempête violente qui éclata dans la Manche au cours de la campagne de 1405 entreprise contre les Anglais par les flottes unies d'Espagne et de France, le narrateur dit : « Estaba el patron mirando a todos partes, demudada la color, sospirando, catando en el aguja e *en la carta de marear*. »

[1] Cf. d'Avezac, *Coup d'œil historique sur la projection des cartes de géographie*, p. 42.

depuis un siècle et demi, vont prévaloir, en partie du moins, dans les œuvres géographiques. L'hydrographie ne les acceptera cependant que pendant un temps assez court, et les dessinateurs de cartes marines, tout en donnant à la Grande-Bretagne et au Jutland les formes tourmentées des mappes ptoléméennes, compliqueront étrangement les côtes norvégiennes par des additions empruntées à une nouvelle nomenclature nordique mal comprise ou mal appliquée[1].

Mais, dès la seconde moitié du xvie siècle, les travaux de Mercator et de son école auront remis toutes choses en place. Le progrès ne s'arrêtera plus, et la carte du nord de l'Europe, dont nous venons de suivre les premières transformations, arrivera, par une série d'améliorations graduelles, à l'état de perfection où nous la voyons aujourd'hui.

---

(1) Nous faisons allusion à l'*Englouelant* de certaines cartes de l'époque. — Voir plus loin la *Notice sur une mappemonde portugaise anonyme de 1502, récemment découverte à Londres*.

II

UN NAUFRAGE EN 1332

DOCUMENTS
POUR SERVIR A L'HISTOIRE DES MARQUES COMMERCIALES
AU XIVe SIÈCLE[1]

Un navire, qui portait une cargaison de prix, s'est brisé sur une côte étrangère; plusieurs balles de marchandises, rejetées par les flots, ont été recueillies par les autorités les plus voisines, et leur lointain propriétaire, averti du désastre, justifie par procuration, devant la juridiction compétente, de ses droits sur les biens que la mer lui a ainsi rendus. Rien de plus banal, dans l'histoire du commerce maritime de nos jours, qu'un tel épisode judiciaire; rien de moins intéressant que l'exposé monotone de ces revendications, qui se reproduisent toujours les mêmes, ou bien peu s'en faut, devant nos tribunaux consulaires.

C'est pourtant une anecdote aussi peu exceptionnelle qui fait le fond du mémoire que l'on va lire.

---

[1] Mémoire communiqué à la séance du 5 août 1891 de la deuxième section du Congrès archéologique et historique de Bruxelles, et imprimé p. 309-323 du t. VII des *Annales de la fédération archéologique et historique de Belgique* (*Compt. rend.* 1891).

Il est vrai que les événements qu'elle nous raconte se déroulent à une époque relativement ancienne, dont les navigations sont encore mal connues, et dans des parages nouvellement ouverts alors au commerce nautique. Ajoutons que plusieurs traits de ce petit récit sont de nature à jeter quelque jour sur certaines pratiques commerciales signalées ainsi pour la première fois avec une grande netteté, et sur la jurisprudence qui s'y est bien vite rattachée.

C'est l'histoire fort courte d'un naufrage d'une nef de Santander brisée à l'entrée des bancs de Flandre en l'année 1332, histoire qui nous a été conservée dans une pièce notariée, léguée à la Bibliothèque nationale de Paris par M. Jules Desnoyers[1].

Bartholomé Çagarra, citoyen de Majorque, comparaît, dans ce document, devant les juges et l'alguazil, les chevaliers et les autres probes-hommes du conseil de la très noble cité de Séville. Il vient certifier qu'il a confié huit balles de cire[2], *octo ballas de cera*, au navire de maître Fernand Gonzalve Guerra, de Santander, en charge près de la Tour d'Or de ladite cité de Séville, *in civitate Ispalensi juxta turrim de Auro*[3].

Le navire arrivant dans les parages des Flandres, *ad partes Flandrie*, s'est brisé sur les confins du territoire d'Oye, *in termino cujusdam loci seu ville que vocatur Ioya*[4], et le bailli du lieu,

---

(1) *Bibl. Nat. N. Acq. Lat.*, 2328, n° 11. — On trouvera la copie de cette curieuse pièce dans un des appendices de ce volume.

(2) La cire, dont il est ici question, figure déjà comme venant à Bruges du royaume de *Castele*, du royaume de *Leon*, du royaume d'*Enteluse* (Andalousie) ; « c'est de *Sebille* et de *Cordes* (Cordoue), du royaume de *Grenate* et du royaume de *Portingal*, » dans le catalogue des articles d'importation du milieu du XIIIᵉ siècle, publié par Legrand d'Aussy, puis par Warnkœnig. [Ce sont li *royaume et les terres desquex les marchandises viennent à Bruges* (Warnkœnig, *Histoire de la Flandre et de ses institutions civiles et politiques jusqu'à l'année 1305*, trad. Gheldolf, t. II, pp. 514-515.) — Voy. plus haut, p. 17.

(3) La *Torre del Oro*, petite tour mauresque qui existe encore aujourd'hui, près de l'endroit où débarquent les voyageurs (Cf. Gust. Doré et Ch. Davillier, *Voyage en Espagne* (*Tour du Monde*, t. XII, p. 415, 1865).

(4) Oye, commune du canton d'Audruicq, arrondissement de Saint-Omer, département du Pas-de-Calais, aujourd'hui peuplée de 1.895 habitants, est connu dès 1084 dans l'histoire de la vicomté de Merch (aujourd'hui Marck, canton de Calais, arrondissement de Boulogne-sur-Mer, dont elle dépendait, sous le nom de *Oia* ou *Oya*. Cf. A. Courtois, *Dictionnaire géographique de l'arrondissement de Saint-Omer avant 1789*, v° Oye (*Mém. Soc. des Antiquaires de la Morinie*, t. XIII, 1869). Il est très vraisemblable que le naufrage de Gon-

bayulus dicti lori Doye, a sauvé trois de ces balles rejetées par le flot.

Un autre marchand de Majorque, Bernard Duran, muni d'une procuration de Bartholomé Çagarra, a réclamé les balles de cire ainsi récupérées, et le bailli refuse de les rendre, tant qu'on n'aura pas fait preuve de propriété à leur sujet.

Or les balles de Çagarra portent une marque particulière, — *une marque commerciale*, — dont l'acte que nous reproduisons contient le fac-similé

et ce marchand produit quatre témoins, tous quatre Majorcains, qui viennent attester sous la foi du serment que la marque, ainsi faite, est bien celle de Bartholomé Çagarra, qu'il a usé depuis longtemps de ce signe et continue à s'en servir encore tous les jours.

La pièce se termine par la reproduction d'une procuration notariée, fort minutieusement détaillée, au nom de Bernard Duran, déjà nommé, et de Guillaume Net, autre marchand de Majorque, auxquels Çagarra donne les plus larges pouvoirs pour la défense de ses intérêts.

Les droits de Çagarra n'étaient, du reste, en aucune façon méconnus par les autorités de Marck, dont dépendait la baillie d'Oye, théâtre du naufrage. Sur cette côte, comme en Espagne, la législation relative au *jet de mer* sauvegardait depuis longtemps, en temps de paix [1], les droits du propriétaire. Les iniques coutumes de l'ancien *lagan* avaient été supprimées dès la fin du XIIe siècle [2],

---

zalve Guerra eut lieu sur les bancs fort dangereux de la pointe de Waldan, où l'administration des phares a cru devoir placer, en pleine eau, sur un haut trépied de fonte, un feu qui a été allumé pour la première fois en novembre 1859.

(1) Or la paix, un instant menacée par des pirateries réciproques, s'était consolidée entre la France et l'Aragon, patrie de Çagarra, et les deux couronnes négociaient même, justement à cette époque, une espèce de convention maritime dont on trouvera les textes dans la *Collection des documents inédits sur l'histoire de France* (*Lettres patentes réciproques des rois de France et d'Aragon, sur le fait de la piraterie*, novembre 1333 et février 1334. Coll. de doc. inéd., *Mélanges historiques*, t. II, n° XLIII, pp. 174-176, 1843, in-4°).

(2) Le comte de Bretagne avait donné l'exemple, à la suite du Concile de Nantes de 1127. Le comte de Flandre, la comtesse de Boulogne, le comte de

et la charte de Marck se montrait aussi claire[1] que la loi de Valence, le *fuero real* et les *siete Partidas* d'Alphonse X[2], en ce qui concernait les choses apportées par le flot.

Ponthieu, Bernard de Saint-Valéry et Guillaume de Cayeux renoncent, l'un après l'autre, à la demande de l'archevêque de Reims, Guillaume de Champagne, au droit de prise dont ils jouissaient sur les navires naufragés, et Philippe Auguste abolit cette inique coutume dans tous ses domaines (1191 ou 1192). — Cf. Du Cange, *Gloss.*, v° *Lagan* ou *Laganum*; — L. Delisle, *Catalogue des actes de Philippe Auguste*, avec une introduction, etc. Paris, Durand, 1856, in-8°, n° 349, p. 84. — Le lagan n'est plus, à partir du commencement du XIIIᵉ siècle, que le droit de prise sur les objets rejetés par la mer, qui sont sans maître et ne sont réclamés par personne.

[1] Voir l'excellent article Marck, au tome III de la grande monographie consacrée par l'abbé D. Haigneré à l'*Arrondissement de Boulogne-sur-Mer* (p. 233 et suiv.).

[2] Nous renvoyons pour l'étude de ces différents textes et de leurs origines à l'ouvrage classique de Pardessus sur les lois maritimes (t. I, p. 123 et suiv.; t. V, p. 334; t. VI, p. 15). Nous nous bornerons à reproduire le texte des *Partidas* de 1266, tel que Pardessus l'a traduit, en soulignant le passage qui nous intéresse plus directement. « La crainte de la mort, dit la loi VII (Pardessus, t. VI, p. 49), porte souvent les marchands et autres hommes, qui sont à bord d'un navire battu par la tempête, à jeter leurs effets à la mer afin d'alléger le bâtiment et d'échapper au péril. En conséquence, nous ordonnons que quiconque trouvera des choses à nos jetées sera tenu de les rendre à ceux à qui elles appartenaient ou à leurs héritiers. *Nous voulons que la même règle soit observée si le navire se brise par tempête ou autrement, et que tout ce qui sera trouvé, soit des débris du navire, soit du chargement, quel que soit l'inventeur, continue d'appartenir à ceux qui en étaient propriétaires.* Nous défendons à qui que ce soit de mettre obstacle à ce que le propriétaire reçoive sa chose, nonobstant tout privilège ou tout usage qui attribuerait à telle ou telle personne les choses échouées vers quelque port dont il est propriétaire, ou qui seraient trouvées près de son château ou sur le rivage de la mer. Car nous ne reconnaissons pas comme un droit la prétention de celui qui voudrait s'approprier les choses perdues par fortune de mer, quelques privilèges ou coutumes qu'on invoque à cet égard, à moins que ces choses n'appartiennent aux ennemis du roi ou du royaume, car alors elles resteront à quiconque les aura trouvées. »

Le *fuero real* de 1255 règle la procédure, relative aux objets provenant de naufrages, de la manière suivante :

Loi I. Si un navire, ou une galère, ou tout autre bâtiment se perd ou se brise, nous ordonnons que le bâtiment et tous les effets qui se trouvent à bord resteront à ceux à qui ils appartenaient avant le désastre, et que personne ne pourra recueillir quelque chose sans la volonté des propriétaires, à moins qu'on ne les recueille pour les conserver et pour les rendre à ces propriétaires. Mais, avant de les recueillir dans cette intention, on appellera l'alcade du lieu, si on peut le trouver, ou d'autres hommes probes; on dressera un inventaire par écrit et on les conservera sur la foi de cet inventaire. Per-

« Non seulement le bailli devait tenir compte aux victimes du sinistre des choses de toute sorte rejetées sur le littoral de la vicomté de Marck, mais il était, en outre, obligé de poursuivre comme voleurs ceux de ses administrés qui dérobaient ce que l'on continuait à appeler le *lagan*, c'est-à-dire d'une manière générale, les *jets de mer*, réclamés ou non par des tiers. C'est ainsi que les comptes[1] de Jakemon Peket, *garde de le baillie* pour 1334[2], conservés aux archives d'Arras, nous montrent quelques pillards, « Tassart Cadewallo et autres », condamnés à de fortes amendes « pourcc qu'ils avoient eu des biens des lagans des nés brisies en la baillie de Merch, l'an XXXII ». — La nef de Gonzalve Guerra était assurément du nombre.

« Li damages doit estre restorés a chelui ki laura eu, dit le texte de la charte de la commune de Merch de 1253 ; les choses tolues a marcheans doivent estre restorées a marcheans, etc.[3] ».

Mais il faut, pour rendre ainsi au marchand ce qui lui appartient, que son droit de propriété puisse être sûrement établi. Or, dans l'espèce, il n'y a point que les balles de cire de Bartholomé Çagarra qui aient été jetées sur le rivage à la suite de l'échouement de la nef de Santander.

D'autres négociants encore, Thumassin Dyan, Huget Sarra[4],

sonne ne doit les recueillir sans cette formalité, sous peine d'être puni comme coupable de vol. Il en sera de même des effets jetés hors du navire pour l'alléger et de ceux qui, autrement, tomberont à la mer ou se perdront (Pardessus, t. VI, p. 15).

(1) *Comptes Jakemon Peket garde de le baillie de Merck fais par le main Pierre de Ham, recheveur de Merch dou terme de le Candelier l'an mil trois chens trente et trois* (2 février 1334). Ce compte, brièvement analysé déjà par M. J.-M. Richard dans l'*Inventaire sommaire des archives départementales du Pas-de-Calais antérieures à 1790* (Archives civiles, série A, t. II, p. 12, Arras, 1887, in-8°), a été relu, à mon intention, par M. Guesnon, ancien professeur de l'Université à Arras, qui a bien voulu en extraire tout ce qui est relatif au *lagan* de ladite année ; je remercie vivement M. Guesnon de son obligeance, et M. l'abbé D. Haigneré d'avoir bien voulu s'entremettre auprès de M. Guesnon pour me procurer cet extrait.

(2) Jakemon ou Jacques Peket était toutjà la fois garde du bailliage de Merch (Marck) et de celui de Calais. Il était *entré garde* après « ke Gilles Dauffay fu de laissie de le baillie... au IIIe jour d'aoust (1333) ». Il fut remplacé, en 1336, par Pierre de Ham, jusque-là « recheveur » (Cf. J.-M. Richard, *Inventaire cité*, t. II, p. 12, etc.).

(3) D. Haigneré, *op. cit.*, v° *Marck*.

(4) Ce nom de Sarra ou Serra est commun parmi les marchands de Majorque. Un certain Bernard Serra est au nombre de ceux dont les galères sont

ont aussi chargé sur la nef de Gonzalve Guerra une certaine quantité de cette précieuse marchandise, alors si recherchée dans le commerce du Nord, et eux aussi ils avaient mis leurs *marques commerciales* sur les ballots expédiés en Flandre.

L'usage de marquer les marchandises de prix[1] d'un signe de propriété était, comme l'on voit, tout à fait habituel aux marchands dès la première moitié du xiv⁰ siècle. C'est cependant la première fois qu'un tel usage se manifeste dans une série de documents historiques de cette époque; aucun des nombreux ouvrages consacrés à l'histoire du commerce du moyen âge ne fait mention de textes quelconques sur la matière remontant aussi haut, et cela seul justifierait amplement notre petite communication.

Ces diverses marques de commerce de 1332, dont les dessins nous ont été conservés, étaient parfois de véritables rébus. La marque de Bartholomé Çagarra[2], reproduite dans le document sévillan analysé plus haut, consiste en une sorte de potence, dont le pilier est formé de deux traits parallèles, tandis que la branche horizontale *suspend*, en quelque sorte, un signe en forme d'A majuscule, dont la barre transverse est brisée en forme de V.

La marque de Thumasson Dyan, copiée dans les comptes de Jackemon Pekel pour 1334, est un *d* retourné dont s'échappe,

vers le haut, un trait horizontal légèrement ondulé, coupé d'un X à son extrémité droite.

Enfin celle de Hugel Sarra, tirée du même compte, nous montre un parallélogramme allongé, dont le quart gauche est séparé

du reste de la figure par une verticale, au milieu de laquelle

---

emmenées à Sandwich par des pirates anglais en 1325. (Capmany, *Col. de documentos*, t. II, p. 90, n° 54).

(1) Les pipes de saindoux dont il est question plus loin n'ont pas été reconnues, faute de marque spéciale sans doute; c'étaient d'ailleurs marchandises inférieures, et le compte du bailliage ne mentionne aucune réclamation à leur sujet.

(2) Voy. plus haut, p. 97.

tombé le pied d'une petite croix tracée à gauche. C'est une serrure (*cerra*) avec sa clef.

Toutes ces balles contenaient des « pains de chire » également marqués, mais la description de Pierre de Ham, le « rocheveur »[1], ne permet pas de reconnaître si ces marques étaient figurées sur les enveloppes ou imprimées dans la matière à l'aide d'un scel.

Quoi qu'il en soit, les marchandises échouées avaient été reconnues et classées, et, pour pouvoir rendre à chacun des propriétaires ce qui lui était dû, le bailli réclamait des attestations par écrit, assurant que telle ou telle des marques relevées sur les ballots apportés par la mer était bien celle de tel ou tel expéditeur.

Muni du certificat ainsi demandé, armé de pouvoirs notariés analogues à ceux dont Duran et Net étaient porteurs, le représentant du propriétaire obtenait sans difficulté la délivrance des *jets de mer* demeurés en la main des officiers de la vicomté.

Bartholomé Çagurra dut rentrer en possession de ses marchandises vers la fin de 1333; nous n'avons malheureusement pas les comptes de la Toussaint de cette année, qui devaient mentionner cette restitution. Mais les comptes « de le Candelier » de l'année suivante (2 février 1334) nous montrent Huget Sarra récupérant à son tour une partie de son bien.

« Item remanut en le main de Monss', ensi qu'il appert par les comptes de le Touss^t, II balles et VII pains de chire de tel marke

qui estoient Huget Sarra, dont les II balles furent délivrées à Pierre Dominet, qui estoit procur [ères] de Biernart Gayant, qui avoit pooir de par Huget Sarra de sustituer. Ensi sont demouré li VII pain de chire pour ce que li procurations dudit Pierre Dominet ne faisoit mention que des II balles. »

(1) Pierre de Ham, receveur de Marck, est en même temps receveur de Calais. Il deviendra garde de ce dernier bailliage en 1335, et il y joindra la fonction de garde du bailliage de Marck avant 1339. C'est lui qui sera en exercice au moment du siège de Calais par les Anglais en 1347. Emmené prisonnier en Angleterre à la prise de cette ville, à son retour de captivité, Pierre de Ham viendra rendre ses derniers comptes à qui de droit, le 13 juillet 1348, « avec une exactitude et une fidélité qui font honneur à sa mémoire » (J.-M. Richard, *Invent. cit.*, A, 660, etc.).

Le lot de cire appartenant à Thumassin Dyan est aussi reconnu, mais, à défaut, sans doute, de pièces justificatives, demandées par le bailliage, « l'a Foukes Wiline de Calais en warde ».

On a vendu cinq pipes de *saim*[1] en vidange, dont le propriétaire ne s'est pas fait connaître.

« De V pippes qui demourerent a graot widenghe qui furent mises à warde par Gillon Dauffay[2] a le maison Waulier de la Banwoughe, dont mention est faite es contes par chi devant[3] des queles pippes il estoit tant courut[4] et furent trouvées à si grand widenghe, que on ne fit des V pippes que deux pippes et encore en failli II[5]..., les queles ne furent mie plaines vendues à Grart le Candillier de Callais par renchierissement chascune pippe VI lib. ».

Il reste disponibles — dernières épaves de la nef espagnole — *li mairien, les selètes*, trente-trois *huchiels*, vingt tonnes et enfin une pipe vide[6].

Maître Fernand Gonzalve Guerra avait sans doute trouvé la mort dans le naufrage, car il ne se produit aucune réclamation au sujet des débris du navire qui lui avait appartenu.

Ici s'arrêtent les renseignements relatifs à la nef de Santander, perdue sur les bancs devant Oye en 1332. Une fois encore, c'est un sinistre maritime qui est venu nous faire connaître un épisode de l'histoire des navigations dans les mers septentrionales. Des nombreuses expéditions commerciales dirigées vers le Nord par des marins d'Espagne, pendant la première moitié du XIVe siècle, cinq seulement nous sont connues, et toutes les cinq parce qu'elles ont été interrompues par un désastre. En 1323, c'est un bateau marchand de Majorque naviguant dans la mer d'Allemagne, *en el mar de Alemania*, qui est enlevé par un corsaire anglais. La même année, les deux galères de Berenguer Liconis, rentrant en Espagne avec des marchandises de Flandre, sont prises par des pirates de la même nationalité, à l'entrée du détroit *inter Calesium et Sandwi-*

---

(1) Saindoux. Pierre de Ham écrit *saim* par un *m*, comme *essaim* ; c'est l'orthographe logique du mot : saim venant de *sagimen*, comme *essaim*, d'*examen*.

(2) C'est l'ancien bailli, remplacé le 3 août 1333, comme nous l'avons déjà dit.

(3) Es comptes de le Touss'.

(4) Expression encore usitée aujourd'hui dans tout le pays.

(5) Il manque ici un mot désignant l'unité de mesure, dont il a failli deux pour compléter les pipes.

(6) « Et remaint encore li mairien, les selètes, li XXXIII huchiel, li XX ton et une ppe wuit » dont mention est faite « es comptes de le Touss' ».

*cum*¹. En 1325, d'autres galéasses barcelonaises, également chargées de marchandises de même provenance (*mercaturias de las partes de Flandres*), sont enlevées et conduites à Sandwich². En 1332, c'est le naufrage de Gonzalve Guerra; en 1343, enfin, le pillage de deux *coches* appartenant à Pierre Tosquerii et à d'autres armateurs de Valence et de Barcelone³.

Les navigations commerciales ont bien rarement leur histoire ; on les tient au contraire secrètes pour s'assurer le monopole de certaines opérations avantageuses. Il faut des événements exceptionnels pour faire ainsi connaître l'existence, la nature, la direction d'un transit maritime, qui, sans les réclamations, sans les procès que ces incidents provoquent, n'aurait point laissé de traces. Et voilà pourquoi nous savons si peu de chose du commerce du moyen âge et de ses pratiques les plus vulgaires et les plus habituelles⁴.

(1) Rymer, *Fœdera*, t. II, part. II, pp. 84, 109, 128.
(2) Capmany, *op. cit.*, t. II, p. 90, n° 54.
(3) Rymer, *Fœdera*, t. II, part. IV, p. 148. — Voy. plus haut, p. 26-27.
(4) J'ai reproduit, dans un des appendices du présent volume, la pièce originale de la collection Desnoyers, qui a été le point de départ de ce petit travail.

III

CRESQUES LO JUHEU,

NOTE SUR UN GÉOGRAPHE JUIF CATALAN

DE LA FIN DU XIVe SIÈCLE [1]

J'ai déjà eu l'occasion d'entretenir la Section de géographie du Comité des travaux historiques d'une curieuse découverte qui m'avait été signalée de Barcelone, par Don Manuel de Bofarull y Sartorio, directeur des archives de la couronne d'Aragon. Ce savant historien avait bien voulu, à ma requête, examiner attentivement les volumes de ces précieuses archives, qui contiennent les actes de 1373 et des années suivantes [2], et il avait trouvé dans un de ces registres (n° 1665, f° 26 v°) la copie de deux lettres particulièrement intéressantes pour l'histoire des géographes catalans.

Ces deux lettres écrites par D. Juan, duc de Gérone, fils aîné (*primogenito de Aragon*) de Pierre V le Cérémonieux, qui fut plus tard roi d'Aragon sous le nom de D. Juan Ier el Cazador, sont ainsi rédigées :

Mossen Johan. Nos ab nostra letra notifficam a nostre Car Cosi lo Rey de França que li enviam per lamat de consell nostre Mossen Guillem de Courcy portador de la present .I. nostre Mapamundi E com en P. Palau tenga lo dit Mapamundi volem ens manam que al dit P. liurets una letra

---

(1) Ce mémoire, lu à la Section de géographie du Comité des travaux historiques et scientifiques, a été imprimé pp. 218-222 du *Bulletin* de 1891.
(2) J'espérais que M. Bofarull y trouverait quelque renseignement sur l'atlas catalan de Charles V, que je considérais déjà comme quelque présent du roi d'Aragon au roi de France.

quens trametem enterclusa dedins aquesta e que tantost liurets o façats liurar lo damunt dit mapamundi al dessus dit Mossen Guillem sens que de regonexença ne dapocha mencio feta no sia. E aço fet hajats Cresques lo juheu qui lo dit Mapamundi ha fet lo qual si aqui es axi com pensam que deu esser posa en la juheria. E vos present enform lo dit Mossen G^m de totes les coses que mester sia affi que ho puxa retrer al dit Rey. E en cas quel dit juheu aqui no fos haiats dos bons mariners qui del dit mapamundi enformen al devant dit Mossen Guillem al mils que poren.

Data Terrachone sub sigillo nostro secreto V^a die novembris anno a Nativitate Domini M° CCC LXXX° primo. PRIMOGENITUS. — Dominus Dux mandauit mihi Petro de Tarraga. — Dirigitur Johanni Januarii.

INFANT, etc. Al feel nostre en P. Palau tinent les claus del Archiu dels arneses deldit senyor Rey et nostres en Barchinona salut e gracia. Sapiats que Nos hauem deliberat de trametre a nostre Car Cosi lo Rey de França le nostre mapamundi que vos tenits en lo dit Archiu. Ou volem eus manam quel dit mapamundi liurets tantost al amat de consell nostre Mossen G. de Courcy qui aquell portera al dit Rey recobran daqueu solament aquesta letra en loch dapocha o de manament. DATA UT SUPRA.

La lecture de ces deux documents nous apprend que, à la date du 5 novembre 1381, D. Juan, voulant faire un présent au nouveau roi de France, le jeune Charles VI, âgé d'un peu moins de treize ans, résolut de lui envoyer par les mains de Guillaume de Courcy une mappemonde, qui lui appartenait et qui se trouvait déposée dans les archives à Barcelone, sous la garde de P. Palau. Le prince règle les dispositions à prendre, pour la remise de l'objet précieux qu'il destine à son cher cousin le roi de France, « nostre Car Cosi lo Rey de França ». Puis il ordonne de faire chercher l'auteur de la mappemonde CRESQUES LE JUIF, « Cresques lo juheu qui lodit mapamundi a fet », que l'on trouvera dans la Juiverie, si, comme le pense D. Juan, il est bien à Barcelone. Cresques fournira à Guillaume de Courcy toutes les informations utiles à répéter au roi de France, et, s'il n'est point présent, on requerra deux bons marins qui renseigneront de leur mieux l'envoyé du prince.

La chose se passe, je le répète, en novembre 1381. Il est, par conséquent, tout à fait impossible que la mappemonde (*lo mapamundi*), envoyée en France après cette date, puisse être le fameux atlas catalan de la Bibliothèque Nationale, qui se trouvait déjà au Louvre en novembre précédent, alors que, faisant, par ordre du duc de Bourgogne, le récolement des livres du feu roi Charles V,

Jean Blanchet mettait en marge de la courte notice descriptive de l'atlas « ces trois mots : *Il y est* ».

La correspondance, découverte par Don Manuel de Bofarull y Sartorio, n'apporte donc, par malheur, aucune lumière nouvelle sur l'origine de l'atlas de Charles V qui est d'ailleurs antérieur de cinq années à l'envoi ordonné par le duc de Gérone.

Toutefois, en nous signalant le nom d'un cartographe de Catalogne, tout à fait contemporain de ce magnifique monument de la géographie catalane, et fournisseur du prince héritier d'Aragon, elle autorise, dans une certaine mesure, à attribuer provisoirement à ce même cartographe la paternité d'un *mapamundi* envoyé probablement quelques années plus tôt à la cour de France dans des conditions toutes semblables à celles que les documents de 1381 sont venus nous faire connaître.

Nous savons d'ailleurs que Cresques travaillait encore, huit ans plus tard, pour le même D. Juan devenu roi d'Aragon. Cette année, en effet, suivant un livre de comptes cité par M. J.-M. Quadrado[3], il touchait 60 livres 8 sous pour *un mapamundi* que, deux ans plus tôt, le roi l'avait chargé de faire.

---

(1) « Vna ijta de mer en tablłaux faite p̄ manlē de vnes tables painte et ystoriee figuree et escripte et fermät a lij fermoers » (B. N., Mss. fr., 2700, f° xɪ v°). Le texte de janvier 1411 (*ibid.*, f° lxlij) est seulement un peu plus détaillé : « Item vne quarte de mer en tablłaux ſte par manier de vnes tables painte et historiee figuree et escripte et fermant a quat fermouers de cuivre laquele quarte contient six grans fueilles qui sont de bois, sur lesquelz fueillez est cole p̄ chemin ouquel sont faictes lesd. figures couüt de cuir blanc a deux rondeaux ouurez. »

(2) L'atlas catalan (Bibl. nat., Mss. esp., n° 30) est de l'année 1375; il figure cependant déjà dans l'inventaire dressé par Gilles Malet en 1373, mais il y est inscrit dans la dernière partie du chapitre qui est consacré aux livres placés dans la salle basse de la Tour de la Librairie, et M. L. Delisle suppose que Gilles Malet « a enregistré à la fin de ce chapitre les volumes qui entrèrent dans la bibliothèque du Roi postérieurement à l'année 1373 » (L. Delisle, *Le cabinet des manuscrits de la Bibliothèque impériale*, t. I, p. 22-23, Paris, 1868, in-4°). Quoi qu'il en soit, la note marginale de Jean Blanchet démontre l'existence de ce précieux atlas dans la bibliothèque du Roi en novembre 1380, et un avant l'envoi en France de la mappemonde de Cresques. Cette dernière a pu être prise par le duc de Berry, dans la bibliothèque duquel (1402-1416) on pouvait voir plusieurs mappemondes (n°ˢ 191-193), dont une première « escripte et historiee en vn grant roole de parchemin » (L. Delisle, *op. cit.*, t. III, p. 185) et une seconde « en vns tableaux de bois longués fermans en manière d'vn livre » n'ont pas d'origine avouée à l'inventaire.

(3) J.-M. Quadrado, *La Judería de la ciudad de Mallorca en 1391* (*Boletin de la Real Academia de la Historia*, t. IX, p. 309, n. 1, Madrid, 1886).

On serait en droit de se demander si cette nouvelle mappemonde n'est point celle dont il est question dans une lettre du 1er juin 1390, écrite de Saragosse par D. Juan Ier à Gaston-Phébus, comte de Foix.

Don Juan, *el Caçador*, envoie une astrolabe, *une mappemonde*, une horloge de sable et un almanach calculé pour trois ans, en échange desquels il demande au célèbre veneur pyrénéen deux lévriers à long poil pour la chasse du sanglier.

La lettre, qui décèle entre les deux princes, qu'une même passion domine, une sorte d'intimité quasi professionnelle, se termine par de curieuses confidences sur des sonneurs de trompe qu'on prenait alors en Allemagne.

Lo Rey Darago.

Conte Car Cosi nos vos enviam per Perico esplugues de la nostra cambra un estralau *un mapamundi* unes hores darena et un almanach de tres anys. E ab aço porets cascun dia e cascuna nuit quina hora sera posat que sia clar ó scurt et lo sol et la luna et les planetes cascun dia enquin signe son. E Perico mostrar vos ha com se fa. E pregam vos quens trametats dos lebrers ab pel lonch per la caça del porch. Nos hauiem enuiat Conches ministrer nostre en Alamanya et ans amenat un minister jove qui corna fort prop la guisa de Everli. E axi mates hi hauiem enuiat Blassoff et ans scrit que sera a nos a Sant Johan et que amena dos ministrers et quel un es millor que Everli et per que enuiats nos Johan de Beses et maestre Johan dels Coltels per ço que oja los dits ministrers et que us en faça relacio. Dada en Caragoça sots nostre segell secret lo primer dia de Juny En lany de la nativitat de Nostre Senyor M CCC XCI. Rex Johannes.

Dirigitur Comitis Fuxensis.

Dominus Rex mandavit michi Bernardo de Jonquerio [1].

Le cosmographe Cresques du livre de comptes de 1389 serait, suivant M. Quadrado, le même personnage qu'un certain Jaffuda Cresques qui figure par les Juifs de Majorque violemment convertis à la religion chrétienne à la suite de l'invasion du quartier juif connu sous le nom de *Call* et du massacre d'une partie de ses

---

(1) Cette pièce a été copiée par Don Francisco de Bofarull y Sartorio dans le Registre 1961, fol. 8 v°, des Archives générales de la Couronne d'Aragon, et publiée dans le tome III de la *Revista Historica* (Barcelona, Enero, 1876, in-4°), où elle occupe le n° 11 dans une série de seize lettres réunies sous le titre de *Coleccion de cartas ineditas del Archivo general de la Corona de Aragon — Reynaido de D. Juan I*.

habitants (août 1391). La liste de ces néophytes, publiée par M. Quadrado[1], contient sous le n° 43 le nom de Juffuda Cresques, qui a pris le nom chrétien de Jacobus Ribes. On lui a demandé ce qu'il fait et ce qu'il veut faire. Il tient une grande hôtellerie (*magnum hospitium*) près de la porte du Temple, dont le jardin touche à son mur, et demande à *habiter* ou à *louer* (*habitare vel locare*).

L'identité entre ce Jaffuda Cresques, hôtelier et logeur, et le géographe du roi ne me paraît pas actuellement démontrée, et j'en attends des preuves que M. Quadrado ne manquera sans doute pas de nous administrer.

Quoi qu'il en soit d'ailleurs, si l'on ne parle plus de Cresques après 1391, aucun document géographique ne nous est parvenu sous le nom de Jacobus Ribes.

Don Martin, *el Humano*, qui monte sur le trône en 1396, est un prince ami des lettres et des sciences. Il possède une riche bibliothèque où figurent des livres d'astronomie et de géographie[2].

On lui connaît une mappemonde ; c'est celle qu'il se fait donner par Guillem Ros, citoyen de Valence, en juin 1399.

Lo Rey.

Entes hauem que vos hauets una carta de pregami en laqual es pintat lo mon apellada Mapamundi E per tal car nos haciem aquella de gran necessitat vos pregam affectuosament que la dita carta nos trametats encontinent E farets nosen plaer molt gran lo qual en son cas et loch nos recordarabe. Dada en Çaragoça sots nostro segell secret a XI dies de Juny del any M° CCC XCVIIII°. Rex Martinus. — Dominus Rex misit signatam expediri. — Dirigitur Guillelmo Ros Civi Valencie[3].

La mappemonde de Guillem Ros était-elle encore de Cresques? Le roi Martin ne nous en a rien dit [4].

(1) *Op. cit.*, p. 299.
(2) Cf. D. M. Milá y Fontanals, *De los Trovadores en España*. Barcelona, 1861, in-8°, p. 488-489.
(3) *Arch. Gen. de la Corona de Aragon. Registro*, n° 2242, fol. 836. — Je dois cette copie, comme les deux premières, à l'inépuisable complaisance de D. Manuel de Bofarull y Sartorio.
(4) Voyez, à la fin de ce volume, l'appendice consacré à Cresques.

IV

NOTICE

SUR UNE CARTE MARINE INÉDITE DU COSMOGRAPHE MAJORCAIN

Gabriel de Vallsecha

(1447)[1]

I

La fin du XIIe siècle est, dans l'histoire de la navigation, une époque particulièrement intéressante. C'est, comme l'a si bien dit Walckenaer, l'*époque des hydrographes*.

Enhardis par la découverte des propriétés de l'aimant[2], les marins de la Méditerranée ont renoncé peu à peu aux vieilles routes, péniblement suivies jadis d'île en île ou de cap en cap.

La haute mer est désormais ouverte à leurs navires, que guident des boussoles plus ou moins perfectionnées. Les divers points de l'horizon décomposé en seize, puis en vingt-quatre, et

---

[1] Cette notice a été lue à l'Académie des Inscriptions et Belles-Lettres le 30 octobre 1888. Elle était demeurée inédite; je l'ai rajeunie quelque peu, avant de la présenter au lecteur.

[2] Cf. Vicomte de Santarem, *Essai sur l'histoire de la cosmographie et de la cartographie pendant le Moyen Age*, t. I, § 17, p. 272; § 18, p. 280-301; Paris, 1849, in-8; — J. Lelewel, *Géographie du Moyen Age*, Bruxelles, 1852, in-8, t. II, p. 15; — d'Avezac, *Aperçu historique sur la boussole et ses applications à l'étude des phénomènes du magnétisme terrestre* (*Bull. Soc. de géographie*, 4e sér., t. XIX, p. 355, avril 1860).

enfin en trente-deux parties, sont de mieux en mieux observés ; l'estime des distances devient de plus en plus familière, et chaque nouveau voyage fournit des renseignements toujours plus exacts sur la longueur et sur la direction des itinéraires parcourus.

On coordonne dans les ports les indications ainsi recueillies par les pilotes ; des dessinateurs plus ou moins habiles les consignent sur des cartes spéciales. Bref, l'hydrographie est créée et ses premières œuvres prennent un caractère de précision inconnu jusque-là des géographes [1].

Ce sont, croit-on, des Italiens qui ont construit les premières de ces cartes de navigation [2]. C'est quelque cosmographe ligure ou toscan qui a dressé, vers le troisième quart du XIIIe siècle, la carte anonyme connue sous le nom de *carte pisane* [3]. C'est un Génois, Pietro Visconte, qui a tracé à Venise, en 1311, le plus ancien de ces précieux monuments qui soit parvenu jusqu'à nous *à la fois daté et signé* [4].

D'autres Génois, des Vénitiens, etc., parmi lesquels on doit citer principalement les frères Pizzigani, G. Pasqualini, Francisco de Cesanis, Giacomo Giroldi, Battista Beccario, etc., etc., poursuivent les travaux de Visconte. Ancône a les Benincasa et les Freducci. Plus tard, on trouve des fabricants de cartes à Palerme, à Messine, à Naples, à Livourne, à Raguse, etc.

(1) Ce contraste entre les cartes marines et terrestres est extrêmement frappant. Je rappellerai seulement ici que l'*Apographon* du Musée Borgia à Velletri, monument du milieu du XVe siècle, donne à la Méditerranée et aux presqu'îles qui la découpent des formes complètement erronées, tandis que la carte marine, dite *pisane*, avait attribué aux mêmes régions, *cent cinquante ans plus tôt*, des contours relativement fort exacts. (Voy. plus haut, p. 9.)

(2) J'ai déjà mentionné plus haut (p. 2), sous toute réserve, une carte marine qui se garderait à Venise dans la bibliothèque de Saint-Marc, et à laquelle on a parfois attribué comme date le commencement du XIIIe siècle (Cf. Vivien de Saint-Martin, p. 294).

(3) Cette carte, qui se conserve à la Bibliothèque Nationale, est bien antérieure à la carte de Visconte de 1311, dont il est question ci-dessous. L'état des connaissances qu'elle révèle en ce qui concerne le littoral atlantique de l'Espagne, de la France, etc., démontre qu'elle est, à coup sûr, sensiblement plus ancienne que Jomard ne le présumait (Cf. Jomard, *Introduction à l'Atlas des monuments de la géographie*, Paris, 1879, br. in-8°, p. 41). Je crois pouvoir la faire remonter à la fin du XIIIe siècle.

(4) Cf. *Fac simile della carta nautica di Pietro Visconte di Genova dell' anno 1311*, illustrado da Teobaldo Fischer (l'originale si conserva nel R. Arch. di Stato di Firenze); Venezia, Ongania, 1881, atl. in f° obl.

Les Catalans, qui avaient une flotte dès 1118[1], ont possédé aussi de fort bonne heure des cosmographes expérimentés. Il existerait, suivant Jomard[2], « une carte de Majorque de l'an 1323 », postérieure de douze ans seulement, par conséquent, à la première carte de Visconte, et j'ai longuement parlé dans un précédent travail[3] de la mappemonde dessinée à Majorque par Angelino Dulcert en août 1339.

L'atlas catalan de Charles V, conservé à la Bibliothèque Nationale; les deux cartes de Guillaume Solery, dont l'une porte la date de 1385[4]; la grande carte anonyme du *Museo Borbonico*[5]; celle de Mecia de Viladestes de 1413[6], conservée jadis à la *Real cŏrtuxa de Val de Cristo* près Segorbe, et acquis par la Bibliothèque Nationale[7], sont les principaux monuments d'une école qui a trouvé sa plus haute expression, tout à la fois artistique et pratique, dans l'œuvre restreinte, mais vraiment remarquable, de Gabriel de Vallsecha, dont je me propose de faire brièvement connaître, dans cette courte note, une carte marine inédite de 1447.

---

(1) Cf. Capmany, *Coleccion Diplomatica*, n° 1 (*Memorias historicas*, etc., vol. II, p. 1-2. Madrid, 1779, in-4). — Voy. plus haut, p. 3.

(2) Jomard, *op. cit.*, p. 40.

(3) *Les origines de la cartographie de l'Europe septentrionale* (voy. plus haut, p. 35 à 90).

(4) L'une de ces cartes appartient aux *Archives diplomatiques de Florence* et a été brièvement décrite pour la première fois par Hommaire de Hell dans le *Bulletin de la Société de géographie* pour 1847 (*Notice sur plusieurs monuments géographiques inédits du Moyen Age et du* xvi° *siècle qui se trouvent dans quelques bibliothèques d'Italie* (Bull. Soc. de géogr., 3° sér., t. VI, p. 302, 304, 1847). La seconde, malheureusement endommagée, appartient à la Bibliothèque Nationale. La première est signée et datée : *Guillmg Solerij ciuis maioricorum me fecit anno a nat. domini* M CCC LXXXV (G. Uzielli e P. Amat di S. Filippo, *Studi biografici e bibliografici sulla storia della geografia in Italia*, vol. II, p. 229, 2° éd., Roma, 1882, in-8°). La seconde porte *Guillmg Soleri civis maioricorum me fecit*, sans date.

(5) Cette carte, découverte au Museo Borbonico de Naples, a été gravée en deux feuilles par les soins de Mgr Rossi (Cf. d'Avezac, *Bull. Soc. de géogr.* 2° sér., t. XX, p. 64, 1843). Je la considère comme appartenant à la fin du xiv° siècle.

(6) Cf. Villanueva, *Viage literario a las Iglesias de España*, t. IV, p. 24-31, Madrid, 1806, in-12. — *Observations relatives à des cartes catalanes des* xiv° *et* xv° *siècles*, extraites ou traduites de deux lettres, dont l'une en langue catalane, adressées par M. Tastu à M. d'Avezac (*Bull. Soc. de géogr.*, 2° sér., t. VI, p. 242 et 246, 1836) — Vic.te de Santarem, *op. cit*, t. I, p. xlvii et p. 2. — Etc.

(7) Elle est signée Mecia de Viladestes me fecit in ano M c̄c̄c̄c̄ XIII.

Vallsecha était fort probablement Majorcain; mais ses ancêtres étaient de souche catalane. Un Jean de Vallsecha s'était distingué en 1238 sous Don Jaime à Valence et à Alcira[1]. Deux autres Vallsecha, Guillermo et Jaime, avaient brillé comme jurisconsultes à la fin du xive et au commencement du xve siècle[2]. Un quatrième, Francisco, est avec Don Alphonse V à Naples en janvier 1444[3].

Le nôtre est établi dès 1439 à Majorque; il y signe cette année sa plus belle œuvre, la célèbre carte du cabinet de Monte-Christo[4].

gabriell de vals e qual a fem an
mallorcha any M. cccc xxxviiij

(1) Fr. Piferrer, *Nobiliario de los Reinos y señorios de España*, 2ª éd., t. III, p. 159, pl. IX, nº 1334. Madrid, 1859, in-8º. — Cf. Mosen Febrer, 515, 270. — Les armes des Vallsecha sont « d'argent à un arbre desséché entre deux montagnes arides peintes au naturel ».

(2) F. Torres Amat, *Memorias para ayudar á formar un Diccionario critico de los Escritores Catalanes y dar alguna idea de la antigua y moderna literatura de Cataluña*. Barcelona, 1836, in-8º, vº Vallsecha, p. 643-644.

(3) D. Joan Villanueva, *Viage literario á las Iglesias de España*, t. XXI, p. 122. Madrid, 1851.

(4) Cette célèbre carte était passée à Florence, dans la bibliothèque d'un prince italien. Elle fut achetée par D. Antonio Despuig, tandis qu'il était auditeur de rote et a été décrite sommairement dans le § 8 d'un mémoire sur la découverte de la boussole publié à Madrid en 1789 par le R. P. Don Antonio Raymundo Pasqual (*Descubrimiento de la aguja náutica, de la situacion de la América, del arte de navegar y de un nuevo método para el adelantamiento en las artes y ciencias i disertacion en que se manifiesta que el primer Autor de todo lo expuesto es el Beato Raymundo Lulio, Martir y Doctor Iluminado : con un apendice de la enseñanza publica, de los progresos de la literatura y otros puntos historicos pertenecientes á Mallorca*, su autor el R. P. Mtro Don Antonio Raymundo Pasqual. Madrid, 1789, pet. in-4º).

Tastu l'étudia et la copia en 1837, et le calque qu'il en avait faite fut présenté à l'Académie des sciences (*Compt. rend.*, t. V, p. 547, 1837.) Il fut renvoyé à l'examen d'une commission mixte composée de membres de l'Académie des sciences (Beautemps-Beaupré, Freycinet et Puissant) et de l'Académie des Inscriptions et Belles-Lettres (Walckenaer, Quatremère, Jomard, rapporteur). Les conclusions seules du rapport ont été imprimées à la page 241 du tome IX des *Compt. rend. de l'Acad. des sciences*. Tastu retira

On l'y retrouve en 1447, date inscrite sur deux autres cartes, dont l'une est à Venise chez le commandeur Barozzi, et dont l'autre fait partie de mes collections personnelles et a fourni le sujet de la description qui va suivre.

Cette carte marine n'a point, à beaucoup près, la valeur artistique de celle dont s'enorgueillissent les bibliophiles de Palma. Ce n'est pas une carte de luxe, c'est une vraie carte de navigation (carta de marear), faite pour un homme de mer, pauvrement enluminée, mais soignée au point de vue pratique.

Elle est tracée sur un velin épais, haut de 58 centimètres et long de 93¹.

le 26 août 1839 le calque de la carte et cinq pièces qui s'y rapportaient : le rapport de Jomard, remis à Walckenaer le 16 mars 1842, a disparu, ainsi qu'une lettre de Humboldt sur la matière mentionnée au Compte rendu de la séance du 13 novembre 1837 communiquée par Arago aux commissaires et reprise probablement par son auteur.

Depuis lors ce « chef-d'œuvre de calligraphie et de dessin topographique » a été gravement détérioré par un encrier renversé au moment où on le montrait à George Sand et à ses amis, et les miniatures en ont été fort abîmées. Au lieu de regretter un accident si fâcheux, dont elle n'était point coupable sans doute, mais qui avait eu lieu à l'occasion de sa visite, George Sand en fit le sujet de plaisanteries d'un goût fort médiocre, qui furent relevées avec une violence inouïe par un écrivain local, D. Joaquim-Maria Bover. Deux pages d'injures affreuses, que l'on regrette de voir reproduites, même à titre de citation, dans le Bulletin de la Société de géographie de Madrid (t. XVII, p. 233, 1884), ont été la réponse des Majorcains aux railleries du célèbre romancier (Cf. G. Sand, Un hiver à Majorque, nouv. éd., Paris, 1869, p. 63 ; — D. J.-M. Bover, Memoria biográfica de los Mallorquines que se han distinguido en la antigua y moderna literatura, Palma, 1842).

La mappemonde de Vallsecha est demeurée presque complètement inédite jusqu'à ces derniers temps. Santarem n'en avait donné que les côtes occidentales d'Afrique prises sur le calque de Tastu ; M. le capitaine de vaisseau D. José-Gómez Imaz vient d'en faire paraître une jolie réduction en couleur à la fin d'un élégant volume publié, à l'occasion du centenaire de Colomb, sous ce titre, Monografía de una carta hydrográfica del Mallorquín Gabriel de Vallsecha (1439). Madrid, 1892, 1 vol. in-8°.

Peu auparavant, M. Paul Pelet avait fait hommage à la Société de géographie de Paris d'une photographie à petite échelle de la carte de Vallsequa faite par M. Léon Leleux, et cette présentation avait donné lieu à quelques discussions de détail dans l'analyse desquelles il n'est pas utile d'entrer ici (Compt. rend. des séances de la Soc. de géogr., 1891, pp. 407-410. Etc.).

(1) Elle a été rognée vers la droite, en haut et surtout en bas.

La signature, placée en travers sur la base de la languette, est ainsi libellée en dialecte catalan :

GABRIEL DE VALLSECHA LA OFFETA EN MA | LLORCHA
AŸ MCCCCXXXX VIJ.

« Gabriel de Vallsecha l'a fait à Majorque l'an 1447. »

A droite de ces deux lignes d'écriture est peint un grand écusson « d'argent à trois bandes d'azur » timbré d'une couronne ducale. Ce sont les armoiries des Lauria[1], célèbres marins au service de l'Aragon.

Un de ces Lauria, Guillermo, courait avec deux galères les côtes de Valence et des îles Baléares pour approvisionner l'armée de Dom Jaime, engagée contre les Maures en 1238. Roger de Lauria fut pendant vingt-deux ans almirante des flottes catalanes, et mourut le 17 janvier 1305, après avoir été le premier marin de son temps. Juan de Lauria, cousin du précédent, fait prisonnier par les gens de Messine au combat naval de Murtila, fut décapité peu après[2]. Un autre Roger de Lauria était viguier et gouverneur de Thèbes en 1357[3], etc.

C'est pour un descendant de ces Lauria que Vallsecha avait dressé sa carte marine de 1447. D. Manuel de Bofarull y Sartório, que j'ai consulté à ce sujet, estime que ce personnage doit être le *Magnificus Vir Franciscus de Sancto Severino, Comes Lauric, Dux terre Scalee*[4] *de provincia Calabrie, Consiliarius dilectus Regis Alfonsi IV*, qui figure souvent dans les registres des archives de la couronne d'Aragon, de 1442 à 1448.

Au-dessus de l'écu des Lauria est peint un large disque rose, cer-

---

(1) Mosen Faber, Trob. 279, p. 152. — Piferrer, *Ed. cit.*, t. I, p. 192.
(2) Bofarull y Brocá (Ant. de), *Historia critiqua, civil y eclesiastica de Cataluña*, t. III, p. 405, 406; t. IV, p. 61, 62, etc. Barcelona, 1876, in-4°.
(3) *Chronica de Morea*. Ed. Morel-Fatio, Paris, 1885, in-8°, p. 152.
(4) Ce qui explique la couronne ducale des armoiries de notre carte.

clé de vert, dans lequel est inscrite en jaune la majuscule P, abréviation de *Ponente*. Quatre autres disques tout semblables occupent les angles de la carte : on y peut lire les lettres L. (*Lebes* ou *libecio*) au sud-ouest, M (*mestre* ou *maestrale*) au nord-ouest, G (*grech* ou *greco*) au nord-est, enfin S (*saloch* ou *siroco*) au sud-est. Ce sont les noms des vents, tels qu'ils étaient connus au xv siècle des navigateurs de la Méditerranée, et des Catalans ou des Italiens en particulier[1].

Une boussole ornée indique le nord, une croix dans un cercle vert signale l'Orient[2]. Ce sont encore là des figures familières aux cosmographes et aux pilotes du moyen âge[3].

Conformément à une tradition déjà fort ancienne, l'horizon est divisé en trente-deux rhumbs de vent.

La carte est projetée à échelle constante sur un système de roses symétriquement réparties. C'est une *carte plate*[4], comme toutes celles de la même époque; elle a tous les défauts inhérents à ces sortes de constructions, mais elle les atténue, ainsi qu'on va le voir, dans une assez large mesure.

Lorsque l'on examine de près une carte marine du xiv ou du xv siècle, on y reconnaît bien vite une torsion générale, souvent

(1) On trouvera des détails intéressants sur ce sujet dans une brochure de d'Avezac intitulée *Aperçus historiques sur la rose des Vents*, Lettre à *M. Henri Narducci* (Rome, 1874. Broc. in-8°, p. 36 et suiv.).

(2) Id. *ibid*., p. 38.

(3) La moitié de la boussole du Nord a été rognée, et le signe du Sud, qui devait être un disque lunaire, n'a laissé que son extrême bord, cerclé de vert comme les disques collatéraux. En même temps que ce signe, a disparu presque complètement une échelle graduée qui avait été tracée dans l'angle inférieur droit de la carte.

(4) On pourrait sans doute, dit d'Avezac, à propos de cette expression appliquée aux anciennes cartes marines, on pourrait sans doute soutenir que, dans la rigueur théorique, des cartes ainsi construites ne seraient pas des cartes plates proprement dites; mais elles étaient telles, dans la pratique, par ce motif facile à concevoir que les relèvements les plus assurés étaient ceux des quatre points cardinaux et les distances les plus certaines celles du Sud au Nord, qui seules pouvaient s'appuyer sur la mesure des hauteurs du pôle; toutes autres mesures, toutes autres directions ne pouvaient être estimées qu'avec un degré d'approximation qui se prêtait aux nécessités de protraction des longitudes et de forcement de l'inclinaison des directions obliques, pour conserver la rectitude des méridiens et la mesure réelle des latitudes, ce qui les maintenait dans les conditions caractéristiques de la carte plate. (D'Avezac, *Coup d'œil historique sur les projections des cartes de géographie*. Paris, 1863, in-8°, p. 40.)

fort sensible, vers la gauche. Ainsi, sur l'atlas catalan de 1375, le nord est presque O. 1/4 N.-O., et la ligne *Ponente-Levante* représente à peu près la direction de E. 1/4 S.-E. à O. 1/4 N.-O.; aussi l'Espagne penche-t-elle vers O. 1/4 S.-O., tandis que la mer Noire remonte vers E. 1/4 N.-E.

Cette déformation, qui se perpétue jusque dans les cartes de basse époque, est due manifestement à l'absence de corrections de la déclinaison de l'aiguille aimantée. Les pilotes connaissent peut-être le phénomène, mais ils n'en tiennent aucun compte dans leurs relèvements, et les cosmographes, n'ayant que des directions de boussole pour composer leurs cartes, les orientent sur le nord magnétique et non pas sur le nord vrai [1].

Dans notre carte de 1447, par exemple, la torsion de 10° que l'on constate vers Majorque, où travaille l'auteur, se retrouve la même au milieu de l'Archipel, tandis qu'en réalité la déclinaison, qui, à l'heure actuelle, est de 15 à 16 degrés aux Baléares, ne dépasse pas 7° 35' au Pirée.

Vallsecha paraît s'être douté de quelque chose, car il a corrigé sa carte, mais il n'a apporté à ce travail aucune méthode bien arrêtée, je me hâte de le reconnaître. Ses erreurs de position sont toutefois moitié moindres que celles de l'atlas catalan de 1375 et ne dépassent jamais un rhumb de vent.

A cette déformation près, bien inférieure aussi à celle de certaines cartes italiennes du même temps, les contours de la Méditerranée sont remarquablement exacts, au moins dans les parties les plus occidentales de cette mer. Les embouchures des fleuves, les caps, les baies, les îles, les îlots, les récifs, les bancs côtiers, tout ressort avec netteté et précision.

L'Italie méridionale, la côte orientale de l'Adriatique, la Morée, sont déjà moins correctes; mais l'Archipel est bien complètement étudié, et la mer Noire se présente avec des formes d'une fidélité étonnante.

Par contre, l'Asie Mineure est inexacte dans ses lignes méridionales; l'angle aigu du golfe d'Alexandrette n'est pas mieux saisi que dans les cartes antérieures, et l'angle obtus que forment, au contraire, les rivages de la Palestine et de l'Égypte demeure insuffisamment ouvert.

---

[1] On sait que ce fut Christophe Colomb qui remarqua le 13 septembre 1492, et Sébastien Cabot qui indiqua (1497) le méridien sous lequel l'aiguille montre le vrai Nord. (Alex. de Humboldt, *Examen*, t. III, p. 29-32.)

Tout le long des côtes, tout autour des îles, court une immense nomenclature. J'ai relevé, comparé, identifié environ 1.400 noms de caps, de pointes, de golfes et de ports, d'îles et d'îlots, de villes et de villages maritimes.

Je n'entrerai point ici dans le détail de cette longue liste ; je veux seulement observer que, comparée à celles des cosmographes catalans du siècle précédent, elle est un peu plus riche et beaucoup plus vraie tout à la fois.

Dans le tableau que j'en ai dressé, et dont on trouvera un extrait, à titre d'exemple, dans l'un des *Appendices* de ce volume, j'ai mis en présence les noms de la carte de Sollery, de celle de Vallsecha et d'un atlas moderne. En comparant les trois listes ainsi juxtaposées, on constatera la grande supériorité de Vallsecha sur son prédécesseur de 1385.

Les noms de notre carte, qui commencent au cap Saint-Vincent pour se terminer à Mamimora sur la côte occidentale du Maroc, sont écrits, suivant la coutume, en lettres rouges ou noires. La première de ces deux couleurs est généralement réservée aux localités plus importantes : un certain nombre de ces dernières sont surmontées, en outre, de drapeaux armoriés. Séville, par exemple, porte l'étendard écartelé de Castille et Léon ; Valence, un drapeau mi-partie Valence et Aragon. Barcelone a les armes de sa *deputacion* ; Narbonne et Montpellier ont celles du vicomte et du seigneur. Avignon est surmonté d'un pavillon rouge, sur lequel s'entre-croisent les clefs d'or de Saint-Pierre[1]. Gênes porte croix d'argent sur fond de gueules ; Venise, le lion de Saint-Marc ; Senya arbore l'étendard des Esclavons ; Constantinople, Salonique, Castelles, le drapeau des Paléologues[2].

Majorque, suivant une vieille habitude, est peinte à plat aux couleurs d'Aragon, qu'on retrouve sous forme d'écussons au centre de la Sardaigne, puis de la Sicile, mais associées cette fois en

---

(1) La papauté n'avait cependant plus cette ville pour siège ; depuis soixante-huit ans les papes étaient rentrés à Rome. Avignon pouvait pourtant garder encore son drapeau, puisqu'elle appartenait toujours au Pape, mais Sollery avait depuis longtemps peint sur Rome l'étendard rouge orné de clefs entre-croisées.

(2) Ce drapeau rouge porte une croix d'or cantonnée de quatre B adossés du même. Seulement les B sont déformés au point de ressembler presque à des croissants. Chez Sollery comme chez Vallsecha, cet étendard est arboré à Constantinople, Salonique et Castelles.

sautoir à l'aigle sicilien. Rhodes, enfin, porte les armes des chevaliers qui l'occuperont encore pendant soixante-quinze ans.

Outre ces étendards et ces écussons, neuf villes d'une importance exceptionnelle sont figurées dans des vignettes assez grossièrement enluminées. Grenade pyramide sur une haute colline peinte en vert; dans son drapeau rouge est tracé en jaune un mot arabe incompris, déformé, mais où M. Barbier de Meynard retrouve les éléments du nom arabe de la ville *El Grnata*[1]. Plus haut, c'est Avignon, couchée au bord du Rhône; puis viennent Gênes avec son môle, Venise entourée d'eaux, Vienne sur le Danube, Damas, Jérusalem, représentée suivant la tradition par l'église du Saint-Sépulcre, enfin Babylone du Caire et Tlemcen, où domine le croissant.

Ici s'arrête la partie descriptive de ce petit travail, que j'ai complétée par un tableau dans lequel j'ai identifié de mon mieux les 1,400 noms de lieux qui composaient la nomenclature de Vallsecha. Ne pouvant pas donner ici cette liste tout entière, j'ai extrait, à titre d'exemple, les cent et quelques noms, écrits sur les côtes occidentales de l'Italie, et j'en donne plus loin une lecture qui ne sera pas, j'imagine, sans offrir un certain intérêt. On y verra, (appendice VI de ce volume) comment la nomenclature de Vallsequa est plus riche d'un dixième environ que celle de son prédécesseur.

---

[1] Suivant l'observation de M. Houdas, professeur d'arabe algérien à l'École des Langues orientales vivantes, ce mot est tantôt écrit dans un sens et tantôt dans l'autre. Ces inversions s'expliquent aisément, si l'on songe que les lettres qui ornaient l'étendard de Grenade étaient tissées dans l'étoffe du drapeau et que pour les chrétiens, qui n'en comprenaient pas la signification, il était mal aisé d'y reconnaître un envers et un endroit.

V

QUELQUES OBSERVATIONS
SUR L'ORIGINE DU MOT AMERICA [1]

C'est la troisième fois que l'origine du mot *America* va se trouver discutée devant les Américanistes. La question, abordée, paraît-il, à Turin dans une session peu chargée, évitée au contraire à Berlin, où les séances suffisaient à peine à l'étude rapide d'une foule de choses beaucoup plus importantes, se pose de nouveau à Paris en tête d'un programme, cette fois encore, pourtant, fort large et fort divers. Votre comité d'organisation, tout en considérant comme d'un médiocre intérêt la discussion des étymologies récemment produites de l'autre côté de l'Atlantique, a voulu faire preuve d'une entière impartialité, en maintenant dans notre table de matières un sujet qui n'avait point été complètement épuisé, assurait-on, pendant les sessions précédentes.

Abordons-le vivement pour ne pas nuire, par de trop longs développements, à la marche de ce Congrès, et examinons tout d'abord, sans autre préambule, les thèses préconisées dans ces derniers temps par nos collègues transatlantiques.

I

La première de ces thèses consiste à affirmer que le nom d'*Amérique* est un vocable géographique indigène répandu sur le

---

[1] Mémoire lu à la séance du 15 octobre 1890 du huitième Congrès des Américanistes et publié dans le Compte rendu de la session, pp. 109, 118.

continent méridional, connu par conséquent des premiers voyageurs qui abordent cette partie du littoral du Nouveau-Monde. C'est cette thèse que M. Lambert de Saint-Bris cherche à faire prévaloir, non seulement aux États-Unis, où un volume et de nombreux articles de journaux en ont donné connaissance au grand public, mais aussi en France, où la Société Américaine lui a offert naguère une hospitalité, d'ailleurs assez peu fastueuse[1]. M. Saint-Bris rapproche, sans hésiter, tous les termes géographiques plus ou moins homophones qu'il rencontre dans ses lectures, et qui, de près ou de loin, lui rappellent celui d'Amérique, depuis le nom du peuple des hauts plateaux de Bolivie jusqu'à celui de l'antique province de Maracapan. Peu lui importe que ces termes soient empruntés à des langues profondément diverses; ils ont, plus ou moins, en commun les éléments phonétiques du nouveau vocable *Amérique*. On peut les découper en pièces arbitraires, isoler par ces amputations, sans aucune règle, un radical commun, *Armaca*, *Amaraca*, *Maraca*. Et l'on démontre ainsi qu'Hojeda et les autres ont fait sortir, dès la fin du XVe siècle, de la nomenclature indigène le mot qui s'étale en gros caractères aujourd'hui sur le continent nouveau. Cundinamarca, Maracaïbo, Amarucancha, tout nom est excellent pour M. Saint-Bris, dès lors qu'il entrevoit la possibilité, en le tiraillant quelque peu, de faire apparaître les consonnes utiles à sa thèse. On démontrerait avec la même aisance qu'America vient d'Armorique ou que les Amharas d'Éthiopie sont cousins des Aymaras des Andes... Passons !

M. Marcou n'a pas la fantaisie de son compagnon d'aventure. Il a découvert dans Thomas Belt une *Sierra d'Amerrique*; il s'en tient là. Cette Sierra lui suffit pour bâtir tout un vaste édifice, commencé déjà depuis 1875[2], et dont il était réservé à notre Congrès de voir le couronnement.

Rappelons en quelques mots et discutons rapidement au passage les diverses positions de la thèse de M. Marcou.

La terminaison en *ique*, assure-t-il tout d'abord, se trouve sou-

---

(1) Saint-Bris, *L'origine indigène du mot « Amérique »* (Arch. de la Soc. américaine de France, nouv. sér., t. VII, p. 118-122).

(2) J. Marcou, *Sur l'origine du nom d'Amérique* (Bull. Soc. de géogr., 6e sér., t. IX, pp. 587-597, 1875). — Cf. Id., *Nouvelles recherches sur l'origine du nom d'Amérique* (Ibid., 7e sér., t. IX, pp. 480-520, 630-672, 1888).

vent dans les noms de lieux des langues indiennes de l'Amérique centrale, et il invoque, à l'appui de cette affirmation, un certain nombre de noms propres, pris au hasard sur la carte, et dont une grande partie sont tirés des langues du groupe nahuatl. Il ne sait pas que dans ces langues la terminaison *c* remplace le *tl* final des noms en *atl*, *itl*, etc., sorte de postposition fusionnée avec le nom et ayant le sens de *dans*[1] : *Tepit* donne ainsi *Tepic*, cité par M. Marcou. D'autres de ces finales en *ic* sont produites par l'intervention du suffixe *itic*, qui modifie à peu près de même le terme principal[2] et un certain nombre des noms de lieux mentionnés par notre auteur, doivent à ce suffixe leur physionomie spéciale.

On ne saurait donc admettre que la terminaison *ique* veuille dire, comme le suppose M. Marcou, *grande, élevée, proéminente* et « s'applique toujours à des lignes de faîtes ou à des pays montagneux élevés, mais sans volcans ».

Au surplus, le mot *Amérique* n'a rien à voir dans la liste relevée par notre collègue ; *il ne peut pas être nahuatl*, puisque le son dur, rendu par un double *r* (*rr*), fait absolument défaut aux langues de ce groupe[3].

Il est vrai que la lettre *r* existe plus au sud, et que le mot *Amerrique*, que M. de Peralta écrit, si je ne me trompe, par un *s*, *Amerrisque*, peut appartenir à une autre famille de mots tels que *Chaparrisque, Ajuterrisque* ou *Tempisque*, que M. Pector vient de me montrer répétés sur des cartes de l'Amérique centrale[4].

Je ne puis voir, pour mon compte, dans la découverte de ce nom d'Amerrisque ou d'Amerrique, au milieu de la Cordillière, loin de ce littoral de l'Est, seul entrevu par les premiers navigateurs, je ne puis voir, dis-je, dans cette rencontre qu'une *homo-*

---

(1) *C significa en y dentro; se une á los nombres acabados en tl* (Orozco y Berra, *Ensayo de descifracion geroglifico* (*Anales del Museo Nacional de Mexico*, t. I, p. 243, 1877).

(2) *Itic... dentro, en lo interior. Calitic, dentro de la casa. atlitic, dentro del agua* (Id., *ibid.*, p. 245.

(3) Cf. R. Siméon, *Dictionnaire de la langue nahuatl ou mexicaine. Introduction*, p. xxvi.

(4) Les formes actuelles de ces mots sembleraient des simplifications de formes plus compliquées. On disait jadis Chaparristique. Peut-être le vieux nom de la Sierra Amerrisque serait-il Amerristique.

phonie de hasard, comme j'en mentionnais plus haut quelques exemples[1].

Ce mot, signalé pour la première fois par Thomas Belt, dans son livre de 1873, *The Naturalist in Nicaragua*, n'a point de passé *historique*. Aucun des innombrables ouvrages, consacrés à la géographie ou à l'histoire, à l'ethnographie ou à la linguistique de cette partie de l'isthme américain, ne mentionne cette expression, et il *paraîtrait logique de conclure de ce silence* UNANIME, non pas, comme on l'a fait avec injustice, à une imposture de Belt (il ne voyait dans l'existence de ce nom qu'*une coïncidence*), mais à l'ignorance absolue des géographes en ce qui concerne une région nouvellement ouverte, en somme, à l'exploration scientifique.

Pour M. Marcou, cependant, c'est ce terme géographique indigène, connu des premiers marins espagnols, qui ont abordé à la côte des Mosquitos, rapporté en Europe et bientôt répandu dans les ports de l'Ouest, qui aurait été l'origine du nom imposé peu après au Nouveau-Monde.

D'ailleurs Vespucci, dont on a cru jusqu'ici retrouver le prénom dans le nom de l'Amérique, Vespucci ne s'appelait point *Amerigo*, mais *Alberico*. C'est là la deuxième position de la thèse de M. Marcou.

II

On me permettra d'insister quelque peu sur la réfutation de cette erreur historique. La tâche m'est d'ailleurs singulièrement facilitée par l'intervention, au début, de M. Jimenes de la Espada. Notre savant collègue ne vient-il pas, en effet, de montrer, par la production d'un texte tiré des *Libros de cuentas y despachos de Armadas a Indias* de 1495, que le voyageur florentin était désigné dès lors en Espagne sous le nom d'*Amerigo*? Tous les Américanistes qui se sont occupés de la question soulevée par MM. Marcou et Saint-Bris connaissent, en outre, le mémoire du regretté Gil-

---

[1] Je pourrais citer encore, presque à l'aventure, les *Hakkas* de Canton, qui sont de race chinoise, et les *Akkas* de la haute vallée du Nil Blanc, qui sont des négrilles ou Pygmées; les *Galloas* nègres du bas Ogooué, les *Gallas* de l'Afrique orientale et les *Gallois* du pays de Galles, etc.

bert Govi, publié l'année dernière par l'*Accademia dei Lincei*, et qui contient une lettre de Vespuce du 30 décembre 1492, découverte à Mantoue et signée *Amerigho*.

J'ai l'honneur de vous présenter un document plus ancien encore, dont je dois la communication à l'honorable M. Eug. Tastu, ministre plénipotentiaire en retraite, fils de Joseph Tastu, dont les travaux sur les géographes catalans sont connus et appréciés de tous les historiens de la géographie. C'est le calque d'une mappemonde, chef-d'œuvre du plus célèbre entre les cartographes majorcains du xv° siècle, Gabriel de Vallsequa.

Cette mappemonde, remarquable par la pureté de son dessin et l'exquise délicatesse des miniatures dont elle est ornée, avait été exécutée à Majorque en 1439, comme en fait foi la signature de l'auteur :

Gabriell de Valsequa la feta an
Malorcha any m cccc xxx viiij

et Vespuce l'avait acquise au prix de 130 ducats d'or ainsi que le démontre cette sorte d'*ex libris*, d'une main plus récente, qu'on peut lire au dos de la pièce :

Questa ampla pelle di geografia
fue pagata da Amerigo Vespucci CXXX
ducati di oro di marco.

D'après la forme des lettres qui la composent, cette seconde inscription doit remonter vers l'année 1480. C'est du moins le sentiment d'un des paléographes les plus compétents en la matière, M. Lecoy de la Marche, que j'ai consulté sur ce délicat sujet.

Une dizaine d'années au moins avant son passage en Espagne, Vespuce portait donc bien le prénom d'*Amerigo*, accolé à son nom au verso de la carte de Vallsequa.

Fils d'un notaire de Florence, engagé avec son frère Girolamo dans d'importantes affaires commerciales, il était en mesure de satisfaire largement sa passion naissante pour la géographie. Il est vrai que plus tard il perdait tout le fruit de ses travaux et se voyait contraint de se mettre au service des Médicis. C'est peut-être alors qu'ils se défit, avant de partir pour Cadix, de la belle carte de Vallsequa, retrouvée en Italie par le cardinal Despuig et rapportée par ce riche collectionneur à son point de départ, Palma de Mallorca.

Quoi qu'il en soit, Vespuce avait possédé un certain temps ce document précieux, où il avait pu voir semées dans la *mer Oceane* de nombreuses terres d'une certaine étendue. C'était d'abord une île de Brésil, *Ylla de Brezill* dans l'ouest de l'Irlande. C'étaient plus bas les îles de la légende de Saint-Brandan, *Insules fortunate sante Brandane*, l'île des Oiseaux, *Ylla de osels*, par exemple, ou l'île de l'Enfer, *Ylla de l'inferno*, et que Vallsequa assimilait en partie aux Açores récemment rencontrées par Diégo de Séville, pilote du roi de Portugal.

Aquestas illes foran tro | bades p. Diego de Siuilla, pelot del rey de Po | rtogall an lay m cccc xxx vij.

C'était enfin l'archipel des Canaries, dessiné dans tous ses détails, en face du Maroc.

Le spectacle continuel de toutes ces terres émergeant au *Ponent* de la mappemonde catalane fut sans doute pour quelque chose dans les résolutions qui portèrent Americ Vespuce à prendre part, dans les dernières années du siècle, aux voyages vers l'ouest qui, par un ensemble de circonstances singulières, ont fait, comme l'on sait, du marchand florentin, devenu pilote, le *parrain* du Nouveau Continent.

III

Vespuce s'appelait donc bien Amerigo, et le gymnase vosgien n'a fait que vulgariser, en 1507, une orthographe venue de Lisbonne[1] et quelque peu francisée sous la forme *Améric*[2], avant de devenir *Americus* dans la traduction latine du chanoine Jean Basin, *Quatuor Americi Vesputii navigationes*, etc.

Martin Waltzemüller ou Hylacomylus, qui imprimait en tête de cette édition des fameuses navigations le livret aujourd'hui si recherché, sous le titre de *Cosmographiæ Introductio*[3], adopte successivement la forme *Amerige* et celle d'*America* dans les deux passages où il propose de donner à la quatrième partie du monde le nom de celui qu'il regarde comme l'ayant le premier découverte :

In sexto climate, Antarcticum versus, et pars extrema Africæ nuper reperta, et Zamzibar, Java minor et Seula insulæ, et quarta orbis pars (quam quia Americus invenit Amerigen, quasi Americi terram, sive Americam nuncupare licet) sitæ sunt[4].

Et un peu plus loin :

Nunc vero et hæ partes (Europa, Africa, Asia) sunt latius lustratæ, et alia quarta pars per Americum Vesputium (ut in sequentibus audietur) inventa est, quam non video cur quis jure vetet ab America inventore, sagacis ingenii viro Amerigen quasi Americi terram, sive Americam dicendam : cum et Europa et Asia a mulieribus sua sortita sint nomina...

Je reproduis à dessein en leur entier des textes qu'ont certainement perdu de vue les novateurs, dont je m'efforce de combattre les fantaisies étymologiques.

Ces deux phrases de Waltzemüller, où le nom d'Amérique apparaît *pour la première fois* dans l'histoire comme celui de la *quatrième partie du monde récemment découverte*, sont en effet d'une

---

(1) L'archétype de 1504 a pour titre : *Lettera di Amerigo Vespucci*.

(2) La forme française la plus habituelle est *Emeric*, prénom rarement imposé de nos jours, mais dont est dérivé cet autre vocable *Almery*. *Almery* est à *Americus* comme *Amaury* est à *Amalricus*, *Aubry* à *Albericus*, *Olry* à *Alaricus*, etc.

(3) COSMOGRAPHIÆ INTRODUCTIO *cum quibusdam geometriæ ac astronomiæ principis ad eam rem necessariis. Insuper quatuor Americi Vespucii navigationes*, etc. — Cf. L. Wiesener, *Améric Vespuce et Christophe Colomb. La véritable origine du nom d'Amérique* (Revue des Questions historiques, t. I, p. 226 et suiv., 1866); — *Martin Hylacomylus Waltzemüller, ses ouvrages et ses collaborateurs. Voyage d'exploration et de découvertes à travers quelques épitres dédicatoires, préfaces et opuscules en prose et en vers du commencement du XVIe siècle : notes, causeries et digressions bibliographies et autres*, par un géographe bibliophile d'Avezac). Paris, 1867, 1 vol. in-8, p. 31 et suiv.

(4) Cf. d'Avezac, p. 38.

irrésistible clarté. « Je ne vois pas pourquoi, dit le géographe de Saint-Dié, quelqu'un interdirait à bon droit de l'appeler de son inventeur Améric, homme d'un génie sagace, Amerige, c'est-à-dire terre d'Améric ou America », et il cite à l'appuide cette proposition les noms de l'Europe et de l'Asie, qui sont des noms de femme.

Il aurait pu ajouter, en se plaçant à un autre point de vue, le nom d'Afrique ; *je tiens, en effet, pour certain, que l'harmonie de ces appellations, Afrique et Amérique, l'une ancienne et l'autre naissante, a eu une part énorme dans le foudroyant succès du terme géographique imaginé par Waltzemüller.*

On connaît dans tous ses détails l'histoire de l'expansion du mot *America*. Humboldt, Wieseuer[1], d'Avezac[2] et beaucoup d'autres en ont suivi les étapes à travers les livres et les cartes de la première moitié du xvi° siècle, et M. L. Gallois reproduisait naguère dans sa thèse de doctorat[3] la première image de l'Amérique (*America*), tracée par Waltzemüller en 1507 sur un petit globe en fuseaux, et bientôt contrefaite à Lyon par Louis Boulengier d'Albi, dont notre collègue, M. G. Marcel, a récemment reconstitué la physionomie fort complexe[4].

Le livre, *Globus mundi declaratio sive descriptio mundi et totius orbis terrarum*, publié en 1509 chez Grieninger, parle de l'Amérique découverte nouvellement, quatrième partie de la terre, et Pierre Apier enregistre, comme Hylacomylus, le nom d'*America* sur la mappemonde jointe à son édition de Solin de 1520.

L'usurpation est dès lors complète dans les livres et les atlas, usurpation dont ne sont d'ailleurs coupables, on l'a nettement établi, que les cosmographes de Saint-Dié et de Strasbourg et leurs imitateurs.

Puis une réaction se produisit, violente, dans la conscience publique, et Améric Vespuce porta le poids d'une erreur qu'il n'avait pas provoquée, et, condamné sans jugement par une sorte de consentement universel, subit la triste célébrité de l'imposture dévoilée[5].

---

(1) *Loc. cit.*, p. 235.
(2) *Op. cit. pass.*
(3) L. Gallois, *Les géographes allemands de la Renaissance*, Paris, Leroux, 1890, in-8, pl. II et p. 48.
(4) G. Marcel, *Louis Boulanger d'Albi, astronome, géomètre et géographe* Bull. de géogr. hist. et descript., 1889, p. 163-172).
(5) Wieseuer, *loc. cit.*, p. 252.

Aujourd'hui l'opinion, mieux éclairée, le décharge de toute complicité dans l'aventure toponymique où Waltzemüller l'a engagé, et il ne reste, pour accuser injustement la mémoire de celui qui fut l'*ami de Colomb*, que les inventeurs de théories nouvelles, que repoussent unanimement tous ceux qui ont lu avec quelque soin les documents originaux relatifs à la découverte du Nouveau Monde.

VI

NOTICE

SUR UNE

MAPPEMONDE PORTUGAISE ANONYME

De 1502

RÉCEMMENT DÉCOUVERTE A LONDRES

Les monuments de la géographie, antérieurs à la publication des recueils de cartes gravées du xvie siècle, sont depuis longtemps devenus fort rares; les mappemondes manuscrites, en particulier, où les pilotes des grandes expéditions espagnoles et portugaises consignaient leurs découvertes, ont presque entièrement disparu. A peine, de temps en temps, signale-t-on, dans quelque fond d'archives inexploré, l'existence d'un de ces glorieux témoins des grands événements maritimes qui ont transformé l'histoire de notre globe. Humboldt et d'Avezac, Santarem et Jomard, Kohl, Peschel, Hünstmann, Harrisse et d'autres encore ont interrogé avec persévérance les collections publiques et privées d'Europe et d'Amérique, et, s'ils n'ont point complètement épuisé la liste des documents de cette nature, du moins est-on forcé de reconnaître que bien peu de pièces importantes ont échappé à l'enquête laborieuse qu'ils ont instituée.

Voici, pourtant, une mappemonde portugaise anonyme, dont

aucun historien de la géographie n'a eu jusqu'ici connaissance[1]. Comme cette curieuse pièce ne le cède en intérêt qu'à un petit nombre de celles que l'on a précédemment publiées[2], j'ai pensé que quelques pages consacrées à son étude ne seraient pas indignes d'attirer l'attention du Comité.

La mappemonde que j'ai l'honneur de mettre sous vos yeux est peinte sur un rouleau de parchemin haut de 59 centimètres et large de 94, en y comprenant la languette percée de deux trous, destinée à recevoir les ligatures. Elle est bordée en haut et en bas, par un treillis doré de 2 centimètres de hauteur. Les contours des grandes terres sont teintés en bistre clair légèrement relavé; les îles peintes en bleu, en rouge, en argent ou en or; les roses sont en partie décorées des mêmes émaux. Enfin la nomenclature écrite en rouge et noir utilise deux types de lettres, majuscules et minuscules, qui sont, sans aucun doute, des premières années du xvie siècle.

Le mode de construction n'a rien qui distingue notre carte des cartes analogues et de la même époque[3]. L'horizon s'y décompose en trente-deux rhumbs de vents; les méridiens, les parallèles sont espacés dans les proportions ordinaires. Deux échelles divisées de 5 en 5 degrés montent l'une à l'extrémité droite de la carte, l'autre au niveau de la célèbre ligne de démarcation qui sépare les possessions américaines de l'Espagne et du Portugal[4].

---

(1) Je tiens cette mappemonde de mon ami M. Alphonse Pinart qui l'a acquise à Londres avec un lot de pièces provenant du voyageur anglais King.

(2) Rien n'est plus obscur, disait Lelewel (*Géographie du Moyen Age*, t. II, p. 139. Bruxelles, 1852, in-8), que la cartographie portugaise, qui ne nous est connue que par des copies ou des imitations postérieures répandues en Italie et en Allemagne.

(3) Cf. Vicomte de Santarem, *Essai sur l'histoire de la cosmographie et de la cartographie pendant le moyen âge*. Paris, 1849, in-8, p. 276-279, etc.

(4) L'équateur seul offre une disposition qui mérite d'attirer particulièrement l'attention. Depuis l'extrémité du monde oriental jusqu'au cœur du continent africain, la ligne reproduit à peu près celle que Martin Behaim avait tracée sur son globe. Mais dès le littoral africain oriental, une seconde ligne, dont des observations scientifiques viennent de fournir les repères aux navigateurs, s'ajoute et se substitue à celle toute factice des cartographes antérieurs. Cette nouvelle ligne, située à 4° environ au sud de l'ancienne, est très approximativement exacte. L'échelle de gauche est tracée sur ce que j'appellerai le zéro nouveau, tandis que celle de droite est calculée sur l'ancien zéro.

Cette mappemonde est d'ailleurs une vraie carte de navigation côtière. Chargée de noms sur les rivages dont elle doit faciliter les abords, elle est presque vide, au contraire, à l'intérieur des terres, dont son auteur ne s'est point occupé.

A quelques lignes près, empruntées au latin, toute la nomenclature est exclusivement portugaise : *terra, ilha, cavo, porto, praia, agoa, formoso, fosso, baixa*, etc., etc.[1].

C'est sur le littoral du continent africain qu'abondent principalement ces expressions géographiques et que s'accumulent les épithètes plus ou moins heureusement choisies. C'est sur ce littoral, hier encore inconnu, et dont Gama et Cabral viennent de suivre les contours, que s'est concentrée en effet toute l'attention du cartographe. Il en étudie les formes avec un soin particulier, et tout le long de ces côtes, dessinées pour la première fois dans leur ensemble, avec une certaine précision, deux cent cinquante-cinq noms s'inscrivent depuis Tanger jusqu'à *Melindi* (Mélinde), en passant par le Cap de Bonne-Espérance[2].

Ce sont des noms de terres, comme *Terra de Natall*, la terre de Natal, découverte par Gama le 25 décembre 1497; des noms de caps, tels que *Cavo de Lopo Consalvo*, notre cap Lopez, *cavo dos Corentes*, le cap des Courants, contourné par les Portugais en janvier 1498. Ce sont des noms d'aiguade, *agoa de Bona passa*, l'aiguade de la Bonne Paix, ainsi nommée par Martin Alonso, l'un des compagnons de Gama; ce sont des noms de fleuves, *Rio de Senaga*, le Sénégal, *Rio da Volta*, le Volta, *Rio de Nazareth*, une des branches de l'Ogooué, ou bien encore *Rio de bon Signale*, cette rivière de Mozambique, au bord de laquelle Gama et Coelho furent si bien accueillis en février 1498.

Ce sont encore des noms d'îles comme *Asoutado* (le battu), qui rappelle le châtiment imposé au pilote maure de l'escadre, fustigé

---

(1) Je signalerai cependant une exception; le cap Race, à l'angle sud-est de Terre-Neuve, est appelé *Capo raso*. (Voir plus loin, p. 141).

(2) Il n'est pas sans intérêt d'observer qu'un certain nombre de localités nommées dans les récits contemporains ne figurent point sur notre carte si chargée cependant. On n'y trouve, par exemple, ni la *baia de Santa Helena* où s'arrêta Gama avant de tenter de tourner le cap de Bonne-Espérance, ni le *rio de Santiago* dont il est fait mention aussitôt après, ni l'*Aguada de San-Bras*, découverte le 25 novembre 1497, ni les îlots *Chaos* ou *da Cruz*; le *rio do Infante*, limite des explorations de B. Diaz, n'est séparé que par un seul nom p. *de Sabio* du c. *de Bona-Speranza*.

le 31 mars de la même année pour avoir trompé l'amiral ; *Monbacha*, l'île de Monbaze, etc., etc.

D'autres noms font allusion à l'érection de ces colonnes de pierre aux armes de Portugal, que le roi don Joam avait fait sculpter d'avance pour marquer les principaux points découverts par ses navires. Telle est la *pedra de san Rafaell* dressée au nord de la rivière des Bons Signaux, par Vasco de Gama.

Quelques villes enfin sont signalées à l'attention par une silhouette où se profilent de petites tours : ce sont *Minna*, Saint-George de la Mine, le principal établissement portugais de Guinée ; *Mani Congro*, la résidence du *mani* ou souverain des embouchures de ce fleuve ; *Monsenbichi*, Mozambique, *Melindi*, Mélinde, découverts par Gama, en mars et en avril 1498 ; *Quilloa*, où mouilla la flotte de Cabral, le 26 juillet 1500 ; *Sofalla* enfin, reconnue par Sancho de Toar, un des capitaines de la même flotte, rentré, comme on sait, à Lisbonne, au mois d'août 1501 [1].

Cette riche nomenclature s'arrête brusquement à Mélinde : la côte est peu connue au delà de ce point. La position de Mogadixo, que Gama n'a fait que canonner au retour, n'a point été déterminée et se trouve, d'ailleurs, en dehors de la route de l'Inde, dont le tracé préoccupe avant tout notre cartographe.

Tout le reste de son Afrique est d'ailleurs à peu près sans intérêt. L'intérieur est presque aussi nu que celui de nos cartes hydrographiques modernes. Plus de ces animaux aux profils fantastiques, lions, oiseaux ou serpents destinés à représenter la faune du continent ; plus de ces pavillons aux couleurs brillantes où trônent mystérieusement les rois de peuples inconnus ; plus de ces forteresses hérissées d'impossibles bastions ; plus de forêts, presque plus de montagnes et presque pas de fleuves.

Une seule chaîne, la chaîne des monts de la Lune, *Mons Luna*, est représentée par une suite de monticules peints en vert, parallèles à l'équateur, et gisant à peu près sous le 7ᵉ ou le 8ᵉ degré sud.

(1) Il est curieux de comparer la nomenclature si exacte de notre anonyme avec celle de la Cosa, qui dressait sa carte peu auparavant, d'après des ou-dit tellement vagues que sa topographie et sa toponymie africaines sont complètement fantastiques depuis le Cap jusqu'à la mer Rouge.

On pourrait citer bien d'autres termes de notre carte attestant son origine portugaise, tels que ceux commençant par *o, os, dos*, etc. : Os Medones.

Seul de tous les fleuves africains, le Nil dessine en bleu son cours immense à travers la moitié droite du continent. Ses sources, au nombre de sept, hardiment repoussées, suivant la tradition arabe, jusqu'au 5° ou au 6° degré de latitude sud, sortent du *Mons Lunæ* pour courir vers le nord et se jeter : trois à gauche, quatre à droite, dans deux grands lacs placés sous l'équateur, l'Ukéréué et le Mwoutan-Nizigué des voyageurs modernes. Les cours d'eau qui en sortent convergent et se réunissent vers le 14° parallèle pour recevoir un peu plus à droite un troisième grand cours d'eau sorti d'un autre lac équatorial, le Bahr el-Azrek ou Nil bleu descendu du lac Tzana, puis un quatrième, l'Atbara, en formant l'île de Méroé, se jeter enfin à la mer non loin de *Cairo*, aux pieds du Soudan d'Égypte, *Soldanus*, dont, en souvenir sans doute du voyage récent de Paiva et de Covilham, le cartographe portugais a maintenu l'image traditionnelle. C'est un vieillard à longue barbe blanche, coiffé d'un immense turban, vêtu d'une robe rouge et tenant de la droite un sceptre d'or de forme lancéolée.

Un autre potentat, bien autrement curieux pour les Portugais des premières années du XVI° siècle, est assis, dans la carte, au-dessous des monts de la Lune ; c'est un vieillard encore, couvert d'une robe bleue et d'une chape brune; sa tête est surmontée d'une mitre d'argent; il porte dans la main droite une grande croix rouge et or et de la main gauche il bénit. C'est le fameux *prête Jean*, PRETE JAM, dit la légende, ce mystérieux souverain, dont Gama entendait parler à Mozambique et sur lequel Cabral s'efforçait d'obtenir des renseignements à l'aide des bannis qu'il débarquait à Mélinde[1].

L'Asie de notre carte ressemble, à peu de chose près, à celle des mappemondes de la fin du XV° siècle. La mer striée de rouge qui la sépare de l'Afrique, avec la longue chaîne d'îles démesurément grosses qui en encombre le chenal, est restée la mer Rouge des cartes antérieures. La presqu'île arabique n'a guère changé d'aspect ; elle est toujours trop étroite vers le nord, trop large au sud, trop tourmentée de formes, et sa nomenclature côtière est tirée de sources anciennes. Le golfe Persique, *Sinus Persicus*, creusé tout en travers aux dépens de l'Arabie, rempli

(1) L'étendard à triple croix, symbole de la foi chrétienne, dont le prête Jean est la personnification, figure déjà dans la mappemonde catalane de Dulcert (1339) sur les cités de la haute vallée du Nil.

de grandes îles bleues, rouges ou dorées, diffère peu de *das Merr Persia* de Martin Behaim, ou du *golfo persico* de Juan de la Cosa, et il en est de même de *Mare Hircanū sive Caspi*, la mer bordée de bleu, aux trois îles d'or, que l'on voit juste au-dessus du *Sinus Persicus*, orientée de façon à ce que son grand axe soit exactement parallèle à l'équateur. C'est sous ces traits que les cartographes se sont habitués à représenter la Caspienne, et notre anonyme n'a fait que se conformer à un usage déjà ancien. Toute son Asie est, d'ailleurs, construite suivant un type dès longtemps consacré. C'est, à bien peu de choses près, l'Asie de Ptolémée ou de Marco Polo; c'est plus spécialement l'Asie de la mappemonde de 1489 publiée par Kohl, l'Asie du globe de Martin Behaim (1492).

Un mot, inscrit sur un nouveau rivage, établit seul une différence au profit de notre carte. Mais ce mot, placé au-dessus de l'image d'une cité, cette ligne de côtes qui marche *vers le sud* en faisant face à l'extrémité orientale du monde africain, ne représente rien de moins qu'une des plus importantes conquêtes que l'histoire de la terre ait jamais enregistrées.

Ce mot, c'est *Colochuti*, Calicut [1], où, suivant une expression du temps, « il y a toute espicerie, pierrerie et toutes les richesses du monde »; cette terre, c'est l'Hindoustan, dont la route par mer est désormais ouverte au monde entier.

Le Portugal qui a trouvé cette voie s'efforcera vainement d'en barrer l'accès aux autres nations de l'Europe; vainement un de ses rois édictera la *peine de mort* contre quiconque aura révélé la route de Calicut. Des cartes marines plus ou moins perfectionnées, comme celle de Francisco Rodriguez (1524), finiront par tomber entre les mains d'un Jean Parmentier ou d'un Cornélis Houtman.

Français, Hollandais, Anglais, tous les peuples civilisés récla-

---

[1] Notons cependant que le nom de Calicut est déjà dans Fra Mauro, qu d'ailleurs le place à tout hasard. (Cf. Lelewel, *Épilogue*, p. 182.)

On le trouve aussi sur la mappemonde de Juan de la Cosa. C'est une grosse ville fortifiée assise sur le bord de la mer (*mar etiopico oriental*). On lit à côté le mot *Caliteut*, et un peu à droite *p. de calicut*.

L'Inde, qui porte l'inscription : *tierra descubierta por el Rey Manuel, Rey de Portugal*, n'est qu'une longue ligne de côtes un peu ondulée depuis Calicut, placée en deçà des bouches de l'Indus (*boca de Yndo*) jusqu'aux bouches du Gauge (*Rio Ganges*). Les notions acquises sur l'Inde par la Cosa sont si vagues qu'il place le Guzerate (*Chiaserat*) bien plus près du Gauge que de l'Indus.

meront, l'un après l'autre, leur part de ce riche négoce d'Orient dont Venise avait su, pendant des siècles, garder le monopole, et un jour viendra où la petite nation qui, dans un magnifique élan, a fait la conquête des Indes, épuisée par ce gigantesque effort, se verra presque complètement dépossédée du magnifique empire qu'ont fondé les plus glorieux de ses enfants.

Nous sommes tout au début de cette prodigieuse histoire. Vasco de Gama a abordé à Calicut, le 20 mai 1498 ; Cabral y a fondé, au commencement de 1500, le premier comptoir que les Portugais aient possédé sur la côte de Malabar. Mais Cananar, Cochin, Goa, qu'on commence à connaître quelque peu à Lisbonne, n'ont pas encore trouvé leur place sur la carte. Colochuti y figure seule, inscrite en grosses lettres, et Glafer le Zamorin ou *Samoudri-Radja*, hostile aux Portugais, est dessiné, assis sur un petit tapis ; l'index droit dirigé vers Lisbonne, il brandit menaçant de la main gauche un lourd sceptre d'or.

Au milieu de la mer des Indes flottent à l'aventure quelques grandes îles bordées de rouge ou dorées, aux formes inconnues des géographes modernes. L'une de ces îles est appelée *Madagascar* ; une autre se nomme *Tangibar* ; détachées l'une et l'autre des bords orientaux de la terre africaine, elles n'ont pas encore leur place définitive dans la nomenclature géographique[1]. Plus loin se montre la Taprobane des anciens, *Taprobana*, entourée d'une chaîne d'îles dorées, rouges ou bleues, et couverte de noms surannés.

La route de Calicut mènera quelque jour les navires portugais beaucoup plus loin dans l'est, et notre anonyme s'efforce de mettre au service des expéditions futures de ses compatriotes les renseignements qu'il a compilés dans les écrits et dans les cartes de ses prédécesseurs. Voici les îles de la Bonne Fortune : *I. Bonæ Fortunæ*, assez bien à leur place au milieu du golfe du Bengale[2],

[1] *Madagascar* est au nord-ouest de *Tangibar*, ainsi qu'il convient à une terre qui ne représente autre chose à cette époque que la *terre de Mogadixo*, déplacée par suite d'une interprétation erronée des récits de Marco Polo. Il en est de même dans Behaim, mais la Cosa renverse la nomenclature et devient inconsciemment l'auteur de l'appellation attribuée quelques années plus tard à la grande île australe qu'on découvrira sous le nom de Saint-Laurent et que tous les géographes appelleront *Madagascar*. Quant à Zanzibar, Vasco la découvre au retour des Indes sous le nom de Jamjiber et ne paraît pas soupçonner que ce soit la même île que transportaient à l'aventure en pleine mer les hydrographes, ses prédécesseurs.

[2] Ces îles correspondent aux îles Andaman.

et voici *Malacha*, assise au bord occidental d'une chersonèse qui comprend Sumatra et que les Portugais auront conquise quelques années plus tard. Puis vient *Cattigara*, par delà le *Magnus Sinus*, dans une presqu'île imaginaire qui double l'une des péninsules de l'Inde, et au delà de laquelle la *Seilam* de Marco Polo répète la Taprobane antique[1]. Plus loin encore, jetées pêle-mêle dans une mer inconnue, errent les autres îles du grand voyageur vénitien, *Java Minor*, entre autres, et *Java Major*.

La côte du continent remonte oblique du sud-ouest au nord-est, échancrée de golfes hypothétiques, hérissée de caps qu'aucun marin n'a jamais contournés[2], pour aboutir enfin aux extrémités de la terre où deux curieuses vignettes représentent *Guinsai* et le grand Khan de Catai. Guinsai est le Quinsay de Marco Polo[3], la *Cité du Ciel*. Cette ville, dit l'illustre Vénitien, « est toute en eau et est environnée d'eau ; si que pour ce convient-il que il y ait maint pont pour aler par la cité ». Il dit encore qu'à Quinsay « y a xij mille pons de pierre » et « un grand lac, qui a bien xxx milles de tour ». Notre géographe, qui se pique d'érudition, nous a peint son Quinsay au milieu d'un grand lac d'azur : quatre ponts au moins se détachent des murailles pour rappeler les merveilles de la célèbre ville.

Le Khan, auprès duquel Marco Polo avait vécu, n'était autre que Khoubilaï Khaân. Ce « grand Kaan, seigneur des seigneurs » pouvait « avoir d'aage bien entour quatre-vingt-cinq ans » au moment où le voyageur vénitien habitait à sa cour. Mais il était « charnus de belle manière » et « trop bien tailliez de touz membres ». Il avait « le vis blanc et vermeil, les yeux vairs, le nez bien fait et bien seant[4] ». Il semble que notre auteur se soit inspiré de cette description en faisant le portrait du personnage illustre assis près de Quinsay et dont il a singulièrement traduit le titre : *M (agnus) Canis de Cataio*.

(1) *Seylan* joue le même rôle dans Behaim.
(2) Il n'y a pas d'îles dans cette mer d'Extrême-Orient. Cipangu lui-même fait défaut dans la nomenclature de notre cartographe.
(3) Cf. *Le livre de Marco Polo, citoyen de Venise, conseiller privé et commissaire impérial de Khoubilaï-Khaân, rédigé en français sous sa dictée en 1298 par Rusticien de Pise*, publiée par M. G. Pauthier. Paris, 1865, in-8, ch. CLI, p. 491 et suiv.

Quinsay, King-Sśé, nom donné à la ville, quelle qu'elle soit, où siège le gouvernement. (Pauthier, *Ibid.*, p. 450, 458, notes 6, 491 et note 1.)
(4) *Ibid.*, ch. LXXVI, p. 259 ; ch. LXXXI, p. 288.

Une longue côte sinueuse délimite vers le nord les terres d'Asie, dans la solitude desquelles surgit seulement l'Himalaya (*Imaus M.*) d'où descendent le Gange (*Ganges F.*) et l'Indus (*Indus F.*). Suivons cette côte boréale, elle nous ramène jusqu'en Europe où nous retrouvons avec plaisir les contours d'un monde bien réel en sortant du monde fantastique que nous venons de visiter.

Le dessin de la Méditerranée est, pour l'époque, un excellent morceau et atteste, chez l'auteur, une sûreté de main remarquable.

Les côtes de l'Océan jusqu'à la Manche sont presque aussi exactes; mais au nord des Pays-Bas, les incorrections recommencent. La presqu'île du Jutland s'incurve vers l'Orient; la Baltique parsemée d'îles exagérées s'allonge de l'ouest à l'est, et la Scandinavie, dilatée dans le même sens, mais aplatie du nord au sud, ne tient plus à la terre ferme que par un étroit pédicule qui la rattache à une longue et mince presqu'île, coudée à angle droit et soudée au continent du côté du Levant.

C'est la Scandinavie de Nicolas Donis (1482), de l'anonyme de 1489, de Martin Behaim (1492), etc.

Un isthme, tout semblable à celui que nous venons de décrire, relie un peu plus au nord au vieux monde une vaste péninsule triangulaire entourée d'îles, dont trois présentent une certaine étendue, et qui porte sur deux lignes les mots EVGLOVELANT, *une terre verte*.

Englonelant, Engronelant (N. Donis) rappellent si bien *En Groneland* de la carte des Zeni que M. de Nordenskjœld s'est montré disposé à identifier ces diverses terres avec le Groënland qu'il a d'ailleurs si bien étudié.

Mais d'autres historiens de la géographie, M. Japetus Steenstrup en particulier[1], rattachent sans hésiter à l'Europe septentrionale cet ensemble systématique qui ne représenterait, en somme, que la Laponie sauvage (*Wildt Lappland*).

Les premières cartes du xvi° siècle et la nôtre en particulier viennent à l'appui de cette manière de voir. Elles placent toutes, en effet, à l'ouest de l'*Englonelant*, une grande île qui est l'Islande, tantôt désignée sous ce nom, et tantôt surnommée comme ici : Thulé (*Tile*).

---

(1) Cf. *Congrès international des Américanistes*, 5° sess. Copenhague p. 130, 180.

C'est un peu plus à l'ouest que commence le Nouveau-Monde. Sur notre portulan, comme sur quelques autres cartes portugaises des premières années du xvi° siècle, conservées à Munich, on peut voir la silhouette d'une vaste terre boréale qui porte le nom de *Terra Laboratoris*. Est-ce bien là le Labrador, comme on le croit généralement? N'est-ce pas plutôt le Groënland, comme le suppose M. Kohl? Le document que nous avons sous les yeux ne fournit aucun argument nouveau pour l'étude de cette question encore controversée. Il reproduit, en effet, à peu de chose près, les contours de la *Terra de Lavorador* de la planche II de Künstmann. C'est une île assez longue, étendue du 54° au 59° degré de latitude nord, du 36° au 33° degré de longitude ouest, et couverte, du côté du sud, par un certain nombre d'îlots. Garnie primitivement d'une couche d'argent, comme la terre semblable du portulan n° 2 de Munich, elle est, grâce aux sulfures, devenue presque noire. Aucun nom ne s'y lit, mais la carte publiée par Künstmann en a révélé cinq, imposés, comme l'a bien compris le savant géographe, lors de la première exploration du Portugais Gaspard Corte-Real. Ce hardi navigateur avait, en effet, découvert, au cours d'un voyage entrepris vers le milieu de l'an 1500, une terre septentrionale où régnait un climat très froid et qu'il nomma Terre Verte, dit Damian de Goes (*Terra Verde*)[1], à cause des grands arbres qui la couvraient, ce qui ne se rapporte guère, on en conviendra aisément, au Groënland des navigateurs scandinaves, mais s'applique fort bien, en revanche, au Labrador, dont de grandes forêts de sapins, de mélèzes, de bouleaux et de peupliers garnissent la moitié méridionale. Les montagnes sont, toute l'année, blanches de neiges, et cela explique parfaitement que les auteurs de notre carte et de celle de Munich aient peint de couleur d'argent cette terre, qu'ils ne nomment point *Terra Verde*, mais *Terra de Lavorador*, *Terra Laboratoris*, en se servant d'un terme qu'ils ont certainement emprunté au découvreur et que leurs successeurs ont, avec raison, maintenu sur la carte de l'Amérique Septentrionale.

Encouragé par le succès relatif de cette première tentative, Gaspard Coste-Real se hâta de préparer avec le concours de son frère un deuxième voyage vers le nord.

Dès janvier 1501, trois caravelles partaient sous ses ordres de

(1) Cf. H. Harrisse, *Corte Real*, p. 47-48.

Lisbonne pour aller à la découverte de nouvelles terres boréales. Neuf mois plus tard, à trois jours d'intervalle, deux des navires rentraient au port; la *Capitane* manquait à l'appel. Son intrépide chef avait voulu poursuivre une entreprise heureusement commencée et, renvoyant en Portugal les deux conserves chargées de documents recueillis jusqu'alors dans le voyage, il s'était hardiment lancé dans l'inconnu.

On ne le revit point, et Miguel, son frère, parti à sa recherche, disparut à son tour.

Il n'est resté de cette grande mission si tragiquement interrompue que quelques notes et une carte sans commentaire publiée par Kunstmann, la carte de Pedro Reinel, dont la nôtre émane à coup sûr. L'auteur de cette dernière pièce reporte sur son épure les contours de la côte détaillée par Reinel et à laquelle il impose, en souvenir des glorieuses victimes, le nom de Terre de Corte-Real : *Terra Cortereal*; mais il n'y inscrit qu'un seul nom, quoiqu'il ait assez de place pour en placer une vingtaine. Il est vrai que ce nom : *Capo Raso*, trancherait toute difficulté, s'il s'en élevait quelqu'une au sujet de l'identification de la contrée vue par Corte-Real dans son deuxième voyage. Ce cap n'a jamais changé depuis lors; il s'appelle *Cape Race* sur les cartes actuelles. C'est l'angle sud-est de New-Found-Land (Terre-Neuve), dont Gaspard Corte-Real avait certainement exploré et dénommé en 1501 toute la bande occidentale.

C'était neuf ans plus tôt que Christophe Colomb avait atterri à l'une des îles Lucayes, et la reconnaissance des Antilles, grandes et petites, avait assez rapidement marché pour que les cartes de cet archipel, même non espagnoles, fussent dès lors assez complètes.

Notre manuscrit montre en place Cuba, la Jamaïque, Haïti, les Lucayes ou Bahama et la plus grande partie des îles Caraïbes, dont la chaîne aboutit à la terre ferme fort correctement dessinée dans une assez longue étendue. Fidèle à son système d'omettre les détails partout où ils sont inutiles au but tout spécial qu'il poursuit, le géographe a inscrit deux mots seulement dans toute cette portion de sa carte : *Terra de Cuba* et *Isabella*. C'est par ce dernier mot qu'il désigne Haïti; Isabella est le nom de la ville fondée par Colomb en 1496 sur la côte septentrionale de

---

(1) Navarrete, t. IV, p. 4 et suiv.

cette île et peu après abandonnée en faveur de Santo-Domingo.

La terre ferme ne porte aucune mention géographique; mais les contours en sont si nettement circonscrits qu'aucune hésitation n'est permise sur leur identification. C'est bien la côte des Guyanes et du Venezuela, depuis l'Oyapok, jusqu'au delà de la Goajira. Ce tracé correspond exactement aux découvertes de Alonso de Hojeda et de Juan de la Cosa dans le cours du voyage qu'ils entreprirent en mai 1499 et terminèrent en juin 1500. Ils avaient pris connaissance de la côte à deux cents lieues environ au sud-ouest de Paria et, longeant le littoral, ils avaient découvert les embouchures de deux grandes rivières : l'une, qui venait du sud, l'Essequibo ou *Rio Dulce*, dont on voit l'estuaire sur notre carte; l'autre, qui coulait de l'ouest, l'*Orinoco* ou Orénoque. Ils avaient abordé à l'île de Trinidad, franchi *las bocas del Dragon*, commercé avec les indigènes, puis d'île en île, de port en port, ils avaient reconnu toute la côte jusqu'au grand golfe nommé par eux golfe de Venezuela, à cause de la petite Venise bâtie sur pilotis qu'ils y avaient découverte. Le dernier terme de cette navigation fut le *Cabo de la Vela*, où s'arrête aussi notre carte[1].

Les autres entreprises navales des Espagnols sur le littoral de Terre Ferme étaient encore inconnues à Lisbonne; le grand voyage de Pinson, par exemple, dont La Cosa consignait les détails sur son célèbre portulan dessiné à Puerto de Santa-Maria de juin à octobre 1500, ne fut divulgué que bien plus tard.

Lorsqu'il est question de l'Afrique, les cosmographes portugais sont immédiatement au courant des résultats acquis par leurs compatriotes; mais, au Nouveau-Monde, les découvertes sont aux mains des Espagnols, et, à de rares exceptions près, les deux marines rivales se dissimulent réciproquement avec le plus grand soin leurs progrès dans les mers nouvelles.

Notre anonyme a pu enregistrer sur sa carte les renseignements rapportés de Sofalla par Toar, revenu en août 1501. Les faits précis dus à João de Nova, qui rentre à son tour de l'Inde le 11 septembre 1502, lui font absolument défaut; j'en conclus que son œuvre appartient à coup sûr à la période qui s'est écoulée entre ces deux dates.

Et cependant le Nouveau-Monde qu'il a tracé est loin de repré-

---

(1) Navarrete, *Coleccion de los viages y descubrimientos que hicieron por mar los Españoles desde fines del siglo xv*, t. I, p. 12.
(2) Id., *ibid.*, t. III, p. 19.

senter l'état des connaissances acquises à ce moment à la géographie, de l'autre côté de la ligne de démarcation tracée par le traité de Tordesillas. La dernière ligne de côtes que l'on voit commencer un peu au sud de l'équateur, se diriger obliquement du N.-O. 1/4 O. au S.-E. 1/4 E. et changer brusquement de direction vers le cinquième degré pour s'en aller bien loin au S.-S.-O., est en deçà de la *ligne de démarcation;* c'est le rivage de la Terre de Sainte-Croix, *Terra Sanctæ Crucis,* rencontrée inopinément par Alvaro Cabral, et dont Vicente Janez Pinzon avait eu le premier connaissance au mois de janvier précédent. C'est Gonçalo Coelho, envoyé en 1501 avec trois caravelles pour explorer le pays, qui a reconnu ce littoral jusqu'au 32° degré[1] et imposé la longue nomenclature que l'on trouve sur la seconde carte marine de Künstmann, si semblable, d'ailleurs, à celle dont j'achève la description[2].

En résumé, la mappemonde anonyme, que je viens de vous présenter, est une véritable carte marine, écrite en portugais, et donnant, avec détails, le périple de l'Afrique jusqu'à Mélinde, où l'on embarque le pilote de l'Inde. C'est une de ces cartes de la route de Calicut, dont la divulgation était punie de mort.

Elle est postérieure au voyage de Alvaro Cabral, antérieure à celui de João de Nova, et, par conséquent, a été dressée après le mois d'août 1501 et avant le mois de septembre 1502.

Pour les régions situées en dehors de la sphère d'action des navigateurs portugais gagnant l'Inde, pour l'Extrême-Orient notamment et pour le nord de l'Europe, elle reproduit des formes consacrées par la tradition.

La carte du Nouveau-Monde, fort incomplète en ce qui concerne les découvertes espagnoles, mentionne au contraire avec soin celles des Portugais, dont la plus récente nous conduit à cette même année 1502 qu'il faut définitivement adopter pour la date de ce rare et précieux monument de l'histoire des grandes découvertes maritimes.

---

(1) Santarem, p. 83 et 183. — Il est remarquable que les deux tracés, qui représentent, sur notre portulan, tout ce que l'on sait à Lisbonne des contours de l'Amérique du Sud, coïncident exactement avec les itinéraires des voyages auxquels a pris part Americ Vespuce.

(2) Voyez les planches à la fin du volume.

VII

L'ŒUVRE GÉOGRAPHIQUE DES REINEL

ET LA DÉCOUVERTE DES MOLUQUES [1]

I

On n'a connu pendant bien longtemps des Reinel que ce qu'en ont écrit Barros et Herrera [2].

Le premier de ces historiens avait conservé le souvenir de deux personnages de ce nom, employés à la côte occidentale d'Afrique par le gouvernement portugais vers 1487. L'un, Rodrigo Reinel, envoyé du château d'Arguin à Huàdem [3], avait été nommé facteur d'une factorerie de Maures créée dans cette ville par le roi don

---

(1) Mémoire présenté à la Section de géographie du Comité des travaux historiques le 7 février 1891 et imprimé au *Bulletin de géographie historique et descriptive* cette même année (p. 117-149) avec les deux planches reproduites à la fin de ce volume.

(2) Fr. Kunstmann est le premier, entre les géographes modernes, qui ait rappelé les textes de ces auteurs en les analysant sommairement dans la dissertation *Ueber einige der ältesten Karten Amerikas*, qui termine l'ouvrage *Die Entdeckung Amerikas nach den ältesten Quellen geschichtlich dargestellt* (München, 1854, in-4°, p. 126).

(3) Oadem (Valentin-Ferdinand) : « Von der Insel Arguim, ihrem Castell, ihrem Handel, von dem Festlande und seiner Wüste, der Stad Oadem, dem Salze und anderen Ortschaften, von den Völkern in diesen Gegenden und Wüsten, den Thieren, Vögeln, Kraütern und Bäumen, wie von den Sitten der Bewohner »[Fr. Kunstmann, *Valentin Ferdinand's Beschreibung der Westküste Afrika's bis zum Senegal mit Einleitung und Anmerkungen* (Aus den *Abhandl. der k. bayr. Akad. d. W.*, III Cl., VIII Bd., 1 Abth. (München, 1856, in-4°, p. 40). — Ouadan des cartes modernes, à 400 kilomètres environ à l'est de la baie d'Arguin.

João[1]. L'autre, Pedro Reinel, accompagnait dans le même temps, en qualité de *moço d'esporas*[2], l'écuyer Rodrigo Rabello allant en mission par le rio Cantor[3], près du Mandi Mansa, l'un des plus puissants entre les chefs du pays mandingue. Des huit personnages qui composaient la petite expédition portugaise, Pero Reinel revint seul; c'était, en effet, dit Barros[4], « un homme accoutumé à aller dans ces régions ». Les autres étaient morts en route de maladie.

On ne sait rien de plus de ce Pedro Reinel; aucun texte n'autorise donc à le rattacher, non plus que Rodrigo, un de ses proches sans doute, aux cosmographes de même nom, bien postérieurs en date, dont parle à son tour Antonio de Herrera.

Ces nouveaux Reinel sont mentionnés trente-cinq ans plus tard, en 1522, par l'historiographe des Indes.

---

(1) « Neste mesmo tēpo que el Rey dom João se visitava et carteava cō estes Principes barbaros, mandou tambem per via de castello de Arguim a cidade Huaden, que esta ao Oriente delle obra de setenta legoas, assentar hūa feitoria com os Mouros, por ali concorrer algum resgate de ouro : no qual negocio forão *Rodrigo Reinel* por feitor, Diego Borges escrivão et Gonçalo d'Antes por homem da feitoria » (*Decada primeira da Asia do João de Barros dos feitos que os Portugueses fezerão no descobrimento et conquista dos mares et terras do Oriente*, Lisboa, 1628, f° 59). — C'est peut-être ce même Rodrigo Reinel qui fit plus tard partie de l'expédition de Cabral et fut fait prisonnier à Calicut au même temps que Aires Correa tombait sous les coups des Mores : « Hum Rodrigo Reinel, que fora cativo em Calecut no tempo de Pedralvares quando mataram Aires Correa Cabral » (Barros, op. cit., Dec. I, liv. VII, cap. vi).

(2) *Moço fidalgo*, degré de noblesse inférieur à celui de *fidalgo escudeiro*.

(3) La Gambie, ailleurs nommée rio Gambea de Cantor (Barros, Dec. I, liv. III, c. viii, f° 59).

(4) « Porque neste tempo mādou Pero d'Euora et Gonçaleannes a el Rey de Tucurol (*Takhrour*), et assi a el Rey de Tungubutu (*Timbouchtou*), et per outras vezes mandou a Mandi Mansa per via do rio Cantor (*la Gambie*) : aquel principe era dos mas poderosos daquellas partes da provincia Mandinga. Ao quel negocio foi hum Rodrigo Rabello escudeiro da sua casa, et *Pero Reinel* moço d'esporas, et João Collaço besteiro da camara, com outros homēs de serviço q̃ fazião numero de outo pessoas. E levarão lhe de presente cavallos, azemalas et mulas con seus arreos et algūas sortes de cousas estimadas entrelles, por lā tēr mādado outra vez. E de todos estos escapou Pero Reinel por ser homem costumado andar naquellas partes : et os maes falecerão de doença « (Barros, *ibid.*, f° 58).

Je reproduis à dessein ce texte dans son entier, afin qu'il soit bien entendu qu'il s'agit ici d'un voyage dans l'intérieur et qu'on ne saurait en tirer, comme l'a fait M. H. Harrisse, cette conclusion que le Pedro Reinel de 1487 « passait pour un navigateur expérimenté ».

Sebastian el Cano vient de ramener à Séville les débris de l'expédition de Magellan ; la route par l'ouest vers les terres des Épices est ouverte aux Espagnols ; on a besoin de pilotes expérimentés, connaissant plus particulièrement les découvertes relatives aux Indes des Moluques, *las Indias de los Malucos*. On enrôle donc Simon de Alcaçaba Sotomayor, chevalier portugais, « grand marinier et cosmographe », dont on avait jusqu'alors ajourné les offres de services, et l'on reçoit à la Casa Real *Jorge Reinel* et *Pedro Reinel*, pilotes portugais de grande réputation [1], *pilotos portugueses de mucha fama* [1].

Il est fort probable que l'un et l'autre attendaient cette nomination depuis un certain temps déjà dans le port de Séville. En effet, Navarrete a publié, en 1837, d'après une copie faite jadis par Muñoz à Lisbonne, une lettre au roi don Manuel écrite par son facteur en Andalousie, Sebastian Alvarez, et qui signale la présence à Séville de deux Reinel, le père et le fils, cartographes tous deux, travaillant pour le compte de l'Espagne.

Alvarez a vu une sphère et une carte qu'exécutait le fils et sur lesquelles étaient placées les Moluques ; le père est venu les finir [2], et cette œuvre, qui a servi de modèle à Diego Ribeiro, dit

---

(1) « Havia algunos dias que se havia ofrecido de servir al Rei Simon de Alcaçaba Sotomayor, Cavallero Portugués, que havia dexado el servicio del Rei de Portugal, ofreciendo de ser de mucho fruto, en la navegacion de las Indias de los Malucos, porque era gran Marinero, i Cosmografo ; i mientras se aguarda ba el fin que tendria el Armada de Hernando de Magallanes, no se tomo con él resolucion ; pero con la llegada de la Nave Victoria, fue recebido por continuo de la Casa Real.... *Recibióse tambien á Jorge Reinel, i á Pedro Reinel, Pilotos Portugueses de mucha fama.....* » — (Ant. de Herrera, *Historia general de los Hechos de los Castellanos en las Islas y Tierra Firme del Mar Oceano*, Dec. III, lib. IV, cap. XIII. Madrid, 1728, in-4°, p. 132).

(2) Cf. J.-B. Schmeller, *Ueber einige ältere handschriftliche Seekarten* (Abhandl. der philosoph. philolog. Class. der königl. bayerisch. Akad. d. Wissensch. Bd. IV, f° 249, 1847, in-4°) ; — Fr. Künstmann, *Die Entdeckung Amerikas*, p. 126 ; — H. Harrisse, op. cit., p. 163.

(3) « ... la cual tierra de Maluco yo vi asentada en la poma y carta que aqui hizo el hijo de Reinel, la cual no estaba acabado cuando aqui vino su padre por él, y su padre lo acabó todo, y puso estas tierras de Maluco. Por este padron se hacen todas las cartas que las hace Diego Riveiro, como tambien los cuadrantes y esperas » [*Carta escrita en Sevilla al Rey de Portugal por Sebastian Alvarez su factor, sobre las contradictiones que sufria Magallanes, y de sus diligencias y persuasiones para que el y Falero se volviesen á Portugal. Da noticia de las armadas que se preparaban para otros destinos* (*Coleccion de Muñoz, quien la extrató en Lisboa del original*) ; M.-F. de Na-

toujours Alvarez, était terminée avant le 18 juillet 1519, date de la lettre de cet agent au roi de Portugal.

La flotte de Magellan partait le 20 septembre suivant de San-Lucar de Barrameda, munie de vingt-trois cartes marines, dont dix-huit avaient été exécutées dans l'atelier de Nuño Garcia [1] de Toreno, soit par ordre de Rui Falero, soit par ordre de Magellan lui-même. Toutes ces cartes, celles en particulier que Magellan avait fait faire, avaient dû s'inspirer des travaux des Reinel. Nous savons, en effet, par le célèbre historien des Moluques, Argensola, qu'à son arrivée en Castille, Magellan se servait déjà d'un planisphère de Pedro Reinel, où étaient tracées les Moluques.

On sait que le grand navigateur portugais, n'ayant pas rencontré, à son retour à Lisbonne, l'accueil que ses services dans les mers des Indes et en Afrique lui avaient mérité, se dénationalisa et passa en Castille où, pour se venger du déni de justice de son maître D. Manuel, il s'efforça de démontrer que les Moluques, récemment découvertes par son ami Serrão, étaient en dehors de la ligne de démarcation de la bulle d'Alexandre VI et, par conséquent, devaient revenir à l'Espagne [2]. C'est principalement à l'aide d'un planisphère dessiné par Pedro Reinel, *un Planisferio dibuxado por Pedro Reynel* [3], qu'il parvint à décider l'empereur Charles-Quint à revendiquer ses droits [4] et obtint ainsi les ordres nécessaires pour l'organisation du premier voyage autour du monde.

varrete, *Coleccion de los Viages y Descubrimientos que hicieron por mar los Españoles desde fines del siglo xv*, t. IV, n° xv, p. XLIX et 155. Madrid, 1837, in-4°].

(1) « 23 cartas de marear, disent les comptes de la flotte, hechas en pergaminos por Nuño Garcia » (Navarrete, t. IV, p. 8). *La Relacion del Coste que tuvo la Armada de Magallanes*, insérée plus loin dans le même volume, parle de 24 cartes exécutées pour le voyage et dont une fut envoyée au Roy. « 13.125 maravedis por siete cartas de marear que hizo (Nuño Garcia) por la orden de Rui Falero a cinque ducados; 11.250 maravedis que se pagaron á Nuño Garcia de once cartas de marear que hizo por la orden de Fernando Magallanes; 13.500 maravedis por otras seis cartas de marear que hizo hacer Rui Falero con una que envió á S. A. »

(2) Cf. Navarrete, t. IV, p. xxix et sqq., LXXIII et sqq., 188-189, etc.

(3) Il se servait aussi pour ses démonstrations, suivant Herrera (Dec. II, lib. II, cap. xix), d'un globe bien peint, *un Globo bien pintado*, dont on ne connaît pas l'auteur.

(4) « Hizo discurso, que pues el Maluco distaua seyscientas leguas de Malaca para oeste, y son poco mas o menos de treinta y seis grados, yazia fuera del limite Portugues, segun las cartas antiguas. Buelto a Portugal, no le hizieron merced, antes se juzgo por agrauiado, y sintiendo el disfauor, passo

II

Il serait assez malaisé de se rendre compte aujourd'hui de l'importance des documents géographiques ajoutés ainsi à la connaissance des mers de l'Extrême-Orient, si un hasard heureux n'avait point préservé de la destruction plusieurs originaux de Pedro Reinel, et notamment une carte marine de l'Océan Indien, d'un intérêt tout à fait exceptionnel.

Il existe à Munich dans un dossier, mal étudié jusqu'à présent, qui se trouve au Conservatoire supérieur de l'armée bavaroise, une carte marine portugaise comprenant les Moluques, non datée, mais postérieure au retour de l'expédition d'Abreu (1513), sans nom d'auteur, mais ressemblant à s'y méprendre jusque dans ses détails à une autre pièce signée du nom de Pedro Reinel.

Cette carte, si précieuse pour l'histoire de la géographie de l'Extrême-Orient, fait partie d'un lot de quatre cartes marines manuscrites, réunies sous un titre commun et portant un seul et même numéro d'inventaire [1]. L'auteur du Catalogue géographique du Conservatoire de l'armée, publié en 1832, considérait trois de ces cartes comme faites par un certain *Salvat de Pilestrina*, qui a signé et daté la première à Majorque en 1511; il voulait bien toutefois reconnaître qu'il était douteux que la quatrième, celle justement qui nous intéresse, fût l'œuvre du même auteur qui avait dressé les trois autres [2].

---

a Castilla, *trayendo en Planisferio dibuxado por Pedro Reynel. Por el qual, y por côferencias, que por cartas auia tenido con Serrano, persuadio al Emperador Carlos V, que las Malucas eran de su derecho* » (*Conquista de las islas Malucas al Rey Felippe III N° S*or escrita por el Licenciado Bartolome Leonardo de Argensola, capellan de Su Megestad de la Emperatriz y Retor de Villahermosa. Madrid, 1609, in-f°, p. 16). — Cf. *Lendas da India* por Gaspar Correa, publicadas de ordem da classe das sciencias moraes, politicas e bellas lettras da Academia Real das sciencias de Lisboa, t. II, p. 28 et 625 (Lisboa, 1860, in-4°).

(1) La description que je donne ici de ce précieux monument est faite d'après un excellent fac-similé sur parchemin exécuté à Munich par Otto Progel.

(2) « Die ganz Welt vorstellend, auf Pergament gezeichnet :

« 1) Ganz Europa und Theil von Africa und Asien enthaltend mit den Bildnissen der Herrschen;

« 2) Ganz Afrika und die südliche Hälfte von Europa,

Künstmann accueillit ces doutes, au cours de ses études sur la cartographie du Nouveau-Monde, où il s'occupait en passant de la collection de Munich. Mais il se borna à les fortifier quelque peu, à l'aide d'indications de détails, qui montraient que certains contours extrêmes étaient postérieurs à la date (1511), juxtaposée à la signature de Salvat de Pilestrina[1].

Künstmann n'alla pas plus loin; il revint même quelque peu sur ses pas en admettant que le dessin des quatre cartes de Munich trahissait une même école, *eine Schule*, quoiqu'elles ne provinssent pas toutes de Salvat[2].

« 3) Afrika, Asien und Europa in Allgemeinen, mit den bekannten Theil von Amerika:

« 4) Die Küsten von Süd-Afrika und Süd-Asien.

« Die ersten Nros von Salvat de Pilestrina en Mallorques en Jay MDXI gefer get. Nro 4 ungewiss of von gleichem Autor 4 bl. »

(*Catalog über die im königlich bayerschen Hauptconservatorium des Armee befindlichet Landkarten und Pläne*. München, 1832, in-8°, s. 6-7.)

J'observerai seulement, en passant, que la troisième et la quatrième de ces cartes, dont la Bibliothèque nationale de Paris possède de très belles copies exécutées par Progel en 1836 (Inv. gén., n° 1030), l'une et l'autre de facture nettement portugaise (je ne parle pas du n° 2 que je ne connais point), ne peuvent point émaner d'un dessinateur, italien d'origine et travaillant à la mode majorcaine, comme notre Salvat de Pilestrina. Il existe, d'ailleurs, à la Bibliothèque publique du Havre, un atlas de treize cartes, sorti manifestement (je le prouverai dans un autre travail) de l'atelier de Salvat, et comprenant la totalité du monde connu des cosmographes de Majorque en 1519. On n'y a absolument rien représenté des terres de l'Extrême-Orient.

(1) « Bei der zuletzt genannten (Nro 4) hat der Verfasser des Cataloges indessen gezweifelt, ob sie zu den vorhergehenden gehöre. Vielleicht hat ihn hierzu der Umstand bewogen, dass sich auf ihr die Moluccen mit dem Beisatze « ilhas de Maluco donde a o cravo » verzeichnet finden, der auf den schon bestehenden Handel mit Gewürznelken hinweist. Fast dieselben Worte finden sich indessen auch auf der vierte Karte unseres Atlasses (c'est le n° 3 du Catalogue), die in der Abbildung nur wegen der allzugrossen Breite der Karte weggelassen werden müssten, denn es heisst auch auf ihr : *ilhas de maluqua donde vem o cravo*. In das Jahr 1511 können aber beide Karte nicht gehören, weil Albuquerque erst in diesem Jahre von Malacca aus den Handel mit den Moluccen zu eröffnen trachtete » (Fr. Künstmann, *Ueber einige der ältesten Karten Amerikas* [*Die Entdeckung Amerikas, nach der ältesten Quellen geschichtlich dargestellt*], München, 1859, in-4°). — Künstmann résume ensuite le voyage d'Abreu et Serrano qu'il connaît mal, n'ayant pas consulté le texte de Galvão, dont Hakluyt avait pourtant donné une traduction anglaise dès 1601.

(2) « Die Zeichnung der vier Karten, welche im Cataloge der Hauptconservatorium der Armee zusammen angegeben sind, *verräth* übrigens *eine Schule*, wenn sie auch nicht alle von Salvat de Pilestrina, dessen weitern Lebensverhältnisse uns unbekannt sind herrühren » (Fr. Künstmann, *loc. cit.*).

Ce Salvat, dont nous ne savons absolument rien autre chose, est certainement un Italien établi à Majorque, et originaire de la ville de Palestrina[1]. Sa nationalité transparaît dans son œuvre; il a conservé certaines habitudes décoratives des cosmographes de son pays. La languette, par exemple, taillée à gauche du lecteur, est ornée d'une miniature de la Vierge portant l'Enfant Jésus; les points cardinaux et collatéraux sont occupés par de petits médaillons bleus renfermant des têtes d'Amours roses à cheveux dorés qui représentent les vents.

Il copie en même temps les roses catalanes portant au centre les symboles ou les initiales des huit points principaux de l'horizon[2] et ornemente sa carte, là où cela est possible, de figures en pied, reproduisant les portraits de convention des puissants de la terre[3] ou de petites vignettes, qui représentent les ports principaux du monde commercial[4]. Ailleurs, ce sont des écussons[5], des pavillons armoriés, etc.[6].

Presque tous ces accessoires empruntés à la fois aux deux écoles, italienne et catalane, sont absents de la carte n° 4 du dossier de Munich, dont l'ornementation discrète consiste exclusivement en quelques larges inscriptions pseudo-gothiques, en un certain nombre de roses ornées, d'un style particulier, en deux échelles sobrement décorées et en quelques drapeaux flottants, avec ou

---

(1) M. H. Harrisse a proposé de lire son nom Salvat[ore] de Palestrina : nous aurions là, ajoute-t-il, l'œuvre d'un cosmographe vénitien ou romain établi à Majorque, car « Pilestrina » n'est pas un nom majorquin de personne ou de lieu (H. Harrisse. *Jean et Sébastien Cabot, leur origine et leurs voyages*, etc. Paris, Leroux, 1882, in-8°, p. 161).

(2) Ces signes caractéristiques des cartes catalanes, ou de celles qui en sont dérivées, sont dans le même ordre, +, S, O, g, q, m, ↑, G, qui correspondent à la nomenclature locale (*llevant, seloch, mijorn, llebeych, ponent, mestral, tramuntane et grech*).

(3) *Rey de Ghinea, rey de Nubia, rey de Vigana, Preste Johan d'India, Soldā de Babillōia, rey de Turchia, Grā cha de Tartaria, rey de Rossia, rey de Pollonia et Boemia, rey de Ungria, Emperador de Alamāya, rey de Frāncia, rey d'Ispanya*.

(4) Les plus importantes de ces vues représentent Venise et Gênes, puis Barcelone, Valence, Lisbonne et Saint-Jacques de Compostelle, Le Caire, Jérusalem, etc.

(5) Notamment pour l'Angleterre, l'Écosse et l'Irlande, la Corse, la Sardaigne et la Sicile, etc.

(6) Les pavillons sont nombreux, depuis le pavillon horizontalement rayé de vert et de blanc qui domine le cap *de buxador*, jusqu'à celui de Gênes, qui flotte encore à Caffa, Savastopoli, etc.

sans flammes, parcimonieusement distribués le long des côtes.

Les inscriptions, en grandes lettres noires de 0^m,015 de hauteur, portent quelques traces de dorure. Elles forment : TROPICO DE CANCER~, CIRCOLO EQUINOCIAL~, POLO ARTICO~, POLO ANTARTICO~, TROPICO DE CAPRICORNIO~.

Les roses de vents offrent trois variétés : l'une de ces roses, beaucoup plus grande que les autres, peinte immédiatement à droite de la deuxième inscription (*circolo equinocial*), comprend une figure centrale, formée d'une sorte de feuille bleue trilobée, base de l'aiguille aimantée, autour de laquelle rayonnent seize pointes bleues et rouges alternées. De cette figure centrale sortent huit grandes flèches bleues, ombrées de noir, à doubles échancrures prises deux fois sur chaque bord, et qui correspondent aux points cardinaux et collatéraux. Des flèches vertes, plus courtes parce qu'elles émanent d'un cercle intérieur tracé au niveau des échancrures des grandes flèches internes, correspondent aux points de troisième ordre (16es), elles ne sont échancrées qu'une fois et répondent aux pointes rouges de la rosace centrale. Enfin, les points de quatrième ordre (32es) sont figurés par de courts triangles rouges. Le tout est surmonté d'une large aiguille en forme de fleur de lis contournée, peinte de bleu et à laquelle se rattachent d'élégants petits pendentifs rouges.

Les autres roses sont tout à la fois moins grandes et plus simples. Elles appartiennent à deux variétés : l'une ayant les huit pétales principaux alternativement rouges et bleus ou tous bleus, une fois échancrés de chaque côté ; l'autre présentant les mêmes alternances de couleur, sans aucune découpure.

Les échelles sont encadrées de filets alternativement rouges et bleus, agencés de telle sorte que, si la moitié gauche du cadre est bleue au-dessus de la graduation, elle sera rouge au-dessous et inversement. L'un de ces encadrements se termine aux deux bouts par de simples équerres, l'autre se ferme par un double biseau un peu concave orné de trois petites boules et prolongé par deux points coloriés.

Les drapeaux, plantés tous sur de petites collines vertes, sont de deux sortes : les uns, carrés, ont la couleur du Portugal et sont surmontés plusieurs fois d'une longue flamme rouge ; les autres, triangulaires, rouges avec un croissant bleu, sont réservés aux pays musulmans. On rencontre aussi parfois superposés deux étendards triangulaires, l'un rouge et l'autre bleu.

Les côtes sont cernées dans la plus grande partie de la carte d'un mince filet vert qui s'étale ailleurs en taches plus ou moins étendues. Les points du littoral, où sont plantés les drapeaux et les étendards, sont généralement figurés sous l'aspect d'une colline verdoyante. Les petites îles et les îlots sont peints de bleu ou de rouge; les îles plus grandes sont en vert: les noms qui accompagnent les terres isolées sont écrits en rouge. La nomenclature suit d'ailleurs toutes les règles usitées dans les cartes marines, et il est inutile d'y insister.

III

Tous ces détails se retrouvent, ou bien peu s'en faut, dans une autre carte de Munich, bien connue de tous ceux qui s'intéressent à l'histoire de la géographie et qui est signée, celle-là, en grosses lettres pseudo-gothiques

JHŪS || PEDRO REINE | LAFEZ ||.

Cette seconde carte, qui appartient à la Bibliothèque royale, où elle est classée sous la mention *Cod. iconogr.* 132, a été décrite par J.-A. Schmeller, dans un mémoire lu par ce savant bibliothécaire à l'Académie des sciences de Munich le 2 décembre 1843[1], et partiellement publiée en chromolithographie par Fr. Künstmann, K. von Spruner et G.-M. Thomas, dans leur magnifique atlas de 1859, dont elle forme la planche première[2].

Ces auteurs ont malheureusement négligé de reproduire l'extrémité orientale de la carte, qui offrait l'intérêt, signalé déjà par Schmeller, de donner le nom d'un des plus anciens propriétaires de ce précieux document. On lit, en effet, dans l'espace vide qui

---

(1) J.-A. Schmeller, *Ueber einige ältere handschriftliche Seekarten* (Abhandl. der I Cl. d Ak. d. Wiss., IV Bd. Abth., I, s. 217-250. München, 1847, in-4°).
(2) *Atlas zur Entdeckungsgeschichte Amerikas, aus Handschriften der k. Hof- und Staats-Bibliothek, der k. Universitæt und des Hauptconservatoriums der k. b. Armee*, herausgegeben von Friedrich Künstmann, Karl von Spruner, Georg-M. Thomas. München, 1859, gr. in-f°. La brochure in-5°, citée plus haut, *Die Entdeckung Amerikas*, etc., contient entre autres choses l'explication des planches de cet atlas.

correspond au centre de l'Afrique, tracés d'une autre main que celle du cartographe, ces mots [1] :

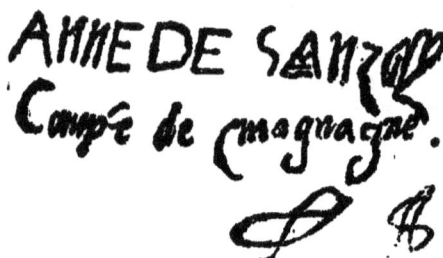

ANNE DE SANZAY, *compte de Magnagne*, signature autographe de l'un des personnages les plus extraordinaires de ce XVIᵉ siècle, qui compte pourtant tant d'individualités exceptionnelles. Filleul du connétable Anne de Montmorency[2], Sanzay appartenait à une grande famille du Poitou et combattit d'abord contre les Barbaresques, avant de devenir l'un des plus terribles entre les chefs de bande qui désolèrent l'ouest de la France pendant les guerres de religion. Notre confrère, M. Anatole de Barthélemy, a publié jadis une notice très riche en documents de toute sorte, sur ce redoutable partisan; je ne puis que renvoyer à ce consciencieux travail les lecteurs, que ne rebuteraient pas les récits d'une longue vie de brigandages[3].

C'est sans doute quand il armait contre les Algériens que Sanzay s'était procuré la carte de Reinel, où il a mis son nom. Ses navigations dans la Méditerranée ne devaient guère durer d'ailleurs. Un boulet de canon lui emporta un bras, remplacé par un appareil métallique, qui lui valut plus tard le sobriquet de *Bras de fer*. Puis il fut prisonnier à Alger, où sa captivité a trouvé, il

---

(1) Je dois le fac-similé, reproduit ci-joint, à M. le Dʳ Laubmann, directeur de la Bibliothèque royale de Bavière, que je prie d'agréer tous mes remerciements pour son obligeante communication.

(2) D'où ce prénom de *Anne*, très embarrassant pour Schmeller, qui ne savait si c'était le nom d'un homme ou d'une femme (was auf einen frühern Besitzer oder eine Besitzerin zu gehen schein) [p. 250].

(3) A. [de] Barthélemy, *Anne de Sanzay, comte de la Magnanne, abbé séculier de Lantenac*. Saint-Brieuc, 1852, br. in-8°.

est vrai, des adoucissements, plaisamment commentés par Brantôme dans son *Discours premier sur les dames de son temps*[1].

Revenons à Pedro Reinel et à sa carte marine[2] pour insister seulement sur son identité avec l'œuvre non signée du *Hauptconservatorium*, que nous attribuons au même cartographe.

Les inscriptions en majuscules, comparées à celles de la carte du Conservatoire de l'armée, ne montrent dans la forme des lettres que des différences insignifiantes. Les lettres courbes, les *d*, les *o*, sont plus arrondies; les *a*, les *n*, les *r*, demeurent absolument semblables, et l'agencement des lettres est tout à fait identique.

Nous retrouvons l'échelle de degrés bicolore, ouverte en équerre à ses deux extrémités; l'autre échelle, terminée par une boucle losangique à peine différente; les roses de vent plus simples, mais avec les ombres noires et les échancrures des aiguilles; la fleur de lis bleue ouvragée, agrémentée de petits points rouges[3]; les drapeaux portugais et mauresques, carrés ou triangulaires, plantés sur de petites collines vertes; le mince galon vert qui court le long des côtes et s'étale en nappes sur les grandes terres insulaires[4]; les petites îles coloriées en bleu, rouge, vert, avec leurs

---

(1) Brantôme, *Discours premier sur les dames de son temps*; cf. Barthélemy, op. cit., p. 6.

(2) La carte a, suivant Schmeller, 2 pieds 2 pouces bavarois de long, 2 pieds de large; elle est terminée par une languette à droite; c'était donc une carte roulée, une carte marine d'usage courant et non pas, comme l'a dit M. Harrisse « une feuille détachée d'un portulan ». On y voit à droite la plus grande partie de l'Europe et une partie de l'Afrique, à gauche les terres américaines du haut nord découvertes par les Corte-Real. La côte d'Afrique est dessinée dans l'original depuis Libida, à l'est de Tripoli, jusqu'au cap Vert. Les côtes occidentales d'Italie, le littoral de la France et de la péninsule Ibérique, une partie de la Néerlande et les Iles Britanniques sont également représentées. C'est toute cette extrémité droite, un peu banale, que Kunstmann a supprimée en enlevant en même temps la légende d'*Anne de Sansay*. Sa reproduction va bien en bas jusqu'au cap Vert, mais elle ne commence en haut qu'un peu à l'est de Gibraltar. Au centre sont figurés les archipels de l'Atlantique, Canaries, Madère, Açores, etc.

(3) Il y a bien dans le détail de petites modifications, mais elles ne sont pas assez importantes pour changer l'aspect général de la pièce. Ainsi, l'une des roses secondaires, coupée par le bord inférieur de la carte, a les pétales peints en rouge ou en vert foncé, et l'aiguille en est rouge. Les autres ont les pointes alternées de rouge et d'un vert sombre, qui peut être, il est vrai, le résultat d'une décomposition lente du bleu.

(4) Sauf cependant *lancerotte*, avec la croix de Gênes traditionnelle et la Grande Canarie, finement rayée de rouge et de blanc. Le cap Vert est couvert d'une large tache verte.

noms en rouge, etc. Enfin, l'écriture des deux cartes est identique, autant du moins que l'on en peut juger sur les copies dont nous pouvons disposer.

Les seules différences, qui méritent d'être signalées, se tirent de la présence sur la carte marine signée *Pedro Reinel* de deux drapeaux de l'ordre du Christ, plantés sur le Maroc et à Terre-Neuve, et de deux échelles de degrés, l'une noire et blanche suivant du nord au sud, à travers toute la carte, la ligne de démarcation pontificale, l'autre blanche et grisâtre, courant obliquement du nord-est au sud-ouest, à une petite distance des grandes terres découvertes par les Corte Real.

Ces différences sont, on le voit, bien minimes et ne sauraient infirmer la conclusion qui s'impose à l'observateur impartial. *Les deux cartes sont de même main*, et, si l'une offre quelques particularités accessoires que ne présente pas d'autre, c'est qu'une quinzaine d'années séparent leur fabrication.

La première carte, celle de l'Atlantique, daterait, à notre avis, de 1502 ou environ; la seconde remonterait au plus tôt à 1517, puisqu'elle renferme, dans ses portions orientales, des tracés inconnus des cartographes avant le retour d'Abreu de son voyage des Moluques (1513) et la vulgarisation très imparfaite de ses découvertes dans les Indes, puis en Europe (1516).

IV

Nous avons dit que le facteur Alvarez avait vu à Séville les deux Reinel achever une carte où étaient placées les Moluques. La carte marine du *Hauptconservatorium* de Munich montre, en effet, pour la première fois, un tracé relativement assez fidèle d'une partie de la Sonde et des îles des Épices, que les cartes antérieures ignorent toutes complètement[1].

---

[1] Il est remarquable que ce soient aussi les Reinel qui, les premiers, aient fait connaître les contours approximatifs de Madagascar. La carte dite de Cantino et celle de Canerio représentaient bien San-Lorenzo, récemment découverte, mais en faisaient un long quadrilatère irrégulièrement échancré (Cf. L. Gallois, *Une nouvelle carte marine du xvi° siècle. Le portulan de Nicolas de Canerio* (Lyon, 1890, br. in-8°, pl. II)). M. Grandidier a fait exécuter le fac-similé des deux cartes sus-mentionnées et celui de la pièce que j'attribue aux Reinel dans l'atlas historique qui accompagne son grand ouvrage sur Madagascar.

Au delà de *Seilam* (Ceylan), que l'on voit à l'extrémité gauche de la reproduction photographique qui accompagne notre travail, la côte indienne se détourne vers le nord, et le golfe de Bengale se dessine avec une exactitude relative, inconnue jusqu'alors. Les bouches du Gange et du Brahmapoutre sont sommairement indiquées; le Pégou, avec son fleuve, le Salouen, est bien reconnaissable. En avant d'un cap répondant au cap Negrais, cinq îles, sur deux rangs, rappellent la présence de l'île Preparis et du groupe de la Grande Andaman. Plus bas, la côte offre deux ouvertures qui semblent correspondre à l'embouchure des rivières de Tavoy et de Tenasserim.

Tous ces contours sont à l'état de simple trait, fermement dessiné et un seul mot peut s'y lire : celui de *pegu*, le Pégou. A partir de *Queda*, la ligne se renforce et se colore en vert, les détails se multiplient le long du rivage, où l'on reconnaît plus ou moins Poulo-Ladda, Poulo-Pinang, Dinding, Sambilong, etc., avec ce seul nom *ilhas de Sammarins*, un nom aujourd'hui disparu. On distingue assez bien es entrées de Pérak et de Panagin, de Malacca (*Malaca*), de Mouar (*rio de Muar*) et de Batou-Passat (*rio frremoso*); les basses de Capacia (*Caparya*), le cap Parcelar (*cavo de Meduar*), Poulo-Pisang (*Pulupica*), et enfin Singapour (*Ancapura*).

En face sont dessinées deux des îles Nicobar (*Vycobar*), puis on trouve *Ganispora*, singulièrement exagérée comme presque toujours dans ses dimensions[1] puis Sumatra, assez exacte dans ses contours orientaux et septentrionaux, mais fort raccourcie en même temps que beaucoup trop large[2].

Le long du détroit de Malacca, on peut lire, sur la côte sumatraise, les noms de *Pacem* (Paséi), de *Dani* (sans doute Deli), d'*Aru* (les îles Arou), du *tera de Ryu* (Riouw), et enfin de *Campar* (Kampar).

Quelques-unes des localités dont on vient de dresser la liste étaient connues depuis Marco Polo. Les îles Nicobar sont nommées *Necuveran* par le grand voyageur vénitien ; Ganispora et Pacem correspondent au *Gauenispola* et au *Basma* de sa relation[3].

---

(1) C'est ici l'ensemble des petites îles Poulo-Naukai, Poulo-Bras, Poulo-Wai, près de la tête d'Atjeh (Cf. H. Yule, *The book of ser Marco Polo the Venetian*. 2ᵉ éd., vol. II, p. 290. London, 1875, in-8º).

(2) On y voit le tracé de deux embouchures de fleuves indéterminées, dont le dessinateur a considérablement exagéré l'importance.

(3) H. Yule, *op. cit.*, vol. II, p. 265 et 270, 283 et 289-290.

D'autres, comme *os baixos de Capacea*, font partie de la nomenclature du voyage de Diego Lopez de Siqueira en 1509[1].

D'autres encore figurent dans la célèbre lettre sur Malacca de Giovanni da Empoli (1514) : *Pecù* (Pegou), *Den* (le Dani de Reinel, Deli)[2].

Mais il faut arriver jusqu'à Duarte Barbosa (1517, pour trouver mentionnés, dans le chapitre *Ha muy grande ilha de Çamatra*, des localités du sud des détroits. *Compar* (la Campar des Reinel), *Andiagao* (Indrajiri), enfin *Macaboo* (Menang Kabou), le pays de l'Or[3].

(1) Les autres noms propres que je relève chez ce voyageur sont *Nicubar*, *Malaca*, *Samatra*, *Pedir*, *Pacem*, *Ylha de Poluoreira* (Poulo-Varela). Pedir est mentionné ainsi que Pacem, comme cité de Sumatra, et son roi possède une rivière d'huile, *por sua terra corria hū rio dello (azeite)* (Galvão. *ed. cit.*, p. 108. Il est question de *Bacas*, les Battaks anthropophages, les Balbech de Conti Poggii Bracciolini Florentini *Historiæ de varietate fortunæ* libri IV. Lutetiæ Parisiorum, 1723. In-4, p. 131). « Esta ylha de Samatra he a primeira terra q' la sabemos, em q' se come carne humana, hūas gentes que vivem nas serras que se chamam Bacas, douram hos dentes, dizem que a carne dos homes pretos he mais saborosa que a dos brancos » (*Ibid.*). Cette opinion sur la chair des blancs comparée à celle des noirs était encore prêtée, il y a quelques années, aux anthropophages de la Nouvelle-Calédonie. La dorure des dents des *Bacas* n'est sans doute autre chose que l'ensemble des embellissements de diverse nature procurés à la bouche des Battaks à l'aide du laiton. Siqueira, ou plutôt son abréviateur, mentionne en dernier lieu d'autres sauvages de Sumatra, les Dara, qui auraient des queues comme des carnassiers, *que tam rabos como carneiros*.

(2) On y rencontre encore les noms de *Zamatura* ou *Zamatra*, *Pase* (Pacem), *Pedir* (Pidir), *Poluerera* (Poulo-Varela), *isola de' Chini* (l'île des Chinois), en face de Malacca (*Littera di Giovanni da Empoli a Leonardo suo padre intorno al viaggio da lui fatto a Malacca e frammenti di altre lettere del medesimo, ecc.*, publ. da I. Graberg da Hemsö (*Archiv. storic. italiano. App.*, t. III, p. 49, 52, 54, ecc.).

(3) Parmi les villes de *Çamatra*, Duarte Barbosa mentionne : « ... *Pedir*, honde nase muyta e fermosa pimenta, mas non tam fine nem tam forte como ha de Malabar, tambem se cria muyta seda, mas nom tam fina com ha de China... *Pansem...* tem hum bellissimo porto, e nelle nase grande quantidade de pimenta, de que se carregão navios : outro se chama *Achem* igualmente da parte do Norte situado n'hum cabo desta ilha em 5 graos, outro *Compar*, outro *Andiagao*, outro *Macaboo*, que tem muyto ouro que aquy nase... » (Duarte Barbosa, p. 375). Andiagao est une mauvaise lecture pour Andragao, le manuscrit espagnol traduit en anglais par lord Stanley of Alderley écrit Audraguide (p. 196 de l'édition de Duarte Barbosa de la Société Hakluyt). Castanheda donne la forme *Andragide* (*Historia do livro segundo do descobrimento e conquista da India pelos Portugueses*. Lisboa, 1833, l. II, cap. CXI, t. II, p. 353);

Un groupe de dix-sept îles de moyenne grandeur, coloriées en bleu et en rouge, dans les intervalles desquelles sont jetés, comme au hasard, d'innombrables îlots, occupe le sud de la péninsule malaise, en face de *Campar*, dont il est séparé par un canal qui porte le nom de *Saba*. C'est l'archipel qui s'étend de Mapor à l'est, à Groot Karimon à l'ouest, et de Battam et Bintang au nord, à Lingga et Singkep au sud, et que Straat Saban sépare en effet du territoire sumatrais de Kampar.

Plus au sud encore, sont figurées deux grandes îles peintes de vert, l'une desquelles, la plus méridionale et la plus vaste, ne peut correspondre par sa forme et par sa position qu'à l'extrémité sud de Sumatra, quoiqu'elle porte l'inscription *Ilha de Jaavaa*. C'est pour nous, sans le moindre doute, le pays de Palembang avec le district des Lampongs, considéré par le géographe portugais comme une terre distincte du reste de Sumatra, erreur qui s'explique aisément par la nature même des atterrages formés de vastes plaines, basses et marécageuses, s'étendant au delà du large estuaire de Banjou Assin.

La seconde terre, située plus au nord, correspond parfaitement à l'île de Bangka, dont la côte nord-ouest prolonge d'ailleurs, comme sur la carte des Reinel, la limite septentrionale du pays de Palembang.

Java est plus à droite ; on retrouve assez aisément la forme de ses côtes septentrionales, avec la saillie qui correspond au Bandjaran, et le canal qui sépare la résidence de Sourabaya de l'île de Madoura. Mais le cartographe, qui a donné le nom vrai de cette terre à celle qu'il avait par erreur détachée de Sumatra, n'ayant plus, sur le portulan fort sommaire qu'il possède, d'autre vocable à appliquer à une grande île que celui de *Simbabau*, transporte ce mot à l'ouest comme il a fait du précédent, au lieu de le réserver à l'île de Sumbawa, à laquelle il appartient sans aucun doute.

Ces deux erreurs en entraînent une troisième. Le seul nom, demeuré disponible dans la très courte nomenclature que possède notre géographe, est celui de *cabo da froresta*, le Floreshoofd des

---

Eredia, la forme *Andriguir* (Godinho de Eredia, *Malaca, l'Inde méridionale et le Cathay*, reprod. et trad. par M. L. Jansen. Bruxelles, 1882, in-4, facsimilé, 24 v°). Les autres mots sont écrits *Campar* et *Manancabo* dans l'édition Stanley, *Pedir, Pacem, Campar, Menancabo*, dans Castaneda, qui donne aussi les mots *Auru, Polvoreira, Cincapura*, etc. (cap. CXI, CXVI, etc.).

cartes modernes, à l'extrémité orientale de l'île du même nom. C'est à la première grande terre, à l'est de Java, qu'il s'empresse de l'appliquer.

Madoura est bien reconnaissable, trop réduite seulement, comme Java, d'ailleurs, dans ses dimensions en travers. Les terres du voisinage, Kangilan, etc., sont suffisamment indiquées. Le géographe a même tenu compte des petites îles plus au nord, Karimon, Bawean, etc.

Bali, Lumbok sont en place, et l'île transformée en *Frroresta*, Florès, ne peut être que Sumbawa, qui vient à la suite des autres, dans la nomenclature des îles de la Sonde. Les mots *ilha de fuego*, écrits un peu au-dessus et à la gauche, s'appliquent d'ailleurs d'une manière particulièrement exacte à l'immense et terrible volcan de Tambora, dans la presqu'île du même nom sur la côte nord de Sumbawa.

La chaîne se continue, sans nomenclature aucune, assez loin encore dans l'est : un certain nombre de terres en représentent la prolongation. Puis un énorme banc, tracé en pointillé, avec de petites croix signalant des récifs et quelques îles incluses, s'incurve lentement vers le nord-ouest, comprenant à la fois, dans son expression graphique, tout ce qu'il y a encore de terres inconnues à l'orient des précédentes.

Il est remarquable que Java, Sumbawa (Simbabau), Florès (Frroresta) et une autre île encore de la chaîne se prolongent considérablement, toutes quatre, dans la direction du sud, fournissant ainsi le premier modèle de ces déformations spéciales que reproduiront en les amplifiant tant de cartes portugaises et françaises [1].

Une petite île se détache au nord de la Sonde orientale, *Solitarya*, Seroua peut-être. Au nord-est de cet îlot, à la distance et dans la direction voulues, sont placées les îles de Banda, *ilhas de babay*, avec l'inscription caractéristique *aquy a mazizis* (Ici il y a les macis).

Banda était connue, depuis les voyages de Nicolo di Conti,

---

[1] Encore à la fin du siècle, Linschoten assurait que la largeur de Java est « incongneue jusques à present, aucuns estimants qu'elle soit partie de la terre Australe qui, regardant le cap de Bonne Esperance, s'estend jusques a ceste coste. Toutes fois, elle est communement tenue pour Isle » (*Hist. de la navigation de Jean Hugues de Linschot Hollandois aux Indes orientales*, etc., 3e éd., Amsterdam, 1638, in-fol., p. 35).

comme l'une des îles aux Épices, mais c'étaient les clous de girofle (*garofani*) que lui attribuait comme production particulière le célèbre voyageur italien[1]. Le livre de Varthema, imprimé pour la première fois à Rome en décembre 1510[2], a rendu à Banda sa véritable spécialité botanique, le muscadier[3], dont le noyau est la muscade, et dont l'arille est le *macis*, si recherchés de nos ancêtres[4], mais aujourd'hui en grande partie abandonnés l'un et l'autre.

Au commencement du xvi° siècle, le macis était encore un article de commerce fort important et notre cosmographe ne manque pas de signaler bien exactement le centre de production de cette précieuse marchandise. Il détermine plus loin avec la même netteté la patrie du clou de girofle.

Le petit groupe de Banda est couvert, du côté du nord, par des îles plus importantes, Céram avec ses annexes, Amboine, Honimoa, etc., et Bourou avec Amblauw. On reconnaît assez bien dans notre carte le tracé général de la côte sud de Céram, et un peu plus à l'ouest Amboine, puis Bourou. Mais aucune de ces terres ne porte de désignation particulière

On ne trouve, non plus, aucun nom sur une grande île située un peu plus loin dans le nord-est et jointe aux précédentes par une zone épaisse d'écueils qui se contourne en une sorte de croissant irrégulier, dépassant un peu l'équateur du côté du nord. Cette terre ne peut être autre chose que la presqu'île sep-

---

(1) Cf. Poggii Bracciolini Florentini, *Historiæ de varietate fortunæ*. Ed. cit., p. 136.

(2) *Itinerario de Ludovico de Varthema Bolognese nello Egypto, nella Suria, nella Arabia deserta et felice, nella Persia, nella India et nella Ethiopia. La fede, el vivere et costumi de tutte le prefate provincie. Con gratia et privilegio infra notato.* Stampato in Roma per maestro Stephano Guillireti de Loreno et maestro Hercule de Nani Bolognese ad instantia de maestro Ludovico de Henricis da Corneto Vicentino. Nel anno MDX a di vi de decembrio.

(3) *Les Voyages de Ludovico di Varthema ou le Viateur en la plus grande partie d'Orient*, traduit de l'italien en français par Balarin de Raconis, publ. par M. Ch. Schefer (*Recueil de Voy. et de Docum. pour servir à l'hist. de la géogr. depuis le xiii° jusqu'à la fin du xvi° siècle*, etc. Paris, 1882, in-8. t. IX, p. 241-244).

(4) Voy. sur l'histoire de la muscade et du macis : W. Heyd, *Histoire du commerce du Levant au moyen âge*, trad. Furcy-Renaud, t. II, p. 78, 500, 548, n. 2; 644-648; — *Les voyages en Asie au xiv° siècle du bienheureux frère Odoric de Pordenone*, publ. par M. H. Cordier (*Recueil de Voy. et de Docum.*, etc. Paris, 1891, in-8, t. X, p. 104, 140, 145-46, 161, 164-66, 169-71, 271).

tentrionale et occidentale de la Nouvelle-Guinée, le *Wonim-di-Atas* des cartes hollandaises modernes, augmenté des îles des Papous, qui en dépendent au nord et s'étendent jusqu'à la ligne. Entrevues par les Portugais, dès le début de leurs expéditions dans l'est, les îles mélanésiennes allaient être abordées un peu plus tard par Jorge de Meneses, auquel on en attribue généralement la découverte.

La carte des Reinel se termine par un certain nombre de petites terres irrégulièrement disséminées, les unes au nord, les autres au sud de l'équateur, et qui portent l'inscription, *ilhas de maluco domde a o cravo*. Ce sont les Moluques, la patrie du clou de girofle, une autre épice, très goûtée jadis, et qui occupait une large place dans les importations commerciales de l'Extrême-Orient en Europe[1]. Varthema avait le premier indiqué avec exactitude la véritable origine des clous de girofle que Nicolo di Conti faisait encore venir de Banda, ainsi que nous le rappelions plus haut. Dans cette partie de son récit, où le voyageur imagine, à l'aide des renseignements que lui fournissent ses compagnons de route, une expédition à *Monocq* qui n'a jamais été faite, on le voit expliquer comment « en ladicte ysle croist le clou de girofle et a plusieurs autres petites ysles autour qui sont deshabitées »[2].

Duarte Barbosa, en 1517, connaît par leurs noms cinq de ces îles Moluques. Ce sont : *Puchel* (Batchian), *Moreu* (Mareh), *Machian* (Makyan), *Tidor* et enfin *Ternate*[3]. Notre cartographe en dessine neuf qui comprennent, il est vrai, tout à la fois, les vraies Moluques et les terres, que Barbosa nommait *Andam*[4], correspondant très vraisemblablement au groupe d'Ombirah, qu'on laisse à droite en gagnant la baie de Batchian.

La carte des Reinel se termine du côté de l'est par une longue

---

(1) Cf. W. Heid, *trad. cit.*, t. II, p. 653, etc.; — H. Cordier, *Odoric de Pordenone*, ed. cit., p. 145-150, etc.

(2) *Les Voyages de Ludovico di Varthema*, éd. Schefer, p. 244. — L'étude du récit de Varthema m'a conduit à admettre avec Tiele (*De Europeers in der Maleischen Archipel* (Bijdragen tot de Taal-Land-en Volken kunde van Nederlandsch Indie, IV v., I D., p. 321, 1878) et avec M. Schefer que jamais le voyageur n'avait réellement fait le voyage aux îles des Épices, qu'il a raconté à la suite de celui de Sumatra et de la cité de Pedir. — Empoli parle aussi des girofles de Moluques : « E più avanti sono Maluc, donde vieno garofauli » (*Lettera di Giovanni da Empoli*, ed. cit., p. 81).

(3) *Ed. cit.*, p. 378-380.

(4) *Ed. cit.*, p. 378.

ligne, tracée au simple trait, qui doit représenter, tout à fait au hasard, la côte occidentale du Nouveau-Continent. Ces rivages, obliquement dirigés du sud-est au nord-ouest, viennent former avec ceux de l'Extrême-Orient de l'Asie, qui marchent du sud-ouest au nord-est, un large détroit, au milieu duquel les cartographes portugais ont disséminé les îles des *Chins*, ou Chinois.

V

Les Reinel avaient assurément puisé dans quelque portulan des premiers voyages aux Moluques les renseignements consignés sur la carte que je viens d'analyser. Une certaine connaissance d'un archipel se développant au sud de la presqu'île malaise, la mise en place relativement exacte des détroits de Saban et de Bangka, l'hypothèse d'un canal séparant du reste de Sumatra les cantons méridionaux de cette île, les notions assez précises sur l'orientation générale de la Sonde, le détroit de Madoura, les îles de Banda et le macis, Céram, Bourou et Amboine, les Moluques et le clou de girofle, enfin sur le pays des Chins, ne peuvent avoir leur source que dans une relation quelconque de la mémorable expédition qui mit en 1512 aux mains des Portugais les îles des Épices.

Ce voyage si important, qui achevait la prise de possession par le Portugal du commerce de l'Extrême-Orient, avait été entrepris par ordre d'Albuquerque à la fin de décembre 1511[1]. Trois navires, montés par cent vingt hommes[2], étaient partis de Malacca sous les ordres d'Antonio d'Abreu, *capitão mór*, qui s'était distingué au siège de cette ville[3]. Abreu commandait le navire *Santa-Caterina*, Francisco Serrão était sous-capitaine et montait un second navire dont le nom ne nous a pas été gardé; Simão

---

(1) Barros (*op. cit.*, Dec. II, liv. VI, c. v), Albuquerque (*Commentarios*, part. III, p. 189) et Correa (*op. cit.*, t. II, page 265) donnent pour date le mois de novembre.

(2) Il y avait, en outre, huit esclaves sur chaque bord pour le service des pompes.

(3) Correa, *op. cit.*, t. II, p. 235. : « Antonio de Abreu que era homem de bom recado. » — Cf. *Commentarios do grande Afonso dalboquerque capitão geral que foi das Indias Orientales.* Parte III, p. 184. Lisboa, Reg. Offlcin. Typogr., 1774, in-12, etc.

Alfonso était à bord d'une caravelle latine construite tout exprès pour le voyage. Les pilotes étaient Gonçalo d'Oliveira, *piloto mór*, Luys Botim, Francisco Rodriguez, dont nous retrouverons plus tard le nom et l'œuvre, enfin deux indigènes fournis par Nynapam, riche marchand de Malacca, qui fut autorisé à joindre à l'expédition une jonque chargée de marchandises avec un facteur, pour enseigner aux Portugais la traite des épices [1]. Le facteur portugais était João Freyre; l'écrivain, Diego Borjes [2].

L'expédition, chargée de marchandises appropriées [3], avait pour objectif de découvrir la route des îles d'Épicerie, *ilhas d'Especearia*; le gouverneur de Malacca avait dressé des instructions spéciales, que Castanheda nous a conservées, sur la conduite à tenir à l'égard des naturels que l'on allait visiter [4].

Les journaux de bord de cette audacieuse entreprise n'ont pas été conservés, mais Antonio Galvão, le conquérant et l'apôtre des Moluques, en a donné, dans sa précieuse histoire des découvertes [5], des extraits étendus qui vont nous permettre de rectifier

(1) Correa, *op. cit.*, t. II, p. 215, 252. — Ce marchand malais est nommé Nehôda Ismaël par Barros et Ninachata dans les *Commentaires* d'Albuquerque (part. III, p. 183) qui nous apprennent que le capitaine de la jonque malaise partie et rentrée avec Abreu s'appelait *Coyequirmani*.

(2) Castanheda, *op. cit.*, t. III, c. LXXV. — Correa (t. II, p. 265) nomme le premier Gomez, le second Pedro.

(3) « ... roupas de Cambaya e outras cosas que valião en Maluco (Correa, *op. cit.*, t. II, p. 265).

(4) « Et a principal cousa q̃ ho gouernador deu ao capitão moor em regimento, et que lhe mais encomendou, foy que naquela viajem não fizesse presas nem tomadias, nem arribasse sobre nenhũa nao, nem lhe desse caça, nem sayse em nenhum porto, saluo hũa pessoa ou duas, et em todos os portos a que chegasse desse presentes aos reys et senhores da terra, ou aos gouernadores delas, et pera isso lhe deu escarlata baixa et outros panos somenos, et veludo de Meca, q̃ foy tomado em hũa nao de Calicut, nem doutras partes, assi nas Ilhas de crauo como na das maças, ou fossem de mouros ou de gentios, antes lhes desse todo fauor et ajuda que lhes fosse necessario; et que do mesmo modo q eles carregassem carregasse elo, guardando em tudo os costumes da terra et em Maluco nem em Banda não saysem nenhũs criados dos capitãos nem outras pessoas, saluo ho feytor et seu escriuão, et ate quatro pessoas que lhe pera isso ordenasse » (Castanheda, *loc. cit.*, p. 257).

(5) *Tratado que compôs o nobre e notauel capitão Antonio Galvão, dos diuersos e desuayrados cominhos, por onde nos tempos passados a pimenta e especearia veyo da India ás nossas partes, e assi de todos os descobrimentos antigos e modernos que são feitos ate a era de mil e quinhentos e cincoenta*. Éd. angl. London, Hakluyt Soc., 1862, in-8, p. 115-119. — L'auteur, qui ter-

et de compléter les données géographiques de la carte marine des Reinel.

L'escadre portugaise, en quittant Malacca, s'engage dans le détroit de Saban, *estreito de Sabam*, longeant la côte de Sumatra et laissant à sa gauche, du côté du levant, d'autres îles nommées *Salites* (*q' chamam dos Salites*[1]), et parvient à Palembang que Galvão donne comme une île distincte de Sumatra, *ylha de Palimbão*, ce qui concorde, on le voit, avec le tracé des Reinel. Au delà de Palembang est l'île de *Lusuparam*, Lucipara, un îlot tout au sud du détroit de Banka, à l'entrée de la mer de Java[2]. Abreu et ses compagnons font voile pour l'île de ce nom, *pella nobre ylha da Java*, dont ils courent toute la côte vers l'est, pour pénétrer ensuite dans le canal qui la sépare de Madoura, *foram a Leste correndo sua costa per antre ella e a ylha de Madeira*. Les relations entre les explorateurs portugais et les indigènes ne furent probablement pas faciles; du moins le journal, résumé par Galvão, ne fait-il guère l'éloge des mœurs et du caractère des Javanais[3].

Après Java et Madoura, nos navigateurs longent successivement les côtes septentrionales de *Bali*, d'*Anjano* (Lombok)[4], de *Simbaba* (Sumbawa), de *Solor*[5], de *Galao* (Kwella, Lomblen), de *Mauluca*[6]

---

minait ce livre en 1553, est mort à Lisbonne en 1557. On connaît une édition rarissime de son livre publiée en 1563.

(1) « Ilhas que se chamam Celate » (*Cartas de Affonso de Albuquerque seguidas de Documentos que as elucidam*, publicadas de ordem da classe de sciencias moraes, politicas e bellas lettras da Acad. Real das Sciencias de Lisboa, T. I, p. 65, Lisboa. Typ. da Acad. Real das Sciencias, 1884, in-4).

(2) Voir la carte de Versteeg (*Oosterhelft der Residentie Palembang*). Lucipara est aussi le nom d'un cap qui forme la limite méridionale extrême du même détroit.

(3) « A gente desta ylha he mais bellicosa e que menos tem em côta a vida que se sabe na redondeza, et dizem q' as molheres ganham soldo polas armas, e por qualquer cousa se desafiam e matam huns a outros, como se fazē a Mocos, e inuentamg polejarem galos cō naualhas, porq' ho principal seu de senfadamento he sanguinolento. » (Galvão, *ed. cit.*, p. 116). — Conti exprime sur les Javanais des sentiments à peu près identiques (Poggii Bracciolini Florentini, *Historiæ de varietate fortunæ* libri IV. Lutetiæ Parisiorum, 1724, in-4, p. 133).

(4) Le plus haut sommet de Lombok porte encore le nom de Rindjani.

(5) Solor n'est pas immédiatement sur la route suivie par Abreu vers l'est, mais en est toute voisine et jouait probablement dès lors un rôle assez important dans la Sonde orientale, pour attirer son attention.

(6) Je corrige ici le mot *Mauluca* du texte portugais.

(Maloua, Ombai), de *Vitara* (Wetter), et enfin d'*Arus* (Arou), la patrie désormais célèbre des oiseaux de paradis[1].

Ils ont vu d'autres îles encore, sous le même parallèle, entre 7° et 8°, « si voisines les unes des autres qu'elles paraissaient ne faire qu'une seule terre »[2].

D'autres terres plus au nord nourrissent, dit Galvão, des peuples plus blancs, *gentes mais alvas*, vêtus de chemises, de pourpoints et de caleçons, comme les Portugais, *vestidas de camisas, gibões, e ceroulas como portugueses*, se servant de monnaie d'argent, *tem moeda de prata*, gouvernés enfin par des personnages ayant pour insignes des baguettes vermeilles et que notre auteur rattache pour toutes ces raisons à la Chine[3]. D'autres peuples encore sont tatoués, *gentes pintadas*, et on leur attribue ce nom de *Chins*, que les Reinel localisent, nous l'avons dit, tout au nord de leur carte. Il est assez difficile de baser quelque conjecture solide sur des descriptions d'un caractère aussi vague, étant donné surtout que Galvão a oublié de nous dire à quelle période de leur voyage ses compatriotes furent en rapport avec ces peuples demi-civilisés, dont les Malais orientaux fourniraient de nombreux exemples, depuis Bornéo et Célèbes jusqu'à Misool et Salwatti.

Antonio d'Abreu, n'ayant pas trouvé les îles qu'il cherche, en poursuivant sa route à l'est de la Sonde, se décide à remonter au nord. Il découvre le groupe de Banda, *Rosolanguim* (Rosingain), *Gunuape* (Gounong Api)[4], gagne *Burro* (Bourou), puis Amboine

---

(1) « Arus, donde vê os passaros myrrados, q' sam mui estimados pera penachos » (Galvão, *ed. cit.*, p. 116). — Voir ce que dit Linschoten des oiseaux de paradis.

(2) « Et outras q' jazem nesta corda da parte do Sul, em sete ou oito graos daltura, et tam juntas hūas com as outras, q' parece toda hūa terra » Galvão, *ed. cit.*, p. 116).

(3) « Os q' gouernam a republica, trazē nas mãos varas vermelhas, por onde parece que deuem de ser da China e nam tam somente estas, mas ha por aqui outras de gentes pintadas, que dizem ser dos Chins pouoadas »(Galvão, *ed. cit.*, p. 117).

(4) Je rétablis ici *Rosolanguim*, énuméré par Galvão entre Wetter et Arou. Rosingain est si près de la Grande Banda qu'il est impossible d'admettre que, ayant vu la première, les trois vaisseaux d'Abreu n'aient point vu la seconde. Le Gunong Api, la montagne de feu, n'est guère loin dans l'ouest et l'éruption de son volcan ne pouvait pas manquer d'attirer l'attention des navigateurs, « porque do mais alto della (ylheta) corre sempre e de contino ate o mar ribeiras de fogo, cousa muito pera ver » (Galvão, *ed. cit.*, p. 117). C'est une interpolation d'Hakluyt qui, dans le texte anglais de 1601, traduit

(*Amboino*), visite la côte d'*Honimoa*? (*Wonim-di-Muar*), enfin, d'Amboine atteint Céram où il jette l'ancre au fond de la baie de Tarouno, où la rivière Kolli-Kolli porte encore le nom que le commandant portugais attribue à son mouillage (*Guli-Guli*)[1].

Les insulaires de cette partie de Céram étaient anthropophages, et nos navigateurs virent avec horreur dans leurs cases des cadavres humains dont ces cannibales faisaient leur nourriture.

C'est dans la baie de Tarouno qu'on brûla le navire de Serrão qui ne pouvait plus servir : cette baie fut le terme du voyage pour la plupart des hommes qui composaient l'expédition. Ceux-là seuls en effet, une dizaine en tout, Serrão à leur tête, allèrent jusqu'aux Moluques, ou, comme on disait alors, aux îles du Clou, *ylhas do crauo*, qui échappèrent au naufrage de la jonque sur laquelle le second d'Abreu avait pris place pour rentrer à Malacca. On avait acquis cette jonque à Banda en même temps qu'on y chargeait de la muscade, du macis et du girofle[2].

La jonque se perdit sur les basses de Lusupino ou Lucupino[3], et il fallut tout le sang-froid, tout le courage de Serrão et de ses compagnons pour sortir sains et saufs de la lutte qu'ils eurent à soutenir, à peine sauvés des flots, contre une troupe de pirates malais. Cernés par ceux qu'ils croyaient déjà leurs prisonniers, ces barbares durent se résigner à conduire les débris de l'expédition portugaise à Amboino. Les Portugais et ceux de Malacca qu'ils avaient avec eux, bien reçus par les gens de *Rucutelo* (Hou-

Gummape par Ternati; le texte portugais mentionne seulement *ylheta que se chama o Gumuape*.

(1) « Daqui foram aa ylla de Burro et Damboino, et costearam a costa daq'lla q' se chama de Muar. Damboino surgiram em hũ porto, q' se diz Guli-Guli, saltaram em terra, tomaram hũa ponoaram que ali estaua, e acharam nas casos homẽs mortes dependurados porque comem carne humana » (Galvão, p. 117). — *Gulli-Gulli*, *Ceiram*, *Bouro* (Rodriguez).

(2) Il s'est glissé, dans le texte imprimé de Galvão, une grossière erreur à propos de Banda qu'il place par 8° de latitude sud (Banda q' estaa em oito graos da parte do Sul). Or les îles Banda sont entre 4° et 5°. Je suppose qu'en composant le texte de Galvão on aura pris un 5 pour un 8 et traduit le chiffre mal lu par le mot *oito*.

(3) « Padeció su junco naufragio en las Islas de Lucupino, q̃ significa islas de tortugas, cuya abundancia y grandeza los dieron el nombre » (Argensola, op. cit., p. 6). Ces îles de Lucupino sont sans aucun doute les îlots de Lucipara, isolés dans le milieu de la mer de Banda, entre Amboine et la Sonde. La carte de Melvill von Carnbee (1854) inscrit, à côté du mot *Lucipara*, *Schild pad E*". îles des Tortues.

kourila, sur la côte sud-est de l'île, leur vinrent en aide dans une expédition contre ceux de Veranula, *ciudad finitima de Batochina*, *Bachan* (Batchian), au sud des Moluques. Le bruit des victoires remportées par les gens d'Amboine, grâce au concours de Serrão, vint bien vite aux oreilles des rois de Ternate et de Tidor, et le premier, Boleyse, s'empressa d'envoyer une ambassade auprès de ces belliqueux étrangers, dont il comptait tirer un grand profit dans ses guerres contre ses voisins. Argensola donne de longs détails sur la venue à Amboine des dix navires et des milles soldats de Ternate, et sur la réception solennelle faite dans son île par Boleyse à Serrão et à ses compagnons [1].

« Ce furent les premiers Portugais, dit de son côté Galvão [2], qui vinrent aux îles du Clou, qui gisent à un degré de la ligne vers le nord. Ils y restèrent sept ou huit ans [3]. »

Antonio d'Abreu suivit sa route pour Malacca, avec la *Santa-Caterina*, la caravelle latine et la jonque de Nynapam, ayant découvert toute cette mer et les terres nommées ci-dessus, mais il mourut en chemin en revenant en Portugal rendre compte de sa mission [4].

Le 20 mai 1513, un vaisseau rentrait à Lisbonne de Malacca avec 1.901 quintaux de noix muscades, 553 quintaux de macis, etc., etc. Tout porte à croire que c'était, sinon la *Santa-Caterina* elle-même, du moins un bâtiment rapportant les épices chargées à Banda par Abreu au printemps de l'année précédente [5].

---

(1) Argensola. *Conquista de las islas Malucas*, ed. cit., p. 7-8. — Correa a donné de toute cette histoire une version erronée; il a cru, en effet, que le Serrão parvenu à Ternate était, non pas le lieutenant d'Abreu, mais un autre Serrão envoyé comme facteur à Banda, par Gracia de Sá, capitaine de Malacca en 1518 (Correa, *op. cit.*, t. II. p. 710).

(2) Par une singulière distraction, le vieux texte portugais de 1562, qui n'est décidément pas soigné, a remplacé le mot de Portugais par celui d'Espagnol (*Espanohes*) et l'on y lit la phrase « foram hos primeyros ESPANHOES que viram as ylhas do cravo, que jazem da linha contra ho Norte em hum grao, onde esteveram sete ou oyto annos. Antonio Dabreu fez su caminho pera Malaca, deixando descuberto todo aquella mar e terra nomeadas » (Galvão, p. 119). Dès 1601 Hakluyt avait corrigé l'erreur.

(3) Neuf ans même, en ce qui concerne Serrão (Cf. Argensola, *op. cit.*, p. 14).

(4) Barros, *op. cit.*, Dec. III, liv. V, cap. vi.

(5) Cf. W. Heid. *Histoire du commerce du Levant au moyen âge*, trad. fr. de Furcy-Renaud. Leipzig, 1886, in-8, vol. II, p. 548, n. 2. — Abreu avait été, en effet, retenu quelque temps à Malacca, avant de gagner Cochin, pour prêter son concours à diverses entreprises tentées alors contre les Malais (Cf. Correa, *op. cit.*, t. II, p. 280-287). On ne saurait donc s'étonner de voir son navire rentrer seulement à Lisbonne en mai 1513.

VI

En même temps que l'expédition d'Abreu partait de Malacca, un autre navire se dirigeait également vers l'est pour faire des découvertes. Ce navire était commandé par un homme de mer, qui devait, un peu plus tard, attacher son nom à l'une des plus grandes entreprises qu'il ait été donné à l'homme de tenter : c'était MAGELLAN. Faisait-il tout d'abord partie de l'escadre d'Abreu, comme l'ont assuré quelques historiens portugais ? Avait-il une mission spéciale à remplir pour Albuquerque dans les mers orientales ? Aucun document précis ne nous a été conservé sur ce voyage, et l'on sait seulement que celui qui, quelques années plus tard, allait commander la première expédition autour du monde s'avança hardiment à 600 lieues à l'est de Malacca, jusqu'à certaines îles, *vnas Islas*, où il put se mettre en communication avec Francisco Serrão, déjà réfugié à Ternate[1]. On ignore quelles sont ces îles; il pourrait bien se faire qu'elles correspondent à quelque point de la côte nord de la Nouvelle-Guinée, dont Texeira, beaucoup plus tard, attribuait à Magellan la découverte.

Quoi qu'il en soit, les renseignements rapportés par Magellan comme ceux qu'on devait à Abreu furent gardés secrets par le gouvernement des Indes. Giovanni da Empoli ne connaissait encore que vaguement ces divers voyages à la fin de 1515, et la lettre qu'il écrivit de Cochin le 16 novembre de cette année mentionne

---

(1) « En este mismo tēpo, auiendo Magallanes passado seys cientas leguas adelante hazia Malaca, se hallaua en vnas Islas, desde donde se correspondia cō Serrano. El qual, como le auia sucedido tā bien en Ternate cō Boleyse, escriuio a su amigo los fauores y riquezas, que del auto recibido, y que per se boluiesse a su compaña. Magallanes dexando persuadir, propuso la yda al Maluco : pero en caso que en Portugal no premiassen sus seruicios como pretēdia, desde donde luego tomaria la derrota de Ternate, cō cuyo Reye en nueue años enriquecio Serrano tanto » (Argensola, *op. cit.*, p. 15).

(2) Cf. *Capitoli di una Lettera, che scrive Giovani da Empoli Fiorentino, de' di 15 di Novembre 1515, in Cuccino, città d'India; venuta in Cananor per Cambaia 7 detto et ricevuta in Lisbona a di 22 d'ottobre 1516* (*Biblioth. Magliabecchiana*, Cod. 80 della classe XIII, publiée par Gräberg de Hemsö à la suite de la lettre d'Empoli déjà citée (*Archiv. storic. italiano. App.*, t. III, p. 85-86). Voici le texte d'Empoli : « Di Malacca sono venuti navi e giunchi con molta

seulement le retour dans ce port de deux des compagnons de naufrage de Serrão et la réussite d'une seconde expédition aux Moluques, d'ailleurs à peu près inconnue, qui suivit la première. Il s'agit très probablement du voyage d'Antonio de Miranda, qui alla créer à Tidor et à Ternate les deux premiers établissements qu'aient eu les Portugais dans ces îles.

La troisième expédition des Portugais aux Moluques, commandée par Tristan de Meneses, devança de six mois seulement l'arrivée par le nord des survivants de l'expédition de Magellan. Elle avait pour principal objectif de ramener de Ternate Francisco Serrão, qui depuis son naufrage vivait près de Boleyse, dont il était devenu l'ami, et qui avait acquis dans les îles une grosse fortune et une influence énorme.

Ancien ami de Magellan, auteur d'une correspondance dont, nous l'avons vu plus haut, ce dernier avait tiré parti pour convaincre les conseillers de Charles-Quint, Serrão inspirait des craintes fort sérieuses au gouvernement des Indes.

On redoutait, à bon escient, une intervention en faveur des Espagnols quand ils se présenteraient avec Magellan à leur tête[1]. Serrão dut s'embarquer à bord d'un des navires de Tristan, chargé, il est vrai, d'une mission spéciale de Boleyse pour le roi D. Manuel. Une tempête dispersa l'escadre et Serrão mourut obscurément, dans une embuscade d'Indiens, le jour même, à ce que l'on assure, où Magellan tombait lui aussi sous les coups des Mores de Cebú (27 avril 1521)[2].

En dehors de ses lettres à Magellan, qui n'ont pas été conser-

---

quantità di specie, garofali, macis, nuce, sandali et altre richezze. Hanno discoperto le cinque isole di garofauli; e sono signori dui Portogalesi; comandano e reggono la terra a bacchetta : terra di molta carne, larance, limoni et arbori di garofali che per sè medesimi nascono senza altro, che sono come a noi i boschi. Sono come melaranci, et fanno quelli rami di flori; e quelli che sono grossi più degli altri, sono che li lasciano troppo stare in su li arboli. *Qui ci è dui che sono stati là tre anni, che si perderono quando di qua erano l'altra fiata e forono straportati là; e non vi stati sino abbiamo mandato a discoprire que' luoghi, dove li abbiamo trovati. Iddio sia laudato di tanta grazia e gran cose!* »

(1) On peut voir dans les procès-verbaux de la Junte de 1524 *para determinar la posesion y propriedad de las islas Malucas* (Navarrete, t. VI, p. 371) qu'il passait, en effet, pour avoir soutenu auprès du roi Indigène, son ami, les intérêts de l'Espagne, *à cuyo Rey habia dicho muchas veces apretándole la mano, que aquellas islas eran del Rey de Castilla.*

(2) Argensola, op. cit., p. 1".

vées, Francisco Serrão n'avait rien rédigé sur son voyage et sur son séjour aux Moluques, et le petit opuscule que l'on a récemment publié sous son nom n'est qu'une sorte de roman géographique à peu près sans valeur [1].

C'est donc, en somme, le portulan d'Abreu, augmenté de quelques données encore vagues sur les Moluques, tirées peut-être des lettres de Sarrão à Magellan, qui constitue la base des additions faites à la carte des mers d'Orient par les deux Reinel.

VII

Les contours de l'Indonésie se retrouvent tout à fait identiques sur une autre carte à peu près contemporaine, et qui porte le n° 3 du même dossier composite du *Hauptconservatorium* de Munich, dont le n° 4 est le document que nous venons d'étudier.

Cette magnifique pièce, que Künstmann a publiée en partie dans son atlas, est un grand planisphère, deux fois plus large ($1^m,24$) que haut ($0^m,62$) [2]. Elle ne porte pas de date, mais elle a dû être exécutée en 1517 [3]. On y voit, en effet, représentés avec quelques indécisions, les contours de la presqu'île yucatèque découverte cette année même, au prix de grands sacrifices, par Francisco

---

[1] Lord Stanley d'Alderley a imprimé une traduction de ce factum à la fin de l'édition de Duarte Barbosa qu'il a donné à l'*Hakluyt Society* (*A Description of the coasts of East Africa and Malebar in the beginning of the sixteenth century* by Duarte Barbosa, etc. London, 1866, in-8, p. 225). Le chef de l'expédition est appelé *Juan* dans le titre et *Francisco* dans le corps du récit; la date, rectifiée par lord Stanley, est *1512* dans le manuscrit original (Bibl. roy. de Munich, n° 570), et le petit bateau, monté par cinq Malais, trois Portugais et un Castillan, se promène avec une admirable désinvolture de Malacca à Pegu, pour toucher à Pedir sur Sumatra, puis à *Bandan*, aux îles de *Malut* (les Moluques) et en particulier à *Tidory*, à *Borney* (Bornéo), à *Zayton* (Tseu-Thoung; Thsiuang-tchou-fou) *Voyages d'Odoric*, éd. Cordier, p. 269-271), et enfin à Java.

[2] *Atlas zur Entdeckungsgeschichte Amerikas*, etc. Bl. IV.

[3] Fr. Künstmann, *Uebereinige der ältesten Karten Amerikas*, p. 130. — Cf. H. Harrisse, *Jean et Sébastien Cabot, leur origine et leurs voyages* (Recueil de Voy. et de Docum. pour servir à l'hist. de la géographie depuis le XIII° jusqu'à la fin du XVI° siècle, t. I, p. 167. Paris, 1882, gr. in-8). — La Bibliothèque nationale de Paris possède une bonne copie en couleur du document tout entier sous le n° 5627 (Inv. Gén., n° 1020).

Hernandez de Cordova, et ceux du littoral de la mer du Sud, MAR VISTO PELOS CASTELHANOS, à une certaine distance à l'ouest et à l'est des îles des Perles visitées dans le même temps par Vasco Nuñez de Balboa. De plus, un pavillon portugais est planté sur un point du rivage du Céleste-Empire ; or, nous savons que, si les couleurs de Portugal ont été montrées en Chine dès 1514, ce n'est que trois ans plus tard que Rafaël Perestello rapporta, d'un voyage fait à bord d'une jonque, quelques rares informations sur cette contrée, où ce négociant avait d'ailleurs réalisé d'immenses bénéfices [1].

La carte n° 3 du *Hauptconservatorium* n'a pas de nom d'auteur, ou, si elle a été signée, le nom a été emporté dans la brutale déchirure qui a arraché l'angle inférieur gauche du parchemin. Mais on peut, sans aucune hésitation, assuré que cet auteur appartient à l'école portugaise ; certains détails d'exécution tendrait même à faire croire qu'il se rattache à l'atelier des Reinel. Il a gardé le mince filet vert qui court le long des côtes et les massifs verdoyants qui indiquaient les montagnes, les deux types de roses des vents à pointes droites ou échancrées, la forme toute spéciale de l'aiguille de la boussole, etc. Mais les grandes inscriptions sont en capitales romaines, l'intérieur des terres est faiblement teinté de jaune et, surtout, les roses ou les pavillons sont richement dorés ou argentés, tandis que de jolis petits navires, finement miniaturés, voguent sur toutes les mers.

Ce n'est donc pas une carte de navigation, c'est une carte de luxe, telle qu'on peut se figurer une œuvre destinée à quelque personnage princier.

Le parchemin, deux fois plus large que haut, ainsi que nous venons de le dire, est exactement coupé en deux par une méridienne formée de petits cercles rouges, espacés de degré en degré, et qui correspond à la ligne de démarcation pontificale de 1494, séparant la terre de Brésil (*t. brasilli*) d'une part et, de l'autre, les terres des Corte Real, comprises dans la zone portugaise, du reste de l'Amérique, dévolue au Espagnols. La délimitation est extrêmement nette : le monde espagnol est tout entier à gauche de la ligne, le monde portugais en occupe toute la droite. Or, par une concession tout à fait inattendue, l'auteur, qui appartient sans aucun doute à la nationalité portugaise et se rattache, nous venons de le dire,

---

[1] Cf. Ljungstedt (A.), *An historical Sketch of the Portuguese Settlements in China*. Boston, 1836, 1 vol. in-8, p. 1.

à l'école des Reinel par maints détails d'exécution, place les îles Moluques à l'extrémité occidentale de sa carte, c'est-à-dire *dans le carré des possessions espagnoles*.

Un sujet loyal de Sa Majesté Très Fidèle n'eût pas consenti à trahir ainsi sur le parchemin une cause nationale. Les Portugais se disaient chez eux dans les îles de l'est, si éloignées qu'elles fussent de la ligne de démarcation, et leurs astrologues ou leurs pilotes raccourcissaient systématiquement la route de Calicut par la côte de Guinée, pour pouvoir maintenir toutes les îles des Épices dans la zone lusitanienne [1].

Pour qu'un cosmographe portugais ait embrassé la cause de l'Espagne d'une façon aussi manifeste que l'auteur de la carte dont nous discutons l'origine, il fallait qu'il appartînt à cette petite troupe de mécontents qui abandonnèrent le Portugal et prirent du service à Séville, dans les premières années du règne de Charles-Quint.

Le plus célèbre de ces transfuges, Magellan, avait apporté, avec lui, nous l'avons déjà rappelé plus haut, un planisphère composé spécialement pour les besoins de la cause qu'il venait plaider en Espagne, et nous avons pensé, un moment, que la carte n° 3 du *Hauptconservatorium* exécutée avec luxe, suivant les principes des Reinel, dans le courant de 1517, c'est-à-dire très peu de temps avant le passage de Magellan en Espagne, pouvait être précisément ce planisphère dessiné par Pedro Reinel, dont nous parle Argensola [2].

Mais cette hypothèse doit être tout à fait écartée. En effet, Magellan a écrit pour le roi un court *mémorial* dont Navarrete a publié le texte [3], et un certain nombre des longitudes calculées par le grand navigateur et consignées par lui dans cette courte note sont tout à fait inconciliables avec celles de notre carte [4].

---

(1) Cf. Navarrete, t. IV, p. 347, 348, etc.
(2) Cf. Argensola, *ed. cit.*, p. 16.
(3) *Memorial que dejó al Rey Fernando de Magallanes cuando partió a su expedicion, declarando las alturas y situacion de las islas de la Especeria y de las costas y cabos principales que entraban en la demarcacion de la Corona de Aragon* (Navarrete, *col. cit.*, t. IV, p. 188).
(4) Les longitudes varient peu du document écrit au document figuré pour le cap Saint-Augustin ou pour Saint-Anton des îles du cap Vert, mais il y a une différence de 10 à 11 degrés pour le cap de Bonne-Espérance, reporté beaucoup trop vers l'ouest par Magellan; l'erreur en sens inverse pour le c. de *Sancta Maria* est de près de 4 degrés. Il y a 3 degrés encore de différence pour Malacca, etc., etc.

Elle n'est point non plus en harmonie avec les données adoptées plus tard (1524) à la junte de Badajoz par les astrologues et les pilotes de la *casa da contratacion*[1], à la tête desquels figurait Simon de Alcaçaba ; ce n'est donc point encore l'œuvre de ce cosmographe que nous avons sous les yeux.

Diego Ribeiro, le troisième des transfuges venus de Portugal, est à Séville dès 1519, mais son rôle se borne tout d'abord à copier les cartes des Reinel, comme l'assure le facteur Sebastian Alvarez[2].

Je ne vois donc que ces derniers pilotes, auxquels il soit possible d'attribuer la paternité d'un monument qui porte d'ailleurs jusqu'à un certain point la marque de leur travail.

Cette pièce est la dernière en date de celles qu'il est permis de comprendre provisoirement dans leur œuvre. Elle fixe l'état des connaissances acquises en Portugal sur l'Extrême-Orient, au moment où le premier voyage autour du globe va si grandement élargir le champ des navigations lointaines, entre la Plata, d'une part, dont Solis a marqué l'embouchure, et, de l'autre, les rivages de la Chine où Andrade et Pires viennent de débarquer.

VIII

Pedro Reinel avait assurément formé quelques élèves, avant d'abandonner sa patrie pour l'Espagne. L'un des pilotes portugais, qui continuent le plus nettement la tradition de ce cosmographe, est Francisco Rodriguez, le pilote de la caravelle latine du voyage de 1511, dont les *Commentaires* d'Albuquerque célèbrent les ser-

---

(1) C'étaient D. Hernando Colon, Simon de Alcazaba, le docteur Salaya, Pero Ruiz de Villegas, fray Tomás Duran et le capitaine Juan Sebastian del Cano, astrologues et pilotes. Simon de Alcazaba fut récusé par le roi de Portugal « por haber seido su vasallo y natural di aquel reino, y dice que se viene contra su voluntad, y que por esto le tiene por sospechoso ». Il fut remplacé par le maestro Alcaraz (Navarrete, t. VI, p. 328-329, 361). Le bachelier Tarragona, pilote major, Sebastian Cabot, capitaine et pilote major, Juan Vespuchi, pilote, et les autres pilotes de la *casa de contratacion*, Diego Rivero enfin assistaient comme conseils aux conférences particulières des Espagnols (*id.*, p. 331, 339).

(2) Navarrete, t. IV, p. 155.

vices nautiques et l'habileté cartographique¹, et auquel on doit un important atlas conservé à Lisbonne. Cet atlas, reproduit en esquisses par Santarem² dans sa célèbre collection, contient une série de feuilles, qui représentent à grande échelle toute la navigation de l'archipel Indien. C'est comme une édition, très agrandie et fort améliorée, de la petite carte qui a été le point de départ de notre travail. La feuille n° 18 met en place *Niquibar* et *Gamisspolla*, et l'île du poivre, Sumatra (*esta ilha terra de Camara, homde a muita pimenta*) avec *Pidir* et *paccim*, et en face la péninsule malaise qui porte les noms de *Quedan, rio do trom, baixos de capacio, rio de mellda, muar, rio fermosso*, et enfin *Sangipura*, Singapour.

Rodriguez corrige l'erreur de ses devanciers, en soudant les deux fragments jusque-là séparés de la terre sumatraise; l'île de Palembang disparaît, c'est la fin de la grande île, *ista he a fim da ilha de Camatara* (feuille n° 19).

Il marque pour la première fois sur la carte le nom de l'île de Banka qu'il confond du reste avec la ville de Bantam (*ilha de banta*). Il sait comment s'appelle le détroit qui sépare Java (*ilha de Iaaos*) de Sumatra; *se chama Ssunda*, c'est la Sonde.

Il a recueilli, chemin faisant, quelques noms de localités javanaises, *Ssurubaya*, Sourabaya, *Gracie*, Grésik.

Il énumère plus complètement que ses devanciers les autres grandes îles de la chaîne : *Ilha de Madura*, Madoura; *Ballaram*, Bali; *Lamboquo*, Lombok; *Ssimbaua*, Sumbawa; *Aramaram*, Mangerai, l'un des noms de Flores³; *Cabo de Frollis*, Floreshoofd ; *Ilha de Solor*, Solor; *Batutara*, Wetter; Timor enfin, *ilha de Timor, homde nace o ssamdalo*. Giovanni da Empoli avait déjà donné Timor, comme le pays du santal (*Timor, onde viene sandali bianco e vermiglio*⁴). Duarte Barbosa parle aussi du santal de Timor et du

---

(1) « Francisco Rodriguez, homem mancebo, que sempre andou na India per piloto e sabia mui bem fazer hum padrão » (*Ed. cit.*, parte III, p. 182).
(2) *Portulan dressé entre les années 1524-1530 par Francisco Rodriguez, pilote portugais qui a fait le voyage aux Moluques* (Santarem, col. cit.). — Il va sans dire que les dates assignées à l'atlas sont données par Santarem, qui ignorait que Rodriguez fût déjà à Malacca en 1511.
(3) Est-ce à Mangeral, l'un des noms de Florès, que correspond ainsi Aramaram? ou ce mot n'est-il pas plutôt une forme un peu durcie d'Olemolem nom d'une des tribus de la bande nord de l'île?
(4) *Lettera di Giovanni da Empoli*, éd. cit., p. 81.

commerce important qui se fait de ce bois aromatique dans l'Inde et la Perse[1].

Bornéo, les îles de Banda (*ilhas de bainda, homde nacem ass maças*), Céram (*Ceiram*), Bourou (*Bouro*) sont indiqués. Il en est de même de *Gulli-Gulli*, où Rodriguez avait hiverné en 1511-1512 avec Abreu et Serrão. Le groupe d'Arrou (*Huro*) porte encore le nom de *I. dos papagaios*; Rodriguez a pris pour des perroquets les oiseaux de paradis, que ces îles commencent à exporter en grand nombre[2].

(1) « Nesta ilha (de Timor) ha muytos sandalos branquos que hos Mouros muyto estimaom na India e Persia, honde se gasta muyta soma deles e tem grande valia na Malabr, Narsyngua, e Cambaya » (*Livro de Duarte Barbosa*, éd. cit., p. 377).

(2) Rodriguez connaît aussi, bien mieux que ses devanciers, les côtes de la Chine, et l'une de ses cartes remonte jusqu'à Pékin, dont elle dresse le plan et enseigne la route. On peut se demander dans quelle mesure les contours relativement précis des cartes de Rodriguez n'ont pas été empruntés par ce pilote à une pièce indigène dont Albuquerque lui avait fait faire un extrait pour le roi de Portugal avant son départ avec Abreu. Il est question de cette pièce, dont l'original était dès lors perdu, dans une lettre du grand capitaine, récemment publiée qui porte la date du 1ᵉʳ avril 1512 (*Cartas de Affonso de Albuquerque seguitas de Documentos que as elucidam*, etc., t. 1, p. 64-65. Lisboa, Typ. da Acad. Real das sciencias, 1884, in-4°). Voici le texte d'Albuquerque :

« Tambem vos vay hum pedaço de padram que se tirou dũa grande carta dum piloto de jaoa, aquall tinha ho cabo de boõa esperamça, portugall e a terra de brasyll, ho mar rroxo e ho mar da persia, as ilhas do crauo, a navegaçãm dos chins e gores, com suas lynhas e caminhos dereytos por omde as naos hiam, e ho sertãm, quaees reynos comfynauam huns cos outros; parece me, senhor, que foy a milhor cousa que eu nunca vy, e voss alteza ouuera de folgar muyto de ha ver; tinha os nomes por letra jaoa, e eu trazio jao que sabia ler o espreuer; mãmdou esse pedaço a voss alteza, *que francisco rrodiguez empramtoũ sobre a outra*, domde voss alteza podera ver verdadeiramente os chins domde vem e os gores, e as vossas naus ho caminho que am de fazer pera as ilhas do crauo e as minas do ouro omde sam, e a ilha de jaoa e de bamdam, de nos nozcada e maças e a terra del rrey de Syam e asy o cabo da terra da nauegaçam dos chins, e asy para omde volve e como daly a diamte nam nauegam : *a carta primcipall se perdeo em froll da mar*; co piloto e com pero dalpoem pratiquey ho symtir desta carta, pera la saberem dar rezam a voss alteza; temde este pedaço de padram por cousa muyto certa e muyto sabida, porque he a mesma nauegaçam por omde eles vam o vem mingua lhe o arcepedego das ilhas que se chamam *celate*, que jazem amtre jaoa e malaca. »

Il paraît résulter de cette lettre d'Albuquerque que Rodriguez avait fait une sorte d'adaptation d'une grande carte javanaise, ou plutôt arabe, détruite depuis lors, et sur laquelle on ne s'explique pas aisément, il faut bien le recon-

Les Moluques font l'objet d'une mention spéciale : *estas quatro ilhas [...?] ssam as do Maluquo homde nace o cravo*.

Nous retrouvons enfin, dans le nord-est, la grande terre figurée déjà par les Reinel et qui cette fois porte un nom, désormais célèbre dans les annales des navigations orientales, *Ilha de papoia*, l'île des Papous, la péninsule occidentale de la Nouvelle-Guinée avec les îles secondaires qui l'entourent[1].

La grand'route de l'archipel Indien est connue jusque vers ses extrémités les plus orientales, et, si l'œuvre des Reinel et de leur école n'est pas encore complète, du moins les navigateurs ont-ils dès lors à peu près les moyens de gagner la Sonde, Banda et les Moluques avec une sécurité relative.

Les cartes de Diego Ribeiro de 1529 constatent ingénieusement ces progrès énormes dans la connaissance des mers de l'Extrême-Orient.

Une flotte entière y est peinte, marchant à toutes voiles dans les routes récemment ouvertes, et chacun des jolis petits navires, qui passent sous les yeux du lecteur, lui jette la triomphante devise : *Vengo de Maluco, Vay á Maluco*, JE VIENS DES MOLUQUES, JE VAIS AUX MOLUQUES[2].

naître, les indications relatives au Portugal et surtout au Brésil. Il est assez probable que, suivant les habitudes des cartographes de son temps, Rodriguez avait introduit dans un cadre de sa fabrication les dessins fournis par la composition indigène et que c'est à l'ensemble ainsi obtenu que s'adressent les éloges d'Albuquerque.

Quoi qu'il en soit, l'atlas de Rodriguez que Santarem nous a conservé, postérieur en date au *padram* de 1512, doit se ressentir de l'influence exercée par ce document sur l'œuvre du cartographe portugais.

On ne sait d'ailleurs presque rien de bien précis sur les cartes des Arabes et des Chinois, relatives à l'Extrême-Orient, et il est impossible, pour l'instant, de déterminer leur part d'action dans les progrès de la géographie portugaise au commencement du xvie siècle.

(1) Je ne lis pas complètement la légende qui suit les mots *Ilha de Papoia* dans la copie de Santarem. Je crois pourtant comprendre qu'elle donne l'indication de la distance de ce point à la terre Santa-Cruz, par conséquent à la ligne de démarcation pontificale qui longe à l'ouest cette terre, c'est-à-dire le Brésil.

(2) Voir les deux planches reproduites à la fin de ce volume, et dont la première est le fac-simile de la carte de la Sonde et des Moluques des Reinel, tandis que la seconde montre l'état des connaissances géographiques des Portugais en Indonésie, vers 1519.

VIII

NOTE

SUR LA

MAPPEMONDE DE DIEGO RIBERO

CONSERVÉE AU MUSÉE DE LA PROPAGANDE DE ROME [1]

Diego Ribero, Ribeiro ou Riveiro, fut un des cartographes les plus renommés du commencement du XVIe siècle.

Portugais de naissance[2], il s'était mis, comme tant d'autres de ses compatriotes, au service de l'Espagne. Il était établi dans ce pays dès 1519[3], et le 10 juin 1523 une cédule royale, donnée à Valladolid, l'avait nommé « cosmographe de Sa Majesté et maître constructeur de cartes, d'astrolabes et autres instruments de navigation »[4].

L'un des premiers services qu'il rendit à sa patrie d'adoption

---

(1) Mémoire lu à la section de géographie du Comité des Travaux historiques le 2 mars 1887 et imprimé cette même année dans le *Bulletin de Géographie historique et descriptive* (p. 57-64).

(2) ... *de nascion portugués*, dit Oviedo, qui le nomme D. Rivero (*Historia general y natural de las Indias, Islas y Tierra Firme del Mar Oceano*, Madrid, Real Acad. de la Hist., t. II, p. 149-150, 1852, in-4°).

(3) Il est fait mention, je l'ai déjà dit, de Diego Riveiro et de ses travaux dans une lettre écrite de Séville *al rey de Portugal por Sebastian Alvarez su factor* (M. F. de Navarrete, *Coleccion de los Viages y Descubrimientos que hicieron por mar los Españoles desde fines del siglo* xv. Madrid, Imp. nac., 1837, t. I, p. 155).

(4) *Por Real Cedula dada en Valladolid á 10 de junio de 1523 fué nombrado cosmógrafo de S. M. y maestro de haçer cartas, astrolabios y otros instrumentos de navegacion con 30.000 mrs de sueldo anual* (Navarrete, op. cit., t. I, p. 125, n. 3). — C'est par suite d'une erreur typographique que Santarem assigne à cette nomination la date de 1526.

fut de traduire en 1524, avec l'ambassadeur génois Martin Centurion, un important manuscrit portugais de Duarte Barbosa sur l'Afrique orientale et le Malabar [1].

Il fut envoyé la même année (10 avril 1524) à la célèbre junte du Pont de Caya, entre Yelves et Badajoz, pour prendre part, à titre de conseil, aux discussions relatives à la position et à la propriété des Moluques, *sobre la posesion é proprietad de las islas de Maluco* [2].

Nous le trouvons en 1527 désigné pour faire partie du jury d'examen des pilotes en l'absence de Sébastien Cabot, engagé dans une entreprise de découvertes au Rio de la Plata [3].

Enfin, Diego Ribero est mentionné dans les archives de la *Casa y tribunal de la contratacion de las Indias*, comme ayant inventé, dès 1526, une nouvelle pompe de métal pour épuiser l'eau dans les cales des navires. On n'employait jusqu'alors, dans la marine, que des pompes en bois, et les instruments imaginés par Ribero venaient remplacer très avantageusement ces engins tout primitifs.

Les diverses pièces relatives à l'information poursuivie au sujet de la découverte de Ribero, dont les experts s'accordent d'ailleurs à faire le plus grand éloge, résument une série d'expériences qui se continuent à Séville, puis en mer, jusque vers la fin de 1532. Ribero était encore en vie le 24 avril 1533, date à laquelle il signait une demande d'information sur la traversée d'Espagne aux Antilles du navire *Mar-Alta*, qu'on avait muni d'un de ses appareils. Il était mort avant le 16 septembre de la même année, puisqu'un des témoignages de l'enquête ainsi provoquée est adressé ce jour à « Diego Olivera, tuteur et curateur des héritiers dudit Ribero décédé » [4].

Le cosmographe royal, dont je viens de retracer brièvement la vie dans les quelques lignes qui précèdent, avait dû, pendant les quatorze années dont se compose sa courte carrière scientifique, exécuter un certain nombre de cartes. Oviedo parle de patrons

---

[1] Ce renseignement est emprunté à la première page de la préface que, M. H. Stanley a placée en tête de son édition de Duarte Barboza (*A description of the Coast of East Africa and Malabar in the beginning of the sixteenth century*, London, Hakl. Soc., 1866).

[2] Navarrete, t. IV, p. 331.

[3] Herrera, *Historia de las Indias occidentales*, dec. IV ; libr. II, p. 30. Madrid, 1730, in-4°.

[4] Navarrete, t. I, p. 125-126.

et cartes de Ribero (*patrones* et *cartas*) dans lesquels il a trouvé les matériaux de sa description des terres les plus septentrionales du Nouveau-Monde¹, et Sebastian Alvarez fait allusion, dans la lettre citée plus haut, à de nombreuses cartes de notre auteur inspirées des modèles exécutés par un autre transfuge portugais, Reinel le fils².

Il ne reste que deux pièces de toute cette œuvre : ce sont deux mappemondes, signées et datées de l'année 1529. L'une appartient à la Bibliothèque du grand-duc de Saxe-Weimar, tandis que l'autre a été léguée par le dernier Borgia en 1830 à la Propagande de Rome.

La mappemonde de Weimar a été décrite, en 1795, par Sprengel³ qui en a publié la portion américaine. Kohl a reproduit, en 1860, cette même portion, accompagnée d'un excellent commentaire⁴, tandis que Santarem en extrayait la carte n° 62 de son *Atlas*, qui représente l'*Afrique*⁵.

Humboldt⁶, J. Lelewel⁷ et, plus récemment, Kohl⁸, Santarem et M. H. Harrisse⁹ se sont longuement étendus sur les particularités les plus intéressantes de la mappemonde de Weimar, tandis que

---

(1) Oviedo, *éd. cit.*, t. II, p. 149-150.

(2) *Por este padron se hacen todas las cartas que las hace Diego Riveiro, como también los cuadrantes y esferas* (Navarrete, t. IV, p. 155).

(3) Sprengel (M. C.) *Ueber die Ribeiro's älteste Weltkarte*, Weimar, im Verlage des Industrie Comptoirs, 1795. — Elle se trouvait alors à Iéna, dans la bibliothèque de Büttner.

(4) J.-G. Kohl, *Die beiden ältesten General-Karten von Amerika, ausgeführt in den Jahren 1527 und 1529 auf befehl Kaiser Karl's V im besitzt der grossherzoglichen Bibliotek zu Weimar*. Weimar, Geogr. Instit., 1860, in-f°.

(5) Vicomte de Santarem, *Atlas composé de mappemondes et de cartes hydrographiques et historiques, depuis le XIᵉ jusqu'au XVIIᵉ siècle, pour la plupart inédites*, etc., etc., publié aux frais du gouvernement portugais. Paris, Fain et Thunot, 1842, in-folio.

(6) A. de Humboldt, *Examen critique de l'histoire de la géographie du nouveau continent et des progrès de l'astronomie nautique aux XVᵉ et XVIᵉ siècles*, Paris, Gide, 1837, in-8°, t. II, p. 186; t. III, p. 184.

(7) J. Lelewel, *Géographie du moyen âge*, Bruxelles, Pilliet, 1852, in-8°, t. II, p. 112, note, et 166-167.

(8) J.-G. Kohl, *op. cit.*, et *Discovery of Maine*, pass.

(9) H. Harrisse, *Jean et Sébastien Cabot, leur origine et leurs voyages; étude d'histoire critique, suivie d'une cartographie, d'une bibliographie et d'une chronologie des voyages au N.-O. de 1497 à 1550, d'après des documents inédits* (Recueil de voyages et de documents de MM. Schefer et Cordier, t. 1). Paris, Leroux, 1882, gr. in-8° p. 178-179.

celle de Rome était demeurée entièrement inédite et presque inconnue des historiens de la géographie.

Tout ce que l'on savait de cette dernière était renfermé dans un court article de la *Gazetta litteraria universale* de mai 1796 [1] et dans deux courtes notices de Hommaire de Hell et de R. Thomassy, insérées dans les *Bulletins de la Société de géographie* de 1847 [2] et les *Nouvelles annales des voyages* de 1852 [3].

On la connaîtra désormais beaucoup mieux que l'autre carte ribérienne. Prêtée par le pape Léon XIII aux organisateurs de la galerie historique des Indes occidentales à l'exposition coloniale de Londres, elle vient d'être soigneusement éditée en couleur par l'autorisation de la Propagande (nov. 1886), et c'est un exemplaire de cette reproduction, présenté au Comité par M. J.-E. de la Croix, qui motive la communication que l'on m'a prié de faire.

L'original, une grande feuille de parchemin, a été réduit aux 7/10es environ par l'éditeur anglais, M. W. Griggs ; on y lit néanmoins très nettement toutes les inscriptions, *sensiblement moins nombreuses que sur la carte de Weimar*.

Cette *simplification des légendes* est un premier caractère qui distingue les deux mappemondes, tantôt les inscriptions disparaissent en entier, tantôt elles sont seulement abrégées. Ainsi, par exemple, les commentaires qui accompagnent les mots *Peru*, *Castilla del Oro*, *Tiera del Brasil*, etc., sur la carte de Weimar, sont supprimés intégralement ; il ne reste plus que deux lignes des six qui étaient inscrites au-dessous de *Nueva España*, etc., etc. [4].

---

(1) C'est un passage mal compris de cet article, écrit à l'occasion de la publication de Sprengel, qui a fait croire à Thomassy qu'il existait trois exemplaires de la mappemonde de Ribeiro et non pas deux. « *Oltre i due esemplari della carta Riberiana ivi indicati*, écrit-on en parlant du travail de Sprengel, *esiste ancora in Italia un terzo, il quale in autenticità e bellezza forse li potrebbe superare.* » Les deux premières sont les *deux mappemondes de Weimar*, dont une seule appartient à Ribeiro ; la troisième est celle de la Propagande.

(2) Hommaire de Hell, *Notice sur plusieurs monuments géographiques inédits du moyen âge et du XVIe siècle qui se trouvent dans quelques bibliothèques d'Italie*, accompagnée de notes critiques par le vicomte de Santarem (*Bull. Soc. de géogr.*, IIIe série, t. VI, p. 349-310, 1847).

(3) R. Thomassy, *Les papes géographes et la cartographie du Vatican*, Paris, A. Bertrand, 1852, in-8°, p. 118-122.

(4) La disposition inverse est tout à fait exceptionnelle. La légende *Tiera de Ayllon* offre plus de détails, et nous verrons plus loin quelques mots essentiels s'ajouter à celle de *Tiera de Labrador*.

Un second caractère différentiel peut se tirer de *l'addition des figures à l'intérieur des continents* sur la Carte de la Propagande. L'Afrique de Weimar n'est ornée que d'un château fort, correspondant à Sofala, d'une maison à étage dont le pignon est tourné vers le mot *Manicongo*; et d'une construction à peu près semblable, surmontée d'une croix, qui loge le PRETTO JUÃ. Le continent noir de la carte de Rome est rempli de collines et d'arbres, de mammifères et d'oiseaux parfois fort exactement dessinés, parfois aussi singulièrement étranges, singes, lions, hyènes, éléphants, autruches, etc., etc.

Les grands voiliers, au gréement archaïque, qui vont aux Moluques ou qui en reviennent (*vay à Maluco*, *vengo de Maluco*, disent les petites légendes qui accompagnent les navires), sont aussi un peu plus nombreux [1].

Je compte également plus de roses peintes et dorées, tout en constatant que l'exécution de ces ornements est à peu près la même dans les monuments mis en présence.

Enfin la carte de Rome porte trois écussons richement enluminés. Ce sont de droite à gauche: un premier écusson de *gueules à une montagne à six coupeaux d'argent surmontée d'une étoile d'or* qui est CHIGI; un deuxième écusson de même forme et de même grandeur, mais couronné de la tiare pontificale et qui porte *d'azur au chêne d'or de quatre branches passées en sautoir*, qui est ROVERE; un troisième écusson enfin qui associe les émaux des deux autres, écartelé au premier et au quatrième de Rovere, au deuxième et au troisième de Chigi [2].

Plusieurs personnes ont déjà tenté d'expliquer la présence de ces diverses armoiries sur la mappemonde de 1529. Ainsi M. Shakespeare Wood, constatant que les armoiries centrales sont celles du pape Jules II [3], a émis l'opinion que la carte avait pu être commencée sous le règne de ce pontife (1503-1513) [4]. En

---

(1) Je compte, par exemple, quatre vaisseaux au lieu de trois, qui traversent l'Atlantique du Nord. En revanche, le curieux petit navire qu'on voit sur la carte de Weimar au N., du cap Saint-Vincent, avec l'inscription *Vengo de Flandes*, disparait de la carte de Rome.

(2) Cf. *La vraye et parfaite science des armoiries ou l'indice armorial de feu maistre Louvan Galiot...* Paris, Léonard, 1664, in-f°, p. 297.

(3) Et non pas celles de Clément VII, comme l'a imprimé R. Thomassy, p. 120.

(4) P. T. O., *The 2nd Borgian map by Diego Ribeiro geographer to His Majesty en Seville*, 1529. London, 1886, br. in-8°. — L'auteur de cette plaquette

proposant cette interprétation, le critique anglais ne tenait compte ni de la date d'entrée en fonctions de Ribero (1523) ni de l'existence de la carte de Weimar, dont celle de la Propagande est une seconde édition simplifiée et ornementée. D'ailleurs il est certain que la pièce, dont j'ai examiné de près l'original, a été exécutée d'un seul trait, sans aucune reprise, et que, par conséquent, les écussons qu'on y voit sont postérieurs de seize années à la mort de Jules II.

Il n'y a qu'une manière d'expliquer la présence des armes de ce pape sur la carte de Ribero, c'est d'en attribuer la possession première à Agostino Chigi, intendant des finances de Jules II, qui fut le protecteur de tous les artistes de son temps et l'un des plus célèbres amateurs d'art de la première moitié du xvi° siècle. Agostino Chigi aura commandé à Ribero une mappemonde sur laquelle il aura fait mettre entre ses armoiries primitives (Chigi), placées à droite, et celles qu'il tenait de son bienfaiteur (Rovere-Chigi), peintes à gauche, l'écusson du pontife lui-même, qui avait élevé sa famille à de hautes fonctions dans le gouvernement de l'Église [1].

Revenons, après cette digression dont les blasons de notre carte ont été le point de départ, à l'examen de la pièce, considérée moins en elle-même que par rapport à celle de Weimar, dont elle émane.

Le système de construction est identique dans les deux cartes, et la nomenclature ne présente pas de modifications sensibles, en dehors des abréviations et des suppressions déjà signalées plus haut [2].

nomme *Borgienne* notre mappemonde; il ne faut pas prendre au sérieux cette dénomination donnée exclusivement à la pièce parce qu'elle vient du musée Borgia de Velletri. Ce n'est que bien longtemps après sa confection que la mappemonde de Diego Ribero est passée dans les mains de la famille Borgia.

(1) « Jules II donna l'Intendance des finances à Augustin Chigi et se trouva bien de ce choix. En récompense il honora son financier d'une espèce d'adoption; car il voulut qu'Augustin Chigi et ses descendants fussent censés appartenir à la famille de la Rovère » (Angelo Corraro, *Relatione della Corte Romana* p. 9. — Voyez aussi *Il Sindicato de Allessandro VII*, p. 29, édit. de 1668; — Hadrianus Junius *Animadvers*, lib. IV, cap. vm; — P. Jove, *de Piscibus Romanis*, cap. v, p. 49, édit. Froben, 1531 (*Histoire des Papes depuis Saint Pierre jusqu'à Benoit XIII exclusivement* [par François Bruys], La Haye, Scheurleer, 1734, in-4, t. V, p. 307).

(2) Ceci ne s'adresse qu'aux comparaisons instituées entre la nomenclature de la portion de carte publiée par Kohl et celle du fac-similé de M. W. Griggs.

L'une des variantes les plus intéressantes (elle a été déjà relevée par M. Harrisse, d'après Thomassy [1]) est celle qui consiste dans l'intercalation que l'on rencontre au milieu de la phrase consacrée au Labrador.

Esta tiera descubrieron los Ingleses, disait la carte de Weimar, *no ay en ella cosa de provecho*.

La carte de Rome formule ainsi la même notice : TIERA DEL LABRADOR *laqual descubriciò los Ingleses de la villa de Bristol en laqual no allaró*, etc.

On sait que l'expédition de Cabot, à laquelle ce texte fait allusion, est partie en effet de *Bristol*, pour le nord de l'Amérique au commencement de mai 1497.

Je pourrais signaler quelques variations encore, entre la nouvelle carte de Ribero et ce qui lui correspond dans la belle publication de Kohl. Il sera plus utile, dans cette note forcément écourtée, d'appeler l'attention sur le fragment qui correspond à l'Afrique et dont la publication vient rendre les plus grands services à l'étude de la nomenclature géographique du continent noir dans le premier quart du xvie siècle.

Si la carte de Kohl (*Amérique de Ribero*) est remarquable par son exactitude, celle de Santarem (*Afrique* du même cosmographe) a été reproduite avec une extrême négligence. On s'est borné à calligraphier une copie, exécutée jadis à Weimar pour Humboldt [2], avec si peu de soin que la plupart des textes en sont presque inintelligibles [3].

C'est ici surtout que le fac-similé de M. W. Griggs est appelé à

---

[1] H. Harrisse, *op. cit.*, p. 179; — H. Thomassy, *op. cit.*, p. 121.

[2] Cette copie appartient aujourd'hui à la Bibliothèque nationale (Inv. gén., n. 1023). Les formes sont calquées exactement, mais les écritures ont été reproduites en lettres cursives par un copiste ignorant et maladroit. On lit en bas et à gauche de la main d'Humboldt l'inscription suivante : *Afrique non publiée de la mappemonde de Diego Ribero de 1529 (de la bibliothèque de Weimar), hommage à M. le baron Walckenaer. A. Humboldt, Paris, déc.* 1835, *Humb., Examen critique*, p. 182. C'est 186 qu'il faut lire; à la page 186 du t. II de l'*Examen critique*, on trouve en effet cette note : *J'offrirai à M. Walckenaer, pour sa riche collection géographique, les calques de l'Afrique de 1527 et de 1529*... A la vente de Walckenaer, le calque sus-mentionné a été acquis par Jomard pour la Bibliothèque.

[3] Je citerai par exemple INDEA pour IVDEA, DESERTA LIDIE pour LIBIÆ, ou encore cette légende inscrite au-dessus des *Montes Lunæ : Ab hys monti nili palule mues susapural*, que la carte de Rome donne sous la forme que voici : *Ab hiis montibus, nils paludes nives suscipiunt*... etc., etc.

rendre des services, puisqu'il met pour la première fois sous les yeux des historiens de la géographie la nomenclature officielle adoptée par le dépôt des cartes du *Piloto mayor* de Séville, chargé depuis 1508 d'étendre et de rectifier d'année en année le *Padron Real*, c'est-à-dire le recueil des positions « des terres fermes et îles ultra-marines [1] ».

Je crois inutile d'insister plus longuement sur la pièce qui nous est communiquée; il me paraît tout à fait superflu de reproduire ici les longues descriptions consacrées ailleurs aux lignes de démarcations pontificales, aux dessins d'instruments nautiques, aux cartouches à légendes de la carte de Weimar, que celle de la Propagande se borne à répéter sans y introduire de variations importantes.

Seulement je protesterai, en terminant cette note, contre l'épithète de *borgienne* donnée à cette dernière par l'éditeur anglais: *Second Borgian map*. On pourrait croire, en lisant ce sous-titre, que la carte de Ribero serait le complément de celle sur laquelle Alexandre VI traça la fameuse *ligne de démarcation* entre les possessions de l'Espagne et du Portugal, tandis qu'elle ne représente *officiellement* rien autre chose qu'un exposé des prétentions de la couronne à la possession des Moluques, placées par le cosmographe de Charles-Quint dans la sphère d'action de l'Espagne.

En réalité, la mappemonde de Ribero n'est *borgienne* que parce qu'elle se trouvait à Velletri, dans le fameux musée du cardinal Étienne Borgia, avant d'être enfermée dans la bibliothèque du collège de la Propagande d'où l'a fait enfin sortir l'intelligente intervention du cardinal Manning [2].

(1) Navarrete, *op. cit.*, t. III, p. 300; — cf. Humboldt, *Examen critique*, t. III, p. 185.
(2) C'est en effet par l'intermédiaire du cardinal Manning que sir Augustus J. Adderley a obtenu de Mgr Jacobini, secrétaire de la Congrégation de la Propagande le prêt momentané de la mappemonde de Ribero, puis l'autorisation d'en reproduire le fac-similé dont nous venons d'étudier un exemplaire.

IX

COMMENTAIRES
SUR QUELQUES
CARTES ANCIENNES DE LA NOUVELLE-GUINÉE
POUR SERVIR
A L'HISTOIRE DE LA DÉCOUVERTE DE CE PAYS
PAR LES NAVIGATEURS ESPAGNOLS
(1528-1606 [1])

I

Dans les premiers mois de l'année 1877, le capitaine John Moresby, de la marine royale britannique, a publié le récit de ses récentes croisières dans le Pacifique sur le navire *Basilisk*, et joint à son texte deux belles cartes donnant pour la première fois le tracé bien arrêté de toute l'extrémité orientale de la Nouvelle-Guinée et des deux groupes d'îles qui prolongent cette grande terre dans la direction de l'est [2].

Ces cartes sont le fruit d'observations nombreuses et précises recueillies pendant deux campagnes fort habilement menées sur

---

[1] Communiqués à la Société de géographie dans sa séance du 2 mai 1877, et imprimés dans le Bulletin de cette compagnie (6ᵉ série, t. XIV, p. 449-488, 1877).

[2] J. Moresby, *New-Guinea and Polynesia. Discoveries and Surveys in New-Guinea and the d'Entrecasteaux Island, a Cruise in Polynesia and Visits to the pearl-shelling Stations in Torres Straits, of H. M. S. Basilisk*. London, 1876, in-8°. — Les deux cartes insérées dans ce volume représentent, l'une, l'ensemble des côtes de la Nouvelle-Guinée et des archipels voisins explorées par le *Basilisk*, l'autre, l'extrémité S.-E. de la grande terre et le détail des îles Hayter, Basilisk et Moresby.

des côtes où jamais, croyait-on, les Européens ne s'étaient encore aventurés et qui, en tout cas, n'étaient représentées dans les atlas modernes que sous une forme toute sommaire et profondément incorrecte.

Reprenant et complétant presque, dans le sud-est du groupe néo-guinéen, l'œuvre à laquelle Owen Stanley, Yule, Blackwood, Dumont d'Urville, Ruault-Coutance, Edwards, Bougainville, etc., avaient attaché leurs noms, le commandant du *Basilisk* a été assez heureux pour pouvoir relier les observations de ces divers navigateurs à celles que d'Entrecasteaux avait prises dans son célèbre voyage sur l'autre bande de l'île.

Chemin faisant, M. Moresby a trouvé un grand nombre de choses nouvelles et fort intéressantes pour la science. Il a constaté, par exemple, que la Nouvelle-Guinée se termine au sud-est par une sorte de large fourche, et non par le promontoire maigre et effilé que l'on voit pointillé sur toutes les cartes récentes. La plus méridionale des deux branches de la fourche se continue en une masse serrée d'îles grandes et petites formant un archipel au travers duquel le marin anglais a successivement reconnu deux passages qui doivent abréger considérablement, suivant lui, la navigation d'Australie en Chine. La pointe nord de la fourche est en relation avec la plus méridionale des îles d'Entrecasteaux, dont M. Moresby a tracé tous les contours vers l'ouest, en même temps qu'il relevait la côte de la grande terre jusqu'au delà du 7° degré.

L'œuvre de M. Moresby, que la Société géographique de Londres n'avait fait qu'en partie connaître[1], renferme bien d'autres découvertes dans le détail desquelles il ne nous est pas possible d'entrer aujourd'hui. Elle a obtenu dans le monde scientifique un véritable succès. Ses textes ont été l'objet de nombreux commentaires très généralement favorables, et ses cartes reproduites dans quelques-uns des recueils spéciaux les plus répandus[2] sont déjà devenues presque classiques.

A se placer exclusivement au point de vue *actuel*, comme ont

---

[1] Capt. J. Moresby, *Recent Discoveries at the Eastern End of New-Guinea* (Journ. of the Roy. Geogr. Soc., vol. XLIV, p. 1, 1874); — *Discoveries in Eastern New-Guinea by captain Moresby and the officers of H. M. S. Basilisk*. (Ibid., vol. XLV, p. 153, 1875.)

[2] *Ocean Highways. The Geographical Review*, décembre 1873; — *Petermann's Mittheilungen*, t. XX, taf. 5, 1874; — Etc.

fait tous les critiques qui se sont occupés des campagnes de
M. Moresby, les éloges presque unanimement décernés au commandant du *Basilisk* ne semblent pas exagérés. Mais à prendre
les choses au point de vue du passé, l'expédition anglaise perd
une certaine partie de son importance, car elle ne se montre plus,
jusqu'à un certain degré, aux yeux de l'historien, que comme
ayant élargi et perfectionné à l'aide de toutes les ressources de la
science nautique moderne des découvertes commencées il y a
plus de deux siècles dans des conditions bien autrement difficiles
et oubliées, il faut bien l'avouer, presque aussi rapidement
qu'elles avaient été faites.

M. Moresby, qui a comparé attentivement les résultats de ses
opérations avec ceux qu'avaient obtenus ses devanciers immédiats,
ne s'est point occupé des voyageurs en Nouvelle-Guinée antérieurs
à Bougainville et à d'Entrecasteaux. L'un de ces vieux marins,
Espagnol de nation, avait pourtant pénétré longtemps auparavant
dans les eaux qu'a sillonnées le *Basilisk* en 1873 et 1874.

Sur une ancienne carte d'Asie que je mets sous les yeux de mes
collègues, la Nouvelle-Guinée, entièrement tracée, quoique d'une
manière bien incorrecte, porte en effet, *jusqu'à ses extrémités les
plus orientales*, une nomenclature fort chargée, d'origine presque
exclusivement espagnole.

Cette carte, dont un extrait réduit aux deux cinquièmes accompagne le présent mémoire (fig. 9), fait partie d'un atlas édité à
Amsterdam en 1700 par Pierre Mortier[1], et intitulé : *Suite du
Neptune françois, ou Atlas nouveau des cartes marines, etc., etc.*

Frémont d'Ablancourt avait recueilli la plupart des matériaux
de l'important ouvrage dont je viens de transcrire le titre, pendant
son ambassade en Portugal. A sa mort, survenue en 1693 à La
Haye, où la révocation de l'Édit de Nantes l'avait contraint à se
réfugier, il avait légué ses documents à M. d'Hallewyn, qui

---

(1) *Suite du Neptune François ou Atlas nouveau des cartes marines levées
par ordre exprès des Roys de Portugal sous qui on a fait la découverte de
l'Afrique, etc., et données au public par les soins de feu M. d'Ablancourt, dans
lequel on voit la description exacte de toutes les côtes du monde, du détroit de
Gibraltar, de la mer Oceane méridionale ou Éthiopienne, de la mer des Indes
orientales et occidentales, etc., où sont exactement marquées les routes qu'il
faut tenir, les bancs de sables, rochers et brasses d'eau, et généralement tout
ce qui concerne la navigation, le tout fait sur les observations et l'expérience
des plus habiles ingénieurs et pilotes.* Amsterdam, Pierre Mortier, 1700, f°.

les avait confiés à Pierre Mortier pour les donner au public[1].

L'éditeur en fit la base d'un second volume de son recueil aujourd'hui devenu très rare, en les fondant parfois, sans beaucoup de critique, avec d'autres documents qu'il possédait déjà. C'est ainsi que la feuille droite de la CARTE DES COSTES DE L'ASIE SUR L'OCÉAN montre une immense terre allongée presque directement de l'ouest à l'est, et dont la partie occidentale, dite *Terre des Papous* et teintée en vert, reproduit à peu près ce que l'on trouve sur les cartes publiées vers le même temps aux Pays-Bas, tandis que la partie orientale, teintée de jaune, faisant dans une large mesure double emploi avec la précédente, est couverte de noms espagnols, témoins de vieilles expéditions pour la plupart oubliées depuis longtemps et parmi lesquelles le voyage au sud-est, auquel j'ai déjà fait précédemment allusion, tient une large place.

C'est surtout à cette portion de la carte que doivent s'appliquer mes commentaires. Il me faut pourtant auparavant interpréter rapidement la moitié occidentale qui, sans offrir rien de bien remarquable, contient pourtant quelques indications utiles à signaler.

Une grande péninsule, d'une largeur à peu près égale dans toute son étendue et dirigée du nord-nord-ouest au sud-sud-est, à laquelle vient se souder vers sa base un long promontoire régulièrement conique, tourné vers l'ouest-sud-ouest, telle est la *Terra des Papous* de la carte de Pierre Mortier. Ce sont presque exactement les formes que revêt la Nouvelle-Guinée connue des Hollandais dans les cartes de Martentz de Leeuw (1623), de Tasman (1644), de Jansson (1652), etc.[2], et qu'elle conservera sans variation notable jusque vers la fin du XVIIIe siècle.

Les noms géographiques y sont pour la plupart écrits en hollandais ou traduits de cette langue en latin ou en français, et rappellent les voyages heureux ou malheureux des navigateurs des Pays-Bas pendant le XVIIe siècle. Ce sont de droite à gauche, sur la côte nord, les vingt-cinq îles (25 *insulæ*) vues par Schouten

---

[1] *Op. cit.*, f° 1.
[2] P. A. Leupe, *De Reizen der Nederlanders naar Nieuw-Guinea en de Papoesche Eilanden in de 17e en 18e eeuw* (Bijdragen tot de Taal-Land-en Volkekunde van Nederlandsch Indie. 3e Volgr. D. X, 1875, in-8°, taf. 2); — R. H. Major, *Early voyages to Terra Australis, now called Australia*, London, Hakluyt Society, 1859, in-8°, p. XCVII; — *Cinquiesme partie du grand Atlas*. Amstelodami apud Joannem Janssonium, 1652, in-f°; — Etc.

en 1616 et qui font partie de l'archipel de l'Amirauté¹; une *terre haute*, le *Haut-Coin* de la carte du même voyageur, le *Haut Mont* (*Hooghe Bergh*) de son texte², qui semble correspondre à une portion de la côte voisine de la baie Kornelis Kinersz; *Moa* et *Arimoa*, deux îles rencontrées par la même expédition³, qui crut y trouver la preuve de relations antérieures des indigènes avec les Espagnols⁴, et revues par Tasman dans ses deux voyages de 1643 et 1644⁵; l'*Ile de Guillaume Schouten*, qui a pris le nom du célèbre navigateur qui l'a longée en 1616, et dont Mysore est le vocable indigène⁶; enfin, un *cap de Goedehoop* (Bonne-Espérance), mal placé par Mortier, mais qui est bien certainement celui que Tasman a ainsi dénommé, sous la latitude la plus septentrionale de la péninsule nord-ouest, où l'on peut encore lire son nom, et qu'il ne faut point confondre avec le Goedehoop de Schouten⁷, aujourd'hui cap Saavedra, qui forme la pointe occidentale du groupe de Mysore⁸.

A la côte sud-ouest nous rencontrons au pied du *Sneeberg*, *die Sneeuw Berch* de la carte de Martentz de Leeuw⁹, *Sneeuw Gebergte* des cartes modernes, un lieu dit *Dodthlagers* pour *Doodslagers*, *meurtriers*, appelé ainsi, sans aucun doute, en souvenir de l'assassinat de Carstens et de ses huit compagnons (1623). On sait, par les instructions données à Tasman en 1644¹⁰, que le théâtre

---

(1) JOURNAL OU *Relation exacte du voyage de Guill. de Schouten dans les Indes par un nouveau destroit et par les grandes Mers Australes qu'il a descouvertes vers le Pôle Antarctique.* Paris, 1618, in-12, p. 180, 181; — Cf. *Miroir oost and west Indical.* Amsterdam, 1621, in-4°.

(2) *Ibid.*, p. 183.

(3) *Ibid.*, p. 196.

(4) *Ibid.*, p. 195.

(5) J. Burney, *A Chronological History of the Discoveries in the South Sea or Pacific Ocean.* Vol. III, p. 106, 1813, in-4°; — Major, *op. cit.*, p. 96 et pl.

(6) On donne aujourd'hui le nom d'îles de Schouten à l'ensemble des îles qui ferment au nord la grande baie du Geelvink, et qui comprennent le groupe de Mysore (Saok, Biak, etc.), Mafor, Misuomin, Jobie et Koeroedoe.

(7) Schouten, *ed. cit.*, p. 200. — Cf. Tasman, trad. de Burney, vol. III, p. 107 et n.

(8) Un point tout voisin de celui qu'on appelle le cap de Goede-Hoop s'appelle sur la carte que j'interprète *cap Désiré*; nous verrons plus loin qu'il traduit un terme de la nomenclature des anciens Espagnols.

(9) Leupe, *loc. cit.*

(10) *Instructions for the commodore captain Abel Jans= Tasman*, etc. (*Extract from the book of dispatches from Batavia*, etc., trad. angl. de Major., *op. cit.*, p. 45-46).

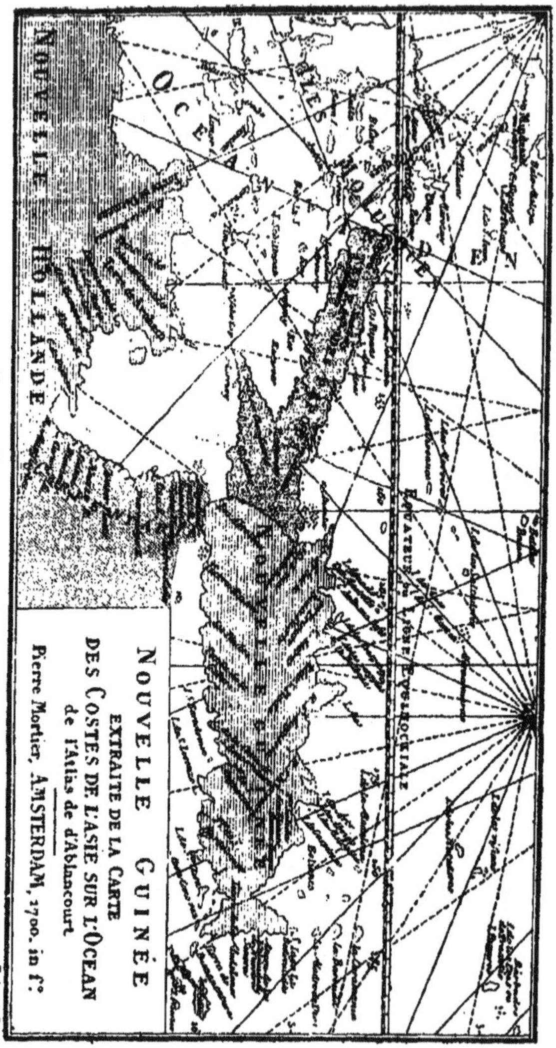

Fig. 9. — Carte de la Nouvelle-Guinée

de cet horrible drame gît par le 5° degré ; la carte du voyage de Carstens l'appelle *Dootslagers Rivier*[1] et place le cours d'eau de ce nom dans un point qui paraît correspondre à l'Outanata.

Retournée, un peu au sud, paraît être une mauvaise leçon de *retournée*, traduite du Keerweer hollandais[2] qu'on lit un peu à gauche sous la forme *Keever*, et qui se montre pour la première fois dans la carte déjà citée des voyages de Carstens, où il désigne une rivière débouchant à la mer vers le 7° degré[3].

Le *Valsche Cap*, cap Valsche des cartes modernes, dépassé par le *Pera* en 1623 (*die Valsse Caep* de Leeuw), est signalé comme un repère important dans les instructions de Tasman[4] et figure assez bien dessiné sur la carte de l'*Arcano del Mare* de 1647 publié par Dudley. Enfin Vlermoy, pour *Vleermuis*, chauve-souris ou *Chausouris*, comme traduit notre cartographe, est la plus grande des îles longues et étroites rangées contre la côte sud. C'est le *Vleermuysen eylant* de Martentz de Leeuw que quelques géographes ont traduit plus tard sous la forme de *Vespertilio*[5].

Au milieu de toute cette nomenclature prise aux géographes des Pays-Bas, deux mots se détachent, en langue portugaise, *os Papuas*, placés évidemment au voisinage de l'île Guillaume Schouten, pour rappeler le séjour dans cette contrée des compagnons de Ménezès. Barros[6] a conservé le souvenir de l'expédition

---

(1) Leupe, *op. cit.*, p. 5.

(2) Il ne faut pas confondre ce Keerweer, qui figure habituellement sur les cartes hollandaises du XVII° siècle avec celui du voyage du *Duyfken* (1606). Ce dernier est placé vers 13° 3/4 par les instructions données à Tasman par la Compagnie des Indes, mais les anciens géographes hollandais n'en font jamais mention, et d'ailleurs à la latitude correspondante on ne trouve point de saillie remarquable de la côte. Tout cela doit laisser planer des doutes sur l'étendue de la navigation de Willem Iansz sur le *Duyfken* et sur l'authenticité de la découverte du continent australien qu'on lui attribue habituellement.

(3) Ce pourrait être l'entrée nord du détroit de la Princesse Marianne, que Kolff considérait encore en 1826 comme l'embouchure du grand fleuve, auquel il imposait le nom de son navire le *Dourga* (Kolff, *Voyages of the Dutch Brig of war Dourga, etc.*, trad. angl. de G.-W. Earl. London, 1840, in-8°, p. 322-323).

(4) *Trad. cit.*, p. 49.

(5) On voit encore au sud, en tête de ce qui sera plus tard le détroit de Torres, un *C. Seche*, le cap Sec de Delisle, cap stérile si l'on préfère, dont le nom s'applique admirablement au site qu'il désigne, tel qu'on le connaît aujourd'hui, mais qui ne rappelle rien de bien spécial, au point de vue historique.

(6) G. de Barros, *L'Asia*, Decad. IV, lib. I, c. XVI.

de cet officier portugais qui, entraîné par les courants et complètement égaré dans sa route en allant de Malacca aux Moluques, en 1526, vint aborder à deux cents lieues au delà de cet archipel, chez un peuple nommé *Papuas*, dans une île de *Versija*, qui me paraît correspondre assez bien à Waigiou [1].

II

Les Portugais furent suivis de très près à la côte nord de la Papouasie par leurs rivaux les Espagnols. Saavedra en 1528 et 1529, Grijalva et Alvarado en 1537, Yñigo Ortiz de Retes en 1545 visitèrent la plus grande partie des rivages septentrionaux de la Nouvelle-Guinée. Malheureusement les relations de ces quatre navigations sont fort sommaires et nous ne connaissons les découvertes qu'elles ont procurées que par des récits trop souvent contradictoires.

Alvaro de Saavedra, parti le 3 juin 1528 de Tidore [4], avait ren-

(1) Le manuscrit intitulé *Altura de todas las yslas que hay de la parte del Norte en la mar del Sur*, signalé par D. Francisco Coello parmi ceux de la *Direcion de hydrografia*, place une île de *Menezes*, qui ne peut être que Versija, sur l'équateur, c'est-à-dire dans la position de Waigiou (cf. D. Francisco Coello, *La Conferencia de Berlin y la Cuestion de las Carolinas*. Madrid, 1885 in-8°, p. 118).

(2) Vicomte de Santarem, *Atlas composé de mappemondes, de portulans et de cartes hydrographiques et historiques depuis le VIᵉ jusqu'au XVIIᵉ siècle pour la plupart inédites*, etc. Paris, 1842-1849, in-f°.

(3) Linschoten, dans une des cartes de ses navigations aux Indes orientales figure une terre en forme de carré long, portant l'inscription *Os Papuas*, au-dessus de laquelle on voit deux groupes d'îles. Ce sont : au N.-O., une île *d'Agrada*, que nous retrouverons tout à l'heure, et les îles *dos Gravos*, ainsi nommées par Mènezès (Bufu, dont je fais Fow, petite île de la côte S.-O. de Guébé, et Menusu, déformation du nom du marin portugais, qui doit être Guébé lui-même); au N.-E., d'autres îles, désignées encore par le mot *Os Papuas*, puis des îles sans nom; enfin assez loin vers l'orient, une *Nova Guinea* dont le premier cap occidental s'appelle *de Buen deseo*. Au voisinage des mots *Os Papuas* on lit la phrase latine : « Hic hibernavit Georgius de Menezes » (*Histoire de la navigation de Jean Hugues de Linschot, Hollandois, aux Indes orientales*, 2ᵉ édit., Amsterdam, 1619, in-4°. — La 1ʳᵉ édition est de 1563). — Ces indications relatives à Menezès se retrouvent dans les atlas de Mercator et Hondrius, Jansson, etc., publiés au commencement du XVIIᵉ siècle.

(4) Vicenzio de Napoles, *Relacion de todo lo que descubrio y anduran el capitan Alvaro de Sayavedra, el cual salio del puerto de Yacatubo, que es en la Nueva España, á 1º de Noviembre de 1527, la qual armada fue despachada por*

contré dans l'est, à une distance qu'il estimait de 250 lieues, une île, où il avait abordé. « C'est une île, dit Vicencio de Napoles, grande et très peuplée d'une nation noire, aux cheveux crépus, allant nus; ils ont des armes de fer et des épées, et ils nous donnaient à manger, par voie d'échange, des poules et des porcs, du riz et des haricots, et beaucoup d'autres comestibles; nous restâmes là trente-deux jours, parce que le temps ne se prêtait pas à naviguer. » Croyant, on ne sait sur quels indices, que ce pays abondait en or, désireux en tout cas de donner quelque prix à sa découverte, Saavedra lui avait imposé le beau nom de *Isla del Oro*, l'*Ile de l'or*, qui n'a laissé d'ailleurs aucune trace sur les cartes. Le peu que nous dit Napoles de l'ethnographie des habitants permet d'assurer que c'est dans le nord-ouest de la Papouasie que les Espagnols abordèrent pendant ce premier voyage. En effet, les armes de fer et les épées ne pouvaient se rencontrer, dans des îles peuplées de noirs, que vers l'extrémité occidentale de la Nouvelle-Guinée.

Une autre île innommée, à quatorze lieues dans l'est de la précédente, d'autres îles nombreuses et un îlot peuplé où l'on débarque et où des nègres laids et nus attaquent nos voyageurs cent lieues plus loin; enfin, à 250 lieues encore par 7°, une île habitée par des hommes blancs et barbus (*barbados*) marquent vaguement les étapes d'une reconnaissance qui s'est poursuivie fort loin, comme on voit, mais sans grand profit pour la science.

Les Espagnols suivirent exactement la même route l'année suivante jusqu'à l'île où ils avaient été précédemment attaqués, puis se dirigèrent dans l'est-nord-est, n'ajoutant par conséquent aucun fait nouveau à ceux qu'ils avaient recueillis en 1528 [1].

---

el marqués del Valle, D. Hernandos Cortés, etc. (*Coleccion de Documentos relativos al descubrimiento*, conquista y organizacion de las antiguas posesiones españolas en America y Oceania, etc., t. V, p. 88, Madrid, 1886, in-8.

[1] Galvão attribue à Saavedra, dans ce second voyage, sans aucun détail du reste, la découverte de 500 lieues de côtes « saines et de bon ancrage » au pays des Papouas. Il serait bien étonnant, si cette découverte avait été alors accomplie, que Herrera n'en ait pas été instruit, lui qui composait son récit « avec les papiers originaux et les actes publics qui pouvaient jeter quelques lumières sur l'objet de ses recherches ». Galvão était un contemporain sans doute, mais il était Portugais, et, quoique sa position de gouverneur des Moluques lui ait permis d'observer assez bien les mouvements des Espagnols dans le Pacifique, il pourrait bien avoir involontairement beaucoup trop étendu le

Le récit de l'entreprise de Hernando de Grijalva en 1537 est encore moins arrêté que ceux qui concernent ses deux prédécesseurs, et les contradictions sont bien plus manifestes entre les différents écrivains qui s'en sont occupés. Tout ce qu'on en peut tirer de positif au point de vue historique se résume dans la découverte d'une île voisine de la côte des Papouas, appelée *isla de los Crespos*, à cause des cheveux crépus des nègres qui l'habitent, et au voisinage de laquelle une sanglante tragédie, dont l'assassinat de Grijalva fut le principal épisode, aurait mis fin à l'expédition [1].

Nous possédons fort heureusement des renseignements plus circonstanciés sur le voyage d'Yñigo Ortiz de Retes, le plus important des anciens voyages espagnols dans ces mers et qui valut à son chef la réputation de véritable découvreur de la Nouvelle-Guinée [2].

Après une première tentative infructueuse pour retourner à la Nouvelle-Espagne, l'un des navires de la flotte de Villalobos, le *San-Juan*, s'était mis de nouveau en route le 16 mai 1545, commandé cette fois par Yñigo Ortiz de Retes, alferez-major et maître

champ des découvertes de Saavedra. Galvão défend avec énergie les droits de ce navigateur, lorsqu'il raconte brièvement l'expédition d'Ortiz dans les mêmes parages. (*Tratado que compôs o nobre et notauel capitão Antonio Galvão dos diversos et desuayrados caminhos por onde nos tempos passados a pimenta et especearia da India*, etc., éd. Hakluyt Society, London, 1862, in-8°, p. 238-239.)

[1] Voir dans Burney (*op. cit.*, vol. I, p. 181, etc.) le resumé de l'histoire de cette expédition et la comparaison que ce savant et habile critique institue entre les récits de Herrera, de Coutos et de Galvão. On sait que quelques-uns seulement des survivants parvinrent aux Moluques, et que c'est sur les déclarations de l'un deux, le *contramaestre* Miguel Noble qu'est fondé le principal récit de l'expédition. On y croit voir les infortunés navigateurs égarés dans ce dédale insulaire qu'enferment Waigiou, Céram et les Moluques. Les *Papuas Versay*, c'est la *Versija* du voyage de Ménezès Waigiou ; *Vecemeum*, la Menusu du même, dont j'ai fait Guébé ; enfin la baie *Sabaim* ou *Sarraym*, où l'on abandonne le navire, correspond à la grande baie de Sawaii, qui s'enfonce assez profondément dans la côte nord de Céram.

[2] Le titre du manuscrit original où est racontée l'expédition de Mendaña aux îles Salomon en 1567, manuscrit que j'ai retrouvé à la Bibliothèque nationale, porte en effet : *Relacion breve de lo suscedido en el viaje que hizo Alvaro de Mendaña en la demanda de la Nueva Guinea, laqual ya estava descubierta por Iñ'go Ortiz de Retes que fue con Villalobos de la tierra de la Nueva Espaiña, en el año de 1541.* — Cf. Galvão, éd. cit., p. 238-239.

de camp¹, et conduit par le pilote Gaspar Rico². Les Espagnols, que les difficultés rencontrées par Saavedra et Bernardo della Torre dans la même saison, pour franchir le Pacifique Equatorial, n'avaient point encore suffisamment éclairé sur le régime des vents dans ces parages, parvenaient au milieu de juin seulement dans les eaux de la Nouvelle-Guinée.

Voici en quels termes Garcia Descalante Alvarado résume cet épisode de l'histoire de l'expédition de Villalobos :

« Quatre mois et demi s'étaient écoulés depuis le départ du *San-Juan*³ de l'île de Tidor ; nous avions tous le plus grand espoir qu'il ait fait bonne traversée et nous attendions les secours de Votre Seigneurie. Dieu a voulu que, au moment où nous avions le plus de confiance, le navire revenait jeter l'ancre dans cette île, sans avoir accompli le voyage qu'il devait faire. Je raconterai ce qui lui est arrivé dans cette route.

« Iñigo Ortiz de Retes, qui en était le capitaine, dit que après avoir mis à la voile de cette île, ils gagnèrent les îles de Talao où ils furent retenus huit jours par des calmes et des vents contraires⁴. Le samedi 6 juin, ils passèrent en vue de Rabo⁵. Le jeudi 11, ils étaient dans l'hémisphère nord, par la hauteur de 1° 33". Le lundi 15 juin, au matin, ils virent une terre au sud; ils se trouvaient ce jour-là par 1° sud. La terre qu'ils aperçurent leur parut comprendre deux îles ; ils les nommèrent *La Sevillana* et *La Gallega*⁶; ils estimèrent qu'elles étaient à trois cents lieues des Moluques. Le soir du même jour, ils virent une autre terre

---

(1) Fr. Geronimo de Santisteban qualifie Yñigo Ortiz de Retes de « honrado hidalgo, leal de corazon y obras, hombre animoso y gran trabajador » (*Carta escrita por Fr. Geronimo de Santisteban à Don Antonio Mendoza Virey de Nueva España, relacionando la perdida de la Armada que salió en 1542, para las Islas del Poniente, al cargo de Ruy Lopez de Villalobos* (Coleccion de Documentos ineditos relativos al descubrimiento, etc., t. XIV. p. 161, Madrid, 18-o, in-8°).

(2) Galvão, *éd. cit.*, p. 238.

(3) *Relacion del viage que hizo desde la Nueva España a las Islas del Poniente Ruy Gomez de Villalobos por órden del Virey D. Antonio de Mendoza* (Coleccion de Documentos ineditos relativos al descubrimiento, etc., t. V, p. 153-161, Madrid. 1866.

(4) *Taloo*, probablement Tawalle du groupe de Bafjan.

(5) *Rabo*, Ralb, voisine de Waiglou.

(6) Mafar et Manim.

qui leur parut également composée de deux îles; ils appelèrent ces îles *Los Martires*[1]; elles sont à l'est des précédentes. Jusque-là ils avaient eu de forts vents de sud-ouest; ils rencontrèrent alors des vents de nord-est. Le mardi 16, ils atteignirent un archipel[2]; de la plus grande île sortirent vingt-trois pirogues chargées de gens qui leur firent signe de jeter l'ancre dans une anse. Voyant que le navire continuait sa route sans tenir compte de leur désir, ils commencèrent à lui lancer des flèches; mais comme on fit feu sur eux, ils se jetèrent à l'eau et quittèrent le navire. A proximité de l'île d'où sont sortis les pirogues, il s'en trouve onze plus petites; toutes sont peuplées de nègres à teint peu foncé; leurs cheveux sont très crépus et ils les portent attachés au sommet de la tête[3].

« Au delà de ces îles et à l'est, ils en virent une autre très grande, élevée et de bel aspect[4]; ils suivirent sa côte septentrionale sur une longueur de deux cent trente lieues sans en voir le bout.

« Le mercredi 17 juin, ils se trouvaient par 2° sud, tout près de la grande île.

« Le jeudi 18, ils virent une petite île à peu de distance de la grande; ils la nommèrent *La Ballena* (la Baleine)[5].

« Le samedi 20, ils jetèrent l'ancre dans la grande île, à l'embouchure d'une rivière qu'ils appelèrent Santo-Agustin (de Saint-Augustin)[6]; là ils firent de l'eau et du bois sans rencontrer d'opposition, car il n'y a pas d'habitants; le capitaine prit possession de cette île pour Votre Grandeur et lui donna le nom de *Nueva Guinea* (Nouvelle-Guinée). Toutes les côtes de cette île qu'ils ont longées semblent fort belles; sur le littoral s'étendent des plaines, sur plusieurs points; à l'intérieur se voient de hautes chaînes de montagnes; il existe des pins sauvages et les villages

---

(1) Le groupe de Mysore.
(2) L'archipel de Pade Aïdo à l'est de Mysore, etc.
(3) La côte de Koeroedoe.
(4) Le narrateur croit devoir assurer en passant que c'est dans ces îles Paide Aïdo des cartes modernes) qu'aurait pris Grijalva. L'épisode de l'assassinat de cet infortuné voyageur a donné lieu aux hypothèses les plus contradictoires.
(5) C'est l'île du roi Guillaume qui couvre la bouche principale de l'Ambernoh.
(6) La rivière de Saint-Augustin est une des bouches orientales du delta de l'Ambernoh.

sont remplis de cocotiers. L'embouchure de cette rivière se trouve par 2° sud.

« La veille de Saint-Jean[1] ils arrivèrent à une petite île, près de laquelle s'en trouve une autre également de petites dimensions ; les deux sont à proximité de la grande. Ils relâchèrent dans ces îles qui sont habitées par des nègres plus foncés que ceux des îles précédentes et aussi noirs que ceux de Guinée. Ces hommes sont bien constitués ; ils sortirent avec des intentions pacifiques et vendirent aux navigateurs une grande quantité de cocos. Les vivres que ceux-ci se procurèrent consistaient en sagou qui provient de la grande île. Les armes des naturels sont des flèches et de lourds bâtons ; on ne leur a vu aucun métal entre les mains. Nos marins restèrent treize jours dans cette île, les vents ne les laissant pas poursuivre leur route ; chaque jour, ils prenaient la mer, mais la violence des courants les forçait à jeter l'ancre de nouveau. Ces îles possèdent un bon port abrité de tous les vents[2].

« Le mercredi 8 juillet, en longeant la terre, ils virent trois petites îles situées près de la grande[2] ; elles sont habitées par les mêmes gens que les autres. Les insulaires apportèrent au navire quelques cocos qu'ils donnèrent ; dans leur langue, ils appellent ces îles Cerin. Cette nuit-là s'éleva un vent frais du nord-ouest, qui porta le navire vers d'autres îles qui se voyaient plus loin[4].

« Le vendredi 10 juillet, assaillis par une forte brise du nord-est, les marins vinrent accoster à Cerin, rétrocédant de quarante lieues, et ils allèrent jeter l'ancre près de la grande île. Le jour suivant, la brise de terre leur permit de longer l'île. De toutes parts on leur faisait de grands feux ; en arrivant à trois îles, qui sont peu éloignées de celles qu'ils avaient passées, ils eurent le vent en proue et ils jetèrent l'ancre en face de l'une d'elles. Les indigènes vinrent leur vendre des cocos ; mais pendant qu'ils les embarquaient, ils furent surpris par une grêle de flèches qui tua un marin ; dès qu'on commença à tirer du navire, les naturels s'enfuirent.

« Le mercredi 15 du mois, pendant qu'ils longeaient la grande île, les navigateurs virent sortir cinquante pirogues dont quel-

---

(1) Le 23 juin.
(2) Il paraît résulter de l'ensemble de ces détails que les Espagnols étaient Moa et Arimoa, que j'ai proposé d'appeler îles d'*Ortiz*.
(3) Wakde (Duperré), Iamnu (Mérat) et Massi (Tastu).
(4) Podena (Larenaudière) et Anoez (Merkus).

ques-unes s'approchèrent du navire, en faisant signe qu'elles voulaient vendre. Lorsqu'elles eurent examiné le vaisseau, elles retournèrent du côté de la terre, vers le point où se tenaient les autres; toutes revinrent ensemble et comme le calme régnait, les indigènes commencèrent à lancer des flèches. Aussitôt qu'on eut fait feu du navire, ils s'enfuirent; d'autres revinrent, mais, en voyant le mal qu'on leur faisait, ils s'en retournèrent comme les premiers.

« Le jeudi 16, d'une autre province située plus loin dans la même île sortirent soixante-dix pirogues qui attaquèrent le vaisseau; en présence des ravages qu'on leur causait, ils prirent la fuite. Toute la population de ce pays est noire, très foncée ; tous les gens vont nus sans se couvrir les parties honteuses; leurs armes sont des flèches, des bâtons, des massues et des lances sans fer, dont les pointes sont aiguës et durcies au feu. Ils sont si barbares qu'ils ne s'effrayaient pas des arquebuses et s'obstinaient, quoiqu'elles tuassent beaucoup d'entre eux, à vouloir s'emparer du navire. A la fin les munitions leur manquèrent et ils se virent en peine. Pendant la nuit du dimanche le vent souffla du nord-ouest et le lundi du nord. Ce jour-là on était par 3° sud.

« Le mardi 21 du mois, nos marins aperçurent quatre autres îles peu éloignées de la grande, ils les nommèrent îles de la *Magdalena* (de la Madeleine) [1]. Le soir, ils en virent encore cinq, à l'est des autres [2]. Entre les deux groupes, presque en pleine mer, ils se trouvaient par 2° 1/2 sud [3].

« Le lundi 27, courant au nord-est, ils aperçurent trois îles au nord-ouest et les appelèrent La Barbada : ils étaient par 1° 1/2 de latitude sud [4].

« Le mardi 28 du mois, le vent manqua et ils revinrent à la grande île en courant au sud-est et au sud.

« Le mercredi à midi, le vent tourna au sud et le navire courut à l'est; puis le vent cessa de nouveau. Les navigateurs ne rencontraient pas de vent fixe, et ce jour-là ils revirent les îles qu'ils avaient vues le lundi. En vue de ces îles, ils en aperçurent

---

(1) Les îles de la Madeleine sont les îles d'Urville des cartes modernes, savoir: Bertrand, Gallbert, Pâris, d'Urville et Gressien.

(2) Il y en a six en réalité, Roissy, Deblois, Jacquinot, Garnot, Blosseville et Lesson, cette dernière masquée par les deux précédentes.

(3) Un peu plus de 3 degrés en réalité.

(4) Il faudrait chercher ces îles dans le sud du groupe de l'Échiquier.

quatre autres, trois très rapprochées et la quatrième isolée ; ils leur donnèrent le nom de la Caimana. Le calme les fit croiser dans ces parages jusqu'à la fin du mois. Le soir, le vent s'était remis au sud et il tomba une averse ; un autre jour, un temps du nord leur fit perdre les îles de vue[1].

« Le samedi 1ᵉʳ août, ils se retrouvèrent le matin en vue de la Caimana et de la Barbada ; le vent vint à manquer au point qu'ils durent mettre la proue au nord-ouest et faire un nouveau tour. Ces changements de temps étaient quotidiens.

« Le dimanche, ils se trouvèrent à l'est de la Caimana qui est entourée des récifs. Il en sortit des nègres qui voulait s'emparer du navire en lançant avec la main, sans arc, des javelots armés de silex ; en voyant le mal qu'on leur faisait, ils se retirèrent.

« Le mardi 4 août, nos marins se retrouvèrent en vue des îles de la Magdalena et ils revinrent à la grande île. Pendant qu'ils la longeaient, ils virent venir à eux des pirogues de guerre, portant les unes des tours aussi hautes que la poupe du navire ; à l'intérieur de ces tours étaient les guerriers et en dessous les rameurs. Le dommage que leur causa le vaisseau les fit retourner à terre.

« Le dimanche 9 août, à la nuit, ils relâchèrent auprès de volcans qui sortent de cinq îles, voisines de la grande et qui sont habitées par les mêmes nègres[2]. Le lendemain, comme ils profitaient d'une brise de terre pour doubler un port, le vent tourna au nord-est et les entraîna au large ; sa force était telle qu'ils ne se hasardèrent pas à relâcher de nouveau, ne connaissant pas de port dans ces parages. Ils gagnèrent une des cinq îles situées près de l'extrémité de la grande, mais ils ne purent y jeter l'ancre, car il en sortit des nègres animés des mêmes intentions hostiles que ceux qu'ils avaient rencontrés précédemment.

« Le mercredi 12 août, ils atteignirent une autre île, où ils voulurent relâcher dans une baie abritée au nord-est[3], mais les courants les entraînèrent à la dérive sur un espace de quarante lieues. A leur arrivée, ils furent reçus amicalement et bientôt on commença à leur lancer des flèches. Le lendemain, d'autres pirogues se comportèrent de même et, comme les autres, elles se retirèrent.

(1) Ce dernier groupe d'îles doit correspondre aux îles des Hermites.
(2) V. Volcanos, l'île Vulcain de d'Urville, est précédée au nord-ouest par une île plus fertile, Aris, et, un peu au sud, on rencontre les îles Legoavant.
(3) Je suppose que c'est l'île Dampier.

« Le dimanche suivant, le capitaine parla aux pilotes et aux marins, leur montra les instructions du Général et leur fit part de ce qu'ils avaient ordre de faire dans cette expédition. Il leur demanda s'il ne leur paraissait pas bon, comme à lui, de chercher un chemin par le nord. Si, par hasard, ils ne pouvaient pas naviguer cette année-là, ils chercheraient une île pour y passer l'hiver, car ils voyaient bien que, étant donnée l'étendue de ce pays, il leur était impossible d'arriver à la hauteur de son extrémité sud, puisqu'ils ne pouvaient venir à bout de la longer et d'en voir la fin. Après leur avoir ainsi parlé, il lut l'instruction ; les pilotes et les marins répondirent qu'il fallait aller à Maluco (aux Moluques), car la saison leur paraissait avancée pour avoir des vents du sud-ouest. Tous firent la même déclaration qu'ils signèrent. Le capitaine leur répéta qu'à son avis ils ne devaient pas relâcher, la saison des vents sud-ouest n'étant pas passée, et ce même jour on se dirigea vers le nord pour chercher le chemin indiqué, mais une fois au large la brise du nord-est se remit à souffler.

« Le mercredi 19 août, ils virent deux îles basses qui se trouvent à 30 lieues de la grande : de l'une d'elles sortirent sept pirogues qui arrivèrent au navire ; les hommes qui montaient la première embarquèrent sans armes dans le vaisseau, ne portant que des brassards en cordes, et ils allèrent embrasser les Espagnols. Le capitaine commanda de ne pas les laisser approcher ; mais aussitôt les six autres pirogues arrivèrent armées en guerre. Avant qu'elles n'eussent rejoint le navire, les Indiens étaient chassés du bord. Ceux-ci dehors et les autres à proximité, tous se mirent à lancer des bâtons de bois très lourds et très durs, façonnés en manière de harpons, et, malgré les pertes qu'on leur infligea du navire, ils se battirent avec le plus grand courage jusqu'à l'épuisement de leurs flèches et de leurs pierres. Ce ne fut qu'après avoir épuisé leurs munitions et en présence des ravages causés dans leurs rangs qu'ils retournèrent à terre. La population de ces îles est blanche, vigoureuse et ardente au combat ; ses embarcations sont bien faites. Le calme força le vaisseau à rester en vue de ces îles jusqu'au vendredi matin qu'elles ne se virent plus à l'horizon. Les Espagnols les nommèrent les îles de Hombres blancos (des hommes blancs)[1]. Ce jour-là le point était de 1° 1/4 sud. Le même

---

(1) Sont-ce les mêmes hommes blancs et barbus qu'avait déjà visités Saavedra ? (Voyez plus haut, p. 165.)

jour, ils aperçurent une autre île basse, mais ils ne surent pas si elle était habitée.

« Le jeudi 27 du mois, les pilotes déclarèrent au capitaine que les matelots étaient très mécontents, parce qu'ils voyaient que leur peine ne portait aucun fruit et que la saison des vents favorables était passée : car, jusqu'alors, les brises du sud-ouest n'avaient pas soufflé ; qu'il fallait s'estimer trop heureux de pouvoir achever la journée, les marins disant qu'on ne vint plus leur commander de manœuvrer les voiles à moins que ce ne fut pour suivre une autre direction, attendu qu'ils étaient fatigués de les changer. Le capitaine demanda l'avis des pilotes ; comme tous ceux qui étaient à bord, ils répondirent qu'il fallait aller relâcher et ils motivèrent leur déclaration qu'ils signèrent. Le capitaine, voyant que c'était l'opinion unanime, les harangua cependant pour leur montrer les inconvénients de la relâche : ce à quoi le pilote répondit que, si on ne se rendait pas au vœu de tous, il ne voulait plus commander la manœuvre, qu'il laisserait ce soin à un autre et que, comme simple marin, il exécuterait les ordres qui lui seraient donnés. L'autre pilote fit une déclaration identique. En présence de cette unanimité, le capitaine ordonna de relâcher aux îles de Mo, ajoutant qu'on verrait là si les vents devenaient plus favorables et que, dans le cas contraire, on irait relâcher à Maluco (aux Moluques).

« Le vendredi 28, ils aperçurent deux îles sur lesquelles ils se dirigèrent avec un temps calme et ils atteignirent la terre de la grande terre, à trente lieues au-dessous de Mo, les courants les ayant entraînés à la dérive.

« Cette côte de la Nouvelle-Guinée est saine et offre partout des bons mouillages : on peut mouiller, si on le veut, à deux ou trois lieues au large, les fonds étant toujours excellents.

« Le samedi 3 octobre, le San-Juan jeta l'ancre dans l'île où nous étions. Depuis son départ de Tidor jusqu'à son retour, le temps n'avait cessé d'être calme à Maluco (aux Moluques), avec des vents du sud-est et du sud et des courants aériens du nord-est très forts. Après son retour, les vents se mirent à souffler sud-ouest et nord-ouest et avec une telle force qu'ils arrachèrent des arbres et des maisons ; les courants supérieurs avaient la même direction. Ces vents durèrent depuis la mi-octobre jusqu'à la fin de décembre. A cette époque, ils se mirent à souffler du nord-ouest. Il semble que, pendant cette année 1545, les vents arrivèrent tard et soufflèrent en proue tout le temps que navigua le vaisseau, à en juger par les vents qui régnèrent et par les courants supérieurs qui vinrent toujours du nord est, dans les Moluques.

« Les indiens de Maluco (des Moluques) disaient qu'ils n'avaient jamais observé un fait semblable, attendu qu'au commencement d'octobre se terminent les vents du sud et commencent ceux du nord. Cette année, au mois de décembre soufflèrent les vents du sud-ouest-ouest et ouest-nord-ouest. S'ils eussent attendu, nos marins auraient pu naviguer; mais le manque des vivres, l'état déplorable des voiles, les mauvais pays qu'ils parcoururent, les forcèrent à relâcher, d'autant plus qu'ils avaient perdu l'espoir d'avoir des vents favorables. Les pilotes disent qu'ils ont parcouru six cent cinquante lieues de l'est à l'ouest. »

III

C'est à la description des régions découvertes dans le cours de ces quatre voyages, et à celle de la côte sud-est, dont je parlerai plus tard, qu'est consacrée la portion orientale de la carte du *Neptune* qu'il me reste à faire connaître.

Cette partie des terres néo-guinéennes, teintée en jaune, comme je l'ai dit, et couverte de noms pour la plupart espagnols, se soude à la portion occidentale d'une manière assez singulière. Ne sachant vraisemblablement comment fondre les documents d'origine très différente qu'il avait en mains, Mortier prit le parti d'ajouter à l'extrémité est de sa terre des Papous, construite à la hollandaise, les lignes de côtes dont d'autres cartes déjà parues et les papiers de d'Ablancourt lui signalaient l'existence. Mais, tout en alignant ainsi les contrées l'une au bout de l'autre, il ne voulut point prendre sur lui de les fusionner complétement, si bien qu'un trait noir, épais et flexueux, tout semblable à ceux qui délimitent les côtes sur la même carte et dans le reste de l'Atlas, vint distinguer les deux terres comme si un détroit les séparait, ou plutôt comme si la carte jaune devait s'appliquer à titre de renseignement complémentaire à côté de la carte peinte en vert, à la façon de ces découpages coloriés que l'on emploie quelquefois dans la confection des projets de travaux publics.

Cette ligne de démarcation, dont il n'existe pas d'autre exemple dans toute la suite du *Neptune*, éveille aussitôt l'attention de l'observateur. Au lieu de se laisser aller, à la suite d'un examen superficiel, à prendre le relèvement des terres, qu'il rencontre aussitôt en pénétrant dans le territoire de droite, pour quelque chose d'analogue à celui qu'on observe sur la carte moderne à l'orient de la grande baie du Geelvink [1], il lit avec soin les noms des lieux que porte cette partie de la carte, et y rencontre des doubles emplois si frappants avec l'autre moitié que, malgré des différences énormes de dessin, il est amené bien vite à considérer la *Nouvelle-Guinée* de l'atlas de d'Ablancourt comme répétant avec des particularités fort curieuses la *terre des Papous*, de la même carte, dont je viens d'interpréter les formes et la nomenclature.

Le premier mot qui se présente, en effet, à droite de la ligne de séparation, est *Hoek van Goede Hoop*, pointe de Bonne-Espérance, ce même promontoire dont nous avons lu le nom inscrit presqu'au plus haut de notre carte de gauche. Le cap de Bon-Désir, de *Bueno Deseo*, écrite par ignorance *Buena Dafeo*, remplace le *cap Désiré* de l'angle occidental. Une île *de los Crespos* occupe la position de l'île Schouten. Plus loin, à la distance convenable, figure de nouveau l'île Moa, et tout au bout, dans l'est, une île *Boliones* [2] vient prendre la place du Vulcanus ou Brandende borch de Schouten, omis par Mortier dans ses emprunts au grand voyageur, mais dont on sait la place au sud des vingt-cinq îles, représentées ici par un groupe moins nombreux, mais dont l'identification partielle ne souffre point toutefois de difficultés sérieuses.

C'est donc bien une nouvelle édition de la partie verte de la

---

(1) J'avais tout d'abord subi moi-même cette impression, en abordant l'étude de la carte. Mais quelques instants de réflexion ont suffi pour me ramener à des vues plus exactes. L'emplacement occupé par la dépression entre les deux territoires distingués par Mortier correspondrait en effet sur la carte hollandaise à la baie de Humboldt, au delà des terres hautes du Koeramba et non point à celles du Geelvink, dont l'emplacement est indiqué dans la partie occidentale de notre carte par l'île de Guillaume Schouten, qui est incontestablement Mysore, située droit au nord de la baie. On sait d'ailleurs que le voyage du Geelvink, qui fit la découverte complète de ce golfe, n'eut lieu qu'en 1705, cinq ans après la publication du *Neptune*, et que ce n'est qu'en 1790 que Fleurieu assigna sur la carte la véritable place de la grande baie qui porte le nom de ce navire. (*Découvertes des Français en 1768 et 1769 dans le S.-E. de la Nouvelle-Guinée*. Paris, 1790, in-4°, p. 15.)

(2) Mauvaise leçon de Volcanes.

carte que reproduit la partie jaune, mais avec des contours profondément différents. Autant les côtes dessinées par les Hollandais se présentaient droites et régulières dans leurs allures générales, autant les levers d'origine espagnole sont tourmentés et sinueux. Il est même assez malaisé de se retrouver au milieu de tant de promontoires et de tant de baies aux profils anguleux. Si, par exemple, au delà des pointes Goodehoop et Struis, l'anse innommée qui se creuse à l'ouest du *Bueno Deseo*, ce cap lui-même et la grande baie qui suit avec un port rappellent la petite baie du Geelvink, le cap Mamori et le havre Doréi des cartes actuelles, la convexité demi-circulaire en arrière de Crespos est déjà plus difficile à interpréter, et les deux promontoires à l'orient de cette même île ne peuvent se justifier que par un double emploi dû, je suppose, à la combinaison de deux tracés d'origine différente.

Nous avons heureusement pour nous guider au milieu de ces difficultés une description d'une certaine étendue, publiée en

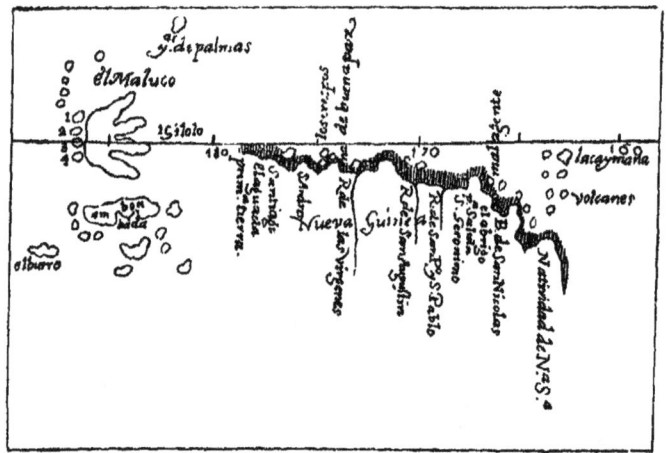

Fig. 10. — Carte de la Nouvelle-Guinée, d'après Herrera.

1601 par Herrera[1], et dans laquelle la meilleure partie des noms de la moitié droite de la carte de 1700 vont se représenter de

---

(1) Herrera, *op. cit.*, Decad. I, Madrid, 1601. in-4° p. 77.

l'ouest à l'est aux distances voulues et dans un ordre naturel.

La première localité mentionnée par Herrera est la *prima* ou *primera tierra*; ce doit être ce cap Goodehoop dont nous avons parlé plus haut et qui a toujours joué un rôle si important dans les navigations au nord de la Nouvelle-Guinée. La *primera tierra* était déjà inscrite dans la carte d'Ortelius de 1589 [1]. Plancius et Linschoten ont substitué, en 1594 et 1596 [2], à cette appellation celle de C. de Bueno Deseo, qui avait depuis longtemps disparu quand d'Ablancourt et Mortier l'ont fait revivre sous la forme corrompue de *Buena Dafeo*, en maintenant à gauche le Goodehoop de Tasman et en intercalant encore entre les deux un certain cap Struis (*Straishoek*), *cap des Autruches*, qui serait peut-être un nom donné à l'un des promontoires de la péninsule nord-ouest par l'expédition Grijalva. Nous lisons, en effet, dans un des fragments de récits recueillis par Galvão [3], que chez les Papouas « il existe un oiseau de la taille d'une grue, qui ne peut pas voler, parce qu'il n'a pas d'ailes assez fortes pour le vol, mais qui court comme un cerf ». Cette description, quelque insuffisante qu'elle puisse paraître, ne trouve à s'appliquer en somme qu'à un brévipenne, à une *autruche*, comme on disait jadis d'une manière générale. Or, on sait que la Nouvelle-Guinée nourrit plusieurs espèces de casoars. Le nom de cap des Autruches aurait été imposé à la localité où les Espagnols avaient vu les oiseaux dont Galvao a parlé, d'après le récit des survivants de leur expédition.

Revenons au texte de Herrera [4]. Après la *primera tierra* vient dans son énumération *El Aguada*, *l'aiguade*, un port qu'il place à trente-cinq lieues à l'est de la première terre par 1° de latitude australe. C'est à peu près à cette distance du cap de Goodehoop, et sous une latitude qui ne diffère de celle de Herrera que de moins de 10', que s'ouvre la petite baie du Geelvink. Ortelius est d'accord avec Herrera pour placer l'Aguada sur la

---

(1) L'orthographe en est déformée par un lapsus de burin, au lieu de *tierra* on lit *tucra*. Dans le *typus orbis* du même géographe, l'inscription *Prin* semble correspondre à la même désignation.

(2) *Theatrum Orbis Terrarum Abrahi Ortelii*. Antverpiæ, 1612, f°; — Linschoten, *loc. cit.*

(3) Galvão, *éd. cit.*, p. 204.

(4) La nomenclature de Herrera et ses estimes de distance se retrouvent dans le paragraphe *Nueva Guinea* de la *Demarcacion y Division de las Indias*, imprimée au tome XV (p. 535) de la *Coleccion de Documentos ineditos relativos al descubrimiento*, etc., si souvent citée plus haut.

côte septentrionale [1]. Linschoten en a fait une île, et notre carte a imité son exemple.

« Dix-huit lieues plus loin est le port de Santiago », continue Herrera; et il inscrit *S. tiago* à la droite d'*el Aguada*. Dans les mêmes parages, Plancius avait placé un *Buen Puerto*, et la carte de 1700 avait repris cette dénomination, en y ajoutant toutefois celle de *Puerto Primero* [2]. En contournant la côte à l'est de la petite baie du Geelvink, dépassant le cap, et tournant au sud, on arrive, à la distance indiquée par Herrera, au havre Doréi, auquel l'épithète de bon port s'applique fort justement. *Santiago* était le nom du navire de Saavedra, et l'on s'explique dès lors très facilement que ce nom ait été donné au principal port de la côte visitée par les Espagnols en 1528 et 1529.

C'est la dernière mention géographique que l'on puisse à peu près sûrement rattacher aux voyages de ce navigateur sur cette côte. Nous avons dit que de l'expédition de Grijalva il n'était resté dans la nomenclature d'autre souvenir que le nom d'*isla de los Crespos*, et que cette île correspond sur la carte de 1700 à l'île de Guillaume Schouten et, par conséquent, au groupe actuel de Mysore. La description de Herrera place bien Crespos dans la situation qu'occupent les îles Soök et Biak sur les cartes modernes, mais les dimensions qu'elle lui donne, « seize bonnes lieues » seulement, semblent montrer qu'elle ne s'applique qu'à une seule de ces îles, toutes deux d'ailleurs de longueur à peu près égale et atteignant fort approximativement les dimensions assignées par Herrera. Or comme dans la mappemonde de Mercator de 1569 deux îles figurent dans ces parages, et que le nom de *Y. de Crespos* y est donné à la plus orientale, il y a tout lieu de supposer que c'est Biak que Grijalva, puis Ortiz, ont visitée. Soök serait alors l'*Y. de los Martyres*, ainsi que Mercator nomme l'île occidentale du groupe qu'il a tracé [3], et devrait ce nom, comme on l'a vu plus haut, à Yñigo Ortiz de Retes [4].

(1) Du moins lit-on ce mot sur la grande terre dans la carte d'Amérique de 1587. Dans celle de la mer du Sud (1589) une *ysla d'Aguada* figure rejetée bien loin vers le nord-ouest au delà de l'Équateur. Est-ce à un même lieu que s'appliquaient ces deux mentions si différentes?

(2) Il n'y avait point de *primera tierra* sur cette carte, le *puerto primero* ne serait-il pas venu ici par un de ces changements d'affectation si communs dans les cartes des deux derniers siècles?

(3) Voy. plus haut, p. 198.

(4) G. Mercator, *Nova Guinea quæ ab Andrea Corsali Florentino videtur dici*

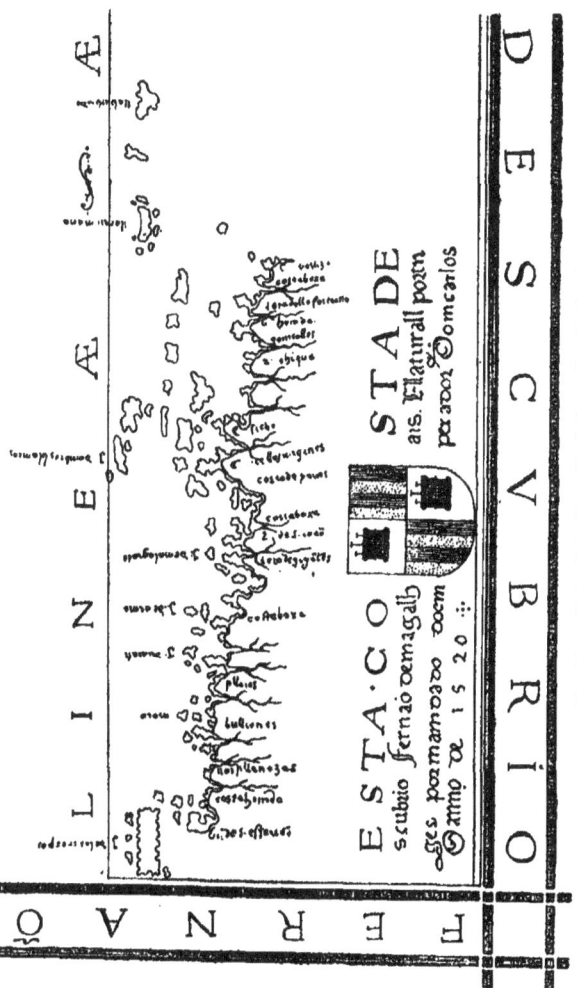

Fig. 11. — Carte de la Nouvelle-Guinée, d'après Texeira

« L'*isla de los Crespos* est voisine de la côte, dit Herrera, en face du *puerto de San Andres*, situé à quarante lieues de celui de Santiago » et qu'il faut par conséquent placer en un point de la côte nord de Jobie, que l'insuffisance des cartes actuelles ne permet pas encore de préciser. C'est sur cette côte, droit au sud de Crespos, que Plancius inscrit d'ailleurs le nom de S. Andres; la carte de Herrera le déplace un peu vers l'ouest, celle de d'Ablancourt très légèrement vers l'est, mais tout en traçant assez exactement les îles que l'on nomme aujourd'hui de leur nom indigène l'ade Aido pour qu'on ne puisse douter de la position vraie à attribuer au port situé dans leur voisinage. Les Espagnols avaient certainement contourné par le sud le groupe de Mysore en longeant de fort près les côtes méridionales des îles qui le composent. Prenant de loin pour la continuation de la terre ferme les côtes de Mafoor et de la longue île de Jobie, ils avaient tracé à l'est du havre Doréi la courbe irrégulièrement convexe, si remarquable dans la carte de 1700, et à laquelle nous avons déjà fait allusion plus haut.

A cinquante lieues environ du *Puerto de San Andres*, à quatre-vingt-dix lieues espagnoles par conséquent de Santiago, Herrera place l'embouchure du *rio de San Agustin*, et l'*isleta de la Vallena* située en face. Ces quatre-vingt-dix lieues représentent avec assez d'exactitude la distance qui sépare Doréi du fleuve Ambernoh et de la petite île basse de Koning Willem qui en couvre l'entrée principale. L'identification de ces localités est donc tout à fait acceptable. La rivière de Saint-Augustin figure sur toutes les anciennes cartes, depuis la mappemonde de Mercator de 1569, où elle est le seul cours d'eau représenté en Nouvelle-Guinée, jusqu'à la carte de 1700, sur laquelle elle se trouve rejetée beaucoup trop loin vers l'orient. *La Vallena*, sous les formes *Balena* ou *Ballena*, entre dans la nomenclature avec les cartes d'Ortelius de 1587 et 1589, et nous la retrouvons dans le *Neptune* avec l'orthographe défigurée de *Balbena*.

Terra de Piccinacoli, Forte Labadii insula est Ptolemeo,etc. (Nova et aucta orbis terræ Descriptio, Duisburg, 1569; ap. Jomard, *Monuments de la géographie*, in-f°).

Vaz Dourado (1570), Rumold Mercator (1587), Ortelius (1587 et 1589), Plancius 1594) ont tous sur leurs cartes une île des Martyrs : *I. de los Martires* ou *Martyres*. Mais peu à peu cette île se déplace vers le nord, et, de toute voisine qu'elle était de l'*Y de Crespos* dans Mercator, elle devient dans d'Ablancourt presque subéquatoriale.

Deux autres rivières sont mentionnées par Herrera au voisinage de celle de Saint-Augustin et doivent être aujourd'hui considérées comme des bouches secondaires de l'Ambernoh, dont le vaste delta occupe, comme on sait, sur la côte plus d'un degré et demi d'étendue. Ce sont le *rio de las Virgines* à l'ouest, à l'est le *rio de San Pedro y San Pablo* avec un port de *San Geronimo*. Le premier de ces noms se rencontre déjà sur le portulan de Vaz Dourado de 1570, le deuxième a été pour la première fois employé par Plancius (1589) sous la forme *S. Petro*, le troisième enfin se lit *S. Ieronimo* dans la carte d'Ortelius de 1587.

C'est par un de ces changements d'affectation trop fréquents dans la cartographie des derniers siècles que la rivière des Vierges est devenue dans notre carte de 1700 un cap qui occupe à l'est de S. Andres la place de l'estuaire de l'Ambernoh. Le vaste promontoire qui prolonge vers le nord le cours inférieur de ce fleuve, appelé de nos jours cap Ambernoh ou cap d'Urville, n'a point de nom chez les géographes avant les expéditions françaises de ce siècle. Il pourrait bien se faire néanmoins que l'épithète de *Hermoso*, donnée par Ortelius à un cap qu'il place sur trois de ses cartes dans l'ouest de sa *Nova Guinea*, dût trouver vers l'Ambernoh sa véritable position. Que l'on se reporte en effet à la relation d'Ortiz, que nous avons plus haut résumée, et l'on y constatera que après avoir dépassé Crespos, il prenait connaissance de la côte de la grande île par 2° latitude sud, en un point qui ne peut correspondre qu'aux embouchures de l'Ambernoh, et qu'il qualifiait de *Hermoso parecer*.

Notre carte de 1700, quelque intérêt qu'elle offre au point de vue historique, est bien loin d'être un modèle d'exactitude en ce qui concerne les parages dans lesquels nous nous sommes aventurés à la suite des premiers navigateurs espagnols. Nous venons d'y relever de notables erreurs topographiques, comme le déplacement de l'*Aguada* et de *los Martiles* ou la substitution du terme cap à celui de rivière en ce qui concerne le lieu dit de *las Virgines*. Nous voyons encore un peu plus loin son auteur attribuer l'épithète de rivière au port de San Hieronimo et transporter en même temps bien loin dans l'ouest du rio de San Agustin ce rio de S. Paulo dont Herrera avait cependant fixé la place en deçà de ce cours d'eau. Toute cette partie de la côte est d'ailleurs méconnaissable; comme dans les cartes d'Ortelius et de Herrera la région de l'Ambernoh s'y trouve dédoublée, les rivières s'intervertissent, et l'on n'a plus de point de repère sérieux qu'un peu à droite dans le nom de Moa. Cette île fait défaut à la nomenclature de Herrera; mais Ortelius l'enregistrait dans ses listes dès 1587 sous la forme Maoo, et Plancius en 1594 sous celle de Moo. Elle correspond sans aucun doute à cette île Moa où Schouten, en 1616, trouvait, nous l'avons déjà dit, des traces de relations antérieures avec les Espagnols. « Nous vismes ici, dit la relation publiée à Paris en 1618, de grands pots, lesquels, comme il nous sembla, estoyent venus des Espagnols. » Le rédacteur ajoute d'ailleurs que « ce peuple n'estoit pas si fort esmerveillé ny estonné de voir les navires, comme tous les peuples précédents avoient été », et qu'il parloit même aux Hollandais « de tirer du canon ».

L'*Y. d*· *Arimo* de Mercator, de *Armo* de Vaz Dourado et de Texeira, l'île *Darimo* d'Ortelius[1] dont d'Ablancourt et Mortier ont négligé d'inscrire le nom, tout en indiquant sa place à côté de Moa, répond de même à l'île d'Arimoa des Hollandais du xviie siècle et des géographes modernes.

Étaient-ce les compagnons d'Ortiz qui avaient apporté dans ce petit archipel les vases espagnols mentionnés par Schouten? L'existence sur un certain nombre de cartes de la fin du xvie siècle d'une île *de Arti*, placée à l'est de la grande rivière vers Darimo dès 1569 par Mercator et correspondant à peu près à Moa, nous avait porté à répondre tout d'abord par l'affirmative. Cette appellation semblait, en effet, ne pouvoir s'expliquer que par une déformation légère du nom du chef de l'expédition de 1545. C'est *isla de Ortiz* qu'il fallait lire, et non de Arti, Doarti, Duarati, de Artz, ainsi que l'ont écrit les cartographes, disais-je en 1877. Je suis moins affirmatif aujourd'hui que je lis dans Santisteban le nom d'*Utiz* donné à une île voisine de celle de Mô (*loc. cit.*, p. 162).

« Quarante lieues au delà de Saint-Augustin » Herrera place un cap dit *Punta Salida* et un petit îlot appelé de *Buena Paz*. La pointe du massif des monts Gautier et l'une des petites îles qui terminent à l'est le groupe auquel je voudrais voir donner le nom d'*Iles d'Ortiz* répondent volontiers à ces indications[2]. « Plus loin,

---

(1) Transformée en *Isola de humo* dans sa carte de 1589.

(2) Cet archipel s'étend en face de la côte néo-guinéenne tout le long du massif des monts Gautier. Il comprend de l'ouest à l'est les îles Koeramba ou Arimoa, Moa, Arimon et Insou des anciens Hollandais; Tabie, la Moa de d'Urville; Samit, qui correspond à Duperrey; Bougka à Tastu, Padiems à Mérat, Socrabi et une autre Tabie aux îles Larenaudière, Ekodch à Lesson;

ajoute l'historien espagnol, sont deux petites îles, *Abrigo* et *Malagente*, et la *bahia de San Nicolas*, distance de cinquante lieues de Punta Salida. Il est permis de supposer que l'*isla del Abrigo* est celle où Ortiz s'arrêta treize jours, comme nous l'avons dit, en attendant les vents favorables ; tandis que l'*isla de Malagente*, île du Mauvais-Peuple, occuperait ce point de la côte où nous voyons le navire espagnol attaqué à coup de flèches, sans la moindre provocation, par de nombreuses barques indigènes. L'Abrigo est marqué dans l'*Asia* d'Ortelius, où le géographe du 1700 l'est sans doute allé prendre. Malagente, successivement écrit Malagète, Malagrate, et même Motogate, figure sur toutes les cartes depuis Mercator et Vaz Dourado. Le texte de Herrera manque de précision en ce qui concerne l'emplacement à assigner à ces deux terres. On ne saurait dire par conséquent si ce sont les îles les plus orientales de l'archipel dont nous venons de parler, ou si l'une d'elles au moins, *el Abrigo*, ne répond point à Pamaris, la moins petite des îles de la baie de Humboldt. Cette dernière, en tout cas, répondrait bien comme situation à la *bahia de S. Nicolas*, à 500 lieues dans l'est de Punto Salida. Nous ne trouvons point S. Nicolas mentionné sur notre carte, mais le *R. Sicolas* d'Ortelius en était déjà sans doute en 1589 une déformation.

Si la baie de S. Nicolas n'est inscrite sur aucun point des cartes de la Nouvelle-Guinée de d'Ablancourt, Punta-Salida y devient un port, *Puerto Salida*, couvert par une île qui a nom *Gasparico*. Dans Plancius, Gasparico était un nom de port, et dans Ortelius, Gaspar Ricuir désignait une rivière. Il est aisé de retrouver dans ces trois appellations un nouveau souvenir du voyage d'Iñigo Ortiz dont le pilote s'appelait Gaspar Rico, comme nous l'apprend Galvão.

Cette île de Gaspar Rico fait-elle partie des îles d'Ortiz dont il vient d'être question, ou de ce groupe de la Madeleine découvert le 21 juillet 1545[1], et dont la carte de 1700 fait seule mention

---

Merkus n'a point d'appellation indigène connue. Ce sont ces quatorze ou quinze petites îles qui n'ont pas de nom collectif que je propose d'appeler toutes ensemble *îles d'Ortiz*.

(1) Ces îles et celles qui suivent vers l'orient sont souvent appelées *îles de W. Schouten*, de sorte que sur la même côte nord de la Nouvelle-Guinée on rencontre successivement deux archipels du même nom. Ne vaudrait-il pas beaucoup mieux, pour éviter toute confusion, rendre à cet archipel le nom d'*îles de la Madeleine* qu'Ortiz lui avait imposé en le découvrant en 1545 ?

parmi les anciennes cartes de la Nouvelle-Guinée ? Il n'est guère possible de résoudre cette question avec des renseignements aussi vagues que ceux que nous possédons. Ces îles de la Madeleine, gisant par 3° de latitude et que les îles Bertrand, Guilbert, d'Urville, Gressien représentent incontestablement aujourd'hui, sont dites au nombre de quatre dans le récit espagnol, et l'une d'elles a fort bien pu prendre le nom du pilote-major de l'expédition[1].

Cependant, comme la carte de d'Ablancourt met l'île de Gasparico en face de son *Puerto Salida*, on en induirait peut-être, non sans quelque raison, que ce nom doit avoir appartenu à l'une de îles situées en face de la vraie *Punta Salida*, par conséquent à l'une ou à l'autre des îles du petit archipel d'Ortiz.

Au delà des premières îles dites de la Madeleine, Ortiz en vit cinq autres. Cinq îles et même six se montrent en effet à l'est des quatre précédentes ; ce sont les îles que l'on appelle depuis le voyage de l'*Astrolabe* Roissy, Deblois, Jacquinot, Garnot, Lesson et Blosseville. Herrera, qui nous a conservé un récit abrégé de la découverte de tout ce groupe, emprunté sans doute au manuscrit de Garcia Descalande Alvarado, n'en parle point pourtant dans sa description géographique. Tout ce qu'il dit d'ailleurs des côtes qu'il nous reste à parcourir est extrêmement vague. Sa *Buena Vaya*, buena baya, de Plancius, *buena bayo* de notre carte, non plus que sa *Natividad de Nuestra Señora*, dont le nom précédé du déterminatif *Ancon* se lit dans Ortelius, Plancius, d'Ablancourt, etc., n'ont plus de longitude relative. Au lieu d'attributions à peu près certaines, comme celles que permettait le calcul des distances approximatives qu'il nous fournissait, nous en sommes maintenant réduits à discuter des probabilités ou des vraisemblances.

L'*Ancon de la Natividad* fut, dit Herrera, le terme des découvertes espagnoles sur cette côte dont Ortiz « ne put pas voir la fin ». Ce havre paraît correspondre au golfe de l'Astrolabe[2]. La *Buena Baya*, ouverte entre ce golfe et la baie de Humboldt, ne peut être dès lors que celle que les Hollandais ont plus tard appelé baie *Kornelis Kinersz* ou encore l'*anse des Eaux troubles* de d'Urville, au sud du cap *della Torre*. Ce dernier emplacement conviendrait même bien mieux si, comme le veut Herrera, il faut trouver en face une île que les Espagnols avaient nommée *la Ma-*

---

(1) Voy. plus haut, p. 200.
(2) Dumont d'Urville, *Voy. de l'Astrolabe, Hydrographie, Atlas.*

dre de Dios, inscrite sur la carte de d'Ablancourt, mais rejetée par l'auteur assez loin vers l'orient, et qui correspondrait alors à l'île Dampier de nos cartes modernes, vis-à-vis l'anse des Eaux troubles. Le *rio S. Lorenzo*, que l'on voit indiqué par Ortelius dans les mêmes parages, pourrait être la rivière dont les marins de l'*Astrolabe* ont entrevu l'existence au fond de cette anse, et, comme les noms donnés à la rivière et à l'île se rapportent par leur date, sur le calendrier, avec l'époque de l'année pendant laquelle Ortiz s'avançait dans leur direction, on serait encore porté à attribuer leur découverte à ce navigateur. La Saint-Laurent tombe le 10 août, et la plus grande des fêtes en l'honneur de la *Madre de Dios*, la fête par excellence de la mère de Dieu, est celle du 15 août. Or Iñigo Ortiz, après être resté à l'ancre jusqu'à la fin de juillet, à l'abri de l'île *Caimana*[1], s'était décidé à reprendre sa route le 1er août, et, ballotté par les vents les plus variables, il venait, nous dit le résumé de Herrera, aborder le mercredi 12 à une autre île dans une baie protégée contre les vents.

Les motifs les plus divers ont toujours guidé les marins dans le choix des noms qu'ils imposaient aux localités inconnues qu'ils rencontraient sur leur route. L'aspect particulier des lieux et leurs qualités intrinsèques inspiraient aux Espagnols du xvie siècle des mots tels que *El Aguada, Punta Salida, El Abrigo*, etc., que nous venons de rencontrer. Les caractères physiques des habitants, leurs aptitudes spéciales, l'accueil qu'on en avait reçu suggéraient des appellations comme celles de *los crespos, hombres blancos, gente hermosa, barbudos, natadores, mala gente*, etc. On trouvait encore dans le souvenir de quelque épisode de la route, dans le nom du navire ou de son port d'attache, des termes variés pour la nomenclature. Parfois aussi la nouvelle terre prenait le nom de l'un des découvreurs, ou était consacrée, à la manière moderne, à quelque puissant personnage. Mais la ressource la plus habituelle pour ces désignations topographiques toujours renouvelées se tirait de l'almanach. Le nouveau lieu prenait le nom du saint du jour ou celui de la fête que célébrait l'Église, et c'est à cet usage, qui a fort longtemps persisté, que la géographie doit en grande partie ces litanies interminables dont les stances

---

[1] *Caymana, la Caymana, Lacaymuna, Casimana, Carimana*, et enfin *Carimania*, dans d'Ablancourt, est, à notre sens l'île principale du groupe des Hermites.

se déroulent à travers le Pacifique, de la Nouvelle-Espagne aux côtes orientales de l'Asie.

Ortiz agissait sans aucun doute comme ses contemporains et ses compatriotes. Le nom de la rivière de Saint-Pierre et de Saint-Paul, donné à l'une des branches orientales de l'Ambernoh, paraît bien coïncider avec la date du passage du navire espagnol dans ces parages à la fin du mois de juin [1]. Nous savons d'une manière positive, par Herrera, que c'est parce qu'il a découvert les îles de la Madeleine le 21 juillet qu'Ortiz leur a imposé cette dénomination [2]. Les fêtes de saint Laurent et de l'Assomption auraient fourni de même les appellations attribuées à la dernière île et à la dernière baie visitée du côté de l'est.

Avant d'aborder à l'île Dampier, Ortiz avait relâché « auprès de volcans qui sortent de cinq îles voisines de la grande ». C'est le groupe Volcanus ou Brandendeborch de Schouten, mentionné dans toutes les vieilles cartes que nous avons si souvent consultées. Mercator le désigne par ces mots : *los volcanes*, que nous retrouvons sous les formes *volcanes, bolcanes, bolcanas, bulcanes, bullcones* et enfin *bolioues*, de 1570 à 1700.

Il y a encore deux autres îles sur la carte de d'Ablancourt. L'une s'y nomme *S. Iago* la Bedondida, que je corrige en *Redondida*, Santiago la Rondelette (?) ; elle n'est mentionnée nulle part dans les documents du XVIe siècle [3]. L'autre est la *Barbuda*, la barbue, l'île des hommes barbus, non loin de la *Caramania*. Mercator, Dourado, Ortelius, Texeira, Plancus, etc., l'ont inscrite d'une manière presque constante dans leurs mappemondes. Nous avons vu plus haut qu'elle semble correspondre à l'Échiquier.

J'aurai terminé l'étude des lieux dits, d'origine espagnole, de la côte nord-est de la Nouvelle-Guinée, quand j'aurai ajouté à tout ce qui précède quelques mots sur une autre île dont d'Ablancourt ne parle point, mais qui se rencontre fort souvent dans la nomen-

---

(1) Du 23 juin au 6 juillet, Ortiz tente de dépasser Arimoa, chaque jour prenant la mer, et ramené en arrière par les vents et les courants.

(2) La fête de la Madeleine est célébrée le 22 juillet.

(3) Nous n'avons aucune observation à présenter au sujet de ce nom, non plus que sur la *baie Hermosa*, le *Cabo blanco*, le *Rio Baixo* que mentionne Ortelius. Ces noms doivent faire double emploi avec ceux que nous avons examinés ci-dessus. La même carte datée de 1589 mentionne toutefois une île de S. Joan, toujours dans l'extrême est, qui pourrait avoir pris son nom de celui du navire que montaient Ortiz et Gaspar Rico.

clature des géographes du xvi° siècle. Cette île, dite de *Hombres blancos*, ou des hommes blancs, a été vue successivement par Saavedra et Ortiz. Ces insulaires, de couleur relativement claire, avec des cheveux lisses et parfois aussi de grandes barbes, sont probablement d'origine micronésienne.

Ils ont été signalés jusqu'ici en trois points de la Papouasie : dans les îles de Saint-David ou Freewil de Carteret; dans les îles des Traîtres ou Paîde Aido, à l'est du groupe de Schouten; enfin dans quelques-unes de ces mêmes îles de l'Échiquier [1] où nous avons déjà placé *la Barbuda* [2]. Ce groupe d'îles est le dernier où nous ayons à nous arrêter avec Ortiz, qui rentre péniblement aux Moluques après toutes ces découvertes, sans avoir pu réussir à procurer à ses compagnons les secours urgents qu'ils attendaient du vice-roi.

IV

L'*Ancon de la Natividad* était, avons-nous dit, sur la côte nord-est de la Nouvelle-Guinée, le point extrême atteint par les navigations espagnoles. Au delà de ce mouillage, la carte de d'Ablancourt indique un vaste cap qui pourrait représenter, après corrections, le cap du Roi Guillaume, à l'est duquel nous ne trouvons plus qu'une ligne verticale légèrement sinueuse, sans valeur géographique et n'ayant d'autre objet que de relier d'une manière quelconque le tracé de la côte nord-est que nous venons de longer à celui de la côte sud-est dont nous allons maintenant aborder les rivages. En bas, à droite de cette perpendiculaire, on reconnaît sans peine les plus occidentales des îles Salomon, qui ont gardé les formes qu'Herrera leur avait données. Isabelle est au-dessus, l'Isabella de Mendaña, au-dessous se dessinent les côtes nord de San-Nicolas, Arecifes et San-Marcos, visitées par Gallego et Ortega.

---

(1) E. Redlick, *A Cruise among the Cannibals*, trad. angl. in *Ocean highways*, 2° série, vol. I, décembre 1873.

(2) C'est ici le lieu de rappeler cette réflexion de Burney commentant les récits des premiers voyageurs dans le Pacifique : « Un teint de cuivre clair est, dit-il, fréquemment qualifié de blanc par les voyageurs espagnols et portugais dans le but de distinguer les Indiens de cette couleur de ceux qui sont noirs et laineux; quelques-unes des îles de cette mer sont nommées dans les cartes *Yslas de Hombres Blancos*, c'est-à-dire île des hommes blancs, et d'autres *Yslas de Crespos*. » (*op. cit.*, vol. I, p. 152, n.).

Cette dernière est appelée, nous ne savons d'après quel renseignement, la *Vista de Teros* [1].

Une longue côte se présente ensuite, dirigée parallèlement à la côte septentrionale, avec laquelle elle offre plus d'un point de ressemblance, et bordée, comme celle-ci, d'un certain nombre d'îles moyennes et petites. Huit noms, tous espagnols, sont inscrits sur la grande terre ; six autres noms, écrits, sauf un, dans la même langue, se lisent auprès des îles.

Aucune autre carte antérieure à 1767 ne représente rien d'analogue. A cette date seulement, le célèbre géographe anglais Dalrymple, qui venait de découvrir dans un mémoire écrit pour le roi d'Espagne Philippe III, par Jean-Luis Arias [2], quelques lignes fort significatives sur une navigation espagnole faite en 1606 au sud de la Nouvelle-Guinée, esquissa grossièrement une côte méridionale qu'il faisait courir dans l'ouest en partant de la Guadalcanal des îles Salomon, et au-dessous de laquelle il inscrivait le nom de Torrès.

Figueroa, dès 1613, dans un passage de son *Histoire de Mendoza*, avait déjà brièvement parlé de ce voyage de Torrès, mais son texte [3] avait échappé à l'attention des géographes, et Baudrand, le seul savant peut-être qui en ait eu connaissance, était mort, sans avoir consigné dans le manuscrit de son dictionnaire l'extrait qu'il en avait préparé [4].

Luis Vaes de Torrès commandait l'almirante de la petite escadre partie le 21 décembre 1605 du Callao, sous les ordres de Quiros, pour aller à la recherche des terres australes. On sait par suite

---

[1] Par un déplacement qui montre de la part du dessinateur une grande négligence, S. Marcos devient à trois reprises, dans l'œuvre d'Ortelius, une localité de l'extrémité orientale de la Nouvelle-Guinée.

[2] Dalrymple a publié six ans plus tard, en 1773, ce manuscrit, dont M. Major a donné en 1859 une traduction anglaise à la Société Hakluyt. (*A Memorial adressed to his Catholic Majesty Philip the Third, King of Spain, by Dr Juan Luis Arias respecting the exploration, colonization and conversion of the Southern Land* (Early Voyages to Terra Australis now called Australia... edited with an Introduction by R. H. Major. London. 1859, in-8°, p. 1-30.)

[3] Figueroa, *Hechos de Don Garcia Hurtado de Mendoza, quarto Marquez de Cañete.* Madrid, 1613, in-4°, lib. VI, p. 290.

[4] On trouve en effet dans un recueil de notes manuscrites qui a appartenu à Baudrand, et qui de sa bibliothèque a passé dans celle de l'abbaye de Saint-Germain-des-Prés, actuellement à la Bibliothèque nationale (Mss. Fonds espagnol, n° 324, f. 122), un extrait de Figueroa, qui n'a point été utilisé dans le *Dictionnaire Géographique* publié après la mort de Baudrand.

de quelles circonstances les Espagnols, après avoir découvert quelques îles polynésiennes, au lieu de gagner Santa-Cruz, premier objectif du voyage, abordèrent le 1er mai 1606 dans la baie de Saint-Philippe et de Saint-Jacques, au nord de Spiritu-Santo, la plus septentrionale des grandes Cyclades de Bougainville (Nouvelles-Hébrides de Cook). La capitane, où Quiros était fait prisonnier par son équipage révolté, reprenait le 11 juin la route de l'Amérique, et l'almirante, abandonnée à elle-même, entreprenait dans l'ouest, le 26 ou 27 du même mois, l'admirable voyage qui a immortalisé le nom de son illustre chef. Quiros, qui s'est toujours efforcé de dissimuler les véritables causes de son insuccès de 1606 et qui exagérait comme à plaisir, dans ses mémoires, l'importance des résultats qu'il croyait avoir acquis à l'Espagne et à la religion, Quiros n'a parlé qu'en passant [1] et sans détail des découvertes de son lieutenant, postérieures à leur séparation. Mais Figueroa, après avoir raconté, non sans beaucoup d'exagération, que Torrès avait touché dans sa route à plusieurs îles où abondent l'or, les perles et les épices, ajoutait qu'il « avait suivi une côte l'espace de 800 lieues, et en avait enlevé quelques habitants qu'il avait emmené avec lui aux Philippines », d'où était parvenu le compte rendu de son voyage. Arias, plus précis encore, disait dans son mémoire « que, ayant pris connaissance dès le 11e degré d'une terre très étendue, le marin espagnol avait navigué à l'est, ayant constamment à sa droite la côte d'une autre très grande terre, qu'il continua à longer, suivant sa propre estime, pendant plus de 600 lieues, en l'ayant toujours à main droite [2] ».

Dalrymple, qui a le premier fait connaître, ainsi que nous l'avons déjà dit, ce texte d'Arias, en a conclu, sans hésiter, au passage de l'almirante de 1606 entre la Nouvelle-Guinée et la Nouvelle-Hollande, et a donné le nom de Torrès au détroit qui sépare ces deux grandes terres. Fleurieu, vingt ans plus tard, interprétait la citation qu'il faisait de Figueroa de la même façon que Dalrymple avait interprété les quelques lignes d'Arias [3].

(1) Fleurieu, *op. cit.*, p. 48.
(2) *Op. cit.* (Major, *Early Voyages*, etc., p. 20).
(3) En jetant les yeux sur la carte, dit Fleurieu, on est assuré que Torrès, partant de la terre du Saint-Esprit, n'a pu suivre une côte qui se prolongeât sur une étendue de 800 lieues espagnoles, sans avoir passé au sud de la Nouvelle-Guinée et, par conséquent, par le détroit que le capitaine Cook a nommé *détroit de l'Endeavour*. (Fleurieu, *op. cit.*, p. 47, n. y.)

Et plus tard, lorsque le texte même du rapport de Torrès, retrouvé à Manille, fut communiqué à Dalrymple[1] et traduit par lui pour le grand ouvrage de Burney[2], on put reconnaître combien le commentaire des deux célèbres hydrographes avait été exact.

Torrès dit, en effet, dans sa lettre au roi d'Espagne, qu'étant resté quinze jours à attendre Quiros dans la baie de Saint-Philippe et de Saint-Jacques, sans le voir revenir, à la suite d'un conseil tenu entre les officiers de l'almirante et de la patache, le 26 juin, il a quitté Spiritu-Santo pour accomplir les ordres de Sa Majesté. Après avoir tenté vainement de faire le tour de l'île, ce dont le temps et les courants l'empêchent, à court de vivres, en mauvaise saison, mal secondé par un équipage mécontent, il se décide, après une course d'un degré vers le sud-ouest sans voir de terre, à prendre la route du nord-ouest pour gagner les îles espa-

---

(1) M. Major a pensé que ce précieux texte avait été découvert par Dalrymple lui-même après la prise de Manille par les Anglais en 1762 (Major, *Early Voyages to Terra Australis*, etc. London, Hakluyt Society, 1859, in-8°, Introduction, p. xxv). On ne voit cependant nulle part dans l'*Historical Collection* que Dalrymple ait possédé, au moment de la publication de ce recueil (1770), huit ans après la date assignée par M. Major, aucun manuscrit de Torrès. Il mentionne au contraire la relation de ce navigateur, dont un passage de Quiros (*Hist. Coll.*, vol. I, p. 163, et la bibliothèque de Piñelo de Leon (*Biblioteca Oriental y Occidental*, p. 671) lui avaient révélé l'existence, parmi les écrits dont il n'a pu se procurer la lecture (*Hist. Coll.*, vol. I, Introd., *in fine*). L'itinéraire tracé sur la carte de 1767 suffirait pour prouver que les documents précis faisaient défaut à cette date au géographe anglais sur le voyage du marin espagnol, et que c'était le seul texte d'Arias qui le guidait encore alors. Dalrymple déclarait d'ailleurs, dans son mémoire du mois de juin 1782 sur les routes à tenir pour aller à la Chine et pour en revenir (Al. Dalrymple, *Memoir concerning the Passages to and from China*. London, juin 1782, in-4°, p. 6), que l'on n'a point de « récit nautique » (*nautical account*) du passage de Torrès en 1606 par le détroit qui porte aujourd'hui son nom. C'est donc à une date postérieure de plus de vingt ans à celle de la prise de Manille que le texte de Torrès est venu entre les mains de Dalrymple. Il n'a été imprimé qu'en 1806, dans *A Chronological History*, de Burney.

(2) Cette traduction, reproduite d'après Burney dans le livre de M. Major (*op cit.*, p. 31-42), a été jugée insuffisante par l'honorable Henry Stanley, aujourd'hui lord Stanley of Alderley, qui, s'étant procuré à Madrid la transcription d'une copie du texte original faite au XVIII° siècle, l'a de nouveau traduit dans une des notes qu'il a ajoutées à la fin de son édition anglaise des Philippines de Morga (*The Philippines Islands, Moluccas, Siam, Cambodia, Japan and China at the close of the sixteenth century by Antonio de Morga.*, trad. angl. Hakluyt Society. London, 1868, in-8°, App. VI). C'est cette traduction qui m'a servi plus loin.

gnoles. Par 11° 1/2 de latitude sud, il tombe sur ce qu'il appelle le *commencement de la Nouvelle-Guinée*. La côte court de l'ouest à l'est 1/4 nord-ouest sud-est. Il est impossible de doubler la terre en remontant à l'orient, et on en longe le sud en allant vers l'occident. « Toute cette terre est terre de Nouvelle-Guinée, dit Torrès. Elle est peuplée par des Indiens qui ne sont pas très blancs, et qui vont nus, quoique leur ceinture soit couverte d'écorces d'arbres, en manière de vêtements peints de diverses couleurs. Ils combattent avec des javelines, des boucliers et certaines massues de pierres, le tout orné de beaucoup de belles plumes. Le long de cette terre sont d'autres îles habitées. Il y a sur toute la côte de nombreux et vastes ports, avec de très larges rivières et beaucoup de plaines. En dehors de ces îles s'étendent récifs et bas-fonds ; les îles sont entre ces dangers et la terre ferme, et un chenal court au milieu. Nous prîmes possession de ces ports au nom de Votre Majesté, à la décision de laquelle les choses demeurent. Ayant couru 300 lieues sur cette côte, comme il a été dit, et vu décroître notre latitude de deux degrés et demi, jusqu'à nous trouver par 9°, en ce point a commencé un banc de trois à neuf brasses qui longeait la côte jusque par 7° 1/2. Ne pouvant aller plus loin à cause des basses nombreuses et des puissants courants que nous rencontrons, nous nous décidâmes à tourner notre course au sud-ouest par le chenal profond dont il a été parlé, jusque vers le onzième degré. Il y a là d'un bout à l'autre un archipel d'îles innombrables, par lequel je passai. A la fin du onzième degré le fond devint plus bas. Il y avait là de très grandes îles et il en paraissait davantage vers le sud ; elles étaient habitées par un peuple noir, très robuste et tout nu, ayant pour armes de fortes et longues lances, beaucoup de flèches et des massues de pierre mal façonnées. Nous n'avons pu acheter aucune de ces armes. J'ai pris dans toute cette contrée vingt personnes de différentes nations, afin de donner à Votre Majesté, par leur moyen, de meilleurs renseignements. Elles fournissent déjà beaucoup d'informations sur d'autres peuples, quoique jusqu'à présent elles ne puissent pas encore se faire très bien comprendre[1]... »

Rien d'essentiel ne manque à cette relation. Dans son style maritime aux allures rapides, Torrès résume tous les traits les plus frappants de l'hydrographie, de la topographie et de l'ethnogra-

---

[1] *Trad. cit.*, p. 414.

phie des régions dont il vient de révéler pour la première fois l'existence. D'une part, ces îles habitées, couvertes du côté de la mer par le récif, avec leur chenal intérieur; de l'autre, ces basses continues, sur lesquelles la mer déferle avec force, caractérisent admirablement en quelques mots le régime des côtes au sud-est et au nord-ouest du cap Possession. Les innombrables îles, au milieu desquelles les navires vont passer vers l'ouest, sont, à n'en pas douter, celles du détroit qui portera le nom du commandant espagnol. Les terres qu'on voit plus au sud s'appelleront plus tard les îles du Prince de Galles et la péninsule d'York. Et quant aux vastes ports, aux rivières et aux plaines de l'est, un jour viendra, plus de deux siècles et demi plus tard, où les Anglais les inscriront avec des noms nouveaux sur leurs cartes nautiques.

Alors seulement aussi les ethnographes apprendront l'existence dans le sud-est de la Nouvelle-Guinée d'un peuple au teint relativement clair, différant des autres peuples de cette grande île par des caractères physiques et ethnographiques que Torrès avait signalés à la fois, en même temps qu'il avait fait connaître quelques-uns des traits propres aux Australiens et aux vrais Papous.

Une exploration aussi importante que celle dont le récit vient de passer sous nos yeux devait avoir laissé des traces dans la géographie, et la première question qui se posait en présence de la carte de 1700, à laquelle nous revenons après cette indispensable digression, devait porter nécessairement sur l'attribution à faire au voyageur espagnol de la nomenclature inconnue, écrite en sa langue, que nous y trouvons consignée. Torrès est le seul Européen qui ait abordé avant Bougainville et Cook les côtes méridionales de la Nouvelle-Guinée de l'est, et non seulement la carte ne contient rien qui s'oppose à ce qu'on en assigne la paternité à l'illustre voyageur, mais un certain nombre des détails qu'on y peut lire sont en rapports étroits avec sa relation. A ces divers arguments en faveur de l'attribution proposée, je suis en mesure d'en ajouter un dernier, plus décisif encore, et que j'emprunterai à un ordre de faits dont l'étude m'a déjà rendu quelques services au cours de ce travail.

Sur les treize noms espagnols de notre côte méridionale de Nouvelle-Guinée, six sont puisés dans le calendrier. L'usage d'imposer aux localités découvertes le nom du saint du jour où on les a tout d'abord rencontrées était encore en vigueur en 1606. Torrès, dans la partie du voyage qui lui avait été commune avec Quiros, ayant à donner quelques noms à de petites îles qu'il avait le premier aperçues du haut de son navire, n'avait pas manqué de choisir ceux qu'il avait lus dans l'almanach au jour de leur rencontre. Son rapport au roi appelle, par exemple, l'île vue le 29 janvier 1606 *isla de San Valerio*, et celle que l'on découvre le 9 février *isla de Santa Polonia*; or, le principal saint fêté en Espagne le 28 janvier était encore, au commencement du XVIIe siècle, saint Valère de Saragosse, et la fête de sainte Apolline se célèbre encore maintenant le 9 février.

Torrès a dû agir encore de même après le départ de la capitane. Si l'on peut démontrer que les six noms de saints inscrits à la bande sud de notre carte néo-guinéenne concordent avec les dates où l'almirante visitait les côtes où elles s'alignent, on aura prouvé du même coup, sans contestation possible, que c'est l'illustre marin espagnol qui a créé cette nomenclature et construit la carte qui nous l'a conservée.

Le texte de Torrès ne contient aucune date qui puisse nous éclairer sur le moment précis de son apparition dans ces parages. Mais il n'est peut-être pas bien difficile, étant connu le jour de son départ de Spiritu-Santo, de déterminer avec une suffisante approximation, à l'aide des données précises fournies par quelque autre voyage accompli dans des conditions semblables, l'époque vers laquelle ses navires arrivaient dans les eaux de la Nouvelle-Guinée.

Torrès nous apprend qu'il tint un grand conseil quinze jours après le départ de Quiros, et qu'à la suite de cette réunion on quitta Spiritu-Santo. La capitane avait disparu le 11 juin, c'est donc le 26 qu'eut lieu la délibération qui mit fin au séjour dans la baie de Saint-Philippe et de Saint-Jacques, et c'est ce jour ou le lendemain que l'almirante et la *Zabra* reprirent leur marche.

Or, les deux vaisseaux de Bougainville[1] quittaient en 1768, vers la même époque de l'année, le même archipel auquel le nom de grandes Cyclades venait d'être imposé, marchaient d'abord droit à l'ouest, puis gagnaient dans le nord-ouest un point de la côte méridionale où Torrès était venu atterrir cent soixante-deux ans avant. Parties le 29 mai de la pointe sud de Spiritu-Santo (cap Lisburne des Anglais), la *Boudeuse* et l'*Étoile* arrivaient, treize jours après, le 10 juin, au cul-de-sac de l'Orangerie.

(1) *Voyage autour du monde par la frégate du Roi La Boudeuse et la flûte L'Étoile, en 1766, 1767, 1768, et 1769.* Paris, 1771, in-4, ch. IV et V.

Les navires de Torrès faisant route à peu près dans la même saison, avec mêmes vents régnants, mêmes courants, etc., auraient marché à peu près aussi vite, s'ils avaient suivi tout à fait la même direction. C'étaient de bons navires, les plus solides et les mieux armés qu'ait encore vus la mer du Sud, au dire de Torquemada. L'infériorité de leur marche, par rapport aux bâtiments de 1768, ne pouvait pas être si marquée que l'on dût, pour en tenir compte, ajouter beaucoup aux treize jours de navigation de l'escadre française.

Mais Torrès, de son propre aveu, avait perdu du temps en cherchant d'abord à faire le tour du Spiritu-Santo, en s'efforçant ensuite d'avancer dans la direction du sud-ouest. Il faut donc allonger de quelques jours sa traversée de Spiritu-Santo à la Nouvelle-Guinée, pour faire la part de ces deux causes de retard. Si l'on suppose qu'une semaine a pu être employée à cette double recherche, les Espagnols auront dû arriver en vue de la grande terre vers le milieu de juillet.

Or, le premier vocable qui se rencontre sur la carte du *Neptune*, après ceux qui désignent des terres dépendant manifestement de l'archipel Salomon, ainsi que je l'ai précédemment montré, est celui de Saint-Bonaventure, dont la fête se célèbre le 14 juillet[1]. Le deuxième nom marqué sur notre côte méridionale est celui de la Madeleine, *Tierra de la Madelena*, qui tombe le surlendemain. Après ces noms de saints du mois de juillet, s'alignent dans un certain désordre des saints du mois d'août: saint Laurent, patron du 10 de ce mois; sainte Claire, que l'on fête le 12; saint Barthélemy, dont la date correspond au 24; saint Augustin enfin, inscrit sous celle du 28[2].

Nous avons déjà dit qu'il ne faut se préoccuper sérieusement, dans la carte qui est sous nos yeux, ni de la nature des lieux auxquels s'appliquent les mots qu'elle fournit, ni de la place exacte

---

(1) Dans une lettre de 1613 au roi d'Espagne, Diego de Prado appelle la grande terre découverte par l'expédition *la magna Margarita*, probablement parce que c'est le 20 juillet, jour de sainte Marguerite, que l'on en prit pour la première fois connaissance (Henry Stanley, *trad. cit.*, p. 428).

(2) Un seul nom emprunté à l'hagiographie reste en dehors de cette curieuse série à la bande sud de la Nouvelle-Guinée; c'est celui des *Trois Maries* donné à un petit groupe d'îles, que l'on voit en bas de notre carte, et vers son milieu, mais dont je crois pouvoir m'expliquer la présence par un malencontreux détournement fait ici au détriment des îles Salomon sur la carte desquelles Mendana avait inscrit ce nom en 1567.

que leur a donnée le graveur. Nous avons vu sur la côte nord-est un certain nombre d'exemples de transpositions et de changements d'attributions.

Il est probable qu'il en doit être de même à la côte sud-est, pour laquelle nous n'avons plus les moyens de correction que nous fournissaient pour le nord-est Mercator, Descalante Alvarado, etc. Aussi ne nous étonnerons-nous pas de voir Santa-Clara à l'orient de San-Bartolomeo, ou de rencontrer entre le port et l'île placés sous l'invocation de cet apôtre une autre île dédiée à saint Laurent.

Il n'en reste pas moins établi que les localités méridionales, qui portent des noms empruntés au calendrier, s'échelonnent de l'est à l'ouest, de telle sorte que les saints du mois de juillet se présentent d'abord, puis ceux du mois d'août, et que la rencontre est parfaite entre les dates présumées du passage de l'expédition et celles qui correspondent aux saints dont les noms figurent sur la carte. Je conclus sans hésitation de cette coïncidence que c'est bien au voyage de 1606 que cette carte était destinée à servir d'explication.

Or, sur cette carte, la *tierra de Buenaventura* occupe, à l'extrémité de la dent méridionale d'une sorte de fourche comparable dans une certaine mesure à celle que M. Moresby a décrite, une situation toute semblable à celle que ce navigateur attribue à ses îles Hayter, Basilisk, Moresby, etc. Sans attacher plus d'importance qu'il ne faut à des contours dont la précision est souvent en défaut ailleurs, je crois pouvoir pourtant conclure de mon examen à une reconnaissance, dirigée par les Espagnols de 1606, pendant leur illustre voyage, au sein de l'archipel que l'on sait aujourd'hui former la terminaison orientale de la Nouvelle-Guinée. La terre de Saint-Bonaventure, bien distincte de la grande terre, avait une certaine étendue; elle ne peut donc se confondre avec aucune des îles de la Louisiane, ainsi que lord Stanley l'a pensé[1]. Ces îles, surtout à la bande du sud, sont petites, couvertes de fort loin, au moins les plus importantes, par un immense récif à peu près continu et presque inabordable. Pour avoir tenté de remonter par l'est, les deux navires espagnols ont dû nécessairement prendre connaissance de la terre à une certaine distance à l'ouest de son extrémité, et comme je trouve sur la carte de 1700 cette extrémité terminée par une île d'une certaine étendue, je me crois

(1) H. Stanley, *trad. cit.*, p. 414, n° 2.

autorisé à admettre que c'est à la hauteur du groupe Moresby des cartes actuelles que l'escadre de Torrès est venue aborder et que la tentative dirigée vers l'est a été faite, soit le long des îles qui forment cet archipel, soit par l'un des détroits qui conduisent par la baie Milne vers la pointe nord-est de la fourche et l'archipel de d'Entrecasteaux.

Si *Buenaventura* est l'une ou l'autre des îles récemment découvertes par les Anglais, le *Mira como vaz*, forme espagnole de l'*Attention* de nos instructions nautiques, correspondra aux îles Brumer, et la *Santa-Clara* se placera un peu plus loin, vers le groupe Dufaure. En continuant l'examen comparatif des contours méridionaux de la vieille carte avec ceux des cartes récentes, on sera amené à considérer le port de Saint-Barthélemy comme notre baie de la Table, l'île *San-Lorenzo* comme l'île Grange actuelle, *puerto de San-Augustino* comme le *Cloudy Bay* des Anglais, le *cabo de a Costa*, enfin, comme la pointe Hood des mêmes hydrographes. Plus loin, dans le nord-ouest, la *punta de la Galera*[1], pointe de la galère, ainsi nommée peut-être de quelqu'un de ces grands canots usités par les naturels, sera représentée par le cap Suckling, et *las Riadas*[2], les ruisseaux, conviendra très bien pour désigner la baie de Fresh water.

Les navigateurs ont depuis longtemps appelé l'attention sur le contraste que forme avec la chaîne des hautes montagnes d'Owen Stanley le pays bas et plat que l'on trouve en allant au nord-ouest après le cap Possession ; c'est ce qu'exprime la carte de d'Ablancourt par les mots *Tierra baixa*, terre basse. Au delà commence le détroit de Torrès, représenté par le mot *Abrolhos*, les écueils[3]. Un groupe d'îles innommées, que l'on voit dessiné à gauche de ce mot, rappelle l'archipel compliqué qui hérisse cette dangereuse mer.

Avec *los Abrolhos* prend fin le long voyage que nous venons de faire autour des côtes de la Nouvelle-Guinée. Quelque incomplets que soient encore les documents qui ont fourni la base de ce travail, quelque insuffisantes que demeurent certaines identifications que nous avons proposées, il est aujourd'hui établi que dès 1606 il ne restait d'absolument inconnu dans la moitié orientale de la

---

(1) Je lis *Galera* et non *Gabera* comme Mortier l'a imprimé.
(2) Correction du *Tiados* de la carte, qui n'a aucun sens.
(3) *Abr'olhos*, ouvre les yeux.

Nouvelle-Guinée que les côtes qui s'étendent à l'est, depuis les montagnes du Finistère jusqu'à la baie Milne, côtes dont Dampier, puis d'Entrecasteaux et d'Urville, et de nos jours M. Moresby, ont successivement arrêté de mieux en mieux les contours. Saavedra, Grijalva, Yñigo Ortiz, d'une part, Fernand Vaz de Torrès, de l'autre, avaient longé presque toutes les autres terres et imposé aux points les plus remarquables des noms qu'il y a lieu de faire revivre partout où l'on peut retrouver leur position avec quelque certitude et où la nomenclature indigène, que l'on doit toujours préférer, se montre insuffisante. D'autres noms encore reprendront sur les cartes modernes la place qu'ils n'auraient jamais dû perdre, si, comme nous aimons à le croire, les documents originaux qui nous manquent encore, etc., se retrouvent quelque jour comme s'est retrouvée la relation de voyage de Torrès à la fin du xviiie siècle, et si l'histoire de ce dernier se complète par la découverte des plans qui en ont été dressés.

L'un des officiers de Torrès, Diego de Prado, écrivant de Goa, le 24 décembre 1613, la lettre citée plus haut, annonçait l'envoi au roi de la carte des découvertes effectuées par Luis Vaes de Torrès[1]. Puisque la lettre de Diego de Prado est arrivée à sa destination, et qu'une copie a pu en être consignée au Ms. J. 2 de la Bibliothèque nationale de Madrid, où lord Stanley l'a rencontrée, nous sommes en droit d'espérer que les levers qui l'accompagnaient tomberont quelque jour sous les yeux d'un géographe qui en saura reconnaître l'importance[2]; et, publiés tout aussitôt, viendront compléter les renseignements que nous avons pu coor-

---

(1) Stanley, *loc. cit.*, p. 410.

(2) L'espoir que j'exprimais en terminant cette notice en mai 1877 n'a pas été déçu. Le 7 novembre de la même année, je présentais à la Société de géographie de Paris quatre calques de cartes de Diego de Prado, qui confirmaient toutes les hypothèses que j'avais formulées dans mon mémoire. Ces cartes me venaient de Simancas; on les avait retrouvées dans un dossier déjà signalé par Navarrete sur les indications du savant bibliothécaire de la Section des manuscrits de la Bibliothèque nationale de Madrid, D. José M. Octavio de Toledo. La Société de géographie de Paris n'ayant pas les ressources nécessaires pour publier les quatre cartes en couleur que j'avais ainsi fait copier, il me fallut attendre quelque peu, et pendant ce délai le colonel Coëllo, qui avait eu vent de la découverte, s'empressa d'en faire paraître des réductions dans le *Bulletin de la Société de géographie de Madrid* (t. IV, p. 7-86, 1878). Cette publication, qui se ressent de la précipitation avec laquelle elle a été ordonnée ne saurait être considérée comme définitive; les commentaires explicatifs des cartes sont, en particulier, tout à fait insuffisants. Je reviendrai quelque jour

donner dans les pages qui précèdent sur cette campagne de 1606, la plus audacieuse et la plus habilement conduite que les Espagnols aient dirigée dans les eaux inconnues du grand océan Pacifique.

sur ces précieux documents, dont je crois avoir trouvé une interprétation beaucoup plus satisfaisante que celle qui a été donnée. Il me suffira, pour l'instant, de constater que les principales stations du navire de Torrès à la côte sud-est de la Nouvelle-Guinée sont la baie Milne et le Cul-de-sac de l'Orangerie; ce qui confirme parfaitement le système exposé ci-dessus.

X

JEAN ROZE, HYDROGRAPHE DIEPPOIS

DU MILIEU DU XVIe SIÈCLE [1]

I

Il est peu de documents aussi intéressants pour l'histoire de l'hydrographie du XVIe siècle que l'atlas de l'ancienne bibliothèque royale d'Angleterre (*Old Royal Library*), conservé parmi les manuscrits géographiques du *British Museum* sous la mention *Royal* 20, E. IX.

Cet atlas ne contient pas moins de vingt et une feuilles, texte ou cartes [2].

On explique dans le texte, l'usage du compas et la manière de prendre la hauteur du pôle; une page est consacrée au calendrier, une autre aux latitudes, une troisième aux déclinaisons.

Puis viennent onze cartes hydrographiques d'une belle exécution, richement décorées en or et en couleur, et dont plusieurs, remarquables à divers titres, ont été l'objet de recherches spéciales dues à MM. R.-H. Major et H. Harrisse [3].

---

(1) Mémoire lu à la Section de géographie du Comité des travaux historiques le 1er juin 1889 et imprimé au *Bulletin de Géographie* de la même année (p. 87-96).

(2) Ces renseignements descriptifs sont empruntés au *Catalogue of the Manuscript Maps, Charts and Plans and of the topographical Drawings of the British Museum*. London, Woodfall, 1844, in-8°, vol. I, p. 23 et sqq.

(3) R.-H. Major, *Early Voyages to terra Australis now called Australia*. London, Hakluyt Society, 1859, in-8°. Introduction, p. 28-30. — H. Harrisse, *Jean et Sébastien Cabot, leur origine et leurs voyages*, étude d'histoire critique, suivie d'une cartographie, d'une bibliographie et d'une chronologie des voyages au nord-ouest de 1497 à 1550 (*Recueil de Voy. et Docum.* de MM. Schefer et Cordier, t. I, p. 201-204, 1882, in-8°).

Le titre de l'ouvrage, en anglais, écrit au-dessous d'un écusson aux armes de Henri VIII, donne le nom de l'auteur : « *This boke of Idrography is made by me Iohne Rotz, servant to the Kinges mooste excellent Majeste. God save his Majeste.* » La dédicace qui suit[1] nous apprend que ce Iohne Rotz avait composé tout d'abord pour le roi de France, son souverain et naturel seigneur, ce livre qu'il offre ensuite à Henri d'Angleterre.

Malgré l'apparence étrangère de son nom, Jean Rotz est donc Français et récemment venu en Angleterre, en 1542, date où il

---

(1) Voici le commencement de cette dédicace, tel que l'a reproduit M. Harrisse (p. 201) : elle est écrite en français, tandis que le reste du texte est en mauvais anglais.

« A la tresexcellente et tressacrée (Majesté du Roy) mon souverain seigneur et maistre,

« Nous voyons communement (tres puissant et tres noble prince) les hommes commencer leurs œuvres avec certaine intention de les adrecer vgne part Et Dieu tout-puissant par son ordonnance les adrecer vgne aultre part avec milleure fortune por l'ouurier que souuente ffoys son propre espoyr ne luy promect quy est por confermer le commun prouerbe quy dict que (lhomme propose et Dieu dispose) ce que moy mesme (Sire) ay présentement tres bien esprouue Parce que ja lons temps ayant le désir et affection de faire quelque œuvre plaisante et agreable au Roy de France quy adonc estoyt mon souuerain et naturel seigneur Et apprez auoyr considre le monde estre assez Remply de cartes marines selon la maniere vulgaire je maduisay por le mieux de luy faire et drecer vng liure contenant toutte lidrographie ou science marine Pour ce quil seroyt plus vtille et prouffitable et de plus grand esprit et plus ayse et plus facile a manyer et regarder que ne seroyt vgne longue carte marine de quatre ou cinq verges de long Parquoy (Sire) apprez auoyr mis accord entre lopinion et le désir Je commencay loeuure avec lentention deuant proposee mays comme ja elle estoit ou peu s'en falloit (accomplie) notre signeur quy de touttes choses veult disposer selon son plaisir la voullu adrecer vgne aultre part avec meilleure fortune que moy mesme nesperoys comme justime veu que telle en a este lordonnance divine Laquelle nous congnoissons pour certain ne Rien faire ou disposer que por la milleure fin. Or doncqz tres cher (Sire) puys que Dieu et fortune mon tant faict de grace et faueur que daconduire et gouuerner la nauire de ma simple et petite personne errant et nauigant par les vndes et flotz de ceste mer mondayne Jusqz a puenir et arriuer po' dernier Refuge poser lancre au tresnoble et tresexcellent port de Vre tant gratieux et desire service Pour Illec anerereu repos et sauluete avec mon petit esquipage et mathelotage de femme et enfantz) il vous plaira danssy bon cœur receuoir loeuure par diuin voulloyr preordonnee desire presentee V̄re screulissim personne... »

Un autre passage de la même dédicace, transcrit par M. Major (p. xxix), contient l'assurance que les cartes de Rotz sont « au plus certain et vray qu'il m'a este possible de faire, tant par experience propre que par la certaine experience de mes amys et compaignons nauigateurs. »

achève son œuvre, déjà terminée « ou peu s'en falloyt » lors de son départ de France : « *Heir endeth this booke of Idrography, made by me Iohne Rotz, servant to the Kinges mooste excellent Majeste in the yer of our Lord Gode 1ᵐ vᶜ xlij and of his regne the xxxxiiij yere.* »

Tout l'honneur qui s'attache à son beau travail rejaillit donc sur l'école française, à laquelle il appartient d'ailleurs, au moins autant, je dois le dire, par la tradition graphique que par la langue.

M. Major avait, le premier, signalé des affinités remarquables entre certains traits bien spéciaux de l'hydrographie de Rotz et les délinéations correspondantes de plusieurs mappemondes faites vers le même temps à Dieppe, berceau de notre hydrographie nationale.

Quoique n'ayant jamais vu l'original, j'ai moi-même, à travers les descriptions de MM. Major et Harrisse, reconnu d'autres points de contact encore, et j'estimais, depuis longtemps, qu'il fallait rattacher à l'école de Dieppe l'auteur de l'*Hydrographie*, considéré bien à tort comme Flamand par Malte-Brun[1], lorsqu'une publication récente est venue trancher définitivement la question dans le sens que je viens d'indiquer.

Je veux parler de l'un des derniers volumes de la collection des *Inventaires des Archives du Ministère des Affaires étrangères*, publié en 1888 par M. G. Lefèvre-Pontalis et qui contient en analyses ou en extraits la correspondance politique de Odet de Selve, ambassadeur de France en Angleterre, de 1546 à 1549.[2] On trouve huit

---

(1) Malte-Brun, *Histoire de la Géographie*, t. I, p. 631. — M. Harrisse croyait comme Malte-Brun, que ce nom de Rotz était « essentiellement flamand ». Le *z* final, qui a frappé l'un et l'autre de ces savants géographes, joue le même rôle que celui du mot « flotz » employé dans la dédicace précitée, et doit se rendre par un *s*. *Rotz* n'a plus rien de flamand, et nous allons voir qu'il équivaut au nom de Roze ou Rose. Je m'empresse d'ajouter que M. Harrisse (p. 202) repousse, avec M. Major (p. xxx), l'explication proposée par Malte-Brun, qui fait venir l'auteur de l'hydrographie en Angleterre avec Anne de Clèves en 1540. « Comme la vassalité des Flandres par rapport à la France fut abolie en 1526, dit M. Harrisse, ce n'est pas au nord de la Picardie qu'il faut chercher le lieu de résidence de Rotz à moins qu'on ne veuille faire remonter la construction de son atlas à une date antérieure au traité de Madrid, ce que les renseignements géographiques qu'il nous donne ne nous permettent pas d'admettre » (p. 202).

(2) *Inventaire analytique des Archives du Ministère des Affaires étrangères — Correspondance politique de Odet de Selve, ambassadeur de France en An-*

fois mentionné dans des lettres de janvier à juin 1547, un *Jehan Roze, natif de Dieppe*, au service du Roy d'Angleterre, « homme de tres bon esprit... et fort entendu au fait de la marine et de la navigation », qui ne peut être, ainsi qu'on va le voir, un autre personnage que le *Johne Rotz* de l'*Idrography* de 1542.

II

La marine de Henri VIII était assez nombreuse, mais composée d'éléments peu homogènes et empruntés en partie à l'étranger.

L'ambassadeur Marillac, écrivant au roi de France et au connétable, dès son arrivée à Londres (avril 1537)[1] constatait l'armement en Tamise d'une flotte qui, combinée avec celle de Portsmouth, devait, lui disait-on, s'élever à cent cinquante vaisseaux[2].

Mais dans une dépêche du 1ᵉʳ octobre 1540, il donnait à son souverain des détails plus rassurants.

« S'ils faisoient, disait-il alors des Anglais, jusques à soixante-dix ou quatre-vingtz voilles, ce seroit le plus grand effort qu'ils pourraient faire en ung extrême besoing. »

Au surplus, trois seulement de ces *naufz* ont un fort tonnage et les autres sont « fournyes de tout ce que leur fault, et singulièrement d'artillerye et munition, beaucoup mieux que de bons pillotes et mariniers dont la plupart sont estrangiers[3] ».

gleterre *(1546-1549)*, publiée sous les auspices de la Commission des archives diplomatiques, par M. Germain Lefèvre-Pontalis. Paris, Alcan, 1888, 1 vol. in-8°, p. 85, 119, 138, 141, 143, 148, 152, 175.

(1) *Inventaire analytique des Archives du Ministère des Affaires étrangères.* — *Correspondance politique de MM. de Castillon et de Marillac, ambassadeur de France en Angleterre* (1537-1542) publiée sous les auspices de la Commission des archives diplomatiques, par M. Jean Kaulek avec la collaboration de MM. L. Farges et G. Lefèvre-Pontalis. Paris, Alcan, 1885, 1 vol. in-8°, p. 87-89.

(2) « Procedant plus auant aupres de ceste ville, sur la Thamize, j'ay veu écrit-il au connétable (p. 28-89), les gallions et nauires de ce roy, tout armés, prests a faire vouelle, avec quelques vngs de ses subjectz qu'on equippe en telle diligence que, par ce qu'on en peult juger, l'on estime communement que dans Quasimodo toute ceste armee pourra sortir et se joindre avec vingt et cinq ou trente vaisseaux qui sont au port à chable de Porcemeut vers le cartier d'Anthone (Portsmouth, vers Southampton) : et faict en tout le nombre de cent cinquante voilles. »

(3) D'après les renseignements de Marillac « ledit seigneur a commuuement enuiron treize ou quatorze *naufz* » dans lesquelles sont comprises « le Grand-

Ces derniers sont des Ragusans, des Vénitiens ou des Génois, incorporés de force avec leurs bâtiments dans la marine du roi. Ce sont encore des Normands et des Bretons, parmi lesquels dominent les « vaccabons, banniz ou autre telle sorte de gens qui, pour avoir mesfaict, n'osent pas retourner en France ». (Il s'en est trouvé quatre ou cinq cents à Londres ou aux environs, suivant Marillac, en septembre 1540 [1].)

Les pilotes valent infiniment mieux que leurs équipages. Ce sont tous des Normands et les meilleurs marins de la Manche : Jean Ribauld, de Dieppe; Raulin Le Taillois, dit Secalart, de Honfleur; notre Jean Roze et d'autres encore.

Ribauld, fait prisonnier pendant les dernières guerres, a dû, pour se libérer, accepter contre son gré les offres du roi d'Angleterre, « ayant perdu, par suite de procès, tout son bien en France », dit de Selve, qui s'entremet auprès de Henri II pour avoir sa grâce et obtient, en attendant, du pilote dieppois des renseignements circonstanciés sur les armements des Anglais. Évadé, puis repris par les agents du Protecteur [1], il finira par rentrer en France et, huit ans plus tard, il conduira en Floride l'expédition de René de Laudonnière.

Henry, estimée de mil cinq cens tonneaulx et deux autres d'environ neuf cens ou mille, dictes l'vne *Marie-Roze*, l'autre *Pomme Grenade*... Oultre les nauires de ce Roy, ajoute-t-il, il ne se peult affirmer qu'il y ait en Angleterre sept ou huict nauires qui passent quatre ou cinq cens tonneaulx... Le surplus sont petites naufz de cinquante, soixante et quatre vingtz tonneaulx... plus propres a trajecter et porter victuailles que pour combattre, aussi bien n'en faict l'on grand cas quand il est question d'armer, *ains mect l'on peine d'arrester les naufz des estrangiers qui viennent de la mer de Levant, singulièrement des Ragusains et Geinevoys qui sont communement bien instruictes d'equippaige et de gens. L'on prend aussi celle des Venitiens* » (Ibid., p. 227).

(1) *Ibid.*, p. 215.
(2) *Ibid.*, p. 170. — A la date du 13 août 1547, Jean Ribauld n'a pu encore s'échapper, à cause du guet qui se fait dans tous les ports *où il est très connu*. On l'a contraint de partir à cheval pour le Nord, mais, avant de se mettre en route, il a donné sa foi à de Selve « que le plus tost qu'il pourra trouver occasion d'eschapper », il ira vers le roi de France, « ce qu'il m'a proumictz de faire ou par Escosse ou par la frontiere où il va quand il debvroit perdre la vie » (p. 183). Il assiste à la bataille de Pinkie, dont il fait, à son retour, le récit à notre ambassadeur (p. 221-223); il donne des conseils pour les routes à suivre par la flotte française qui va gagner l'Écosse (p. 223), finit par s'évader le 14 novembre et se fait reprendre à la Rye quelques jours plus tard (p. 242-243).

Plus heureux que Ribauld, Secalart[1], « homme fort entendu en son métier », est rentré en France sous les auspices du baron de la Garde, dès le mois de janvier 1547[2]. C'est lui qui, quatorze mois plus tôt, avait achevé à La Rochelle (24 novembre 1545) la Cosmographie de Jean Alfonce le Saintongeois[3], dédiée à François 1er.

Quant à Jean Roze (John Rotz), il ne reste en Angleterre que « quasy par force et contraincte ». Il y est venu de bon gré » pendant l'ancienne paix »; l'attrait de gages élevés (VIIIxx escus par an) a sans doute été pour quelque chose dans cette désertion. S'il « a demeuré durant les dernières guerres, cela a été par force et pour ne pouvoyr eschapper[4] ». Il veut maintenant retourner à Dieppe, « luy, sa femme et enfentz », et Odet de Selve trouve, pour plaider sa cause auprès de d'Annebaud, d'excellentes raisons.

Odet de Selve à l'amiral Claude d'Annebaut[5].

11 janvier 1547.

Monseigneur, il y ha icy ung personnaige natif de Dieppe au service du Roy d'Angleterre, nommé Jehan Roze, homme de très bon esprit, comme j'entendz, et fort entendu au faict de la marine et de la navigation, lequel m'a faict dire que le sesjour qu'il avoyt faict icy durant ces dernières guerres avoyt esté quasy par force et contraincte; et néanlmoings qu'il n'avoyt jamays voullu servir contre le Roy au faict desdictes guerres sur les navyres du Roy d'Angleterre, combien que on luy ayt voulleu contraindre, me faisant dire qu'il n'a jamais eu voulenté de servir

---

(1) Odet de Selve l'appelle Scalart (p. 84, 86); ce marin écrit lui-même son nom *Raullin Secalart*. MM. Charles et Paul Bréard ont retrouvé un certain nombre de pièces notariées le concernant, où il est appelé Raulin ou Raoullin le Taillois, dit Secalart, « de son vivant pilote royal en la marine » (*Documents relatifs à la marine normande et à ses armements aux XVIe et XVIIe siècles*. Rouen, Lestringant, 1889, in-8°, p. 47-50).

(2) Id., p. 84, 86.

(3) *Cosmographie avec espere et regime du Soleil et du Nord en nostre langue françoyse composee par Jehan Allefonsve et Raullin Secalart, cosmographe de Honnefleur* (Bibl. nat., Ms. fr., 676, ex. Baluze, 7125 a).

(4) *Correspondance politique de Odet de Selve*, p. 42, 101, 119, 165.

(5) M. Germain Lefèvre-Poutalis, qui n'a réussi à identifier aucun des trois personnages dont je m'occupe ici, n'a donné qu'un court résumé de cette pièce (p. 85), que je reproduis *in extenso* d'après la copie très exacte qu'a bien voulu faire exécuter pour moi mon ami M. Girard de Rialle, directeur des Archives du Ministère des Affaires étrangères. Je remercie M. Tausserat de s'être chargé de cette besogne.

aultre prince que ledict seigneur Roy, auquel il m'a faict par plusieurs foys prier d'escripre en sa faveur à ce qu'il luy pleust luy octroyer quelque provision pour pouvoyr retourner, luy, sa femme et enfantz en France, sans ce qu'on leur puisse doner empeschement en leurs personnes ny en leurs biens soubz umbre du sesjour qu'ils ont faict par deçà, offrant de payer les deniers et finances qui ont accoustumé d'estre payés pour telles provisions. De quoy, Monseigneur, je luy ay faict responce que, s'il voulloyt faire quelque bon service par deçà, et me faire cognoistre qu'il estoyt aussy affectionné et fidelle serviteur du Roy comme debvoyt estre ung vray naturel subject dudict seigneur, j'auroys occasion et moyen de porter tesmoignage au Roy et à vous, Monseigneur, de sa bonne voulenté et luy faire accorder non seullement l'expédition qu'il demandoyt sans aulcune finance, mais aultant ou plus d'estat que ce Roy ne lui en donne, qui est viii^{xx} escus par an; le faisant exorter à s'y voulloyr employer comme je pense qu'il pourroyt bien faire, ayant l'esprit tel que l'on m'a dict qu'il ha. Sur quoi je n'ay eu de luy que ugne responce générale, me promettant qu'estant par delà, il fera au Roi tout le service dont il se pourra adviser, et icy ne s'épargnera à ce qu'il aura moyen de faire; mais, à ce que je puis entendre, il est homme craintif et qui a peur des dangers qui ne sont pas petits par deçà à gentz qui se meslent de telles choses. Toutesfoys, Monseigneur, pourroyt estre que quand il s'asseureroyt de ce qui demande, qui n'est pas grâce fort extraordinaire, ny déraisonnable, l'on trouveroyt moyen de le faire adventurer à faire icy quelque service, et sy myeulx l'on ne pouvoyt tirer du luy, à tout le moings le levant d'icy par ung moyen qui ne cousteroyt rien, l'on feroyt perdre la commodité à ceulx de deçà de tyrer jamays service de luy en leurs entreprises de mer : ce que j'entendz qui seroyt bien homme pour pouvoir bien faire quand il s'y vouldroit appliquer. Dont je vous ay bien voullu advestyr, Monseigneur, à ce qu'il vous plaise me mander et commander là dessus le bon plaisir du Roy et le vostre[1].

François Ier n'a consenti au retour de Jean Roze qu'en cas de guerre avec l'Anglais seulement. A la mort du roi, Odet de Selve qui continue à s'intéresser au malheureux transfuge, dont il se promet d'utiliser les services, va tenter de nouvelles démarches auprès du connétable Anne de Montmorency.

Odet de Selve au connétable Anne de Montmorency.

4 mai 1547.

..... Vray est, Monseigneur, qu'il y a bien icy ung nommé Jehan Roze, natif de Dieppe, que le feu Roy m'avoyt mandé estre content de rentrer

(1) Archives des Affaires étrangères, Angleterre, *Correspondance*, t. VI, 101.

sy la guerre fust survenue avec les Angloys et aultrement non, qui est homme pour faire de très grandz services, à mon jugement, et qui vous sçauroyt bien rendre compte seurement de toutes les descentes et portz de ce pays; et croy, Monseigneur, que pour la marine et navigation, il est bien suffisant homme. Il est venu par deçà durant l'ancienne paix : vray est qu'il y a demeuré durant les dernières guerres mais ce a esté, comme jé dict, par force et pour ne pouvoyr eschapper; et cela pareillement disent d'aultres Françoys estre véritable. Duquel, Monseigneur, quand il vous plaira me le commander, et que vous le jugerés à propoz pour le service du Roy, j'essayeray bien de tirer, touchant ce que m'a dict ledict Auzis, ce qui s'en pourra avoyr [1].

Jean Roze, pour rentrer en grâce auprès de son souverain, commence à fournir, en secret, à de Selve des renseignements utiles que l'ambassadeur s'empresse de signaler au connétable.

Odet de Selve au connétable Anne de Montmorency.

9 mai 1547.

..... Monseigneur, Jehan Roze, de Dieppe, m'estant venu faire l'advertissement que vous verrés dans les lettres que j'escriptz au Roy [2], je l'ay voulu mettre en propoz des portz de ce pays, dont il sçayt parler mieulx que homme qui soyt icy; et m'a dict qu'il avoyt vgne carte de tout cedict pays, et vgne aultre d'Écosse, très bien faictes, lesquelles il m'a prommitz de porter au Roy et à vous, s'il s'en va en France : à quoy je l'ay fort exorté, car il me semble homme de bon esprit et de qui l'on pourroyt tyrer beaucoup de services, tant pour les choses de deçà que pour celles d'Écosse, et est dommaige qu'il soyt icy. Il m'a dict qu'il estoyt venu deçà en temps de paix et avant les dernières guerres, durant lesquelles il avoyt esté icy retenu par le feu Roy d'Angleterre, lequel, toutefoys, il n'avoyt jamays voulu servir au faict desdictes guerres; et que s'il se trouvoyt aultrement, il estoyt content de mourir. Et de faict, Monseigneur, je me suis enquis de son faict à plusieurs personnes qui me l'ont compté tout ainsy. Qui m'a fait prendre la hardiesse de vous en escripre, joinct, Monseigneur, que ce qu'il demande n'est sinon que le Roy luy permette retourner en France chez luy en la maison de son père qui est encores vivant, tout ainsy qu'il eust peu faire auparavant le séjour qu'il a faict par deçà : qui n'est pas grâce fort extraordinaire attendu le service qu'il peust faire; car il ne demande aulcuns gaiges ne entretene-

---

(1) Id., ibid., f° 168. — Je dois également cette copie et les suivantes à l'obligeance de M. Taussarat.

(2) Il a fourni, le 10 mai, les noms qu'il a entendus « de quatre des xviii Escossoys qui ont baillé leurs scellées » (p. 141).

ment, veult laisser ce qu'il en a du Roy d'Angleterre pour retourner viver en la subjection du Roy. De laquelle grâce, Monseigneur, il vous plaira me mander sy le bon plaisir dudict seigneur et le vostre est que je l'asseure. Et cependant je n'ay laissé de luy dire qu'il n'y pouvoyt avoyr mal qu'il allast faire vng voyage en France pour aller veoyr son dict père, lequel il dict avoyr grand envye de veoyr ; et que soubz ceste couleur, il vous pourroyt aller faire la révérence et présenter les cartes; et donner advis de ce qu'il sçayt des choses de deçà. Toutes foys je ne sçay s'il osera entreprendre de faire ledict voyage avant que entendre le voulloyr de Sa Majesté et le vostre sur ce que dessus..... [1].

Jean Roze a une carte d'Angleterre et une carte d'Écosse « très bien faictes » ; il a promis de les porter au roi et au connétable, et de Selve annonce son départ (29 mai 1547), en même temps qu'il sollicite une arrestation simulée, grâce à laquelle sa petite famille, qu'il laisse en otage, ne sera point molestée.

Odet de Selve et M. de Vieilleville au Roi.

29 mai 1547.

.... Sire, moy de Selve, suivant vostre commandement ay parlé à Jehan Roze, l'asseurant de pouvoir aller sans danger trouver Vostre Majesté, s'il vous faict congnoistre qu'il vous soyt tel serviteur qu'il dict ; et m'a prommitz, Sire, de partir dans troys ou quatre jours pour vous aller porter ses cartes, et pour ce faire a demandé licence à cez Seigneurs, laquelle il a obtenu à toutes les peynes du monde, comme il dict, leur donnant à entendre qu'il va seullement faire vng tour par delà, pour veoyr son père. Et n'eust jamais, ce dict-il, eu le passeport qu'il luy falloyt, sans laisser icy sa femme et enfentz ausquelz il crainct que l'on face quelque déplaisir quand il sera par delà, si l'on sçayt qu'il soit allé vers Vostre Majesté. Et pour éviter cest inconvénient, désireroyt, Sire, quand il sera à Dieppe où il va descendre, que le vicomte ou aultre de voz officiers par vostre commandement le prinst et vous le feist mener affin qu'il peust estre sçu et pensé par deçà qu'il n'est poinct allé vers vous de son bon gré. De quoy, Sire, il m'a requis vous escripre.... [2].

Jean Roze n'est parti que le 14 juin avec une lettre pour Montmorency, et Odet de Selve le recommande à la bienveillance du connétable.

(1) Id., *ibid.*, f° 181.
(2) Id., *ibid.*, f° 174 v°.

Odet de Selve au connétable Anne de Montmorency.

16 juin 1547.

..... Monseigneur, Jehan Roze partist avant hyer pour vous aller trouver avec vng mot de lettre que je vous escriptz par luy. Le pauvre homme n'est sçeu partir plus tost pour les raisons que luy mesmes, Monseigneur, vous dyra ; et croy que vous le trouverés homme de scavoyr et d'expérience, au fait de la navigation, et sy suys bien trompé s'il n'a bonne voulenté de faire service[1].

« La femme de Jean Roze s'en allant à la Rye avec deux de sez enfantz pour passer en France a esté arrêtée et ramenée icy et ses meubles, qu'elle avoyt, ont été saisis », écrit encore de Selve le 27 juillet suivant.

L'histoire positive de Jean Roze se termine, pour le moment avec ce douloureux épisode ; le reste n'est qu'hypothèse d'ailleurs très vraisemblable.

Comment douter, en effet, que les cartes spéciales qu'il rapporte et qui manquaient jusque-là à la marine française aient été mises entre les mains de Léon Strozzi[2], le prieur de Capoue, général des galères de France, envoyé, au commencement de juillet 1547, au secours des troupes écossaises qui assiégeaient le château de Saint-André? On sait que Saint-André fut pris, le 30 juillet et que John Knox, avec les meurtriers du cardinal Beaton faits prisonniers sans conditions, furent gardés sur les galères françaises.

En juin 1548, une autre flotte de France, conduite par le commandeur Durand de Villagagnon, débarquait à Leith, Montalembert d'Essé à la tête de six mille soldats, puis doublant le nord de

---

(1) Id., *ibid.*, f° 187 v°.

(2) Léon Strozzi possédait aussi un petit livret, dont le manuscrit, en langage escossois », avait été donné par sir John Dudley, amiral d'Angleterre à Nicolay, sieur d'Arfeuille, premier cosmographe du roi, qui le traduisit et envoya en France (Cf. *La navigation du roy d'Escosse, Jaques cinquiesme du nom autour de son royaume et isles Hebrides et Orchades soubz la conduite d'Alexandre Lyndsay, excellent pilote escossois*, recueillie et rédigée par Nicolas d'Arfeuille, etc. Paris, 1583, in-4°). C'est certainement, comme le dit M. Germain Lefèvre-Pontalis (p. 117), Nicolas ou Nicolay d'Arfeuille que Wotton dénonce en ces termes : *a french painter named Nicholas*, comme ayant envoyé en France les plans de tous les ports de la Grande-Bretagne et préparé le passage de Montalembert d'Essé et des troupes françaises en Écosse (*Calendar of Stat. Pap.*, Edouard VI, p. 15).

l'Écosse, s'en allait à Dunbarton prendre Marie Stuart qu'elle amenait saine et sauve à Brest par le canal de Saint-George. C'était sans doute encore grâce à Jean Roze et à ses cartes marines que nos vaisseaux avaient pu s'engager ainsi dans des mers presque inconnues.

Espérons que quelque hasard heureux fera retrouver quelque jour ces monuments géographiques qui furent un instant si précieux à notre marine, et que nous finirons par connaître un peu plus complètement l'œuvre et la vie de l'un des fondateurs de l'hydrographie française.

XI

FRANCISQUE & ANDRÉ D'ALBAIGNE
COSMOGRAPHES LUCQUOIS
AU SERVICE DE LA FRANCE[1]

I

Il y a quelques semaines, M. Léopold Delisle voulait bien me communiquer la copie qu'il avait faite d'un court manuscrit récemment acquis par la Bibliothèque nationale[2] et qui lui paraissait devoir intéresser spécialement la Section de géographie du Comité des travaux historiques.

C'était un mémoire, en français, de deux pages et demie d'une belle et fine écriture du xvie siècle, adressé, à une date indéterminée, « au Roy et à messieurs de son Conseil privé », par un certain André d'Albaigne, originaire de Lucques[3]. L'auteur remontrait humblement qu'il était prêt à achever une certaine entreprise « autres foys proposée *sur le faict de la navigation* » par Francisque, son frère, entreprise qu'il « pouvoit d'autant plus

---

(1) Mémoire lu à la Section de géographie du Comité des travaux historiques le 10 novembre 1894 et imprimé dans le volume du *Bulletin du Comité* publié la même année (p. 405 et suiv.).

(2) *Ms. fr., Nouv. acq.*, n° 5394, fol. 11-12.

(3) Plus d'un Lucquois s'est trouvé ainsi mêlé aux affaires des grandes nations d'Europe à cette époque. Par exemple, ce Felippini, colonel des Italiens au service de l'Angleterre, tué dans une rixe à Londres en juin 1548, « estoit Luccoys » ; et c'est un autre « lucquoys » qui se fait conduire au baron de la Garde, à Odet de Selve, au maréchal du Biez et enfin au Roi, sous le prétexte de faire connaître « une pratique et entreprinse que quatre des principaux de ce royaulme » font, qui est « de très grande importance et en laquelle la diligence estoit requise pour y obvier. » [*Correspondance politique de Odet de Selve* (Invent. analytiq. des Archives du Minist. des Aff. étr.), Paris, 1888, 1 vol. in-8°, p. 128, 129 et 369.]

facilement exécuter, assurait-il, qu'il avoit les secrets, cartes et instrumens nécessaires pour conquérir et mettre en l'obéissance de Sa Majesté grande estandue de terres et royaulmes abondans et riches en or, argent, pierreries, drogueries et espiceries ». Il reviendrait au roi, de cette navigation, « non seullement ung proffit inestimable, mais honneur et gloire digne de choses si haultes, et ce sans préjudicier ou offencer aucunement les autres princes chrétiens, ni même contrevenir à la bulle du pape Alexandre VI[1] de l'an mil quatre cens et nonante et deulx. »

On ignorait absolument ce que pouvaient bien avoir été ces deux frères d'Albaigne, André et Francisque, si opinément mis en scène dans ce document inédit. Ni l'un ni l'autre n'avaient laissé de traces dans les nombreuses pièces du XVIe siècle conservées à la Bibliothèque, et les recherches poursuivies par les soins de M. Léon Gautier aux Archives nationales étaient restées infructueuses. Ils étaient d'ailleurs complètement oubliés à Lucques, leur pays d'origine; M. Léopold Delisle avait pris la peine de s'en assurer.

En présence de ces résultats négatifs, je me résignai d'abord à vous proposer simplement d'éditer au *Bulletin* le texte que M. Delisle mettait si gracieusement à notre disposition. Je me serais borné à exprimer l'espoir que cette publication provoquerait, à bref délai, de nouvelles trouvailles qui mettraient plus ou moins en lumière un curieux épisode de notre histoire extérieure aux temps héroïques des grandes découvertes maritimes.

Il me sembla pourtant indispensable de faire précéder la *remontrance* d'André d'Albaigne de quelques courtes observations, d'un caractère très général, et de chercher notamment quelle pouvait être la destination probable de l'expédition méditée par ces aventureux personnages. N'était-il point inadmissible, en effet, que, respectueux comme ils affectaient de l'être pour les démarcations pontificales et les prétentions qu'elles avaient consacrées, ces deux voyageurs italiens aient jamais pu songer à conduire une expédition, ainsi qu'on a paru le supposer un instant, sur une rive quelconque du continent africain, donné par le pape au

---

[1] La bulle de démarcation d'Alexandre VI est du 4 mai 1493. On en trouvera la copie, faite sur l'original, aux Archives des Indes, à Séville, dans le second volume de Navarrete (*Bula de Alexandro VI à los Reyes Católicos y sus Sucesores concediéndoles las tierras de Indias é Islas descubiertas y por descubrir, segun la linea de demarcacion que en ella se expresa.* (*Coleccion de los viages y descubrimientos*, etc., t. II, p. 34 et suiv.).

Portugal et dont les navigateurs de ce pays jalonnaient les contours de leurs *padrons*, dès les voyages de Diego Cam et de Barthélemy Diaz[1] ?

Il me paraissait aussi improbable que le Nouveau Monde ait été l'objectif des deux Lucquois. Les tentatives dirigées de ce côté ne mettaient-elles pas aux prises, suivant les latitudes, Villegagnon (1555-1567), au Brésil, avec les Portugais, Jean Ribauld (1562), Laudonière (1564) et de Gourges (1567), en Floride, avec les Espagnols[3] ?

Aux Indes, les Portugais sont solidement établis à Malacca et barrent le chemin des Moluques, dont les conférences de Puente de la Ribera de Caya et la capitulation de Saragosse leur ont assuré la possession depuis près d'un demi-siècle[4].

Au delà, à 297 lieues et demie de l'est de Maluco, c'est la contre-démarcation qui fixe l'extrême limite des revendications espagnoles.

Ainsi, partout la place est prise dans les régions voisines de l'équateur. Les droits des occupants s'étendent de *pôle à pôle, vers le midi* comme vers le nord : *versus meridiem*[5], dit la bulle d'Alexandre VI.

(1) Cf. J. Codine, *Padrons ou colonnes commémoratives des découvertes portugaises, au sujet de l'étude de M. Alexandre Magno de Castilho sur les colonnes et monuments commémoratifs des découvertes portugaises en Afrique*, Lisbonne, 1869 (*Bull. de la Soc. de géogr.*, 5ᵉ série, t. XVIII, p. 455-487, 1869). — Etc.

(2) D'Avezac a montré dans un remarquable mémoire, publié en 1858 par la Société de géographie, que la ligne de démarcation du traité de Tordesillas, tracée à 370 lieues à l'ouest de la pointe occidentale de Saint-Antoine du cap Vert, coupe le continent américain par 48° 2′, à 50 lieues dans l'est du Para, entre le Gurupy et le Curyaca, et au sud entre Ubatuba et Santos. (Cf. d'Avezac, *Les voyages d'Améric Vespuce au compte de l'Espagne et les mesures itinéraires employées par les marins espagnols et portugais des xvᵉ et xvıᵉ siècles, pour faire suite aux Considérations géographiques sur l'histoire du Brésil*. (*Bull. de la Soc. géogr.*, septembre-octobre 1858.)

(3) M. Gaffarel a longuement raconté l'histoire de ces diverses expéditions. (*Histoire du Brésil français*, Paris, 1878, in-8°.)

(4) Navarrete, *Col. cit.*, t. IV, *in fine*.

(5) « Omnes insulas et terras firmas inventas et inveniendas, detectas et detegendas versus occidentem et meridiem, fabricando et constituendo unam lineam a Polo Arctico, scilicet septentrione, ad Polum Antarcticum, scilicet, meridiem, sive terræ firmæ et insulæ inventæ et inveniendæ sint versus Indiam, aut versus aliam quamcunque partem;... itaquod omnes insulæ et terræ firmæ

Mais ils ont négligé de faire valoir leurs privilèges ; et d'Albaigne s'autorise de cette abstention ininterrompue de trois quarts de siècle pour proposer au roi de France de pénétrer dans ces régions où il entrevoit de splendides découvertes.

En effet, c'est là que gît cette terre australe inconnue, *tierra que llaman austral*, qui, depuis Enciso[1], figure dans les livres consacrés à la géographie et qu'on peut voir tracée dans les mappemondes d'Oronce Finée, les globes de Schœner et les grandes cartes nautiques dessinées par l'école de Dieppe[2].

Les géographes du xvi° siècle, espagnols, allemands, portugais et français, s'exagéraient les dimensions et les richesses de ces terres nouvelles, et d'Albaigne se laissait entraîner, comme tant d'autres, à formuler à leur sujet d'enthousiastes hypothèses. « Or, argent, pierreries, droguerie et espiceries », tous les produits précieux du Nouveau Monde et des Moluques devaient s'y trouver réunis.

La réalité n'a pas tout à fait répondu à ces séduisantes rêveries. Toutefois, si l'on songe que l'Australie, la Tasmanie, la Nouvelle-Zélande, se dissimulaient derrière les lignes incertaines du continent entrevu par les d'Albaigne et par bien d'autres, on se prend à regretter amèrement que les Valois n'aient pas suivi les conseils des deux cosmographes de Lucques.

II

Comme dans toute entreprise lointaine proposée alors à un souverain catholique, le but à atteindre était double, à la fois *spirituel* et *temporel*. « Retirer de perdition à nostre saincte foy les nations remotes et barbares est assurement *office de roy très chrétien* », et André d'Albaigne ne manquait point de le remarquer en passant. Mais il s'arrêtait bien plus longuement et non sans

reperta et reperienda, detecta et detegenda a præfata linea versus occidentem et meridiem per alium Regem, aut Principem Christianum non fuerint actualiter possessæ... (Navarrete, *Col. cit.*, t. II, p. 38-40.)

(1) Voir, sur l'histoire des terres australes, la thèse présentée récemment à la Faculté des lettres par M. Armand Rainaud : *Le continent austral, hypothèses et découvertes*, Paris, Colin, 1878, in-8°, p. 203, 237, 249, etc.

(2) *Ibid.*, p. 287, 295, etc.

adresse aux résultats matériels qu'il entrevoyait au bout de son expédition.

L'un des aspects les plus particuliers de la société française au milieu des luttes civiles, qui, depuis si longtemps déjà, ensanglantent notre pays, résulte du nombre énorme des hommes d'armes qui vivent de la guerre, à quelque parti qu'ils appartiennent, et rançonnent les provinces [1].

D'Albaigne a bien soin de montrer que la réalisation de son plan peut avoir pour résultat de « descharger ce royaulme de beaucoup de gens qui, ou par pauvreté ou inquiétude d'esprit, n'y servent que de charge et trouble ».

C'étaient déjà ces guerriers turbulents et intrépides qui avaient composé les contingents de Floride en 1565, et l'ambassadeur Chantonnay avait pressenti dès lors, dans une lettre au cardinal de Granvelle, qu'il « pourrait venir par là un grand destorbier » aux affaires de l'Espagne dans le Nouveau Monde [2]. Il importe au roi de France, disait-il entre autres choses à son célèbre correspondant, d'éloigner ces aventuriers de son pays et « il y a faulte de soldatz en Espagne »; c'est aussi ce que dit André d'Albaigne. Parlant des Castillans et des Portugais : « Votre Majesté, écrit-il, a plus d'hommes et aussi peu craignans leurs peaux, les peines, froids et challeurs que ces deux nations ensemble. » Et il ajoute,

---

[1] On voit que la situation avait beaucoup changé depuis l'époque où le Hérault de Berry écrivait dans son *Livre de la description des pays*, en parlant du peuple de France : « Le peuple de ce royaulme sont simples gens et ne sont point gens de guerre comme aultres gens, car leurs seigneurs ne les mettent point à la guerre qu'ilz puissent ». (*Bibl. nat., Ms. franç.*, n° 10368.)

[2] Je transcris tout au long le curieux passage de Chantonnay sur les affaires de Floride, tirées d'une lettre de Vienne, en date du 13 octobre 1565 :

« Je n'ay oncques heu nouvelles de lieu certain quant à la deffaicte des François de la Florida et maintenant me semble que l'on dict qu'il y ont bon fort et sont plus de cinq mille homes. Si ainsy est, je ne pense que nous soyons pour les deslicher, car par nostre longueur, que a esté cause leur laisser prendre pied, ils se accroistront de jour en jour; et comment j'ay souvent escript. Il y a aultant plus de gens de guerre et aventuriers en France qu'il importe au Roy de les esloigner de son pays comme il y a faulte de soldatz en Espagne, et ne seront lesdicts François si aysez à forcer que les Indiens. Il me semble que je voy venir par là ung grand destorbier en nos affaires. J'en ay souvent adverty et à temps, et l'on n'en a faict compte, quelque chose que l'on me maudoit que l'on y pourvoyeroit. » [*Papiers d'État du cardinal de Granvelle*, t. IX, p. 590, 1852, in-4°, CXLVIII. *L'ambassadeur Chantonnay au cardinal de Granvelle* (*Mém. de Granvelle* t. XX, p. 168-172.)]

faisant allusion sans aucun doute à Dominique de Gourgues et aux derniers événements de la Floride (1565), « qu'ainsi soit si aucuns pauvres compagnons françois à la derobée et avec peu de moyens ont souvent navigué si avant et si courageusement qu'ilz ont quelquesfois fait trembler les plus hardis de ces conquerans, les ont battus et raporté de belles despouilles de leurs victoires, que feront-ils en bon nombre, avec les moyens nécessaires et autorisez de leur roy... ? »

Ce ne sont pas seulement les hommes de guerre qui sont nombreux en France : « Toutes les commoditez requises pour la navigation et haultes entreprises se trouvent abondamment en ce royaulme. » Et d'Albaigne énumère, en même temps que les « mariniers expérimentez », les « soldactz hasardeux » et « une noblesse à nulle autre pareille en générosité et vaillance », les « vivres, marchandises et manufactures de toute sorte », et les « boys pour faire vaisseaulx dont le roi dispose, sans rien emprunter d'ailleurs, comme de nécessité fait Castille et Portugal qui ne se sont agrandis que pour la plus part avec les vivres et autres commoditez qu'ils ont empruntez de la France ».

Si la chronique des aumôniers de Béthencourt, dans les premières années du xv° siècle, assure que *Portugal, Espaigne* et *Aragon* peuvent fournir « de toutez vitailles et de nauire *plus que nul autre pais* [1] », dès 1455 ou 1456, le représentant de la France dans le *Débat des Hérauts d'armes* expose, au contraire, longuement la supériorité de notre pays dans les armements maritimes [2] et rappelle entre autres le célèbre Clos des Gallées, fondé au quartier de Richebourg, à Rouen, et où furent construits et équipés tant de navires qui ravagèrent les côtes anglaises pendant la guerre de Cent ans.

---

(1) Cf. d'Avezac, *Note sur la première expédition de Béthencourt aux Canaries et sur le degré d'habileté nautique des Portugais à cette époque*. Paris, 1846, broch. in-8°, p. 17.

(2) *Le Débat des Hérauts d'armes de France et d'Angleterre*, suivi de *The Debats between the Heralds of England and French by John Coke*,... édition commencée par M. Léopold Pannier et achevée par M. Paul Meyer, Paris, Société des anciens textes français, 1877, in-8°, p. 28, etc. Cet ouvrage aurait été écrit vers 1455 ou 1456.

III

André d'Albaigne continue son mémoire par une courte histoire des grandes découvertes géographiques depuis Alexandre le Grand et les Ptolémées jusqu'à Henry de Portugal et jusqu'à Christophe Colomb, et, à l'occasion de l'illustre navigateur génois, rappelle les tentatives que celui-ci a faites auprès du roi de France. C'est encore un passage sur lequel il n'est pas sans intérêt d'appeler particulièrement l'attention.

Tout ce que l'on savait jusqu'à présent de positif au sujet des relations du navigateur génois avec la cour de France était tiré d'un brouillon de lettre publiée par Navarrete[1] et d'un autre texte cité par Las Casas dans son *Histoire des Indes*.

« Il y a maintenant dix-sept ans, dit le premier fragment, qui aurait été écrit vers la fin de 1500 ou le commencement de 1501, il y a maintenant dix-sept ans que je suis venu servir ces princes dans l'entreprise de l'Inde... J'ai poursuivi ce projet avec amour et je répondis *à la France*, à l'Angleterre et au Portugal, que ces terres et seigneuries étaient pour le Roi et la Reine, mes seigneurs. »

Le second passage est ainsi conçu : « Pour servir Vos Altesses, je n'ai pas voulu (c'est toujours Christophe Colomb qui parle) m'entendre avec la *France*, ni avec l'Angleterre, ni avec le Portugal, et Vos Altesses ont vu les lettres des princes de ces pays dans les mains du docteur Villalono[2]. »

Il y a, en troisième lieu, une lettre souvent citée[3] de D. Luis

---

(1) « Y a son diez y siete años que yo vine servir estos Principes con la impresa de las Indias;... Yo con amor proseguí en ello, y respondí a FRANCIA y a Inglaterra y a Portogal, que para el Rey ó la Reina, mis Señores, eran esas tierras é Señorios. » (Navarrete, *Col. cit.*, t. II, n° CXXXVII. p. 282-283.)

(2) « Por servir a Vuestras Altezas yo no quire entender con *Francia*, ni Inglaterra, ni Portogal, de los cuales Principes vieron Vuestras Altezas las cartas por mano del doctor Villalono. » (Las Casas, *Historia de las Indias*, lib. I, c. 31.)

(3) « No sé si sabe vuestra Señoria, como yo tove en mi casa mucho tiempo á Cristóbal Colomo que se venia de Portogal, y se queria ir al Rey de Francia

de La Cerda, cinquième comte de Medina Celi, écrite de Cogolludo, le 19 mars 1493, au cardinal de Mendoza, et racontant qu'il a recueilli Christophe Colomb, venu de Portugal et qui voulait aller demander au roi de France aide et faveur pour la recherche des Indes.

Ces documents sont tout à la fois insuffisants et contradictoires, et il est impossible de démêler la part qui revient, dans les négociations mentionnées, à l'initiative des parties contractantes.

Toutefois il paraît à peu près certain qu'un frère de Christophe, Barthélemy Colomb, a servi d'intermédiaire au moins en Angleterre et en France. Barthélemy était, en effet, sans aucun doute dans le premier de ces deux pays en 1488[1], et en 1493 il vivait à la cour d'Anne de France, duchesse de Bourbonnais, où est venu le trouver, il nous l'apprend lui-même[2], une lettre de l'Amiral l'engageant à passer au service de l'Espagne. Barthélemy aurait même été, s'il faut en croire Fernand Colomb, en rapports personnels avec le roi Charles VIII à Paris[3]; et ce serait de la

---

para que emprendiese de ir a buscar las Indias con su favor y ayuda... » (Navarrete, *Col. cit.*, t. II, n° xiv, p. 26).

(1) Une carte marine dressée par lui pour le roi Henri VII est *datée de Londres, le 21 février 1488*. Cf. H. Harrisse, *Christophe Colomb, son origine, sa vie, etc.* (*Rec. de voy. et de doc.* t. VI), t. I, p. 331. Paris, Leroux, 1884, grand in-8°.

(2) *Extracto de un expediente formado á peticion de D. Bartolomé Colon de resultas de su prision por el comendador Bobadilla.*

« En Granada, 10 de octubre de quinientos un años, Dice que viviendo con Madama de Borbon, el Almirante su hermano le escribió que viniesse a servir V. A. por que seria honrado y acrecentado, é asi lo puso en obra » (*Coleccion de Documentos ineditos para la historia de España*, por D. Miguel Silva y D. Pedro Sainz de Baranda, t. XVI, p. 559. Madrid, 1850, in-8°). — *Madama de Borbon* ne saurait être que la sœur de Charles VIII, Anne de France, duchesse de Bourbonnais. Les contemporains lui donnent constamment cette qualification. [Cf. de Maulde, *Anne de France, duchesse de Bourbonnais* (extrait des *Doc. inéd. sur l'hist. de France*), Paris, Impr. nat., 1885, in-4°, passim.]

(3) Charles VIII lui aurait même fait don de cent écus pour payer son retour. Cette version, qui est en contradiction avec la déposition de Barthélemy lui-même, ainsi qu'on vient de le voir, se lit dans l'ouvrage très contesté, les *Historie*, publié à Venise en 1571. [Cf. *D. Fernando Colon, historiador de su padre. Ensayo critico* por el autor de la Bibliotheca americana vetustissima. Séville, 1871, pet. in-4°, p. 46; — *Fernand Colomb, sa vie, ses œuvres, Essai critique* par l'auteur de la B., etc. Paris, Tross., 1872, in-8°, max., p. 58, n. 7; — d'Avezac, *Le livre de Ferdinand Colomb. Revue critique des allégations proposées contre son authenticité* (*Bull. de la Soc. de géogr.*, 6° série, t. VI,

bouche même de ce prince qu'il aurait appris, en rentrant d'Angleterre, la nouvelle de la découverte des Indes[1].

André d'Albaigne ne sait rien de ces démarches de Barthélemy Colomb, mais il est très affirmatif en ce qui concerne Christophe « qui par une singulière providence et instinc de Dieu » s'est *premièrement adressé* à la cour de France « pour la descouverte de l'Occident qu'il avoit conceu en son esprit ». André rappelle même des propositions faites *aux roys vos predecesseurs*, ce qui donnerait à supposer que, comme Muñoz l'a dit quelque part, Louis XI, avant Charles VIII, aurait été pressé de prendre en mains l'entreprise des Indes[2].

Un autre renseignement qu'il est bon de relever en passant, c'est celui que d'Albaigne produit au sujet de Christophe Colomb, *éconduit* de la cour de France, s'en allant à Gênes « proposer le mesme à sa respublique ». Ramusio avait bien parlé, sous le nom de Pierre Martyr[3], de démarches faites ainsi auprès de ces concitoyens par Christophe Colomb[4]; mais il avait placé cette anec-

---

p. 502, 1873); — H. Harrisse, *Christophe Colomb, son origine, sa vie, ses travaux, etc.* Paris, 1884, grand in-8°, t. I, p. 108 et suiv.; — Pr. Peragallo, *Cristoforo Colombo e la sua famiglia, rivista generale degli errori del sig. H. Harrisse.* Lisboa, 1889, 1 vol. in-8°, p. 168 et suiv.)

Le chapitre LX des *Historie* commence en ces termes: « Tornato adunque, l'Ammiraglio dello scoprimento di Cuba e di Giamaica trovo nella Spagnuola Bartolomeo Colon suo fratello, quello, che era già andato a trattare accordo col Re d'Inghilterra sopra lo scoprimento delle Indie, come di sopra abbiam detto. Questo poi, ritornandosene verso Castiglia, cò capituli conceduti, *aveva inteso in Parigi dal Re Carlo di Francia l'Ammiraglio suo fratello aver già scoperte le Indie : perche gli sovvene per poter fare il viaggio di cento scudi.* »

(1) Muñoz, *Historia del Nuovo Mundo*, p. 61.

(2) Louis XI est mort le 30 août 1483. Or, à cette date, Colomb est encore en Portugal et il y a dix ans qu'il entretient le roi de ses projets. (Harrisse, *Christophe Colomb*, t. I, p. 332, 341.)

(3) « Essendo di éta d'anni XL... propose primo alla signoria di Genova che volendo quella armagli navili, si obligheria anda fuor dello stretto di Gibilterra et navicar tanto per ponente, che circundando il mondo, arriveria alla terra donde nascono le Spetierie » (*Sommario dell' Historia dell' Indie Occidentali cauato dalli libri scritti dal Sig. Don Pietro Nartire milanese, etc.* Terzo volume delle *Navigationi e viaggi* raccolto da M. Gio.-Battista Ramusio, etc. Venetia, 1565, in-4°, p. 1). — M. Harrisse, qui a étudié de près cet ouvrage, estime qu'il n'est pas de Pierre Martyr d'Anghiera et en attribue la confection à Ramusio lui-même.

(4) Colomb aurait eu *quarante ans*, suivant le texte que je cite, au moment de ses tentatives auprès de ses compatriotes. Si, comme tout semble le montrer, il est né en 1445 ou 1446, c'est en 1485 qu'il aurait fait ces démarches

dote au début du récit des tentatives de son héros, en attribuant, par mégarde, à Colomb un âge correspondant à une période de sa vie où il était déjà certainement en Espagne.

Ce fait, qui n'a rien d'impossible en lui-même, est devenu, ainsi déformé par Ramusio, tout à fait inadmissible. La version d'André d'Albaigne est plus acceptable. Sur ce point, comme sur la question des relations de Colomb avec la France, notre Lucquois est vraisemblablement l'écho de traditions recueillies à la cour du Louvre. Il est profondément regrettable que ces traditions n'aient pas laissé de traces plus anciennes et plus profondes dans les documents du temps[1].

IV

J'aurais borné mon commentaire aux observations générales que l'on vient de lire, si une heureuse trouvaille n'avait fait, au moment utile, passer devant mes yeux divers documents inédits, récemment publiés par M. Sousa Viterbo à Lisbonne[2] et dans l'un desquels se trouvait justement mentionné Francisque d'Albaigne. Grâce à cette rencontre inopinée, je me trouve en mesure de pénétrer un peu plus profondément au milieu des obscurités du problème soulevé par la découverte de M. Léopold Delisle.

Le document en question fait partie des pièces justificatives du

par conséquent, à une époque où, déjà depuis un an ou deux, il était passé en Espagne (Cf. d'Avezac, *Année véritable de la naissance de Christophe Colomb et revue chronologique des principales époques de sa vie* (Bull. de la Soc. géogr., 6ᵉ série, t. IV, p. 5-59, 1872);—H. Harrisse, *Christophe Colomb, etc.*, t. I, p. 337-338, etc.).

(1) Les recherches très étendues qui ont été poursuivies dans les archives et les bibliothèques par les historiens, et notamment par M. de Maulde, qui connaît mieux que qui que ce soit les documents de cette époque, ont été complètement infructueuses. M. Harrisse n'avait trouvé en dehors des textes qu'on vient de lire d'autre mention d'offres faites par Colomb à la France qu'un court passage de Marc Lescarbot dans son *Bout de l'an ou Repos de la France au Roy* de 1618 (H. Harrisse, *Christophe Colomb*, t. I, p. 332). M. Gaffarel n'avait rencontré qu'une brève mention comparable à la précédente dans l'*Itinerarium* de Giraldini, de 1631 (*Itinerarium ad regiones sub æquinoctiali plaga constitutas Alexandri Giraldini Amerini episcopi*, etc. Romæ, 1631, in-12, lib. XIV, p. 203. — Cf. Gaffarel, op. cit., t. II, p. 67).

(2) Sousa Viterbo, *Trabalhos nauticos dos Portuguezes nos seculos* XVI-XVII, Lisboa, Impr. nat., 1890, in-8°.

premier des deux fascicules parus sous le titre commun de *Trabalhos nauticos dos Portuguezes nos seculos quinze e dezeseis*. C'est un mémoire rédigé en français, comme celui de la Bibliothèque nationale, avec lequel il offre certaines analogies. Il ne porte aucune désignation de date ni de lieu, mais il offre le précieux avantage d'associer le nom d'un de nos Lucquois inconnus à celui d'un Portugais, cosmographe lui-même, dont la biographie, sans être bien complète, s'appuie du moins sur quelques chiffres assurés. Ce *Bartholomeu Velho* ou *Bartholomieu Viell*, ainsi qu'il s'appelle lui-même dans son mémoire en francisant ses noms, est *natif de la cité de Lisbone*. « Pour raison des promesses » que le roi de France lui a faites, « *a intercession de Francoys dalbagno lucquoys* », et suivant l'ordre qu'il en a reçu, il a laissé « sa naturel patrye, femme, enfans et tous ses biens » pour venir « faire service » à Sa Majesté et « principallement pour le remonstrer les *partyes des terres incognues* qui sont de grande importance et conséquence ». Il présente donc au Roi une sorte d'inventaire annexé à son mémoire et qui donne des renseignements sommaires sur « plusieurs rares instruments universels, globes, cartes de naviguer, et advys fort necessaires et prouffictables pour la vraye navigation ».

La lecture de cette pièce et de son annexe ne saurait laisser aucune espèce de doute dans l'esprit du critique. C'est bien à l'expédition lointaine, visée dans le manuscrit de la Bibliothèque nationale, que Bartholomeu Velho consacre ses efforts. Mais, tout *cosmographe insigne* que l'ait qualifié Barbosa Machado, Bartholomeu ne tient qu'un personnage secondaire dans l'entreprise commune. C'est l'Italien, son associé, qui a eu toute l'initiative, et c'est lui, vraisemblablement, qui a toute l'action extérieure. Le Portugais est plus savant, sans doute; toutefois son rôle se borne à confectionner des instruments nautiques fort ingénieux, semble-t-il, mais dont l'auteur parait s'exagérer beaucoup l'importance et l'utilité.

Bartholomeu fait aussi des cartes de géographie et Barbosa nous a depuis longtemps signalé l'existence d'une carte générale du globe, *Carta geral do orbe*, composée pour le roi Jean III et achevée au cours de l'année 1562 [1]. Ce renseignement, fourni

---

[1] Je transcris ici le texte complet de la *Bibliotheca Lusitana* de Barbosa Machado :

« *Bartholomeu Velho.* — Cosmographo insigne no tempo de El Rei D. João III,

par l'auteur de la *Bibliotheca Lusitana*, est tout à fait précieux pour mon enquête actuelle ; il prouve, en effet, que Bartholomeu Velho n'a pas pu s'engager au service du roi de France à une date postérieure à cette même année 1562 où il travaillait encore pour Jean III, au delà de laquelle on ne saurait remonter beaucoup, par conséquent, pour fixer l'époque à laquelle Francisco d'Albano saisissait de ses projets un roi de France qui ne peut être, à mon avis, que le roi de France Charles IX.

D'autre part, un manuscrit intitulé: *Principes de vraie cosmographie*, du même Bartholomeu Velho, retrouvé par M. Sousa Viterbo dans la précieuse bibliothèque de M. Ferreira das Neves, renferme à la fin la copie d'une épitaphe latine de vingt-huit hexamètres en l'honneur du cosmographe portugais. Cette inscription nous apprend la mort de Bartholomeu Velho, dans la ville de Nantes, sous la date du 20 février 1568. Il est par là même interdit de rapprocher en deçà de ce jour l'entreprise de l'associé de Bartholomeu Velho. C'est d'ailleurs en cette même année 1568 que le cosmographe portugais avait achevé ses *Principes*. Le manuscrit de cet ouvrage, laissé probablement par lui à son collaborateur, et devenu bientôt la propriété d'un patricien de Lucques, concitoyen de Francisque, *Joannes Andreozzius*, Giovanni Andreozzi, fut offert par ce dernier, huit ans plus tard, en 1576, au grand-duc François de Toscane.

Ajoutons que Bartholomeu jouissait à Nantes, où il a succombé, d'une haute considération. L'épitaphe copiée à la fin de son livre en fait foi de la manière la plus honorable ; ce document nous apprend, en effet, que c'est à la demande de Philippe de Bec, évêque de cette ville, que le président du Parlement de Bretagne, Jacques de Bongy, a fait poser cette inscription:

JAC. BONGIUS SENATUS ARMORICI PRAESES
PHILIPPO DE BECCO NANNETENSI
EPISCOPO CULTISS. AC HUMANISS. VIRO
ROGANTE ATQUE ADMONENTE
POSUIT
CAL. APRILIS M. D. LXVIII [1].

por cuja ordem compoz : *Carta geral do orbe, que acabou no ano de 1562, fol M. S.* E allegado em a Noticia e Justificação de titulo e boa fé, com que se obrou a nova colonia do Sacramento nos terras da capitania de S. Vicente. Lisboa, 1621, fol. »

(1) Les démarches poursuivies à Nantes à la demande de M. Souza Viterbo

Il avait beaucoup travaillé pendant les quelques années qu'il avait vécu en France, à en juger par les instruments de précision qu'il avait fabriqués ou perfectionnés. Son livre, que l'on ne connaît que par de courts extraits de M. Sousa Viterbo, paraît être le commentaire de l'outillage, volumineux et compliqué, présenté au roi de France dans la déclaration qui accompagne sa requête [1].

V

Il résulte nettement de la comparaison des documents que je viens d'analyser que Bartholomeu Velho est venu en France à une date qui ne saurait être antérieure à l'année 1562 et a vécu six ans au plus dans notre pays, où il est mort en 1568, et que, par conséquent, les projets de l'aventurier lucquois, son associé, ont dû être présentés dans le même espace de temps à la cour du Louvre. Tout au plus serait-on autorisé à en faire remonter un peu plus haut la première production, en s'appuyant sur cette assertion de Velho que c'est « a intercession de Francoys d'Albagno » qu'il est venu « faire service ». Ce dernier pouvait être en France depuis un certain temps et avoir fait connaître son programme quand il a provoqué le déplacement de son collaborateur.

Mais si les propositions de Francisque sont ainsi approximativement datées, rien ne vient encore permettre de fixer l'époque à laquelle André les a reprises dans le manuscrit qui est le point de départ de cette note.

André écrit simplement qu'il « s'offre de parachever l'entreprinse » que son frère a *autres foys proposée*. Ce sont là des termes bien vagues et qui ne peuvent point fournir de base à un calcul sérieux. Il est toutefois permis d'assurer que notre document est postérieur à la mort de Bartholomeu Velho (1568); André certifiant qu'il possède les *cartes et instruments nécessaires*, cartes et instruments qui ne sauraient être que ceux-là mêmes dont le

n'ont abouti à faire retrouver ni cette épitaphe de Velho, ni l'acte de décès de ce savant homme. M. Maître, archiviste de la Loire-Inférieure, que j'ai consulté, a vainement cherché des renseignements sur Bartholomeu dans les riches collections qu'il administre.

(1) Voir plus loin, aux pièces justificatives.

cosmographe portugais avait présenté la *Déclaration* mentionnée plus haut.

Or, au cours des années agitées et malheureuses qui suivent immédiatement l'an 1568, on ne voit qu'un bien court instant pendant lequel un projet, tel que celui d'Albaigne, ait eu quelque chance d'aboutir.

C'est en 1571, après que Coligny, pressé par le roi et la reine mère de leur apporter ses conseils, à la suite de démarches faites en faveur des Flamands par Ludovic de Nassau, s'est décidé à venir à Blois et va reprendre pour quelques mois une influence prépondérante à la cour.

Coligny a conçu les plus nobles desseins, et le roi Charles IX semble accueillir avec faveur les plans de l'amiral.

Pour mettre un terme aux luttes qui ensanglantent la France, Coligny voudrait employer au dehors ces bandes turbulentes qui, depuis de longues années, épuisent le pays et pour lesquelles la guerre est maintenant un irrésistible besoin; poussant ces soldats éprouvés contre les troupes du duc d'Albe à travers les Pays-Bas révoltés, en même temps qu'avec une marine puissamment organisée, il irait assaillir l'Espagne, non seulement dans ses provinces flamandes, mais jusque dans ses possessions d'outre-mer, sources de tant de richesses.

Il y a d'ailleurs de longues années que Coligny songe à disputer le Nouveau Monde à ses envahisseurs, et l'expédition de de Gourgues (1567-1568) vient de montrer ce que l'on peut attendre de quelques braves bien commandés, que secondaient des indigènes dont les Espagnols ont presque partout réussi à se faire des ennemis acharnés.

Le moment est bien choisi, en septembre 1571, pour venir rappeler au roi un projet déjà présenté naguère et dont la réalisation doit assurer en partie les résultats qu'on lui a fait entrevoir. Et André d'Albaigne n'a-t-il pas eu soin dans son mémoire de traduire de son mieux quelques-unes des pensées élevées, familières à l'amiral, et dont, nous assure-t-on, il entretenait le roi au cours de ces visites qu'il lui faisait au Louvre durant l'automne et l'hiver de 1571.

On sait comment l'horrible crime du 24 août suivant vint détruire toute l'œuvre des *politiques* et de leur illustre chef. Il est permis de penser que l'expédition projetée par les deux frères d'Albaigne, et dont Velho avait laborieusement préparé le matériel scientifique, a échoué ainsi dans la boue sanglante de la Saint-Barthélemy.

VI

Si la date de 1571 que je viens de proposer paraissait trop rapprochée de celle à laquelle Francisque d'Albaigne avait « autres foys », suivant l'expression de son frère, présenté son projet au roi, on pourrait encore élargir de quelques années l'intervalle entre les deux tentatives et descendre, *comme extrême limite*, jusqu'à l'année 1582.

Cette année est, comme celle à laquelle je m'étais premièrement arrêté, une année d'armements maritimes. Une fois encore on se préoccupe à la cour d'entreprises lointaines, et une flotte de cinquante-cinq voiles va jusqu'à San-Miguel attaquer l'Espagnol sous les ordres de Philippe Strozzi [1].

C'est cette même année, d'ailleurs, qui voit paraître un livre dans lequel toutes les idées contenues au mémoire d'André d'Albaigne sont reprises et développées.

Comme il est inadmissible qu'André d'Albaigne, si autorisé qu'on le suppose, vienne reproduire, pour son compte, en un manuscrit officiel, des choses que tout le monde peut lire, imprimées tout au long dans l'ouvrage très répandu d'un écrivain qui n'en est plus à faire ses preuves, le critique est naturellement conduit à admettre que c'est la *Remonstrance* qui est antérieure au volume, où elle a été si largement utilisée. Il en conclut que le manuscrit a été nécessairement remis au Cabinet du Roi au plus tard dans les premiers mois de 1582, la dédicace du livre en question étant datée du 2 juin de cette même année.

L'ouvrage où d'Albaigne a été ainsi imité a pour titre *Les trois mondes* et pour auteur l'historien bien connu Lancelot Voisin, seigneur de la Popellinière [2]. L'*Avant-discours* et le dernier cha-

---

[1] Voir, sur cette expédition, les curieux documents rassemblés par MM. Ch. et P. Bréard à la fin de leur volume *Documents relatifs à la marine normande et à ses armements aux XVI° et XVII° siècles*. Rouen, Soc. de l'hist. de Normandie, 1889, in-8°, p. 227-271.

[2] *Les trois mondes* par le seigneur de La Popellinière. Paris, A l'Olivier de Pierre Lhuillier, 1582, in-4° avec carte. L'ouvrage est dédié à Philippe Hurault, vicomte de Cheverny, chevalier des deux ordres du Roi, garde des sceaux de France, etc.

pitre du troisième livre de ce curieux volume reproduisent, développent, expliquent toutes les pensées originales qui nous frappaient plus haut dans le mémoire du cosmographe lucquois.

La *tierce partie du monde* qu'il reste à découvrir suivant d'Albaigne est le *troisième monde* inconnu dont La Popellinière précise cette fois l'étendue et les rapports. « C'est vne terre, dit-il, tirant au Su, ou Midy, à trente degrés de l'Equateur, de beaucoup plus grande estendue que toute l'Amérique, seulement descouverte par Magellan lorsqu'il passa le destroit qui faict l'entre deux de ce païs austral et du cartier meridional de l'Amerique pour aller aux Moluques. »

« Quelques autres, ajoute-t-il, y ont depuis descendu, mais sans y avoir descouvert choses grandement profitables pour n'avoir su abandoner la coste. Nous ne sçauons rien d'vn si beau, d'vn si grand pays et qui ne peut avoir moins de richesses, ny autres singularitez que le vieil et nouveau monde[1]. »

Et plus loin il ajoute : « Car s'il faut iuger des choses incognues a l'apparence et par preuves vraysemblables : veu que Dieu n'a rien fait que bon et profitable a l'humain lignage : veu l'endroit ou ce troisieme monde est situé et la grande estendue de ses provinces, il est du tout impossible qu'il n'y aye chose merveilleuse en plaisir, richesses et autres commoditez de la vie humaine[2]. »

Ce *troisième monde*, situé « vers le midi où nation aucune n'a donné, n'appartient à personne, car estant le monde reparti en deux pour le Portugais et l'Espagnol par le pape Alexandre VI, celuy-là s'est contenté de courir vers Orient et celuy-cy à l'Occident, comme l'Allemant et l'Anglois au Septentrion. Mais vn seul n'a donné attaute sur les Terres Australes qui sont si grandes et par consequent subjectes à toutes sortes de temperatures, aussi bien que l'Amerique où s'est trouvé le Perou et nouvelle Castille, etc... »

Si ce monde inconnu n'a pas été particulièrement recherché, « encore moins conquis ny peuplé », c'est « fautes d'hommes necessaires à tels effets », que l'Espagne et le Portugal ne sauraient fournir, comme le disait déjà André d'Albaigne, tandis que la France « peult mettre hors, suivant La Popellinière, la cinquiesme partie des siens sans aucune incommodité[3] ».

---

(1) *Op. cit.*, fol. ?v.
(2) *Ibid.*, fol. 57.
(3) *Avant-discours, pass.*

Cette émigration serait salutaire au pays, continue La Popellinière, suivant encore en cela la Remonstrance du cosmographe de Lucques. « C'est ou les princes de ce temps devroient faire monstre de l'inutile puissance de leurs subjectz, soit pour illustrer, estendre ou enrichir leur estat, soit pour divertir les passions des plus mutins; pour le continuel exercice des armes que tous grands Princes ont tousjours jugé nécessaire au plus seur entretien d'vn Estat: ressemblant au bon medecin qui purge par sueurs, euacuation de sang corrompu ou autrement le corps cacochime et plein de mauvaises humeurs pour obuier à la maladie qui le saisiroit aussi tost. » L'exemple de l'Espagne et du Portugal prouve l'utilité de semblables mesures : « car c'est chose assurée que si l'Espagnol n'eust envoyé aux Indes jà descouvertes par Colom tous les plus mauvais garnemens de son Royaume, et notamment ceux qui, après les guerres de Grenade contre les Mores, ne vouloient retourner à leur mestier ou vacation ordinaire, eussent remué mesnage ou donné l'occasion à quelques nouuelletez en Espagne s'ils n'eussent esté employez ailleurs. Comme ils monstrerent bien aux Indes où ils susciterent tant de seditions et querelles qu'ils s'entretuerent presque tous. Si que l'Espagne estoit empeschée pour y envoyer de nouveaux d'an en an, à quoy les condamnez par iustice a diverses peines n'estoient laissez des derniers non plus qu'en Portugal d'ou l'on peupla le Brésil de semblables ames. »

Comme d'Albaigne encore, La Popellinière consacre à Colomb quelques lignes qui fixent le souvenir de ses démarches auprès du roi de France [1]. Il sait que « la plupart des princes chrestiens, *le notre sur tous*, l'Anglois, Portugais, l'Espagne mesme n'avoient daigné prester seulement l'ouïe à l'ouverture que l'Italie leur faisoit pour s'estendre si auant et combler tant soudain le fons de leurs thresors..... » Du moins Espagnols, Portugais, Italiens ont-ils montré *louable gaillardise* à laquelle notre histoire oppose « la *pauvre pauvreté* du François qui n'a jusques icy osé tenter..... pareille entreprinse..... Nous n'avons pas ces beaux aguilons de vertu qui poussoient les Anciens et mesmement les payens pour entreprendre toutes choses hautes, et plus mal-aises ils les trouvoient, plus s'eschauffoient-ils à la poursuitte. Non-seulement les

---

[1] Ce texte de La Popellinière a échappé à tous les historiens de Colomb, à M. Harrisse en particulier.

particuliers, mais les Estats moiens de ce temps se travaillent si fort pour gaigner vne bataille, pour forcer vne ville, domter vn petit pays, en somme pour se moyenner vn advantage qui enfin se treuve de peu de durée et mal asseuré. Voilà vn monde qui ne peut estre remply que de toutes sortes de biens et choses très excellentes. Il ne faut que le descouvrir. Il servira du moins cy apres pour receuoir la purgation de ce Royaulme...... Ce sera pour le moins recompenser la faute que nos premiers princes [1] firent de mespriser les beaux advis que Colom leur donoit d'envoyer descouvrir les isles et terres occidentales dont il leur promettoit tirer plus de revenu que de leur pays naturel. Mais comme ceux qui ne iugent que l'apparence, ne faisant beaucoup d'estat d'vn Italien simplement vestu et mal accommodé du reste, ils laisserent aller la riche proye à l'Espagnol qui depuis lors leur en a faict vne forte guerre et presqu'abatu leur Royaume. »

Le mémoire d'André d'Albaigne a ainsi passé tout entier dans la rédaction des *Trois mondes*, sans qu'une seule fois son nom ait été prononcé par le plagiaire qui lui prend ses idées et ne lui fait même pas l'honneur de la citation la plus sommaire. C'était assez dans les mœurs de cette époque troublée, c'était plus particulièrement dans les habitudes de La Popellinière. Ainsi Varillas a quelque part exprimé vivement sa surprise de voir que cet écrivain « avoit inseré presque toutes entières les Histoires du president de la Place et du sieur de la Planche dans la sienne, sans avoir fait aucune mention de ces deux calvinistes en qualité d'auteurs »[2].

VII

La Popellinière avait-il connu la *Remonstrance* de d'Albaigne par la reine mère, avec laquelle il était en assez bons termes pour lui dédier un de ses gros ouvrages ? Ou faut-il supposer qu'il avait fait profit, comme il le dit dans sa dédicace des *Trois mondes*, des *graves discours que tant de grands personnages* tenaient ordinairement à la table du garde des sceaux Philippe Hurard de Cheverny, où il était admis ?

[1] Le mot est encore *au pluriel* comme dans d'Albaigne.
[2] Varillas, *Avertissement du tome V de son Histoire des Révolutions*, cité par Niceron (*Mém. pour servir à l'histoire*, etc., t. XXXIX, p. 363).

Quoi qu'il en soit, il s'est si complètement assimilé les doctrines d'André d'Albaigne, qu'il les expose de nouveau, deux ans plus tard, sous une forme plus concrète dans son livre sur l'*Amiral de France* [1], dédié à Anne de Joyeuse (20 septembre 1584).

Ses exhortations à l'Amiral de France et de Bretagne ne furent pas plus entendues que les avis qu'il avait donnés deux ans plus tôt au chancelier Héraut.

Au surplus, la pauvre France, épuisée par les folles prodigalités de son roi, déchirée par les guerres civiles, n'était guère en mesure de réparer ses derniers échecs maritimes et de tenter une grande aventure lointaine, dans des eaux où l'Espagne venait d'ailleurs d'envoyer pour la première fois ses vaisseaux à la découverte.

On sait comment le licencié Castro, chargé par intérim de la vice-royauté du Pérou, avait organisé, en 1567, une expédition demeurée célèbre dans les fastes du Pacifique [2].

Deux navires étaient sortis le 19 novembre du Callao, sous les ordres d'*Alvaro de Mendaña*, à la recherche du continent austral.

Les Espagnols n'avaient guère rencontré, il est vrai, que les îles encore aujourd'hui désignées sous le nom de *Salomon* qui leur fut alors donné. Mais cette exploration, peu fructueuse, a été la première d'une longue série de voyages qui se prolongent jusqu'aux temps actuels et complètent peu à peu la connaissance de l'Océanie moderne.

Les Français, qu'André d'Albaigne, puis La Popellinière conviaient à s'établir les premiers sur ces terres lointaines, dont

---

[1] *L'amiral de France et par occasion de celuy des autres nations tant vieilles, que nouvelles*, par le sieur de La Popellinière. Paris, chez Thomas Perier, 1584, 1 vol. in-4°. — Voici quelques manchettes du fol. 85 : *Navigation necessaire à la France et pourquoi*. — *Le prince qui veut conserver ou réformer son Estat doit prendre exemple au bon médecin*. — *Estats ressemblent les corps humains*. — *Le François a besoin de purgation*, etc. On lit encore au fol. 91 les manchettes suivantes : *Terres infinies sont encore à descouvrir*. — *Que l'Italien, Espagnol ou autre descouvriroit assez tost s'il avoit moyen de les peupler ou tirer les commoditez à son aise*. — *Mais ils n'ont assez d'hommes*, etc. Cette même page 91 contient d'ailleurs un texte qui parle « de soulager, partant de leur des plus volontaires François que vous menerez ou envoyerez soubz l'espoir de vostre bonheur, peupler tant de pays qui ne sont encore cognus ny mesmes descouvers que de prime veuë et trop generale descouverte. »

[2] Cf. *Historia del descubrimiento de las regiones australes*, etc., publiée par don Justo Zaragoza (*Bibl. Hispano-ultramarina*, Madrid, 1876-1882, 3 vol. in-8°, t. I et II. *pass.*).

ils ne s'étaient point d'ailleurs exagéré la valeur, les Français, distancés par les Espagnols, puis par les Hollandais, les Anglais, etc., n'ont pris que bien plus tard un rôle actif dans l'histoire des découvertes australes. Aussi, bien mince a été leur lot dans le partage de ces territoires qu'ils auraient pu jadis découvrir et coloniser tous seuls [1].

Très grande fut, par contre, l'action scientifique de notre pays dans le Pacifique, et les noms de Surville, de Marion-Dufresne, de Marchand, de Bougainville, de La Pérouse, de d'Entrecasteaux, de Freycinet, de Dumont d'Urville et de tant d'autres navigateurs illustres sont gravés en traits ineffaçables sur la carte des terres australes.

(1) 26,000 kilomètres carrés, 91,430 habitants. (P. Barré.)

XII

GIACOMO RUSSO, DE MESSINE

ET

DOMENICO VIGLIAROLO, DE STILO [1]

I

Le nom de Giacomo Russo était tout à fait inconnu des historiens de la géographie, quand M. M.-G. Canale le mentionna dans son *Histoire du commerce, des voyages, des découvertes et des cartes nautiques des Italiens* publiée en 1866 [2]. L'écrivain génois se bornait d'ailleurs à dire que Russo avait fait en 1550 des cartes marines à Messine, et rien, dans la phrase ambiguë qu'il consacrait à ce cartographe, ne permettait de se rendre compte de la nature ou de l'importance du monument géographique auquel était empruntée la citation qu'il en avait pu faire. On chercha néanmoins dans les bibliothèques d'Italie les monuments qu'avait laissés Giacomo Russo, et, lorsque, neuf ans plus tard, MM. Amat di S. Filippo et G. Uzielli achevaient leurs études bibliographiques et biographiques sur l'histoire de la géographie italienne [3], trois cartes nautiques signées *G. Russo*, représentant

---

[1] Les deux notes réunies dans ce mémoire ont été communiquées à la Section de géographie du Comité des travaux historiques le 12 janvier 1887 et le 1er février 1888, et imprimées dans les *Bulletins de géographie* de 1887 (p. 197) et 1888 (p. 17.).

[2] M. G. Canale, *Storia del commercio, dei viaggi, delle scoperte e carte nautiche degl' Italiani*. Genova, tip. sociale, 1866, 1 vol. in-16, p. 481.

[3] *Studi bibliografici e biografici sulla storia della geografia in Italia*, pubblicati per cura della deputazione ministeriale istituita presso la Società geografica italiana. Roma, tipogr. elzevir., 1875, 1 vol. gr. in-8, p. 356, 360 et 366, nos 162, 192 et 224.

toutes trois le bassin de la Méditerranée, avaient été retrouvées à Parme, à Turin et à Florence [1]. L'exposition de Venise en fit bientôt connaître deux autres encore, l'une appartenant au sénateur G. Cittadella, l'autre empruntée à la collection du comte de San-Martino de Valperga [2] et la nouvelle édition de l'ouvrage cité plus haut, donnée à l'occasion du congrès auquel cette exposition était annexée, renferma des descriptions plus ou moins développées de ces cinq monuments [3]. Le plus ancien, conservé aux archives d'État de Florence, a été exécuté en 1520 à Messine. C'est une carte plane de 0m,63 sur 0m,94, construite à la manière ordinaire, sur une rose de 32 vents, et qui embrasse l'espace compris entre les Açores, Madère et les Canaries à l'ouest; la mer d'Azof à l'est; les Iles Britanniques et le Danemark au nord; enfin, au sud, le *rio de Santanna* (Rio di S. Giovanni) [4]. Elle est rédigée dans un italien mêlé de latinismes et de formes dialectales, ornée de figures de rois, de perspectives de villes, d'images diverses, et porte comme signature la phrase suivante tracée en noir sur la languette, au-dessus d'une madone qui tient l'enfant Jésus dans ses bras : *Jacobus Russus composui hanc cartam inlla nobili ciuitate Messana, anno Domini 1520, die primo novembris, amen.*

Une seconde carte est de 1535 ; elle est signée : *Jacobus Russus me fecit in nobili ciuitate Messane a. d. 1535. Amen »*, et fait partie du cabinet de Valperga. Elle a à peu près les mêmes limites que celle de 1520.

L'atlas de Parme de 1534 ou, pour mieux dire, le feuillet de parchemin plié en trois, que l'on conserve à la bibliothèque royale de cette ville, répète exactement, à l'année près, la signature de la carte de 1535, mais les limites en sont bien plus restreintes. La carte de Turin (1565) se rapproche beaucoup de celle de Florence; elle est toutefois exclusivement méditerra-

---

(1) Cette dernière pièce en particulier se trouve signalée dans l'*Elenco* de 1878 de l'administration des archives de Toscane.

(2) *Terzo congresso geographico internazionale*. Venezia, 1881 : — *Catalogo generale degli oggetti esposti, compilato per cura del Comitato ordinare*. Parte seconda, *Italia*, p. 38 et 45, n° 465 et 541. Venezia, 1881, in-8.

(3) Vol. II, *Mappamondi, carte nautiche, portolani ed altri monumenti cartografici specialmente italiani dei secoli xiii-xvii*, per G. Uzielli e P. Amat di San-Filippo. Roma, Soc. de geogr. italiana, 1882, in-8°, p. 109, 137, 143, 155, 281.

(4) Cette identification appartient à M. Amat de San-Filippo (II, 109).

néenne. On lit sur la base de la languette, au-dessous d'une madone : *Jacobus Russus messanensis me fecit, in nobili ciuitate Messane anno dñi 1565.* Enfin la carte de 1588 de la collection Cittadella semble s'être inspirée de celle de 1520.

On voit que l'œuvre qui porte le nom de Russo est essentiellement *méditerranéenne*, que les pièces qui la composent sont toutes exclusivement nautiques, et que, si les dates qu'elles montrent ont été correctement relevées, elles s'échelonnent le long d'une période de *soixante-huit* années.

Il est dès lors peu vraisemblable que toutes ces cartes soient sorties de la même plume. Si l'on suppose, en effet, que Russo ait tracé la première vers l'âge de vingt ou vingt-deux ans, la dernière se trouverait être l'œuvre d'un vieillard de quatre-vingt-huit à quatre-vingt-dix ans, ce qui n'est guère admissible, étant donnée surtout la délicatesse de travail particulièrement signalée dans cette pièce[1] datée, comme on vient de le voir, de 1588.

J'incline donc à penser qu'il y a eu deux Russo, portant l'un et l'autre le prénom de Giacomo (*Jacobus*) et se succédant à Messine[2].

La carte inédite que je présente au comité et qui a été exécutée, comme on le verra plus loin, en 1557 — elle est postérieure, par conséquent, de trente-sept ans à la plus ancienne des cartes signées de *Jacobus Russus* — semble dénoter une main déjà fatiguée. Le savant bibliothécaire de Turin signale sur la carte de 1565 des apparences toutes semblables[3], tandis que la

---

(1) Amat de San-Filippo (II, p. 156).

(2) Dans une note manuscrite qu'il a bien voulu me faire tenir par l'entremise de M. Della Vedova, secrétaire général de la Société de géographie italienne, M. Amat de San-Filippo, qui se refuse, comme moi, à admettre que toutes les cartes signées *Jacobus Russus* soient du même auteur, se demande s'il n'y a pas eu deux Russo, ou bien si, après la mort de ce cartographe, un successeur n'a pas continué à signer ses œuvres d'un nom favorablement connu dans le commerce des cartes marines. (*Lettre datée de Rome*, 15 juin 1887.)

(3) M. Promis, bibliothécaire royal à Turin, a bien voulu m'envoyer une courte description de la carte de Russo, qui appartient à cet établissement. Cette carte, large de 1m,08, haute de 0m,65, serait fort semblable à la mienne dont je lui avais envoyé la reproduction partielle jointe à la présente note. « L'on voit, à première vue, dit M. Promis, que la même main a tracé et dessiné les deux cartes, en les décorant de miniatures identiques... Le dessin des figures, animaux, villes, têtes d'anges, etc., est très lâché et prouve que l'auteur n'était pas artiste ; au contraire, la calligraphie est assez bonne. Notre

pièce de 1588 est d'un aspect bien différent. Cette dernière appartiendrait, à mon sens, à un second *Jacobus Russus*, successeur du premier dans son atelier de Messine.

Ils y avaient probablement été précédés l'un et l'autre, par un certain *Petrus Rubeus* (Pietro Russo) dont le comte Giuliano Merenda, de Forli, possède une carte nautique, non datée, mais sensiblement plus ancienne que toutes celles dont nous venons de parler[1].

---

parchemin a, des deux côtés, une bordure de trois couleurs, rouge, bleu et azur; le blanc porte une graduation répétée tout le long. . L'inscription autographe se trouve un peu à droite de la rose des vents, au milieu de laquelle Russo a mis une Madone avec l'Enfant-Jésus, dessiné avec raideur, comme la vôtre... »

(1) Je traduis ci-dessous la description de ce monument, telle qu'on la trouve dans l'*appendice* ajouté en 1884, par M. Amat de San-Filippo, au deuxième volume de la seconde édition de son livre (p. 45-46).

« xv° siècle (fin). — Carte nautique sur une feuille de parchemin rectangulaire, qui mesure 0^m,74 sur 0^m,97.

« Elle est écrite en caractères rouges, demi-gothiques, la langue usitée est l'Italien mêlé de latin, avec des formes dialectales siciliennes. Les inscriptions placées à côté des figures sont en gros caractères romains. Couleurs rouge, azur, vert, or et argent. L'état de conservation du parchemin est médiocre et il parait avoir beaucoup servi, aussi les couleurs et les caractères sont pâles; comme dans beaucoup d'autres cartes, l'argent a noirci et l'or est tout à fait effacé. Les légendes sont difficiles à déchiffrer.

« Les limites de la carte sont : au nord, la mer d'Allemagne et les régions mal esquissées de la Russie et de la Scandinavie; à l'est, la mer d'Azof, la mer Noire avec les côtes de l'Arménie, de la Syrie, de la Palestine, de la mer Rouge et de l'Arabie; au sud, le Maroc, les côtes de Barbarie jusqu'à la chaîne de l'Atlas, l'Egypte, la Nubie et l'Abyssinie; à l'ouest, l'Angleterre (*Inglaterra*), l'Écosse, l'Irlande (*Ierllanda*), le Danemark (*Dacia*), la Hollande (*Selanda*), les côtes occidentales de France, d'Espagne et de Portugal, les îles Canaries et Madère.

« Les roses des vents sont au nombre de quinze disposées autour d'une rose centrale plus grande. L'auteur s'est fait connaître par la signature suivante : *Ego Petrus Rubeus de Messina composui hanc cartam* (ici manque un morceau du parchemin) *in civitate dicta gentilli, Anno Domini... Amen*.

« La date est complètement effacée, mais de l'ensemble des caractères intrinsèques et extrinsèques, il résulte qu'elle peut appartenir à la fin du xv° siècle.

« A gauche, dans la languetta, est dessinée une image de la Madone avec l'Enfant Jésus dans les bras, mais il y a une déchirure dans le parchemin.

« En Afrique, au pied de la chaîne de l'Atlas qui s'étend du Maroc jusqu'à l'Egypte, on lit : *Sapiate che questa è una montanya chiamata la catena di Barbaria laquali fan multi datuli osia molti...*

« A l'extrémité orientale de la chaîne de l'Atlas est dessiné un pavillon

Quoi qu'il en soit d'ailleurs, ces cartographes ne sont comme

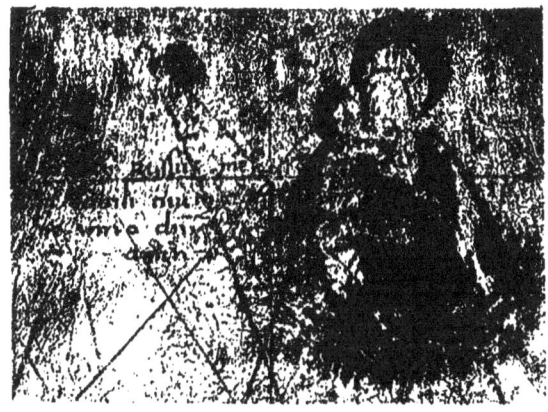

Fig. 12. — Signature et madone de la carte marine de G. Russo de 1557.

tous leurs contemporains de Messine, d'Ancône, de Raguse, etc.,

avec un souverain ceint du turban et assis sur un trône, et au-dessous est écrit : *Sapiate chisto apellato ligrd Soldano de Babylonya lo quali senyoriza in fino le terre d'Egipto zoe la casa santa de Jerosalem.*

« Au bas de la carte sont quatre figures, trois de rois couronnés et la quaque de simples copistes, reproduisant, avec plus ou moins d'habileté manuelle, à l'usage des pilotes de leur temps, des cartes *construites suivant un type traditionnel*, sans ajouter rien ou presque rien aux connaissances géographiques dont ils ont reçu le dépôt. La pièce que je mets sous les yeux de mes collègues est particulièrement caractéristique à ce point de vue spécial.

C'est une carte de fort parchemin qui mesure 0^m,53 de hauteur et 0^m,87 de largeur avec la languette qui le prolonge à gauche et qui portait jadis la ligature du rouleau. On lit sur cette languette, à côté d'une figure de madone assez pauvrement dessinée, la signature :

Jacobus Russus me fecit
in nobili ciuitate messa
ne anno dñi 1557
   Amen

Les bords supérieur et inférieur de la carte sont munis d'une échelle graduée en degrés coupés de deux en deux de points noirs qui représentent autant de fois douze secondes. La projec-

trième, à l'est, avec la mitre et le bâton pastoral. A côté de la première figure, on lit *Rex Libie* ; à côté de la seconde, *Rex Arabia* ; à côté de la troisième, *Rex Nubie* ; et à côté de la quatrième, *Lo preti Iohni* : c'est le fameux preste Jean, *Prete Janni, Presbiter Johannes*. Ce dernier, qui n'est autre que le souverain d'Abyssinie, a, comme on l'a dit, la mitre épiscopale et le capuchon rabattu et tient en main un bâton pastoral terminé par une croix. A son côté gauche s'élève une église surmontée de la croix, placée au bord d'un fleuve. Plus à l'est, on rencontre la mer Rouge avec la légende : *Aquesto es la mari rubra Sapiati chi la mari no es rosa ma es la fondo chi e de quel color*.

« Au nord de La Mecque s'élève le Sinaï avec cette légende : *Sapiati chi questo monte es monte Sinnaj la quale nostro Senyor dona la ligi a Moises et quali...*

« Dans le détroit de Constantinople brille la figure du grand Sultan avec l'inscription : *Aquesto es la gran Turco de Constantinopoli la quali es una Gran Singori*. Cette légende indique bien que la carte est postérieure à la prise de Constantinople (1451).

« Dans la mer du Nord, on lit *Mer de Alamagna che sta ingrasata sei mixi del' ano*.

« Au delà de la mer Rouge s'élève sur la côte Arabique la grande Caaba où est enseveli Mahomet avec l'inscription : *La Mecha de ll Mori*.

« Le parchemin que l'on vient de décrire, dit en terminant M. Amat de San-Filippo, se trouve dans la possession de mon ami le comte Giuliano Merenda, à Forlì. Il a appartenu à un de ses ascendants qui, au siècle dernier, fut chevalier de Malte » (*Appendice agli studi biografici e bibliografici sulla storia della geografia in Italia*, per P. Amat de San-Filippo, Roma, Soc. geogr., 1884, in-8).

tion est plane et l'auteur ne tient pas compte de la déclinaison. Une rose de 32 rhumbs, peinte de noir et de rouge, est au centre de la carte, qui tombe un peu à gauche de la presqu'île de Morée.

Deux autres roses, plus grandes, rouges, noires et vertes, occupent les entre-croisements du nord et du sud; deux autres, toutes semblables, sont au sud-ouest et au sud-est. Le nord est représenté sur ces quatre roses par l'aiguille de la boussole; le midi, par une sorte de disque, déformation de la figure lunaire, que l'on trouve à la même place dans les anciennes cartes; le levant, par une croix dérivée de la roue solaire; le couchant, enfin, par un P, abréviation du mot *ponente*. Les noms des points intermédiaires sont rappelés par les lettres M (*magistro*), G (*grego*), L (*libetzo*), S (*siroco*).

La carte comprend toutes les côtes de la Méditerranée et celles de l'Atlantique, depuis Mongia, en Espagne, jusqu'au cap Cantin (*cap di Cantin*) et à Safile (*Safin*) au Maroc. Ces côtes et les îles qu'elles circonscrivent sont couvertes d'inscriptions écrites assez nettement[1] en minuscules du milieu du xvi° siècle; les unes

[1] Cette nomenclature géographique est d'ailleurs généralement très inférieure en exactitude à celle des documents de même ordre publié au xiv° et au xv° siècles. Voici, à titre d'exemple, ce que l'on peut lire sur les côtes françaises de la Méditerranée (Fig. 13). Nous juxtaposons, à titre de renseignements comparatifs, à la liste de noms empruntés à G. Russo, celle de l'*Atlante Luxoro* publié par MM. Desimoni et Belgrano (*Atlante idrografico del medio evo posseduto dal prof. Tammar Luxoro, publ. ed ann. d. Desimoni e L.-T. Belgrano*. Genova, 1867, gr. in-8, p. 49-50) et qui remonte aux premières années du xiv° siècle.

Atl. Luxoro	Carte de Russo	Cartes modernes
Porueren*	P. Cener	Port-Vendres
Collauro	Colibri	Collioure
Salxe	. . . .	Salces
Leocatta	C. Liocata	C. Leucate
. . . .	Lanquis	Leucate?
Narbona	Narbona	Narbonne
Sanpera	Saper	Saint-Pierre
Seriguam	. . . .	Sérignan
Agde	Adde	Agde
Cauo de Septa	. . . .	C. de Cette
Monte de Zera	Monti Sipo	M. de Cette
Magallona	Magalona	Maguelonne
. . . .	Clantes	Lates
Staguom	. . . .	Etangs de Mauguio

sont tracées au vermillon, ce sont celles qui désignent les localités les plus importantes, les autres sont simplement en noir. Les côtes elles-mêmes sont, pour la plupart, légèrement ombrées de bistre ; mais quelques grandes îles, comme la Sicile et Candie, quelques presqu'îles importantes, telles que la Morée ou la Crimée, les estuaires de plusieurs grands fleuves, Danube, Dniéper, Nil, sont encadrés de vert. D'autres îles, Majorque par exemple, sont peintes en rouges ; Rhodes (*Rodas*) garde encore les cou-

Atl. Luxoro	Carte de Russo	Cartes modernes
. . . .	Monpiler	Montpellier
Aquemorte	*Aquismorti*	Algues-Mortes
Mea	. . . .	Saintes-Maries
[A]uignom	Auingnoni	Avignon
Arlles	Arlles	Arles
Odor	Odor	Roque de Dour
Bocolli	Bucar	Bouc
Bonim	. . . .	Bône
Collone	Colonis	C. et P. Couronne
Marseia	*Marsagia*	Marseille
. . . .	Garganta	Notre-Dame de la Garde ?
Pormm	Moet	Port Miou
Aquille	. . . .	Bec de l'Aigle
Beudormi	. . . .	Bandol
. . . .	C. Circelli	C. Sicier
Sanaxar	. . . .	Saint-Nazaire
Tolom	Tolon	Toulon
Carabaxera	. . . .	
Erens	*Rexi*	Hyères
Bonar	C. Binay	C. Benat
Fraxneo	. . . .	Garde de Frainet
Fragur	*Frigol*	Fréjus
Agaul	. . . .	P. d'Agay
Santa-Margarita	S. Margarita	Sainte-Marguerite
Gallopa	. . . .	C. de la Garoupe
. . . .	Antibol	Antibes
. . . .	Canena	Cannes
. . . .	Varo	Var R.
Niza	*Niza*	Nice
Olivi	Vila Franca	Mont Olive, Villefranche
Monago	*Monaco*	Monaco

Les noms soulignés dans ces deux listes sont écrits en vermillon. Trois îles, dont les noms sont écrits en sens inverse de ceux du littoral, figurent devant *Tolon* et *Rexi*. Ce sont, de l'est à l'ouest, Ribaldini, P. Grosso, Bonomo, l'île Roubaud et les îles d'Hyères telles qu'on les trouve encore nommées dans les portulans du xviie siècle.

leurs des chevaliers de Saint-Jean ; Khío (*Sio*) porte celles de Gênes. Les îles plus petites sont cernées de bleu comme Malte, ou teintées de vert (*Mitellin*, Metelin), de rouge (*Pantelaria*, Pantellaria) ou de bistre (*Nigropolli*, Négropont). Les bancs de sable sont pointillés de rouge et les récifs indiqués par de petites croix noires.

La mer Rouge est striée de flots de couleur vermillon au milieu desquels se détachent trois rangées d'îles anonymes, toutes rondes aux teintes éclatantes, alignées en quinconces. Les montagnes (Atlas, Alpes, Sierra Morena) sont grossièrement bariolées de vert et les fleuves qui en descendent sont peints d'un trait épais de couleur d'azur. Quelques-uns de ces cours d'eau, le Rhin et le Danube, par exemple, esquissés de la façon la plus incorrecte, sont représentés enfermant sur leurs parcours des espaces plus ou moins circulaires qui peuvent correspondre à des lacs, tels que celui de Constance sur le Rhin, ou à des îles, comme il s'en rencontre de fort grandes, le long du Danube.

Ces particularités, que l'on retrouve, ainsi que la plupart de celles qui viennent d'être énumérées, dans les autres œuvres signées *Russo*, sont de tradition dans la cartographie du moyen âge, qui, dès ses débuts, donne au cours supérieur du Danube et du Rhin une disposition symétrique, leur fait, à l'un et à l'autre, traverser des masses d'eau, de mêmes formes et de mêmes dimensions (*lacus Rinus* ou *Rinis* [1], *lacus Danoye* ou *Danoya*), enfin développe, outre mesure, le long du Danube, trois grandes îles désignées dans les anciennes mappemondes sous les noms de *Jaurim*, de *Buda*, de *Sermia*, mais devenues anonymes dans la carte marine de Russo.

Cinq villes, également anonymes, sont peintes d'une façon sommaire, renversées le long de la rive méridionale du Danube. A en juger par d'autres cartes antérieures, ces villes pourraient correspondre à Jaurim, à Bude, à Albe Royale, à Semendria, à Viddin.

[1] J'emprunte ces termes de comparaison à la mappemonde de Dulcert ou à l'atlas catalan de Charles V. Le *lacus Rinus* ou *Rinis* est le lac de Constance, mais le *lacus Danoye* ou *Danoya* n'existe pas dans les conditions où il est figuré dans les cartes sus-mentionnées. L'île de Jaurin *que magna dicitur* correspond peut-être à l'île qui est au voisinage de Gran, comme celle de *Buda* équivaut à la plus grande des îles situées au voisinage de Bude. Enfin, l'île de Sermia est probablement l'île qui avoisine Semendria. Lelewel fait de cette dernière : « Sabacz déplacée » (t. II, p. 64).

Fig. 13. — Portion de la carte de G. Russo, de 1557, représentant une partie de la Méditerranée occidentale.

Russo, qui reproduit, à simple titre d'ornement, ces enluminures copiées dans de vieux modèles dont il ne cherche pas à pénétrer la signification, plante hardiment sur les quatre premières de ces villes l'étendard hongrois qu'il a trouvé peint au-dessus d'Albe Royale, dans des œuvres qui ont plus de deux siècles, et, sur la dernière seule, il remplace l'ancienne bannière des khans de Tartarie par le drapeau des Turcs, jaune avec un croissant rouge dont les cornes sont tournées vers la hampe [1].

Cinq autres villes sans nom, d'un dessin analogue, un peu plus développées toutefois, suivent le bord supérieur de la pièce, qu'elles touchent presque de leur pied. Les trois premières vers l'ouest sont surmontées de drapeaux de diverses couleurs où se trouve grossièrement représenté, soit en jaune, soit en noir, l'aigle à deux têtes de l'Empire. Ce sont probablement Vienne ou plutôt S. Veit qui en est voisin, Baks, sur la Theiss, et Ksarnad [2]. Les deux autres, situées à l'est, ont l'ancre à double barre d'or ou de gueules sur gueules ou sur argent, et répondent, sans aucun doute, à Leopol (Lemberg) et à Cracovie, ainsi blasonnées déjà sur les vieilles cartes catalanes du XIVᵉ siècle.

L'espace demeuré vide entre la chaîne de l'Atlas et le bord inférieur de la carte est rempli par de petites vignettes faisant pendant à celles dont je viens de parler et représentant des villes africaines surmontées des drapeaux de l'Islam. D'autres drapeaux ornés de croissants se voient de Bône (*Bona*) et de Tunis (*Tunisi*), au Caire (*lo Chayro*) et à Béthanie (*Betania*). Les couleurs portugaises flottent à Ceuta (*Septa*); l'écusson espagnol domine Brisk (*Brisco*), Alger (*Alger*), Bougie (*Bugia*) et Tripoli (*Tripoli veio*). Une croix d'or brille sur le drapeau rouge de Jérusalem (*Jerosalemi*) et le *Monte Sinay* étale sur ses flancs verdoyants la blanche silhouette du célèbre monastère de Sainte-Catherine.

Le croissant reparaît à Damas (*Damasco*), à Antiochette (*Antiosia*), à Adalia (*Satalia*), à Amasserah (*Samast*), à Sinope (*Sinopi*), à Samsoun (*Simixio*), à Sevastopol (*Savastopolli*), à Kera-

---

[1] Tous ces détails rappellent presque identiquement ceux qu'on relève dans les autres cartes de fabrication messinoise. On pourra comparer, par exemple, notre description avec celle que d'Avezac consacrait, en janvier 1844, à une carte de cette origine, paraissant remonter à 1511. (D'Avezac, *Note sur une ancienne carte manuscrite historiée de la collection de Guillaume Barbié du Bocage*. Bull. Soc. de géogr., 3ᵉ sér., t. I, p. 63-79, 1844.)

[2] Du moins sont-ce ces villes que les cartographes se sont habitués à représenter au nord du Danube. (Cf. d'Avezac, loc. cit., p. 72.)

soun (*Jeresonda*), en Cumanie (*Comania*), à Akjerman (*Moncastro*), à Maronia (*Marona*), à Salonique (*Salonichi*), enfin à Durazo (*Doraco*). Mais Curch (*la Corco*) a conservé son pavillon, Altologo a l'ancien drapeau de Feradellia, et Trébizonde (*Tribisonda*) est encore surmontée de la bannière des Paléologues, qui flotte également, chose curieuse, à côté de l'étendard du Grand-Turc, sur le Bosphore de Constantinople. Enfin Caffa (*Cafa*) continue à arborer la croix génoise.

On remarque sur les côtes de l'Adriatique les drapeaux de Narent (*Narento*), de Sebenicho (*Sibinico*), de Zegne (*Singna*), identiques à ceux des vieilles mappemondes du xiv° siècle [1].

Enfin deux grandes vignettes représentent, à peu près à leur place, les villes de Venise et de Gênes. Aussi bien que tous les autres ornements de la carte de Russo, ces vignettes reproduisent des images traditionnelles, qui traînent depuis des siècles parmi les accessoires des fabricants de cartes nautiques. On reconnaît, non sans y mettre quelque complaisance, dans la représentation de Venise les coupoles de Saint-Marc et peut-être la girandole; Gênes est beaucoup plus ressemblante avec la *Lanterna* et le *Molo Viochio*, qui en circonscrivent le Port (fig. 13)...

Je termine ici ce que j'avais à dire de la carte marine de Russo.

On trouvera peut-être un peu trop développée la description que j'ai consacrée à ce document, qui ne possède, à vrai dire, par lui-même qu'un intérêt assez médiocre. Si j'y ai longuement insisté, c'est que son étude permet de mesurer exactement la décadence de l'art du cosmographe dans la seconde moitié du xvi° siècle. Tandis que les premiers dessinateurs de cartes enregistraient avec soin les moindres détails nouveaux rapportés par les pilotes et tentaient même d'embrasser dans le cadre de leurs études les découvertes encore peu connues de Plan Carpin, de Rubruquis ou de Marco-Polo, leurs successeurs se bornent à répéter indéfiniment les contours géographiques qu'ils ont trouvés inscrits dans les anciennes mappemondes et n'hésitent pas à reproduire des indications surannées qu'ont depuis longtemps

---

[1] La négligence du cartographe déplace à chaque instant les drapeaux traditionnels, qu'il copie dans d'anciennes cartes. Ainsi, le drapeau de Narent est sur Raguse, comme celui d'Antiochette sur *Calandra*, celui de Trébizonde sur le *Capo di gozi*, etc., etc. Nulle part ces déplacements ne se font sur une plus grande échelle que sur le littoral africain, où le drapeau de Tripoli est à *Tripoli veio*, où l'on en voit d'autres au *C. la Succa*, à la *p. dirasa*, etc.

modifiées les révolutions de la politique internationale. Russo, par exemple, dessine les rivages de la Méditerranée, les fleuves qui s'y rendent, les montagnes d'où ces cours d'eau descendent, comme les aurait dessinés un cosmographe de la fin du xiii° siècle. Le Guadalquivir et la Sègre, par exemple, partent toujours sous sa plume, comme sous celle des premiers Catalans, du pied d'une même montagne où s'élève la place forte de *Segura*. Les massifs des Alpes ou de l'Atlas conservent leurs contours archaïques, etc.

Avignon a gardé l'étendard des papes, que Rome n'arbore pas plus que sur les mappemondes rédigées avant le retour de Grégoire XI dans la ville éternelle.

Russo semble ignorer que les Turcs sont sur le bas Danube depuis plus de cent soixante ans ; que les Grecs ont été expulsés de Constantinople et de Trébizonde en 1453 et en 1461 ; qu'il n'y a plus de Génois à Caffa depuis 1475 ; que les chevaliers de Saint-Jean ont perdu Rhodes en 1522 ; que Khéïr ed-Din a repris aux Espagnols, en 1530, le Peñon d'Argel ; que ceux-ci, en revanche, sont à Tunis depuis 1535, mais ont quitté Tripoli en 1551 ; enfin que Bougie, prise en 1510 par dom Pedro de Navarra, est devenue, en 1555, deux ans par conséquent avant la confection de la carte, la propriété du dey d'Alger.

Il n'est pas sans intérêt de remarquer, en terminant cette étude, que les incorrections de toute espèce, relevées au cours de la description que l'on vient de lire, auraient été de nature à faire complètement errer un géographe cherchant, en l'absence de date, à déterminer l'âge exact du document que nous avons sous les yeux. Sans nul doute, en reconnaissant à Chio le drapeau génois, qui n'en fut arraché par les Turcs qu'en 1566, il aurait conclu que la carte de Russo n'était pas postérieure à cette année, mais en voyant à Rhodes le drapeau des chevaliers, à Caffa les couleurs de Gênes, à Constantinople les armoiries des Paléologues, etc., il aurait pu se croire obligé de remonter successivement aux dates de 1522, 1475, 1453, etc.

Notre carte est datée, et par conséquent toute erreur chronologique est impossible dans l'espèce, mais bien d'autres cartes anépigraphes, analysées par des critiques qui ne savaient pas faire la part de la routine dans leur exécution, ont été ainsi démesurément vieillies [1].

[1] Je citerai, entre autres, la carte de Dijon, publiée par M. Gaffarel dans les *Mémoires de la Commission des antiquités de la Côte-d'Or*.

II

Le savant géographe, W. Erman, rendant compte de la seconde édition des études bibliographiques et biographiques de MM. P. Amat di S. Filippo et G. Uzielli, dont il était question plus haut, termine son article en signalant aux deux savants auteurs une pièce manuscrite, qui a échappé à leurs recherches et que l'on conserve à la Bibliothèque royale de Berlin.

Cette pièce, signée par un prêtre du nom de Domenico Vigliarolo, né à Stilo, en Calabre, est une carte marine de la Méditerranée, comprenant les Açores, à l'ouest, la Norvège au nord, et dressée à Naples en l'an 1580 [1].

Or M. W. Erman ne remarque pas que l'ouvrage, à l'occasion duquel il parle de cette pièce inédite, renferme la mention d'une autre œuvre du même cosmographe, dont le nom se trouve, il est vrai, difficilement reconnaissable.

---

(1) Voici le texte de la note de M. W. Ermann : « Für eine etwaige neue Auflage erlaube ich mir auf eine in der Berliner Königlichen Bibliotek aufbewahrte Compasskarte (*Libri pict.* A, 82) aufmerksam zu machen, die, mit den Azoren im Westen beginnend, das ganze Mittelländische Meer umfasst und im Norden bis Norwegen reicht. Sie trägt folgende Notiz ihres Verfertigers *Presbiter Dominicus Vigliarolus Calaber Stilensis Me fecit in inclita urbe Neapoli 1580* » (W. Erman. *Verhandl. der Gesellsch. für Erdkunde zu Berlin*, Bd. X, s. 383, 1883).

Il ressort principalement de cette note que la carte de Berlin a pour auteur un prêtre, Domenico Vigliarolo, calabrais de Stilo, qui l'a dressée à Naples en *1580*. Or, cette date s'écartant énormément de celle de 1577, très nettement tracée sur la pièce dont il va être question, j'ai soupçonné une substitution de chiffres (un 3 pour un 8), causée probablement par le mauvais état de l'inscription, et j'ai écrit à M. Bastian, conservateur du Musée d'ethnographie de Berlin, en le priant de vouloir bien examiner le document.

Voici ce que M. Bastian m'a répondu : « La souscription (de la carte de Vigliarolo) est bien claire et évidente dans les lettres et tous les chiffres, excepté le chiffre en question, qui reste indistinct. La première impression est *3* mais, après avoir comparé les autres 3 sur la même carte, j'inclinerai plus pour le *8*, quant à moi. Je ne suis pas, cependant, assez expert, dans de telles investigations, pour donner une opinion décisive. Le docteur Erman m'a promis de bien vouloir, *lui-même*, examiner de nouveau le chiffre douteux. Je me ferai un plaisir de vous faire part de ce qui lui paraîtra le plus probable dans deux ou trois jours. » Et le surlendemain, mon très obligeant collègue s'empressait de m'écrire : « Vous avez raison; la conjecture est parfaitement juste. M. W. Erman, après avoir réexaminé la carte, confirme votre opinion. La date est de 1580 indubitablement, à ce qu'il me dit. »

On y lit, en effet, à la page 283 du tome II des *Studi*, la courte note dont voici la traduction.

« N° 484. — DOMENICO OILIAROLO, Calabrais, 1577. — Atlas en parchemin, comprenant la Méditerranée, les côtes atlantiques du cap Bojador à la Manche ; l'Angleterre manque. — Venise, chez M. Guggenheim. »

OILIAROLO est incontestablement une mauvaise lecture de VILIA-

FIG. 13 *bis*. — Signature et *pieta* de la carte de Vigliarolo.

ROLO, variante de Vigliarolo, et M. Amat di S. Filippo n'a pas hésité, dans ses additions récemment publiées, à identifier l'auteur de la carte de la collection Guggenheim avec le prêtre de Stilo, qui a signé celle de la Bibliothèque royale de Berlin, signalée dans le compte-rendu de M. W. Erman[1].

J'ignore ce qu'est devenue la pièce de 1577, que M. Guggenheim ne possède plus aujourd'hui[2].

Le signalement, qui en a été donné, est à la fois trop sommaire et

---

(1) « Il cognome di questo cartografo (Oiliarolo) deve *senza dubbio* correggersi in Viliarolo o Vigliarolo. Credo sia lo stesso *Dominicus Vigliarolus Stilensis*, etc. (*op. cit.* p. 48).

(2) C'est du moins ce qui résulte d'une lettre que M. Guggenheim a bien voulu m'adresser.

trop vague pour qu'il me soit permis d'affirmer que c'est bien ce même monument que j'ai tout récemment acquis à Paris par l'obligeante entremise du D¹ F. Delisle et que je présente aujourd'hui à la Section de géographie du Comité des Travaux historiques.

C'est une grande carte plane, tracée d'une main ferme sur un parchemin de choix, et agrémentée de petites figures assez adroitement traitées.

Elle mesure 0ᵐ,55 de hauteur sur 1ᵐ,08 de largeur, en y comprenant la languette ornée d'un médaillon de 0ᵐ,07 de diamètre, représentant une *pieta*.

On lit autour du groupe de la Vierge et du Christ mort l'inscription suivante :

✣ *Donnus : Dominicus : Vigliarolus : Calaber : de civitate : Stili : Me fecit : In urbe : felicis : Panormi : 1577*

Le prêtre Domenico Vigliarolo, auteur de cette pièce, était donc établi à Palerme en 1577[1] ; il a dressé à Naples, trois ans plus tard, le document de la Bibliothèque de Berlin. C'est tout ce que nous savons de sa vie et de son œuvre.

La carte qui vous est soumise est ornée en haut et en bas d'une bordure de quatre centimètres environ, composée de fleurons polychromes, symétriquement allongés des deux côtés des élégantes boussoles ou roses de trente-deux rhumbs, qui occupent le nord et le sud. D'autres roses, toutes pareilles, sont peintes à l'ouest et au nord-est. Des demi-roses, de même modèle, se voient au nord-nord-ouest, au nord-nord-est, au sud-sud-est et au sud-sud-ouest ; enfin le sud-ouest et le sud-est sont ornés de figures semblables, mais de plus grandes dimensions.

Chacune de ces boussoles a ses rayons cardinaux dorés, sauf celui du nord que termine une aiguille noire fleurdelysée. Les points collatéraux sont représentés par des rayons demi-bleus et demi-rouges ; les points de troisième ordre sont mi-partie verts et blancs. Les symboles et les lettres de la rose sont ceux que l'on relève dans toutes les cartes italiennes et les lignes qui s'en

---

[1] L'épithète ainsi appliquée à Palerme, celle de *noble* attribuée à Messine par Russo et bien d'autres géographes du même temps, sont d'usage fort ancien. Je les rencontre notamment dans la charte de Louis de Sicile (1345), relative à l'organisation consulaire des Catalans dans cette île. « *In nobili civitate Messinæ et felici urbe Panormi.....* (Capmany, *Memorias Historicas sobre la marina, comercio y artes de la antigua ciudad de Barcelona*, Madrid, 1779, in-4°, t. II, p. 122.)

échappent sont tracées alternativement en noir, en rouge, en vert et encore en rouge.

Des têtes humaines, barbues ou imberbes, soufflent des divers points cardinaux ou collatéraux. Enfin deux longues bandelettes, pliées en forme de M, portent en haut et en bas la graduation habituelle, tandis que monte entre la carte et la languette, c'est-à-dire à la gauche du lecteur, une échelle de latitudes[1], espacées de cinq en cinq degrés, depuis 24° jusqu'à 60° et peintes alternativement de rouge et de vert.

La Méditerranée entière, avec ses dépendances, l'Atlantique, depuis la Frise (*Costa de Frixia*) jusqu'au golfe des Rougets (*G. de robeos*) au sud du cap Bojador[2], offrent les contours et les proportions qu'on trouve habituellement à ces deux mers dans les monuments géographiques de l'époque.

Madère et les Canaries sont à peu près à leur place[3], mais l'Angleterre manque, comme dans la notice de la carte de la collection Guggenheim, que je traduisais plus haut[4].

Les côtes sont esquissées d'un simple trait, bordé en quelques points seulement d'une mince ligne de couleur verte (Sicile, Morée, Négrepont, Métélin, Crimée, Chypre). Les noms de lieux sont tracés d'une petite écriture fine et nette, en rouge ou en noir, suivant leur importance. Quelques îles sont teintées de rouge (*Forteuentura*, *Minorca*), de vert (*Tenerife*, *la Madera*), de gris clair (*Lansarotte*, *Gran Canaria*, *Euixa*). D'autres, comme *Maorca*, *Rodi*, *Xio*, ont leurs armoiries traditionnelles[5].

(1) Ces latitudes sont fort incorrectes : même pour la Sicile où travaillait Domenico Vigliarolo, elles sont trop fortes de plus de 2 degrés. L'erreur augmente considérablement vers l'est, et Sinope, par exemple, est juste par 50 degrés, avec un déplacement d'environ 8 degrés au nord. Cette déformation relative des portions orientales de la carte est due, comme on le sait, à l'absence de correction de la déclinaison de l'aiguille aimantée.

(2) Ce golfe, qui n'est autre que l'*Angra dos Ruivos* d'Azurara, le *G. dos Ruivos* du portulan Barberini, le *G. de Ruives* de Jacques de Vaulx, etc.), se trouve encore indiqué à un peu moins de 2 degrés au sud du cap Bojador, sur l'une des cartes de la *suite du Neptune françois*, publiées en 1700 par Mortier à Amsterdam, avec cette notice : « *Angra de Ruyuos*. Il n'y monte que de Petits Navires, ou y pesche Beaucoup de Ruyuos ou Rougets. »

(3) Le premier de ces archipels comprend *la Madera*, *P. Santo*, *Saluagas*; le second *Lansarotte*, avec ses deux îlots *Graciosa* et *Pico* (Moutaña Clara), puis *Forteuentura*, *Gran Canaria*, *Tenerife*, *Gomara*, *Palma*, *Lo Ferro*.

(4) « Manca l'*Inghilterra*. »

(5) Majorque a les pals d'Aragon, Rhodes, la croix des chevaliers de Saint-

Les bancs de sables sont pointillés en rouge ou en noir, les récifs indiqués par des croisettes. La mer Rouge est striée de lignes de traits vermillon ; enfin, quelques cours de fleuves, celui du Nil par exemple, sont coloriés en bleu clair [1].

Seize petites images de villes sont dispersées à travers la carte. Elles représentent Barcelone (*Barselona*), Paris (*Parisi*), Marseille (*Marsilia*), Gênes (*Genoa*), Venise (*Venetia*), Raguse (*Ragosa*), Constantinople (*Constantinopoli*), Tana (*Latana*), Jérusalem (*Ierosalem*), Le Caire (*Il Cario*), Alexandrie (*Alexandria*), Bonandrea (*Bonandria*), Tripoli (*Tripoli*), Tunis (*Tunisi*), Alger (*Alger*) et Fez (*Fex*). Quelques-unes seulement de ces vignettes sont caractéristiques ; je signalerai celles qui nous montrent le port de Marseille dominé par trois moulins à vent et celui de Gênes avec sa lanterne, ses darses et son môle.

Toutes ces images de villes sont surmontées d'étendards peints et dorés. A Barcelone flottent les couleurs de Castille et d'Aragon [2]. Paris et Marseille sont surmontés de drapeaux blancs ornés d'une large fleur de lis d'or. Sur Gênes flotte une longue banderolle d'argent à la croix de gueules, Venise montre un drapeau rouge dentelé, au centre duquel une tête de lion se détache en blanc. Raguse porte les armes de Dalmatie, Tana, celles de la république de Gênes. Toutes les autres villes ont des croissants de gueules sur or ou sur argent, avec banderoles vertes et rouges, rouges et blanches, blanches et vertes.

Sept autres drapeaux complètent la décoration de la carte : ce

---

Jean, Chio, la croix de Gênes. J'ai déjà insisté sur la persistance avec laquelle ces divers symboles se maintiennent chez les cosmographes en dépit des événements de la seconde moitié du xvie siècle.

(1) L'auteur est d'ailleurs très mal renseigné sur l'importance et sur la direction des cours d'eau qu'il dessine sur sa carte. Il fait, par exemple, de l'oued Gabès (*Capis*) un fleuve, dont le cours onduleux s'étend du sud au nord de 32 à 34 degrés ; un autre fleuve, presque aussi important, se jette à Tripoli de Syrie, et l'on voit des traces d'un troisième grand fleuve au fond du golfe de Fiume.

(2) Ou du moins un pavillon dentelé, écartelé au premier et au quatrième d'or croisé de gueules, ce qui paraît être une simplification des armes de Castille, au deuxième et au troisième d'or à trois pals de gueules qui est Aragon. J'avais pensé un instant que les armoiries des premier et quatrième quartiers étaient peut-être celles de la députation d'Aragon, qu'on voit sur le drapeau de Barcelone dans l'atlas catalan de 1375 ; mais d'une part, dans ce dernier, la croix rouge s'enlève non sur or, mais sur argent, et, d'autre part, le même pavillon se trouve à Oran (*Orano*) tout semblable à ce que nous le voyons à Barcelone.

sont un drapeau danois planté à la base du Jutland, un drapeau portugais dont la hampe aboutit au mot *Lisbona*, un drapeau valencien à *Valentia*, des drapeaux turcs à *Castelli* et à *Satalia*, enfin deux banderolles génoises qui flottent, dernier anachronisme, à *Cafa* et à *Tribisonda*[1].

La nomenclature, dont il me reste à dire quelques mots, diffère parfois assez notablement de celle qu'employaient constamment les cosmographes italiens et dénote chez Vigliarolo des efforts personnels pour l'amélioration de ses listes de noms de lieux. Il ne se contente pas de copier, comme le faisaient trop souvent ses contemporains, d'anciennes cartes génoises, vénitiennes ou catalanes. Il ajoute des noms nouveaux à ceux que la tradition avait acceptés et maintenus dans les portulans et c'est ainsi que dans le tableau que j'ai dressé[2], et qui met en présence cinq nomenclatures italiennes des côtes méditerranéennes de la France, à la fin du XVI° ou au commencement du XVII° siècle, on le voit inscrire sur les côtes de Provence le cap Saint-Hospice (*c. S. Sospir*), le cap de la Garoupe (*c. de Caroba*), Saint-Raphaël (*S. Rafel*), le golfe de Grimaud (*B. de Grimaldo*), le cap Lardier (*c. Larde*), Brégançon (*Berganson*), Porquerolles (*Porcarola*), etc., qu'ignoraient généralement les autres cosmographes italiens.

On trouvera groupés dans ce tableau, à côté des noms de lieux empruntés à Vigliarolo, ceux de la carte de Russo de 1557 précédemment étudiée, ceux du bel atlas de J. Martinez (1582) de la bibliothèque de l'Arsenal, et des deux cartes d'Oliva et de Caloiro de 1603 et 1631 exposées dans la salle de lecture de la section des cartes de la Bibliothèque nationale. J'ai identifié de mon mieux dans la sixième colonne toute cette nomenclature ancienne à celle de nos cartes modernes.

(1) Caffa était perdue pour Gênes, je le répète, depuis 1475, et Trébizonde avait été conquise par les Turcs dès 1461. Tana, dont il était question un peu plus haut, avait succombé très peu de temps après Caffa. (Cf. W. Heyd, *Histoire du commerce du Levant au Moyen Age*, trad. Furcy Raynaud. Leipzig, 1886, in-8, t. II, p. 360 et suiv., 402 et suiv.)

(2) Appendice, n° VIII.

XIII

LE DESCOBRIDOR

GODINHO DE EREDIA[1]

Le 22 mars 1875, S. E. M. José da Silva Mendes Leal, ambassadeur de Portugal à Paris, adressait à l'Académie des sciences de l'Institut de France, par l'entremise de M. Boussingault, le fac-similé d'une pièce trouvée à la fin de l'année précédente dans les archives de Lisbonne, et à la découverte de laquelle les savants portugais avaient cru devoir attacher assez d'importance pour en faire exécuter des épreuves photographiques tirées avec une rare perfection.

C'était une lettre sans lieu ni date, mais d'une grosse écriture paraissant se rapporter au commencement du XVIIe siècle. Elle était signée M^{el} *Godinho de Eredia* et adressée à un personnage innommé que l'on y qualifiait d'*illustrissime seigneur*[2]. On y pou-

---

[1] Mémoire communiqué à la Société de géographie de Paris et imprimé dans le numéro de juin 1878 du Bulletin de cette Société (7e série. t. XV, p. 511-541).

[2] Voici la traduction de cette lettre : Elle diffère à peine de celle que M. Boussingault a insérée au compte rendu de la séance du 22 mars 1875 de l'Académie des sciences.

  Ill^{me} S^{eur},

  A l'arrivée des navires, on m'a assuré que V. S. Ill^{me} éprouvait quelque tristesse ; c'est pourquoi, en fidèle serviteur, je me suis présenté à ces palais pour vous faire mes condoléances au sujet de la mort du Seign. Don Vasco de Gama que Dieu reçoive dans son éternelle gloire, mais chaque fois je n'ai pu y entrer. V. S. Ill^{me} étant complètement renfermée et recueillie, ainsi qu'il était vrai.

  Malgré cela, je souhaite à V. S. Ill^{me} d'être aussi heureuse et prospère

vait lire que ledit Godinho, n'ayant pu obtenir une audience qu'il avait plusieurs fois sollicitée, écrivait au grand personnage pour lui faire ses condoléances au sujet de la mort de Don Vasco de Gama et pour l'entretenir d'une entreprise à diriger vers une île appelée l'île de l'Or, dont la situation n'était pas indiquée, mais qu'on pouvait gagner de Timor ou de Sabbo (Savou).

M. Mendes Leal qui transmettait le document à l'Institut, M. Boussingault qui en donnait la traduction, supposèrent que cette île de l'Or était l'Australie, et le savant académicien fit même remarquer qu'il était surprenant qu'un marin portugais

qu'elle l'est ou désire l'être. J'ai vu, ce que j'espérais, l'arrivée après un voyage prospère des navires et des gens de Portugal, qui sont venus encore à temps pour l'entreprise d'or; et comme cette entreprise concerne V. S. Illss^{me} plus que moi, je ne tiens pas pour nécessaire de démontrer comme quoi le 13 de septembre est l'époque la plus favorable pour entreprendre le voyage de Malaca, non qu'il y a lieu de favoriser cette découverte. Certainement V. S. Illss^{me} l'entend bien de la sorte, elle qui est très bien au fait de tout cela; par conséquent elle voudra bien faire tout ce qui sera nécessaire, si elle croit qu'il convient de faire cette découverte d'or, et je me tiendrai prêt ou ne le serait point suivant son désir paternel.

Je ne puis cependant m'empêcher d'exposer à V. S. Illss^{me} que le but ou le succès de la découverte d'or dépend aussi de la connaissance du temps qu'il fait dans la mer d'Or, car, en dehors de cette connaissance, on s'expose à subir le plus mauvais temps du monde.

Pour plus de clarté, il faut savoir que dans ladite mer d'Or il règne des tempêtes hivernales de mars à juillet.

Les choses étant ainsi, et appareillant à la mousson de septembre, je puis être à Malaca tout novembre et décembre, faire un voyage jusqu'à Solr (Solor) d'où je puis aller en chaloupe à Timor et de la à Sabbo (Savou); hiverner dans quelqu'une de ces îles où je prendrai mes informations sur l'or, et, au mois d'août et septembre suivant, avec l'aide de Dieu tout-puissant, entreprendre l'heureuse découverte de l'île d'Or.

N'appareillant qu'à la mousson d'avril, il faudrait alors séjourner à Malaca les mois de juin, juillet, août, septembre, octobre et novembre, et ne partir qu'en décembre pour Solr.

Veuillez donc ordonner ce qu'il conviendra le mieux à Sa Majesté le roi de Portugal et à V. S. Illss^{me}, car je ne suis pas votre humble serviteur et un instrument pour effectuer cette découverte d'or à laquelle me pousse ma conscience qui ne me laisse de répit, parce que Dieu doit me favoriser, et à cette fin je supplie V. S. Illss^{me} de vouloir bien fixer son choix sur ma personne pour une pareille faveur, vous qui pouvez tout dans cette affaire, priant Dieu de vous donner santé et longue vie pour le bonheur de l'Inde orientale et de vos serviteurs.

M^{el} GODINHO DE EREDIA.

Cf. Compt. rend. Ac. sc., 1875, p. 743-744 (22 mars).

ait eu connaissance, à une époque aussi ancienne, de l'existence dans le continent australien du précieux métal qui n'y a été découvert qu'en 1848, et tout d'abord dans des régions situées fort loin vers le sud.

La presse s'émut dans une certaine mesure de la communication de M. Mendes Leal, et plusieurs rédacteurs scientifiques, s'emparant de l'identification hypothétique qui venait de se produire entre l'*ilha do Oro* de Godinho et la Nouvelle-Hollande, se figurant que la lettre faisait allusion à la mort du grand Vasco de Gama, se hâtèrent de conclure, sans avoir vu la pièce, que le document présenté à l'Académie des sciences démontrait que les Portugais avaient eu connaissance du continent austral vers 1524, année de la mort du célèbre navigateur qui alla le premier aux Indes par le cap de Bonne-Espérance.

La lettre de Godinho fut présentée quelques jours plus tard à la Société de géographie de Paris, et ce document ne tarda point à être ramené à sa juste valeur[1]. Ceux de nos collègues qui s'adonnent plus spécialement à l'étude de la géographie historique savaient, en effet, qu'un cosmographe, portant exactement les mêmes noms et prénoms que l'auteur de la lettre, avait vécu dans les Indes portugaises à la fin du xvie et au commencement du xviie siècle, c'est-à-dire pendant la période indiquée par l'écriture du document mis à l'étude. Ils connaissaient des extraits de plusieurs de ses écrits et avaient pu lire son nom sur certaines cartes anciennes qui lui faisaient jouer un rôle dans la découverte de terres situées au sud de la Sonde. M. Codine rappela sommairement les indications relatives à Godinho, fournies par M. Major, du *British Museum*, de 1861 à 1868, et par M. Ruelens, de Bruxelles, en 1871[2], tandis que M. Maunoir résumait les documents cartographiques du xvie siècle relatifs aux terres australes[3].

(1) *Bull. Soc. géogr.*, 6e série, t. IX, p. 437, 17 mars 1875. — Cf. *Ibid.*, t. VI, p. 104.
(2) R.-H. Major, *Discovery of Australia by the Portuguese in 1601, five years before the earliest discovery hitherto recorded*. Br. in-4°, London, 1861, tirée du vol. XXXVIII de l'*Archæologia*. — Id., *The Life of Prince Henry of Portugal, surnamed the Navigator*. London, 1868, in-8°, p. 442. — Ruelens, *La découverte de l'Australie, notice sur un manuscrit de la bibliothèque royale de Bruxelles* (*Compt. rend. du Congr. des sc. géogr. tenu à Anvers du 14 au 22 août 1871*. Anvers, 1872, t. II, p. 513).
(3) Voir le résumé de la communication de M. Maunoir dans *L'Explorateur* du 1er avril 1875 (p. 206).

Ni ces deux géographes, ni les savants dont ils rappelaient les travaux, n'avaient eu pourtant connaissance des textes les plus importants sur Godinho, retrouvés à la Bibliothèque nationale par un de nos collègues, fort au courant des choses du Portugal, M. Léon de Cessac.

Ces textes, dont il a bien voulu me faire connaître la source[1], combinés à ceux dont M. Codine a rappelé l'existence et à quelques autres encore publiés par Antonio Lourenço Caminha et par M. Leupe, permettront de refaire un jour, d'une manière à peu près complète, la biographie pleine d'intérêt du cosmographe portugais. Je ne puis aujourd'hui qu'esquisser sa curieuse figure, en insistant sur le rôle qu'il a joué dans l'histoire des découvertes géographiques et ethnographiques. Cette courte étude montrera que, si Godinho n'a point eu l'honneur de découvrir le continent austral, comme plusieurs l'ont affirmé, il n'a pas été, du moins, sans rendre de réels services à la science pendant le cours de sa remuante existence.

I

Peu d'hommes ont pris soin autant que Godinho de leur réputation future, peu de savants surtout ont conservé avec cette minutieuse attention à la postérité le récit détaillé des faits et gestes qui les concernent.

Godinho, vaniteux à un point que l'on ne saurait dire, traite sa biographie (*Sumario da Vida*)[2] avec une complaisance sans égale; nous savons le jour et l'heure exacte de sa naissance, les noms de tous les membres de sa famille, etc. Il nous met au cou-

[1] Ms. portugais, n° 44 (Anc. Suppl. Fr., n° 4502), in-4° de 65 f°°.

[2] Ce *Sumario : da : Vida* termine le manuscrit que possède la Bibliothèque nationale (f°° 62-65). On en pourra rapprocher les renseignements fournis par Godinho sur sa famille maternelle dans le chapitre xxv du premier traité de la Déclaration de 1618, conservé à la Bibliothèque royale de Bruxelles et récemment traduite et publiée par M. Léon Janssen (*Declaraçam : de : Malaca : e : India : Meridional : com : o : Cathay : en : III : Tract : ordenada : por : Emanuel : Godinho : de : Eredia : dirigido : a : s : c : r : m : de : D : Phel : Rey de Espg̃ : N. S. 1618. Bibl. Roy. de Brux.). — Cf. *Malacca, l'Inde méridionale et le Cathay*, manuscrit original autographe de Godinho de Eredia appartenant à la Bibl. Roy. de Bruxelles reproduit en fac-simile et traduit par M. Léon Janssen... avec une préface de M. Ch. Ruelens, Bruxelles, 1882, in-4°.

rant de ses goûts et de ses aptitudes, se montre, avec une emphatique complaisance. « dressant des cartes très curieuses de l'Inde orientale et de l'Asie, réformant les antiques descriptions de mappemondes et théâtres avec de nouvelles descriptions et chorographies du Cathay et de l'Inde méridionale », etc., etc. Il énumère pompeusement ses titres et fait connaître par le menu les distinctions et les récompenses dont il a été l'objet. Enfin, et c'est au moins une compensation pour l'historien, au milieu de tout cet amas de renseignements d'un intérêt médiocre, on trouve le récit plus ou moins détaillé des opérations auxquelles il s'est trouvé associé, et parmi lesquelles se place au premier rang la tentative dont il est question dans la lettre dont je parlais en commençant ce travail.

Avant d'arriver à l'examen des entreprises de Godinho, il convient de résumer brièvement l'histoire de sa vie, dégagée des ornements dont il s'est plu à l'embellir. Les renseignements que fournit le *Sumario da Vida* sont, en effet, de nature à jeter une certaine lumière sur le personnage lui-même et sur son œuvre.

On s'explique mieux son étrange vanité quand on sait qu'il était né *métis*, et le fait d'avoir étudié dans un couvent de Jésuites explique toute cette érudition géographique dont il fait étalage et qu'on ne rencontre guère à cette époque que dans les établissements de cette savante Compagnie.

Manuel Godinho de Eredia ou Heredia était né à Malacca le 16 juillet 1563. Il était le dernier de quatre enfants issus du mariage de Juan de Heredia Aquaviva et de dona Elena Vessiva [1], fille de dom Juan Tubinanga, roi de Supa de Macassar et propriétaire de l'État de Machoquique, converti en 1545 au christianisme par le P. Vicente Viegas [2]. D'abord élève du collège de la Compagnie de Jésus à Malacca [3], il part à treize ans, en 1576 par conséquent [4],

(1) On trouvera dans le manuscrit de Bruxelles traduit par M. Léon Janssen des détails romanesques sur ce mariage (*trad. cit.*, p. 51).

(2) La reine se nommait Doña Archangela de Linta. Dona Elena Vessiva fut baptisée en même temps que ses parents et toute la famille (L. Janssen, *trad. cit.*, p. 50). Supa est par 4° sud, sur la côte occidentale de la péninsule méridionale de Célèbes.

(3) Le frère aîné de Manuel Godinho, le R. P. Domingo G. de E. était écolâtre de l'évêché de Malacca. Il a écrit la relation de la conversion des princes de Supa et de Machechique intercalée par notre auteur dans le chapitre XXV de la première partie de la Déclaration de 1613 (trad. Janssen, p. 50).

(4) Sa mère était morte en 1575 âgée de 45 ans (*trad. cit.*, p. 52).

pour Goa, où il va terminer ses études au séminaire des Jésuites de cette ville. En 1579, à peine adolescent, il entre dans la Compagnie. On s'empresse d'utiliser les aptitudes spéciales du jeune novice en lui donnant à enseigner les mathématiques. Sa passion pour la géographie se manifeste avec assez de force pour lui faire quitter au bout d'un an l'habit religieux (1580). On le trouve un peu plus tard cosmographe-major de l'État, et c'est dans l'exercice de cette fonction que la lecture de Marco Polo, de Varlomanus, etc., l'étude des cartes et des portulans et les récits colportés par quelques navigateurs des îles de la Sonde, appellent pour la première fois son attention vers les terres australes.

C'est vraisemblablement à cette première période de sa vie qu'appartient l'*Informação da Aurea Chersoneso ou Peninsula e das ilhas Auriferas, Carbunculas e Aromaticas*, qu'Antonio Lourenço Caminha a publié en 1807 en réimprimant les Ordonnances de don Manuel[1]. M. Major[2] a tiré de cet opuscule le récit d'un voyage exécuté, à une date indéterminée, par des pêcheurs de Solor jusqu'à une île appelée *l'île de l'Or*, voyage dont Godinho s'est empressé, *comme il convenait*, de transmettre la nouvelle aux autorités portugaises.

Des pêcheurs de Lamakera, dans l'île de Solor, surpris par une tempête épouvantable, auraient été, suivant Godinho, emportés pendant cinq longs jours vers une île située dans la mer au delà de Timor, dans la direction du sud. A bout de ressources alimentaires, les malheureux matelots vont à terre faire quelques provisions et, en cherchant des yams et des patates, découvrent tant d'or qu'ils en peuvent charger leur bateau. Une autre tempête les prend au retour et les pousse à Ende. En vain tentent-ils de gagner de nouveau l'*Eldorado* dont ils n'ont pu qu'à peine effleurer les trésors; en vain les insulaires d'Ende s'efforcent-ils à leur tour d'aborder aux rivages de cette terre merveilleuse. L'île enchantée que les légendes de l'Orient célèbrent à l'envi depuis tant de siècles, dont tour à tour Indous, Arabes et Malais ont vanté les richesses, s'est de nouveau dérobée à la vue des mortels. Mais la Providence a voulu que Godinho ait connaissance de la découverte, et, grâce à l'intervention du cosmographe-major, ce que

---

(1) *Ordenações da India do Senhor Rei D. Manoel*. Lisboa, impr. reg., 1807, in-8°, p. 65-151.

(2) R.-H. Major, *The life of Prince Henry of Portugal surnamed the Navigator*, p. 445.

de misérables Soloriens n'ont pas pu faire, les flottes du Portugal vont pouvoir l'exécuter.

Le cosmographe, préposé par instructions du 14 février 1594 au service des découvertes destinées à « ajouter de nouveaux patrimoines à la couronne de Portugal » et à « enrichir la nation portugaise », s'approprie la légende malaise de l'île d'Or[1] et, dans un rapport adressé à l'amiral vice-roi Francisco da Gama, comte de Vidigueira, il s'efforce, après avoir fait valoir le signalé service qu'il rend à la couronne, à la religion, etc., et mis en relief son habileté comme capitaine et sa science en cosmographie, de déduire les nombreuses raisons qui doivent lui valoir l'assistance du pouvoir dans l'*entreprise de l'or*.

Francisco da Gama, vice-roi et amiral des Indes, était parti de Lisbonne pour prendre possession de son commandement le 10 avril 1596, suivant l'historiographe Barretto de Resende (*Tratado dos Vizo Reyes da India*); il a rempli cette double fonction pendant trois ans et sept mois. C'est donc entre 1597 et 1600 que prend place l'envoi de l'*Informação da Aurea Chersoneso*, adressée à ce personnage, que Ayrès de Saldanha remplaça à cette dernière date.

L'arrière-petit-fils de Vasco de Gama paraît avoir accueilli avec faveur les renseignements et les propositions de Godinho. C'est pendant sa courte administration que le cosmographe, honoré déjà pour ses seuls renseignements du titre de DESCOBRIDOR, obtient le grade d'*adelantado* ou gouverneur militaire des pays à découvrir, l'habit du Christ et la promesse du vingtième des revenus des terres dont il doit prendre possession au nom du Portugal[2].

Malheureusement le bon vouloir du vice-roi, pour l'expédition vers le sud, est paralysé par les graves événements qui se déroulent dans les Indes. Un ennemi nouveau a surgi contre les Portugais. Les Hollandais sont arrivés à Sumatra en 1596 avec Cornelis

---

(1) Cette légende se traduisait, dès l'époque de Sébastien Cabot, par l'inscription dans sa carte, à l'est de Nicobar et de Malaque, des *I*ʳ *d'Or*. C'est en voulant gagner ces îles que le célèbre D. Pacheco perdit la vie. La croyance aux îles d'Or était si généralement répandue parmi les navigateurs dans ces parages au XVIᵉ siècle qu'Alvaro de Saavedra, touchant en 1528 à la Nouvelle-Guinée, attribua, comme nous l'avons vu plus haut (p. 195), le nom d'*Isla del Oro* à la terre qu'il venait de découvrir. Cette île d'Or devient l'île de *Luca veach*, dont il est question dans le certificat de Pedro de Carvalhaes, intercalé entre les chapitres VII et IX du second livre de la Déclaration de 1613 (trad. Janssen, p. 65-66).

(2) Rudeus, *loc. cit.*, p. 522.

Houtman[1], et le Portugal, lié depuis quinze ans par un pacte fatal au sort de l'Espagne, va voir tomber peu à peu son empire colonial sous les coups des implacables adversaires de Philippe II.

Francisco da Gama est secondé dans son œuvre défensive par son frère Vasco, qu'il vient de perdre au moment où Godinho, arrivant de Malacca pour recommander son entreprise au nouveau vice-roi, débarque à Goa et rédige la lettre publiée par M. Mendes Leal.

Nous sommes en 1600. Ayrès de Saldanha vient de prendre la direction des affaires portugaises, et les circonstances se montrent moins favorables que jamais aux découvertes que Godinho a rêvées. Jacques van Heemskerck et d'autres hardis navigateurs hollandais tiennent la mer, bloquent plus ou moins étroitement les ports et prennent les galions[2]. Malacca, menacé dès 1601, est assiégé par Cornelis Matelief en 1606[3], et Godinho, que Saldanha a envoyé dans ce port, dont il doit partir pour son voyage de découvertes, reste dans la forteresse, où il est chargé d'un service de génie militaire[4]. On voit dans la Déclaration de 1613 et le *Sumario da Vida* qu'il a construit la citadelle de Muár, à l'embouchure de la rivière de ce nom, élevé d'autres forts qui défendaient les détroits de Singapore et de Sabbao, et dirigé plusieurs expéditions maritimes contre les pirates malais, ceux de Sumatra, d'Aracan, etc., à la tête d'une flotte de douze galiotes pontées et de soixante brigantins[5].

---

(1) *Relation du premier voyage des Hollandois aux Indes orientales* (Recueil des voyages qui ont servi à l'établissement et aux progrès de la Compagnie des Indes orientales, trad. fr. Rouen, 1725, in-12, t. I, p. 349).

(2) J.-P. I. Dubois, *Vies des gouverneurs généraux, avec l'abrégé de l'histoire des établissements hollandais aux Indes orientales*. La Haye, 1763, in-4°, p. 6.

(3) *Voyage de Corneille Matelief le Jeune aux Indes orientales* (Rec. cit., trad. fr., t. V, p. 270 et suiv.).

(4) C'est pendant ce séjour forcé dans la péninsule malaise que Godinho a dressé la carte du groupe de Banda que M. Leupe a récemment publiée (P.-A. Leupe. *Kaartje van de Banda-eilanden vervaardig door Emanoel Godinho de Eredia* in 1601 (Bijdragen tot de Taal-Land-en Volkenkunde van Nederlandsch-Indie III Vg. XI D. z., 386-388, 1876).

(5) Il prit et soumit la ville de Cottabata, siège de l'ancienne cour des rois malais, qui avait été conquise par le fameux capitaine Dom Paulo de Lima Pereyra en l'an 1588. Il fit d'autres diligences encore pour le service du roi et avec la flotte des navires à rame de la mer du Sud... Il fit des prises et causa grand dommage aux populations et à leurs cultures et tua beaucoup de monde aux Malais dont il détruisait les embarcations. (Décl. de 1613, tr. Janssen. p. 6).

Il se glorifie d'avoir découvert, à cette époque, « tout le pays du détroit de Malacca, entre les rivières de Muár et Panagin [1] », abondant en mines d'or, d'argent, de pierreries, en pêcheries de perles, mercure, alun, salpêtre et autres richesses » dont il a des certificats authentiques ».

Ces découvertes ont fait l'objet d'un petit mémoire spécial, imprimé par Caminha dans les *Ordenações da India*, et qui a pour titre : *Liste des principales mines d'or obtenue par les explorations curieuses de Manuel Godinho de Heredia, cosmographe indien, résidant à Malacca depuis vingt ans et plus*. Il en est aussi question longuement dans les deux premiers livres de la *Declaração de Malaca e India Meridional com o Cathay*, écrite en 1613 et dont nous nous occuperons tout à l'heure. On voit, dans le dixième chapitre du second livre de cet ouvrage, que, pour ne pas rendre inutile son titre officiel de *descobridor*, Godinho a exploré l'intérieur de Malacca, encore si peu connu aujourd'hui; qu'il a parcouru cette presqu'île en tous sens, tracé des cartes et des plans topographiques, relevé la position des mines, etc., etc. [2]. Cette partie de son œuvre, demeurée entièrement inédite, serait probablement plus intéressante à connaître que celle qui nous reste à exposer. A Malacca, en effet, Godinho est véritablement un *découvreur* et ses efforts ne sont pas sans profiter en quelque façon à la science. La découverte de la terre pompeusement appelée *Inde méridionale* va se faire *par procuration* et Godinho acceptera sans aucune critique des récits tellement exagérés qu'il deviendra bien difficile plus tard de retrouver avec quelque certitude la terre dont il a poursuivi l'exploration.

II

Pendant ses luttes contre les Malais et ses voyages dans l'intérieur, Godinho a contracté des infirmités qui vont en s'aggravant de plus en plus. Ne trouvant à Malacca aucune ressource contre son mal, le *descobridor* s'embarque de nouveau pour Goa, où il va se faire traiter, en même temps qu'il portera au vice-roi Martim

---

(1) La rivière de Muár se jette à la mer au sud-est de Malaca, par 2° latit. nord (Petermann's Mittheil, 1857, taf. 11).

2) Déclar. de 1880, trad. Janssen, p. 69.

Affonso de Castro les dernières nouvelles des terres australes[1]. Castro est arrivé aux Indes en 1605, il y est mort en 1607[2]. C'est entre ces deux dates que s'accomplit le passage de Godinho à Goa et que se place, par conséquent, le premier récit relatif à l'Inde méridionale et au voyage qu'y a fait Chiay Masiuro, roi de Damut[3].

Une embarcation, entraînée par la tempête, avait amené, en 1601, au port javanais de Balambuan[4], des étrangers partis d'une terre inconnue. Ils étaient presque en tout semblables aux Javanais, dont ils avaient la forme de corps et la physionomie ; le langage des deux peuples ne différait pas plus que celui « des Castillans et des Portugais », et leurs usages étaient les mêmes, sauf en ce qui concerne la chevelure, que ces étrangers portaient « longue, à la mode des Nazaréens et tombante sur les épaules[5] ». Ces Jaos[6] « d'une autre race » furent sympathiquement reçus et fort bien traités par ceux de Balambuan, et le roi de Damut, que Godinho appelle tour à tour Chiaymasiuro ou Chiay Masiure[7], se laissa entraîner à aller visiter le pays inconnu d'où ils étaient partis. Le roi de Damut, embarqué avec quelques compagnons sur un canot à rames, parvient en douze jours dans un port d'une grande terre nommée Luca Antara. Bien reçu par le chef du pays où il a abordé et auquel il donne le titre de *xebandar*[8], le voya-

---

(1) Ruelens, *loc. cit.*, p. 523.
(2) Barreto de Resende, *op. cit.*
(3) *Ms. cit.*, f° 56.
(4) La baie de Balambuan ou Ballambuan, sur les vieilles cartes de Java, occupe dans le détroit de même nom qui sépare Java de Bali (détroit actuel de Bali), l'emplacement de la baie de Pampang (Dubois, *op. cit.*, p. 104. — *Recueil des voyages*, etc., t. II, p. 1). — Cf. Melvill van Carnbee, *Kaart van het eiland Bali* (*Atlas van nederlandsch Indie*, n° 31, 1856).
(5) *Ms. cit.*, f° 59.
(6) Galvao nous apprend que ce nom qu'il écrit *Jaoas* s'appliquait de son temps d'une manière générale à toute la Sonde (Ed. Soc. Hakluyt. London, 1862, p. 116).
(7) Le premier de ces mots est le qualificatif qui revient si souvent dans les récits hollandais du XVII° siècle, sous la forme *Kiay*. Citons le Kiay Waiga, le Kiay Poetoe, le Kiay Laemoy, etc., qui jouent des rôles plus ou moins importants dans les luttes qui ont précédé la fondation de Batavia (Dubois, *op. cit.*, p. 51-55).
(8) La forme hollandaise de ce titre est *sabandar* (Dubois, *op. cit.*, p. 49, etc. — *Recueil des voyages qui ont servi à l'établissement et aux progrès de la Compagnie des Indes orientales*, t. I, p. 372). Le sabandar était à Java le « premier officier », devant lequel passaient toutes les affaires qui regardaient les tributs.

geur javanais admire la végétation et les richesses de la contrée, dont il recueille les produits les plus précieux[1], et, poussé par la mousson, revient en six jours à Balambuan, accompagné du *xebandar*, qui vient à son tour visiter l'île de Java[2].

Un *vereador* de Malacca[3], Pedro de Carvalhaes, était alors à Balambuan. Il fait parvenir au *descobridor* une lettre adressée par Chiay Masiure au roi de Pam[4] sur son voyage et l'attestation qu'il avait donnée lui-même au roi de Damut à son arrivée de Luca Antara[4]. Ces deux documents, qui renferment les indications les plus extraordinaires[5], seront la pièce de résistance du rapport que Godinho va porter à Goa.

On y voit que le roi de Damut a reçu de son confrère de Luca Antara quelques poignées de monnaies d'*or* semblables à celles de Venise; que les Luca Antariens ont « la tête ceinte d'un ruban d'*or* martelé », portent des poignards ornés de pierreries semblables aux *cris* de Bali, avec une bouterolle courbée et sont très adonnés au jeu de coqs. L'île « a de tour et de circonférence plus de 600 lieues; on y voit beaucoup d'or, de girofle, de muscade, de sandal blanc et autres épices ; elle est très fertile, bien boisée, et produit des aliments de tout genre; elle comprend plusieurs royaumes bien pourvus de villes et de villages populeux, etc.[7] ». De l'or, partout de l'or; il n'en eût pas fallu autant pour monter, en temps ordinaire, une expédition sérieuse. Mais Affonso de Castro est tout à sa lutte navale contre les Hollandais, et ce n'est qu'en 1610 que Godinho obtiendra les fonds

---

(1) « Il y vit beaucoup d'or de girofle, de muscade, de sandal blanc et rouge, d'autres épices aromates, et en prit des échantillons (*Decl. de 1613*, trad. Janssen, p. 57).

(2) Il y avait eu autrefois des relations entre les deux pays, mais elles avaient cessé, dit Godinho, depuis 331 ans (*Ms. cit.*, f° 59).

(3) *Vereador*, membre du corps municipal.

(4) Pampang, la localité la plus importante qu'on trouve sur les bords de la baie de Balambuan, à laquelle elle a d'ailleurs imposée aujourd'hui son nom.

(5) Le fond du récit est néanmoins fort vraisemblable. On sait que c'est presque exactement de la même façon que les Palaos ont été révélées aux Espagnols des Mariannes et des Philippines, et que bien d'autres terres ont été découvertes dans les mêmes parages.

(6) Ils sont insérés tout au long dans la Déclaration de 1613 et reproduits avec leur traduction en français dans le livre de M. Léon Janssen (p. 58, 59).

(7) *Ms. cit.*, f° 56.

nécessaires pour faire passer incognito à Java un serviteur chargé de s'assurer de la réalité des faits avancés par Chiay Masiure.

Voici la traduction du rapport inédit adressé à Godinho le 14 août 1610, par son envoyé anonyme, qui devait être quelque Malais :

« Pour l'honneur de Votre Merci j'ai risqué la vie, partant de l'anse des Pêcheurs, dans une petite embarcation de douze hommes, payés aux dépens des fonds de Votre Merci, qui restent en mon pouvoir pour ce service. Et Dieu nous assista si bien que je perdis de vue la terre de Java de la Sonde. L'autre jour, qui était le troisième du voyage, apparurent les montagnes de Luca Antara, et ensuite la terre. Trois jours après je débarquai sur une côte déserte pour n'être pas connu pour étranger, et seulement ma personne avec un autre compagnon ; en suivant la plage, je fus à la cité où je demeurai trois jours et je notai être vrai ce dont avait informé Chiai Maisiure sur la grande quantité d'or et toute espèce de minerais et gommes, clous de girofles, noix muscades, mastic, sandal et autres richesses. Et après avoir acheté le nécessaire, je fus vers l'embarcation, et avec le vent je retournai en six autres jours à l'anse des Pêcheurs, où j'arrivai très souffrant et restai dans la maison d'un pêcheur mon ami, qui me fait mille honneurs, parce qu'il a connu Votre Merci à Malacca, comme ami de l'évêque don Juan Rybeiro Gaio.

« De l'anse de Mattarou[1] de Java de la Sonde, le 14 août de l'année 1610[2]. »

L'émissaire s'était, on le voit, à peu près conformé aux indications renfermées dans la lettre qui a été le point de départ de mes recherches. « Il faut savoir, écrivait à Francisco do Gama le cosmographe indien, que dans la mer d'Or il règne des tempêtes hivernales de mars à juillet », et il conseillait au vice-roi des Indes d'entreprendre aux mois d'août et septembre l'heureuse découverte.

Or le voyage du délégué de Godinho était terminé le 10 août.

---

(1) L'anse de Mattarou, qu'on trouve indiquée dans quelques vieilles cartes de Java, paraît répondre à quelqu'une des petites baies de l'ancien Mataran, partagé aujourd'hui entre les résidences de Djokjakarta et Soerakarta et se trouve par conséquent à 3 degrés au moins à l'ouest de la baie de Pampang, l'ancien Balambuan.

(2) Ms. cit., f° 50 v°.

Il avait duré quinze jours ; c'est par conséquent le 26 juillet qu'il avait été entrepris, si, ce que nous ignorons d'ailleurs, l'auteur de la *Carta de aviso* que l'on vient de lire, rentré malade à Mattaron, a pu rédiger, le jour même de son retour, le rapport sur son expédition.

Ce que nous dit du voyage même l'envoyé du *descobridor* diffère d'ailleurs par plusieurs points importants du récit de Chiay Masiure. Son embarcation fait la route en six jours et non plus en douze comme la barque du roi de Damut, et dès le troisième jour on est en vue de la terre de Luca Antara, quoique le point de départ ait été l'anse de Mattaron, plus éloignée dans l'ouest de trois degrés au moins que l'Arenon de Balambuan, d'où Chiay Masiure était parti neuf ans plus tôt.

Or c'est bien certainement dans une direction orientale que devait marcher l'espion envoyé par Godinho. C'étaient des Lamakeres de Solor qui avaient découvert l'île d'Or de son premier mémoire ; c'est Timor ou Savou qu'il proposait au vice-roi comme points de départ de l'entreprise de l'or ; c'est une prao timoriennne, commandée par Francisco de Resende, qui, égarée dans sa route, avait découvert, peu d'années auparavant, une terre dont Godinho avait fait la Java-Major de Marco Polo, et où le commerce de l'or se faisait sur la plage, les jambes dans l'eau jusqu'aux genoux ; c'étaient enfin d'autres barques de Timor qu avaient visité par hasard Lucapiato et Lucatambini, l'île des Amazones[1].

Mais vers quel point de l'horizon oriental et à quelle distance de Java se trouve la Luca Antara que l'on vient de découvrir ? La carte retrouvée au *British Museum* par M. R.-H. Major et publiée par ce savant historien dans l'*Archæologia* de 1861, puis dans la *Vie du prince Henri de Portugal*[2], place cette terre en Australie, immédiatement au nord de celle que les Hollandais ont nommée en 1616 terre d'Endracht, et, par conséquent, vers la terre de Van Diémen. Mais cette carte du *British Museum* n'est qu'une mauvaise copie d'une autre carte du xviie siècle[3], qui fait partie d'un atlas manuscrit de Texeira, signalé depuis 1826 par Santarem ; et d'ailleurs la position de Luca Antara n'y est rien moins que précise.

(1) Décl. de 1613, trad. Janssen. p. 62.
(2) R.-H. Major, *op. cit.*, p. 442.
(3) Cf. Codine, *Bull. Soc. géogr.*, 6e sér., t. VI, p. 104.

Or Godinho, en affirmant que cette terre était peuplée par des Jaos d'une autre race que ceux de Java, mais n'en différant cependant que par des caractères ethnographiques d'un ordre secondaire, exclut nécessairement l'Australie, habitée par des naturels que leurs traits ne différenciaient pas moins complètement des peuples malais que leur langue, leurs usages, etc. Nous allons voir que les indications hydrographiques s'opposent non moins formellement à l'hypothèse basée par M. R.-H. Major sur sa découverte de 1861.

Pour qu'une embarcation, partie de Mataron, pût apercevoir le troisième jour la côte nord-ouest de l'Australie, qu'en quelques points on peut voir de dix lieues en mer, il fallait qu'elle filât dix nœuds et demi par heure et fît, par conséquent, plus de vingt kilomètres. Cette vitesse est déjà beaucoup trop forte pour une embarcation même placée dans les meilleures conditions.

Or, au mois d'août, les vents régnants soufflent du sud-est et sont, par conséquent, tout à fait debout pour un bâtiment allant de Java en Australie. Les courants qu'ils produisent portent à l'ouest, et, si un calme survient, il faut franchir une branche du grand courant australien occidental, qui dérivera considérablement le navire vers le nord-est.

Aussi M. l'ingénieur Gaussin, du Dépôt des cartes de la marine, dont la compétence est si bien établie en matière d'hydrographie océanienne, n'hésite-t-il pas à déclarer le voyage en question tout à fait impossible dans les conditions indiquées par la lettre du 10 août 1610.

C'est plus au nord qu'il faut chercher la Luca Antara de Chiay Masiure et de Godinho, et l'étude de la première carte dressée par ce dernier va nous fournir des données utiles sur sa véritable position.

III

Cette carte, tirée du manuscrit de Bruxelles que M. Ruelens a fait connaître en 1871 et que M. Léon Janssen a publié si soigneusement en 1882, est écrite à l'envers dans l'original, de sorte que le nord occupe le bas de la carte, que l'est y est à gauche, etc.

Afin d'en faciliter l'étude, j'ai rétabli les choses à leur place

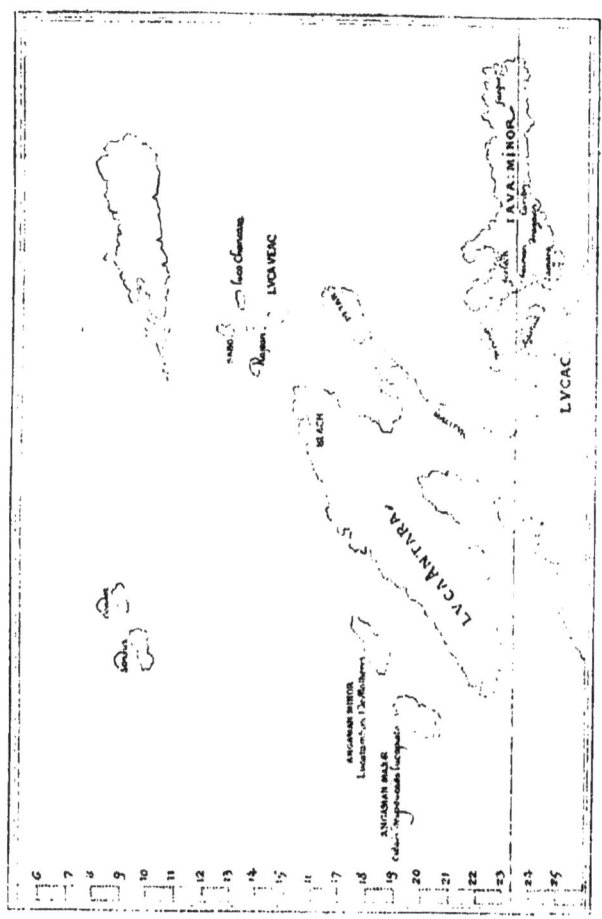

Fig. 14. — Carte de l'Inde méridionale, dressée en 1613 par Godinho de Eredia, d'après le manuscrit de la Bibliothèque de Bruxelles.

dans la copie réduite que je mets sous les yeux des lecteurs[1]. On reconnaît fort bien en haut et à droite l'île de Timor avec ses dépendances assez exactement dessinées[2]. La petite Poulo Gœlabatoe est à peu près à sa place, mais fort agrandie sur la côte nord ; la baie de Coupang, très exagérée dans ses dimensions, l'îlot de Kira, plus loin Samao, Laudoe, Rotti, Ndauw se retrouvent aisément quoique cette partie de la carte soit entièrement muette.

Droit au midi de Rotti, Godinho a tracé une île à côté de laquelle est écrit le mot *Sabo* ; c'est sans aucun doute la Sabbo de sa lettre à Gama, la Savou de nos cartes modernes, considérablement déviée vers le sud. A côté et au-dessous, une autre île porte le nom Rajoan, la Raudjewa des cartes actuelles, la seconde des îles Savou, qui devrait être au sud-ouest de la première. Le groupe de Savou comprend deux autres petites îles encore, Hokki et Danna. Ce sont probablement ces îlots qui sont appelés dans la carte Luca Veae et Luca Chancana[3].

Pour rétablir la véritable situation de Sabo et de Rajoan, nous avons dû leur faire exécuter un quart de conversion autour de l'extrémité occidentale de l'archipel timorien. Si nous admettons que l'erreur de position, qui est certaine pour Savou, ait lieu dans le même sens et avec la même amplitude pour Luca Antara, dessinée au-dessous de ce groupe, et que nous appliquions à cette terre un redressement semblable[4], nous arriverons à lui donner

---

(1) Voy. dans le beau volume de M. Léon Janssen, la reproduction parfaitement exécutée de la carte originale.

(2) Cf. W.-E. Versteeg, *Kaart van de Residentie Timor (Atlas van Nederlandsch Indie*, n° 28, 29, 1860, in-4°).

(3) Ce mot *Luca* se trouve fort souvent employé dans les cartes anciennes de l'archipel Indien. Dans la mappemonde dite de Henri II, publiée par Jomard, on trouve par exemple Lucapinho, Lucalim, Lucara, Lucatara. Dans les cartes de Godinho, on lit non seulement Luca Antara, Luca Veae, Luca Chancana, mais encore Lucapiato, Lucatambini. *Luca*, suivant M. Favre, aurait le sens que nous donnons au mot *terre*, et *Luca Antara* signifierait *terre intermédiaire*, terre du milieu, nom assez heureusement donné, comme on va le voir plus loin, puisque la terre à laquelle nous rapportons ce qualificatif est intermédiaire à Timor et à la ligne des îles de la Sonde. C'est parce que Madura était dans la même situation par rapport à la côte nord de Java et à Bali, qu'elle a quelquefois reçu la même dénomination.

(4) Refuser avec Ruelens (*Préface* de l'édition de M. Léon Janssen, p. xi) de recourir à cette méthode, dans l'analyse des cartes de Godinho, c'est se condamner à renoncer à la solution des problèmes que ses atlas nous posent. Plus qu'aucun autre cartographe de cette période de décadence, Godinho, qui

à peu près la position qu'occupe sur nos cartes la grande île de Sumba ou Sandelhout, l'île du Bois de Sandal[1].

Or les nombreuses conditions énoncées précédemment, et auxquelles la côte australienne ne pouvait pas satisfaire, se trouvent remplies en ce qui concerne Sumba.

La distance de cette île au Mataram réduit à un peu plus de six nœuds la vitesse de l'embarcation qui doit la franchir dans les délais indiqués par le manuscrit portugais ; la navigation au plus près du vent devient en même temps praticable ; enfin la route suivie rencontre l'une des branches du grand courant australien occidental, celle que l'on voit tracée sur les cartes spéciales presque immédiatement au-dessus du point d'émergence du courant équatorial de la mer des Indes. Ce courant porte directement sur Sumba, qu'il enceint presque complètement, et son action doit avoir pour résultat de détourner dans la direction de cette île, si les vents régnants le permettent, la barque de faible tonnage qui voudra le traverser.

Les renseignements fournis par l'émissaire de Godinho sur les produits de Luca Antara s'appliquent à merveille à Sumba, toute exagération à part. L'or alluvial n'y est point rare, paraît-il, et les essences précieuses abondent ; le sandal y était même si commun jadis que l'île en a reçu le nom de Sandelhout ou Sandalwood[2].

---

dessine souvent assez bien les formes, se laisse aisément désorienter. J'en pourrais citer maint exemple.

(1) Ruelens, qui se refusait à admettre cette identification (*Préface* de l'édition de M. Léon Janssen, p. xi), assurait « que l'île de Sandal n'avait pas besoin d'être découverte par Godinho » et qu'elle figurait sur sa carte du groupe de Florès, Solor et Timor (f° 38 v°) avec la mention de *fortaleza de Ende minor*. On voit bien, en effet, sur la reproduction de la carte indiquée, une petite île portant cette inscription au sud de Florès appelée *Ende*, mais cette petite île ne saurait, en aucune façon, correspondre ni par ses dimensions ni par sa position à la grande île de Sandelhout, à la fois bien plus grande et bien plus méridionale. C'est, sans le moindre doute, la petite île d'Ende, dans la baie du même nom, à l'ouest de la presqu'île de Gunong Api, et sur laquelle les Portugais avaient, en effet, une forteresse que commanda pendant quelque temps — Ruelens a oublié de relire le chapitre VIII de la seconde partie du manuscrit — que commanda, dis-je, Pedro de Carvalhaes, qui a écrit le *certificat relatif à l'île de Luca Veeh* du 4 octobre 1601, intercalé par Godinho entre les chapitres VII et IX de son second traité.

(2) J'ajouterai que, si l'Australie donne de l'or, elle ne produit ni girofle ni muscade, ni sandal blanc ou rouge, ni aucun des épices et aromates récoltées à Luca Antara par l'émissaire de Godinho.

J'ajouterai enfin que les rares documents anthropologiques que l'on possède sur Sumba viennent à l'appui de l'assimilation que je propose. On rencontre, en effet, sur les côtes de cette île des populations demi-malaises, demi-indonésiennes[1], que Junghuhn[2] a cru devoir rapprocher des Battas de Sumatra, des Dayaks de Bornéo, etc., et pour lesquelles l'expression de Jaos d'une autre race, employée par Godinho, est vraiment bien appropriée. La langue de Sumba, pour si peu qu'on la connaisse, offre des rapports de parenté avec celle de Java, et il n'est point jusqu'à cet usage de porter les cheveux longs, indiqué par notre auteur, qui ne se retrouve chez les indigènes de la Sonde orientale. Tout cet ensemble de faits porte donc à penser que c'est l'île de Sumba dont Godinho a procuré la découverte.

L'étude des documents cosmographiques du xvi° siècle montre d'ailleurs que, tandis que l'archipel timorien était connu des géographes et figuré avec plus ou moins de détails par quelques-uns d'entre eux, Sumba avait échappé aux recherches des premiers navigateurs. Les cartographes français Pierre Desceliers, Guillaume le Testu, etc., si supérieurs à la plupart de leurs contemporains, n'avaient connaissance que d'une façon très vague des îles à l'ouest de Timor et dessinaient au hasard dans ces parages des petites terres de nombre et de forme tout arbitraires[3].

Les cartes portugaises étaient moins bien renseignées encore. Celle de Domingos Texeira en particulier, tracée en 1573, ne montrait, à l'est de Bali, que trois îles représentant toute la Sonde orientale, et l'on n'y voyait aux alentours de Timor que quelques îlots, Samao sans doute, Rotti, etc.

Ce n'est que dans les cartes hollandaises de la fin du siècle[4],

(1) Cf. E.-T. Hamy, *Les Alfourous de Gilolo d'après de nouveaux renseignements* (*Bull. Soc. géogr.*, 6° série, t. XIII, p. 491, 1877).

(2) Junghuhn, *Die Battaländer auf Sumatra*, 2 th., s. 310. Berlin, 1847, in-8°.

(3) On peut citer, entre autres, la mappemonde du Dauphin de 1530 (Major, *op. cit.*, p. 412), celle dite de Henri II, publiée par Jomard (*Monuments de la géographie*); celle de Desceliers de 1553, que l'on a pu admirer au congrès de 1875 (*Catalogue général. Autriche-Hongrie*, n° 147, p. 157), etc. Le planisphère de Guillaume le Testu de 1566 (*Ibid.*, France, n° 41, p. 276) est mieux arrêté dans ses traits, et nous croyons bien reconnaître que les trois petites îles figurées à l'ouest de Timor sont Samao, Landos et Rotti.

(4) La carte de l'archipel indien de Linschoten et le portulan de Evert Gijsbertszoon de 1599 marquent au sud de Florès une longue bande étroite qui pourrait être la côte nord de Sumba, l'assimilation est toutefois encore douteuse.

cartes que Godinho ne pouvait guère connaître, que l'on croit pouvoir distinguer quelque chose se rapportant à Sumba, et jusqu'à la fin du xviii° siècle les indications restent vagues. Les terres intermédiaires à Sumbawa et à Timor demeurent à l'état d'esquisse sans précision, et, lorsque Cook, en septembre 1770, visite Savou, il constate qu'il n'existe point de carte dans laquelle cette île soit « marquée nettement ou avec exactitude[1] ». Ce n'est que dans l'œuvre de Dalrymple que l'on trouve une feuille spéciale pour Sumba, publiée par le grand hydrographe anglais le 7 août 1786, d'après une carte hollandaise communiquée par Sayer[2].

Revenons à la carte de Godinho de 1613. Ce qu'il reste à examiner de ce document présente un intérêt médiocre. L'auteur interprète sans la moindre critique, à la façon des cartographes du siècle précédent[3], les textes de Marco Polo, dont il ne semble d'ailleurs avoir en main qu'une mauvaise leçon. Voici Sondur et Condor, les îles Poulo-Condor des géographes modernes[4], jetées au hasard dans le nord-ouest de la carte; Beach, la terre aurifère de la mer de Lantchidol ; Lucac pour Soucat, le royaume de Soucadana dans l'ouest de Bornéo; Petan, Bintang, et le banc qui relie cette île, comme Marco Polo l'indique, à Malitur, Malaiour, la côte de Malacca. Tout en bas et à droite, Java Minor, Sumatra, divisée en six régions, comme l'exigent les textes du grand voyageur italien, mais sans que l'on se soit fort inquiété de les mettre juste à leur place[5]; Necuran, Nankoury, l'une des îles Nicobar, enfin Agania, qui correspond aux îles Audaman, et fait du reste double emploi avec les Angaman Major et Minor, inscri-

---

(1) J. Cook, *Relation d'un voyage fait autour du monde dans les années 1769, 1770 et 1771*, trad. fr., livre III, ch. ix.

(2) *From a Dutch printed Chart communicated by M. Sayer*. — La côte nord seule de l'île est alors à peu près connue.

(3) Voir par exemple, dans Santarem, la mappemonde de Ruych de 1508, avec *Sodur, Candur, Java Maior, Pentan, Java Minor, Neucd* et *Acam* a ou encore l'*Orbis terrarum* d'Ortelius de 1587 et l'*Orbis Terræ compendiosa descriptio* de Rumold Mercator publiée la même année.

(4) Pauthier, *Le Livre de Marco Polo, citoyen de Venise*, Paris, 1865, in-8°, p. 562 et suiv.

(5) Ces six régions de Java Minor sont, du sud au nord, dans Marco Polo, les royaumes de Fansur (Pasouri?), Lambry, Angriuam (Indragiri), Samara (Samalanga), Basman (Paçem, sur la côte nord de Sumatra), et Ferlec ou Ferlac (le Tandjong Perlak, au nord-ouest de l'île). Godinho inscrit de l'est à l'ouest, ou à peu près, les six noms *Fansur, Lambri, Dragoiam, Samara, Basman* et *Ferlech*.

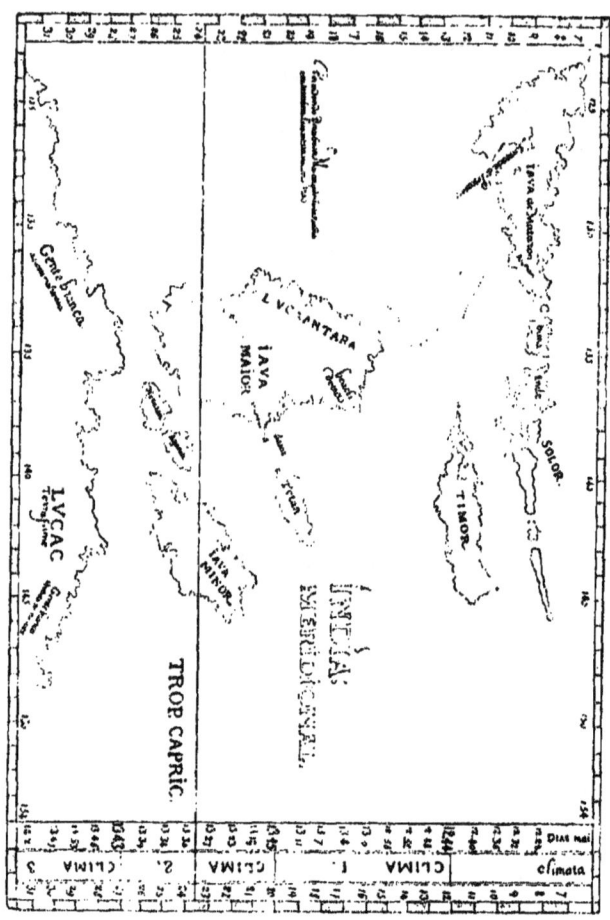

Fig. 15. — Carte de l'Inde méridionale, dressée en 1616 par Godinho de Eredia, d'après le manuscrit de la Bibliothèque nationale.

tes bien plus loin à l'ouest, avec les qualificatifs de Lucatambini et de Lucapiato [1].

Dans la seconde carte de Godinho, datée de 1616, que nous reproduisons ci-contre d'après le manuscrit de la Bibliothèque nationale de Paris, les deux Angaman sont supprimées, Java Minor est beaucoup réduite; enfin l'auteur, qui identifie toujours sa Luca Antara, dont il a modifié la forme, avec Beach de Ouro, la confond [2] avec la Java Major des cartes antérieures, mais reconnaît qu'il s'agit d'une île distincte du continent austral.

D'où lui sont venues ces nouvelles lumières? D'où a-t-il, en particulier, tiré le tracé qui montre la route de son envoyé, depuis l'*Enseada de Pescadores*, l'anse des Pêcheurs de Mataron, jusqu'à Luca Antara?

Rien ne peut actuellement nous éclairer sur ces modifications, mais nous trouvons dans le manuscrit qui a servi de base à ce travail des explications fort intéressantes sur d'autres découvertes australes demeurées, jusqu'à présent, en partie inconnues aux historiens de la géographie.

IV

La rencontre d'un mauvais brouillon de carte inédit de la fin du dernier siècle, inspiré de celles de Godinho, avait suffi à M. Major pour l'autoriser à affirmer que l'honneur de la découverte du continent australien devait être transporté *sans aucune équivoque* de la Hollande au Portugal. L'étude attentive et minutieuse que nous venons de faire des documents originaux, dont la pièce du British Museum est dérivée, prouve que rien, dans l'œuvre même de Godinho, ne justifie cette assertion. Les prétentions des Portugais à cette grande et glorieuse découverte restent d'ailleurs entières en ce qui concerne le xvie siècle. Tout porte même à croire que c'est à quelqu'un des nombreux navigateurs portugais, qui sillonnaient la mer des Indes dès 1511, que sont dus les premiers renseignements positifs sur l'Australie [3].

---

[1] Lucatambini, l'île des Amazones, découverte, disait-on, par une embarcation de Malacca, emportée par les courants.
[2] Cf. Ms. cit., f° 56.
[3] Cf. *Tratado que compôs o nobre e notavel Capitaõ Antoniõ Galvaõ dos diversos e desusagrados caminhos por onde nos tempos passados a pimenta e especeria*. Ed. Soc. Hakluyt. London, 1862, in-8°, p. 115-116, etc.

Au commencement du xvii° siècle, les Hollandais entrent en scène à leur tour ; ils n'ont pas à tenir compte des démarcations pontificales grâce auxquelles tant de découvertes, exécutées par les Espagnols et les Portugais en dehors des limites respectives de leurs concessions, ont été défigurées à dessein ou sont demeurées inédites. Ils se lancent hardiment vers l'est et vers le sud, et les renseignements recueillis par le *descobridor* nous les montrent touchant dès 1606 à des terres australes inconnues ou oubliées.

Au bas de la carte de Godinho du manuscrit de 1616, on voit tracée, du 124° au 149°, une côte sinueuse dont les parties les plus saillantes vers le nord répondent aux 135° et 143° de longitude. La latitude en est située tout entière sous le troisième climat, et le chiffre le plus bas qu'elle marque est 31° environ.

Ces vingt-cinq degrés de côtes ne sont pour notre auteur, comme pour ses prédécesseurs, qu'une partie du continent austral qu'il prolonge vers l'ouest avec Mercator, etc., jusqu'à une terre des Perroquets, *regiao de Papagaios* ou *regio Psittacorum*, et sous certaines réserves jusqu'au détroit de Magellan.

Or le cosmographe indien nous montre, comme il l'avait fait dans la *Declaraçam* de 1613[1], mais avec plus de détails un vaisseau hollandais visitant, en 1606, la terre des Perroquets. C'est le navire d'un amiral hollandais nommé *Cornelio Malodina*[2].

Entraîné par les courants loin du reste de la flotte partie pour Malacca, il cherche à faire de l'eau et du bois, et l'équipage débarque dans une chaloupe, sans trouver de résistance, sur une terre qu'on ne nous décrit point, située sous le méridien de San-Lourenço (Madagascar), et par 18° de latitude sud. Les Hollandais sont bien accueillis par un peuple blanc ressemblant à des Portugais mal vêtus, couverts de chemises tissues d'herbes, n'ayant d'autres armes que des javelines, des arcs et des flèches, mais bien approvisionnés. Ces naturels emploient un grand nombre de mots portugais, et beaucoup d'artillerie de bronze aux

---

(1) Décl. de 1613, trad. Janssen, p. 63.

(2) On pourrait supposer que ce Corneille Malodine n'est autre que l'amiral Cornelis Matelief, allant assiéger Malacca. Le récit du voyage de ce dernier ne mentionne pourtant aucune course dans la direction du sud entre le mouillage à Maurice et l'arrivée en vue de Sumatra (*Rec. cit.*, t. V, p. 264). Si l'aventure est exactement racontée, c'est bien plutôt à l'un des navires partis de la Meuse, l'*Érasme* ou les *Provinces-Unies*, qu'elle est arrivée, ces deux vaisseaux n'étant parvenus que longtemps après les autres en rade [de Malacca *Ibid.*, t. V, p. 31-

armes de Portugal est en leur pouvoir. Après s'être émerveillés d'une semblable rencontre, les Hollandais, munis du nécessaire, continuent leur route vers Malacca (1606)[1].

Ces hommes retombés, au moins à certains égards, dans un état voisin de la barbarie, étaient, paraît-il, des Portugais provenant du naufrage de deux navires de la flotte de François Albuquerque en 1503. Par ordre du roi Don Manuel, deux vaisseaux commandés par C. Barbosa et B. Coresma les avaient vainement cherchés en 1506, tant à la côte de Bonne-Espérance qu'à celle de San-Lourenço. Ils n'avaient pas pu en découvrir de trace, et ce n'est qu'en 1560 que Rui de Melo de Sampaio, commandant le navire *Saint-Paul*[2], parvenu à la terre des Perroquets, put y voir les demi-sauvages dont on a recueilli, quarante-six ans plus tard, la description qu'on vient de lire.

Cette *regiao de Papagaios* est sans doute une des petites îles perdues au milieu de l'Océan Austral. Son nom s'expliquerait par le nombre immense de pingouins que nourrissent ces terres et qui ont pu jusqu'à un certain point être pris, par des marins ignorants du XVIe siècle, pour une espèce quelconque de perroquets exotiques. Le nom que porte aujourd'hui une de ces îles rappelle précisément celui de ce navire *S. Paulo* que commandait Sampaio; et la triste aventure des Portugais de 1503 fait involontairement penser à ces naufrages modernes dont les observateurs du passage de Vénus ont rapporté de si lugubres impressions. Si c'est au *S. Paulo* de 1560 que l'île Saint-Paul doit le nom qu'elle porte dans la carte de Gisbertsoon, les Hollandais perdront l'honneur de la priorité de sa découverte, mais l'histoire de leurs navigations dans ces parages remontera simultanément de quatre-vingts ans dans le passé[3].

(1) Ms. cit., f° 60.
(2) Guillaume le Testu, dans la mappemonde citée plus haut et dont l'original appartient au Ministère des Affaires étrangères, avait fait allusion à ce voyage de Sampaio dans les termes suivants : « *Aulcu ns Portugeys Allans aux Indes Furent par Contrarièté de Temps trdsportés Fort Su du Cap de Bonne espérance Lesquels Firent Rapport Que Ils avoient eu Quelque Cognoissance de Ceste Terre. Toutefoys pour Navoir esté descouverte Aultremt e lay seulleùt ycy Notée Ny roullant adiouter Foy.*
(3) Le portulan de Evert Gijsberts Soon de 1599, qui est à la Bibliothèque nationale, où il figure dans l'exposition géographique, montre une île occupant une situation un peu plus orientale que celle donnée antérieurement à la terre des Perroquets, et à côté de laquelle on lit l'inscription portugaise suivante : *I y descobrio a nao S. Paulo*.

Je reviens au continent austral de la carte de 1616. Godinho y a inscrit sous le même méridien que sa Luca Antara une *Gente branca agreste mal vestida*, sur laquelle il a réuni les renseignements qui suivent[1] :

Il raconte que « les corsaires du navire amiral de Jacob l'squerqe, qui emmena le navire de la Chine pour Hollande », passant par « la terre haute de Lucach », cherchèrent à faire de l'eau et du bois parce que c'était un pays très agréablement planté d'arbres. Quelques-uns des corsaires s'apprêtèrent à débarquer de la chaloupe sur la plage avec leurs arquebuses sans pouvoir y réussir, par suite de la grande résistance qu'ils éprouvèrent de la part d'hommes aussi blancs que des Espagnols, vêtus de chemises « tissues de fils d'herbes » et armés de bâtons de bois « parce qu'ils manquent de fer ». Quelques Hollandais furent tués à coups de pieux, les autres se retirèrent à bord en se défendant avec leurs arquebuses et le navire continua sa route vers Porto Seguro.

Godinho place le fait en 1604. C'est en effet en février 1603 que Jacques van Heemskerk, muni d'une commission régulière des États généraux, avait attaqué et pris près de Johore, dans le détroit de Singapore, une grosse caraque de Macao, richement chargée et montée de plus de 700 hommes. Cette capture de Heemskerk fut d'autant plus remarquée qu'elle représentait la première atteinte un peu grave portée au commerce portugais dans l'Extrême-Orient. Aussi les Hollandais en ont-ils conservé le détail qu'on trouve dans toutes leurs histoires[2].

Les renseignements font complètement défaut sur l'itinéraire suivi par van Heemskerk et ses compagnons pour rentrer en Hollande, à la suite de l'expédition maritime de 1603-1604. On peut toutefois affirmer sans aucune hésitation que la terre haute de Lucach, où les fait aborder notre géographe, n'est ni l'Australie ni aucune des terres mélanésiennes.

Les hommes aussi blancs que des Espagnols, rencontrés par les Hollandais, ne sauraient être dans ces parages que des Polynésiens. En lisant le texte de Godinho, qui les montre vêtus de chemises tissues d'herbe, et se défendant courageusement contre les envahisseurs avec des armes toutes primitives, on se sent porté à supposer que Heemskerk avait bien pu être entraîné jusque vers les côtes de la Nouvelle-Zélande, les seules qui ré-

---

(1) *Ms. cit.*, f° 59 v°.
(2) Dubois, *op. cit.*, p. 6, etc.

pondent à la courte description qui nous a été conservée par le cosmographe indien.

Une autre *gente branca*, celle-ci beaucoup plus policée et plus hospitalière, vêtue même d'étoffes de soie et de mousseline rouge, occupe sur le continent austral de Godinho la région qui correspond au méridien de Timor.

Ce sont des naturels de Banda et des Moluques qui ont affirmé ce fait, aussi peu acceptable que les précédents, en tant qu'on rapporterait les renseignements ainsi fournis à la côte nord du continent australien, exclusivement peuplée par des tribus noires fort sauvages. Nous tirerions, s'il est nécessaire, de ces derniers détails empruntés au *descobridor*, de nouveaux arguments contre l'assimilation proposée entre la *terra firme* de Lucac et les terres d'Arnhem ou de Van Diémen.

Ces indications sont, avec les renseignements que nous avons précédemment utilisés, tout ce que renferme de vraiment précieux l'ouvrage de Godinho qui a servi de base à cette notice. Ce qu'il dit dans le *Traité Ophirique*, placé en tête du manuscrit de la Bibliothèque nationale [1], et dont nous n'avons pas encore parlé

(1) Il ne sera pas inutile de donner ici le sommaire de ce traité. A la suite d'un envoi au roi daté de Goa 1er décembre 1616, et d'une préface au pieux lecteur, commence la première partie du livre (*Primeira parte*), intitulée *Do destricto : oe Tharsis : e : Ophir do antiqo : mundo*. Elle comprend onze chapitres : 1) *Da reparticaõ do antigo mundo*; 2) *Da pouca noticia de outros mundos*; 3) *De Tharsis*; 4) *De Ophir*; 5) *De Indias geraes di Asia*; 6) *Da India maior di Ophir*; 7) *Da India menor di Ophir*; 8) *Do Parais terreal*; 9) *Do Inferno centro de mundo*; 10) *De aurea regio*; 11) *De monarchia de Siam*, — avec quatre cartes : *Tabula Tharsis Ophir*; *Taboa do Sertam de Sion, chamado Ova, Ophas, Ophir*; *Persia*; *Gosarate*; — et une planche représentant un habitant fantastique de Zanzi : *Gente da ilha Zanzi*.

La deuxième partie, ayant pour titre *Da navegaçam : de Salomon*, contient trois cartes : *Tabula navigationis Salomonis*; *Taboa de Indias*; *Ophirica regio*, — et dix chapitres : 1) *Da navegaçaõ de Salomon*; 2) *Da frotta de Salomon*; 3) *Dos portos de Salomon*; 4) *Das opinioés di Ophir*; 5) *De Serica ou Attay*; 6) *Do Sim et Mansim*; 7) *De Sinas imittar Phenices*; 8) *De Scythas*; 9) *De Monarchia de Tartaros*; 10) *Da Christiandade do Attay*.

La troisième partie, divisée en onze chapitres illustrés de trois cartes, a pour titre *Da regiam*. *Arsareth Tartaria*; 1) *Da Prisaõ de Osée Rey de Samaria*; 2) *Do Ryo Euphrates*; 3) *Do Camino pera Arsaret'i*; 4) *Da Regido de Arsareth*; 5) *De Astratan*; 6) *De Turcastan ou Turan ou Turca*; 7) *Da Persia ou Pharsis*; 8) *Do Indostan ou Mogor*; 9) *Do Gosarathe*; 10) *De Tartaria*; 11) *Do mar Caspio*. Les cartes de cette troisième partie sont : *Tabula de Arsareth*; *Taboa da Persia*, et *Taboa de China com Cathai*.

(*Tratado Ophirico ordenado por : Manuel : God°. de Eredia : mathe°. : dirigido : a : Dom : PHilipe : Rey : de : Espana Nosso : Senhor : ano : 1616*) : sur Tharsis, Ophir, l'Inde grande et petite, le Paradis terrestre, l'Enfer centre du monde, l'*Aurea regio*, le *Siam*, etc., est presque entièrement dénué d'intérêt. On peut en dire autant de la plupart des cartes dont l'ouvrage est orné. J'en excepte toutefois la carte de Guzerate qui, sans être bien exacte, contient pourtant des renseignements originaux. On sait, par un passage du *Sumario da Vida*, que Godinho avait eu une mission spéciale dans ces parages.

Les navigations du roi Salomon, seconde partie du livre d'Ophir[1], et la troisième partie, qui traite d'*Arsareth Tartaria*[2], ne renferment guère, dans leurs vingt et un chapitres, que des choses connues. Godinho avait d'ailleurs traité de presque toutes ces matières dans la troisième partie du manuscrit de 1613. C'est à la suite de ces trois parties que prennent place, dans le manuscrit[3], l'*Informaçám da India meridional* et le *Sumario da Vida* que nous venons de commenter.

Quelques études sur la minéralogie du district de Goa et en particulier sur les mines de cuivre et de fer de Corlin, Duiar, etc., avaient, avec la rédaction de ces divers textes, employé jusqu'à la fin de 1616 le reste d'activité dont Godinho pouvait encore jouir. Le bibliographe portugais Barbosa Machado lui attribue, dans sa bibliothèque lusitanienne[4], une sorte d'hagiographie composée vers le même temps et dont le héros est un missionnaire, Monteiro Coutinho, martyrisé par le roi d'Achem, Rajamancor, en 1588 (*Historia do martyrio de Luiz Monteiro Coutinho que pedaceo por ordem do Rey Achem Raiamancor no anno de 1588, dedicada ao illustrissimo D. Aleixo de Menezes Archebiscopo de Braga, cuja dedicatoria foy feita em Goa a 11 de novembro de 1615, fº ms. com varias estampas*).

On remarquera que ce nom de Coutinho est précisément celui du gendre que Godinho avait donné à sa fille Anna, née le 17 avril 1587 et mariée à seize ans, en 1603, à Alvaro Pinto Coutinho. Il n'est pas invraisemblable de supposer qu'il existait entre le missionnaire tué par ordre de Rajamancor et le gendre de son bio-

---

(1) *Ms. cit.*, fº 23.
(2) *Ibid.*, fº 38.
(3) *Ms. cit.*, fº 54.
(4) T. III, p. 275.

graphe des liens de parenté. Du moins nous expliquons-nous de cette façon la rédaction de cet ouvrage, si complètement en dehors des travaux habituels de notre géographe.

Alvaro Pinto Coutinho avait été choisi par Godinho pour lui succéder, en cas de mort, dans l'entreprise de l'Inde méridionale, dès 1601, deux ans par conséquent avant son mariage et presque immédiatement après le voyage de Chiay Masiure. Godinho avait, à cette même époque, perdu son unique fils Manuel Aquaviva, à l'âge de treize ans, et à la veille de partir pour une expédition aventureuse, il voulait assurer la continuation des efforts qu'il poursuivait depuis plus de sept ans.

Nous ignorons la date de la mort de Godinho. Peut-être a-t-il encore assisté, de Goa où il s'était retiré, à la fondation de Batavia (1619), et connu, avant de mourir, les découvertes des continuateurs de l'œuvre des Heemskerk et des Matelief. Le successeur qu'il s'était choisi n'a point accompli sa mission, rendue de plus en plus difficile d'ailleurs par la décadence plus profonde chaque jour des colonies portugaises des Indes. Les manuscrits de Godinho sont demeurés enfouis dans quelques collections publiques et privées; son nom même était complètement oublié quand M. Major l'a lu en 1861 sur une carte du xviiie siècle. Ce nom n'est certainement pas celui d'un *descobridor* du continent austral, comme le savant anglais l'avait pensé; mais il s'y rattache la connaissance d'un certain nombre de points intéressants relatifs à l'évolution des sciences géographiques au commencement du xviiie siècle; et, à ce titre au moins, il paraît devoir légitimement occuper une petite place dans l'histoire des découvertes australes.

XIV

LES FRANÇAIS AU SPITZBERG

AU XVIIe SIÈCLE [1]

I

M. C.-G. Cash, 46, Comely Bank Rd, à Édimbourg, avait envoyé à la Société de géographie, dans les derniers jours de juin 1894, le calque d'une portion de carte ancienne, représentant, à n'en pas douter, le Spitzberg, chargé d'une nomenclature *en partie française,* au milieu de laquelle s'étalaient un *écusson fleurdelisé,* dessiné dans le style des écussons de Louis XIII, et une large inscription qui désignait le pays sous le nom de FRANCE ARTIQUE!

M. Cash, dont la découverte de ce curieux monument avait piqué la curiosité, demandait l'avis des hommes de science plus particulièrement versés dans la connaissance des anciens voyages français. On me renvoya son calque, et, comme je lui observai quelques jours plus tard qu'il était malaisé, n'ayant ainsi qu'un fragment isolé, de se rendre un compte exact du document dont le croquis avait été détaché, il s'empressa de mettre à la poste, sans aucune hésitation, la précieuse carte qui m'est parvenue en bon ordre, le 8 juillet au matin.

C'est cette remarquable pièce que j'ai l'honneur de présenter à mes collègues.

(1) Mémoire communiqué à la Section de géographie du Comité des travaux historiques dans sa séance du 2 mars 1895 et imprimé au Bulletin de géographie historique et descriptive de la même année, p. 159 et suiv.

Ainsi qu'ils le reconnaîtront facilement, le monument géographique du cabinet de M. C.-G. Cash est une carte marine, dessinée en projection orthogonale, sur un fin vélin, plus haut (o m. 88) que large (o m. 615), et bordée par une bande lie de vin, avec un grand trait noir d'encadrement et un galon noir intérieur.

En haut, à gauche, une large banderolle, bordée de rouge, porte une échelle graduée de o à 70. A gauche encore, à mi-hauteur, une grande rose des vents, à trois teintes combinées dans un triple cercle[1], couronnée d'une fleur de lis bleue, est le centre de rayonnement de trente-deux rhumbs de vents.

Plus bas, encore du même côté, une seconde échelle, graduée de o à 60, est enfermée dans un long cartouche aux formes tourmentées, composé de deux cadres, l'interne rouge, ombré de brun, l'externe bleu, relevé d'or, surmonté d'une croix; au dessous se voit une autre fleur de lis dorée, la pointe dirigée en bas.

Dans la partie inférieure de la carte, et toujours du côté gauche, une seconde rose, plus petite (o m. 04 seulement de diamètre), à trois rangs de pétales, dominée par une fleur de lis peinte en violet, rayonne de nouveaux rhumbs qui vont couper les précédents.

Le côté droit de la carte est exclusivement occupé, de bas en haut, par les tracés géographiques qui représentent le nord de l'Écosse avec les îles qui en dépendent, le littoral norvégien et enfin la moitié occidentale de l'archipel du Spitzberg[2].

La côte de PARTIE DÉCOSSE comprend le littoral qui s'étend depuis le fond du loch Carron jusque vers Dunglas. Les contours sont finement tracés et lavés d'une large bande vert-pomme.

On y lit les mots suivants :

Quintic, c'est Achintee, tout au fond du loch Carron.
Rouam, Ellan Rouan, petite île entre Skye et la côte.
Roury, Rowkie, à l'extrémité de la pointe qui sépare le loch Gare du loch Ewe.
C. faux, cap Wrath, ou Faro-head.

(1) Il y a huit pointes bleues, huit vertes et seize brunes, dans un triple cercle. Une rose est dessinée au centre, les rhumbs sont tracés en gris pour les points cardinaux, en vert pour les collatéraux, en brun pour les autres.

(2) J'ajouterai, pour être tout à fait complet, une rose de vents en Norvège, et deux centres de radiation de rhumbs de vents, l'un en Norvège et l'autre au Spitzberg.

Catenes, Caithness.
C. brohum, Froum artena (Jansson); c'est le nom de Formartou, une des circonscriptions d'Aberdeen.
C. broquenes, Boekenes (Janss.), extrémité du territoire entre le golfe de Murray et la baie d'Aberdeen, du cap Kinnaird au *Buchan Ness*.
Torres[1], Turrif, à l'intérieur des terres, en haut de la rivière Ugie.
Abredine nesse[2], Aberdeen.
Monros, Montrose.
Dondie, Dundee.
Stander, Saint-André.
Les Escarts, Car, Carr, roches en face d'Auldhame, à l'est de North Berwick.

Au nord du détroit de Pentland, dont le nom n'est pas inscrit sur la carte, on voit un premier archipel, groupée autour d'une grande île rouge, qui représente Mainland ou Pomona. On reconnaît au sud Hoy, de couleur jaune, Ronaldsha, peinte en vert, et Flota, peinte en rouge; au nord, Westra, Stronsa, Sanda, teintées respectivement de vert, de rouge, de jaune et quelques îlots. Un seul mot constitue toute la nomenclature : *les Orcades*.

Une île isolée, dessinée plus haut, porte le nom *Faril* : c'est l'île Fair.

L'inscription *Y^{es} de Hitland* correspond aux Shetland, où l'on

Fig. 16. — Carte de l'île de Richelieu.

distingue, quoique innommées, Mainland, Yell, coupée en deux, et Unst.

Dans le nord-ouest, en bonne place, apparaissent les Féroë, appelées *Y^{es} de Ferros*, assez bien dessinées, quoique raccourcies

---

(1) Sur une rivière au nord de celle d'Aberdeen, dans l'intérieur des terres; le nom est en rouge.

(2) En rouge, sur deux lignes.

dans le sens du méridien et élargies tout à la fois. Le mot *dinant* désigne l'île de Dimon.

Enfin, en ligne droite, ainsi qu'il convient, au nord des Féroë, sous le parallèle du cap Nord ou peu s'en faut, une île dorée, en forme de triangle allongé du sud-ouest au nord-est et remarquable par une montagne très élevée qui ombre son extrémité la plus large. C'est Jan-Mayen, découverte en 1611 par le navigateur de ce nom, avec sa haute montagne conique, habituellement nommée Beerenberg par les navigateurs. L'importance relative de cette montagne des Ours, haute de 1.775 mètres, a fait imposer à l'île entière, par le cartographe français, le nom d'*Y. de pic*, auquel il associe d'ailleurs le nom de *Y. de Richelieu*, que nous cherchons à expliquer un peu plus loin.

La Norvège, galonnée de vert comme l'Écosse, est figurée depuis le fond du golfe de Christiania jusque par delà le cap Nord. On lit, couchée tout le long du rivage, l'inscription :

COSTES OU PARTIES DE NORVEGUE

et plus à droite, en bas, R. DE SUEDEN ; en haut, FINLANT.

La nomenclature norvégienne comprend vingt-sept mots seulement. En voici la liste, à côté de laquelle j'établis celle des localités correspondantes de la carte actuelle :

Bergues.	Bergen.
Rachter.	Rak ?
Ulverclippen	Ulvesund (les écueils à l'entrée de).
Oldesent	Aldenö.
C. Destal	C. Stad.
Gesco¹.	J. Gurskö.
Ubdal.	Opdal.
Nomendal.	J. Nomendal des anciennes cartes.
Dromtem	Trondjheim.
Deforuen	Indre folden.
Grip	?
Rust	Arch. de Röst.

(1) Gesco, Nomeudal, Grio, Rost, Malestrom sont écrits en sens inverse et, par conséquent, étant données les habitudes des pilotes, s'appliquent à des îles.

Malestrom	Gouffre de Malström[1].
Y^{es} *Loffet*.	I. Lofoten.
Y_e *Sanien*.	I. Samien.
Vanduag	Vandvaag, côte sud de Vandö[2].
C. *de Nord*	C. Nord.

Il me tarde d'arriver à la troisième et dernière grande terre de la carte de M. Cash, qui correspond, je l'ai déjà dit, au Spitzberg, ou plutôt à la côte occidentale de la *presqu'île de l'Ouest*, où nous attendent quelques appellations intéressantes.

Cette côte est dessinée avec exactitude ; on peut toutefois adresser à l'ensemble le même reproche qu'à celui de l'archipel Féroë. Les formes générales des côtes sont, en effet, à la fois raccourcies et dilatées, de façon à donner à la masse de la péninsule un aspect un peu trop étalé.

Le tracé commence à l'entrée du golfe actuel de Jean Wybe, qui sépare la presqu'île de l'Ouest de la Terre des États, et dont les deux rives sont indiquées sans aucune nomenclature. Un seul nom est inscrit dans ces parages : *Première pointe*, et désigne le cap du Sud ou Ronde Klip[3].

Les contours se prolongent, relativement fort exacts, vers le nord-ouest ; les anfractuosités du littoral sont détaillées avec soin, mais trois mots seulement, assez mal placés d'ailleurs; ont été écrits par l'auteur. Ils sont tous trois empruntés à une nomenclature qui remonte aux premiers temps de la découverte ; *hornesont, belsont, longnessont* figurent déjà, en effet, sur la carte de Daniell, publiée en 1612, sous les formes Hornesound, Belsound et Lowsond ness.

---

(1) Le gouffre est curieusement représenté par un large tourbillon.

(2) Vandvaag, mouillage (*Vaag*, anse, dans le dialecte du Nordland. *Vandvaag*, anse de Vandö) à la côte sud de Vandö. « Actuellement, m'écrit, à propos de cette identification, M. Ch. Rabot, les pêcheurs norvégiens, qui, en débouchant du Tuglösand pour faire route vers le Spitzberg, trouvent au large des vents contraires, viennent attendre les brises favorables dans le Vandvaag. De même, lorsqu'en rentrant ils rencontrent le sud-ouest ou le sud qui arrêtent la marche à travers l'archipel côtier, ils relâchent dans cette même baie. Les pratiques de la navigation n'ont pas changé depuis des siècles dans l'Océan Glacial...! »

(3) Le nom du détroit de Jean Wybe s'est écrit parfois chez les vieux Hollandais *Wybe Jans Water*. Ces deux derniers mots ont été transformés par les Normands en *Jean Suatre*, et l'on trouvera, par exemple, dans la carte de Jean Guérard, de Dieppe, conservée au Dépôt de la marine (Pf. 2, div. 1, pièce 2), et datée de 1628 : *Destroict de Jean Suatre !*

Un peu plus haut, au fond d'un vaste golfe où l'on reconnaît Icesound, notre cartographe a écrit les mots *b. des panoles. Pañol*, en castillan, veut dire *soute aux vivres*. C'est l'équivalent du *behouden haven* des premiers Hollandais. *Niches cave*, dans la carte de Thomas Edge, publiée par Purchas (1625), a la même signification, et il ne faut pas aller bien loin pour comprendre comment Guérard a pu appeler le même port *havre de demeure* (1628).

En continuant à remonter au nord-ouest, on arrive aux abords de Forland, T'voor landt des premiers navigateurs, aussi appelée île de Kijn, du nom d'un marchand hollandais qui y trouva la mort en 1612, et que les Anglais ont préféré dédier au malheureux prince qui allait devenir Charles I*er* (*Prince Charles Island*).

Le tracé de l'*Y. de Forlan*, comme la nomme notre cartographe, est encore trop élargi et surtout trop raccourci du nord au sud et les anfractuosités du canal qui la sépare de la grande terre sont exagérées. Ainsi la *baie des Anglais* (Engelsche bay), la seule qui ait un nom dans ces parages sur la carte de M. Cash, est beaucoup trop découpée et trop profonde.

C'est surtout au nord de Forland que les renseignements du pilote français deviennent intéressants. Une anfractuosité de la côte, un peu au sud de la baie de la Madeleine[1], porte chez lui le nom typique de *port Louis* ou *refuge françois*[2].

Chacune des nations qui ont participé aux pêches du Spitzberg avait l'habitude de retirer ses navires dans un havre particulier. Les Français de 1613, par exemple, dont je reparlerai plus loin, ne fréquentaient pas encore le *port Louis*. Ils occupaient Belsond, « appelée, dit Hessel Gerritz, par les Basques de Saint-Jean-de-Luz, *la baye des Franchoys*, à cause que cette nation y estoit la plus part, tout ainsi qu'ils ont nommé les autres bayes selon la Nation qu'ils y trouvèrent ».

Une de ces baies, qui s'ouvre sur la côte occidentale de l'île des Danois, est tout spécialement désignée par notre pilote sous le nom de *port Saint-Pierre*. On lit, en effet, en face de l'échancrure qui la découpe : *p : s*t *pierre apellé | par les danois | Copenhaure*

---

(1) Cette petite baie, qui a été levée et sondée avec beaucoup de soin par les marins de *La Recherche*, a conservé jusqu'à nos jours l'appellation de *baie des Basques*. (Carte hydr. n° 920.)

(2) Entre le port Louis et le port Saint-Pierre, on lit les mots *Fer haure*, qui correspondent au Feer haven des premières cartes, au Fair haven d'aujourd'hui.

baie | Et par les holandois | apellé *Robesbaie*. C'est, en effet, le Robbe bay de la grande carte de Blaeu, le port des Danois de l'hydrographie moderne.

La *baie des hollandois*, dessinée à l'est de la précédente, appartient à l'une des plus anciennes nomenclatures de ces rivages. C'est la *Hollantsche Bay*, au delà de laquelle l'auteur de la carte marine de M. Cash a encore inscrit trois noms, *Vausgues baie, B. au Monnier* et *B. diric*[1], dont l'identification est particulièrement difficile. S'il faut s'en fier au tracé des côtes, qui devient de moins en moins serré sous ces hautes latitudes, ces trois entrées correspondraient peut-être au Read beach, à la Liefde Bay et à la Groote Bay. A l'est de cette dernière, un trait tremblé, qui va se perdre dans la bordure de la carte, paraît indiquer vaguement l'orientation entrevue de la côte du Spitzberg de l'Est ou Nouveau Friesland.

II

J'ai plusieurs fois insisté, au cours de la description qu'on vient de lire, sur l'exactitude relative des contours relevés souvent par notre cartographe avec une minutieuse fidélité. Toute la partie sud, par exemple, depuis la *Première Pointe* jusqu'à la *baie des Panoles*, est rendue aussi bien qu'un pilote voué aux anciennes méthodes pouvait le faire, en longeant de près les anfractuosités d'un rivage très découpé et fort difficile. On ne saurait douter, si l'on rapproche cette portion de la carte de M. Cash, d'une part, des levés de nos modernes hydrographes, de l'autre, des plus anciennes œuvres des Anglais et des Hollandais, on ne saurait douter, dis-je, de la *personnalité* de l'œuvre ainsi comparée et analysée. Non seulement les points singuliers de la côte y sont indiqués à leur vraie place, mais, à l'intérieur des bas-fonds, les glaciers se contournent avec une véritable recherche. L'auteur a vu lui-même toutes ces choses que sa plume dessine, et, comme il est de race française, ainsi que le prouvent ses inscriptions rédigées par moitié dans notre langue et son style cartographique qui fait penser à la célèbre école de Dieppe, l'œuvre qu'il a laissée

[1] Vausgues-bay paraît être une mauvaise lecture de Vogelsang's bay, la baie du chant des oiseaux. Quant aux mots *B. diric*, j'y verrais une altération de *B. dinwic* (*In wijck*, Barentz).

devient un des monuments les plus intéressants de l'histoire des tentatives des marins de notre nation sous ces hautes latitudes.

C'est à l'année 1613 qu'il faut remonter pour trouver les plus anciennes navigations des Français dans les eaux glacées du Spitzberg.

Cette grande terre avait été découverte en 1596 par deux navires de Hollande, commandés par J. Hendrick Heemskerke et J. Cornelis van Rijp, et dont W. Barentz était pilote[1]. Douze ans plus tard, une compagnie de marchands anglais, dite « Company of the Muskovia Merchants », envoyait le *Hope well*, commandé par Hudson, explorer les mêmes parages (1608). Hudson s'élevait jusqu'au 81° degré et marquait sur la carte « la *Whale Bay* et le *Hackluyt Hendland*[2] ».

Depuis lors, tous les étés, des navires étaient partis de la Tamise « pour trouver des barbes de baleines et brûler de la grayssse[3] ».

(1) *Delineatio cartæ trium navigationum per Batavos ad Septentrionalem plagam...* Autore Wilhelmo Bernardo Amstelredamo expertissimo Pilota. — Cette carte est jointe à la III° partie de l'Inde orientale des *Petits voyages* des De Bry, publiée en 1601. On voit le Spitzberg Das News Lant, avec les mots *In wijck, Keerwijck, Gebroeken Landt* et *Vogels Eck*, et l'île aux Ours (*Veere Ins*).

(2) Cf. *A briefe Discoverie of the Northerne Discoveries of Sea Coasts and Countries delivred in order as they were hopefully begunne, and have euer since happily beene continued by the singular industrie and charge of the worshipfull Society of Muscovia Merchants of London, with the ten severall Voyages of Capitaine Thomas Edge the Authour* (Purchas, *His Pilgrimes in five Bookes. The Third Part*. London, 1625, in-f°). — Dès 1603, Stephen Bennett, capitaine de la *Grâce*, chassait les *sea horses* à l'Île aux Ours ou *Cherie Island* (p. 464). — Cf. *A Voyage performed to the Northwards Anno 1605 on a Ship of the burthen of fiftie tunnes, called the Grace and set forth at the Cost and Charge of the worshipfull Francis Cherie*, written by William Gorden, being the first voyage to Cherie Iland. (*Ibid.*, p. 566.)

(3) Cf. « *Histoire du pays nommé Spitsberghe. Monstrant comment qu'il est trouvée, son naturel et ses animaux, avecques La triste racompte des maux, que noz pecheurs, tant Busques que Flamans, ont eu à souffrir des Anglois, en l'esté passée, l'An de grace 1613*. Escrit par H. G. A. (Hessel Gerritz Amsterdamois). Et en après une protestation contre les Angloys, et annullation de tous leurs frivoles argumens, parquoy ils pensent avoir droict, pour se faire maistre tout seul, dudict pays.

« En Amsterdam, a l'ensiegne du carte nautiqz. MDCXIII, petit in-4° de 30 pages avec carte et pl. »

Ce petit livre, extrêmement rare, auquel le récit de Thomas Eyre fait allusion (Purchas, t. III, p. 464), a été, en partie, traduit en latin dans les *Petits voyages* de De Bry.

En 1609, Thomas Edge avait commencé cette série ininterrompue de dix voyages, qui lui permettait de dresser la belle carte publiée, plus tard, par Purchas, en 1625[1].

Aidé de Thomas Welden (1609), de James Poole (1610 et 1611), de John Russell (1612), il explorait *Cherie Island*, le *Horne Sound*, où il trouvait une défense de narwhall (*an unicorne horne*), *Foreland, sir Thomas Smith's Bay*, à laquelle il donnait le nom d'un des plus ardents promoteurs des expéditions polaires, et chassait la baleine pour le compte de ses armateurs, avec le concours de quelques Biscayens embarqués à son bord.

Jusqu'en 1612, les Anglais demeurèrent sans concurrents, mais le succès de leurs affaires suscita, cette année-là, plusieurs entreprises rivales. Un capitaine hollandais, Wilhelm van Muyden, guidé par un déserteur de la compagnie de Moscovie, nommé Allen Sallows, vint, avec deux navires, chasser le morse jusqu'à Beeren-eylandt, et un navire de Biscaye, amené à Green-harbour par un autre transfuge anglais, Nicholas Woodcock, put s'en retourner *avec raisonnable prouffit*, d'autant que les marins de ce pays « sont plus habiles, nous dit Hessel, à tirer ou prendre les baleines qu'aucune autre nation de la Chrestienité[2] ».

Muyden, qui n'avait « gueres avancé » en 1612, reprit la mer l'année suivante, emmenant cette fois douze Basques de Saint-Jean-de-Luz, que ses marchands avaient loués, « à sçavoir trois maistres harponniers, trois maistres de chalupe, et les six autres pour servir à cuire les huilles et couper les baleines ». En même temps, un certain nombre de bateaux d'Amsterdam, de Serdam, d'Enchuysen, de Dunkerque, de Bordeaux, de la Rochelle et « aucuns Espaignols de Saint-Sebastian » gagnaient l'archipel du Nord.

Cette fois, les Anglais s'étaient mis en mesure pour conserver,

---

(1) C'est la même que l'on trouve jointe à certains exemplaires de la relation de Pellham (*Gods Power and Providence; shewed, in the miraculous Preservation and Deliverance of eight Englishmen, left by mischance in Green-land, Anno 1630, nine monethes and twelve dayes, werth a tru Relation of all their miseries, their hifts and hardship they were put to, their food, etc., such as neither Heathen nor Christian men aver before endured. With a Description of the chief Places and Rarities of that barren and could country. Faith fully reported by Edward Pellham*, one of the eight men aforesaid. As also with a Map of Green-land. London, J. Partridge, 1631, gr. in-8°). — En reproduisant cette curieuse et rare brochure, pour *the Hackluyt Society*, Adam White a donné un fac-similé de la carte.

(2) *Loc. cit.*, p. 11.

par la force, un monopole consacré par quatre années de possession exclusive.

La compagnie avait équipé six navires, et l'un de ces navires, le *Tigre*, commandé par un certain Benjamin Joseph, était armé de vingt et une grosses pièces de canon « pour empescher à tous autres la navigation et pescherie et les chasser des costes ».

Les pêcheurs étrangers n'avaient naturellement que bien peu d'artillerie et ils durent subir, pendant toute cette campagne, les vexations, les injures et les vols d'un adversaire à la fois puissant et peu scrupuleux. C'est la « triste racompte » des maux que les pauvres pêcheurs ont eu alors à souffrir des Anglais, qui est le sujet de la brochure de Hessel, dont j'ai précédemment transcris l'interminable titre. On y voit notamment l'amiral anglais s'emparer d'une pinasse de Dunkerque, et en répartir l'équipage sur les navires de sa compagnie, *déchasser* du Green-harbour un navire venu du même port flamand, renvoyer « vers son pays » un petit bateau de Saint-Jean-de-Luz, et maltraiter les Bordelais après les avoir volés. Selly ou Silly, le maître pilote de Bordeaux « avoit obtenu de l'admiral de prendre huict baleines pour les Anglois, et que le reste serait pour luy-mesme. Mais quant il en avoit prins quatre d'avantage, et pensant tenir celles-là pour sa part, les Angloys le prenoyent tout, mesme les habillemens des matelots, en les battant encore par dessus[1]. »

Le navire de Horn, qui était venu pour Jean Macqui, de la Rochelle, le grand navire de Saint-Jean-de-Luz de M. de Turbède, ne furent pas mieux traités par Benjamin Joseph. Ce dernier s'était rendu « à condition que les François feroient de la graisse pour les Anglois, et que les François auroient la moitié de la graisse pour salaire[2]... Mais les cuvves ou barbes qu'ô prent hors les museaux des balaynes auroyent les Anglois pour eux. » L'autre navire français avait fait accord de *brusler* ou *bouillir quarante barils de la graisse* « et ce qu'ils feroyent davantage seroit pour eux-mesmes ». Mais tout cela ne fut pas tenu « car par après revoquoit

---

(1) Hessel Gerritz, p. 23. — Ce n'est là qu'un exemple très adouci des mœurs cruelles des gens de mer à cette époque. Il faudrait lire l'histoire de guerre de Dunkerque contre les Hollandais pour avoir une idée des barbaries qui suivaient alors une victoire navale quelconque.

(2) « Ceste côdire accepterêt les Anglois, ajoute Hessel Gerritz, pource que *les François sçavoyent bouillir si vistemêt et en si peu de temps une grande quantité de la graisse, mieux qu'autres nations* » (p. 24).

l'Admiral l'accord » et les malheureux pêcheurs durent s'en retourner dépouillés.

Les Hollandais n'avaient pas été mieux reçus que les Flamands, les Basques, etc., et les armateurs portèrent plainte, dit le *Mercure françois*[1], « au Senat qui leur donna des lettres de recommandation au roy de la Grand'Bretaigne, ou ils envoyerent pour tascher de r'avoir ce qui leur avoit esté osté. Mais ils trouverent ce vieux Proverbe véritable, que qui est le plus fort est le maistre de la mer; que telles gens ne prennent jamais pour rendre. Tellement qu'ils n'en eurent d'autres raisons; ce qui les fit résoudre qu'aux autres voyages qu'ils feroient au Groenland[2], d'y aller forts affin de se deffendre des Anglois qui les attaqueroient et se venger de l'injure reçue. »

En 1614, les Hollandais ont, en effet, au Spitzberg huit grands vaisseaux, dont quatre armés en guerre, avec quarante pièces de canon. Ils pêchent par force (*per force*, Edge) à leur tour, où bon leur semble, et chassent les Anglais, qui rentrent avec demi-charge[3].

(1) *Merc. fr.*, MDCXIII, *deuxième continuation*, p. 180-181.
(2) Lisez Spitzberg.
(3) La lutte entre les deux marines rivales continue avec des alternatives fort diverses. En 1615, Thomas Edge et Benjamin Joseph ont sous leurs ordres deux grands navires et deux pinasses; les Hollandais sont venus avec quatorze bâtiments dont trois vaisseaux de guerre de grande force; aussi sont-ils les maîtres à Horn Sound, Bell Sound et Faire Haven.

En 1616, Thomas Edge commande huit grands navires et deux pinasses de la compagnie; le voyage réussit parfaitement : les Hollandais sont de nouveau chassés, la récolte est complète et l'on a découvert *Edges Island*.

En 1617, la compagnie hollandaise, qui vient de renouveler son privilège, arme vingt-trois navires qui prennent une éclatante revanche sur les Anglais, dont ils dispersent la flotte, après s'être emparés d'un vaisseau.

La compagnie anglo-écossaise s'est fondée sur ces entrefaites, et son intervention vient rendre encore plus précaire l'existence de la compagnie *Moscovia*, dont les ressources s'épuisent et qui se décide à faire des concessions aux sociétés rivales.

« On convint, dit un des historiens les mieux renseignés sur l'histoire générale des pêcheries du Nord, « on convint de partager les côtes du Spitzberg en plusieurs régions qu'occuperaient les nations rivales, sans que l'on pût, dans aucun cas, poursuivre les baleines dans les havres assignés aux autres nations.

« Les Hollandais s'établirent donc, malgré la violente opposition des Anglais, et, lorsqu'il ne fallut plus lutter que d'habileté et d'économie, ils eurent bientôt ruiné leurs compétiteurs, sans en excepter les Français qui avaient été

Cette même année, Dunkerque, que la mauvaise campagne de 1613 n'a pas plus découragé qu'Enchuysen ou Sardam, envoie plusieurs navires sous la conduite d'un capitaine fort expérimenté, appelé Phoppe Geertzen, et l'entreprise, dont Jean de Clerck a été l'initiateur, est si avantageuse, au dire de Fauconnier, que le premier voyage de ces vaisseaux rapporte « trois cens quatre-vingt-treize tonnes d'huile » qui sont vendues « sur le pié de soixante-douze livres le tonneau ». Jean de Clerck, « poussé par un si grand gain », équipa, en 1616, sept vaisseaux et « pareil nombre l'année suivante, qu'il destina uniquement pour cette pêche [1] ».

L'historien de Dunkerque nous laisse ignorer la suite de ces armements que la rupture de la trêve avec les Pays-Bas dut singulièrement entraver (1621).

Comme les Hollandais et les Dunkerquois, mais un peu plus tard, les Basques, qui continuaient à fournir aux navires des Provinces-Unies leurs harponneurs et leurs dépeceurs [2], reprirent le chemin du haut Nord. Et Cleirac nous rapporte que « quelques Basques, aidés de certains marchands de Bordeaux », équipaient alors « plusieurs navires pour la pêcherie vers la mer glaciale du Groënland et du Spitzberg [3] ».

Un marin de Cibourre avait imaginé de faire fondre le lard à bord des baleinières « en bâtissant un fourneau sur le second pont

leurs maîtres. » (A. de la Jonkaire, *Considérations sur la pêche de la baleine*. Paris, 1830, in-8°, p. 13.)

Peu de temps après ce partage, la compagnie *Moscovia* abandonnait définitivement la lutte. Une de ses dernières expéditions paraît avoir été celle de 1630, marquée par l'abandon des huit matelots, dont Pellham a raconté les misères et la délivrance.

(1) P. Fauconnier, *Description historique de Dunkerque. Ville maritime et port de mer très fameux dans la Flandre occidentale*, etc. Bruges, 1730, in-f°, t. I, p. 121-122.

(2) « Les Hollandais furent longtemps obligés de prendre en France des harponneurs ainsi qu'un second capitaine. Ils nommaient ce dernier *speck synder*, coupeur de lard; malgré ce titre modeste, il n'en avait pas moins le commandement de tout ce qui concernait la pêche. Le capitaine hollandais conduisait le navire à sa destination, c'est-à-dire dans un des havres du Spitzberg. Ses fonctions cessaient alors, en quelque sorte, et le *speck synder* prenait la direction de l'entreprise. » (A. de la Jonkaire, *op. cit.*, p. 14.)

(3) *Les us et coutumes de la mer*, édit. de 1671, p. 172, n. 2, cité par Fr. Michel, *Histoire du commerce et de la navigation à Bordeaux*, etc. Bordeaux, 1866, in-12, t. I, p. 152, n. 42.

du navire et en se servant des grillons et du marc de la première cuite pour faire la seconde¹ ».

Dès lors, poursuivant les grands cétacés en haute mer, les pêcheurs de Saint-Jean-de-Luz eurent moins à se préoccuper des navires armés en guerre qui défendaient l'accès des détroits ou des havres. Ils avaient surtout à redouter l'incendie qui, de temps en temps, leur a détruit des navires au Spitzberg et ailleurs².

III

C'est en 1621 que se fonda la « Royale et Generale Compagnie du commerce pour les voyages de long cours ès Indes occidentales, la pesche du corail en Barbarie et *celle des baleines*³ », à l'existence de laquelle se rattachent les expéditions françaises dont il me reste à dire quelques mots.

L'histoire de cette association commerciale est malheureusement très obscure, et les navigations qu'elle a conduites au loin n'ont guère laissé de traces. Nous savons toutefois que le marché des huiles de baleine est alors au Havre de Grâce, où les navires de Bayonne, par exemple, apportent leurs récoltes ; que le port du Havre équipe jusqu'à six gros navires pour la pêche des cétacés⁴, et que ce sont des Havrais qui confient au Basque Vrolicq, baleinier fort expérimenté, le commandement d'une expédition qui opère dans la baie des Basques, au sud de la baie de la Madelaine, en 1632. La campagne de Vrolicq ne fut pas heureuse ; il fut inquiété par tous les pêcheurs étrangers qu'il rencontra dans ces mers inclémentes, et dut revenir avec un chargement incomplet.

Mais un autre événement eut, pour nos entreprises locales, une importance bien autrement considérable. Quatre ans après

---

(1) S.-B. Noël, *Tableau historique de la pêche de la baleine*. Paris, an VIII, br. in-8°, p. 34.
(2) « The Franck men try up their train-oyl in their ships, and by that means many ships are burnt at Spitzbergen ; and this was the occasion of the burning of two ships in my time. (Fr. Martens, *Voyage into Spitzbergen and Greenland*. Ed. Hakluyt Soc., p. 130.)
(3) Cf. *Mercure françois*, 1621, p. 800.
(4) Borély, *Histoire du Havre*, t. III, p. 4, 40, etc. — Je remercie mon collègue du Comité, M. G. Marcel, de m'avoir fait connaître ces documents havrais.

le voyage de Vrolicq, en 1636, Saint Jean-de-Luz, Cibourre et Soccoa étaient pris et saccagés par les Espagnols, qui s'emparèrent de quatorze grands navires chargés de fanons et de lard récemment arrivés du Nord. Ce fut un véritable désastre, la pêche des Basques fut anéantie et une partie des meilleurs marins furent contraints de s'expatrier pour aller exercer au dehors, au profit des Hollandais, des Anglais ou d'autres encore, une industrie dans laquelle ils excellaient[1]...

La Compagnie ne s'occupait pas seulement, semble-t-il, du commerce des fanons ou des huiles. Les autres marchandises du Nord ne l'intéressaient pas moins, et le développement des échanges avec le Danemark, la Russie, la Perse, etc., semble avoir, dès le début, fixé particulièrement l'attention des hommes intelligents et actifs qui dirigeaient ses entreprises.

C'est probablement à leur intervention qu'est dû le mémoire adressé à Richelieu, en 1628, « sur le commerce de France en Russie » par des marchands « désirant de faire une compagnie pour trafiquer dans les États du grand duc de Moscovie, tant du côté de la mer Blanche et de la Duyna que par le golfe de Finlande et la mer Baltique[2] ».

Richelieu avait succédé à Georges de Villars dans le gouvernement du Havre, en 1626, et c'est très vraisemblablement dans l'exercice de ces nouvelles fonctions qu'il fut saisi de la pétition, qui aboutit à l'ambassade de Deshayes-Courmenin et à la conclusion du premier traité de commerce signé entre la Russie et la France (12 novembre 1629[3]).

Vers la même époque surgit une autre entreprise française, particulièrement importante, au point de vue de l'enquête que nous poursuivons ici. Les marchands du Havre auraient voulu que le nouveau transit franco-russe se fît par Archangelsk. Richelieu préférait Narva pour établir des relations plus fréquentes et plus étroites, aussi bien avec le Danemark qu'avec la Moscovie. C'est alors qu'un Havrais, de la célèbre et antique famille des Toustain, qui devait un peu plus tard se distinguer au service de l'État, Nicolas Toustain du Castillon, élève du célèbre Plancius,

---

(1) Noël, *op. cit.*, p. 1r. — Cf. Borély, *op. cit.*
(2) *Arch. des aff. étrang. Russie*, supplément, t. I, pièce 7, imprimée dans Rambaud, *Recueil des instructions données aux ambassadeurs et ministres de France*, etc. *Russie*, t. I, p. 21-23. Paris, 1890, in-8°.
(3) Rambaud, *loc. cit.*, p. 93 et suiv.

entreprit d'ouvrir une route nouvelle aux navires de ses compatriotes. Il s'associa quelques pilotes havrais et hollandais avec lesquels il tenta, à son tour, de gagner par le nord-est de l'Asie les mers orientales. Cette hardie tentative, dont nous ignorons les détails, échoua malheureusement ; mais sa simple mention suffit à expliquer l'existence d'un monument géographique normand, tel que celui du cabinet de M. Cash, où Jean Mayen cède son île à Richelieu, *gouverneur du Havre*, et où le roi Louis XIII devient le parrain de cette baie des Basques (*Port-Louis*), lieu de refuge et séjour estival des baleiniers français, depuis le partage des fiords.

Le style, la date, la nomenclature, tout autorise à rapporter à l'expédition de Toustain du Castillon le portulan de la *France artique*[1].

Avant de chercher à le démontrer, il nous faut revenir quelques années en arrière, pour exposer les résultats cartographiques dus à un navigateur hollandais (1614) qui a exercé sur les œuvres de nos pilotes normands une salutaire influence.

IV

Les premiers événements maritimes résumés dans le second chapitre de ce petit mémoire ont eu pour principal théâtre la côte occidentale du Spitzberg, depuis le cap du Sud ou *point Look-out* des Anglais, jusqu'un peu au nord de l'île de Kijn ou du *Prince Charles*. Ni Van Muyden, ni Mossel qui commandait sa conserve, ni Thomas Bonaërt, le patron du vaisseau d'Enchuysen, ni aucun autre des Hollandais de 1612 et de 1613 n'ont sensiblement dépassé vers le nord le Fair Forland, et les renseignements personnels, consignés par Hessel dans la relation plusieurs fois mentionnée aux pages qu'on vient de lire, ne s'étendent guère au delà de la baie des Anglais.

Il existe pourtant une carte hollandaise (fig. 17) datée de 1614 et signée Joris Carl, second capitaine[2], cartographe à Enchuysen (*Jo-*

---

(1) S'il en est bien ainsi, Toustain aurait suivi la route déjà classique de Jan Mayen et du Cap Sud, longé toute la côte occidentale du Spitzberg, et serait allé se heurter aux grandes banquises, après avoir longé, presque sans la voir, la côte occidentale de la Terre du Nord-Est, jusque par 81°.

(2) « De nos jours encore, veut bien m'écrire M. Bonvalet, président du Comité flamand de France, à Dunkerque, de nos jours le stierman (*stedermann*

ris *Carolus Stierman Caertschryver tot Enchu*), qui révèle des connaissances géographiques étendues bien au delà de la zone ainsi déterminée, puisqu'elles embrassent tout le littoral occiden-

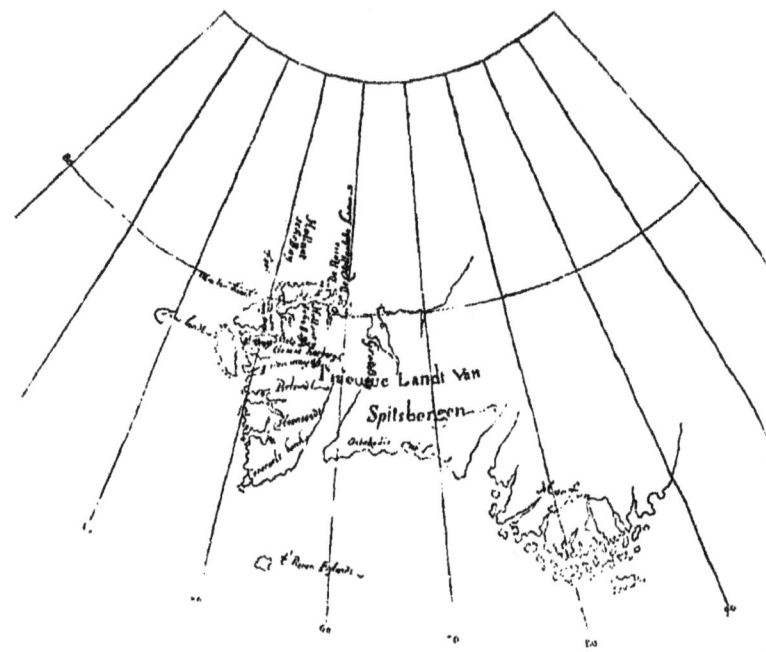

Fig. 17. — Carte manuscrite du Spitzberg de Carl Joris (1614).
(Dép. des cartes et plans de la marine.)

tal de l'archipel, depuis l'île de l'Espérance et les Mille-Îles de la terre des États, appelée *Marfin*, jusqu'à la *Grote Bay*.

L'étude de ce précieux document, très supérieur aux cartes rudimentaires que l'on possédait jusqu'alors, démontre que, dès

en allemand, *styrmand* en danois), est le second capitaine de navire, celui qui est chargé de la tenue du journal du bord, et de consigner sur ce document toutes les observations qui se rattachent à la conduite du bâtiment. « *Comm. ms.*)

1614, un navire d'Enchuysen, celui de Bonaërt peut-être, dont j'ai déjà parlé plus haut, a poussé très loin du sud-est au nord-est la visite de l'archipel.

La carte qui accompagne la brochure de Hessel Gerritz et celle de Daniell, dont elle a été en grande partie tirée[1], sont chargées d'une vingtaine de noms, d'origine anglaise[2], les uns donnés en l'honneur de la compagnie (*Moscovit mont*) ou de quelque haut personnage (*Prince Charles Island*, *Osborne Inlet*), les autres tirés d'un incident du voyage, comme la rencontre des défenses du narwhall dont j'ai déjà dit quelques mots. De tous ces noms, quatre seulement dépassent au nord le *Fair forland*, au delà duquel on ne s'était guère aventuré, semble-t-il[3].

(1) « Avons suivy, dit Hessel, pour la plus grand part les anotations des Angloys, tirés d'une carte de Johan Daniel, escrite à Londres, l'an 1612 » (p. 12).

(2) Deux noms seulement dans Hessel sont hollandais, *Schoonhaven* (c'est un nom imposé par Muyden, p. 14-22) et *Behoudë Haven*, dont Hessel signale d'ailleurs lui-même l'origine hollandaise (p. 14).

(3) Voici, du sud au nord, la nomenclature complète de la carte de Hessel, d'une part, et de son texte, de l'autre :

Point Louckhoute.	Locqhoute, pointe du Su.
Moscovit mont	»
Horne Sound	Hornsond, Horensoud, Horensout.
Schoonhaven	Schoonhaven, bonne havre, beau port.
Belpoint, Belmint partition	Belpointe.
Belsound	Belsond, Belsont, baye des Franchoys.
Loesound	Louwsound.
Loesoundnes	Louwsoundnes.
Grenarbor	Grin harbor, Grenharbor, Groenharbor.
Yssesound	Issound.
Behoudᵉ haven	Behouden-Haven, Port asseuré.
Osborne Inlet	»
	Isle de Klijn, Isle de Prince Charles.
Black point	Poincte du Su de l'Isle.
C. Cold	»
Faire forland	T' Fayre Forland, Faire forland, la belle pointe, poincte du Nord.
»	Baye des Angloys.
Coues confortles	»
Dere Sound	»
Closse Sound	
Knotte point	»
Faire haven	»
Ysse caep	»

Or la nomenclature de Carl Joris, exclusivement hollandaise, à un seul mot près, traduit cinq des termes anglais de Daniell et de Hessel, *Hornsondt, Belsondt, Groene harborgh, T'coor landt, Feer haven*; mais en improvise bon nombre d'autres, dont une dizaine sont placés en dehors du champ d'exploration des premiers navigateurs anglais[1].

La route que ces noms jalonnent est encore celle que suivent de nos jours les rares navires qui vont dans le haut Nord. Le pilote hollandais a reconnu Jan-Mayen; il a cru l'avoir découverte, et il l'appelle complaisamment l'île de Maître Joris, *m⁰ Joris eylandt*, y nomme un cap (*Jan Meys hoeck*) et une baie (*Gowenaers bay*). De là il monte en portant à l'ouest, pour éviter la grande banquise, voit en passant l'île des Ours (*T'Beren Eylandt*) et vient attaquer le grand archipel par le sud.

Il a rendu assez fidèlement les formes du Hornsound et du Belsound, mais il n'a pris qu'une idée confuse de toute la portion de la grande terre que masque vers l'ouest Forland, qu'il contournait sans doute au large. Et quand il a dépassé la pointe nord de cette île, une erreur d'orientation lui a fait brusquement incliner au nord-est tout le littoral qu'il était le premier à reconnaître d'une manière un peu détaillée[2].

[1] Voici, toujours du sud au nord, la nomenclature de la carte de Carl Joris, comparée à la nomenclature moderne :

Marfyn	Terre des États.
Onbekende kust	Promontoire des Baleines.
Generaels hoek	C. Sud.
Hornsondt	Hornsound.
Belsondt	Belsound.
Groten inwyck	Fiord du Prince Charles.
Groene harborgh	Green-harbour.
S⁰ Tomas Smets Bay . . .	S⁰ Thomas Smith's Bay.
T'coorlandt	Forland (I. du Prince Charles)
Swarten hoeck	?
Mari. mag. bay	Baie de la Madelaine.
Feer haven	Fair haven.
Hollantsche Bay	Baie des Hollandais.
De Reus	?
De Hollantsche haven . . .	?
Grote Bay	?

[2] Cette portion de la côte, couvertes d'îles, d'îlots et de roches, est le *Gebrochen Landt* de la carte de Riot (*Pet. Voy.*, part III).

On retrouve aisément dans son esquisse la baie de la Madelaine (*mari. mag. bay*) et les îles plus au nord, qui ont joué par la suite un rôle si important dans l'histoire des pêcheries; les contours en sont exacts, les baies qu'elles couvrent vers la haute mer sont

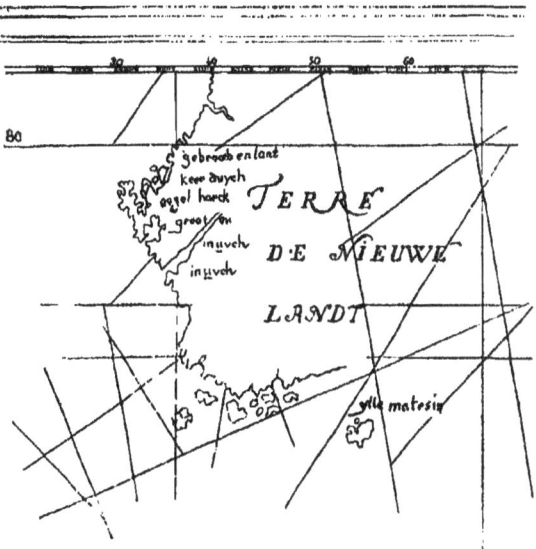

Fig. 18. — Carte du Spitzberg, tirée de la *Nouvelle Description hydrographique de tout le monde*, faite en Dieppe par Jean Guérard, l'an 1625. (Dép. des cart. et pl. de la marine.)

bien dessinées, mais l'orientation générale de toute cette portion de la péninsule nord-ouest est faussée, je le répète, de plus de 45 degrés.

Les noms de *Hollantsche Bay*, *Hollantsche Haven*, marquent dans ces parages la priorité du navigateur d'Enchuysen, qui a peut-être poussé jusqu'au détroit de Hinlopen son audacieuse reconnaissance. L'une des roches qu'il a vues sur la côte a reçu le nom de *Reus*, le géant[1].

(1) J'ai déjà observé qu'un seul mot étranger s'était glissé dans cette nomenclature du cartographe d'Enchuysen. C'est le nom d'un personnage au-

La carte où sont consignés ces renseignements nouveaux sur le nord-ouest du Spitzberg est une carte en projection polaire (fig. 17), dont le parallèle 80 détermine une circonférence de 0 m. 10 de

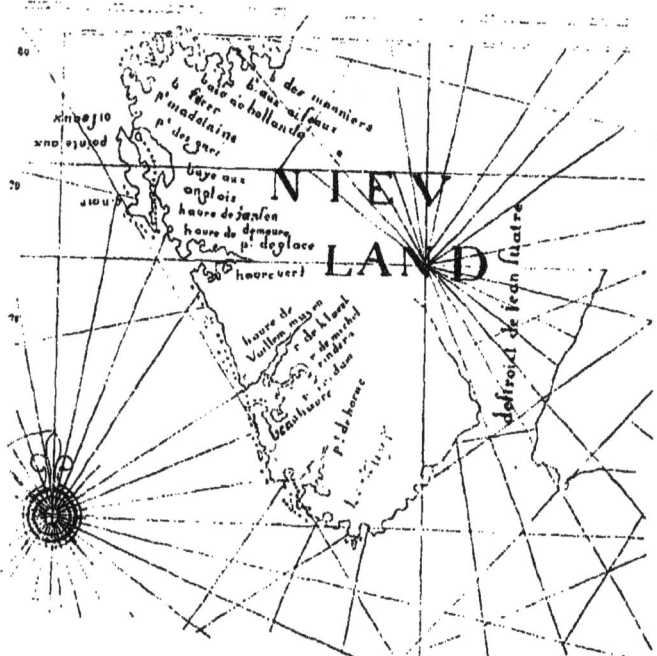

Fig. 19. — Carte du Spitzberg, d'après l'original de Jean Guérard, fait à Dieppe en 1628. (*Dép. des cart. et pl. de la marine.*)

rayon et dont les méridiens, d'ailleurs erronés, sont espacés de dix en dix degrés. Elle a inspiré plusieurs autres cartes qui en ont imité sans beaucoup de soin les formes générales.

glais (S' *Tomas Smets Bay*), que je retrouve ailleurs sous sa vraie forme nationale, S' Thomas Smyth. Cette appellation donnée à une baie chez Carl Joris, à une entrée chez Thomas Edge, rappelle, je l'ai déjà dit, le nom d'un des plus ardents promoteurs des expéditions arctiques anglaises.

On n'a eu longtemps, en France, que des grossières adaptations de cette carte de Carl Joris, et, en 1625 encore, le cartographe dieppois bien connu, Jean Guérard, ne connaissait qu'un Spitzberg très incorrect, ayant au premier abord à peu près l'aspect de celui de Joris, mais déformé par des erreurs de détail[1] dans l'analyse desquelles il serait trop long d'entrer ici[2].

C'est seulement en 1628 qu'on trouve une imitation beaucoup plus parfaite du même cartographe que je reproduis ci-contre (fig. 19), d'après l'original du Dépôt de la marine[4].

La côte méridionale de la presqu'île ouest est surtout développée dans cette carte[3], comme dans celle de Carl Joris, et les trois

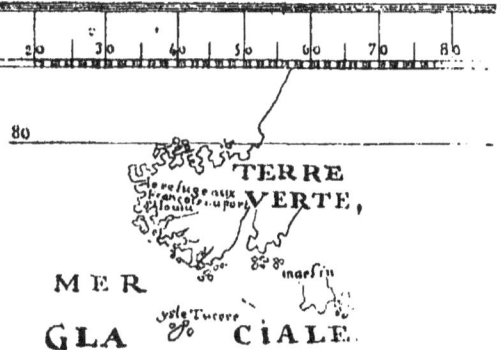

FIG. 20. — Fragment de la carte universelle hydrographique de Jean Guérard (1634), conservée au Dépôt des Cartes de la marine.

grands havres du sud sont assez correctement dessinés (p. de horne, beauhavre, p¹ de glace) avec leurs dépendances (r. serdam,

(1) Par exemple, le T' Voor Landt de Joris est rattaché à la grande terre par un pointillé, correspondant à ce qu'on appela plus tard The barr (Edge, 1631). La petite carte de 1625 de Guérard remplace cette barre par un isthme.
(2) On remarquera que cette carte a presque exactement la même nomenclature que celle de Barentz de 1601.
(3) Pl. 2, div. 1, pièce 2.
(4) Cette carte de Jean Guérard de 1628 est construite, conformément aux règles traditionnelles qui régissent depuis des siècles la confection des cartes nautiques, avec des roses de vents à 32 rhumbs, la nomenclature insulaire renversée, etc.

r. de Michel rinders, r. de Kloeck, havre de Willem Muyen, haure vert, haure de demeure). Par contre, comme chez Joris encore, les rives de la péninsule nord-ouest, au delà de l'île du Prince Charles, sont atrophiées et tordues. J'y note l'existence au sud du *p^t madelaine*, d'un certain *p^t des gars*, où se trouvait déjà fixé, sans doute, l'établissement dont Vrolicq fut le dernier occupant en 1632...

Cette carte de Jean Guérard est datée, je l'ai déjà dit, de 1628; l'auteur en traçait par conséquent les contours trois ans après la publication par Purchas du *Greneland* du capitaine Thomas Edge, dont le pilote dieppois ignorait encore toutes les découvertes, *Edges Iland, Hope Iland*, etc.[1].

Le cartographe anonyme qui a tracé la carte du cabinet de M. Cash, qu'il me reste à commenter, est tout aussi étranger que Guérard aux dernières navigations des Anglais; son esquisse n'est

Voici ce qu'on peut lire, du sud au nord, avec les références aux cartes actuelles :

Destroict de Jean Suatre.	Wybe Jans Water.
Lookuyt	Look-out, C. du Sud.
Pt de Horne	Hornesound.
Beauhavre.	Schoonhaven, b. de la Recherche.
r. Serdam.	»
r. de Michel Rinders . . .	Baie Van Keulen.
r. de Kloeck.	Bellsound.
haure de Wuillem Muyen.	Lowsound.
haure vert	Green Harbour, baie Verte.
pt de glace.	Ice Sound, p. des glaces.
haure de demeure.	Behouden haven.
haure de iansen.	S. Ians haven.
baye aux anglois.	Baie des Anglais.
c. noir.	Black point, cap Noir.
pointe aux oiseaux. . . .	Beau cap ou Pointe des oiseaux.
pt des gars.	Petite baie des Basques.
pt madelaine	B. de la Madelaine.
b. ferer	Fair haven, Beau port.
baie de hollande.	Baie des Hollandais.
baie aux oiseaux	?
b. des monniers	?

[1] Il existe du même Guérard, au Dépôt, une *Carte universelle hydrographique* de 1634, où l'on retrouve le Spitzberg avec cette mention : *le refuge aux François ou Port-Louis*. Nous en avons reproduit ci-dessus un intéressant fragment (fig. 20).

AU DIX-SEPTIÈME SIÈCLE 331

pas moins nue en sa moitié droite, où tout manque jusqu'à la *première pointe* (lookout ou cap du Sud).

Sur quinze noms qu'elle inscrit dans sa moitié gauche, une dizaine sont les mêmes que chez Guérard, ou proviennent de sources plus anciennes. Mais les cinq autres constituent une nomenclature toute nouvelle, dont j'ai plus haut signalé l'intérêt, et les rivages auxquels ils sont attachés offrent dans leurs contours une précision qui assure à la nouvelle œuvre une remarquable supériorité sur l'ancienne.

On ne saurait douter un instant, en comparant les deux cartes[1], que celle de Guérard ne soit la première par ordre de date, malgré sa richesse plus grande en noms de lieux.

La carte marine de M. Cash, postérieure à celle de Guérard, a donc été dressée après 1628. Elle est en même temps antérieure à 1631, car à cette date la publication de l'ellham venait vulga-

---

[1] Nomenclature comparée de la carte de M. Cash et de celle de Jean Guérard.

CARTE DE GUÉRARD	CARTE DE M. CASH
Destroict de Jean Suatre.	"
Lockuyt	Première pointe.
pt de horne	hornesont.
beauhaure	"
r. Serdam	"
r. de michel rinders	"
r. de Kloeck	Belsont.
haure de Vuillem muyen	"
"	longnessont.
haure vert	"
pn de glace	"
haure de demeure	B. des panoles.
haure de jansen	"
baye aux anglois	b. aux anglois.
"	y. de Forlan.
c. noir	"
pointe aux oiseaux	"
pt. des gars	port louis ou Refuge françois
pt. madelaine	"
b. ferer	ferhaure.
"	p. st Pierre, etc.
baie de hollande	B. des holandois.
b. aux oiseaux	vausgues baie.
b. des monniers	B. au monnier.
"	B. diric.

riser les travaux de Thomas Eyre[1], qui ont transformé la cartographie du Spitzberg.

La carte de M. Cash a donc été peinte vers 1629 ou 1630, ce qui correspond parfaitement à la date de l'expédition de Toustain du Castillon. J'ai déjà dit que son style la rapproche des œuvres de la cartographie dieppoise, dont elle constituerait ainsi une des pages les plus modernes.

Les Français n'ont plus guère exploité les mers du Spitzberg, après le désastre de Saint-Jean-de-Luz. Toutefois, un sieur Claude Rousseau, bourgeois de Paris, obtenait le 4 août 1644, du grand-maître de la navigation et du commerce, une concession de trois ans, en faveur d'une Compagnie pour la pêche de la baleine et des chiens de mer[2]. Nous ignorons ce que devint cette association au milieu des troubles de la Fronde. Quoi qu'il en soit d'ailleurs, à l'époque où Frédérick Martens écrivait son curieux ouvrage (1671), le rôle des marins français se réduisait à bien peu de chose dans les mers septentrionales.

Une dernière fois pourtant le pavillon de France apparaît, arboré par de puissants navires, dans les eaux du Spitzberg. En 1693, les frégates du roi, *l'Aigle*, commandant de Courcy, *le Favori*, commandant Arinsandy, *le Pélican*, commandant Varenne, et le vaisseau malouin *le Prudent* s'élevèrent jusqu'au nord de l'archipel pour y saisir les bateaux des pêcheurs hollandais; et l'on conserve au Dépôt de la Marine une *Carte de la côte de Spitzberg, représentant partie de la navigation faite dans les glaces par les frégates du Roy, en juillet 1693, pour aller à la baie de Biesbay pour y prendre les vaisseaux hollandois de la pêche à la baleine.* (Pf. 2, div. 7, p. 1.)

---

(1) J'ai déjà dit que l'éditeur de la curieuse brochure de Pellham avait emprunté à la troisième partie des Pilgrimes de Purchas la carte de Thomas Eyre. Cette carte, tout entourée de vignettes, représentant la pêche à la baleine, aux morses, etc., est vite devenue populaire.

(2) Je dois ce renseignement intéressant à M. Gabriel Marcel, qui l'a tiré d'un manuscrit en parchemin, mis en vente en 1893 à la librairie Dufossé, qui renfermait le texte d'une concession « accordée au sieur Claude Rousseau, bourgeois de Paris, et ses associés, de faire la pêche à la baleine et aux chiens de mer, pour une durée de trois ans, à la Nouvelle-Zemble, terre de Groenland, Spitzberg, Grande-Baye et détroit d'Anian, par Armand de Maillé, duc de Fronsac, marquis de Brezé et de Graville, pair de France, grand-maître chef et surintendant général de la navigation et commerce de ce Royaume... »

XV

LA QUESTION DES CAROLINES

Les mappemondes les plus élémentaires montrent, irrégulièrement alignées de l'ouest à l'est, entre 130° et 161° de longitude est et distantes de 2 à 11 degrés en moyenne de l'Équateur, quantité de petites îles formant des groupes de minime étendue au-dessous desquelles sont écrits ces mots *Iles Carolines*. Il se détache de cet ensemble, dans la direction du nord, sous le 142°, une chaîne de dix-sept îles ou îlots, légèrement convexe vers l'est, s'étendant du 13° au 21° de latitude nord et à laquelle on attribue le plus communément le nom d'*Iles Mariannes*.

Ces dernières, rencontrées par Magellan, le 6 mars 1521[1], comme il cherchait à gagner les îles des Épices, *las islas de la Especería*, avaient d'abord été appelées *islas das Velas*, à cause des nombreuses petites barques à voiles triangulaires, qui semblaient voler autour des navires espagnols[2].

Magellan leur donnait aussi celui de *los Ladrones (les Larrons)*, en souvenir de l'adresse avec laquelle les indigènes lui avaient

---

[1] Cet article a été écrit à l'instigation de Joussemet, alors secrétaire de la rédaction des *Débats*, et a paru dans ce journal le jeudi 10 septembre 1885. J'en reproduis ici le texte amélioré et y ajoute les notes bibliographiques qui n'avaient pas pu trouver place dans les colonnes d'un journal politique.

[2] Navarrete, *Colección de los Viages y Descubrimientos*, etc., t. IV, p. 219, etc.

[3] « Y así vimos muchas velas pequeñas, que venian á nos, y andaban tanto que parecia que volasan, y tenian velas de estera hechas en triangulo... » (*Diario ó derrotero del viage de Magallanes desde el cabo de San Agustin en el Brazil, hasta el regresso á España de la nao Victoria, escrito por Francisco Albo.* (Navarrete, *op. cit.*, t. IV, p. 219.)

enlevé le canot de sa capitane[1]. Elles ont pris leur vocable actuel du prénom de la reine D. Marianna d'Autriche, veuve de Philippe IV et régente d'Espagne, pendant la minorité de D. Carlos II (1668). Les Espagnols les occupent depuis un peu plus de deux siècles et aucune puissance européenne ne pourrait songer à contester leurs titres de propriété.

Il n'en est pas de même des Carolines; les événements qui viennent de se dérouler si brusquement[2], et que quelques géographes avaient prévues et annoncées depuis plusieurs années déjà, montrent que c'est bien à tort que le gouvernement espagnol a négligé de faire constater de nouveau ses droits sur un archipel qui fait historiquement partie de son domaine, mais dans lequel il a trop rarement exercé une action directe et officielle.

Les quarante-huit groupes d'îles, presque tous habités[3], distingués par Redlick dans la géographie des Carolines, et qui forment, dans leur ensemble, le grand archipel qui porte depuis 1686[4] le nom du roi Charles II, ont bien été découverts, pour la plupart, par des navigateurs espagnols : mais depuis l'échec sanglant éprouvé en 1731 par la mission de Cantova, il ne semble pas qu'aucun *établissement permanent* ait été tenté sur ces terres qui sont, d'ailleurs, sans aucune importance coloniale.

L'histoire de la découverte des Carolines a été plusieurs fois écrite; Burney, entre autres, et Louis de Freycinet ont consacré aux faits qui la composent deux longues dissertations[5]. Le commencement de cet intéressant chapitre de l'histoire de l'Océanie n'est pourtant pas exposé avec une exactitude suffisante dans les ouvrages de ces deux célèbres écrivains maritimes[6], et il y a quel-

(1) « Y asi nos hurtaron el esquife de la Capitana, y otro dia lo recobrauos » (ibid.).
(2) Les Allemands venaient d'arborer leur drapeau sur l'île de Yap, la plus importante des îles de l'ouest. (Cf. *Boletin de la Sociedad geográfica de Madrid*, t. XX, p. 14, 1885.)
(3) D'après H. Wagner et A. Supan, le nombre d'habitants s'élèverait à 36.000.
(4) C'est le pilote Lascano qui a le premier donné à l'une des îles qu'il venait de découvrir le nom de Carolina (1686).
(5) Burney, *A Chronological History of the Discoveries in the South Sea or Pacific Ocean*, vol. V, p. 1-29, 1817, in-4°; — Freycinet, *Voyage autour du Monde... sur les Corvettes L'Uranie et La Physicienne pendant les années 1817, 1818, 1819 et 1820, etc. Historique*, t. II, p. 75-89.
(6) Ils n'ont connu, par exemple, ni l'un ni l'autre les pièces originales relatives aux premiers voyages des Espagnols, publiées depuis lors par Navarrete, d'une part, et, de l'autre, par D. Luis Torrez de Mendoza.

que intérêt, en ce moment surtout, à compléter ou rectifier les documents qu'ils ont groupés naguère.

Magellan avait laissé assez loin dans le sud les îles dont nous parlons, pendant sa glorieuse traversée du Grand Océan Pacifique (1521), et Toribio Alonso de Salazar, qui avait remplacé Loaisa à la tête de l'expédition qui suivait la même route cinq ans plus tard, s'écarta si peu de l'itinéraire tracé par son illustre devancier qu'il ne découvrit, avant d'arriver aux *Ladrones*, qu'une petite île, San Bartolome[1], encore marquée sur nos cartes et située bien au nord des véritables Carolines (22 août 1526)[2].

Le découvreur du grand archipel carolin fut Alvaro de Saavedra, qui commandait la première expédition envoyée directement du Mexique à travers le Pacifique[3]. Fernand Cortez, gouverneur et capitaine général de la Nouvelle-Espagne, avait reçu de Grenade, sous la date du 20 juin 1526[4], l'ordre de faire partir quelques navires pour les Moluques, afin de chercher des nouvelles des expéditions de Loaisa et de Sébastien Cabot et de recueillir, si faire se pouvait, les survivants de l'escadre de Magellan, dont un seul navire était revenu en Espagne. Alvaro de Saavedra, parent de Cortès, fut chargé de cette difficile entreprise et mit à la voile de Zaguatanejo ou Aguatlanejo, petit port de la province de Zacatola, le jeudi 31 octobre 1527. Cortez tenait pour très certain qu'il y avait sur le chemin des Moluques des terres inconnues, « *se tiene por muy cierto que en el camino é derrota que habeis de llevar para las dichas islas, hay otras muchas é tierras hasta hoy no descubiertas* »; et dans les instructions détaillées qu'il donne à Saavedra, avant son départ, et dont Navarrete a publié le texte[5], il lui pres-

---

(1) « ... descubrimos una isla en catorce grados por la parte del Norte pusimosle nombre s. Bartolomé, la cual dicha isla parecia grande, y no la pudiemos tomar, é andubimos nuestra derrota para Maluco. (*Relacion escrita y presentada el Emperador por Andres de Urdaneta de los sucesos de la armada del Comendador Loaisa, desde 24 de julio de 1525 hasta el año 1535*. (Navarrete, *Coleccion de Viages y Descubrimientos*, etc., t. V, p. 407.)]

(2) Ou plus exactement au nord des îles Marshall: son nom indigène est Taongui.

(3) Voyez plus haut, p. 194. — On s'accorde généralement aujourd'hui à reconnaître que Diego de Rocha, auquel on a souvent attribué cette découverte, n'est parvenu que jusqu'au groupe des *Matelotas*, dans l'est-nord-est des Palaos, groupe qu'il a nommé *I. de Sequeira*.

(4) Navarrete, *Coll. cit.*, t. V, p. 440.

(5) *Instruccion que dió Hernan Cortés á Alvaro de Saavedra Ceron para el*

crivait de prendre officiellement possession de toutes les îles et terres qu'il découvrirait, au nom de l'Empereur, « *tomareis la posesion por el Emperador nuestro Señor* [1] ».

Saavedra ne rencontra aucune terre de quelque importance jusqu'aux Mariannes, qu'il voyait le 29 décembre, deux mois après son départ. Mais, le 5 janvier 1528, il donnait, par 11° nord, sur une douzaine d'îles basses qu'il nommait, en raison de la fête du lendemain, *islas de los Reyes* [2], et qui correspondent, sans nul doute, aux îles basses nommées par les indigènes *Ulevi*, voisines de celle de Yap, théâtre du conflit actuel. Elles étaient peuplées d'hommes de haute taille, bruns, barbus, avec de longs cheveux [3], armés de roseaux en manière de lances et n'ayant d'autres vêtements qu'une fine natte de palme autour de la ceinture.

Le lendemain, ce sont d'autres îles encore, toujours par 11°. Une de ces îles est déserte, l'autre est habitée; tout le monde descend sur la première, et l'on y demeure huit jours, à faire de l'eau et du bois. On arrive enfin à Mindanao.

L'année suivante, en mai, il faut regagner le Mexique, malgré les

viage que habia de hacer con el armada á las islas de Maluco (Navarrete, *Col. cit.*, t. V, p. 446).

(1) *Ibid.*, p. 453.

(2) *Relacion que presentó en Madrid el año 1534 Vicente de Nápoles sobre los sucesos de la armada de Saavedra que salió de las costas Occidentales de Nueva España al descubrimiento de las islas del Maluco* (Navarrete, *Coll. cit.*, t. V, p. 476) : « ... un domingo de mañana dimos en unas islas bajas, questaban once grados de la banda del Norte de la linea Equinocial, á las cuales dichas islas los pusimos por nombre las islas de los Reyes, porque llegamos á ellas dia de los Reyes, y anduvimos tres dias sobre ellas y nunca las pudimos tomar, porque tentamos mucha necesidad dellas, porque hachia mucha agua el navio y no haciamos sino dar á la bomba : de ahi tiramos nuestro camino derecho para las islas del Maluco. »

(3) « La gente destas islas es gente crecida, algo morenos. Tienen largos los cabellos, no alcanzan ropa, sino de unas palmas hacen mastelas y unas esteras. Son tan primorosas las esteras, que parecen de lexos que son de oro, con aquellas se cobijan; tienen los hombres barbas como los Españoles; tienen por armas unas varas tostadas : lo que comen no se vido, porque no tuvimos comunicacion con ellos. Estan estas islas en once grados de la banda del Norte. (*Relacion hecha por Vicencio de Nápoles, del Viage que hizo la armada que Hernan Cortes envió en busca de las Islas de la Especieria* (*Col. de Documentos ineditos relativos al descubrimiento, conquista y organizacion de las antiguas posesiones españolas en América y Oceania... por Luis Torres de Mendoza*, t. V, p. 73. Madrid, 1866, in-8°. — Cf. Herrera, *Historia general de los Hechos de los Castillanos en las Islas y Tierra Firme del Mar Oceano*, Dec. IV, lib. I, cap. VI. Madrid, 1730, in-f°.)

vents contraires dont on ignore encore le régime. Et Saavedra rencontre, par 7° de latitude nord, un second groupe qui fait aussi partie des Carolines. Ces îles étaient peuplées d'hommes blancs et barbus, qui assaillirent le navire, menaçant de lancer des pierres avec des frondes [1]. Les Espagnols qui n'avaient vu, les jours précédents, que des nègres sur les terres situées plus au sud, s'émerveillaient de rencontrer à si peu de distance des insulaires si différents [2]. Ces îles doivent être le petit groupe d'Oraluk ou de Saint-Augustin.

En 1529, l'expédition découvrait de nouvelles terres, qui font manifestement partie de l'archipel Marshall, dont les Espagnols ont dû alors prendre possession, comme ils avaient fait des Carolines centrales, pour se conformer aux instructions de Cortès.

Les expéditions suivantes, dirigées à travers le Pacifique par Ortiz de Retes, Villalobos, Legazpi, etc., élargirent les limites des connaissances précises sur ces petits archipels et sur leurs habitants, tandis que les rapports officiels de ces navigateurs mentionnaient de temps en temps de véritables actes de prise de possession. Le 9 janvier 1565, par exemple, le maître de camp de la flotte de Legazpi débarque sur une île du groupe des Barbudos, (îles Marshall), et y arbore le drapeau.

La liste des navigateurs dans le Pacifique du Nord ne renferme ainsi que des noms espagnols, jusqu'au moment où Francis Drake rencontre sur sa route, le 30 septembre 1579, les *Islands of Thieves* [3], que Freycinet identifie avec le petit groupe de Lamoliao-Ourou, au sud de l'île Yap [4].

Les Hollandais n'interviennent qu'en 1627 dans l'exploration des Carolines, et les Russes, les Français, qui ont si largement contribué aux progrès de la géographie de cette région du globe, ne s'y montrent pour la première fois qu'en 1816 et en 1819 [5].

---

(1) *Relacion hecha por Vicencio de Nápoles*, etc., p. 91. — Cf. Herrera, *op. cit.*, Dec. IV, lib. 2, cap. VI.
(2) C'est ici le cas de rappeler de nouveau cette sage réflexion de Burney : « The light copper coloured complexion is frequently by the Spanish and Portugues voyagers called white » (vol. I, p. 152).
(3) Burney, *op. cit.*, vol. I, p. 357.
(4) Freycinet, *op. cit.*, t. II, p. 77, et Atlas hydr., carte n° 7.
(5) Id., *ibid.*, t. II, p. 76.

La découverte des Carolines est donc, avant tout, une œuvre espagnole, et la prise de possession ancienne de plusieurs de ces îles est suffisamment démontrée. Or, cette prise de possession a été suivie d'une occupation effective, bien que temporaire, dont nous allons brièvement rappeler les circonstances.

Les Espagnols des Philippines avaient vu, à diverses reprises, dans le cours du xviie siècle, arriver sur leurs côtes des pirogues de Carolins, que de violents coups de vent avaient chassées bien loin dans la direction de l'ouest.

Le 28 décembre 1696, notamment, deux barques de Lamoursek, chargées de trente-cinq personnes, avaient été jetées à la côte de Guivam, sur l'île Samal [1]. Quelques années plus tard, un chef carolin, nommé Moak, parti de Féis, une des îles Égoy, s'était vu contraint d'aborder à Palapag. Un navire espagnol, commandé par Don Francisco Padilla, fut chargé de rapatrier Moak et sa famille en même temps qu'il emmenait quatre-vingts personnes, parmi lesquelles étaient les religieux Duberon, Cortil et Baudin. Le roi avait mis, suivant une pièce officielle conservée à Séville, « à la charge de la Sainte Religion la *découverte, conquête et conversion* à notre sainte foi catholique » des îles vers lesquelles se dirigeait l'expédition. Le 30 novembre 1710, on arrivait devant le petit groupe de Sonsorol, au sud-ouest des Peliou. Les Pères Duberon et Cortil et quatorze hommes descendirent à terre ; mais le navire ne trouvant aucun mouillage, entraîné par de violents courants, fut forcé d'abandonner à leurs seules forces les seize hommes ainsi débarqués. On n'a jamais eu, depuis lors, de nouvelles de cette petite troupe [2], dont il ne restait pas de trace, lorsque, beaucoup plus tard, on put aborder de nouveau à Sonsorol [3].

Une seconde tentative du même genre, c'est-à-dire à la fois

---

(1) *Lettre escrite de Manille le 10 de juin 1697 par le Père Paul Clain, de la Compagnie de Jésus, au Révérend Père Thyrse Gonzalez, général de cette même Compagnie, sur la découverte que l'on a faite de trente-deux Isles au sud des Isles Mariannes* (*Lettres édifiantes et curieuses écrites des Missions étrangères par quelques Missionnaires de la Compagnie de Jésus.* 1er Recueil, Paris, 1717, in-12, p. 112 et suiv.).

(2) Lettre du Père Cazier (Canton, 3 nov. 1720) (*Lettres édifiantes*, etc.). XVIe Recueil, p. 369. Paris, 1724, in-12.

(3) *Ibid.*, p. 372. Suivant le témoignage d'insulaires enlevés par un bateau espagnol et amenés à Manille, les deux Pères avaient été tués et mangés.

militaire et religieuse, devait aboutir quelques années plus tard à des résultats analogues. Le 19 juin 1721, une grande pirogue, montée par onze hommes, sept femmes et six enfants, surprise par un coup de vent d'ouest pendant qu'elle se dirigeait de Farroilep sur Ulea, avait été conduite à Tarofofo sur la côte orientale de Guaham, la principale des Mariannes[1]. Deux jours plus tard, une nouvelle barque étrangère, entraînée par le même ouragan, abordait à Orote[2] dans la même île. Traités avec bonté, les naufragés fournirent aux Espagnols, et notamment au Jésuite Cantova, des renseignements détaillés, qui permirent à ce missionnaire de dresser la curieuse carte publiée dans le XVIIIe Recueil des *Lettres édifiantes*[3].

Après bien des démarches infructueuses, Cantova obtint, en mars 1722, « la permission d'aller reconnaître ces terres infidèles et de monter une des barques » que le gouverneur des Mariannes y envoyait[4]. Cette mission ne réussit point ; mais le 2 mars 1731, le même Père Cantova, accompagné du Père Victor Valter, de douze soldats d'escorte armés d'arquebuses et de sabres et de huit matelots, tant espagnols que tagals, débarque à l'île Mogmog, résidence d'un *tamol* ou petit chef[5]. C'était ainsi, en combinant l'action du missionnaire et du soldat, qu'on avait commencé la conquête des Mariannes sous San-Vitores, quelque soixante années plus tôt.

La nouvelle expédition des Carolines, à la fois religieuse et civile, comme les précédentes, fondait à Falalep, île voisine de Mogmog[6],

---

(1) *Lettre du P. Jean-Antoine Cantova, missionnaire de la Compagnie de Jésus, au R. P. Guillaume Daubenton, de la même Compagnie, confesseur de Sa Majesté Catholique*, traduite de l'espagnol (*Lettres édifiantes et curieuses écrites des Missions étrangères par quelques Missionnaires de la Compagnie de Jésus.* XVIIIe Recueil, Paris, 1728, in-12, p. 191).

(2) *Ibid.*, p. 196.

(3) *Nouvelle description des Isles Carolines* (*ibid.*, p. 189).

(4) *Ibid.*, p. 246.

(5) La relation originale de cette tentative a été retrouvée par le capitaine de frégate D. Francisco Carrasco aux Archives des Indes à Séville et publiée en 1881 par la Société de géographie de Madrid (*Boletin de la Sociedad geogr. de Madrid*, t. X, p. 263).

(6) Ces petites îles, que le P. Cantova appelait *islas de los Garbanzos* ou *de los Dolores*, correspondent aux îles *de los Reyes* de Sauvedra. Elles dépendaient alors de Yap, « donde esta el reyesuelo principal y donde ay maior numero de gente y otras comodidades por ser la *cavezera* de todas ellas... » (*Ibid.*, p. 275).

à une cinquantaine de lieues au nord-est de cette même île de Yap dont on parle tant depuis quelques jours, un établissement fort modeste, case d'habitation, petite chapelle et magasin.

Les naturels, bienveillants d'abord, changèrent bientôt de dispositions ; leur *tamol* surtout, excité par un Indien d'Uléa, qui avait été à Guaham et faisait un tableau fort sombre de la situation des indigènes soumis, se montrait de plus en plus hostile[1]. Cantova et ses compagnons, soldats et mariniers, furent traîtreusement assassinés vers la fin de mai 1731, comme nous l'apprend un rapport officiel du gouverneur des Philippines, Hernando Valdès Tamon, et l'établissement, pillé et brûlé par les indigènes, ne fut pas relevé, lorsque, en 1733, les secours demandés à Manille arrivèrent enfin à Falalep.

Ces désastres, ainsi éprouvés coup sur coup par les missions des Carolines, découragèrent l'autorité civile, et les gouverneurs se refusèrent à tenter de nouveaux essais d'*occupation*. Ils ne renonçaient point pourtant à intervenir, lorsque cela paraissait nécessaire, dans cet archipel toujours considéré par eux comme une dépendance de leur gouvernement. Il est parfaitement établi, par exemple, que Don Luis de Torrès est allé de Guaham visiter les Carolines en 1804, pour renouer avec les indigènes des relations interrompues à la suite d'une tempête qui avait englouti leur flotte, en 1788; que Don F. Medinilla, un autre gouverneur, accueillait en 1816 Kaoutao, chef ou *tamol* de Lamoursek et lui concédait un établissement à Saypan, l'une des Mariannes; que, plusieurs fois encore, dans le cours de ce siècle, les autorités espagnoles ont rapatrié des Carolins naufragés ou amené des immigrants des Carolines aux Mariannes ; enfin, que cette année même, au mois de février (1885), le *Velasco*[2], un croiseur de guerre, a visité Yap et Keror, et étudié sur place les moyens d'installer des postes militaires pour la protection du commerce.

C'est quelques jours après la rentrée de ce bâtiment, au moment même où arrivait aux Carolines l'expédition qui allait relever

---

(1) *Ibid.*, p. 269.
(2) *Memoria sobre las Islas Carolinas y Palaos presentadas al Exémo sr. comandante general del Apostadero de Filipinas* por el comandante del crucero Velasco, capitan de fregata D. Emilio Butron y de la Serna (*Boletin de la Sociedad geográfica de Madrid*, t. XX, p. 188).

les ruines de 1731, que les Allemands ont débarqué à Yap et y ont planté leur drapeau. Les questions de droit international que soulève cette intervention ne sont pas de notre compétence. Nous n'avons voulu, dans ce petit travail, que résumer brièvement des documents historiques qui semblaient, il y a quelques jours encore, devoir assurer à l'Espagne la paisible possession de ces terres océaniennes, où ses couleurs ont été arborées pour la première fois il y a plus de trois siècles et demi [1].

(1) J'ai laissé à cette petite dissertation la forme que je lui avais d'abord donnée. On sait comment l'incident des Carolines s'est terminé, le 17 décembre 1885, par un arbitrage du Pape favorable à l'Espagne (Cf. *Boletin de la Sociedad de geografica de Madrid*, t. XX, p. 103-107).

On lira avec intérêt, sur le sujet traité ci-dessus, une monographie du colonel D. Francisco Coello y Quesada déjà citée plus haut et intitulée *La Conferencia de Berlin y la Cuestion de las Carolinas*. Madrid, 1885, in-8°. M. A. Williamson-Taylor a traduit ce travail en français pour la Société Académique Indo-Chinoise sous ce titre : *Les îles Carolines d'après les anciens documents des archives et des bibliothèques d'Espagne. — Le Conflit hispano-allemand. — La souveraineté de l'Espagne* (Bull. de la Soc. Acad. Indo-Chinoise de France, 2ᵉ série, t. III, p. 333-397).

XVI

COOK ET DALRYMPLE[1]

I

Un nouveau passage de Vénus sur le soleil était annoncé pour le 3 juin 1769, et l'imminence de cet événement astronomique, auquel il n'avait été donné d'assister qu'une seule fois, depuis que les travaux de Halley en avaient fait comprendre l'importance, émotionnait vivement le monde scientifique presque entier. L'insuccès accidentel de la plupart des expéditions tentées huit ans plus tôt pour étudier le même phénomène, les causes d'erreurs tout à fait imprévues que quelques-uns des astronomes avaient été en mesure de reconnaître, les écarts considérables entre les données numériques qu'ils avaient rapportées des différentes stations[2], tout cela faisait désirer que de nouveaux efforts fussent tentés pour obtenir de meilleurs résultats.

Les corps savants réclamèrent des pouvoirs publics l'envoi d'observateurs choisis, en certains lieux soigneusement déterminés, et leurs demandes furent quelquefois accueillies avec faveur.

Nulle part le mouvement ne s'accentua d'ailleurs avec autant d'énergie que dans la patrie de l'astronome illustre qui avait le

---

(1) Ce discours a été prononcé dans la séance solennelle tenue par la Société de géographie à l'occasion du centenaire de la mort de Cook, et imprimé dans le numéro de mai du *Bulletin* de cette Société pour 1879 (p. 417-432).
(2) Voyez sur ce sujet l'article inséré par M. J. Bertrand dans le numéro de février 1872 du *Journal des Savants*, p. 111-126).

premier saisi la valeur du phénomène qu'on allait revoir et en avait préparé d'avance tous les éléments de calcul. Informés du rôle important que pouvait jouer, au moment du passage de 1769, un observatoire établi dans les mers du Sud [1], les membres de l'Amirauté anglaise, qui, depuis l'avènement de Georges III, multipliaient avec une si noble ardeur les grandes entreprises géographiques, avaient chargé Wallis, partant au mois d'août 1766 pour faire le tour du monde, de choisir dans sa traversée de l'Océan Pacifique un emplacement pour la station astronomique qu'ils se proposaient d'établir.

La nouvelle expédition était décidée en février 1768, et sur les conseils de Wallis, rentré le 10 mai suivant, on choisissait pour observatoire le Port Royal, dans l'île de Tahiti, que le marin anglais, croyant l'avoir découverte [2], avait nommée *l'île du Roi George*. Le commandant devait rapidement gagner le poste qui lui était assigné, observer le passage, enfin marcher, d'abord au sud, puis à l'ouest, pour tenter de nouvelles découvertes [3].

Parmi les hommes qui semblaient devoir le mieux remplir la double mission qui s'imposait au chef d'une semblable entreprise, on citait surtout à la Société Royale un savant hydrographe, Alexander Dalrymple, que de nombreux voyages et de longues études spéciales avaient rendu particulièrement habile dans l'art nautique.

Pendant cinq ans (1759-1764) Dalrymple avait parcouru les mers orientales, amassant de nombreux documents de toute sorte, qu'il devait fort heureusement utiliser plus tard au profit de la science et de son pays, et recueillant, surtout des mains des Espagnols, quantités de matériaux précieux sur leurs navigations [4]. Il avait inséré en juillet 1767, dans les *Philosophical Transactions*, une dissertation très ingénieuse sur les îles de corail

---

(1) J. de la Lande, *Explication d'une carte du passage de Vénus sur le disque du soleil, qui doit arriver le 3 juin 1769*. (Hist. de l'Acad. Roy. des sciences, 1764. Hist., p. 123.)

(2) On sait aujourd'hui que Tahiti a été découverte par l'expédition espagnole de 1605-1606, commandée par Quiros et Torrès.

(3) Hawkesworth, *Introduct. générale*, pass. (Relation des Voyages entrepris pour faire des découvertes dans l'hémisphère méridional, etc., trad. fr., vol. I. Paris, 1774, in-4°).

(4) A. Dalrymple, *An Historical Collection of the several Voyages and Discoveries in the South Pacific Ocean*, vol. I. London, 1770, in-4°. Introduction, p. xxii-xxiii.

des mers de Bornéo et sur les éléments qui contribuent à leur formation[1]. Il publiait au mois d'octobre de la même année une carte du Pacifique méridional, où se trouvaient indiquées les découvertes antérieures à 1764, et plus particulièrement celles qui semblaient appuyer l'existence d'un continent austral[2]. Il laissait en même temps circuler quelques exemplaires d'un traité sur les *Découvertes faites dans l'océan Pacifique méridional*, dans lequel se trouvait exposé, avec une remarquable érudition, l'état des connaissances qui paraissaient acquises sur les régions du globe que l'expédition en partance était chargée de visiter[3].

Malheureusement Alexander Dalrymple n'appartenait à aucun titre à la marine royale, et sir Edward Hawke, qui était à la tête de l'Amirauté, peu soucieux de voir se reproduire les fâcheux événements qui avaient marqué les voyages de Halley, refusa énergiquement de donner au savant hydrographe ce qu'on avait eu le tort d'accorder autrefois à l'illustre astronome. Il déclara que sa conscience ne lui permettrait jamais de confier un vaisseau du roi à un homme qui n'était pas de la *Royal Navy*[4], et sur la proposition de Stephens, chaudement appuyée par sir Hughes Palliser, il désigna pour commander l'expédition un ancien maitre, que ses aptitudes pour les études hydrographiques avaient fait élever au grade d'ingénieur de la marine pour Terre-Neuve et le Labrador[5].

C'était James Cook; James Cook, que l'un de ses protecteurs,

---

(1) A. Dalrymple, *On the formation of Island* (*Philosoph. Transact.*, vol. LVII, 1767, p. 394, et *Historic. Collect.*, vol. I, p. 22, 1770).

(2) Id., *Chart of the South Pacific Ocean pointing out the Discoveries made therein, previous to 1764.* Publish. octob. 1767.

(3) Id., *The Discoveries made in the South Pacific Ocean*, 1768 (cf. *An Historic. Collect. Pref.*, p. VII).

(4) Cf. A. Kippis, *Vie du capitaine Cook*, trad. fr. Paris, 1789, in-4°, p. 14, etc.

(5) Dalrymple, dans un *post-scriptum* que l'on trouve à la fin de la lettre à Hawkesworth, dont il est question plus loin (*Post-script. to the Public*, p. 32), a fait allusion, dans des termes assez pénibles, aux influences exercées sur le « digne et brave ancien officier, qui était à la tête de l'Amirauté quand l'*Endeavour* fut acheté ».

« Ses idées sur les découvertes, écrit Dalrymple, furent claires et justes dans la seule conférence que j'aie jamais eue avec lui, et on m'a dit qu'il avait ensuite déploré que je *ne pusse point partir*. Mais sa nature ouverte, honnête, à l'abri de tout soupçon, l'a exposé, je crois, aux insinuations d'hommes *rusés*, qui se sont efforcés, etc., etc.

le docteur Bevis, présentait l'année précédente à la Société Royale comme « un bon mathématicien » et un homme « très expert dans l'exercice de sa profession », et qui devait si vite et si brillamment justifier la confiance de ses chefs et le choix de l'Amirauté britannique.

Dalrymple ne pouvait admettre que l'on mît en parallèle les modestes services du topographe de Terre-Neuve avec ceux qu'il avait rendus lui-même, en ouvrant de nouveau à ses compatriotes les routes du grand archipel d'Asie[1]. Blessé dans son amour-propre, déçu dans ses légitimes espérances, il ne pardonna jamais à son heureux rival la préférence inattendue dont il était l'objet, et l'on peut dire, sans exagération, que, dans sa longue carrière, il n'a point perdu une occasion d'amoindrir l'homme ou de rapetisser son œuvre.

Cette œuvre immense que Cook sut mener à bon terme, dans l'espace de moins de onze ans, renversait d'ailleurs le système géographique dont Dalrymple s'était constitué, en Angleterre, le plus intrépide défenseur, et la querelle de personnes vint se doubler d'un conflit de doctrines, lorsque, au retour de son premier voyage, Cook put montrer que le *continent austral*, dont son adversaire affirmait si résolument la réalité, n'existait pas au nord de 48° 22' de latitude sud entre les méridiens de Tahiti et de la Nouvelle-Zélande.

Après avoir observé avec succès à Tahiti le passage de Vénus, visité les îles voisines, en partie nouvelles pour la science, et auxquelles il imposait le nom d'*îles de la Société*, Cook avait marché droit au sud vers les terres indiquées sur la carte de Dalrymple de 1767, et dépassé de près de 20 degrés dans cette direction les latitudes assignées aux côtes hypothétiques du fameux continent austral.

Il n'y pouvait rien rencontrer. La *terra Australis incognita*, les grandes terres magellaniques, tout cela n'existait que dans l'imagination échauffée de quelques géographes, et les observations sur lesquelles ils s'étaient appuyés pour admettre ces belles choses étaient ou mal fondées, comme les *signes de terre* mentionnés par Quiros, ou illusoires, comme celles de Juan Fernandez. Quelques îlots perdus au milieu des profondeurs de l'Océan méridional, *rari nantes in gurgite vasto*, représentent seuls le

---

(1) Cf. *Historic. Coll., Introduct.*, p. xxiii et xxv.

troisième monde que les cartographes du xvi° siècle avaient si hardiment tracé.

Cook, poussant ensuite vers l'ouest, entre 30° et 40°, avait découvert la côte orientale d'Ika-Na-Mawi, que quelques-uns de ses compagnons prenaient d'abord pour le continent cherché, mais qu'une circumnavigation opiniâtre de près de six mois vint démontrer n'être qu'une des deux grandes îles de l'archipel de la Nouvelle-Zélande, dont Tasman avait touché, cent vingt-sept ans plus tôt, le bord occidental, et où l'infortuné Marion devait bientôt après trouver une mort horrible.

Tout le monde sait que, en quittant la Nouvelle-Zélande, dont il venait de dresser la carte hydrographique presque complète, Cook alla aborder sur ces plages aujourd'hui peuplées par ses compatriotes, auxquelles il imposa le nom de Nouvelles-Galles du Sud, et que la reconnaissance de toute la bande orientale de l'Australie et la traversée du détroit qui la sépare de la Nouvelle-Guinée vinrent couronner cette mémorable campagne.

II

Pendant que Cook détruisait en partie le système qui régnait incontesté dans la cartographie depuis la fin du moyen âge, Dalrymple publiait à Londres les deux premiers volumes de son *Historical Collection*, dédiée à la mémoire de Quiros, cet « émule de Magellan », ce « héros des premiers âges » qui, « non par sa bonne fortune, mais par son courage et sa science, est parvenu à découvrir un continent méridional, « *succeed in establishing an Intercourse with a Southern Continent* ».

Il est question, dans l'introduction du recueil, de contrées australes inconnues, *égales en étendue à toute l'Asie civilisée, de la Turquie à la Chine*[1], et la moitié du premier volume est consacrée à ce même Quiros dont le nom est proclamé *immortel* et dont la *théorie australe* est représentée comme une *sublime conception*[2].

La postérité n'a pas plus ratifié le jugement de Dalrymple sur Quiros que sur son œuvre. Les documents historiques publiés dans ces derniers temps en Espagne et en Angleterre ont singu-

(1) Dalrymple, *An Historic. Collect.*, Introd., p. xxiv.
(2) Id., *ibid.*, p. 96.

lièrement amoindri le personnage¹. Quant à sa découverte, Bougainville, coupant entre 16° et 17° de latitude sud, le méridien de la trop fameuse *terre australe du Saint-Esprit*, montrait, avant même que l'impression du recueil de Dalrymple fût menée à bon terme, que cette terre n'est « autre que l'archipel des grandes Cyclades que Quiros avait pris pour un continent² ».

C'est sans nul doute à cette importante constatation qui mettait à néant la *conception sublime* du « héros des premiers âges », que Bougainville dut, en grande partie, les outrages que lui prodigua le défenseur à outrance du continent austral³.

En malmenant de si rude façon un navigateur qui venait d'honorer le pavillon français, l'hydrographe britannique ne risquait assurément point de soulever contre lui l'opinion publique d'outre-Manche⁴.

---

(1) Voir en particulier l'Appendice VI de l'édition de Morga, publiée, pour la Société Hakluyt en 1868, par lord Stanley d'Alderley (*The Philippine Islands, Moluccas, Siam, Cambodia, Japan and China, at the close of the sixteenth Century by Antonio de Morga*, translated from the Spanish., etc.), et un mémoire de Don J. Zaragoza, *Descubrimientos de los Españoles en el mar del Sur y en las costas de la Nueva Guinea*, qui a paru au *Boletin de la Sociedad geográfica de Madrid* de janvier 1878, p. 7-66.

(2) De Bougainville, *Voyage autour du monde par la frégate du Roi La Boudeuse, et la flûte L'Étoile en 1766, 1767, 1768 et 1769*. Paris, 1771, in-4°, p. 257. — Le voyage de Bougainville n'a été imprimé qu'un an après les deux premiers volumes de l'*Historical Collection*, mais notre grand navigateur était rentré à Saint-Malo le 16 mars 1769. Les relations de Dalrymple avec d'Après de Mannevillette l'avaient certainement mis au courant des principaux épisodes du voyage, — ses injures contre Bougainville en font foi, — et la dédicace, où elles font si triste figure, est datée du 1ᵉʳ janvier 1770.

(3) *Not to HIM*, dit Dalrymple en parlant de Bougainville, *who discovered scarcely any thing but PATAGONIANS, Not to HIM — who from 30° south Latitude, Thinking it impossible to go on DISCOVERY into 30° south Determined to come — HOME — round the World In to 50° North. — Not to HIM — who Infatuated with Female Blandishments, Forgot for what he went abroad And Hasten'd back to amuse The European World With Stories of Enchantments In the NEW-CYTHEREA; but, .. etc., this Historical Collection... is presented...*

(4) Dalrymple a souvent flatté les passions antifrançaises de ses compatriotes. Dans sa polémique contre Cook, par exemple, il compare les plans de l'*Endeavour* à ceux de ces *voyages français* « du gaillard d'avant à celui d'arrière » *où la fantaisie et l'imagination* « éclipsent nature et vérité ». Certain dessin de la même collection lui rappelle un *maître à danser de France* donnant une leçon de maintien. Les planches 21 et 22 sont honteuses pour un livre anglais, et feraient rougir *MÊME un Gascon*... etc.

Mais il n'eût point été prudent à lui de brutaliser Cook comme il brutalisait Bougainville ou tout autre. Bien avant l'impression de la rédaction officielle du voyage de l'*Endeavour*, des relations plus ou moins imparfaites en avaient circulé en Angleterre et même en France[1], et ces récits tronqués avaient excité partout un intérêt si vif qu'il s'était trouvé des libraires pour acheter à Hawkesworth, au prix de *six mille livres sterling*, le texte complet dont l'Amirauté lui avait confié la rédaction[2]. Grâce au noble désintéressement de sir Joseph Banks, qui avait abandonné au profit de l'œuvre commune les notes de toute espèce rassemblées, soit par lui, soit par ses auxiliaires dans le cours de l'expédition, Cook, qui n'avait écrit *lui-même* que le journal presque exclusivement nautique, dont l'original est actuellement sous nos yeux, Cook, disons-nous, se trouvait plus populaire que Byron, Wallis, Carteret, dont les campagnes étaient associées à la sienne dans la collection officielle.

Dalrymple comprit bien que des attaques directes contre un adversaire si bien posé dans l'opinion, au lendemain de cette publication *triomphale*, tourneraient à sa propre confusion. Ce fut à Hawkesworth, le rédacteur officiel de l'*Amirauté*, qu'il crut pouvoir s'en prendre pour les « imputations mal fondées et grossières » introduites dans son texte[3].

Hawkesworth avait lu et confié à relire sa rédaction à Cook, pour lui donner, comme il le dit lui-même, « toute l'authenticité dont elle était susceptible ». Attaquer Hawkesworth, c'était attaquer Cook, sans blesser l'opinion. Ce détour permet à Dalrymple de prendre sur son ennemi bon nombre d'avantages. Il constate, par exemple, que l'injustice, qu'il a essuyée dans le refus du com-

---

(1) Nous citerons, par exemple, le volume publié sous les noms de Banks et Solander par Becket et de Houdt dès 1771, et traduit par de Fréville pour Saillant et Nyon en 1772.

(2) Note de la « Préface des éditeurs français » de la collection Hawkesworth. Dalrymple a calculé que cela faisait 38 livres à la feuille.

(3) *A Letter from M. Dalrymple to Dr Hawkesworth, occasioned by some groundless and illiberal Imputations in his Account of the late Voyages to the South*, br. in-4, London, 1773, traduite partiellement en français par de Fréville à la fin des *Voyages dans la mer du Sud par les Espagnols et les Hollandais*, Paris, 1774, in-8°. Un exemplaire de cette lettre qui se vendait 1 shelling, de la carte qui est mentionnée page 21 et de la traduction du *Memorial* d'Arias, dont l'impression venait de se faire en Ecosse, fut donné *gratis* à tous les souscripteurs des deux volumes parus de l'*Historical Collection* de Dalrymple.

mandement du vaisseau *choisi par lui* pour le voyage, ne l'a point détourné de communiquer à M. Banks les connaissances qu'il avait acquises sur cette partie peu connue du globe. Il avait remis au compagnon de Cook un recueil des découvertes tentées dans la mer Pacifique *avec la carte qu'il en avait dressée* et qu'il n'a publiée qu'après le retour de Bougainville. Or sur cette carte se trouvait tracée, d'après Arias, la route de Torrès, au sud de la Nouvelle-Guinée. Si l'*Endeavour* s'est déterminé à passer entre cette terre et la Nouvelle-Hollande, ce n'est pas à son commandant qu'en doit revenir l'honneur. « Le capitaine Cook, dit Dalrymple, s'appuyant sur l'autorité de M. Pingré, prétendait que Torrès avoit fait voile au nord de la Nouvelle-Guinée ; M. Banks soutenoit au contraire qu'il avoit laissé la Nouvelle-Guinée à droite. La route dessinée sur ma carte réunit enfin les suffrages. Je suis loin, ajoute-t-il non sans quelque ironie, de tirer vanité de ces circonstances. Dans la composition de ma carte, ce n'étoit pas sur des conjectures, mais sur des faits que je m'étois fondé ; et comme je n'ai jamais écrit sur une matière que je n'entendisse pas, il ne doit pas paroître surprenant que, en rapprochant différentes relations imparfaites, je sois parvenu à des résultats vrais en saisissant ce qu'elles avoient de commun [1]. »

Le nom de Torrès, tiré de l'oubli par Dalrymple, est resté au détroit que le navigateur avait le premier franchi, en 1606. C'était justice rendue, sans doute, au meilleur homme de mer que l'Espagne ait jamais envoyé à travers le Pacifique, c'était bien plus encore revanche prise sur un trop heureux rival.

Dalrymple n'attachait d'ailleurs qu'un intérêt secondaire à la découverte dont il dépossédait le navire de Cook. Loin de prévoir que le passage, qu'il débaptisait ainsi au profit de l'Espagne, jouerait plus tard un rôle fort important dans la grande navigation, il a décrié quelque part ce détroit où « Cook ne trouvait que trois brasses » et dont « le chenal ne paraît point praticable aux navires de l'Inde [2] ».

Ce qui intéresse, au-dessus de tout le reste, le rude polémiste, c'est la question australe, cette *grande passion* de sa vie. En prenant Hawkesworth à partie, on le voit s'efforcer de discréditer

---

[1] *Loc. cit.*, p. 29, et trad. Fréville, p. 496-497.
[2] Alex. Dalrymple, *Memoir concerning the Passages to and from China*. London, june 1782, br. in-4, p. 6.

avant tout, dans sa brochure, le chapitre même où il a raconté la campagne de Cook vers le sud, qui porte à son système une si cruelle atteinte.

Il vient de discuter un texte de Roggewein sujet à controverse, et il ajoute : « Si l'on étoit fondé à rejeter des faits en alléguant qu'*ils ne sont pas du tout probables*, ne pourroit-on pas nier ou du moins révoquer en doute une partie très intéressante de la navigation de l'*Endeavour*?

« Le docteur Hawkesworth *suppose* que, dans le commencement de septembre 1769, le capitaine Cook, se trouvant sur le quarantième parallèle austral, par les cent soixante-quatorze degrés de longitude à l'ouest de Greenwich, fît voile au nord-ouest jusqu'au trentième degré de latitude australe; que là il reprit sa route au sud-ouest, jusqu'à ce qu'il atteignît le quarantième degré de latitude d'où il gouverna ensuite à l'ouest pour attaquer la Nouvelle-Zélande. »

« Voilà assurément, dit Dalrymple, une navigation qui n'est *point du tout probable* ; car il eût été *absurde* à M. Cook de choisir le temps de l'équinoxe pour tenter des découvertes, à une haute latitude méridionale. D'ailleurs, de sa position au premier de septembre à celle où il s'étoit trouvé sur le même parallèle après avoir doublé le cap Horn, il n'y auroit pas eu au delà de trente degrés de longitude; et certainement, si le capitaine Cook se fût trouvé dans la situation où le supppose M. Hawkesworth, il n'auroit pas manqué de faire voile à l'est pour vérifier l'existence du continent qu'on croit être placé dans cette partie du globe[1]. »

Est-il besoin de dire que Hawkesworth n'avait rien supposé, que cette navigation de Cook était parfaitement réelle, et que, si Dalrymple cherchait à la mettre en doute, c'était pour avoir l'occasion de traiter en passant d'*absurde* une combinaison de son adversaire[2], et surtout afin de pouvoir, en contestant les résultats de la tentative vers le sud, maintenir quelque temps encore

---

[1] Id., *ibid.*, p. 9 et 7, *trad. cit.*, p. 478-480.
[2] Dalrymple s'est de nouveau servi, avec plus de brutalité encore, de cette expression pour caractériser la conduite de son rival. La route la plus rapide vers Tahiti, dit-il dans ses *Observations*, consistait à gagner le plus tôt possible la région des vents alizés, qui soufflent de l'est, au lieu de tenir la mer par les latitudes plus élevées, où les vents d'ouest prévalent. C'est pourquoi la navigation du capitaine Cook était *absurde*, etc. (*Observations*, etc., p. 8).

l'hypothèse chancelante des grandes terres australes inconnues?

Il revient d'ailleurs dans sa polémique sur la nécessité de l'existence de ce continent « généralement adoptée des géographes » pour « conserver l'équilibre entre les deux hémisphères »; sur « la nature des vents qui règnent dans la mer Pacifique », enfin sur « les signes peu équivoques du voisinage des terres, aperçus par les différents navigateurs qui ont traversé la mer du Sud[1] ». Il argumente Hawkesworth sur quelques points de détail, relève des différences qu'il considère comme « essentielles » entre son texte et certaines des cartes qui l'accompagnent. Il s'occupe en passant de Cook, pour montrer les lacunes sur le journal de bord « mal tenu » de l'*Endeavour* ou pour lui reprocher de n'avoir point « profité des connaissances et des éclaircissements que pouvoit donner Tupia pour dresser une carte de plusieurs iles dont il faisoit la description », et termine par le tableau peu flatté des résultats acquis à la science par ses compatriotes, dont les observations lui semblent, en général, pouvoir seulement « jeter de grandes lumières sur les anciennes découvertes[2] ».

Byron, Wallis, Carteret, Cook, tous ces grands navigateurs n'ont trouvé de terres nouvelles, pour Dalrymple, que « quelques iles » dans la mer du Sud « Les côtes de la Nouvelle-Zélande et de la Nouvelle-Hollande, qu'on connaissoit déjà, sont, dit-il, d'une bien plus grande étendue que celles qu'ils ont visitées ».

La partialité de Dalrymple était trop manifeste, son injustice trop criante à l'égard des marins de la *Royal Navy* pour que l'éditeur de l'Amirauté, personnellement fort maltraité d'ailleurs, ne se crût pas obligé de répondre. Un nouveau pamphlet de Dalrymple vint clore, un peu plus tard, ce pénible débat[3].

Cook, avec le naturel violent et emporté que ses amis eux-mêmes et ses panégyristes sont forcés de lui reconnaître, Cook n'aurait point manqué de prendre une part active dans cette lutte, comme on l'a vu plus tard intervenir contre les deux

---

[1] Il cherche à retrouver dans certaines observations faites à bord du navire de Cook des signes de même nature, relevés à l'ouest au moment où l'*Endeavour* suivait une route voisine de celle de la flotte de Nassau qui aurait vu, croyait-il, un continent dans cette direction par 50°, puis par 40° sud (*Lettre*, etc., 22).
[2] *Ibid.*, p. 27 et 22, *trad. cit.*, p. 470-471.
[3] *M. Dalrymple's Observations on Dr Hawkesworth's Preface to the second edition*, br. in-4° de 20 p., sept. 18, 1773.

Forster, Almon, etc. Mais pendant que Dalrymple et Hawkesworth échangeaient, à son propos, toutes ces aménités, il recueillait depuis près d'une année déjà, dans les mers australes, les observations précises qui devaient clore à jamais cette déplorable querelle.

III

Si Dalrymple avait soulevé maintes difficultés à propos de la navigation australe de l'*Endeavour*, au départ de Œtaroha, les autres géographes, qui suivaient sa doctrine, avaient du moins admis qu'il n'existe aucun continent au nord du 48° degré de latitude et à l'ouest du méridien des îles de la Société. Mais ils faisaient observer que, entre la route suivie par Cook du cap Horn à Tahiti et celle d'Œtaroha dans la direction du sud, il restait un intervalle suffisant pour y placer les terres les plus septentrionales du continent de Juan Fernandez. Cette manière de voir trouvait même des partisans à bord de l'*Endeavour*.

D'autre part, Dalrymple, menacé dans le Pacifique, réfugiait déjà dans l'Atlantique méridional ses chères théories. Il importait à la science, à l'Amirauté britannique, et à Cook en particulier, de compléter les résultats des premières explorations.

Une nouvelle campagne avait été ordonnée, dont notre héros semble bien avoir en partie tracé les plans. On l'avait chargé de parcourir tout le globe dans les hautes latitudes méridionales, en faisant de temps à autre des croisières dans les parages du Pacifique, qu'on n'avait point encore examinés. Il devait chercher la terre ferme sur *tous les points de l'hémisphère sud* et, « supposé qu'il y en eût une, déterminer si elle est accessible à la navigation. »

A quatre reprises différentes et sous les méridiens les plus divers, Cook s'est intrépidement lancé dans le sud jusque vers le cercle antarctique. Quelques groupes isolés, la Géorgie du Sud, Sandwich et la Thulé australe, furent ses seules découvertes dans ces régions glacées. Partout ailleurs, les terres, dont ses adversaires affirmaient l'existence, s'évanouirent comme de vains fantômes devant la proue de son navire. Chacun des intervalles qui séparèrent ces tentatives hardies était d'ailleurs marqué par des opérations dans la zone intertropicale, qui complétaient ou réfor-

23

maient les données acquises à la science par Mendaña, Quiros, Roggeween, etc. Une partie des îles des Amis, de la Société, des Marquises, etc., les Nouvelles-Hébrides ou Cyclades de Bougainville, la Nouvelle-Calédonie enfin, ont été ainsi reconnues. Cette dernière île, la plus grande du Pacifique après celle de la Nouvelle-Zélande, n'avait jamais été vue par aucun navigateur.

Plusieurs archipels restaient bien à découvrir. La Pérouse, Lütke, Dumont d'Urville, Wilkes, etc., devaient plus tard rencontrer de-ci de-là quelques terres nouvelles. Cook était cependant autorisé à dire qu'il restait *peu à faire* dans cette partie du globe, après la longue et pénible exploration qui avait pris fin le 22 mars 1775.

Quatre mois plus tard, la *Resolution* rentrait en Angleterre, rapportant la solution définitive du grand problème que durant plus de trois siècles on avait vainement attaqué.

Il était désormais démontré que l'existence du continent austral est absolument *chimérique*, ou que, s'il se trouve, comme Dumont d'Urville l'a prouvé dans la première moitié de notre siècle, un groupe de terres antarctiques, ces terres gisent si près du pôle qu'elles demeureront à jamais improductives.

Bien en avait pris d'ailleurs à Cook d'embrasser tout le monde austral dans la vaste entreprise qu'il venait d'exécuter avec tant de hardiesse et de bonheur. S'il s'était borné à offrir aux lords de l'Amirauté de compléter seulement sa précédente tentative, s'il n'avait fait que prouver la non-existence du *continent australo-pacifique*, son infatigable contradicteur lui eût, sans aucun doute, opposé les découvertes d'Antoine de la Roche, de Halley, de Bouvet des Loziers, de Duclos-Guyot dans l'Atlantique du Sud, dont il publiait les textes quelques mois avant le retour de Cook[1].

Mais le grand navigateur avait su prévoir cette fois les objections des doctrinaires qu'il avait à combattre. Il s'était fait donner notamment par ses chefs la mission toute spéciale de vérifier la réalité des découvertes faites dans l'Atlantique méridional en 1739. S'il n'avait point rencontré au lieu indiqué par Bouvet son fameux *cap de la Circoncision*, du moins avait-il bien montré que l'île dont ce cap fait partie ne peut occuper qu'une faible superficie, en croisant et recroisant vers ses abords[2].

---

(1) Alex. Dairymple, *A Collection of Voyages chiefly in the Soutern Atlantic Ocean, published from original Mss.* London, 1775, in-4.

(2) Voyez l'*Extrait du Voyage fait aux terres australes, les années 1738 et 1739, par M. DES LOZIERS BOUVET, commandant la frégate L'Aigle*, accom-

Les terres que de la Roche et Duclos-Guyot avait aperçues en 1675 et 1753 font probablement partie des Malouines ou de la Nouvelle-Géorgie. C'est de l'une ou de l'autre que Dalrymple faisait, en 1772, son dernier objectif dans les régions australes, et c'est à leur propos qu'il écrivit les lettres à lord North qui nous ont été conservées, et le projet d'organisation coloniale dont un de ses amis a osé dire qu'il était « un bien bon modèle du plus mauvais des gouvernements »[1].

Battu dans l'Atlantique comme dans le Pacifique, Dalrymple abandonna en 1775 une lutte stérile.

Il visitait de nouveau les Indes orientales[2] avec Burnet Abercrombie sur le navire *Grenville*, pendant que son glorieux rival entreprenait avec la *Resolution* et l'*Adventure* le troisième voyage où il devait trouver la mort...

Dalrymple survivra plus de vingt-neuf ans à James Cook, et plusieurs fois encore il attaquera les découvertes de l'illustre marin qui l'a supplanté, sans l'avoir cherché du reste, en mai 1768[3].

Une fois, entre autres, le détracteur de Cook aura sous les yeux l'un de ces beaux planisphères coloriés, qui sont l'honneur de la géographie française de la Renaissance. Dans quelques-uns des noms de « Jave la Grande », l'Australie des premiers Portugais, dont nos hydrographes dieppois ont fixé le souvenir, il voudra

---

paguée de la frégate La Marie (publié par d'Après de Manneviliette dans le recueil de Dalrymple ci-dessus mentionné).

[1] Les lettres à lord North, datées des 18 et 24 juillet et 3 août 1772, sont imprimées dans la préface de la *Collection de Voyages dans l'Atlantique du Sud* publiée en 1775. Dalrymple y expose ses projets de découvertes. C'est à ses frais et à ceux des amis qui associent leur fortune à la sienne qu'il veut entreprendre l'expédition, mais il demande qu'en revanche on lui concède toutes les terres non occupées qu'il pourra découvrir dans l'espace de cinq ans, de 0° à 60° lat. sud. Lord North ne répondit qu'à sa troisième lettre. Il lui accorda une audience dans laquelle il ne fut question que de Balambangan, sur laquelle les Espagnols élevaient des prétentions, que Dalrymple fut chargé de réfuter.

[2] Alex. Dalrymple, *Journal of a Voyage to the East India in the sloop* Grenville, *captain* Burnet Abercrombie *in the year 1775* (*Philosoph. Transact.*, vol. LXVIII, p. 389, 1778). — Ce voyage, commencé le 28 avril 1775, se terminait à Madras le 10 septembre 1776. Le manuscrit en fut présenté à la Société Royale le 29 janvier 1778.

[3] N'a-t-il point tenté, par exemple, de prouver, dans un certain *post-scriptum* devenu presque introuvable, que, « si l'*Endeavour* a touché le 10 juin 1770, c'est parce qu'il était *mal conduit* ?

trouver la source de la nomenclature en usage chez Cook pour certaines localités de ses Nouvelles-Galles du Sud[1]. Il remarquera que le document du xvi⁰ siècle appartient justement à Joseph Banks, compagnon de Cook au moment de la découverte de l'Australie orientale. Et on l'entendra s'exclamer sur ce qu'ont de curieux de telles correspondances et articuler ironiquement le *Nil sub sole novum* du roi Salomon.

Vingt années s'écouleront sans qu'il soit répondu à cette attaque contre l'illustre mort. Enfin Frédéric Metz, un géographe français, montrera, dans la *Revue philosophique*[2], l'invraisemblance des insinuations dont James Cook fut l'objet de la part d'un vindicatif adversaire.

De toutes parts en Europe, et particulièrement en France, les littérateurs et les hommes de science célèbrent dès lors à l'envi les travaux et les découvertes du plus grand navigateur du siècle. Traduit dans presque toutes les langues, l'ancien matelot charbonnier jouit d'une réputation immense. Il a conquis dans l'histoire de la science, en dépit de son rival, la grande place qu'il y occupera toujours entre Magellan et Colomb.

(1) Al. Dalrymple, *Memoir concerning the Chagos and adjacent Islands*. London, 1786, in-4⁰, p. 4.
(2) La *Revue philosophique, littéraire et politique*, an XIV, t. XLVII, p. 265.

XVII

CORRESPONDANCE INÉDITE

DE

JEAN-BAPTISTE-LÉONARD DURAND

Directeur de la Compagnie du Sénégal

(1785-1786)

« Parmi les personnes qui ont laissé un souvenir de leur passage au Sénégal au xviiie siècle, dit le général Faidherbe [1], on doit citer Jean-Baptiste-Léonard Durand, qui était directeur de la Compagnie du Sénégal en 1785 et 1786, c'est-à-dire pendant le gouvernement de MM. de Repentigny et de Boufflers. Il a publié, en 1802, sur le Sénégal un ouvrage où se trouvent, en langue et en caractères arabes, les traités passés avec les rois maures [2] dont les sujets faisaient avec nous le commerce de la gomme; il y a joint des cartes soignées du pays voisin [3]. »

---

[1] Faidherbe (général), Le Sénégal. La France dans l'Afrique occidentale. Paris, 1889, 1 vol. gr. in-8º, p. 78-79.

[2] Durand (J.-B.-L.), Voyage au Sénégal ou Mémoires historiques, philosophiques et politiques sur la découverte, les établissements et le commerce des Européens dans les mers de l'Océan Atlantique, depuis le cap Blanc jusqu'à la rivière de Serra Leone inclusivement, suivis de la Relation d'un voyage par terre de l'île Saint-Louis à Galam et du texte arabe de trois traités de commerce faits par l'auteur avec les princes du pays. Paris, H. Agasse, an X-1802, 1 vol. in-4º avec atlas. — Les traités sont en tête de l'atlas. Ce sont : un « Traité avec les Maraboux d'Armankour, au sujet de la gomme »; un « Traité avec le roi Hamet-Mocktard, pour la traite de la gomme, captifs, etc. »; enfin un « Traité avec le roi Ali-Koury, pour la traite de la gomme, captifs, etc. »

[3] Ces cartes ont été dessinées par Poirson.

Jean-Baptiste-Léonard Durand, d'abord avocat au Parlement de Bordeaux, puis consul de France à Cagliari, était attaché au Ministère de la Marine, lorsque la Compagnie du Sénégal fut reconstituée le 31 janvier 1785. Le maréchal de Castries, ministre de la Marine, lui proposa la place de directeur, et il partait du Havre le 13 mars suivant pour Saint-Louis, où il débarquait le 10 avril.

C'était un homme dans la force de l'âge[1] et d'une grande activité. A peine installé dans les fonctions qu'on lui avait confiées (12 avril) par M. de Repentigny, il entreprenait de négocier personnellement avec les Maures, et, en deux mois à peine, il réussissait au milieu de difficultés de toutes sortes à régler la *traite de la gomme*.

Rentré de Podor à Saint-Louis avec ses traités signés et un riche chargement, il écrivait à son ami Hennin, premier commis des Affaires étrangères, la curieuse lettre que j'ai copiée dans la précieuse correspondance de ce laborieux fonctionnaire, conservée à la Bibliothèque de l'Institut de France[2].

M. Hennin, premier commis des Affaires étrangères.

Du Sénégal, le 10 août 1785.

Monsieur,

Je suis heureusement arrivé au Sénégal; depuis cette époque, les affaires courantes du service qui m'est confié ne m'ont pas permis de me distraire un seul instant. Cependant, pendant mon séjour et dans mes voyages sur le Niger[3], j'ai fait des remarques particulières dont la rédaction demande du temps, je ne sais quand je pourrai me livrer au genre de travail qu'elles exigent pour être présentées sous un point de vue qui puisse en faire sentir toute l'importance, mais je l'ai trop à cœur pour négliger de le mettre en ordre; vous en aurez connaissance, et je désire de mériter votre approbation[4].

J'écris à Monsieur le comte de Vergennes[5] et je vous adresse une lettre pour lui; elle renferme une harangue aux habitans de la colonie[6] et les

---

(1) Il était né, disent les biographies, à Uzerches (Corrèze), en décembre 1742.
(2) Correspondance de P. M. Hennin. Portef. VII. Dossier Durand.
(3) C'est encore à cette époque le nom donné au fleuve Sénégal.
(4) Durand nous apprend dans son livre que ces mémoires, commencés au Sénégal, furent terminés, à peu de chose près, à Paris, en 1788.
(5) M. de Vergennes, ministre des Affaires étrangères, parent et ami de M. de Repentigny, auquel il avait recommandé Durand à la sollicitation d'Hennin.
(6) C'est certainement le texte du procès-verbal de l'assemblée des habitans libres tenue le 12 avril 1785, « pour leur annoncer les intentions du Roi et le

traités de commerce que j'ai fait avec les souverains du pays¹. Je vous prie d'en prendre communication, d'en garder même des copies, si vous les jugés dignes de votre attention. En remettant cette lettre à Monsieur le comte de Vergennes, je réclame vos bons offices auprès de lui.

Je ne saurois vous rendre, Monsieur, tout ce que j'ai dû suporter de fatigues, de peines et de sacrifices en tout sens, pour parvenir à mon but ; je n'ai point de termes pour en exprimer l'excès. Figurés-vous une troupe innombrables de Barbares errants¹, sans principes et sans loix, m'environnant de touttes parts, discuttant leurs droits sans s'entendre, prévenus contre la Compagnie jusqu'à la haine et s'exprimant dans une langue dont le sens, bien ou mal entendu, ne m'étoit rendu qu'au moyen de deux interprettes dont il falloit deviner l'explication. Ajoutés à tout cela, l'excessive chaleur du climat, la fumée de leurs pipes, les longueurs de nos entre-vues qui commençoient le matin pour ne finir que bien avant dans la nuit et l'obligation non seullement de les nourrir, mais encore de manger constamment avec eux, toutes ces considérations ne vous donneront qu'une faible idée de ma résignation et des difficultés qu'il ma fallu vaincre, je les ai surmontées, j'ai ramené les esprits, calmé les inquiétudes, et je suis parvenu fort heureusement à leur inspirer la plus grande confiance; je ne sais si je me trompe, mais j'ai l'amour-propre de croire et je ne suis pas le seul à penser que tout autre que moi eût peut-être échoué dans cette entreprise : au surplus, je ne dissimule pas les obligations que j'ai à Monsieur le comte de Repentigny, il m'a secondé de tout son pouvoir³.

privilège que Sa Majesté venait d'accorder à la Compagnie ». Le greffier en avait remis trois expéditions à Durand qui dit, dans son *Voyage*, en avoir fait parvenir un au ministre de la Marine (p. xxvi).

(1) Ce sont les trois traités imprimés en l'an XI et dont on a lu le titre ci-dessus, le premier négocié avec les Marabouts Darmankous, le second avec Hamet-Mokhtar, roi des Braknas, le troisième avec Alikoury, roi des Trarzas. Lamiral, dans son article trop vanté sur la traite de la gomme, a établi quelque confusion entre ces deux personnages : il fait du second qu'il nomme Elykawry, le père du premier. Il place, au contraire, à la tête des Trarzas un certain Mohammed Ouldou Moctar Agricha que n'a point connu Durand (Lamiral, *L'Afrique et le peuple affriquain, considérés sous tous les rapports avec notre commerce et nos colonies*, Paris, 1789, in-8°, p. 85 et suiv.).

(2) Voir le chapitre xx du *Voyage au Sénégal*, p. 245 et suiv.

(3) Durand a rendu justice à cet administrateur en plusieurs passages de son livre : « C'était, dit-il, un homme sage, instruit et sans prétentious... Il me reçut avec bonté, avec distinction ; il m'accorda bientôt sa confiance, nous vécumes dans la plus parfaite harmonie, et je n'eus qu'à me louer de ses dispositions pour le bien du service. » Et ailleurs, dans une lettre à Hennin que je ne reproduis point : « Je ne vous dis rien de trop, Monsieur, en vous assurant que M. de Repentigny est regardé comme le Dieu tutélaire de cette colonie ; sa bienfaisance qui ne se lasse point lui a gagné tous les cœurs, il est géné-

Si ma commission émanoit directement du Roy, j'aurois sans doute acquis quelques droits à ses bontés et je n'en suis peut-être pas indigne, je n'ai pas borné mes vûes aux intérêts de la Compagnie. J'ai rempli ma mission d'après d'autres principes et je me suis essentiellement occupé du bien de l'État; c'est à vous à me juger. Souvenés-vous que vous m'avez promis la commission du Roy pour le réglement des limites entre les Anglois et nous dans cette partie du monde et soyés persuadé de mes soins à justifier votre confiance.

J'ai une autre grâce à vous demander qui dépend beaucoup de votre recommandation, faites-moi le plaisir de voir M. Fraisse[1] que vous connoissés par les services que vous lui avez rendus; il m'a recommandé de vous adresser ses lettres, en lui faisant passer celle que je joins ici, il se rendra à vos ordres, et vous m'obligerés de lui faire sentir qu'il seroit juste et raisonnable, d'après tout ce que j'ai fait pour la Compagnie, qu'elle m'accordât une gratification proportionnée à l'importance des services que je lui ai rendus. La Compagnie a besoin d'être excitée. Elle est composée en partie de négociants qui calculent leurs intérêts et s'occupent médiocrement de ceux des autres. M. Fraisse peut faire tout ce qu'il voudra, et, comme il vous doit tout, je me persuade qu'il ne vous refusera rien.

La prière que je vous fais est bien éloignée de mes principes, mais je suis dans le besoin, le service du Roy me coûte au moins 60 mille livres et je voudrois réparer ce vuide. Je dois à la Compagnie 12 mille livres quelle m'a avancé pour former mon établissement ici. Le sacrifice quelle en feroit seroit peu de chose pour Elle et beaucoup pour moi d'après ma situation, je viens de vous ouvrir mon cœur et je me persuade que vous ne desapprouverés pas la confiance que je vous témoigne.

ralement aimé et mérité de l'être, et nous faisons des vœux bien sincères pour que sa santé lui permette de rester longtems avec nous. Si l'on en disposoit autrement, ce seroit un malheur irréparable pour la Colonie » (Lettre de Durand, du Sénégal, 21 novembre 1785).

Les adversaires de la Compagnie de la gomme en vouloient à Repentigny de ses bonnes dispositions pour cette association. Ils n'en faisaient pas moins son éloge personnel. « C'était un bonhomme, dit Lamiral, tel qu'il falloit pour une Colonie comme celle-là, où il faut un chef humain et qui se mette à la portée de tout le monde. » Il corrigeoit, il est vrai, bien vite ce bon témoignage par une insinuation malveillante. « Malheureusement les hommes sont faibles et se laissent séduire ; ils ne voyent pas toujours le piège qu'on leur tend. La Compagnie d'abord l'avoit vexé, ensuite elle a su le mettre dans ses intérêts. Je n'ai pas besoin de dire par quels moyens » (Lamiral, *L'Affrique et le peuple affriquain considérés sous tous les rapports avec notre commerce et nos colonies*. Paris, 1787, in-8°, p. 80).

(1) M. Fraisse était le directeur faisant fonction de rapporteur du Bureau de Paris de la Compagnie de la gomme (Lamiral, op. cit., p. 340).

Vous venés de voir, Monsieur, que j'ai eu bien de la peine à conclure des traités qu'on n'avoit pas même imaginé de proposer; cette opération finie, je me suis rendu sur les lieux pour faire la traitte, j'ai remonté le fleuve jusqu'à Podor distant de 70 lieues de cette Ile[1]. J'ai été environ deux mois en rivières ayant toujours à mon bord au moins cent Maures qui me desesperoient et ne me laissoient pas le temps de respirer, j'étois accablé d'ennuy et de chaleur, c'étoit un supplice. Cependant ma santé n'en a point souffert et je me suis retiré d'autant plus satisfait que j'ai fait suivre avec moi pour environ un million de gomme, dont l'expédition se fait et qui arrivera bientôt en France.

Vous sentés, Monsieur, que tous ces Embarras ne m'ont pas permis de me livrer aux observations que j'aurois désiré de faire ny aux recherches dont le fleuve et ses rives sont susceptibles, je m'en suis occupé à bâtons rompus et j'ai remis à des tems plus heureux l'exécution en grand de mon projet, je ne le perdrai pas de vue.

Donnés-moi de vos nouvelles et souvenés-vous toujours de moi.

J'ai l'honneur d'être avec le plus inviolable et respectueux attachement,
Monsieur,
    Votre tres humble et tres obéissant serviteur.
           J.-B.-L. DURAND.

Hennin a reçu en novembre la lettre que l'on vient de lire, et le 11 du même mois il y répond brièvement, en ces termes :

M. Durand.

Fontainebleau, le 11 novembre 1785.

Monsieur,

J'ai eu bien du plaisir a apprendre que vous etiez arrivé à votre destination et que vous y jouissiez d'une bonne santé. Il me paroit que vous aviez bien compté sur vos forces en entreprenant, presqu'en débarquant, un voyage aussi pénible que celui de remonter le Niger en faisant escale tous les jours et avec la compagnie la plus importune.

M. le C. de V. a lu avec beaucoup d'intérêt, Monsieur, les différentes pieces que vous lui avez addressées. Il n'y a dans vos traites qu'une chose qu'il eût voulu que vous évitassiez, c'est l'interdiction de négoce avec les Anglois à Portendic[2]. Il y avoit peut-être moyen de ne pas les nommer,

---

(1) Voyez sur Podor et son fort J.-B.-L. Durand, *Voyage au Sénégal*, etc., p. 251; — Lamiral, *op. cit.*, p. 312.

(2) Voir sur le commerce des Anglais à Portendic à cette époque les *Tres humbles doléances et remontrances des Habitans du Sénégal aux Citoyens Français tenant les États généraux* qui sont en tête du livre déjà cité de Lamiral (p. 4 et 5) et la note de celui-ci (p. 81-82).

Nous leur avons conservé la faculté de négocier dans ce port et vous leur en otez formellement les moyens[1]. Ils pourront se plaindre.

Cette stipulation a paru trop précise, cependant il se peut que les Anglois vous en ayent fourni des exemples dans leurs traites avec les naturels.

Quoique votre mission n'émane pas directement du Roy, vous ne devez pas douter, Monsieur, que tost ou tard la maniere dont vous la remplissez ne vous produise quelque avantage de la part du gouvernement. J'ai parlé à M. le C. de Vergennes du désir que vous avez d'être commissaire pour les limites. Il m'a paru qu'on ne s'occuperoit pas encore de sitôt de cet objet. N'étant pas à portée de voir M. Fraisse, je lui ai écrit pour lui recommander vos intérêts. Il est bien disposé à faire valoir les raisons que vous alleguez pour demander un dedommagement, et la grande quantité de la gomme que vous avez envoyé doit déterminer les actionnaires à vous bien traiter.

A la maniere dont vous avez debuté, Monsieur, je crois que votre travail ne vous coutera bientôt plus beaucoup de tems et que vous pourrez diriger vos recherches vers des objets différens de ceux du commerce. Il y a une ample moisson à faire dans le pays que vous habitez pour la botanique et toutes les parties de l'histoire naturelle. Si vous aviez quelqu'un qui put seul bien dessiner, vous pourriez aussi nous procurer les vues les plus remarquables, les habillemens des habitans, les animaux de tout genre et même les plantes ; cette collection gravée avec une description abrégée de chaque objet illustreroit votre mission et deviendroit utile et interessante pour tous les curieux. J'espere, Monsieur, que vous voudrez bien me donner quelquefois de vos nouvelles. S'il y a dans ce pays-cy quelque chose qui puisse vous interesser, demandez le moy, vous êtes en fond pour vous acquiter.

Vous apprendrez que la paix entre l'Empereur et les États généraux est consolidée et que l'alliance du Roy avec cette puissance est signée[2]. Du reste tout paroit annoncer un grand calme dans l'Europe.

Les sciences font des progrès à proportion que les lettres perdent de leur splendeur.

J'ai, Monsieur[3]...

(1) Le traité du 3 septembre 1783, qui garantissait à la France « la possession de la côte entre le Cap Blanc et le Cap Vert », accordait aux Anglais « le droit de faire la traite de gomme depuis la rivière Saint-Jean jusqu'à la baie et fort de Portendick inclusivement, aux conditions qu'ils ne peuvent former dans ladite rivière ni sur la côte, non plus que dans la baie de Portendick, aucun établissement permanent de quelque nature qu'il puisse être ».

(2) Hennin est sous l'impression toute récente de ces événements. C'est la veille du jour où il écrit sa réponse à Durand que le pacte d'alliance entre la Hollande et la France a été signé (10 novembre 1785).

(3) Copiée sur la minute conservée par Hennin dans son portefeuille VII.

Une seconde lettre de Durand à Hennin (21 novembre 1785) s'était croisée avec celle dont on vient de prendre connaissance, lettre où il était surtout question d'un agent renvoyé en France, et d'une enquête à faire sur sa conduite dans la colonie. Je me contente d'y relever l'allusion faite par Durand au voyage qu'il allait faire entreprendre à Galam[1] et aux collections d'histoire naturelle qu'il rassemble. Il partage son temps entre les occupations de son état et la connaissance du pays, et il a commencé un *petit travail* (c'est un gros livre) qu'il fait lentement, parce qu'il a des « devoirs à remplir qui méritent la préférence ».

Une troisième lettre du 28 mars 1786 répond à celle de Hennin du 11 novembre de l'année précédente :

Monsieur Hennin, premier commis des Affaires étrangères, à Versailles.

Sénégal, le 28 mars 1786.

Monsieur,

J'ai reçu la lettre que vous m'avez fait l'honneur de m'écrire le 5 novembre dernier; vous avez la bonté de vous souvenir de moi, et cette attention me flatte infiniment.

Le pays que j'habite est très chaud et malsain, mais la Providence me sert heureusement et je me porte tout aussi bien qu'en Europe.

Monsieur le comte de Vergennes a lu avec quelque interet les differens traittés que j'ai pris la liberté de lui adresser, l'assurance que vous m'en donnez me fait oublier tout ce que j'ai souffert pour les conclure; sa remarque au sujet des Anglois ne m'a point echapé, mais outre quils ont fourni plusieurs exemples de semblables stipulations, j'ai pensé que les traittés n'étant faits qu'au nom d'une Compagnie particulière qui n'opposoit aucune force à leur entrée à Portendic, ils ne pourroient pas raisonnablement se plaindre des efforts qu'elle faisoit envers les na-

(1) Ce voyage fut accompli par un agent de la Compagnie, nommé Rubault, qui partit de Saint-Louis le 11 janvier 1786, accompagné d'un marabout maure, nommé Sidi-Carachi. Durand a utilisé les notes de son employé dans le chapitre XXI de son livre (p. 270 et suiv.) intitulé *Voyage par terre de l'île Saint-Louis, sur le Sénégal, à Galam*. Le voyage est divisé « en autant de paragraphes qu'il comporte de matières et de royaumes qu'il a fallu parcourir pour arriver à Galam ». Ce sont 1° royaume de Cayor (p. 273); 2° royaume de Yolof (p. 280); 3° royaume de Barre ou Mauding (p. 291); 4° royaume de Bambouk (p. 295); 5° royaume d'Youly (p. 329); 6° royaume de Mériné (p. 309); 7° royaume de Boudou (p. 314). Rubault s'installait le 17 février dans l'ancien comptoir ou fort de Saint-Joseph à Tombaboukané, et Sidi-Carachi redescendait le 29 mars et rapportait à Saint-Louis, le 22 avril suivant, avec les journaux de route, une lettre de Sermau Lombout, prince gouverneur de Galam, pour le directeur général.

turels pour retenir leurs productions dans les limites de sa concession exclusive; au surplus, il seroit bien à désirer que Monsieur le comte de Vergennes put trouver moyen d'exclure les Anglois de Portendic, ils tirent un tres petit avantage de la faculté qu'ils ont d'y aller, et cette faculté est extrèmement nuisible à notre commerce. Les Maures s'en prevalent et les Français se servent du pavillon anglais pour rompre nos mesures, detourner la gomme des concessions de la Compagnie et la mettre à un prix toujours au-dessus de celui qu'elle voudroit régler, ce qui est contre les intérêts de la Compagnie et de l'État[1]. Si jamais une négociation quelconque sur cette partie de l'Afrique mettait Monsieur le comte de Vergennes à portée de faire cette ouverture, il rendroit un tres grand service à la nation s'il la faisoit adopter.

Sans perdre de vue les intérêts de la Compagnie, je m'occupe essentiellement du bien de l'Etat, je l'ai toujours servi avec zèle; si j'en retire jamais quelque avantage, je le devrai sans doute à votre amitié pour moi, à la bienfaisance et à la justice de Monsieur le comte de Vergennes. Je vous prie de lui présenter mes respectueux hommages. J'ignore encore le résultat de vos démarches auprès de M. Fraisse, mais j'en augure bien; vous m'obligerés beaucoup de renouveller vos instances en ma faveur lorsque vous aurez occasion de le voir.

Nous perdons enfin M. le comte de Repentigny[2] et son rappel qui étoit résolu depuis lontems est une perte irréparable pour la Colonie, elle est cruelle pour moy. Nous vivions comme deux freres raisonnables. J'étois sûr d'obtenir tout ce que je demandois, parce que je ne demandois rien que de juste. Les tems ont bien changé! Les affaires les plus sérieuses se traittent avec une legereté inconcevable, on méditoit autrefois, on calculoit de grands interets dans le silence et le recueillement.

Plus d'application, plus de travail, nous faisons en revanche de la musique et de l'esprit.

M. de Repentigny veut bien se charger de vous remettre de ma part deux perruches du pays; elles parlent passablement bien, sont douces et très jolies. J'en destine une pour Madame la comtesse de Vergennes et l'autre pour Madame Hennin, vous voudrés bien vous charger de cette commission pour moi.

Je m'occupe d'une ample collection dans les parties de l'histoire naturelle et de la botanique; je vous l'addresserai successivement. Nous

(1) Je l'ai déjà dit et je le répète, ce fut par l'effet d'une ignorance profonde en matière de commerce d'Afrique que le ministère français permit, sous l'ancien gouvernement, au commerce anglais de négocier à Portendick : c'était fournir à nos rivaux les moyens d'inquiéter, de diminuer considérablement notre commerce (Durand, *Voyage au Sénégal*, etc., p. 390).

(2) Il fut remplacé, comme on sait, par le célèbre chevalier de Boufflers, qui prit possession de son nouveau poste vers la fin de janvier 1786.

avons depuis peu un mauvais peintre* dont je me servirai pour me procurer les vues les plus intéressantes, les habillements des habitants, et enfin je mettrai tout en œuvre pour retirer tout l'avantage possible de ma mission. Faites-moi la grâce de me donner souvent de vos nouvelles. J'en recevrai toujours avec plaisir et je n'en aurai pas moins à vous renouveler l'assurance du sincère et respectueux attachement avec lequel j'ai l'honneur d'être,

Monsieur,

Votre très humble
Obéissant serviteur,
DURAND.

Durand, qui a tant fait et en si peu de temps pour le rétablissement des affaires de l'État et de la Compagnie, qui a heureusement négocié avec les Maures et vient d'organiser l'expédition de Galam; Durand, qui n'a plus à ses côtés le sage Repentigny, remplacé au gouvernement depuis la mi-janvier par le turbulent Boufflers, sent le découragement l'envahir ! « Les tems ont bien changé ! Les affaires les plus sérieuses se traitent avec une legereté inconcevable. »

« On méditoit autrefois, on calculoit de grands interets dans le silence et le recueillement »; voilà pour Repentigny, et voici pour Boufflers : « Plus d'application, plus de travail, nous faisons en revanche de la musique et de l'esprit. » On y fait aussi de l'exploration ! C'est l'époque de la tentative vers Galam, dont Lamiral a raconté d'une façon piquante la décevante histoire[2].

---

(1) Est-ce ce mauvais peintre, demeuré anonyme, qui a fait les dessins médiocres dont Lamiral orna trois ans plus tard son livre?

(2) « M. le chevalier de Boufflers, dit Lamiral, a tenté aussi une expédition dans ce genre; cinq à six jeunes gens tous frais moulus, qu'il avoit amenés de France, formèrent sous ces auspices le projet de pénétrer par terre jusqu'à Galam : ils devoient vivre et s'habiller à la mode du pays, et camper sous des tentes. A leur tête étoit un jeune officier, fils de M. Geoffroi le Médecin. Je les prévins de l'inutilité de leurs préparatifs par l'impossibilité qu'il y avoit qu'ils pussent supporter les fatigues d'un tel voyage par terre au milieu des déserts où il n'y a point d'eau, et les risques qu'ils couroient d'être insultés, pillés et peut-être faits captifs. Mes remontrances (c'est toujours Lamiral qui parle) ne produisirent aucun effet; ils partirent, mais ils ne furent pas loin. Après avoir rôdé pendant sept à huit jours aux environs de Gorée et de l'Ile Saint-Louis, ils revinrent très dégoûtés des voyages de ce genre. Ainsi MM. les Naturalistes, les Peintres et Physiciens qui étoient de la partie n'ont pas beaucoup enrichis la collection de M. le chevalier de Boufflers. Ce gouverneur, plus prudent, s'est contenté, lui, de se promener le long du rivage du

Et puis, autour de Boufflers, on intrigue contre la Compagnie privilégiée et le Directeur qui en sert les intérêts. Les partisans de la *concurrence*, qui seront assez forts pour faire voter les *doléances* portées par Lamiral aux États généraux de 1789, travaillent avec ardeur à se débarrasser d'un administrateur dont les succès compromettent leur cause.

On inquiète habilement le *Bureau* peu compétent qui dirige à Paris les affaires de la Compagnie[1], et, en juin 1786, Durand est rappelé, abandonnant à Galam Rubault, dont la flotte de la Compagnie, envoyée trop tard à son secours, ne trouvera plus que le cadavre[2].

Voici en quels termes, à la date du 12 juin 1786, Durand annonce son rappel à son ami Hennin[3] :

Sénégal, le 12 juin 1786.

Monsieur,

Les Ennemis de la Compagnie, affligés de la prospérité que mes services lui promettoient, se sont ligués pour la détruire; ils lui ont tendu un piège dans lequel Elle a donné pour son malheur, ils lui ont inspiré des soupçons et des inquiétudes sur mes connoissances en matière de commerce, ils ont respecté ma probité. Ce trait est d'une politique qui n'eut pas échapé à votre pénétration, ma place n'en a pas moins été supprimée et j'ai été rappelé au moment que je m'y attendois le moins ; j'étois parvenu par gradation et à force de travail à lui procurer la considération dont elle devroit jouir, j'avois tout fait pour son plus grand Bien et mes succès passoient mon attente, un instant d'erreur a détruit mon ouvrage, tout est retombé dans la confusion, le mépris et l'avilissement qui regnoient avant que j'eus pris les rênes de ses affaires; l'Effet du Bien n'est jamais si promptement rempli que celui du Désordre, je ne puis que La plaindre, et quoique je n'aye pas à me louer de ses procédés, je n'en suis pas moins disposé à La sauver, s'il est possible, Du péri où Elle est; si vous avez occasion de voir M. Fraisse, vous pouvés l'assurer de mes intentions sur ce point.

Je ne regrette point ma place, mais je regrette le Bien que j'aurois pu

Sénégal, à Gorée, et de Gorée au Sénégal; il a été à même de faire de profondes méditations sur le flux et le reflux de la mer de ce pays-là » (Lamiral, *op. cit.*, p. 350).

(1) On avait mis à la tête de ce Bureau comme président le maréchal de Duras; les membres étaient le bailli de Suffren, le comte de Blangy, le marquis de Saisseval, M. de Saint-Romain et enfin M. Fraisse, dont il a déjà été question plus haut.

(2) J.-B.-A. Durand, *Voyage cit.*, p. 341-342.

(3) Correspondance de Hennin, Portef. VII (Durand, n° 3).

faire en La conservant plus longtemps; mes mémoires sur le Sénégal, Le voyage du Podor et le commerce de la colonie sont Imparfaits, je Les mettrai en ordre et vous en aurés connoissance. En attendant, je vous adresse la relation d'un voyage que j'ai fait faire à Galam par terre [1], je suis le premier qui a osé tenter cette expédition. Elle m'a réussi et je crois avoir rendu un Service important à la nation; j'avois le projet de pousser plus loin mes Découvertes [2], je suis forcé d'y renoncer et ce n'est pas sans regret, faites-moi le plaisir de communiquer cette relation à Monsieur le comte de Vergennes. Elle l'interessera peut-être et c'est tout ce que je Désire, je réclame vos Bons offices auprés de Lui.

M. De Repentigny est plus que jamais l'idole de La colonie. On le regrette et je suis Bien d'avis qu'on le remplacera Difficilement; je prends la liberté de vous adresser une Lettre pour Lui.

J'ai fait une collection de tout ce que j'ai trouvé de curieux dans le pays, et je vous en ferai hommage. En arrivant, M. de Repentigny étoit chargé d'une perruche pour Madame Hennin.

J'ai l'honneur d'être avec l'attachement le plus sincère et le plus respectueux,

Votre très humble et très obéissant serviteur,

Durand J.-B.

Durand s'embarque avec sa collection le 24 juillet 1786 à bord du brigantin *L'Aimable Marthe*, qui doit le conduire au Havre. Le capitaine Jean-François Doré, qui commande le navire, fait fausse route et s'engage, par un gros temps, dans le canal de Bristol : après avoir vainement cherché un refuge dans la baie de Tumby, *L'Aimable Marthe* vient se perdre à Langharne, et Durand sauve ses papiers et une partie de son argent, mais il a le chagrin de perdre les documents de toute espèce qu'il a péniblement ramassés pendant ses dix-huit mois de séjour en Afrique.

Bath, le 5 octobre 1786.

Monsieur,

Avant mon Départ du Sénégal, je pris la Liberté de vous prévenir de mon retour en France [3], j'étois Bien loin de prévoir alors le malheur qui m'attendoit : après cinquante jours de navigation, le Bâtiment qui me transportoit fit fausse route, Entra dans le canal de Bristol, et le 14 sep-

---

(1) C'est probablement l'une des copies dont il est question à la page 270, n° 1, du *Voyage* : « Avant de partir de l'Ile Saint-Louis, je fis l'envoi d'un extrait de ce voyage aux ministres des Affaires étrangères et de la Marine, etc. »
(2) Cf. *Ibid.*, p. 272.
(3) Voir la lettre précédente.

tembre à 2 heures après minuit, par un gros tems, fit Déffinitivement naufrage dans la Baye de Langharne[1]. Je me crus perdu, mais la Providence veilloit sur mes jours, je Descendis à terre, tout l'Équipage fut sauvé; le Bâtiment, sa cargaison, et tout nos Effets furent perdus sans ressource[2].

Le ciel me reservoit cette dernière Épreuve et je L'ai faite sans murmurer, je vous en Donne La relation et je suis persuadé qu'elle vous interessera[3]; daignés en faire part à Monsieur le comte de Vergennes, et s'il se présente dans sa partie quelque occasion de m'employer utilement, je vous supplie L'un et L'autre de ne pas m'oublier, mon malheur est un titre à la Bienfaisance de Monsieur le comte de Vergennes et à votre protection.

J'avois fait pour vous une collection interessante de tout ce que le Sénégal produit de rare et de curieux, tout est perdu et j'en suis désespéré, je vous porte des pétrifications de Bristol qui m'ont paru mériter quelque attention.

J'ai l'honneur d'être, avec l'attachement le plus sincère et le plus respectueux,

Monsieur,

Votre très humble et très obéissant serviteur,

Durand J.-B.

Si vous avez occasion de voir Monsieur le comte de Repentigny, je vous prie de lui présenter mes Respects; il a connoissance de mon malheur et je suis Bien persuadé de toute la part qu'il y prend.

Je crois que Bath est la plus belle ville du monde; les Édifices et les rues sont superbes, les eaux admirables, je n'ai rien vu de si beau.

Les Anglois parlent de Monsieur le comte de Vergennes avec La plus grande Vénération. Le traité qu'il vient de faire avec Eux a mis le comble à La haute reputation dont il jouissoit En Angleterre; je suis à portée d'en juger et je vous assure que tout ce que j'en entans dire est une grande jouissance pour moi.

Durand est enfin rentré à Paris; il a présenté au Bureau de la Compagnie sa justification, et il écrit une fois encore à Hennin pour le prier d'obtenir en sa faveur du comte de Vergennes des

---

(1) A 16 kilomètres sud-ouest de Caermarthen (pays de Galles).

(2) « On avait sauvé peu de chose du bâtiment, et je fus le mieux traité dans le malheur commun. On me rendit un sac de cinq cents piastres, une caisse contenant tous mes papiers que je fis sécher dans un four : mon bon Jean avait sauvé un sac de 1.200 livres, un paquet d'or vierge du Sénégal, que je vendis à Londres environ cent guinées, un singe, un perroquet jaune et des œufs d'autruche » (*Voyage cit.*, p. 398-399).

(3) C'est le chapitre XXVII du *Voyage*.

recommandations auprès du comte de Blangy et du marquis de Saisseval (28 décembre 1786). On s'occupe, il l'espère du moins, de le réintégrer dans ses fonctions, et il suppose que l'intervention du ministre lui sera favorable. Mais Vergennes refuse d'agir. « Ce ministre, répond Hennin (5 janvier 1787), m'a dit qu'il n'avoit point de titre pour influer sur les résolutions d'une Compagnie de commerce, qu'il pouvoit bien dans l'occasion faire reconnoître le bien qu'il pense de vous, mais non pas écrire à des personnes avec lesquelles il n'avoit que peu ou point de rapports. »

Un autre directeur fut nommé, qui ne dura guère ; la Compagnie en a ainsi nommé huit ou moins de huit années et l'Assemblée Constituante vint abolir, en janvier 1791, un privilège dont Durand seul avait su tirer avantage, non seulement au profit de ses commettants, mais aussi pour le plus grand bien du pays.

Durand est resté attaché jusqu'à la fin à Hennin, son protecteur et son ami, et j'ai retrouvé, dans les papiers de celui-ci, un billet du 16 vendémiaire an XI (8 octobre 1802) accompagnant l'envoi d'un exemplaire du *Voyage au Sénégal* qui vient de paraître : « Je vous envoye, écrit Durand, Mungo-Park que je vous prête et mon *Voyage au Sénégal* que je vous donne : c'est l'hommage d'un disciple à son maître. »

XVIII

CORMATIN GÉOGRAPHE

(1786)[1]

Chacun des deux volumes, qui forment l'ouvrage bien connu du marquis de Chastellux sur les États-Unis[2], contient une carte d'une bonne exécution, ornée dans un des angles d'une vignette finement gravée.

La carte du premier volume, haute de o m. 18, large de o m. 24, donne la côte atlantique, de Portsmouth au nord au cap May au sud, et le cours inférieur de la Dalaware et du Connecticut. La vignette, gravée en bas et à droite, représente un gros rocher au bord de la mer, accosté d'un grand arbre; un personnage appuyé sur une canne regarde arriver un trois-mâts armé de canons.

Sur le rocher on a écrit l'inscription que voici :

CARTE
POUR SERVIR AU JOURNAL DE
M. LE M^{quis} DE CHASTELLUX
Rédigée *Par M. Dezoteux*, officier
dans l'*État-Major* de l'Armée

Dans l'angle inférieur gauche on lit le nom du graveur, *Aldring sculp.*

La carte du second volume, de même hauteur, mais un peu plus

---

[1] Cette courte note a été communiquée à la *Société des Américanistes de Paris* dans sa séance du 14 avril 1896.
[2] *Voyages de M. le marquis de Chastellux dans l'Amérique Septentrionale dans les années 1780, 1781 et 1782.* Paris, Prault, 1786, 2 vol. in-8.

large (0 m. 27), comprend la côte depuis Philadelphie au nord jusqu'à Portsmouth au sud, et l'intérieur du pays vers les monts Allegany.

Le cours de James River est dessiné avec soin jusqu'au delà des Montagnes Bleues, et les rivières voisines sont attentivement esquissées. Le titre, encadré par deux arbres, reproduit celui de la première carte avec de légères modifications typographiques.

L'*Avertissement de l'imprimeur*, placé en tête du tome Ier, mentionne les deux pièces en ces termes : « Les deux cartes géographiques présentent, avec toute l'exactitude possible, non seulement les pays où l'Auteur a voyagé, mais tous les asyles où il s'est arrêté et dont il a été fait mention dans ses journaux. Nous avons l'obligation de ces deux cartes à M. Dezoteux, capitaine de dragons et aide-maréchal des logis adjoint, qui les a rédigées et réduites. Cet officier, ayant fait la guerre en Amérique, a parcouru lui-même la plus grande partie des lieux indiquées dans ces cartes [1]. »

Le nom de ce géographe oublié est, sans le moindre doute, un nom de la Basse-Picardie ; c'est, en effet, vers la limite nord du Haut-Boulonnais, à moitié route entre Desvres et Hucqueliers, que se rencontre le village des Zoteux, dont il tire son origine.

L'histoire médicale a conservé la mémoire d'un homme de bien, François Dezoteux, né à Boulogne-sur-Mer le 1er octobre 1724 [2], inspecteur général des hôpitaux militaires, fondateur de la première école de chirurgie d'armée que nous ayons eue en France et l'un des défenseurs les plus ardents et les plus autorisés de l'inoculation [3].

---

(1) *Loc. cit.*, p. 8.

(2) J'ai copié naguère son acte de baptême ainsi conçu :

« Ce deuxième octobre 1724 fut baptisé François fils légitime du s^r Daniel Dezoteux et de Louise-Catherine Brillard son épouse. Il est venu au monde hier soir sur les neuf heures du soir et a eu pour parain Nicolas Dezoteux et pour maraine Marie-Elisabeth Dezoteux qui ont signé avec nous.

+ marque de Nicolas Dezoteux   Marie-Élisabeth Dezoteux
qui a déclaré ne savoir écrire   Dericqson

François Dezoteux était le cinquième garçon issu de ce mariage. Il était né avant lui : I. Daniel-François (6 nov. 1716); II. Nicolas (30 août 1718); III. Daniel-Alexandre (7 septembre 1720); IV. Pierre-Marie (12 octobre 1722).

(Reg. aux Bapt., Mar. et Sépult. de l'Église paroissiale de Boulogne — St Joseph — Années 1716 et suiv.)

(3) Voir les biographies.

Dans quelle mesure le Dezoteux des cartes américaines se rattachait-il au célèbre chirurgien boulonnais ?

La feuille personnelle, conservée aux archives du Ministère de la Guerre, devait, suivant toute vraisemblance, fournir à cet égard les éclaircissements désirables. Ce document, qu'on a facilement retrouvé, et qui s'applique bien à l'officier de l'armée d'Amérique, commence, en effet, en ces termes :

« DEZOTEUX, *Pierre-Marie-Félicité, fils de Claude-Antoine-Armand et de Jeanne-Charlotte Delafellonnière, né le 22 novembre 1751 à Paris.* »

Or Claude-Antoine-Armand, ou plutôt Antoine-Claude-Armand, père de notre cartographe, est un frère cadet de François. Il est né, comme celui-ci, dans la haute ville de Boulogne, de Daniel Dezoteux et de Louise-Catherine Brillard, le 9 mars 1726 [1].

Pierre-Marie-Félicité est donc le neveu de notre chirurgien militaire, grâce auquel, sans doute, on le nomme à dix-huit ans aspirant au corps du génie (25 octobre 1769).

Il prenait rang comme sous-lieutenant au régiment Royal-Navarre-Cavalerie le 24 mars 1772, devenait capitaine au corps des dragons le 3 juin 1779, et faisait, avec ce grade, en qualité d'aide de camp du général baron de Vioménil, toute la campagne d'Amérique (1780-1783). Ses états de service portent même qu'il fut contusionné au siège de Yorktown (1781).

Dezoteux était adjoint au corps de l'état-major de l'armée, depuis quelque temps déjà (1ᵉʳ décembre 1784), lorsque l'éditeur des *Voyages du marquis de Chastelleux* lui demanda ses deux cartes.

L'année 1788 le trouve aide-maréchal général des logis (1ᵉʳ juillet), employé au camp de Metz (1ᵉʳ septembre), puis major (16 novembre) et chevalier de Saint-Louis (21 décembre). Il venait d'être promu adjudant général et attaché à la 3ᵉ division militaire (1ᵉʳ avril 1791) lorsqu'il fut décrété d'accusation comme complice

---

(1) Voici la copie de son acte de baptême :

« Le 10 mars 1726 a été baptisé un garçon, né le 9, sur les 5 heures du soir du légitime mariage de Daniel Dezoteux et Louise-Catherine Brillard, apothicaire et chirurgien de cette ville, qui a été nommé Antoine-Claude-Armand le parein M. Henry-Charles-Guislin Desbareaux, la mareine, Mlle Marie-Antoinette-Benoîte Du Bressel (sic), jeunes personnes de cette paroisse, qui ont ici signés avec moy le jour et an que dessus.

De Roussel, pour Guislin.   Marie-Antoinette Benoîte du Blaisel.
          De la Roche, prêtre, curé de Saint-Joseph ».

de l'évasion du Roi (juillet 1791). C'est alors qu'il émigra et que commença pour lui, sous un nouveau nom, une nouvelle existence.

L'adjudant général, Pierre-Marie-Félicité Dezoteux, devenu le *baron de Cormatin*, a joué le rôle que l'on sait dans l'histoire de la Chouannerie. Ce n'est pas le lieu de rappeler ici les événements auxquels il s'est mêlé dans l'Ouest après le départ de Puisaye pour l'Angleterre (septembre 1794). Je ne connais rien d'inédit sur ces tristes choses.

Je veux seulement rectifier une erreur commise à son propos par Louis Blanc et répétée par d'autres. L'auteur de l'*Histoire de la Révolution* [1], qui apprécie sévèrement les intrigues de Cormatin, ne connaît du personnage que ce qu'en disent les biographes [2] ou ce qu'il a trouvé au *Moniteur* ou dans les *Mémoires de Puisaye*. Il ne sait rien d'exact sur ses origines; il le nomme *Desotteux* et assure qu'il « était fils d'un chirurgien de village, faisant les fonctions de barbier ».

Sans aucun doute Claude-Antoine-Armand Dezoteux, le père de Cormatin, appartenait à la corporation des chirurgiens, mais c'est dans un chef-lieu de province, dans sa ville natale, que nous le trouvons exerçant, tout jeune encore et par intérim, l'emploi de « commis greffier » de la communauté (2 octobre 1742). Il s'est d'ailleurs installé plus tard à Paris, où Cormatin a vu le jour en 1751.

Le grand-père, Daniel, l'arrière-grand-père, Philippe, exerçaient aussi dans la même ville de Boulogne-sur-Mer la profession d'apothicaire et chirurgien. Philippe y est mort le 28 juillet 1712 à l'âge de quatre-vingts ans [3]. Daniel, né à Boulogne le 30 janvier 1676 [4], y est décédé le 21 avril 1739 [5].

(1) T. XI, p. 366.
(2) Voy. Rabbe, Boisjolin et Sainte-Beuve, *Biographie universelle et portative des contemporains*. Paris, Levrault, 1834, in-8, t. II, p. 1363. — Etc.
(3) Voici l'acte de décès de Philippe Dezoteux :
« Ce vingt-neuvième juillet 1712 fut enterré Philippe Desoteux, âgé d'environ quatre-vingts ans. Il n'a reçu que le sacrement de l'Extrême-Onction, estant tombé en apoplexie. Il mourut la veille sur les 3 heures du matin.
 « Dericqson. »
(4) L'acte de baptême de Daniel est ainsi formulée :
« Ce trentième (janvier 1676) a esté baptisé un enfant masle, fils de Philippe des Osteux et de Marye Lescluse. Son parain Gabriel de la Fresnoy, qui l'a nomé Danyel; la maraine Marye Carou veufve. »
(5) Voici l'acte d'inhumation :
« Le 22 (avril 1739) a esté inhumé Daniel Dezoteux, époux de Catherine Bril-

Nommé maître entre 1706 et 1711[1], et prévôt cette même année, Daniel a reçu en cette double qualité, le 17 octobre 1730, le sieur Raimbault, « lieutenant du premier chirurgien du Roy ». Il est nommé greffier, quinze jours plus tard, par Georges Mareschal, *sur le bon rapport* qui lui a été fait et *sur les bons témoignages* qui lui ont été rendus *de sa probité, de son expérience et de sa capacité*. L'acte est du 3 novembre 1730; la réception a eu lieu le 20 du même mois. Mais, dès mars 1734, des « indispositions de goutte » l'obligent à se faire suppléer. Sa dernière signature, sur le registre, est du 1er mars 1739; il mourait le 22 avril suivant[2].

Je reviens à Cormatin, le descendant de tous ces braves gens, que je me figure, avec de telles hérédités, regrettant parfois les bistouris et les rasoirs des paisibles ancêtres, au milieu des intrigues malsaines où l'a jeté sa funeste ambition. Et plus tard, lorsque, condamné à la déportation par un conseil de guerre, il traîne dans les prisons de Cherbourg ou du Havre une misérable existence, je le vois se reporter aux temps heureux de sa jeunesse où, brillant aide de camp, il a chevauché très loin à travers la Pennsylvanie, et recueilli les éléments de ces deux curieuses petites cartes, seuls souvenirs, hélas! qui soient demeurés [3] de *Cormatin géographe* !

lard, ancien apothicaire chirurgien de cette ville, sous-prevôt de la Confrairie du Saint-Sacrement, décédé le 21, muni des sacremens, âgé d'environ 63 ans. — Dieuzet, Dezoteux, Raimbaut, chirurgien-major, Nasslet. »

(1) Le registre qui contient les délibérations de ces six années manque à la collection. Daniel Dezoteux ne figure pas dans les actes antérieurs à 1706 et en 1712 il est déjà prévôt.

(2) Tous ces détails sont tirés des registres de la Corporation des chirurgiens de Boulogne-sur-Mer conservés aux archives municipales de cette ville.

On remarquera que les actes, relevés ci-dessus attestent que les Dezoteux entretenaient des relations étroites avec les meilleures familles du pays; les du Blaisel, les de Roussel, les de Guizelin, figurent dans leurs actes de catholicité; Nasslet est le nom d'un « garde-général des forêts du roy » époux de Marie Élizabeth Dezoteux et qui devint plus tard « grand bailly de la principauté de Tingry » (*Renseignement communiqué par M. L. Bénard*).

(3) M. Gabriel Marcel veut bien m'assurer qu'il a vainement cherché d'autres cartes de Dezoteux dans l'immense collection qu'il administre à la Bibliothèque nationale.

XIX

COLLECTION DE DESSINS

PROVENANT

DE L'EXPÉDITION DE D'ENTRECASTEAUX [1]

Trois années s'étaient écoulées, depuis que La Pérouse avait, pour la dernière fois, donné de ses nouvelles en quittant Botany-Bay, le 10 mars 1788.

La Boussole et *L'Astrolabe* faisaient route alors vers la Nouvelle-Calédonie avec des équipages décimés par les accidents de mer et les rencontres avec les sauvages qui avaient attristé le séjour des deux navires au Port des Français et aux Iles des Navigateurs.

Tout portait à redouter que quelque nouveau désastre ait mis fin à l'expédition au milieu des îles mélanésiennes, souvent dangereuses d'accès et habitées par des populations inhospitalières. Aussi la Société d'histoire naturelle de Paris crut-elle devoir, au commencement de 1791, solliciter en faveur des marins ainsi disparus la bienveillante intervention de l'Assemblée Nationale. En réponse à la requête des naturalistes parisiens, l'Assemblée décrétait, le 9 février suivant, que le roi serait « prié de donner des ordres à tous les ambassadeurs, résidens, consuls, agens de la nation auprès des différentes puissances, pour qu'ils aient à engager, au nom de l'humanité, des arts et des sciences, les divers souve-

---

[1] Mémoire communiqué à la Société de géographie et publié dans le *Bulletin* de cette Société pour 1895.

rains auprès desquels ils résident, à charger tous les navigateurs et agens quelconques qui sont dans leur dépendance, en quelque lieu qu'ils soient, mais notamment dans la partie australe de la mer du Sud, de faire toutes recherches des deux frégates françaises *La Boussole* et *L'Astrolabe*... » L'Assemblée décrétait, en outre, que le roi serait « prié de faire armer un ou plusieurs bâtimens » sur lesquels seraient embarqués « des savans, des naturalistes, des dessinateurs » et de « donner aux commandans de l'expédition la double mission de rechercher M. de La Pérouse, d'après les documents, instructions et ordres qui leur seraient donnés, et de faire en même tems des recherches relatives aux sciences et au commerce, en prenant toutes les mesures pour rendre, indépendamment de la recherche de M. de La Pérouse, ou même après l'avoir recouvré ou s'être procuré de ses nouvelles, cette expédition utile et avantageuse à la navigation, à la géographie, au commerce, aux arts et aux sciences[1] ».

Deux frégates furent armées à Brest, *La Recherche*, commandée par Bruny d'Entrecasteaux, chef de division des armées navales, et *L'Espérance*, conduite par Huon de Kermadec, major de vaisseau. Une douzaine d'officiers, d'Auribeau, de Trobriand, de Rossel, etc., ayant rang de lieutenants, étaient mis sous les ordres de ces deux officiers supérieurs, et, conformément au vœu exprimé par l'Assemblée, un ingénieur hydrographe, le célèbre Beautemps-Beaupré, un ingénieur géographe, Jouvency, deux astronomes, l'abbé Bertrand et le bénédictin Dom Pierson, cinq naturalistes, Labillardière, Ventenat, Deschamps, Riche et Blavier, enfin le jardinier botaniste, La Haye, composèrent à bord des deux frégates une sorte d'état-major scientifique. Deux dessinateurs étaient adjoints aux savants, l'un, appelé Ely, placé sur *L'Espérance*, se fit débarquer au Cap, avec Bertrand et Blavier. L'autre, nommé Piron, monté sur *La Recherche*, a fait le voyage jusqu'à Java ; c'est à lui que sont dus la plupart des dessins rapportés par l'expédition et publiés, soit dans l'Album de Labillardière en l'an VIII de la République, soit un peu plus tard, en 1807, dans la planche X de l'Atlas hydrographique de Beautemps-Beaupré. Je voudrais, en quelques lignes, rappeler la courte carrière de ce dessinateur qui n'était pas sans mérite, à l'occasion d'une série de dessins et

(1) Voir le texte complet de ce décret du 9 février 1791 à la suite de la Préface de la relation du *Voyage de d'Entrecasteaux*, publiée par de Rossel (Paris, impr. imp., 1808, in-4°, t. 1, p. XVII-XVIII).

de croquis, portant sa signature, que j'ai récemment obtenus par voie d'échange d'un excellent ami de Florence, le professeur E.-H. Giglioli, et dont j'ai dressé le catalogue détaillé, que l'on trouvera ci-après.

Piron, l'auteur de ces œuvres, avait reçu l'enseignement technique que l'on donnait alors[1]. Il savait manier adroitement les crayons noirs et rouges, croiser des hachures ou fondre une estompe, laver à l'encre de Chine, à la sépia, au bleu de camaïeu.

D'Entrecasteaux a rendu plusieurs fois justice à son exactitude et à son goût[2].

Il dessinait fort convenablement un paysage, et à l'imitation de Lantara, dont souvent il s'est inspiré, il s'attachait à rendre avec une pittoresque fidélité les jeux de la lumière et les formes des nuages, le port des arbres et les divers aspects des roches.

Ses figures d'animaux étaient suffisantes, mais il réussissait mal à rendre la physionomie humaine. Dans ses dessins originaux, plus encore que dans les gravures que Copia en a tirées, les grandes figures en pied sont de proportions incorrectes et de formes exagérées. Les raccourcis y sont presque toujours défectueux, le tronc est souvent trop court, la boîte crânienne trop petite dans toutes ses dimensions (il est de ses personnages qui ont jusqu'à neuf têtes de hauteur), les cuisses sont trop longues et mal attachées, et tout l'ensemble des masses musculaires offre des contours tourmentés, parfois invraisemblables.

Les portraits en buste sont meilleurs, et il en est, comme celui de Finau, le chef de Tonga-Tabou, qui ont paru « d'une grande vérité[3] ».

---

[1] Je suppose qu'il était de Paris et qu'il a été élève de l'École des Beaux-Arts. J'observerai cependant que M. Müntz n'a pu rencontrer aucune pièce relative à cet artiste dans les archives de cet établissement.

[2] « ... Tout ce que l'on a reconnu de plus remarquable, ainsi que les points de vue les plus pittoresques de ce vaste paysage (il s'agit du port du Nord) ont été dessinés avec autant d'exactitude que de goût par M. Piron » (*Voyage de d'Entrecasteaux*, t. I, p. 57). — « Les divers points de vue de cette partie de côte (il est question de la baie de l'Adventure, du cap Pillar, etc.) sont parfaitement bien rendus dans ces dessins de M. Piron » (*Ibid.*, p. 265). — Ces divers dessins ont été gravés d'un burin un peu sec par Schœder sous le n° 10 de l'Atlas de Beautemps-Beaupré (*Vues de différentes parties de la terre d'Anthony Van Diémen dessinées par Piron*; I, cap Cannelé; Ile aux Manchots; II, cap Raoul; III, petite île de Tasman; IV, cap Pillar; V, partie méridionale du cap Frederick-Hendrikx).

[3] Labillardière, *op. cit.*, t. II, p 95.

Piron s'est prodigué pendant toute la campagne. Dès le débarquement à Ténériffe, il fait partie du groupe qui tente, inutilement d'ailleurs, l'ascension du fameux Pic[1], et toujours, depuis lors, il recherche les occasions de se rendre utile, en dessinant figures et paysages.

Il accompagnait Labillardière et La Haye dans la reconnaissance où les Français se trouvèrent pour la première fois en contact avec les Tasmaniens, et le récit de l'entrevue nous le montre se laissant noircir par un sauvage avec de la poussière de charbon.

A la Nouvelle-Calédonie, à la Vendola dans le groupe de l'Amirauté, à Amboine, aux Iles des Amis, partout, il dessine de son mieux des portraits de naturels, et, lorsque, arrivé à Sourabaya, le 27 octobre 1793, il voit commencer la série de ses infortunes, il est en possession d'un gros portefeuille de documents intéressants et variés[2].

On sait comment un lieutenant, deux enseignes de vaisseau, les trois naturalistes et le peintre du voyage, qui ne partageaient pas les opinions royalistes de d'Auribeau devenu chef de l'expédition à la mort de d'Entrecasteaux, furent livrés aux Hollandais comme prisonniers de guerre et conduits de Sourabaya à Samarang.

Piron et Labillardière transférés au fort d'Anké, au milieu des marécages à quelques kilomètres à l'ouest de Batavia, contractèrent dans ce milieu malsain une dysenterie des plus violentes. Et lorsqu'il fut enfin possible aux pauvres prisonniers de gagner l'Ile de France (9 germinal an III), Labillardière seul profita de la permission. Trop malade pour pouvoir supporter une traversée de six semaines, Piron resta à Batavia, où il est mort peu de temps après. Au moment de se séparer de son compagnon d'infortune, le malheureux artiste l'avait prié « d'accepter un double des dessins de costume et de paysage qu'il avait faits dans le cours de la campagne[3] ».

Ce sont ces planches qui ont servi au graveur Copia à exécuter la plupart des figures de l'Atlas qui accompagne les deux volumes de Labillardière[4].

(1) Labillardière, *op. cit.*, t. I, p. 10.
(2) Id., *ibid.*, t. II, p. 44.
(3) Labillardière, *op. cit.*, *Introduction*, p. x.
(4) L'Atlas se compose, comme l'on sait, de 44 planches dont 27 reproduisent des dessins de Piron.

Le consciencieux artiste avait probablement refait tout à loisir les feuilles ainsi sauvées pendant le séjour prolongé des frégates françaises dans les eaux de Sourabaya.

Celles dont nous donnons ci-dessous le catalogue descriptif sont probablement les minutes que Piron avait gardées, et qui, parvenues, on ne sait comment, entre les mains de Webb, faisaient partie, naguère encore, de la bibliothèque de M. le professeur E.-H. Giglioli.

Conservées désormais au Laboratoire d'anthropologie du Muséum de Paris, elles rappelleront, aux personnes qui fréquentent cet établissement, le souvenir d'un voyage qui ne fut pas sans utilité pour la science et pour la patrie, malgré sa triste fin.

Le malheureux Piron, oublié de presque tous [1], a toutefois reçu un juste hommage des hydrographes du voyage de d'Entrecasteaux, qui avaient utilisé ses talents. Une île de la Louisiade, au nord de l'île Sud-Est, à l'ouest de Rossel, porte encore aujourd'hui son nom [2].

CATALOGUE SOMMAIRE DES DESSINS DE PIRON

CONSERVÉS

AU LABORATOIRE D'ANTHROPOLOGIE DU MUSÉUM DE PARIS

I

Topographie.

1. — BAIE DE L'ESPÉRANCE, TERRE DE NUYTS, NOUVELLE-HOLLANDE.

Paysage à l'estompe, légèrement relevé de blanc et de jaune, sur papier vergé gris bleu. — Hauteur, o m. 31 ; largeur, o m. 45.

Falaise rocheuse à droite, un ruisseau descend en cascade du sommet. Ligne de côtes fuyant à gauche, pour se terminer en un cap que couvre un îlot.

---

(1) Labillardière s'est séparé, sans la moindre émotion, de son compagnon de geôle : « Il était temps que je quittasse les marécages, etc. » (t. II, p. 330).

D'autre part, l'administration de la marine avait négligé de liquider l'indemnité qui lui était due et que sa sœur, « la veuve Titon, née Piron, » réclamait encore à la date du 31 juillet 1817 par une pétition à Gouvion Saint-Cyr, conservée aux archives de la marine.

(2) Cf. Beautemps-Beaupré, carte n° 27.

Ce site, rapidement copié par Piron en décembre 1792, correspond à l'ancrage des navires de l'expédition dans la baie de l'Espérance à l'abri de l'île dite de l'Observatoire. La vue a été prise en regardant au nord-ouest vers le cap qui forme l'extrémité sud du territoire qui sépare de la mer les Étangs Salés (119° 35′ longit. est).

(Inédit.)

II. — Baie de la Recherche (Port du Sud), Observatoire de 1793 (Terre de Van Diémen).

Paysage à l'estompe, rehaussé d'encre de Chine (*inachevé*). — Hauteur, 0 m. 44 ; largeur, 0 m. 52.

Baie aux rives boisées ; les tentes de l'Observatoire se dressent au fond et un peu à gauche ; à droite, chaîne de hautes collines coniques.

L'un des navires de l'expédition, probablement *L'Espérance*[1], est mouillé dans la baie ; un canot quitte le bord, tandis qu'une chaloupe, toutes voiles dehors, se dirige vers l'anse qui s'ouvre en avant et à gauche.

Le Port du Sud de la baie de la Recherche se voit à l'entrée méridionale du canal de d'Entrecasteaux dans la *Carte particulière du canal d'Entrecasteaux entre la terre méridionale d'Anthony Van Diémen et l'île Bruny levée et dressée dans le voyage du contre-amiral Bruny d'Entrecasteaux*, par C.-F. Beautemps-Beaupré, ingénieur hydrographe en 1792 et 1793 (an 1ᵉʳ de l'ère française, n° 4 de l'*Atlas du voyage de Bruny d'Entrecasteaux, contre amiral de France, commandant les frégates La Recherche et L'Espérance, fait par ordre du Gouvernement en 1791, 1792 et 1793*, publié par ordre de S. M. l'Empereur et Roi... par C.-F. Beautemps-Beaupré... A Paris, au Dépôt général des cartes et plan de la marine et des colonies, MDCCCVII, in-1°.

Le plan détaillé de ce port, levé par Jouvency en 1793, occupe la moitié supérieure de la planche VII du même atlas.

La vue, dessinée par Piron, a été prise de l'entrée en regardant le fond du port.

(Inédit.)

III. — La baye des Roches au lever du soleil, Cap Van Diémen.

Paysage à l'estompe, crayon noir relevé de blanc et de rouge sur papier vergé gris bleu. — Hauteur, 0 m. 39 ; largeur, 0 m. 48.

---

[1] Il faut se rappeler en effet que le dessinateur opère à bord de *La Recherche*.

Baie large et profonde, entourée de petites collines, effet de soleil levant au fond et à droite.

Les deux frégates sont au mouillage, en dedans d'une rangée de roches à fleur d'eau. Au premier plan, une troupe de noirs, composée de deux hommes, une femme et trois enfants, passe sur la berge, se dirigeant vers une hutte de branchages, de forme demi-circulaire, à porte basse, ouverte en bouche de four, entourée de quelques arbustes et dominée par un bel arbre élégamment découpé.

La baie des Roches fait partie du Port du Sud dont elle occupe le fond, vers le sud-ouest (voir Atlas de Beautemps-Beaupré, n° 6). La vue a été prise du rivage de la baie en regardant vers le nord-est.

Le paysage est terminé, mais les petits personnages qui s'y meuvent sont seulement indiqués grossièrement.

(*Inédit.*)

IV. — TROISIÈME VUE, PRISE DE L'ENTRÉE DU CANAL SUR LA PETITE ISLE DU CÔTÉ DE LA MER, CAP VAN DIÉMEN.

Paysage à l'estompe, rehaussé d'encre de Chine. — Hauteur, 0 m. 31 ; largeur, 0 m. 51.

La rive occidentale du canal borde le cadre à gauche, chargée de beaux arbres minutieusement dessinés par l'artiste. Le fond va se rétrécissant entre des collines arides et mamelonnées.

Les deux navires, *L'Espérance* et *La Recherche*, sont en panne dans le canal, attendant la grande chaloupe chargée de monde qui rentre à bord aidée de sa grande voile, et un petit canot qui revient à la rame.

La petite île du côté de la mer, d'où la vue a été faite, est celle qui porte le nom d'île Stérile sur la carte n° 4 de l'Atlas.

(*Inédit.*)

V. — PORT DE L'ESPÉRANCE, VU DE DESSUS LA FRÉGATE « LA RECHERCHE » ALLANT AU MOUILLAGE.

Paysage à l'estompe, rehaussé d'encre de Chine, titre autographe écrit au crayon. — Hauteur, 0 m. 295; largeur, 0 m. 560.

A gauche et au fond ligne de côtes montueuses, arides et nues. Au second plan, trois îlots rocheux ; sur une mer démontée, *L'Es-*

pérance marche au plus près, avec très peu de toile, dans le sillage de *La Recherche*, à l'arrière de laquelle est le dessinateur. Sur la droite, une lame se brise dans le coin du tableau.

Ce port de l'Espérance, dont on voit l'ensemble dans la *Carte générale de la partie méridionale de la Nouvelle-Hollande appelée terre d'Anthony van Diémen* par Beautemps-Beaupré (pl. III de l'Atlas de Beautemps) et le détail dans le plan (pl. VII) levé par Jouvency en avril 1792, s'ouvre dans l'ouest du canal de d'Entrecasteaux, en face de l'île Bruny. La vue est prise du port en regardant l'anse qui limite au nord la presqu'île dite *Pointe Nord*.

(Inédit.)

VI. — TERRE DES ARSACIDES.

Paysage à l'estompe, crayon noir relevé de blanc, sur papier vergé gris bleu. — Hauteur, 0 m. 26; largeur, 0 m. 51.

Terre montagneuse et boisée, bordée de falaises à pic, voilée de pluie dans sa partie gauche. A droite, au fond, la silhouette de *L'Espérance*, doublant, toutes voiles dehors, le cap qui termine l'île.

Au premier plan, trois pirogues, à quatre rameurs, rappelant exactement celle de la planche XLVII de l'Atlas, dite *pirogue des Arsacides*, bondissent dans les vagues.

Ces pirogues sans balancier sont des *ora* d'Arossi ou San Christoval (L. Vergnet, *Arossi ou San Christoval et ses habitants*, in *Revue d'Ethnographie* publiée par le Dr Hamy, etc., t. IV, p. 254, 1885, in-8°). C'est donc une portion du littoral de cette île que représente le dessin de Piron.

Étant données la marche du navire et sa situation par rapport à la côte, l'éclairage déjà oblique du tableau indiquant l'orientation, il est certain que la vue a été dessinée le 26 mai 1793, jour où les deux frégates suivaient entre le cap Surville et le cap Sidney la côte méridionale d'Arossi (voir *Carte des Archipels des îles Salomon, de la Louisiade et de la Nouvelle-Bretagne, situées à l'est de la Nouvelle-Guinée*, rédigée par C.-F. Beautemps-Beaupré (*Atl. cit.*, n° 21).

(Inédit.)

VII. — FÊTE DONNÉE AU GÉNÉRAL D'ENTRECASTEAUX PAR TOUBAU ROI DES ÎLES DES AMIS.

Aquarelle camaïeu à deux tons; le premier plan est teinté à la sépia, le reste est peint d'un gris bleu, plus ou moins éteint. — Hauteur, 0 m. 37; largeur, 0 m. 67.

Cette aquarelle, minutieusement exécutée, donne, à vol d'oiseau, tous les détails de la grande fête offerte à d'Entrecasteaux et à ses compagnons le 30 mars 1793 par Toubau, roi des Iles des Amis (*Voyage de d'Entrecasteaux, envoyé à la recherche de Lapérouse*, etc. Paris, Impr. imp., 1807, in-4°, t. I, p. 285 et suiv.; — *Relation du Voyage à la recherche de Lapérouse*, etc., par le c^en Labillardière. Paris, an VIII, in-4°, t. I, p. 132 et suiv.).

Elle a été fidèlement reproduite par Copia sous le n° 26 de l'Atlas de Labillardière; seulement, comme le dessin de Piron mesurait 0 m. 17 de largeur de plus que le format de la planche du graveur, celui-ci a rogné, en les modifiant quelque peu, les extrémités.

(*Atlas de Labillardière*, pl. XXVI.)

VIII. — Port d'Amboine.

Paysage à l'estompe, rehaussé d'encre de Chine et de gouache. — Hauteur, 0 m. 31 ; largeur, 0 m. 51.

L'entrée du port est au fond, dominée par de hautes collines rocheuses, en partie boisées. Un gros nuage vient de passer sur la bourgade, qui est brillamment éclairée par contraste d'un large coup de soleil. Un petit fort, le *fort de la Victoire*, est au milieu, avec sa tour ronde surmontée d'un toit conique. Tout autour sont dispersées des cases quadrilatères, couvertes de feuilles de sagou formant sur le côté le plus large d'ombreuses vérandahs et entourées de jardins clos de palissades basses de bambous.

Un navire de la Compagnie est amarré à la « calle en bois qui sert de débarcadère » (Labillardière, *op. cit.*, t. I, p. 289). Dans le port trois barques indigènes et un canot français vont vers la terre, où deux portefaix attendent, soulevant un lourd palanquin. Deux hommes, au premier plan, regardent le spectacle du haut d'un rocher.

La vue a été prise en septembre 1792, du rivage nord de la rade, avec Amboine, en face [voyez *Carte de la partie du grand archipel d'Asie reconnue par le Contre Amiral Bruny-Dentrecasteaux en 1792 et 1793, levée et dressée par C.-F. Beautemps-Beaupré*, 2° feuille (*Atlas cité*, n° 3)].

(*Inédit.*)

II

Anthropologie. — Ethnographie.

IX. — Homme du Cap de Diémen.

Dessin aux deux crayons. — Hauteur, o m. 43; largeur, o m. 42. Les cheveux, la barbe, le fond sont exécutés au crayon noir; la figure et le cou en hachures à la sanguine.

C'est l'original de la figure 1 de la planche VII de l'Atlas de Labillardière. Tel que Piron l'avait d'abord dessiné, le personnage offrait absolument une physionomie européenne. Dans la gravure, ses traits ont été sensiblement modifiés. On a accentué la saillie de la base du front, creusé la racine du nez, raccourci le nez en en relevant le bout, dilaté les narines et épaissi les lèvres. On a aussi ajouté les épaules et la poitrine avec leur tatouage.

Est-ce Piron lui-même qui avait modifié à ce point son premier dessin, avant de le remettre à Labillardière? Est-ce Labillardière lui-même, ou le graveur Copia, qui ont pris sur eux d'introduire ces changements dans les dessins de Piron? Quoi qu'il en soit, la gravure est beaucoup moins incorrecte, au point de vue de nos études, que ne l'était la sanguine, d'ailleurs très adroitement ombrée, de notre artiste.

(Atlas de Labillardière, pl. VII, fig. 1.)

X. — Pêche des sauvages du Cap de Diémen.

Dessin à la mine de plomb. — Hauteur, o m. 38; largeur, o m. 50.

Réduit au quart, ou environ, par Copia, ce dessin est devenu la planche IV de l'Atlas, dans laquelle des corrections importantes ont d'ailleurs amélioré le premier croquis de l'auteur où les têtes étaient beaucoup trop petites, et les membres, surtout les membres inférieurs démesurément allongés, et exagérés dans leur développement musculaire. Un personnage, qui n'était pas le plus mauvais au point de vue des traits du visage, a disparu de l'extrémité du dessin et quelques attitudes ont été modifiées. Par exemple, le personnage vu de dos, les pieds dans l'eau, au centre de la composition, marche, dans notre dessin, en soulevant, avec une certaine vérité, sa jambe droite. Plusieurs têtes ont du reste été beaucoup trop anoblies, celles du petit groupe de droite en particulier, qui, dans l'original, ont une physionomie beaucoup plus voisine de celle qui caractérisait les naturels aujourd'hui disparus de Van Diémen. (Atlas de Labillardière, pl. IV.)

XI. — Paniers et vase a eau, Cap de Diémen.

Dessins ébauchés à la mine de plomb, en partie précisés à l'encre de Chine. Signature : *piron del.* En bas, au crayon, *finir sur modèle.* — *Nouvelle hollande.*

Les deux premiers de ces récipients sont des paniers de jonc à claire-voie supportés par une anse d'écorce. Un de ces paniers est posé debout au premier plan de la figure 5 de l'Atlas, *Sauvages du cap Diémen préparant leur repas.* On voit à côté une mauvaise reproduction du troisième récipient de notre planche, sorte de bourse à coulisse du port Dentrecasteaux. « On y trouva, dit Labillardière, en parlant de cette localité (t. I, p. 127) une portion de l'algue marine connue sous le nom de *fucus palmatus*, taillée à peu près dans la forme d'une bourse à jetons. C'était un vase à eau. Il en était encore rempli lorsqu'on le découvrit. »

(Inédit.)

XII. — Catimarron du Cap de Diémen.

Dessin à la mine de plomb, signé à l'envers *piron del.* Au-dessous, de la main de l'auteur, on lit : « la [2°] sur la planche, j'en donnerai une 3°. »

Cette figure, reproduite très fidèlement, mais renversée, occupe, en effet, la seconde place sur la planche XLIV de l'Atlas. La première représente une *double pirogue de la Nouvelle-Calédonie*; la troisième, que Piron se proposait d'ajouter, montre le plan d'une *pirogue de l'île de Sainte-Croix.*

Il est question de ces *catimarrons* à la page 185 du tome I de Labillardière.

(*Atlas de Labillardière*, pl. XLIV.)

XIII. — Homme de Balade.

Dessin au crayon noir de 44 centimètres carrés. — Une note de la main de Piron porte : « *Couleur cuivrée, abaisser la massue* [de] 10 à 11 [millimètres]. *Sagaye de la grosseur du doigt indicateur, corriger la ceinture.* »

Ces corrections ont été faites sur la planche XXXVII de l'atlas, réduite environ d'un huitième et qui reproduit, quelque peu modifié, notre dessin. L'épaule gauche est abaissée, de façon que la massue que croisait la sagaie se profile à peu près un centimètre plus bas. La sagaie a été renforcée et le sac à pierres de fronde en filet a été précisé dans sa texture.

On a aussi atténué les excès de la musculature et amélioré le dessin du pied gauche.

(*Atlas de Labillardière*, pl. XXXVII.)

XIV. — Homme des isles de l'Amireauté.

Dessin à la mine de plomb, encadré d'un double filet noir portant, dans l'angle inférieur gauche, *piron del.*—Hauteur ; 0 m. 36 ; largeur, 0 m. 29.

Original de la planche III de l'Atlas de Labillardière. Ce dessin a été retourné, mais copié de même grandeur. On a atténué quelques exagérations anatomiques, diminué les cuisses trop longues et mal attachées, refait la jambe droite du sujet, dont le tibia était courbé en arc, et les masses musculaires comme découpées et appliquées sur l'os. La tête du dessin original, trop petite (la proportion qu'elle donne est de neuf têtes pour le sujet entier), a été grossie, et le visage, tout en gardant une expression académique inattendue chez un Mélanésien, est devenu néanmoins un peu plus vraisemblable.

Les détails ethnographiques, coiffure, lobules fendus, tatouage, ceinture et bracelets, coquille préputiale, rame, etc., étaient très fidèlement copiés dans le dessin primitif.

(*Atlas de Labillardière*, pl. III.)

XV. — Vouacécé. Habitant de Fidgi.

Dessin au crayon noir de 0 m. 51 de haut sur 0 m. 42 de large, rehaussé de quelques traits de sanguine dans la face, chevelure teintée de rouge en avant.

Reproduit renversé dans la moitié droite de la planche XXIX de l'Atlas. « Cet insulaire, dit Labillardière, étoit d'une belle taille et avoit un caractère de physionomie très prononcé (voyez pl. XXIX, fig. 2). Ses cheveux, sur le devant de la tête, étoient poudrés de rouge » (*Relation du Voyage à la recherche de La Pérouse*, t. II, p. 166).

La disposition de la coiffure fait penser à l'une de ces perruques montées, dont on a signalé l'usage dans un certain nombre de localités de la Mélanésie.

(*Atlas de Labillardière*, pl. XXIX.)

XVI. — Finau, chef des guerriers de Tonga-Tabou.

Dessin au crayon noir, de 0 m. 42 de haut sur 0 m. 45 de large.

Reproduit renversé dans la moitié de la planche VIII de l'Atlas. Voici ce que Labillardière dit de ce portrait : « Le portrait de ce guerrier (pl. VIII, fig. 2) est d'une grande vérité; ses cheveux poudrés avec de la chaux étoient arrangés de manière qu'on eût cru qu'il portoit une perruque... » (*Relation du Voyage à la recherche de La Pérouse*, t. II, p. 95).

(*Atlas de Labillardière*, pl. VIII.)

XVII. — DANSE DES AMBOINAIS.

Peinture à la gouache. — Hauteur, o m. 305 ; largeur, o m. 585 (*inachevée*). — Scène nocturne. A la lueur d'un brasier, quatre danseurs et deux danseuses, vêtus d'étoffes voyantes, se balancent en formant une chaîne au milieu du tableau. A droite, deux hommes assis; à gauche, un groupe de spectateurs; puis l'orchestre, composé d'un joueur de hautbois et de trois timbaliers assis sur une banquette de bambous et que guide un personnage battant les deux mains en mesure. Dans une embrasure éclairée, ouverte au milieu d'une case couverte de feuilles, apparaissent dos à dos une femme et un homme buvant à même d'une cruche.

Cette gouache, au dos de laquelle on lit le mot *Emboinne*, a dû être composée pendant le séjour de l'expédition dans le port d'Amboine (septembre 1792, vendémiaire an I*er*). Je n'ai trouvé, ni dans le chapitre VII de d'Entrecasteaux, ni dans le chapitre VIII de Labillardière, rien qui puisse me permettre de préciser davantage la scène représentée dans cette planche par Piron.

(*Inédite.*)

III

Zoologie.

XVIII. — MUSARAIGNE GÉANTE.

Esquisse à la mine de plomb. Animal tourné à droite ; longueur, o m. 21.

Une note au crayon, de la main de Piron, est ainsi rédigée :

« Rat musqué. Il est gris de souris partout, un peu moins foncé sous le ventre; un peu de poils blanchâtres à la queue, outre d'autres fort courts, bruns; les cuisses à moitié nues; les deux narines en tube. Sur chaque côté une glande à musc, à moitié couverte de poils roussâtres dont suinte une huile fortement musquée; les yeux aussi petits que ceux de la taupe; à la mâchoire inférieure deux grandes dents incisives qui ont une petite dent à la base, 2 canines, 3 molaires, comme en dessus, les deux incisives étant en crochets à la mâchoire supérieure. »

M. Oustalet a reconnu dans cette figure le dessin de la *Crocidura cærulescens* décrite par Shaw en 1800, sept ans par conséquent après la mort de Piron. C'est le *Sorex giganteus* d'Isidore Geoffroy Saint-Hilaire, sorte de musaraigne géante, que l'expédition a sans doute rencontrée à Java.

(Inédit.)

XIX. — Pic de la Nouvelle-Calédonie.

Aquarelle sur papier à dessin mince. — Hauteur, 0 m. 46; largeur, 0 m. 27.

Original de la planche XXXIX de l'Atlas de Labillardière.

Une note, au crayon, de la main de l'auteur dit qu' « il faut que le graveur donne plus de ton aux parties noires ».

Audebert a tenu compte de cette observation, et sa figure, gravée par Perée, a accentué les noirs du dessin.

(*Atlas de Labillardière*, pl. XXXIX).

XX et XXI. — Cygne noir du Cap de Diémen.

Deux dessins au crayon noir (*inachevés*). Dimensions du premier, 0 m. 23 sur 0 m. 385; du second, 0 m. 45 sur 0 m. 59.

Cygne nageant vers la droite. Le second est signé *piron, del.*

Original de la planche IX de l'Atlas de Labillardière.

Note autographe de Piron : « L'oiseau est du plus beau noir, à l'exception de l'extrémité des ailes; le bec blanchâtre et les pattes d'un jaune faible. » C'est le 23 avril 1792 que fut tué, au fond de la baie des Tempêtes, le premier spécimen de cette nouvelle espèce (Cf. Labillardière, op. cit., t. Ier, p. 130-131).

(*Atlas de Labillardière*, pl. IX.)

XXII. — Monacanthus scriptus, Osbeck[1].

Esquisse au crayon sur papier à dessin mince.
L'animal de profil, la tête à gauche.

---

1. C'est M. Léon Vaillant qui a bien voulu déterminer les 6 dessins de Piron représentant des poissons.

Une note au dos est ainsi conçue : « Toutes les taches rondes sont brunes, les longues sont bleu violacé. »

Labillardière raconte que dans la baie des Tempêtes « on prit à la ligne beaucoup de poissons et d'espèces très variées, parmi lesquels le plus nombreux de tous était une espèce de *Gadus* ». N'est-ce pas à ce moment que Piron a fait ces dessins, et le soi-disant *Gadus* ne serait-il pas la *Seriola* indiquée plus bas sous le n° XXV?

XXIII. — MONACANTHUS RUDIS?, Richardson.

Esquisse au crayon sur papier à dessin mince.
L'animal de face et de profil, tête à droite.
Signé : *piron, del.*

XXIV. — RHOMBOSOLEA? MONOPUS??, Günther.

Lavis, sur papier à dessin mince.
L'animal vu de dos, la tête à droite.
Signé : *piron, del.*

XXV. — SERIOLA?, Sp.

Lavis à l'encre de Chine (*inachevé*).
L'animal de profil, la tête à gauche.
Signé : *piron, del.*

XXVI. — TRIGLA POLYOMMATA, Richardson.

Esquisse au crayon.
L'animal de profil, la tête à gauche.
Signé : *piron, del.*

XXVII. — CHEILODACTYLUS CARPONEMUS, Cuvier et Valenciennes.

Dessin au crayon, légèrement ombré.
L'animal de profil, la tête à gauche.
Signé : *piron, del.*

XX

NICOLAS-MARTIN PETIT

Dessinateur à bord du « Géographe »

1801-1804 [1]

I

Conduit par la suite de mes études sur l'ethnologie des races noires à m'occuper plus particulièrement des Tasmaniens, des Papouas et des Australiens, j'avais commencé, dès 1874, à coordonner spécialement les matériaux d'étude, textes descriptifs, pièces anatomiques, dessins, peintures, objets d'ethnographie se rapportant à ces races et recueillis par les expéditions françaises qui se sont succédé en Mélanésie depuis 1766.

Les documents ethnologiques, rassemblés par nos premiers navigateurs dans les mers du Sud, ne se composent guère que des relations publiées par Bougainville, Crozet, Fleurieu, Millet-Mureau, Rossel et Labillardière [2]. Sauf quelques fragments intéressants, mais relativement courts, rencontrés dans divers manuscrits ap-

---

[1] Extrait de l'*Anthropologie*, t. II, p. 601-622, 1891.
[2] *Voyage autour du monde par la frégate La Boudeuse et la flûte l'Étoile en 1766, 1767, 1768 et 1769*. Paris, Saillant et Nyon, 1771, 1 vol. in-4°, avec pl. — *Nouveau voyage à la Mer du Sud, commencé sous les ordres de M. Marion, chevalier de l'Ordre royal et militaire de Saint-Louis, capitaine de Brûlot ; et achevé par M. le chevalier Duclesmeur, garde de la marine*. Cette relation a été rédigée d'après les plans et journaux de M. Crozet. On a joint à ce Voyage un Extrait de celui de M. de Surville dans les mêmes parages. Paris, Barrois l'aîné, 1783, in-8°. — *Découvertes des François en 1768 et 1769 dans le*

partenant au Dépôt de la Marine ou au Muséum d'histoire naturelle[1], je ne trouvai, au cours de mes recherches, qu'un très petit nombre d'indications nouvelles se rapportant à ces premières explorations.

Aucun des navigateurs qui les dirigeaient n'avait formé de collection anthropologique, et, quant aux collections ethnographiques, je n'étais renseigné que sur celles qu'avait rapportées Bougainville, et qui, déposées chez les Génovéfains, dispersées en parties pendant une émeute au début de la Révolution, sont aujourd'hui représentées par un fort petit nombre de pièces conservées à la bibliothèque de Sainte-Geneviève ou au musée du Trocadéro.

Les objets de même nature recueillis par Surville, Marion-Dufresne et plus tard par d'Entrecasteaux, n'avaient point laissé de traces dans les collections publiques, et ce ne fut qu'après bien des recherches que je pus restituer à Labillardière quelques armes du musée du Havre et une précieuse tête recueillie à Boni, près Waigiou, et décrite depuis lors dans les *Crania Ethnica*[2].

Une autre pièce de l'ancienne collection étiquetée *Timor* put être rapportée, avec moins de certitude toutefois, au voyage du *Géographe* et du *Naturaliste*[3]. C'est malheureusement la seule identification applicable à la petite collection spéciale que Péron et Lesueur avaient faite sous l'inspiration de Cuvier[4].

---

sud-est de la Nouvelle-Guinée et reconnaissance postérieure des mêmes terres par des navigateurs anglois qui leur ont imposé de nouveaux noms, etc. Paris Impr. roy., 1790, 1 vol. in-4°, avec pl. — *Voyage de La Pérouse autour du Monde*, publié conformément au décret du 29 avril 1791 et rédigé par M. L.-A. Millet-Mureau, général, etc. Paris, Impr. de la République, an V (1797), 4 vol. in-4° et atl. in-fol. — *Voyage de d'Entrecasteaux envoyé à la recherche de La Pérouse* publié par l'ordre de S. M. l'Empereur et Roi, rédigé par M. de Rossel, ancien capitaine de vaisseau. Paris, impr., imp. 1808, 2 vol. in-4° et atl. in-fol. — *Relation du Voyage à la recherche de La Pérouse*, fait par ordre de l'Assemblée Constituante pendant les années 1791-1792, et pendant la première et la deuxième année de la République française, par le citoyen Labillardière. Paris, Jansen, an VIII, 2 vol. in-4° et atl. in-fol.

(1) Je citerai notamment une description des Néo-Zélandais de Duclesmeur le lieutenant de Marion-Dufresne, qui offre un réel intérêt.

(2) *Crania Ethnica*, p. 214. — Cf. E.-T. Hamy, *Les Origines du Musée d'Ethnographie* (Rev. d'Ethnogr., t. VIII, p. 335, 1889).

(3) J'ai décrit cette pièce dans un mémoire publié dans le tome X des *Nouvelles Archives du Muséum*.

(4) Le catalogue détaillé des collections de ce voyage est depuis longtemps égaré. On sait seulement, par un rapport de Jussieu au ministre de l'Inté-

Les pièces ethnographiques (objets d'art, armes et ustensiles à l'usage des Indiens), réunies par Baudin « et autres voyageurs » de cette même expédition, avaient été offertes à « Madame Bonaparte » et ont été probablement pillées ou détruites à la Malmaison en 1814.

Les séries de même genre réunies par le minéralogiste Depuch furent livrées « au citoyen Lelièvre, membre du Conseil des mines », qui les avait réclamées[1], et perdues pour la science.

Quant aux nombreux dessins laissés par Petit, l'un des peintres de l'expédition, plus spécialement chargé des études ethnographiques, comme ils devaient être particulièrement intéressants et utiles à étudier, puisqu'ils élargissaient le cadre descriptif de certains groupes humains aujourd'hui disparus, je m'attachai plus spécialement à leur recherche.

L'existence de ces dessins avait été officiellement constatée le 26 floréal an XII[2] (16 mai 1804). Petit, introduit dans l'assemblée des professeurs du Muséum, avait présenté « un portefeuille rempli de portraits... d'hommes et de femmes de Timor, de la Nouvelle-Hollande et du Cap de Bonne-Espérance ».

On l'avait autorisé le 13 thermidor de la même année (1ᵉʳ août 1804) à emporter six de ces dessins pour les terminer; en les rapportant, il en devait prendre six autres, et ainsi de suite, jusqu'à la fin du travail. Mais, Petit étant mort quelques mois plus tard, l'aide-naturaliste Dufresne avait fait rentrer les planches absentes et un frère du pauvre artiste avait remis le 31 octobre (9 brumaire an XIII) cent vingt autres dessins « trouvés dans le portefeuille de feu son frère »[3].

« Ces dessins, dit une délibération de l'assemblée du même jour,

rieur, lu à l'assemblée des professeurs du Muséum le 8 messidor an XII, qu'elles comprenaient à cette date 125 objets se rapportant à la classe des Mammifères, répartis entre 68 espèces. C'était d'ailleurs un chiffre provisoire, fait sur des relevés incomplets; car Geoffroy Saint-Hilaire constatait, le 12 janvier 1809, la présence dans les galeries de 152 espèces de mammifères, provenant du *Géographe* et du *Naturaliste* (*Ann. du Mus.*, t. XIII, p. 88). Il n'y eut point de relevé spécial pour l'anthropologie, et nous ignorons dans quelle mesure les rares pièces osseuses se rapportant à l'homme ont été ou non confondues avec les pièces similaires provenant de mammifères, etc.

(1) *Mus. d'hist. nat. Procès-verbaux des séances*, t. X, pp. 166, 1-6, 182, 12 floréal an XII (mercredi 2 mai 1804), 26 floréal (16 mai), 3 prairial (23 mai de la même année).

(2) *Mus. d'hist. nat. Procès-verbaux des séances*, t. X, p. 177.

(3) *Ibid.*, t. XI, pp. 52, 104, 109.

seront déposés à la bibliothèque, inventoriés, estampillés du cachet du Muséum et placés dans un portefeuille particulier entre des feuilles de papier Joseph[1]. »

Malgré ce luxe de précautions, justifiées sans doute par le prix d'une collection aussi nouvelle pour la science, les dessins de Petit manquent aujourd'hui à la bibliothèque du Muséum qui les a reçus en l'an XIII. J'ai fait partout ailleurs dans l'établissement les recherches les plus minutieuses pour découvrir le précieux portefeuille signalé par la délibération citée plus haut. Nulle part, ni aux archives, ni au secrétariat, ni dans les laboratoires, il ne s'est rencontré le moindre papier qui s'y rapportât.

Avait-on de nouveau laissé sortir les dessins de Petit pour exécuter les gravures publiées en 1806? Le peintre Milbert, chargé de la direction de ce travail, avait-il négligé de rendre les documents qui lui avaient été ainsi confiés?

Ou n'était-ce pas plutôt Péron qui, pour la rédaction de son livre, avait emprunté le portefeuille comme il avait fait sortir des magasins du Muséum nombre d'objets d'histoire naturelle réclamés à diverses époques par l'aide-naturaliste Dufresne déjà nommé, que nous voyons exercer alors une garde vigilante sur les collections de l'établissement?

Le 18 janvier 1809, ce zélé fonctionnaire proposait une dernière fois à l'assemblée « de redemander à MM. Péron et Lesueur les poissons[2] *et autres objets de leur voyage qu'on avait laissés à leur disposition*, attendu qu'ils sont sur le point de partir pour aller à Nice où l'on espère que la santé de M. Péron se rétablira[3] ».

La collection Petit pouvait, me semblait-il, être demeurée chez Péron. Il avait, il est vrai, renvoyé les poissons, mais en était-il de même des dessins dont on ne parlait pas expressément dans cette déclaration ultime?

J'avais à m'enquérir de la destination de Péron, des papiers au milieu desquels gisaient, peut-être oubliés, les dessins dont la dé-

---

(1) *Ibid.*, t. XI, p. 123.

(2) Ces poissons étaient absents depuis plus de cinq ans. Péron et Lesueur, « se disant autorisés par des permissions verbales », les avaient emportés chez eux en messidor an XII.

(3) *Mus. d'hist. nat. Procès-verbaux des séances*, t. XIV, p. 109. — Cf. *ibid.*, t. XI, p. 48; t. XIV, p. 95. — Dès le 18 janvier 1804, on s'était préoccupé, à l'assemblée, de ces sorties irrégulières de collections dont l'administration, responsable envers le gouvernement, demandait le rétablissement dans les laboratoires.

libération de brumaire an XIII exagérait encore la valeur à mes yeux.

Il me parut inutile de recommencer à Cérilly, berceau et tombeau de Péron, les recherches que M. Girard y fait infructueusement poursuivies[1].

C'est du côté de Lesueur, l'ami intime, le collaborateur journalier, que je crus tout indiqué de continuer ma patiente enquête : Péron était mort à Nice entre ses bras le 14 décembre 1810 et lui avait, assurait-on, laissé tous ses papiers. Retrouver ces papiers perdus, en même temps que ceux de Lesueur lui-même, qui paraissaient devoir présenter aussi quelque intérêt pour mes études, devint dès lors une de mes préoccupations constantes. Je lus tout ce que je pus retrouver sur ce naturaliste, sur sa vie, sur son œuvre, et notamment deux notices récemment imprimées au Havre[2] qui m'apprirent qu'il était mort conservateur du Muséum d'histoire naturelle de cette ville le 12 décembre 1846, laissant deux neveux, MM. Berryer et Ed. Quesney.

Ces deux personnes avaient généreusement offert à l'établissement, en 1858, les collections que leur avait laissées leur oncle. Le conseil municipal avait voté, cette même année, une somme de 8.000 francs pour leur installation.

Il fallait se mettre en rapport avec les héritiers de Lesueur et s'informer auprès d'eux de l'existence des documents manuscrits dont je poursuivais la conquête.

M. de Quatrefages, qui s'intéressait à cette recherche, voulut bien, sur ma demande, écrire à l'administration municipale de la ville du Havre, et M. Toussaint, alors maire, s'entremit auprès de M. Quesney, que j'allai voir et qui m'abandonna avec la meilleure grâce du monde, pour la bibliothèque du Muséum d'histoire naturelle de Paris, des volumineuses caisses renfermant tout ce qu'il possédait des papiers scientifiques provenant de la succession d'Alexandre Lesueur[3].

Ce fut avec une véritable fièvre que, rentré à Paris, je fis le dépouillement de ces dossiers, sans y trouver, hélas! aucun des documents que je comptais y rencontrer. Il y avait bien là l'œu-

(1) M. Girard, F. Péron, naturaliste, voyageur aux Terres australes. Paris, 1857, 1 vol. in-8°, pass.
(2) Notice biographique sur M. Charles-Alexandre Lesueur, naturaliste, né au Havre. Le Havre, Lemale, 1858, br. in-8°, grav. — Ad. Lecadre (D'), Dicquemare et Lesueur. Le Havre, Lepelletier, 1874, br. in-8°.

vre presque entière de Lesueur lui-même; c'étaient de nombreux portefeuilles contenant des quantités de notes et surtout de merveilleux croquis relatifs aux poissons d'Amérique et d'Europe, aux chéloniens, aux batraciens, aux mollusques, etc.[1], mais rien, absolument rien, qui concernât l'étude des races humaines. Il ne s'y trouvait même, à part quelques exemplaires des planches de la zoologie du *Voyage aux Terres australes*, aucun document antérieur à 1815. Ni les notes et les dessins de Lesueur à bord du *Géographe*, ni le journal original de Péron, incomplètement publié, ni enfin les dessins de Petit, point de départ de mon enquête, ne se rencontraient dans la riche moisson que j'avais pu faire, au profit du Muséum de Paris [2].

Je devais encore une fois chercher ailleurs. M. Quesney n'était pas le seul héritier de Lesueur et j'allais me mettre en campagne pour obtenir les autres manuscrits partagés à la mort du voyageur, en 1846, lorsque j'appris que ces papiers étaient devenus la propriété du Muséum d'histoire naturelle du Havre. Le savant conservateur de cet établissement, M. Gustave Lennier, avait rencontré chez un libraire de cette ville, une quantité considérable de dessins portant les signatures de Petit, de Milbert, de Lesueur. Il y avait reconnu de suite des planches originales du *Voyage aux Terres australes*, avait acquis le tout pour une somme minime, et grâce aux renseignements obtenus sur l'origine de ce

---

(1) Le relevé que j'ai communiqué à M. G. Lennier pour la *Note sur l'expédition française des Terres australes* qu'il a communiquée en 1883 à la Société zoologique de France, comprend 40 cartons : mammifères, 1 ; chéloniens, 1 ; batraciens, 1 ; poissons, 15 ; mollusques, 1 ; gastéropodes, 1 ; chétopodes, 1 ; rhizopodes, 1 ; zoophytes, 2 ; crustacés, 1 ; stellérides, 1 ; polypiers, 3 ; animaux marins vivant sur la plage du Havre, 1 ; fossiles de la Hève, 6 ; fossiles, 1 ; fossiles d'Amérique, 1 ; traversée d'Europe aux Antilles, 1. Total, 40.

Le rapport de M. Desnoyers sur la bibliothèque du Muséum pour l'année 1883 constate l'entrée de ces cartons à la bibliothèque du Muséum (*Muséum d'histoire naturelle, Rapports annuels de MM. les professeurs et chefs de service*, 1883. Paris, 1884, br. in-8°, pp. 124, 125).

(2) Découragé par le refus de la subvention qui devait servir à faire paraître son atlas, privé de la modique pension de 1.500 francs que Napoléon lui avait accordée par décret du 21 août 1806, Lesueur accueillit la proposition que lui fit W. Maclure de l'accompagner aux Etats-Unis, où il séjourna vingt-deux ans. Ce sont les travaux accumulés pendant cette longue période de travail et pendant les huit années que Lesueur vécut encore à Paris, puis au Havre (1838-1846), dont j'ai ainsi assuré la possession à la Bibliothèque du Muséum.

précieux album, avait retrouvé et obtenu pour son musée, « après de longues recherches, de pressantes sollicitations », presque tous les documents « concernant l'histoire naturelle » du *Voyage du* « *Géographe* » *et du* « *Naturaliste* » [1].

L'un des plus volumineux dossiers de la collection, ainsi réunie au Muséum d'histoire naturelle du Havre par M. G. Lennier, est justement le portefeuille Petit, si longtemps et si inutilement cherché au Jardin des Plantes, où Péron d'abord, Lesueur ensuite, avaient négligé de le réintégrer, après l'avoir utilisé en partie pour les planches de la *Relation du voyage*.

II

Nicolas-Martin Petit, dont il est temps de résumer en quelques mots la très courte biographie avant de décrire son œuvre, était un peintre de genre, que son amour pour les voyages et pour les aventures avait conduit, tout jeune encore, à s'engager dans l'expédition de Baudin qui s'organisait à Cherbourg. Quoique le personnel scientifique et artiste de l'expédition comprît le chiffre relativement élevé de vingt-trois emplois variés, il se présenta beaucoup plus de candidats qu'il n'y avait de places disponibles, et, pour être du voyage, Petit, qu'on ne pouvait pas prendre comme dessinateur adjoint, s'engagea comme aide-canonnier.

Pendant plus d'une année, du 8 octobre 1800 au 20 octobre 1801 ; on le trouve sur les rôles de la corvette *Le Géographe* dans cette modeste situation, et c'est seulement à cette dernière date qu'il est nommé dessinateur aux appointements mensuels de 83 fr. 33. Il remplace au même titre que Lesueur, resté jusqu'alors novice timonier, l'un des artistes qui s'étaient fait débarquer à l'Ile de France, le 25 avril précédent [2].

Petit est dès lors « officiellement chargé de dessiner tout ce qui

(1) G. Lennier, *Note sur l'expédition française des terres australes pendant les années 1800 à 1804*. Meulan, Soc. zoolog. de France. 1883, br. in-8°, p. 7.
(2) Le peintre de genre de l'expédition était jusque-là Michel Garnier, « laissé malade à l'Ile de France, dit le rôle d'équipage, le 25 avril 1801 ». Jacques Milbert, peintre de paysage, et Louis Lebrun, dessinateur-architecte, avaient quitté l'expédition à la même époque.

peut offrir quelque intérêt pour l'histoire de l'homme [1] ». A Coupang, pendant cette longue relâche de quatre-vingt-quatre jours, qui fut si funeste à l'expédition [2], il emploie son talent à reproduire les traits de nombreux indigènes, et notamment ceux de la jeune Canda [3] et du roi de Savou, Ama-Dima, l'ami de Péron [4]. Dans le canal de D'Entrecasteaux, à l'île Bruny, à l'île Maria, il descend à terre [5], dessine les monuments funéraires [6] ou fait, non sans péril, les portraits de nombreux Tasmaniens [7]. Le séjour de Port-Jackson, qui dura cent cinquante-deux jours, fournit à Petit de nouveaux sujets d'études importants et variés. A la Terre de Leuwin et à la Terre d'Endracht, il augmente encore son portefeuille. Et lorsqu'il débarque en France avec Péron et Lesueur, « il a peint », comme dit Jussieu, dans son rapport général, « les sauvages de la Terre de Diémen et de la Nouvelle-Hollande, les habitants de Timor, les costumes de chaque classe, les arts et les exercices qui leur sont familiers, leurs divers instruments de guerres ou autres », et il a de plus « exécuté en dessins coloriés une partie des grands animaux, quadrupèdes, oiseaux et poissons » observés par l'expédition.

Nous avons vu comment, à son arrivée à Paris, il fut reçu avec faveur par l'assemblée du Muséum. On sollicita et obtint, sur sa demande, du ministre de la Marine, un congé d'un an, qui lui permit de terminer son œuvre [8]. Malheureusement la santé du

(1) *Rapport de Jussieu* déjà cité. *Proc.-verb.*, t. XI, pp. 24-25. — Dès l'installation à Timor (23 août 1801), Lesueur et Petit sont déjà traités comme dessinateurs et, comme tels, logés à part avec le commandant, l'astronome et le géographe (*Voy. de découvertes aux Terres australes*, t. I, p. 143. Paris, Impr. imp., 1806, in-4°).
(2) *Ibid.*, p. 173.
(3) *Ibid.*, p. 149 et pl. XXVI (43 de la 2ᵉ édition).
(4) Sur la planche XXV (38 de la 2ᵉ édition) publiée sous la direction de Milbert, le personnage est désigné à tort sous le nom de *Naba Leba*, et avec le titre de *roi de Solor*.
(5) *Ibid.*, pp. 237 et 256.
(6) *Ibid.*, p. 272.
(7) *Ibid.*, pp. 278, 280, 283, 287, etc.
(8) « Le citoyen Petit, dessinateur de l'expédition de découvertes, est introduit dans l'assemblée, sous les yeux de laquelle il met un portefeuille rempli de portraits. Ils sont d'hommes et de femmes de Timor, de la Nouvelle-Hollande et du Cap de Bonne-Espérance. Il demande que l'administration veuille bien solliciter du gouvernement et de la police la permission de pouvoir terminer ses dessins.

« L'assemblée, s'intéressant au citoyen Petit, invite les citoyens Fourcroy

jeune peintre avait subi, au cours du voyage, de sérieuses atteintes. A trois reprises il avait été gravement malade du scorbut[1], qui fit à bord tant de victimes, et il mourait, dès les derniers jours d'octobre 1804[1], n'ayant pu mettre la dernière main qu'à une partie de ses planches. J'ai déjà dit comment ces planches finies et un bon nombre d'autres retrouvées par le frère du pauvre artiste avaient un instant composé au Muséum le volumineux dossier si longtemps cherché par moi, puis retrouvé et racheté au Havre par M. G. Lennier, et qu'il me reste à faire connaître au lecteur de cette notice. Ce dossier comprend cent cinquante et quelques pièces, dont plus de trente gouaches ou aquarelles relevées de crayon noir, entièrement achevées, et une cinquantaine de dessins au crayon noir également terminés[3].

Une portion seulement de la collection est inédite. Le reste se compose des originaux des planches publiées dans l'atlas du *Voyage aux Terres australes*, et des matériaux qui ont servi à établir ces planches. C'est de cette partie de la collection que je vais parler tout d'abord.

Je suivrai, dans mon énumération, l'ordre des planches de

et Lacépède de voir le ministre de la marine, à l'effet d'en obtenir la permission demandée par le citoyen Petit.

« De plus, il sera écrit au préfet de police, au nom de l'assemblée, pour que le citoyen Petit ne soit point inquiété en attendant la décision du gouvernement » (*Mus. d'hist. nat. Procès-verbaux des séances*, t. X, p. 177, 26 floréal an XII (16 mai 1804). — Le congé fut accordé le 9 juin suivant.

(1) *Rapport fait au Gouvernement par l'Institut impérial*, etc. (Voyage de découvertes aux Terres australes, t. I, p. XIII).

(2) M. Péron annonce la mort de M. Petit, peintre de l'expédition de découvertes. Sur l'observation que cet artiste avait emporté six dessins, faits au crayon et représentant des portraits d'hommes et de femmes du Port-Jackson, et que ces dessins devaient être restitués dans les portefeuilles du Muséum, après avoir été terminés par M. Petit, suivant sa reconnaissance du 19 thermidor, déposée aux Archives, l'administration charge M. Dufresne, chef du laboratoire de zoologie, de faire rentrer ces dessins au Muséum. (*Mus. d'hist. nat. Proc.-verb.*, t. XI, p. 104, 2 brumaire an XIII (24 octobre 1804).]

« L'aide-naturaliste Dufresne rend compte des démarches qu'il a faites pour faire rentrer au Muséum les 7 dessins du Voyage de découvertes confiées au peintre Petit. Ils sont réintégrés dans le portefeuille relatif à cette collection ». [*Ibid.*, p. 109, 9 brumaire an XIII (31 octobre 1804).]

(3) J'ai relevé exactement 32 gouaches ou aquarelles, 55 dessins au crayon noir, 7 dessins à la mine de plomb ou à la plume; 2 lavis, l'un à la sépia et l'autre à l'encre de Chine; enfin 58 calques ou esquisses; soit en tout 154 numéros. Il se trouve, en outre, dans le dossier Petit, 8 dessins de Lesueur et 1 de Milbert, ce qui fait monter le total des numéros à 163.

l'atlas de la seconde édition du Voyage, publiée en 1824 par Louis de Freycinet[1].

§ 1er. — DESSINS PUBLIÉS

PLANCHE 4. — TERRE DE DIÉMEN. **Bara-Ourou**. — Buste de trois quarts, grav. noire, signée *N. Petit del. J. Milbert direx. B. Roger sculp.* (pl. VIII de la 1re édition).

1. Étude au crayon noir qui a servi pour la gravure[3].
2. Calque, papier huilé.
3. Gouache.

Cette dernière figure, en couleur, nous montre que chez Bara-Ourou comme chez tous les autres indigènes de Van Diémen (Tasmanie) peints par Petit, la peau est d'un ton violacé. Toutefois cette couleur est atténuée et passe au violet rose. Les cheveux sont teints en rouge. Un collier de coquilles, aux nuances éclatantes d'*Elenchus*, est jeté autour du cou.

PLANCHE 5. — TERRE DE DIÉMEN. **Ouriaga**. — Buste de profil, grav. couleur, mêmes signatures (pl. IX de la 1re édition).

4. Étude au crayon noir.
5. Calque, papier huilé.
6. Gouache, qui, un peu réduite, a servie a faire la planche.

Le ton de peau est fuligineux, moins jaune que dans l'atlas.

PLANCHE 6. — TERRE DE DIÉMEN. **Grou-Agara**. — Buste de trois quarts, grav. noire, mêmes signatures (pl. X de la 1re édition).

7. Étude au crayon noir qui a servi pour la planche.
8. Id. seulement ébauchée.
9. Calque, papier huilé.
10. Gouache.

Couleur de la peau d'un brun violacé. Les hommes sont peints plus foncés que les femmes. Moustache légère que la gravure a négligé de reproduire.

La chevelure est coupée ras, mais il reste tout autour une bandelette de cheveux plus longs formant comme une bordure de petits glomérules capillaires, que l'on voit, à peine indiqués dans la planche. Ce mode de coiffure parait avoir été très usité chez les Tasmaniens rencontrés par l'expédition.

PLANCHE 7. — TERRE DE DIÉMEN. **Parabéri**. — Buste de face, grav. couleur, mêmes signatures (pl. XI de la 1re édition).

(1) *Voyage de découvertes aux Terres australes fait par ordre du Gouvernement sur les corvettes* Le Géographe *et* Le Naturaliste *et la goëlette* Le Casuarina, *pendant les années 1800, 1802, 1803 et 1804. Historique* rédigé par Péron et continué par M. Louis de Freycinet. Deuxième édition revue, corrigée et augmentée par M. Louis de Freycinet... ouvrage enrichi d'un superbe atlas de 68 planches dont 22 coloriées. Paris, Arthus Bertrand, 1824, 4 vol. in-8° avec atl. in-4°.

(2) Les planches 1, 2 et 3 sont des cartes.

(3) Cette gravure et toutes les autres, reportées directement sur le cuivre, d'après les dessins de Petit, ont paru *renversées*.

11. Calque, papier huilé.
12. Gouache original de la planche 7.

Je remarque que le ton de la peau est un peu plus violacé sur l'original que sur la reproduction, d'ailleurs fidèle, qui en a été publiée.

PLANCHE 8. — TERRE DE DIÉMEN. **Arra-Maïda**. — Buste de trois quarts, grav. noire, mêmes signatures (pl. XII de la 1re édition).

13. Étude au crayon noir qui a servi pour la gravure.
14. *Id.* inachevée.
15. Calque, papier huilé.
16. Gouache, signée N.-M. PETIT.

Sur cette peinture, la couleur de peau de la femme est d'un violacé brunâtre, les muqueuses sont d'un rouge violacé. Les bouts des seins sont plus longs et plus pointus qu'on ne les a représentés.
L'enfant est peint plus clair. Il a des taches de rouge aux joues et aux paupières; la mère est marquée de rouge au front et sur les joues.

PLANCHE 9. — TERRE DE DIÉMEN. **Armes et ornements**. — Grav. couleur signée *C.-A. Lesueur del. J. Milbert direx. Dien sculp.*

Les éléments de cette planche sont représentés dans d'autres esquisses, et notamment dans quelques-unes de celles dont la description suit immédiatement (pl. 10).

PLANCHE 10. — TERRE DE DIÉMEN. **Navigation**. — *Vue de la côte occidentale de l'isle Schouten*, grav. couleur. *C.-A. Lesueur del. J. Milbert direx. Fostier sculp.* (pl. XIV de la 1re édition).

17. Étude au crayon noir pour le canot posé dans le gazon, sur le premier plan de la planche 10.

Près du canot, quatre sagaies semblables à celles de la planche 9.

18. Étude à l'encre de Chine du même canot, accompagné d'un trophée comprenant deux sagaies, une massue, un sac en écorce à coulisse et un collier de coquilles.

Projet de planche qui n'a pas été exécuté, mais dont tous les éléments ont servi dans la planche 9.

19. Étude en couleur pour le même canot.

Il est au bord de l'eau; deux sagaies sont couchées par terre à côté.

20. Autre étude semblable en couleur.

Trois sagaies sont obliquement plantées derrière le canot.

PLANCHE 11. — TERRE DE DIÉMEN. **Habitations**. — Grav. noire, signée : *Lesueur del. J. Milbert direx. Née et Houlk sculp.* (pl. XV de la 1re édition).

21. Étude au crayon noir de la femme, représentée debout tenant un enfant. Titre : *Femme du Cap Sud*.
22. Calque, papier huilé.
23. Gouache, signée N. PETIT.

La femme est d'un ton chocolat au lait; elle porte les cheveux crépus très courts. La tête est aussi pointue que dans la planche qui en réduit fidèlement les contours. Elle a des taches rouges sur le milieu du front, les pommettes et le menton. L'enfant plus clair, comme sur l'original de la planche 8, a presque le teint du cuir neuf ; il est orné d'une grosse tache d'ocre rouge sur le front et de deux autres sur les joues. Sa mère le porte dans une peau dont le poil est tourné en dedans.

Note autographe de Péron : « N° 17, au trait simple. Conserver soigneusement les formes générales, mais retoucher les détails essentiels. Les formes grêles des membres étant un des caractères essentiels de cette race, il faudra les observer avec grand soin. »

24. Étude au crayon noir de l'homme appuyé sur sa sagaie.
25. Calque, papier huilé.
26. Gouache, signée N. PETIT.

Petit avait dessiné cet homme à part. Il a été introduit par Lesueur comme le sujet dont il vient d'être parlé, et comme les autres personnages décrits ci-après, dans un groupe composite et sans aucune valeur ethnique. De même que tous les autres Tasmaniens de Petit, il est remarquable par la coloration violette de sa peau qui est toutefois un peu moins accusée que sur la femme, sa voisine dans la planche. Je note sur la gouache de Petit la brièveté et la gracilité des pieds et des mains, la longueur et la minceur des jambes, bien musclées néanmoins, la robustesse du tronc. Son tatouage est composé de six grandes incisions verticales ; trois de chaque côté de la poitrine, de trois rangs d'incisions sur chaque épaule ; au-dessus du nombril, de deux incisions transverses, et d'une troisième demi-lunaire, à concavité supérieure ; de deux ovales, l'un à droite, l'autre à gauche des précédents, et enfin d'une longue incision descendant tout droit sur le milieu de chaque cuisse.

Le personnage, appuyé sur sa sagaie, se touche le pénis avec un rictus tout spécial, qui ouvre largement sa bouche et montre ses dents grosses, blanches et bien rangées. Ce jeu de physionomie, assez mal rendu dans la planche, et le geste qu'il commente et souligne ont été très diversement appréciés. J'avais cru, pour ma part, y reconnaître l'expression d'une insulte cynique, dont il ne serait pas bien difficile de trouver l'équivalent dans les basses classes de nos grandes villes. M. de Quatrefages y avait vu tout autre chose. Un des hommes debout, disait-il, en décrivant la planche de Lesueur, « ramène avec soin son prépuce sur le gland, que ce repli cutané est destiné à recouvrir ». C'était, à ses yeux, une « notion de pudeur masculine » qui se traduisait d'ailleurs à peu près de la même manière chez certains Polynésiens. (A. de Quatrefages, *Hommes fossiles et hommes sauvages*, Paris, 1884, p. 344.)

Ces deux commentaires, en sens inverse, étaient l'un et l'autre inexacts. Le dessin de Petit, introduit par Lesueur dans un groupe pour lequel il n'avait point été exécuté, représentait tout autre chose. Un long passage supprimé au dernier moment par Péron[1] et que j'ai retrouvé le manuscrit original de sa rédaction, qui fait partie de la collection du Havre, vient donner l'explication la plus complète de cette figure. On me permettra de reproduire textuellement ce paragraphe, que l'auteur a peut-être bien fait de supprimer d'une relation officielle destinée à recevoir une très large publicité, mais dont la lecture ne saurait choquer, il me semble, des hommes de science uniquement désireux de s'éclairer sur les mœurs de pauvres sauvages aujourd'hui complètement anéantis, et de connaître les appréciations suggérées par leur état social à un observateur comme Péron, à la fois attentif, ingénieux et subtil.

Péron et Petit, accompagnés d'un maître d'équipage et de deux matelots, sont descendus dans l'île Maria, et quatorze naturels les entourent, leur palpent les mollets, la poitrine, et veulent s'assurer qu'ils ont bien, au milieu d'eux, des hommes blancs, il est vrai, mais conformés comme ils le sont eux-mêmes. Ils insistent surtout auprès d'un des matelots, le citoyen Michel, comme le nomme Péron, jeune et imberbe, et que notre naturaliste prie de se rendre à leurs sollicitations.

« Michel exhiba tout à coup, écrit Péron, des preuves si frappantes de sa virilité que tous à la fois poussèrent de grands cris de surprise mêlés de grands éclats de rire qui se répétèrent à plusieurs reprises. Cet état de force et de vigueur dans celui d'entre nous qui en paraissait le moins susceptible les surpeit extraordinairement ; ils avaient l'air d'applaudir à cet état, comme des gens auxquels il ne serait pas très ordinaire. Plusieurs montraient avec une espèce de dédain leurs organes mous et flasques (c'est ce que représente Petit), ils les agitaient vivement avec une expression de regret et de désir qui semblerait indiquer qu'ils ne l'éprouvent pas aussi fréquemment que nous. Sans doute, comme Péron, il serait indiscret d'affirmer sur de simples apparences la réalité d'une observation aussi importante. Mais je ne crois pas devoir négliger de l'indiquer ici, en me proposant bien de ne rien oublier dans la suite pour appro-

(1) Ce passage s'intercalerait à la p. 122 de l'édition de 1824.

oudie cet objet; je dois même ajouter dès à présent que parmi le nombre assez considérable de naturels que j'ai vus jusqu'à ce jour, je n'en ai pu trouver aucun encore dans cet état assez fréquent chez l'homme civilisé, alors surtout qu'il est à la fois jeune, sain et vigoureux. »

Et Péron, qui philosophe volontiers au courant de la plume, tout en se défendant d'une conclusion qui serait prématurée, expose rapidement la curieuse théorie que je demande la permission de transcrire encore. Le passage est fort curieux et caractérise bien tout à la fois les idées du temps sur l'homme de la nature, la façon dont les gens de science étudiaient alors et généralisaient, enfin et surtout la tournure d'esprit et les habitudes du style de notre écrivain voyageur.

« Comme dans la plupart des animaux, poursuit donc Péron, toujours à propos des Tasmaniens, n'éprouveraient-ils le besoin de l'amour qu'à des époques déterminées et périodiques? La continuité des désirs et conséquemment aussi celle des jouissances seraient-elles donc un des bienfaits de la civilisation? Sans doute, il ne faudrait pas se décider trop légèrement à cet égard, la question est trop importante, elle est aussi trop délicate; cependant, si nous faisons attention à l'influence toute-puissante des circonstances physiques sur la naissance des désirs, sur leur exaspération, leur continuité, il sera, je crois, très difficile de ne pas tomber d'accord avec moi, sinon sur la périodicité des désirs et des besoins de l'amour dans l'homme qui nous occupe, du moins sur leur rareté, sur leurs longues interruptions. En effet, si l'on calcule l'influence réunie, et de la température toujours assez forte dans laquelle nous vivons, et de l'abondance de nos aliments et de leurs qualités, et celle des assaisonnements, des liqueurs fortes dont nous faisons usage, et celle de l'oisiveté que bien souvent nous éprouvons; et celle de l'exemple, puissante sur les cœurs, et celle de notre éducation, de nos lectures, de nos parures, de nos ornements, de nos exercices, de nos réunions en société, etc., etc., l'on concevra bientôt que tout dans l'homme civilisé se réunit pour faire naître le désir, pour le soutenir et le rallumer sans cesse à toutes les époques de l'année et dans presque toutes les circonstances de la vie.

« Au contraire, errant au milieu des bois et des forêts, sans vêtements, sans asile, exposé perpétuellement aux intempéries d'une atmosphère humide et froide, manquant souvent des substances nécessaires à la vie, étranger à toute espèce d'assaisonnements ou de liqueur spiritueuse, connaissant à peine le repos, bien loin d'être livré comme le riche opulent aux langueurs de l'oisiveté, l'homme de la nature ne se trouve-t-il pas placé dans une position telle que tout concourt à modérer la vivacité de ses désirs, à les amortir, à les éteindre promptement au milieu des rigueurs de l'hiver et quelquefois aussi des anxiétés de la famille? Doit-il conserver cette vigueur que par cent moyens étrangers à notre nature nous savons ranimer et soutenir, en maîtrisant toutes les circonstances physiques qui doivent le détruire dans l'homme qui nous occupe. Mais c'est assez et trop longtemps peut-être insister sur cet objet, que dans la suite de cette expédition j'aurai sans doute occasion d'approfondir davantage. Il me suffit d'indiquer maintenant qu'il n'est pas tout à fait invraisemblable que le sentiment de l'amour et le besoin de le satisfaire ne soit dans l'homme de la nature, sinon périodique, comme dans les animaux, du moins beaucoup plus rare et moins longtemps soutenu qu'il ne l'est dans l'homme réuni en société; d'où il résulte que la continuité des désirs et celle des jouissances de l'amour pourraient bien être le produit de la civilisation, et certes ce ne serait pas le moindre de ses bienfaits, que cette vivacité toujours renaissante de sensations douces et voluptueuses, source féconde des sentiments les plus vifs, les plus délicats et les plus chers. »

(Fr. Péron, *Relation du voyage aux Terres australes*, texte manuscrit de la bibliothèque du Muséum d'histoire naturelle du Havre.)

27. Esquisse, papier huilé du personnage assis à gauche dans la planche 11 de l'atlas.

28. Gouache, même personnage.

Son teint est plutôt brun fuligineux. La plante des pieds est de couleur grisâtre; les cheveux sont tenus un peu longs. Dans la peinture de l'étui, l'homme est assis seul devant son feu.

29. Étude grossière au crayon noir de la femme accroupie, qui est dans la planche 11, en dedans de l'homme debout.

30. Première mise en place de la moitié gauche de la planche par Lesueur.

31. Ébauches se rapportant à cette mise en place.

PLANCHE 12. — **TERRE DE DIÉMEN. Ile Maria : Tombeaux des naturels.** — *Vue d'une partie de la Baie Riedlé et de la Baie des Huîtres à l'île Maria, du cap Bernier, de la Baie Marion et de l'entrée de la Baie Frederick-Hendrick à la Terre de Diémen,* grav. noire, signée *C.-A. Lesueur del. ; J. Milbert direx.* Gravée à l'eau-forte par Pillement, terminée par Duparc (pl. XVI de la 1re édition).

32. Étude au crayon noir pour établir la planche.
   En dehors du cadre à droite, un reste de tombeau est ajouté à ceux qui ont été représentés.

33. Autre étude, crayon noir. Mêmes détails.
34. Autre étude, *id.*
   Une seule des huttes funéraires, celle qui est ouverte, se trouve représentée.

35. Autre, *id.*
   La hutte close seule y figure.

36. Autre, *id.*
   Hutte plus basse, à côté de débris au milieu desquels Péron est représenté cherchant. On a introduit ce motif dans la planche 12.

37. Aquarelle, avec tous les détails de la planche 12 représentés beaucoup plus grands.
   Les écorces sont placées à l'extrémité gauche.

38. Gravure non terminée.
   Arrangement du paysage un peu différent de celui qui a été adopté définitivement.

PLANCHE 20(¹). — **NOUVELLE-HOLLANDE. Gnoung a Gnoung a, Mour-re-Mour-ga** (*dit Collins*). — Buste de trois quarts. Grav. noire, signée *N. Petit del, J. Milbert direx. B. Roger sculp.* (pl. XVII de la 1re édition).

39. Étude au crayon noir qui a servi à faire la planche.
   Premier état.

40. Autre, *id.*, dans un état plus avancé.

PLANCHE 21. — **NOUVELLE-HOLLANDE. Cour-Rou-Bari-Gal.** — Buste jusqu'à mi-corps. Profil dépassé. Grav. couleur, mêmes signatures (pl. XVIII de la 1re édition).

41. Aquarelle originale.
   Les taches rouges de la face sont bien moins accentuées. Les traits du personnage sont mieux modelés ici que sur la planche.

42. Autre exemplaire, non terminé.
43. Autre exemplaire, copié par Milbert sur l'original de Petit.

---

(1) Les planches 13 à 17 sont des cartes ou des plans, les planches 18 et 19 sont des vues de Sydney.

PLANCHE 22. — NOUVELLE-HOLLANDE (Nouvelle-Galles du Sud). **Bedgi-Bedgi**. *Jeune homme de la tribu de Gwea-Gal.* — Gravure couleur, mêmes signatures. Portrait en taille, profil perdu. Il existe des épreuves de cette planche avec un n° XLIV, préparées pour la 1re édition, qui n'a paru, comme on sait, qu'avec XLI planches.

44. Jolie aquarelle originale, signée N. PETIT.

_{Le sujet n'a point de rouge à la face.}

PLANCHE 23. — NOUVELLE-HOLLANDE (Nouvelle-Galles du Sud). **Ourou-Maré**, dit **Bull Dog** par les Anglais, jeune guerrier de la tribu des *Gwea-Gal.* — Grav. noire, mêmes signatures. Portrait en taille, profil. (Il existe des épreuves de cette planche avec le n° XLIII, préparées pour la 1re édition.)

45. Esquisse relevée d'ombres légères.

_{Péron demande dans une note « si les muscles intercostaux ne sont pas trop fortement sentis ». La poitrine, ajoute-t-il, ne paraît-elle pas un peu trop étroite?}

46 et 47. Crayon noir, deux états.

PLANCHE 24. — NOUVELLE-HOLLANDE. **Y-Erran-Gou-La-Ga.** — Grav. couleur, mêmes signatures. Portrait en taille, presque de profil.

48. Aquarelle originale.

_{Même titre. On y voit mieux que dans la planche, d'ailleurs trop jaune, les favoris du personnage, qui n'a sur la face ni peinture rouge ni peinture noire.}

49. Deuxième exemplaire, avec le sobriquet *Mousqu'da* ou *Mousquito* appliqué à Y-Erran-Gou-La-Ga.

_{Serait-ce le terrible Mousquito qui, déporté en Tasmanie pour cause de meurtre, devint, vers 1819, le principal adversaire des Anglais et, suivant l'expression de M. de Quatrefages, inscrivit son nom en lettres de sang dans les annales de la colonie? (*Hommes fossiles et hommes sauvages*, p. 365.)}

PLANCHE 25. — NOUVELLE-HOLLANDE (Nouvelle-Galles du Sud). **Norou-Gal-Derri** s'avançant pour combattre. — Grav. noire, mêmes signatures. Portrait en pied, personnage marchant en retournant la tête.

50. Calque, papier huilé.
51. Étude au crayon noir.

PLANCHE 26. — NOUVELLE-HOLLANDE (Nouvelle-Galles du Sud). — **Jeune femme de la tribu des Com-mer-ray-gal.** — Grav. couleur, mêmes signatures. Portrait en taille, à peu près de face. (A reçu son titre et un n° XVI pour la 1re édition, mais n'a paru comme les planches XLIII et XLIV qu'en 1824.)

52. Belle aquarelle originale, signée N. PETIT, avec le « bon à graver » de Lesueur.

_{La peau est un peu moins jaune que sur les gravures. Petit n'avait point mis de couleur rouge sur les arcades sourcilières, les pommettes et les commissures des lèvres.}

53. Autre étude en noir.
54. Esquisse.

Planche 27. — NOUVELLE-HOLLANDE. **Oui-Ré-Kine**. — Grav. noire, mêmes signatures. Portrait en taille, vu de trois quarts.

55 et 56. Deux études au crayon noir, signées N. Petit.

<small>Le sujet s'appelle ici Toulgra. Oui-re-quiné (sic) est une autre Australienne peinte par Petit, mais non figurée dans l'Atlasia. (Voir plus loin, n° 182.)</small>

57. Étude spéciale au crayon noir de la poitrine de Toulgra.

Planche 28. — NOUVELLE-HOLLANDE (Nouvelle-Galles du Sud). **Jeune femme de la tribu des Bou-rou-bé-ron-Gal** avec son enfant sur les épaules. — Grav. couleur, mêmes signatures. Portrait en taille; la femme vue de face et l'enfant de profil.

58. Belle étude au crayon noir relevée de couleur.

<small>La peau est plus grise que sur la planche; l'artiste n'a mis qu'un peu de rouge sur la figure des deux personnages.</small>

Planche 32. — NOUVELLE-HOLLANDE (Nouvelle-Galles du Sud). **Musique des naturels.** — Grav. noire, signée *Lesueur et Bernier notaverunt. J. Milbert direx. Mlle H. Aubert sculp.*

59. Dessin original de la planche.

Planche 33. — NOUVELLE-HOLLANDE (Nouvelle-Galles du Sud). **Dessins exécutés par les naturels.** — Grav. noire, signée *C.-A. Lesueur del. J. Milbert direx. Testard sculp.*

60. Esquisses, de grandeur naturelle, des diverses figures réduites dans cette planche.

Planche 34. — NOUVELLE-HOLLANDE (Nouvelle-Galles du Sud). **Navigation.** — Grav. noire, signée *C.-A. Lesueur del. J. Milbert direx. Fostier sculp.*

61. Dessin original de la planche, au crayon noir, signé Lesueur.
62. Étude à la mine de plomb, du même.
63. Autre étude des deux canotiers du petit canot du second plan.
64. Esquisse au trait, papier huilé.

<small>Probablement de Petit. Deux indigènes, un homme orné du bâton de nez et une femme ramant tous deux avec de courtes palettes. Feu sur le canot.</small>

65. Dessin au crayon noir, de la même scène.

Planche 35. — NOUVELLE-HOLLANDE (Terre d'Endracht). **Cabanes des naturels de la presqu'île Péron**, vue de l'île Bernier et d'une partie de celle de Dorre. — Grav. noire, signée *C.-A. Lesueur del. J. Milbert direx.* Gravée à l'eau-forte par Pillement et terminée par Née.

66. Dessin original de la planche, au crayon noir, probablement par Petit.

67. Autre dessin, également au crayon noir.

<small>Variante du précédent ¹.</small>

PLANCHE 37. — TIMOR. **Vue de la rade, de la ville et du fort hollandois de Coupang.** — Grav. noire, signée *Lesueur del. J. Milbert direx. Gravé à l'eau-forte par Pillement, terminé par Née.*

68-72. Quatre études diverses à la mine de plomb, par Lesueur.

PLANCHE 38. — TIMOR. **Naba Léba**, roi de l'île Solor, par Lesueur. — Portrait en taille de trois quarts, signé *N. Petit del. J. Milbert direx. B. Roger sculp.*

73. Esquisse, papier huilé.
74. Aquarelle originale.

<small>J'ai déjà dit que ce personnage n'est autre que le roi de Savou, Ama-Dima, l'ami de Péron dont il est longuement question au chapitre VIII du livre II de la *Relation du Voyage* (pp. 149 et suiv.).</small>

PLANCHE 39. — TIMOR. **Cavalier malais.** — Grav. couleur, portrait de profil, signée *N. Petit del. J. Milbert direx. Frères Lambert sculp.*

75. Calque, papier huilé.
76, 77. Deux esquisses au crayon.

PLANCHE 40. — ILE DE SOLOR. **Soldat d'infanterie malaise.** — Grav. couleur. Portrait en pied de profil, mêmes signatures.

78. Calque, papier huilé.

PLANCHE 41. —

79. Original de la planche 41, avec variante d'attitude.

<small>Le sujet est représenté non pas marchant, mais arrêté.</small>

PLANCHE 42. —

80. Calque, papier huilé.

PLANCHE 43. — CANDA. **Jeune fille malaise.** — Portrait en pied tourné à gauche. Grav. couleur, signée *N. Petit del. J. Milbert direx. B. Roger sculp.*

81, 82, 83. Original de la planche 43, refait trois fois à la gouache avec un très grand soin par N. Petit.
84. Calque du même, papier huilé [2].

---

(1) La planche 36 est un plan.
(2) Il n'existe dans la collection du Havre aucun document manuscrit se rapportant aux planches d'ethnographie 44, 46 à 50.

Planche 45. — **Musique malaise et chinoise.** — Grav. noire, signée L. *Freycinet, Lesueur et Bertier notaverunt. J. Milbert direx. Mlle Honorine Aubert sculp.*

85. Dessin original de la planche.

Planche 51. — ILE TIMOR. **Vue d'un cimetière malais, d'une partie de la baie et de la ville de Coupang, de l'île de Simao et de l'île Kera.** — Grav. noire, signée *C.-A. Lesueur del. A. Devilliers s. aqua forti. A. Delvaux sculp.*

86. Esquisse de la planche.

Planche 52 et 53. — ILE TIMOR. **Vue d'un cimetière chinois, de la baie et d'une partie de la ville de Coupang.** — Détails d'un tombeau chinois.

87-93. Matériaux pour l'établissement des planches 52 et 53. Sept pages d'esquisses.

Planche 56. — AFRIQUE AUSTRALE. **Femme Houzwânaas ou Boschiman.**

94. Original de la planche reproduite bien inutilement par la Société zoologique de France, il y a quelques années, sous le nom de *Femme Hottentote*. (Bull. Soc. zool. de France, t. VIII, pl. IV, 1883.)

Il se trouve, en outre, dans le portefeuille du Musée d'histoire naturelle du Havre, une douzaine de planches originales, avec ou sans couleur, et d'épreuves, peintes ou non, représentant le *tablier* des Bosjesmanes. Ces planches ont été tout récemment publiées par M. R. Blanchard dans le recueil que je viens de citer[1]. J'ai encore vu dans le même portefeuille une épreuve d'une gravure inachevée, représentant un Australien debout près d'une sorte de tente d'écorce repliée en charnière, tandis que deux de ses compagnons rapportent un kangurou qu'ils viennent d'abattre à la chasse, et le calque d'un dessin, gravé plus tard par Lerouge et Forget pour le voyage de l'*Uranie* et de la *Physicienne*. Ce dernier, qui représente le *mariage par rapt* chez les Australiens de Port-Jackson, a été recopié par S. Leroy sur un original de Petit, aujourd'hui disparu, et L. de Freycinet en a fait sa planche 104 sous le titre de *Cérémonie préliminaire d'un mariage chez les sauvages*.

(1) Le manuscrit de ce mémoire accompagne les planches. Il porte en tête la mention suivante : *MM. Cuvier et Lahillardière, commissaires, le 1er pluviôse an XIII. A imprimer. Savans étrangers. Rapport du 4 germinal an XIII.*

§ 2. — DESSINS INÉDITS

PORTRAIT DE TASMANIEN, BUSTE DE PROFIL

95. Étude au crayon noir, signée N. Petit.

Indigène vu de profil, enveloppé d'une peau de bête, le poil tourné en dedans. Il a les cheveux ras, en forme de calotte bordée d'une bandelette étroite de cheveux plus longs. Quelques poils de moustache; barbiche et favoris courts. Une certaine quantité de poils à la naissance des épaules au niveau des omoplates.

96. Étude semblable, à la mine de plomb.
97. Calque, papier huilé.
98. Étude à la gouache, inachevée.

On y voit mieux encore que sur les études au crayon la calotte chevelue circonscrite par une bandelette de cheveux plus longs.

PORTRAIT DE TASMANIEN, EN PIED

99 et 100. Deux exemplaires, étude au crayon.

Indigène assis, les jambes allongées et croisées. Il porte encore cette chevelure rasée ronde autour de la tête avec bordure de cheveux tous un peu plus longs. Ici la bandelette de glomérules capillaires est double. Exagération notable des traits du visage.

PORTRAIT DE TASMANIEN, BUSTE DE PROFIL

101. Étude à la gouache, signée N.-M. Petit.

Personnage souriant, buste de profil à gauche. Toute la face est relativement inclinée en arrière. Le sujet a tous ses cheveux et sa barbe entière. On voit sur sa poitrine deux lignes de tatouages verticaux. Une peau de bête est jetée sur l'épaule droite.

PORTRAIT DE TASMANIEN, BUSTE DE PROFIL

102. Étude à la gouache, signée N.-Martin Petit.

Personnage en buste, de profil à droite. Teint brun violacé, muqueuse des lèvres brunâtre rosé. Tête rasée, sauf deux étroites couronnes concentriques de glomérules de cheveux. Profil très accusé, arcs sourcilliers saillants, racine du nez concave, nez court, lobule saillant et relevé, ailes peu dilatées, bouche large et forte, menton pointu. Barbe entière peu fournie, poils à la naissance du dos.
Vêtu de peau.

103. Calque, papier huilé.

PORTRAIT DE TASMANIEN, BUSTE DE PROFIL

104. Étude au crayon noir.

Indigène de profil, enveloppé d'une peau de bête, le poil en dedans. Un bandeau de peau formant couronne, cheveux rasés, deux rangs de tatouages par incisions visibles sur l'épaule. Barbe entière.

105. Calque, papier huilé.

PORTRAIT DE TASMANIEN, BUSTE DE PROFIL

106. Étude au crayon noir, inachevée.

Les cheveux en glomérules, pas de barbe: deux incisions verticales à la naissance du bras gauche.

PORTRAIT DE TASMANIEN, BUSTE DE PROFIL

107. Esquisse au crayon noir.

Indigène de profil, barbu, enveloppé d'une peau. La racine du nez enfoncée ; le nez court, retroussé du bout ; les lèvres épaisses.

PORTRAIT DE TASMANIENNE, BUSTE DE PROFIL

108. Calque, papier huilé.

Esquisse d'un portrait de femme.

PORTRAIT D'ENFANT TASMANIEN, EN PIED

109. Dessin au crayon noir, inachevé.

Enfant en pied, debout, de profil à droite, dans un paysage. Le sujet porte tous ses cheveux. Exagération des traits du profil, musculature robuste, ventre ballonné, mains et pieds petits. Aucun tatouage.
Note autographe de Péron : « N° 18, au trait simple. Conserver les traits de la face et la grosseur du ventre. »

110. Le même, réduit au carreau.

Ombres seulement indiquées.

111. Calque papier huilé.

Buste du même.

112. Étude à la gouache, inachevée.

Couleur de la peau violacée, un peu brunâtre. Les cheveux teints en rouge.

HABITATION TASMANIENNE

113. Étude au crayon.

C'est l'abri qui a servi à garnir le fond et la droite de la planche composite qui porte le n° 11 de l'Atlas.

114 et 115. Deux autres études semblables.

Dans l'une, homme debout appuyé sur une lance ; dans l'autre, un panier et un sac en écorce à coulisse jetés par terre.

116. Aquarelle (peut-être de Lesueur).

Arbre dépouillé de son écorce. Écorces dressées en paravent et entremêlées d'autres bandes d'écorces passées en travers. Un sac en écorce déposé par terre, un panier suspendu à une branche.

117. Second exemplaire de la même aquarelle.

DEUX AUSTRALIENS FAISANT DU FEU

118. Étude au crayon noir, signée N. PETIT *à bord du « Géographe ».*
119. Même étude, seulement au trait.
120. Calque, papier huilé.

L'un des deux personnages est assis, le tronc penché en avant ; il tient serré entre ses chevilles la planchette à feu et semble attendre que la flamme paraisse pour l'exciter de son souffle. L'autre personnage, à genoux, roule entre les mains le bâtonnet vertical qui, en frottant la planchette transverse, va produire le feu.

DESSINATEUR A BORD DU « GÉOGRAPHE »

Note autographe de Péron sur l'étude au trait n° 110 :
« N° 25. Manière d'allumer le feu, au trait simple ; on pourra réduire et compléter cette planche avec d'autres objets, par exemple les placer devant les cabanes... de la Nouvelle-Galles. »

AUSTRALIEN RAMASSANT SA SAGAIE

121. **Étude, crayon noir.**

Un chasseur australien, vu de profil, ramasse sa sagaie avec son pied droit. Il est armé du wommera et du bouclier ovale pisciforme de la planche 20 de l'Atlas et porte un bâton dans la cloison nasale. Un double chevron à pointe inférieure est tracé sur sa poitrine.

OÏÉ RÉQUINÉ. — FEMME AUSTRALIENNE

122. **Aquarelle relevée de crayon noir, signée N. Petit.**

Australienne représentée avec la peau très claire, d'une couleur de chair salie; les cheveux noirs, frisés, en désordre, les seins pendants attachés d'ailleurs très bas. Oïé-Réquiné montre particulièrement accentués les caractères faciaux de la race.
Elle n'a point d'ornements et les tatouages de l'épaule sont irrégulièrement tracés.

FEMME AUSTRALIENNE ASSISE, UN ENFANT A SES PIEDS

123-124. **Deux esquisses, au crayon noir, en partie ombrées.**

Sur l'une des feuilles qui contiennent les esquisses, on voit en outre une étude de *corroborie*. Trois hommes, ornés de leurs peintures corporelles, sont dessinés debout, les bras étendus.

JEUNE AUSTRALIEN, AVEC SON ORNEMENT DE NEZ

125. **Aquarelle, non signée.**

Ce jeune sujet, au teint rosâtre sale, porte dans le nez un petit bâton. De nombreuses incisions transversales descendent sur les pectoraux, encadrées par de plus grandes incisions verticales. Une longue incision coupe l'épaule du sujet.

BENNI-LONG

Portrait de l'indigène Benni-Long, vêtu d'une redingote. Il est vu de profil dans un médaillon entouré d'armes indigènes, etc.

JEUNE AUSTRALIEN DEBOUT

127. **Aquarelle, signée N. Petit.**

Note de Péron : « N° 19. Buste à tirer en couleur (on ne l'a pas fait). Corriger les vices de proportions. Conserver celles des bras avec le torse. Enfoncer les dents incisives du côté que j'indiquerai à Milbert. »
Le sujet est représenté en pied, avec cette couleur chair sale, que j'ai déjà signalée plus haut. Il porte sur le front une résille attachée derrière les oreilles, un bandeau de peau retient aussi les cheveux. La face est peinte en rouge avec un croissant blanc, les pointes en haut, sur chaque joue. On voit sur la poitrine deux rangs de tatouages descendant en pointe de chaîne jusqu'à l'appendice xiphoïde, et autour du torse deux autres rangs formant double ceinture. Chaque épaule montre de grandes cicatrices en bourrelets.
Deux lignes épaisses de peinture rouge formant pointe sur le haut du ventre, enferment un losange de même nature tracé à la hauteur des pectoraux. Une ceinture grossière de couleur brune serre le ventre sans rien masquer des organes sexuels. Le jeune guerrier tient dans la main gauche le bouclier de la planche 20 vu en dedans, et un *wommera* avec sa garniture de gomme de xanterrhée.

PORTRAIT DE JEUNE AUSTRALIENNE

128. **Étude au crayon noir, inachevée.**

Portrait, de face, d'une petite fille en blouse.

AUSTRALIENS PÊCHANT

Dessin à la mine de plomb par Lesueur.
129. Habitants de la baie du *Géographe* : leurs pêcheries.
130. *Id.* Esquisse.

SCÈNE DE CRÉMATION

131. Dessin au crayon noir.
132. Esquisse du même.

> Le mort est déposé sur un bûcher, que l'on allume à l'une de ses extrémités. En avant du bûcher gisent par terre un *wommera* et un bouclier sigilliforme.

YOO-LONG, ERAH GA DIANG

133-143. Onze esquisses représentant des corroborles australiennes.
Quelques-unes de ces figures semblent avoir été calquées sur des gravures anglaises publiées avant le voyage du *Géographe* et du *Naturaliste*. Une d'entre elles, dessinée à la mine de plomb, porte la signature *Ch.-A. Lesueur delin*.

SCÈNES CONJUGALES

144-145. Deux esquisses de Lesueur représentant deux modes de rapprochements sexuels usités chez les Australiens et que je décrirai dans les termes suivants : *Est primus modus in quo, humi sedentibus ambis, vir crura feminae humeris injicit; est et modus alius in quo resupina mulier crura injicit viri humeris : is autem coitum exercet, humi sedens, retractis cruribus et clunibus suris impositis.*

> Note originale de Péron : « N° 24. Accouplement. Il faudra compléter cette planche avec la seconde manière de s'accoupler esquissée par Lesueur et que nous remettons à Milbert. En général, pour toutes ces figures, il faudra se servir de celles des figures que nous avons fait dessinées, mais qui ne seront pas employées dans l'Atlas. »

HUTTES AUSTRALIENNES

146. Étude au crayon noir.
   Huttes hémisphériques dans un paysage.

147. Étude au crayon noir.
   Hutte hémisphérique dans un paysage. A droite, un indigène au bord d'une rivière ; à gauche, un autre indigène assis contre sa hutte.

148. Grande étude, crayon noir.
   Même sujet.

149. Dessin à la plume.
   Hutte demi-circulaire, Kangaroo.

150. Autre dessin à la plume sur papier bleu.
   Même sujet.
   Toutes ces huttes demi-circulaires ont été dessinées à la Baie des Chiens-Marins.

ABRIS EN ÉCORCE DES AUSTRALIENS

151. Étude au crayon noir.

Quatre personnages, un debout et trois par terre dans différentes attitudes : celui qui est debout est armé du bouclier de la planche 30.
Abris d'écorce repliée en charnière.

152. Étude, crayon noir.

Motif analogue, abris d'écorce sans indigène.
Ces abris ont été dessinés à la baie du Géographe.

VUES D'AUSTRALIE

153. Dessin mine du plomb.

Paysage australien. La localité n'est pas désignée.

154-155. Trois esquisses grossières. Paysages australiens avec sauvages, trois calques, papier huilé.

VUE DE PARAMATA

156-158. The Brick field.

SACKENDERSON'S FARM

159. Peinture à la sépia.
160. Paysage avec des arbres.

SUITE D'ESQUISSES, TYPES TIMORIENS

161-166. Calque, papier huilé ou esquisses à la plume.

Ces calques représentent divers types d'hommes, de femmes ou d'enfants de Timor dans différentes attitudes.

VUES DIVERSES PRISES A COUPANG

167. Dessin à la mine de plomb, par C.-A. Lesueur.
168-170. Autres dessins, du même, non signés.

Telle est l'importante collection, sauvée par M. G. Lennier d'une dispersion imminente, et qui représente, en ce qui concerne les races humaines, l'iconographie complète du *Voyage du « Géographe » et du « Naturaliste »*.

Cette collection se présente à l'observateur sous des aspects fort inégaux. A ne prendre que les choses terminées, dessins, aquarelles ou gouaches, on reconnaît bien vite qu'il est indispensable, pour apprécier l'œuvre avec équité, de faire deux lots bien distincts des pièces qui la composent. Le premier comprendrait les études exécutées à loisir, pendant les longues relâches de Coupang ou de Port-Jackson : on placerait dans le second les croquis improvisés à la hâte, pendant quelque descente à terre, au milieu de sauvages dont on peut avoir tout à redouter, et repris plus tard aux premières heures tranquilles, à bord de la corvette.

Tout ce qui concerne les Tasmaniens appartiendra malheureusement à la seconde de ces catégories. Jamais, en aucune rencontre, ni Petit ni Lesueur n'ont pu reproduire à leur aise la physionomie d'un seul des curieux sauvages qui se démenaient devant eux, et les portraits que le premier nous a laissés sont tous plus ou moins imparfaits. M. de Quatrefages[1] a justement critiqué ceux qui ont paru dans l'Atlas du *Voyage* et quelques-unes seulement des pièces inédites, qu'il nous a été donné de voir, l'un des premiers, au Muséum du Havre, seraient de nature à adoucir quelque peu l'appréciation du maître.

Petit n'a que très rarement pu saisir les caractères essentiels de la tête du Tasmanien. Il exagère habituellement la voussure verticale du crâne, en même temps qu'il néglige de traduire le développement considérable qu'il présente en travers. Ses sauvages n'offrent guère non plus les caractères essentiels tirés de la saillie de la base du front, de l'enfoncement des orbites, de l'écartement des pommettes, et leur nez dilaté et mince tout ensemble est presque constamment manqué. En revanche, Petit voit et reproduit exactement la couleur de la peau de ses modèles, couleur que l'on trouve rendue à peu près de même chez Dumoutier et chez Laid, et tout ce qu'il nous apprend de leur coiffure, de leurs peintures corporelles, de leurs larges tatouages par incision, de leur vêtement, etc., est particulièrement fidèle.

Ses portraits d'Australiens et de Timoriens, les premiers surtout, sont bien meilleurs, en tant qu'ethnologie, que ceux des îles Bruny, Maria, etc. On sent que ce sont des œuvres longuement travaillées, d'après des sujets complaisants, qui laissent volontiers reproduire leur image en toute sécurité. Aussi certains de ces dessins relevés de couleur ont-ils une véritable valeur à la fois scientifique et artistique, et serait-il particulièrement désirable qu'on reproduisît les meilleurs? Tous les traits caractéristiques s'y trouvent rendus avec une parfaite sincérité, sans exagération aucune; une seule chose étonne et déroute quelque peu, la couleur, si exacte chez les sauvages de Tasmanie peints d'une épaisse gouache et que, par un artifice d'atelier, Petit a quel-

---

[1] A. de Quatrefages, *Hommes fossiles et hommes sauvages*, p. 297.

quefois étendue si légère qu'elle teinte à peine son aquarelle.

Ajoutons, en terminant cette notice déjà trop longue, que Petit a su échapper à l'influence spéciale que subissent communément les artistes suivant le docteur Boudin, et qui a pour résultat très habituel d'imprimer aux personnages qu'ils mettent en scène les traits des gens de leur propre pays et de leur propre race. Le reproche qu'on a pu faire à bon droit à plusieurs des dessinateurs de Cook et de d'Urville, d'angliciser ou de franciser leurs insulaires océaniens, n'atteint point le modeste et laborieux collaborateur de Péron, de Freycinet et de Lesueur.

APPENDICE N° 1

LA MAPPEMONDE

D'ANGELINO DULCERT, DE MAJORQUE[1]

(1339)

M. Lesouef vient de découvrir une mappemonde, exécutée à Majorque en août 1339, par un certain Angelino Dulcert[2], et qui prouve qu'à cette date les cosmographes catalans n'avaient absolument rien à apprendre des Italiens.

C'est cet important document, reproduit en fac-similé, avec la plus grande exactitude, par les soins du savant bibliophile qui le possède, que je présente à la Section de géographie du Comité des travaux historiques.

Qu'il me soit permis d'accompagner cette présentation de quelques courtes observations, qui fassent nettement ressortir les traits les plus remarquables du monument géographique ainsi placé sous nos yeux.

Ce qui frappe tout d'abord l'attention, lorsque l'on déroule ce planisphère qui mesure 1^m,04 de large sur 0^m,75 de haut, c'est l'étendue, relativement très considérable, des terres dont il embrasse la description.

Le planisphère de 1339 dessine, en effet, les côtes Atlantiques depuis le nord des Pays Scandinaves, qu'habitent des ours blancs, vivant de pois-

---

(1) Extrait d'une note lue à la Section de géographie du Comité des travaux historiques le 7 juillet 1886 et imprimée dans le *Bulletin* de ce Comité la même année (pp. 354-366).

(2) Il est signé dans son angle supérieur droit de la manière suivante :

Hoc opus fecit angelino Dulcert
ano M° CCC° XXXVIIIJ de mense augusti
in ciuitate maioricarum.

Ce nom de Dulcert est, jusqu'à présent, tout à fait inconnu des historiens de la géographie. On peut seulement assurer qu'il rentre, par sa forme, dans une catégorie de noms majorcains très souvent mentionnés dans les plus anciens actes relatifs à l'histoire de l'île.

sons crus[1], et les îles Orcades (*Insula Orchania*) et Shetland (*Insula Scetilandi*)[2], jusqu'à Tafouelli (*Felle*), non loin du cap Mirik, au sud de la baie d'Arguin et jusqu'aux Canaries[4].

De l'ouest à l'est, il s'étend des îles de S. Brandan (*insulle Sçi Brandani sive puelarum*), *Primaria*, *Capracia*, *Canaria*, dont la nomenclature est empruntée à Isidore de Séville et qui occupent à peu près la place du groupe de Madère, jusqu'à la Perse (*Persia*), la mer de Bakou ou Caspienne (*mare de Bacu sive Caspium*) et l'empire des Ouzbegs[5].

C'est, comme on le voit, toute une représentation du monde connu des Européens, avant Marco Polo, dont le *Livre des merveilles*, antérieur d'une quarantaine d'années seulement, n'était pas encore répandu.

C'est de plus, non pas un simple portulan, mais une mappemonde à la fois terrestre et marine et dont les continents sont coupés de lignes de fleuves et de montagnes, chargés d'inscriptions, de dessins, de drapeaux, tandis que le long des rivages s'entassent d'interminables alignements de noms de ports, de caps, de baies, etc.

Drapeaux, dessins et inscriptions sont d'ailleurs dans le style que vont conserver pendant deux siècles, jusqu'à l'extinction de l'école catalane, les œuvres géographiques sorties des ateliers de Barcelone, de Majorque, etc. Il est remarquable que Dulcert ait tracé, dès 1339, les trente-deux rhumbs de vents que les Italiens passaient pour avoir, les premiers, inscrits sur une carte nautique[6].

---

(1) *Hic sunt ursi | albi et comedunt | pisces crudos*, dit une inscription placée près d'une citadelle appelée *Alogia* (Alesund?).

(2) L'*Insula Chatenes*, que l'on lit plus haut encore, ne saurait être considérée comme l'équivalent de la Thulé de l'antiquité, ainsi que Tastu et Buchon l'ont admis; ce n'est autre chose que le comté de *Caithness*, transformé en île et rejeté, par erreur, dans le haut Nord.

(3) Ce mot *Felle* se trouve, chez les Pizzigani, en contact avec le mot *Ganuya*, et J. Lelewel a proposé de traduire *Felle Ganuya* par perfide ou méchante Guinée! (T. II, p. 50.) Le *la* de Tafouelli, ici rapproché de *Felle*, n'est qu'un article féminin.

(4) Deux de ces îles seulement sont figurées sur notre carte. La première au nord, peinte aux armes de Gênes, porte la légende *Insula de lanzarotus marocelus* (île de Lancelot Maloisel); et la seconde, *la forte ventura* (île Fortaventure). Entre les deux on lit sur un îlot ...*iegi marini*. Ces curieux renseignements proviennent manifestement du voyage exécuté aux Canaries par Lancelot Maloisel, un Génois d'origine française, à la fin du XIIIe siècle. (Cf. d'Avezac, *Notice des découvertes faites au moyen âge dans l'Océan Atlantique antérieurement aux grandes explorations portugaises du XVe siècle*. Paris, Pain et Thunot, 1845, p. 47 et suiv.)

(5) *Hic dominatur Usbech dominus et imperator de Sara*, dit la légende.

(6) D'Avezac admet til, du reste, que l'usage de la rose de 32 vents était répandu dès 1286 chez les marins de la Méditerranée. La carte de Dulcert reste néanmoins dans l'état actuel de nos connaissances, le plus ancien docu-

LA MAPPEMONDE D'ANGELINO DULCERT

Il faudrait tout un volume pour analyser avec les détails nécessaires cette remarquable mise en scène de la science géographique majorcaine au commencement du xiv° siècle. Je me bornerai à reproduire, dans cette notice préliminaire, à titre de spécimen, la nomenclature que Dulcert a inscrite le long de nos côtes françaises, en la comparant mot à mot à celle de l'atlas de 1375, telle qu'on la trouve dans la belle édition qu'en a récemment publiée M. Léopold Delisle[1].

On lit d'abord le long du littoral, au nord de l'embouchure de la Seine, les noms suivants :

Dulcert (1339).	Atlas catalan (1375)	Cartes modernes
. . . .	Donchorch	Dunkerque
Grauelinges	Grauelinges	Gravelines
Calles	Calles	Calais
Guinsant	Guinsant	Wissant[2]
Bollogna	Bellogna	Boulogne
Stapes	Stapes	Étaples
Suma	Sommam	Somme, riv.
Vuaban	Vuabam	Waben[3]
Diepa	Diepa	Dieppe
Fecamp	Fecamp	Fécamp
Co de Caus	Cadecaur	Chef-de-Caux
Loyra	Oyra	L'Eure (Le Havre)

Puis en remontant le cours de la Seine, on trouve successivement *Ruam* (Roam, Atl. cat.), Rouen ; *Parixius* (Pariss., Atl. cat.), Paris, avec une double image de ville occupant les deux bords du fleuve et surmontée d'un grand drapeau semé de fleurs de lis, planté sur la rive gauche et orienté vers le sud ; puis *Bar-su-Sayna* (Bar-sur-Seine), *fl. Sayna* (Seine, fl.), *Campania* (Champagne), *fl. Marne* (Marne, fl.), enfin *fl. Crauant* (la rivière de Cravant, l'Yonne[4])

Près de *Parixius*, on peut lire *Regnom Francborum* et un peu plus loin à l'est, sous une image de ville, le mot *Costancia*, Coutances.

ment qui présente cette rose, si le planisphère non daté de Giovanni da Carignano n'est pas antérieur à 1339, comme M. Desimoni le suppose. Giovanni est mort en 1344 et a vécu par conséquent cinq années encore après la confection de notre mappemonde.

(1) *Choix de documents géographiques conservés à la Bibliothèque nationale*, Paris, 1883, in-f°.
(2) Et non pas Guines, qui est à l'intérieur des terres.
(3) Village maritime de l'arrondissement de Montreuil. Bachon et Tastu qui identifiaient *Guinsant* à Guines proposent de chercher l'*uabam* à Eu !
(4) Il y avait dans l'atlas catalan le mot *Travant* inscrit tout seul entre l'Yonne et la Loire et par là même incompréhensible.

En reprenant la ligne des côtes, au sud de l'embouchure de la Seine, on rencontre :

Dulcert (1339)	Atlas catalan (1375)	Cartes modernes
Chiriboy	Chiribey	Quillebœuf
Onefro	Onefroy	Honfleur
Gofard	Gofart	Banc d'Amfard
Toca	Toca	Touque, riv.
Cam	Cam	Caen
Ostram	Ostran	Ouistreham
San Marcho	San Marco	S. Marcouf
Cheriborg	Cheriborg	Cherbourg
Cur de Laaga	Cur de Laga	Cap de la Hague
G. de Sanmmalo	Golfo de Sa-Malo	G. de Saint-Malo
San Malo	San Malo	Saint-Malo
Laroza	La Rossa	Les Rosaires
Raxenbriach	Rasanbriach	Raz Saint-Brieuc
Sanguindazo	Sanguindanzo	Saint-Gildas
Meliana	Meliana	La Méloine
Basso	Basso	I. de Batz
Barbarach	Barbarach	Havre d'Abbrevrak
Pozao	Porzao	Roches de Porsal
Moleto	Moleto	I. de Molette
. . . .	Forno	Chenal du Four
San Mae	San Mae	Pointe Saint-Mahé
Brest	Brest	Brest
Craudon	Claudon	Crodon
Cauo de Fontanao	Cauo de Fontanao	Raz Fonteneau
Odierna	Odierna	Audierne
Stoch de Pomarch	Stoc de Penmarch	Etocs de Penmark
. . . .	Benaudet	Benaudet, riv.
Cancheto	Cunchet	Concarneau
Porto Broeto	Port Broet	Port-Louis (?)
Garanda	Garanda	Guérande
San Nazar	Sannazar	Saint-Nazaire
Nantes	Nantes	Nantes

Le long de la Loire en amont de Nantes, ornée d'un drapeau tout semblable à celui de l'Atlas catalan, sont inscrits fl. Leria (Loire, fl.) et Carites (la Charité-sur-Loire).

On lit encore au sud du fleuve, Pitaus (Poitiers), avec une image de ville, Livaisim (le Limousin ou peut-être Limoges) et Carcases, qui est sans doute Carcassonne, fortement déplacée dans la direction du nord.

En revenant au littoral, après cette nouvelle course dans l'intérieur du pays, nous rencontrons :

Dulcert (1339)	Atlas catalan (1375)	Cartes modernes
Goleto	Golet	Goulene (?)
Normoster	Normostar	Noirmoutier
Sangili	Sangilli	Saint-Gilles-sur-Vie
Tor de Lona	Tordelona	Tour d'Olonne (Sables-d'Olonne)
San Micer	San Micer	St-Michel-en-Lherm
Maranta	Maranta	Marans
Plonbo	Plunho	Le Plomb
Rocella	Rocella	La Rochelle
Chiranta	Chiranda	Charente, riv.
Zapuzo	Zapuzo	Soubise
Maumeson	Maumesoin	Pertuis de Maumusson
Roanj	Roanj	Royan
Talamo	Talamon	Talmont-sur-Gironde
Burgo	Bargo	Bourg-sur-Gironde
Gironda	Garona	Gironde, fl.
Bordeus	Bordeus	Bordeaux
Normanda	Mormauda	Marmande
Tolossa	Tollossa	Toulouse
Monts Pireney	. . . .	Monts Pyrénées
Sca Maria de Solach	Sca Maria de Solach	Soulac
Archixon	Archixon	Arcachon
Baiona de Gascogna	Baona de Gascogna	Bayonne
San Joham	San Johan	Saint-Jean-de-Luz

Les îles, inscrites le long des côtes que nous venons de parcourir, sont, du sud au nord :

Dulcert (1339)	Atlas catalan (1375)	Cartes modernes
Cordan	Cordan	Tour de Cordouan
Larom	Layron	I. d'Oleron
Rey	Rey	I. de Ré
Hoya	Hoya	I. d'Yeu
Labaya	Labaya	Noirmoutier (l'Abbaye)
Belila	Balila	Belle-Ile
Groya	Groya	I. de Groix
Granan	Granan	I. de Glenan
Sein	Sein	I. de Sein
Uxent	(Effacé)	I. d'Ouessant

Dulcert (1339)	Atlas catalan (1375)	Cartes modernes
Rochtona	Rochtona	Jersey
Granexa	Granexe	Guernesey
Gaschets	Gaschets	Les Casquets
Ranuy	Ranuy	Aurigny

On remarquera que, suivant l'usage, toujours suivi par les cartographes du moyen âge, ces noms d'îles sont écrits par Dulcert, comme par l'auteur de l'Atlas, en sens inverse de ceux qui se lisent sur la terre ferme voisine.

La toponymie de nos côtes de l'Océan offre, on le voit, bien peu de variantes de l'un des monuments à l'autre, et sur ce long espace, deux noms seulement ont été ajoutés de 1339 à 1375. Le littoral méditerranéen porte une nomenclature non moins fixe. Je la transcris, en suivant comme précédemment le sens des écritures qui, ayant contourné toute la péninsule ibérique vers l'ouest, puis vers le sud, reviennent en se serrant le long des sinuosités des côtes vers le nord et vers l'est. On lit entre les Pyrénées et le Rhône :

Dulcert (1339)	Atlas catalan (1375)	Cartes modernes
Linzan	Linzan	Lanza
Poruenre	Portuenre	Port-Vendres
Coliura	Copliura	Collioures
Sasso	Salses	Salces
Leocata	Leocata	Leucate
Nerbona	Nerbona	Narbonne
Sanper	Sanper	Saint-Pierre
Sirignan	Scrigna	Sérignan
Agde	Agde	Agde
C. de Seta	Cap de Seta	C. de Cette
Magalona	Magalona	Maguelonne
Lates	Lates	Lates
Monpesler¹	Monpesler	Montpellier
Aquemorte	Aygues-Mortes	Aigues-Mortes

Le Rhône se présente alors, *lo Royne*.

On voit sur la rive gauche, *Arle* (Arles), *Vignom* (Avignon) avec une image de ville² ; *Vienna* (Vienne en Dauphiné), puis au confluent de la

---

(1) Montpellier et Narbonne portent leur étendard armorié.

(2) Pas plus que dans l'Atlas catalan, Avignon n'arbore d'étendard, quoique les raisons invoquées par J. Tastu pour expliquer cette absence chez l'anonyme, soient tout à fait sans force, appliquées à un géographe de 1339 (op. cit., p. 51).

Saône, *Leon sus le Roy[ne]* (Lyon), et plus haut *Burgondia*, la Bourgogne, et [Ch]a!ons (?) que remplace *Dion* (Dijon) dans l'Atlas catalan, enfin le lac Léman ou de Lausanne (*Lacus usane*), le cours supérieur du Rhône (*R. Rosse*) et Martigny (*Martigni*).

Entre le Rhône et les Alpes on distingue les localités suivantes :

Dulcert (1339)	Atlas catalan (1375)	Cartes modernes
Odor	Odor	Roque de Dour
Bocori	Boc	Bouc
Colone	Collone	C. et P. Couronne
Marseia	Masela	Marseille
Pormir	Portmu	Port-Miou
Aquille	Aquilles	Bec-de-l'Aigle
Bendormi	Bendormi	Bandol
San Nazar	San Nazar	Saint-Nazaire
Telom	Telom	Toulon
Calabazaira	Calabazaira	C. de Scampebariou (?)
Ere	Eres	Hyères
Bennar	B.....	C. Bénat
Aromi (?)	Aron...	Bornes (?)
Frasnes	Frasne	Garde-de-Frainet
G. de Frezur	G. de Fre[zur]	Golfe de Fréjus
Frezur	Frezur	Fréjus
Agam	Agam	P. d'Agay
Sc̃a Margalita	Sc̃a Margallita	Sainte-Marguerite
Galopa	Gallopa¹	C. de la Garoupe
....	Antiueri	Antibes
Var	Var	Var
Nisa	Nisa	Nice
Ori[n]ori	Orinori	(?)
Monago	Monago	Monaco

L'extrême ressemblance des deux monuments se retrouverait presque partout ailleurs dans la nomenclature géographique, les contours, parfois tout conventionnels, des côtes ou des îles, la forme et la direction des montagnes et des fleuves, les emplacements des images de ville et les couleurs des drapeaux armoriés qu'elles déploient.

Mais les légendes diffèrent par leur nombre et leur développement re-

---

(1) On remarquera, en passant, cette tendance de l'anonyme de 1375 à doubler les consonnes. Là où Dulcert écrit *suma, laroza, colone, Sc̃a margalita, galopa,* etc., il orthographie *sommun, larossa, collone, Sc̃a margallila, gallopa,* etc.

latif. Dulcert. disposant, par exemple, d'un peu de place au pied des *Alpes Allamanie*, y a étalé, en huit longues lignes, l'éloge de l'Italie, qui manque à l'anonyme. Dans l'angle supérieur gauche de sa carte, il a décrit l'Irlande et la Norvège en un fort mauvais latin, que l'anonyme a presque littéralement traduit en catalan. En revanche, il lui manque la longue légende des Iles Fortunées, expliquée par Tastu[1], celle bien plus curieuse qui constate, dans l'anonyme, la visite de Jacme Ferrer à la rivière de l'Or (*al riu de lor*)[2] une partie de celle des limites d'Afrique, etc.

Les indications relatives au Sahara et à la Nigritie sont d'ailleurs bien moins détaillées. Au sud de l'Atlas (*mons Athlans*) identique dans les deux cartes et qui se retrouvera tel quel, pendant plus de deux siècles, dans les œuvres de l'école, on voit une longue ligne côtière, légèrement rentrante, qui correspond, sans aucun doute, aux rivages étendus entre le cap Noun (*Caput de Non*) et le Tafouelli (*Felle*).

Tota ista riperia maris, dit Dulcert, *est deserta nisi a pescatores.*

La célèbre passe du Dahra, dans l'Atlas marocain, est connue de notre géographe qui la nomme Vallée de Sous.

> *Valle de Sus, hec est via*
> *pro ire at teram nigrorom.*

La Guinée (*Ganuya*) à laquelle conduit cette passe, au delà d'un mont où perche *Tabelberi* (Tabelbalet), est ainsi sommairement décrite :

GANUYA. *Regio septem montium hec Ganuya || dicitur. Issa est tera nigrorom que pro majori || parte est arenosa et deserta pro aquas || Tera nigrorom hec est Ganuya.*

A gauche de cette légende, on voit la ville de *Tachorum* (Tekrour) ; au nord, *Sigelmessa* (Sidjilmàsa d'Edrisi, Sigermesa de Giovanni da Carignano) entourée d'eau. *Castron de Tagenduket* (Taragalel, de Sanson) sur le fleuve de *Dara* (O. Draa), puis *Buda* (Bouda)[3], et au sud *Hulelem*[4] (Oualata, Iwalâten).

Alors se présente le portrait du roi de Melli, dans l'attitude que lui a conservée l'auteur de l'Atlas catalan.

---

(1) *Notice d'un atlas en langue catalane, manuscrit de l'an 1375, conservé parmi les manuscrits de la Bibliothèque royale sous le numéro 6816 fonds ancien, in-folio maximo*, par MM. J.-A.-C. Buchon et L. Tastu. Paris, Imp. roy., 1839, in-4, p. 73.

(2) Cette expédition n'a eu lieu qu'en 1346, sept ans après la confection de la mappemonde de Dulcert.

(3) Bouda, oasis du Touat, l'un des centres les plus anciens de la région, suivant M. H. Duveyrier.

(4) C'est la localité désignée sous le nom de *Eulezem* dans le planisphère de Giovanni da Carignano (Cf. Th. Fischer, *Sammlung mittelalterlicher Welt und Seekarten italienischen Ursprung und aus italienischen Bibliotheken und Archiven.* Venedig, Ongania. 1886, in-8°, p. 121).

Iste Rex saracenus dominatur tota arenosa || *et habet mineries auro in masima* || *habundancia. Rex Melly.*

Plus loin, à l'est se voit le *Regnom de Orgena* (Ouargla, Wargelen) avec sa capitale surmontée d'un drapeau qui porte l'image d'un dattier; *Tausser* et *Tacort* représentent bien, au nord d'Orgena, Tozeur et Tougourt, et l'on voit sur une montagne : *Castro calif elchibir*, qui pourrait bien être le Kef.

ORGENA. *Iste Rex saracenus permanet senper in guera* || *com saracenis maritimis silicet tun[isiis]* || *Tera nigrorum qua senper* || *vadunt nudi et sine aliqua* || *vestimenta.*

Cette légende est inscrite entre deux figures d'hommes nus et barbus qui n'ont absolument rien de nigritique. Vêtus, quoi qu'en dise la légende, d'un court caleçon, ils conduisent en laisse un chameau et une autruche assez exactement dessinés.

NUBIA *saracenorum*, dit un autre texte placé à côté d'une grande ville désignée sous le nom de *Reynom de Titinissem*[1]. *Iste Rex saracenus habet continuo* || *gueram com christianos nubie et ethiopie* || *qui sunt sub dominio prest Jane christianus niger.*

Le Nil (*flumen Nil*) sépare cette Nubie musulmane de la Nubie chrétienne, toute couvertes de triples croix et où les villes de *Sobaa, Dobaa, Coale, Soam*[2]*, Vrma* et *Donchola* entourent une inscription incomplètement conservée, où je déchiffre :

NUBIA. || *Scias que ethiopia habet* || *inperatorem* || *qui veneratur...* || *Id est servus crucis etiam* || *habet lxxij reges sub se.*

Les autres légendes sur l'Égypte, la mer Rouge, la Mecque, le golfe Persique, la Perse, diffèrent assez peu de celles de l'Atlas de 1375 et, par là même, offrent moins d'intérêt.

La cinquième carte de l'Atlas catalan ressemble, en effet, considérablement à la portion la plus orientale de la carte de Dulcert, à laquelle elle n'ajoute guère que des renseignements erronés sur le sud-est de la Caspienne et le prétendu fleuve parallèle à l'Euphrate et au Tigre, que son auteur fait descendre des lacs imaginaires d'Argis et de Marga. C'est dans la sixième carte de l'Atlas qu'il faut surtout chercher les innovations introduites dans la cartographie de l'Orient par la divulgation des récits de Marco Polo.

(1) Est-ce un double emploi de Tlemcem déjà inscrit à sa vraie place? ou faut-il y voir l'oasis de Temissa?

(2) La plupart de ces noms se retrouvent dans les mêmes régions, jusque sur les cartes d'Éthiopie du dernier siècle. Sobaa paraît bien correspondre à Soba, dont les ruines ont été retrouvées sur les bords du Nil Bleu, un peu en amont de Khartoum ; *Dobaa* serait peut-être Dabbe, *Coale*, qui veut dire *la Noire* en arabe, est introuvable dans les cartes modernes; il en est de même d'*Vrma*; *Soam* est Assouan, *Donchola*, Dongolah.

En résumé, le monument géographique que nous venons d'examiner rapidement assure, provisoirement du moins, à l'école catalane, dont il vieillit de trente-six ans les premiers travaux, la priorité de la construction des véritables mappemondes à la fois terrestres et maritimes[1]. Il montre, en outre, qu'en 1339 les connaissances des géographes de Majorque étaient aussi avancées que possible dans toutes les directions (Marco Polo étant encore à peu près inédit); qu'ils possédaient des données relativement exactes sur les côtes Océaniques, entre la Scandinavie et le sud de la baie d'Arguin, où les Portugais ne devaient arriver que cent sept ans plus tard; enfin qu'ils plaçaient à peu près exactement sur leurs cartes le golfe Persique et la Caspienne.

Ajoutons en terminant que la mappemonde de Dulcert est une preuve de plus en faveur de l'ancienneté des navigations génoises dans l'Atlantique, où elle nous montre pour la première fois la croix de Gênes peinte sur l'île découverte par Lancelot Maloizel, à la fin du xiiie siècle.

(1) Je renouvelle toutefois ici les réserves déjà faites à propos du petit planisphère de Giovanni da Cariguano, dont la date reste indécise. L'intérieur des terres y est, en effet, couvert d'une quantité d'indications d'un type assez différents d'ailleurs de celui qu'ont adopté les cartographes catalans.

APPENDICE N° II

NOMENCLATURE COMPARÉE DES NOMS DE LIEUX DES ILES BRITANNIQUES
DANS LES PREMIÈRES CARTES ITALIENNES ET CATALANES

CARTE PISANE xiii° siècle.	P. VESCONTE 1318.	ATLAS LUXORO vers 1325.	DULCERT 1339.	ANONYME GÉNOIS 1351.	ATLAS CATALAN 1375.	CARTES MODERNES
			Irlande.			
—	—	—	HIRLANDA.	IRLANDA, HIBERNIA	IRLANDA.	IRLANDE.
—	—	—	Ingildaculy.	Ingildagli.	—	Achill I.
—	—	—	Insule de T'conel.	I. de T'conel.	Insula de T'conel.	Tyrconell.
—	—	—	Cauo seligra.	Cap seligra.	Cauo seligra.	Sligah.
—	—	—	Abram.	Abram.	Abram.	Arran I.
—	—	—	Comincidela.	Comencidell.	Comincidela.	Conail Cinel.
—	—	—	Bordeali.	Bordeali.	Bordeali.	Broad haven.
—	—	—		Lac' fortunatus.	Laccus fortunatus.	Lough Cortib.
—	—	—	Insule lacaris.	Insule lacaris.	Insule lacaris.	I. du Lough-Keara
—	—	—	Côfreuchelan.	Cofreuchelan.	Confreuchelan.	Elian s'fradadory? (S. Patrick's Purgator.)

430 APPENDICE II

Oranmore.	Ororim.	Ororim.	Ororim.	—
Limerick.	Laymerich.	Laymerich.	Laymerich.	—
?	Cap strombre.	Cap strubren.	Cap strubren.	—
S. Brandon hill.	San brandain].	San brandao.	San bradan.	—
B. de Dingle.	Ledeun.	Ledeng.	Leden.	—
Ardeannaght.	Dranert.	[Dra]nert.	Dranert.	—
Bray head.	Boreal.	Boreal.	Boreal.	—
Dursey I.	Drorosei.	Drorosei.	Drorosei.	—
Bear I.	Bire.	Bire.	Bire.	—
Crook haven.	Caccauena.	Caocauena.	Cao cauena.	Gieabaron.
Skibbereen?	Grenheron.	Grenbarō.	Glenbaron.	Donborg.
Dunbeacon.	Donborg.	Donborg.	Donborg.	Olarcos.
C. Clogh.	Olarcos.	Olarcos.	Olarcos.	Camalot.
Timoleagh?	Camelat.	Cogelat.	Camelat.	C. Veto.
Old head.	Cauo veyo.	—	Cip veio.	Adelfroda.
?	Andelfronda.	Andelfronda.	Andelfronda.	Godeforda.
	Godelfroda.	Grodelfroda.	Godelfroda.	For.
Cork.	· Corch.	Corch.	Corch.	Lioc.
Ballicotou.	Baillcoti.	Liache.	Liocles.	—
Cloyn.	Liocies.	—	—	—
Minehead.	Minart.	—	Giuz	Domgraua.
Dungarvan.	Grauan.	Geruan.	Gataforda.	Garaforda.
Waterford.	Gataforda.	Gataforda.	Rois.	Rozi.
Ross.	Rois.	Rois.	—	—
Tramore.	Ertamer.	—	—	—
Crok.	Croc.	—	—	—
Dungauon.	Dendach.	Dondach.	Dendoch.	Dondab.
Feathard.	Fredit.	Fredit.	Fredit.	Fredit.

NOMENCLATURE COMPARÉE DES NOMS DE LIEUX   431

Leban.	—	Elebano.	Elebano.	Bannow B.
Rixalt.	Risalt.	—	Risalt.	Saltee I.
Ocsorda.	—	Ocsorda.	Desorda.	Wexford.
Rexna.	Rexnas.	Rexnas.	Resoax.	Rosslaer ?
Arcelo.	Archelo.	Arcelo.	Archelo.	Arklow.
Vicelo.	Vichelo.	—	Vichelo.	Wicklow.
Arecom.	Arecom.	Arecom.	Arecom.	Harristown.
Bre.	Bres.	—	—	Bray R.
Donuelin.	Donuelin.	Donuelin.	Donuelin.	Dublin.
Irlandatea.	—	Irlandesea.	Irlandesea.	Irland's Eye.
Ordez.	Or[des].	Ordes.	Ordes.	Swords.
Losco.	[L]os[co].	Losco.	[Lo]sco.	Lush.
Vuda.	Cauostet.	Cauoster.	Cauostet.	C. Slet.
Dero.	[Drojrda.	—	Drorda.	Drogheda.
Dondazo.	Darcba.	—	(Uar)che.	Dundalk.
—	Carenforda.	Carenforda.	[Care]fonia.	Carlingsford.
Stanforda.	Stanfoda.	Storforda.	[Estan]fjorda.	Strangford.
Chenofrit.	Chenochfrig.	Ch'nochfrig.	[Chen]ofrich.	Carrickfergus.
Verforda.	—	—	Verforda.	—
—	Monedi.	Moneffi.	Moneffi.	Monay.
Dansobrinin.	Donsobrin.	Donsobri.	Dansobrin.	Dunseverick.
—	Porto rosso.	Porto rosso.	Portrosso.	Port Rush.
—	Leban.	Leban.	Leban.	Bann haven.

Iles autour de l'Irlande.

—	Ardoin.	Ardoim.	Ardoin.	Inish bofin.
—	Bofin.	Boffm.	Bofip.	

APPENDICE II

Grande-Bretagne.

VZ. ENGRETERRA	INGHILTERRA	INGELTERRA	ANGLIETERA	INGILTERA	ANGLITERA	ANGLETERRE
	IZELA SCOCIA		SCOCIA	SCOCIA	SCOCIA	ECOSSE
—	—	—	Arim.	Arim.	Arim.	Aran I.
—	—	—	Brascher.	Brascer.	Brascher.	Blasquets I.
—	—	—	Scalis.	—	Scalis.	Skellig I.
—	Cap Sto.	—	—	—	Lesper dirlanda.	Skarif. Skryf I.
—	—	Norgales.	Cap de clar.	Leps d'Irlanda.	Cauo de dara.	Cap Clear.
—	—	Gales.	—	—	Salley.	Saltee I.
—	—	Milforde.	Insula de nam.	—	Insula de mam.	Man I.
—	—	—	Galuagia.	Galuagia.	—	—
—	—	—	ANGLIETERA	INGILTERA	ANGLITERA	ANGLETERRE
—	—	—	SCOCIA	SOCIA	SCOCIA	
—	—	—	—	—	Donfres.	Dunfries.
—	—	—	Donfres.	Donfres.	Norgalles.	North Wales.
—	—	—	Norgales.	Norgalles.	Cauo santo.	Holy Head.
—	—	—	—	Cauo sco.	Virgalles.	South Wales.
—	—	—	Galles.	Galles.	Miraforda.	Milford haven.
—	—	Tingit.	Millefret.	Milefort.	Paubris.	Pembroke.
—	—	Toruaxi.	Poumbri.	—	Calamerti.	Caernarthen B.
—	—	—	Tnabit.	Limbich.	Tinboch.	Tenby.
—	—	—	—	Poruaxi.	—	Worms head.
—	—	—	Bristoya.	—	Bremaset.	Penarth point.
—	—	—	—	—	Vernas.	S. Nicholas
—	—	San Nicolo.	Sco Nicolas.	Sco Nicolao.	Sco Nicolao.	(près Cardiff).
—	—	—	—	—	—	Saverne R.
—	—	—	—	—	Suberna.	

NOMENCLATURE COMPARÉE DES NOMS DE LIEUX

Cornoailia.	Bristo.	Bristo.	Bristo.	Bristo.	Bristo.	Bristol.
—	—	Santalena.	Sca elena.	—	—	Elmore?
—	—	—	Cornualia.	—	—	Cornouailles.
—	Longaner.	Patisto.	Patrifio.	Patrifio.	—	Padestow.
—	—	Longaner.	—	—	—	Laudsend (?).
—	Giscardo.	Muxafola.	Musafola.	—	Musafola.	Mousbole.
—	Falemua.	Lixerta.	Cap de lixari.	Lixa.	C. Lizarl.	C. Lizard.
—	—	Falamua.	Falemua.	Falemua.	Falemua.	Falmouth.
—	—	Godemus.	Godemau.	Codemua.	G. deman.	Dodman-point.
—	Sauie.	Fabie.	—	Saubie.	Sabbie.	S. Blaise.
—	Portuua.	Pe mua.	Portmua.	Puuua.	Portmua.	Plymouth.
—	Godester.	Codester.	—	Godester.	Godester.	C. Goustard.
—	Artamua.	Artamua.	Artamua.	Dartamua.	Artmua.	Dartmouth.
—	—	Sanpetioco.	—	—	—	Tor bay.
—	—	Tores.	Tores.	Tores.	Tores.	Teignmouth.
—	—	—	Tingamua.	Tingamua.	Tingmua.	Lymn.
—	—	—	Lim.	Lim.	Lim.	Portland Church.
—	Portani.	Saco de portam.	Saco de portun.	Saco de poïam.	Sco de porlan.	C. Portland.
—	—	Cauo de portam.	Cauo de portam.	C. de portan.	Cauo de portan.	S. Aetheiner.
—	—	Santerno.	Saupolo.	S. Anterno.	Sco asterno.	Poole.
—	Sca pola.	Saupolo.	Sca pola.	S. Polla.	Sca polla.	?
—	Ballaner.	Balaner.	Balener.	Balener.	Baleuer.	Southampton.
—	Calcefore.	—	—	—	—	Bamble Haven.
—	Antona.	Antona.	Antona.	Antoua.	Autoua.	Portsmouth.
—	—	Ambra.	—	—	—	Chichester.
—	Portamua.	Portamua.	Portamua.	Portamua.	Portamua.	
—	Ciuita.	Ciuita.	—	Ciuita.	Ciuita.	

28

APPENDICE B

Scauforce.	—	Soram. Sanfor. Belzer. Befern. Gisaletio. Romaneo.	Soram. Saforda. Beoc. p.	Solam. Saforla.	Soran. Saforda. Beocep.	Shoreham. Seaford. Beachey head.
—	Beleef. Restingues. Ginselexeo. Romaneo. Dobla.	—	Guinsalexeo. Romaneo. Dobla.	—	—	Winchelsea. Romney. Douvre.
Ciuitate Dobra. Sco pomas de Conturba.	—	—	—	Guusalexeo. Romaneo. Dobla.	Guinsalexeo. Romaneo. Dobla.	—
—	—	—	—	—	—	Canterbery. Sandwith.
—	Sanuis. Licrocei. Londres. Tamixa. Vroellem.	S. tua.	Sanuix.	—	Sanuix.	—
—	—	—	—	—	—	—
Ciuitate Londra.	—	Londra. Tamixa. Oxelem. Areorda. Aroir. Aruolda.	Londres. Tamexa. Oxolem. Oreorda. Arois. Areuorda. Turquelay.	Londres. Tamixa. Oxolem. Oreorda. Arois. Arocorda.	Londres. Tamixa. Oxolem. Oreorda. Arois. Areuorda. Tarquelay.	Londres. Tamise. fl. Orwell. Arwerton. Harwict. Oxford. Kirkley. Yarmouth.
—	Arois. Arerorde.	—	—	—	—	—
—	Jarnemna.	Iarnemua. Befor. Codener. Astazer. Cacardo. Bracanelli. Lenem.	Jornemua. Cafor. Godauer. Aftacer. Cacardo. Bracanea. Lena. Ely.	Jarnemua. Cafor. Godauer. Aftacer. Cacardo.	Cafor. Godauer. Aftacer. Cacardo.	Castor. Godaner. Ostraut? Kirkdale.
—	Isroissel. Leonim.	Sanbilor. Rauanzo.	Sauhctorfo. Rauenzor.	Lenna. Ely. Senbetur. Rauenzor.	Lena. Ely. Sanbetorf. Rauenzor.	Lynn Regis. Ely. S. Botolf. Boston.
—	Gulfo de Sanbetor. Reusse.					—

NOMENCLATURE COMPARÉE DES NOMS DE LIEUX   435

					Naith.
		Nisa.	Nixa.	Nissa.	Humber fl.
		Vabra.	Vmbro.	Vabro.	Hull.
—	Vilo.	Vilo.	Vilo.	Vilo.	Cap de l'Humber
		Cauovenbro.	Camp vembro.	Cauo Vabro.	(Spruahead).
					Scarborough.
—	—	Scardenborg.	Scardeborgo.	Scardenborg.	Tyne R.
—	—	Sutina.	Sutina.	Sutina.	Bambrough.
—	—	—	—	Banborg.	Tweed R.
Berior.	—	Tueda.	Tueda.	Tueda.	Berwick.
—	—	Beruhic.	Beruhic.	Beruhic.	Whan Ness?
—	—	Cauodorada.	Camp dorada.	Cauo dorado.	Firth.
—	—	Fert.	Fret.	Fert.	Roxburgh.
—	—	Doude.	—	Rochburch.	Bondey.
—	—	Latara.	—	Latara.	Tay R.

Iles au sud-ouest et au sud de la Grande-Bretagne.

Casia?	Carde.	—	—	Caldey.	Caldy I.
—	Ramuxain.	Londoy.	—	—	Ramsay I.
—	Londei.	Cricis.	—	Londey.	Londey I.
—	Gils.	Sorli(nga).	—	—	—
—	Sorlinga.	—	—	Sorlinga.	Sorlingues Is.
—	Setepierre.	—	—	P. res.	Seven Stones Is.
—	—	Lengasneo.	—	—	Lands-End.
—	Loxel.	—	—	Lose.	Lethowsow, Lissia
—	Huic.	Huic.	—	Huic.	Wight I.

Iles au nord et au nord-ouest de la Grande-Bretagne.

		Insula de Tile.		Insula de Tile de Schocia.	
		Insula Scotland. Insula Orchania. Insula Chatenes. Insula Scuj. Argate. Ledros.	Sittant. — Insula Scuj. Apate.	Ills de Scilliapda. Insula Archania. Ils Chatenes. Insula Scuia.	Ike Shetland. Iles Orcades. Caithness. Iles de Skye. Ile Egach. Torossy (île de Mull).
—	— — — — —	Ledel. Bra. Ledir. Ragri. Lesir.	Ledel. — — — —	— — — — —	I. Deer (Vattersay) Ile de Bara. Ile Tirely. Ile Ragulin. Ile Isla?

| — | — — — — — — — — — — — | | | | |

| — | — — — — — — — — — — — | | | | |

APPENDICE N° III

NOMENCLATURE DES PAYS DU NORD DE L'EUROPE

DANS LES DOCUMENTS ESPAGNOLS DU XIV° SIÈCLE

DULCERT (1339)	CONOSCIMIENTO (vers 1350)	ATLAS CATALAN (1375)	ANONYME CATALAN xiv° siècle (Museo Borbonico)	CARTES MODERNES
NORUEGA OU NOVERGIA	NORUEGA	NURUEGA OU NORUEGA	NORUEGA	NORVÈGE
Alogia	—	—	—	Aalesund.
Tronde.	Tronde.	Tronde.	Tronde.	Trondheim.
Nidroxia.	Nidroxia.	Nidrosia.	Nidrosia.	ou Nidaross.
Bergis.	Regis.	Bregia.	Bregia.	Bergen.
Mastranto.	—	Mastranto.	Mastranto.	Marstrand.
Trunberg.	Trumberec.	—	Tirunberg.	Tunsberg.
SUECIA	SUEVIA	SUESCIA	—	suède
Lacus scarsa.	Lacus escarsa.	—	—	Lac de Scara, Venern.
Scarsa.	Tarsa.	Scarsa.	Scarsea.	Skaraborg.
Lunde.	—	—	Lunde.	Lund.
Scamor.	—	Scamor.	—	Skanör.
Andine.	Anditue.	Dondina.	Dondina.	—
Chiclobergis.	Chicobergis.	—	Chiclobergis.	Colberg All.
Lundes.	Landis, Londis.	—	Lamdes.	Lund †.
Ystach.	Ystaf, Ystac.	—	Royostoch.	Ystad.

APPENDICE III

Sormershans.	Formeans, Sormences.	—	Sonnershans.	Cimbrishamn.
Aoxia.	Lacus estocol.	—	Aoxia.	Abus.
Lacus stocol.	Golfus stocol.	—	Stagno stocol.	Lac de Stockholm, Vettern.
—	Estocol, Estocal.	—		Golfe de Stockholm.
Stocol.	Calman.	—	Stocol.	Stockholm.
Kalman.	Sardepinche, Sordepin.	—	Claman.	Calmar.
Suderpigel.		—	Sodechping.	Söderköping.
Riperia roderin.			Assingland.	?
Cap de vexiom.			Cauo de vexiom.	Vexiö.
Fl. vettur.			Flum. nectur.	Vettern.
Roderin.	Roderin.		Rodrin.	Rosladen.
Flum etham.	Rio echau.		Flum. etham.	Dal-Elf.
Bondolm.	Bondole, Bondelet.	Brundolch.	Insula brundolo.	Bornholm I.
Mare noricum. et succin.	Mar de alamaña.	Mar de lamanya.	Mar dailemania.	Mer Baltique.
		Mar de gotlandia.	Mar de gotlandia.	
Liter.	Lister, Biscar.		Insula lister.	Loel I.
Colad.	Insola cola.		Insola colant.	Oland I.
Gotlandia ?	Gotlandia, Godlandia.		Insola de galandia.	Gothland I.
Visbi.	Riscy.	Insula de Visbi.	Insula de oxilia.	Wisby.
Oxilia.	Oxilia.	Oxilia.		Oesel I.
Flum. nu.	Rio nu.	Flum. nu.	Flum. nu.	Nera fl.
Nogorade.			Stachia.	SUTSEE
Astachia.	Nogardia.	Nogardia.	Nogardia.	Novogorod.
SUTESIA.		Edill.	Edill.	Ilmen l.
Vagardia.	Vagradia.		SUSESA	SUSSE
		Vogjardia.	[Vogjardia].	Novogorod ?.
Riga.		Riga.	Riga.	Riga.
	Rinalia.	Rivalia.	Rivalia.	Revel.

NOMENCLATURE DES PAYS DU NORD DE L'EUROPE

POLONIA	POLONIA, PALONIA, PALONYA	POLONIA		POLOGNE
Ciuita de leo.	Cibdat de leon, Lunbrec.	Ciutat de leo.	—	Léopol, Lemberg.
Ciutt polonia.	—	Pollonia.	Leo.	Polaniez.
Ciutt cracouia.	Curconia.	Cracouia.	Pollania.	Cracovie.
Sandamirio.	—	Sudumera.	Carcoula.	Sandomir.
—	—	Prussia.	—	Prusse
—	—	Sudona.	—	Schidlow.
—	—	Foczim.	—	Osviezim.
Litefania.	Litefania.	Litefanie pagans.	Cast® litefanie paganorum.	Lithuanie.
Fl. Sismaticis.	Sismaticis.	—	Flum. cismaticis.	—
Kareland.	Catalant.	Carelant paganis.	Cast® carelant paganorum.	Courlande.
Fl. vandalorum.	Vandalor.	—	—	Vistule fl.
Vandalia.	Auandalia.	—	Flum. vendalo.	—
Turon.	Turonie.	Prutenia.	Prutenia.	Thora.
—	—	Cucenso.	Cucenio.	—
Lacus nerie.	—	Stago nerie.	Lacch nerie	Konigsberg.
Neria.	—	Nerie.	Neria.	Frisch Nehrung.
Godansce.	Bauçcha.	Godansse.	Godanse.	—
Elbingana.	—	Albing.	Albing.	Dantzig.
Scorpe.	Escorpe.	Scorpe.	Scorpe.	Elbing.
Fl. Odra.	—	Sira.	Sira.	Stolpe.
—	Sirca.	Posa.	—	Oder fl.
—	—	Asua.	Asua.	Sieradz.
—	—	Ceam.	—	Posen.
—	—	Epoli.	—	Gniesen.
—	—	Garagona.	—	Giesehin.
				Opole.
				Kargow.

APPENDICE III

Montes Boemorum.	Posna.	Posna.	Posna.	Posn.
—	—	—	Montes boemorum.	Montagues de Boheme.
Lacus alech.	Corueric.	Lacus neria.	Ecocia.	Putzger Nedruns.
Allech.	Alechon.	Alech.	Lacus alech.	?
Stilen.	—	Stetin.	Alech.	Hela.
—	—	—	Stetin.	Stettin.
—	—	—	Laodis.	—
—	—	Colberg.	Colberg.	Colberg.
—	—	Stadin.	Steti.	Nea Stettin.
—	—	Goarpe.	Garpe.	Warf?
Grisvaldis.	Grisvaldis.	Grisvaldis.	Grisvaldis.	Greifswald.
Lundis magna.	Bondismaque.	Ludis magna.	Lundis magna.	Stralsund.
Roystock.	Rosgot.	Roystoc.	Roystoch.	Rostock.
Vsmaria.	—	Vsmaria.	Vsmiria.	Wismar.
Lubech.	Leobec, Lubec.	—	Lubench.	Lubeck.
Ruya.	Ruyna.	Ruya.	Ruya.	Rugen I.
Eria.	Erria.	Eria.	Eria.	Arroe I.
—	—	Fanso.	Sanzo.	Falster I.
Jangland.	Georgiane, Jangland.	Jangland.	Jangland.	Langland I.
Finonia.	Finonia.	Finonia.	Finonia.	Fionie I.
Insula salandia.	Ynsula salandia.	Insula sallandia.	Insula sallandia.	Seeland I.
Salandia.	Salandia.	—	—	Copenhague.
Aque Villie.	—	Aque Villie.	Serric.	Sile R.
Introytus dacie.	Entrada de dacia de dance.	—	—	Slesvig.
Cast° gotorp.	Corp.	—	Dandorg.	Gottorp.
—	Dandora.	—	Anderop.	Dranderop.
—	Ardonxep.	—	—	Wanderop.

NOMENCLATURE DES PAYS DU NORD DE L'EUROPE

Colding.	—	—	—	Caldeng
Horsens.	Orgnes.	—	Orens.	—
Aarhus.	Artus.	—	Artaz.	Randeus.
Randers.	Rondeus.	—	Tandeur.	—
Aalborg.	Almebrung.	—	Abenbrue.	—
C. Skagen.	Cauo doxeland.	—	Punta dacia.	C. duxelant.
Borglum.	Burgalensis.	Burgalensis.	Burgalensis.	urgalensis.
Thye.	Ruia.	Riua.	Biua.	Tuia.
Wiborg.	—	—	Burbena.	Vusberg.
DATHIANI	—	—	Dazia, Dancesmar".	—
Rypen.	Dacia.	Dacia.	—	Ripis.
I. Fanô, etc.	Ripias.	Ripias.	—	Insule sêe.
Eyder.	Insule sêe.	Insule sêe.	—	Leulie.
Frise.	Leulie.	Leulie.	Frisa.	Frixia.
Wangeroog I.	Ffrixa.	Ffrixa.	—	Vangaroga.
Frise?	Vuangeroga.	Vuangeroga.	Frisa.	Frisia
Schausen.	—	—	—	—
Lentzen.	Scarem.	Lesem.	—	Stendar.
Stendhal.	Stendar.	Stendar.	—	—
Tangermunde.	Argentmonde.	Argentmunde.	—	Mandborg.
Magdebourg.	Mangoborg.	Mangobro(c).	—	—
Acken.	Aquis.	Aquis.	Albia.	Flumen albia.
Elbe.	—	—	—	—
Mahlberg.	Berg.	—	—	—
Wörtzen.	Guisse.	Guise.	Grisna.	Guice.
SAXE	—	—	—	Saxonia.
Meissen.	Missen.	Missen, Misem.	—	—
Dresde.	Dresden.	Dresden.	—	Dresden.

442 APPENDICE III

Perne.	Praga.		Pirna.
Praga.	—	Praga.	Prague.
Fluvius albia.	Montes de Boemia.	—	Elbe fl.
Montes Boemorum.	—	—	Monts de Bohême.
Boemia.	Olanda.	Ollanda.	Bonéry.
Ollanda.	—	Masdiepa.	Hollande.
Masdiepa.	—	Ardrobir.	Mars diep.
Ardrobir.	—	Scalingue.	Harderwyk.
P. scalingue.	—	Vtrech.	Der Schelling.
Vtrech.	—	Grauesant.	Utrecht.
Grauesant.	Mara.	Mara.	S'Gravesande.
Fluvius maxe.	—	Mossa.	Rhin (inférieur)
—	—	Collogna.	Meuse.
Collogma.	Colofia.	Confienss.	Cologne.
Confluencia.	—	Bapardia.	Coblentz.
—	—	Magonsia.	Bopard.
—	—	Veyma;cia.	Mayence.
—	—	Fluuius rinus.	Worms.
Flumen rinus.	Rinus Rriuus.	Argentin(s).	Rhin (supérieur).
Argentina.	—	—	Strasbourg.
Basilea.	—	—	Bâle.
Riuus de...	—	—	—
Sant Vsent	—	—	Schafhouse.
Larus rinus.	—	Rinus.	Lac de Constance.
Costancia.	—	—	Constance.
Alpes allamanie.	Alpes alemaña.	—	Alpes.
Fluuius mosela.	—	—	Moselle, r.
Litoringia.	—	—	Lorraine.

NOMENCLATURE DES PAYS DU NORD DE L'EUROPE

—	—	Lucembor.	Luchebor.	Luxembourg.
Alsacia.	—	Alsacia.	Alsacia.	Alsace.
—	—	—	Mont de Alsacia.	Vosges, mts.
Dordret.	Dodrec. Dodrech.	Dordret.	Dordret.	Dordrecht.
Scait.	—	Scait.	Scait.	Escaut, fl.
Ost forn.	—	Ost forn.	Ost forn.	Ooster?
Senda.	—	Scuta.	Scuta.	Schouwen?
Breuet.	—	Greuelet.	Greuelet.	Grouwe-dert.
Sollanda.	Solanda.	Sallanda.	Sallanda.	Zélande.
Greuelet.	—	Brenet.	Breuet.	Biervliet.
Ardenborg.	—	Ardenborg.	Ardenborit.	Ardembourg.
Clusa.	—	Laclusa.	Laclusaa.	L'Écluse.
Bruges.	—	Bruges.	Bruges.	Bruges.
Branzaberga.	—	Branzaberga.	Branzaberga.	Blankemberg.
Ostende.	—	Ostende.	Ostende.	Ostende.
Nofport.	—	Nofpor.	Nofporz.	Nieuport.
Flandria.	Flandes.	—	—	Flandres.

APPENDICE N° IV

DOCUMENTS

POUR SERVIR A L'HISTOIRE DES MARQUES COMMERCIALES

au XIVe siècle [1]

Universis et singulis presentis pagine seriem inspecturis, quos honoret Deus et ab omni malo custodiat.

Nos, judices et alguazillus [2], milites et ceteri probi viri concilii nobilissime civitatis Ispalensis, salutem.

Noveritis quod Bartholomeus Çagarra, civis Majoricarum, comparuit coram nobis, asserens se honerasse in navi que erat magistri Fernandi Gundisalvi Guerra de sancto Ander [3] octo ballas de cera ; que quidem navis predicta, navigans cum suis mercatoriis ad partes Flandrie, accidit ei naufragium, et fracta fuit in termino cujusdam loci seu ville que vocatur Doya [4] in costeria Flandrie [5], et quod bayulus dicti loci Doye recuperavit inde tres ballas de cera que venerunt ad terram seu litora, de dictis octo ballis. Que quidem balle erant signate seu marcate de isto signo seu marca quod hic apparet.

---

(1) Voyez plus haut, p. 95-103.
(2) Cf. Du Cange, V° *Alguazilus* vel *Alguazivus*.
(3) Santander.
(4) Doya, Doye, la commune d'Oye, canton d'Audruicq, arrondissement de Saint-Omer, département du Pas-de-Calais. *Villa Oia*, 1084 (*Chron. And.*, p. 356). *Oya*, 1084 (*Ibid.*, p. 369). *Altare de Oya*, 1100 (A. Mir. *Dipl. belg.*, t. IV, p. 312). Oye, 1313 (*Compte de la maladr. de Merck*). — Cf. A. Courtois, *Dict. géogr. de l'arrondissement de Saint-Omer avant 1789*, V° Oye (*Mém. Soc. des Antiq. de Morinie*, t. XIII).
(5) Le mot de Flandres est employé ici dans un sens vague et général. L'Artois dont relève alors la terre de Marck, dont Oye fait partie, est, en effet, sous la dépendance du duc de Bourgogne, comte de Flandre.

Et quod Bernardus Duran, mercator Majoricarum, procurator dicti Bartholomei Çagarra petierat dicto bayulo dictas tres ballas de cera recuperatas, nomine istius predicti Bartholomei Çagarra, et dictus bayulus noluit sibi dare dictas tres ballas, donec dedit sibi fidejussores quod traderet sibi testimonium, qualiter signum seu marca, de qua erant signate seu marcate dicte balle erat et est dicti Bartholomei Çagarra. Et vobis facimus manifestum quod dictus Bartholomeus Çagarra presentavit coram nobis in probationem et testimonium istius marce seu signi, qualiter erat suum, videlicet Petrum Hyspanum et Phylippum de Gumbaro et Guillelmum Harnaldi, mercatores Majoricarum. Et nos recepimus ab eis juramentum super sancta Dei evangelia corporaliter manu tacta, prout est juris, quod dicerent nobis veritatem de eo quod sciebant in hac re. Et dicti testes dixerunt omnes et singuli quod per sacramentum quod fecerant quod hoc signum seu marca, quod est scriptum seu signatum in ista carta, quod est et erat dicti Bartholomei Çagarra, et quod magnum tempus erat quod usus fuerat hoc signo seu marca et nunc cotidie utitur eo, et quod hoc sacramentum non fecerant prece vel precio, nec aliqua fraude vel ingenio. Quapropter rogamus quemcumque seu quoscumque bayulum seu bayulos, vel alium hominem qualemcumque, qui accepit et recepit dictos fidejussorem vel fidejussores pro illis tribus ballis de cera predictis, quod postquam dictus Bartholomeus Çagarra probavit et verificavit coram nobis quod dictum signum seu marca, de quo dicte tres balle erant signate seu marcate, quod erat suum et est, prout dictum est superius et probatum, quod placeat vobis velle statim absolvere et liberare ac quitare dictos fidejussores, quos dictus Bernardus Duran suus procurator dedit et tradidit in isto negocio, et in hoc bene merito facietis et prout precipit ordo juris, et nos regraciabimur vobis quamplurimum. Etiam vobis manifestum facimus qualiter dictus Bartholomeus Çagarra coram nobis fecit et condidit suos procuratores legitimos et certos nunctios speciales super hoc negotio antedicto, dictum Bernardum Duran et Guillelmum Net, mercatores Majoricarum, ambos et quemlibet eorum in solidum, prout apparet per quoddam instrumentum procurationis publicum quod hic inferius proxime denotatur. Et est istud : In nomine Domini, amen.

Anno Domini millesimo trescentesimo tricesimo tercio, indictione prima, die decima octava mensis septembris, in presentia nobilium dominorum judicum, majorum et alguaziliii et militum et ceterorum vivorum nobilissime civitatis Ispalensis ad hoc specialiter congregatorum et rogatorum, discretus vir Bartholomeus Çagarra, civis et mercator Majoricarum, sponte et sua propria voluntate, fecit, creavit, constituit et ordinavit suos veros, indubitatos et legittimos procuratores, actores, factores et defensores et sindicos et certos nunctios speciales, discretos viros Bernardum Durandi et Guillelmum Net, mercatores Majoricarum, licet absentes, tanquam presentes, ambos et quemlibet ipsorum principaliter et in solidum, ita tamen quod non sit melior conditio occupantis, sed quod per unum ipsorum inceptum fuerit per alium valeat prosequi et finiri, ad omnia et singula sua negotia gerenda, tractanda et administranda tam in judicio quam extra, coram quocumque judice vel auditore, posito vel ponendo, ecclesiastico vel seculari, collegio et universitate, ad agendum, petendum, habendum, defendendum et recipiendum omne id et quicquid et quantum habere et recipere debet ac debebit in futurum a quacumque persona ecclesiastica vel seculari, collegio et universitate in partibus Flandrie et ubique locorum et terrarum, cum scriptis et sine scriptis, et litem vel lites incipiendum et prosequendum, et causam vel causas quam vel quas habet vel habiturus est contra quamcumque personam, ecclesiasticam vel secularem, collegium et universitatem, et ad libellum dandum et recipiendum, litem vel lites contestandum, de calumpnia et veritate dicenda jurandum in animam ipsius et cujuslibet alterius generis juramentum prestandum, testes jurare videndum, aperturam et publicationem totius processus ipsorum petendum, judices et notarios elligendum, terminum et dilationem petendum et etiam appellandum, si necesse fuerit et appellationem prosequendum, acta, jura, instrumenta et alias probationes in judicio producendum, respondendum, articulandum, paciscendum, negandum, confitendum, contradicendum, compromittendum et componendum, positionibus respondendum, sententiam vel sententias audiendum, et ad vendendum, alienandum et transferendum, et specialiter ad recipiendum, petendum et recuperandum tres ballas de cera signatas signo proprio consueto predicti Bartholomei Çagarra quod est tale.

Qui quidem Bartholomeus Çagarra juravit coram supradictis dominis judicibus et alguazillo et militibus et aliis probis viris civitatis predicte, ad sancta Dei evangelia, corporaliter manu tacta, quod istud erat suum signum solitum. Et etiam hoc probavit per Petrum Hyspanum et Bartholomeum Hyspanum et Philippum de Gumbaro et Guillelmum Harnaldi mercatores Majoricarum, qui omnes et singuli de certa scientia, coram predictis judicibus, alguazillo ac militibus et aliis probis viris istius civitatis predicte, juraverunt ad sancta Dei evangelia, corporaliter manu tacta, quod istud est suum signum proprium consuetum, quod vulgariter vocatur marca. Que quidem tres balle onerate fuerunt cum aliis quinque ballis de cera ipsius predicti Bartholomei Çagarra in civitate Ispalensi juxta turrim de Auro, anno Domini millesimo trecentesimo tricesimo secundo, in navi que erat magistri Fernandi Gundisalvi Guerra de sancto Ander necnon finem et generalem refutationem et quitationem et liberationem faciendum, et instrumentum et instrumenta finis, pacti, quitationis, liberationis et omnimodo remissionis faciendum, se et bona sua mobilia et immobilia, presentia et futura, obligandum, et demum ut omnia et singula facere et exercere possint que merita causarum exigunt et requirunt, et que ipsemet facere et exercere posset si personaliter interesset. Dans et concedens dictis procuratoribus suis plenam et liberam potestatem ac plenum et liberum et speciale mandatum constituendi et substituendi unum vel plures procuratores in dictis partibus Flandrie et ubique locorum et terrarum, quotiens et quando eis videbitur expedire ; promittens se ratum, gratum et firmum habere et tenere totum et quicquid per dictos procuratores vel alterum eorum vel substitutum vel substitutos ab eis actum, factum, gestum vel procuratum fuerit in predictis et quolibet predictorum, donec dictam procurationem ad se duxerit revocandam sub pena centum turonensium grossorum, stipulatione premissa, et refectione dampnorum et expensarum litis et extra et obligatione omnium suorum bonorum. Promittens mihi notario infrascripto tanquam publice persone stipulanti et recipienti, vice et nomine omnium quorum interest vel intererit de judicio fisci, si fuerit oportunum et judicato solvendo cum omnibus suis clausulis oportunis sub ypotheca et obligatione omnium bonorum suorum tam presentium quam futurorum. In cuyus rey testimonium et ad majorem cautelam hujus, nos supradicti judices, alguazillus, milites ac ceteri probi viri concilii nobilissime civitatis Ispalensis mandavimus Nicolao Petri, notario publico nostro, quod hanc presentem litteram et instrumentum suo nomine signaret et publicaret, et suo proprio signo roboraret, et ad majorem firmitatem et certitudinem, et ut omne evitetur dubium, mandavimus ipsam et ipsum nostri sigilli concilii pendentis munimine roborari. Actum est hoc Ispalis anno, indictione, mense et die predictis.

Et ego Johannes de Coro (?) notarius Ispalensis subscribo.
Et ego Egidius Gundisalvi notarius publicus Ispalensis subscribo.
Johannes Didaci.
Johannes Fe...
Et ego Nicolaus Petri notarius publicus auctoritate concilii supradicti dictum instrumentum scribi feci, ac de mandato dicti concilii in publicam formam redegi, meum signum aposui consuetum in testimonium veritatis.

(*Bibl. Nat. N. Acq. Lat.* 3328, n° 11).

APPENDICE Nº V

QUELQUES MOTS ENCORE
SUR
CRESQUES LO JUHEU[1]

I

Ma notice sur Cresques lo Juheu, présentée depuis longtemps déjà à la Section de géographie du Comité des travaux historiques[2], était enfin imprimée[3] et allait paraître, lorsque je reçus de Madrid, par les soins de mon excellent confrère de l'Académie d'histoire, D. C. Fernandez Duro, une série d'articles découpés dans le Bulletin d'une Société de Majorque, et qui avaient jusqu'alors échappé complètement à mon attention.

Un jeune savant de Palma, D. Gabriel Llabres, donnait, dans ce recueil, des articles sur les cartographes majorcains, que D. C. Fernandez Duro m'envoyait obligeamment[4]; et l'un de ces écrits concernait justement ce même Cresques auquel je venais de consacrer ces quelques pages.

La note de D. G. Llabres, parue en octobre 1890, ne contenait d'ailleurs que des affirmations sans preuves relatives à un certain Jafuda Cresques, fils de Cresques Abraë, résidant à Majorque, qui aurait été adonné à la fabrication des compas et à la confection des cartes marines, et qui

---

(1) Voyez plus haut, p. 105-109.
(2) Cf. *Bulletin de géogr. histor. et descriptive*, 1891, p. 217.
(3) *Ibid.*, p. 218-222.
(4) D. Gabriel Llabres, *Los Cartógrafos Mallorquines Siglo XIV* (Boletin de la Sociedad Arqueologica Luliana, 25 setiembre de 1888; año IV, tomo II, num. 87, p. 323-328)—*El maestro de los Cartógrafos Mallorquines (Jafuda Cresques)*; (Ibid., año VI, tomo III, num. 127, pag. 310-311); — *Cartógrafos Mallorquines (Continuacion) Fue Mallorquin Angelinus Dulceti?*(Ibid., año VI, tomo III, num. 128, pag. 313-318).

aurait été connu du populaire sous le nom du *Juif des boussoles* (*El Judio de las brujulas*).

D. G. Llabres avait eu connaissance des mêmes pièces que je venais de publier et les analysait à sa manière, en assurant sans la moindre hésitation que l'Atlas de Charles V n'était autre que le *mapamundi catalan* dont il était question dans la lettre de D. Juan, duc de Gérône, dont on a lu plus haut le texte[1].

J'avais si nettement *démontré le contraire* que l'affirmation si décidée du jeune écrivain majorcain m'empêcha d'attribuer aucune importance aux autres conjectures qu'il proposait en terminant son article.

D. G. Llabres n'était sans doute pas satisfait lui-même de ce qu'il avait écrit sur le mystérieux personnage objet de ses recherches; car, au mois de novembre 1891, quelque temps après la publication du numéro qui contenait mon petit travail, il faisait imprimer dans le Bulletin de Palma un nouveau mémoire intitulé *Algo mas sobre Jafuda Cresques*[2], qui contenait du moins autre chose que des assertions dénuées de preuves. Je retrouvais, en effet, en tête de ce nouvel article, plus ou moins fidèlement transcrits, les deux premiers de mes documents, que D. Manuel de Bofarull y Sartorio avait fait tenir à D. G. Llabres, comme il me les avait envoyés à moi-même. Il se rencontrait, en outre, dans le texte, une troisième pièce relative à la même affaire et dont je n'avais pas eu connaissance. C'était une lettre en latin, assez peu intéressante, d'ailleurs, du duc de Gérône à Charles VI, datée, comme les missives catalanes, du 5 novembre 1381, et relative à l'envoi de la mappemonde.

Après avoir copié de son mieux ces documents, l'auteur insistait de nouveau sur la signification erronée qu'il avait cru devoir leur attribuer dès le principe. Et comme quelque critique, D. C. Fernandez Duro peut-être, lui avait objecté, d'une manière générale, les textes des inventaires de la Bibliothèque du Louvre, il s'efforçait de montrer que ce que l'on avait dit à ce sujet n'avait rien de décisif. Rien n'est pourtant mieux démontré que la présence de l'Atlas catalan dans la Bibliothèque de Charles V dès 1680, et il est à peine nécessaire d'affirmer une fois de plus que Jean Blanchet, collationnant, par ordre du duc de Bourgogne, au mois de novembre de cette année, les manuscrits du feu roi, a mis en marge de la notice descriptive, consacrée au célèbre manuscrit géographique, ces trois mots IL Y EST... *un an environ avant que Guillaume de Courcy ait apporté au jeune Charles VI la mappemonde de Cresques que lui offrait le duc de Gérône*[3].

Ajouterai-je que l'Atlas catalan du roi Charles VI n'était pas la seule

---

(1) Voy. plus haut, p. 105.
(2) *Boletin de la Sociedad Archeológica Luliana*, año VII, tomo IV, núm. 140, pag. 158-161.
(3) Voy. plus haut, p. 107, n. 1 et 2.

pièce du même genre qui existât en France à la fin du xive siècle, et que l'œuvre de Cresques a pu parfaitement prendre place dans la célèbre bibliothèque du duc de Berry, dont les inventaires nous révèlent l'existence de plusieurs documents de la même nature [1].

Il n'est donc pas *matériellement prouvé*, comme paraît le croire D. G. Llabres, que l'Atlas catalan de Charles V ait été dressé par Cresques. Il n'est pas démontré non plus que cet illustre monument ne soit pas son œuvre. En effet, en signalant, sous la date de 1384, postérieure de cinq ans seulement à la rédaction de l'Atlas royal, l'existence d'un cartographe de Catalogne qui venait de travailler pour le prince héritier d'Aragon, D. Manuel de Bofarull y Sartorio autorise, dans une certaine mesure, à attribuer, au moins provisoirement, à cet artiste la paternité d'un document de même nature que celui qu'il avait fourni au fils du roi et qui avait pu être expédié de France de la même façon que le *mapamundi* de 1381.

II

D. G. Llabres ne s'est pas borné à essayer d'identifier le juif Cresques avec l'auteur de l'Atlas catalan de la Bibliothèque de Charles V. Il affirme, avec D. J.-M. Quadrado, que ce cartographe est le même personnage qu'un certain Jafuda Cresques, inscrit sous le n° 49 de la liste des juifs de Majorque convertis par force à la religion chrétienne *dix ans plus tard*, après les massacres du *Call* (août 1391).

Or le cosmographe de D. Juan, *Cresques lo Juheu qui lo dit mapamundi ha fet*, est Barcelonais. C'est à Barcelone que réside l'archiviste de la Couronne, P. Palace, en P. Palace tinent les claus del Archive del arnese deldit senyor Rey et nostres en Barchinona. C'est à Barcelone que ledit Palace doit livrer à Jean Janvier (*Joannes Januarius*) la mappemonde gardée aux archives et destinée au Roi de France. C'est donc à la juiverie de Barcelone qu'il faut aller chercher Cresques, « *lo qual si aqui es axi com pensam que deu esser posa en la juheria* ».

Jafuda Cresques de la liste de 1391, avant lequel on veut confondre le nôtre, réside, au contraire, bien loin de Barcelone, à Majorque. Converti sous le nom de Jacobus Ribés, il tient une grande hôtellerie (*magnum hospitium*) près de la porte du Temple, dont le jardin touche à son mur, et il ne demande pas autre chose que de pouvoir habiter ou louer (*habitare vel locare*) [2].

Sans doute, le personnage a pu quitter Barcelone après avoir livré au roi Jean en 1389 le nouveau *mapamundi* que ce monarque l'a chargé de

---

[1] Voy. plus haut, p. 107, n. 2.
[2] J.-M. Quadrado, *La Juderia de la ciudad de Mallorca en 1391* (Boletin de la Real Academia de la Historia, t. IX, p. 299, Madrid, 1886, in-8°).

faire. Mais il serait vraiment étrange qu'un *cosmographe* du Roi se soit fait *hôtelier* en changeant ainsi de domicile. Tout au plus pourrait-on se permettre de risquer une semblable hypothèse, si légèrement fondée qu'elle pût être, si ce nom de Cresques avait été peu répandu dans les communautés juives de Catalogne et ne se fût pas du tout rencontré, en particulier, dans les documents relatifs à la juiverie de Barcelone. Or c'est exactement le contraire que l'on peut dès à présent constater. Ainsi il existe une liste de Juifs barcelonais à peu près contemporaine — elle a été dressée le 6 juillet 1381 — et presque en tête de cette liste, découverte et publiée par M. Andrea Balaguer y Merino, de l'Académie Royale des belles-lettres de Barcelone, on lit les noms de deux Cresques, Atzay Cresques et Salomon Cresques, qui occupent la huitième et la neuvième place, tandis qu'au vingt-septième rang figure encore un troisième Cresques, Jaffuda Lobell[1].

Le premier de ces trois personnages, Atzay Cresques, est assimilé avec la plus grande vraisemblance par M. Isidore Loeb[2], à Hasdaï Crescas, connu par les bons rapports qu'il entretenait avec le roi et les grands[3], et auquel il fut demandé d'écrire, en espagnol, un ouvrage où seraient exposées les raisons qui empêchent la conversion des Juifs.

N'est-il pas tout indiqué dès lors de penser à ce savant, bien vu de la cour d'Aragon, pour en faire l'auteur présumé de cartes géographiques destinées, soit au roi, soit à l'héritier de la Couronne[4].

Je n'hésite pas, pour ma part, à me rattacher provisoirement à une hypothèse qui me paraît bien autrement acceptable que celle qui a été proposée par D. G. Llabres, et qui l'a entraîné à formuler toutes sortes de propositions, plus invraisemblables les unes que les autres, sur le rôle de son Jaffuda Cresques de Majorque, devenu Jacobus Ribes, dans l'histoire de la cartographie catalane et de la fondation de l'École nautique de Sagres.

(1) Id., *ibid.*, p. 309, n° 1.
(2) Cf. Isidore Loeb, *Liste nominative des Juifs de Barcelone* (*Revue des Études juives*, t. IV, p. 62, 1882). Sur la liste du 11 mars 1392, qu'on trouve reproduite dans le même article, toujours d'après M. Balaguer, on lit le nom d'un quatrième Cresques de Barcelone, *Cresques Affunant*, converti sous le nom de Raymundo Saval.
(3) *Ibid.*, p. 64.
(4) Graetz, t. VIII, n. 2 de la fin.
(5) Cf. *Revue des Études juives*, t. XXV, n° 49, 1892.

APPENDICE VI

NOMENCLATURE COMPARÉE D'UN FRAGMENT DE LA CARTE MARINE
de G. VALLSECHA, de 1447,
ET
DE LA PORTION CORRESPONDANTE DE L'ATLAS CATALAN
de CHARLES V, de 1375

J'ai pris, un peu au hasard, pour montrer le développement relatif de la nomenclature de Vallsecha, signalé plus haut dans le texte (p. 120), la liste des noms de lieux des côtes occidentales de l'Italie depuis Vintimille jusqu'au cap de Bruzzano. La première colonne du tableau qui suit donne l'énumération des cent noms inscrits sur ce littoral par Vallsecha; la seconde colonne rapproche de ces 100 noms les 93 qu'on peut lire dans l'Atlas catalan sur la même côte. La comparaison des deux listes fait ressortir une différence en plus de 10 noms chez le cartographe de 1447, qui, par contre, a omis trois des noms recueillis par son prédécesseur.

J'ai identifié toute cette nomenclature avec celle des cartes modernes dans la troisième colonne du tableau[1].

CÔTES OCCIDENTALES D'ITALIE

CARTE DE VALLSECHA 1447	ATLAS CATALAN DE CHARLES V 1375	CARTES MODERNES
XXtimilla.	XXtimilla.	Vintimille.
s. remo.	sene.	S. Remo.
p. mors.	porto moris.	Porto Maurizio.
erbenga.	albengara.	Albenga.

(1) Les noms soulignés sont écrits en rouge, le signe ⌐⌐ indique une vignette, le signe **P** un drapeau.

FRAGMENT DE LA CARTE MARINE DE G. VALLSECHA

CARTE DE VALLSECHA 1447	ATLAS CATALAN DE CHARLES V (1375)	CARTES MODERNES
finar.	finar.	Finale Borgo.
varioti.	varioti.	Varigotti.
nori.	nori.	Noli.
vay.	vay.	Vado.
Saona.	Saona P.	Savona.
varazem.	narazen.	Varazzo.
arenza.	areuza.	Arenzano.
votori.	notori.	Volteri.
pegi.	pegi.	Pegli.
c. de far.	co de far.	C. du Phare.
lenoua	janua P.	Genoa (Gênes.)
nerui.	nerui.	Nervi.
p. fi.	port darfi.	Portofino.
rapallo.	rapalo.	Rapallo.
lauania.	lauania.	Lavagna.
sestri leuante.	sestri | leuante.	Sestri Levante.
p. uener.	porto uener.	Porto Venere.
g. spesia.	g. de spexa.	G. de Spezia.
coruo.	coruo.	C. corvo.
magra.	magra.	Magra.
—	motron.	Motrone.
sergi.	sergi.	Serchio, r.
pissa.	pissa P.	Pise.
larno.	larno.	Arno, fl.
florēza.	florentza. P.	Florence.
p. pizan.	port pissam.	Port Pisan.
porsa.	—	—
montenigo.	montenigro.	Montenegro.
vada.	vayda.	Vada.
S. visens.	—	—
baroto.	balatero.	Porto Barato.
pūbli.	plumbi.	Piombino.
fraxi.	farexe.	P(t)o dei faliesi.
scarsa.	—	—
c. de troya.	cao de troya.	C. et I. de Troja.
—	pescayre.	Castiglione della pescaia.
Grosto.	Groxeo.	Grosseto.
talanio.	talamon.	Talamone.
s. steue.	San s[teuan].	Porto S. Stefano.
montargetayro.	—	M° Argentario.
p. cori.	portercori.	P. d'Ercole.
montialto.	montato.	Montalto.
coneto.	corneto.	Corneto.
siueta vella.	ciueta ueya.	Civita Vecchia.

CARTE DE VALLSECHA 1447	ATLAS CATALAN DE CHARLES V (1375)	CARTES MODERNES
c. de liuar.	cauo de liuar.	C. Linaro.
sca sauera.	Santa seuera.	Sta Sevdra.
roma.	roma.	Rome.
ostia.	hostia.	Ostie.
cazacomana.	—	—
c. dansa.	cauodanza.	Porto Anzo.
stora.	stora.	Astura.
cercell.	cerc[ell].	C. et M^{te} Circello.
terasina.	tera[ci]na	Terracine.
cayeta.	yayta.	Gaëto.
nola.	nola.	Mola.
grillan.	grilan.	Garigliano, r.
mondrago.	condragou.	Mondragone.
cast° amar.	castro amar.	Castellamare.
vaya.	baya.	Baia.
misol.	miseri.	C. Misène.
napoli.	napols.	Naples.
latore.	—	Torre del Greco.
cast° amar.	castro amar.	Castellamare.
vico.	—	Vico Equense.
sorento.	sorenti.	Sorente.
c. minerba.	minerba.	C. della Minerva.
malfo.	marfi.	Amalfi.
manor.	—	Minori.
maior.	—	Majuri.
salerno.	salerno.	Salerne.
g. de salerno.	golfo de salerno.	G. de Salerne.
castellabar.	—	—
c. de licoza.	cauo de licosa.	C. Licosa.
palamuda.	palamida.	P. di Palenadas.
foresta.	foresta].	Bosco.
policast°.	policastra.	Policastro.
sapri.	capri.	Sapri.
malatia.	mal[atia].	Maratea.
dini.	[dini].	Dino.
—	s°o nicolao.	P. S. Nicolo.
cast° caca°.	—	Castro Cuccaro.
Scalea.	scalea.	Scalea.
sorcillo.	sorelle.	Cirella.
belluer.	beluer.	Belvedère.
citrar.	citrar.	Citraro.
S. noxet.	s°o noxet.	S. Lucito.
mantea.	mantea.	Amantea.
c. suaro.	cauo suaro.	C. Suvero.
femia.	s°a femia.	S^a Eufemia.

CARTE DE VALLSECHA 1447	ATLAS CATALAN DE CHARLES V (1375)	CARTES MODERNES
bibona.	bibonas.	Vibo (M^{te} Leone).
turpia.	turpia.	Tropea.
—	batica.	C. Vaticano.
nicotera.	nicotina.	Nicotera.
yoya.	gioya.	Gioja.
coa de vorpe.	coa de volp.	C. Volpe.
catuna.	catuna.	Catona.
regols.	rezo.	Reggio.
pelari.	peloria.	Pellaro.
larnia.	larnia.	Capo dell Arini.
varza.	hor[xanil].	C. de Bruzzano.

APPENDICE N° VII

DOCUMENTS

A L'APPUI DU MÉMOIRE SUR FRANCISQUE ET ANDRÉ D'ALBAIGNE

I

REMONTRANCE D'ANDRÉ D'ALBAIGNE

Au Roy et à messieurs de son Conseil privé.

Sire,

André d'Albaigne, lucquois, vous remonstre très humblement que, pour l'afection et dévotion qu'il a au service de Vostre Magesté, il s'offre de parachever l'entreprinse que Francisque d'Albaigne, son frere, a autres foys proposée sur le faict de la navigation, ce qu'il peut d'autant plus facilement executer qu'il a les secretz, cartes et instrumens necessaires pour conquerir et mettre en l'obeissance d'icelle Vostre Magesté grand estandue de terre et royaulmes abondans et riches en or, argent, pierreries, drogueries et espiceries dont il viendra à Vostre dicte Magesté non seullement ung profit innestimable mais honneur et gloire digne de choses si haultes, et ce sans prejudicier ou offencer aucunement les autres princes chrétiens, ni mesme contrevenir à la bulle du pape Alexandre VI° de l'an mil quatre cens nonante et deux, comme du tout il fera aparoistre par demonstrations et preuves très certaines.

Faict à sçavoir, Sire, qu'il reste encores pour le moings la tierce partie du monde a descouvrir dont Votre Magesté a moyen de se rendre seigneur du tout ou de la partie qu'il lui plaira entreprendre, et en ce, non seullement faire office de roy très chrestien retirant de perdition a nostre saincte foy les nations remotes et barbares, mais deschargerce royaulme de beaucoup de gens qui ou par pauvreté ou inquietude d'esprit n'y servent que de charge et de trouble, donnant moyen de vivre aux uns et aux autres honneste et vertueuse ocupation, et mesmes de gratifier et remunerer tant de seigneurs et gentilzhommes et autres de toutes qualitez qui ont faict et sont pour faire service a ceste couronne leur faisant telle part en ces dictes conquestes qu'elle jugera convenir à leurs mérittes, et ceux qui ne bougeront de France, oultre la descharge des hommes sus dicts qui en sortiront dont consequemment adviendra que les vivres en seront plus abondans, ilz tireront par leur moyen d'iceulx pays nouveaulx tant de commoditez que estant desja ce royaulme de soy mesme abondant plus que nul autre en toutes choses que la terre de deça peult produire, y ajoustant ces commoditez et affluences de dehors il se pourra à bon droict dire le plus accomodée royaulme de ce monde.

Alexandre le Grand, la republique de Cartaige, Juba, roy de Moritanie, les Ptolomées d'Egipte et Scippion l'Africquain n'ont acquis par autre moyen la gloire et grandeur dont la renommée dure encores aujourd'huy que pour avoir descouvert ou faict descouvrir terres fermes et isles auparavant incongneues dont ilz ont merité l'affection et bien veillance de leurs subjertz qui se resentoient de ces découvertes et conquestes, et est certain que si dès lors les dicts seigneurs eussent eu l'usage de la busole astrelabe et balestille pour prandre la haulteur du soleil et des estoilles comme nous avons, ils auroient aussi bien avec ceste science entreprins la descouverte et conqueste de tout le monde comme ilz ont faict de tant de costes et pays incongneuz n'ayant pour guyde que une magnanimité de coeur et desir de laisser perpetuelle memoire à leur nom par l'execution de si haultes et hazardeuses entreprinses.

Et pour ne chercher les examples si loing dom Henry de Portugal, excité par les memoires delaissez par les seigneurs sus dicts, a, les surmontant, penetré jusques a la zone torride et le cap de Bonne Esperance, a trante-cinq degretz austraus, lesquelles parties tous les anciens ont estimées inhabitables, pour l'extreme chaleur qu'ilz ymaginoient y estre. Cependent ce brave conquerant, avec ceste heroïque resolution, a conquis quatre mil lieux de navigation avec tel acroissement de son revenu et gloire et proffit de son peuple qu'un chascun saict.

Pareillement les roy et reine dom Ferrand et dogna Isabel de Castille ayant en l'an mil quatre cens nonante et deulx entendu de Christofle Colomb, geneuoys, la descouverte qu'il proposoit de l'occident, bien que ce ne feust sans occasion de doubter sy à la vérité il y avoit aucune richesse, voire mesmes aucune terre, surmontant leur coeur genereulx toutes ses doubtes, l'accomoderent de vaisseaulx, mariniers et soldartz dont le sucés a esté tel qu'on le voit aujourd'huy, ce qui a tellement anflé le coeur à leurs successeurs que, aydez principalement de ces moyens, ilz ont ozé apertement pretendre sur les sacrez et très chrestiens roys.

Mais il y a aparance, Sire, que tenant à bon escient la main à la conservation et repos de ce royaulme, il se restaurera bien tost de ses pertes passées, tant il est fertil en tous biens, et principalement en hommes industrieux et vaillans et surtout aymans leur prince, tellement que toutes les commoditez requises pour la navigation et haultes entreprises se trouvent abondamment, en ce royaulme, comme vivres, marchandises et manifactures de toutes sortes, boys pour faire vaisseaulx, mariniers experimantez, soldartz hazardeux et une noblesse a nul autre pareille en generosité et vaillance, sans rien emprunter d'ailleurs, comme de necessité faict Castille et Portugal, qui ne se sont agrandis que pour la plus part avec les vivres et autres commoditez qu'ils ont empruntez de la France.

Par quoi il se voit, Sire, que ayant vostre France d'elle mesme et seule tant de commoditez, Dieu, par une singulière faveur a reservé a elle seule et à ses roys je ne say quoy plus grand qui reste encores a conquerir, dont il a tout exprès retenu les autres, que, quand la conqueste en seroit aussi penible comme eut esté celles des Castillans et Portugals (ce qu'elle n'est toutes fois), Vostre Majesté a plus d'hommes et aussi peu craignans leurs peaux, les peines, froidz et challeurs que ces deux nations ensemble, qu'ainsi soit si aucuns pauvres compagnons françois a la derobée et avec peu de moyens ont souvent navigué si avant et si courageuzement qu'ilz ont quelques fois fait trambler les plus hardis de ces conquerans, les ont battuz et raporté de belles despouilles de leurs victoires, que feront ilz en bon nombre, avec les moyens necessaires et autorisez de leur roy, qu'ils ayment et honorent tant ?

Mais, Sire, il est temps ou jamais d'en prendre l'ocasion par les cheveulx et de se resouvenir de la faulte qu'on feist de n'avoir creu Christofle Colomb, lorsque s'estant par une singulière providence et instinc de Dieu, premièrement adressé aux roys vos predecesseurs pour la descouverte de l'occident qu'il avoit conceue en son esprit, et en estant, à leur grand malheur, esconduit, s'en alla a Gennes proposer le mesmes a sa respublique laquelle n'y pouvant bonnement entendre par ce que la saillie de la mer méditaranée est incommode aux Genneuois s'adressa au roy d'Angleterre, lequel pareillement ne luy prestant l'oreille, finalement se retira vers lesdicts roy et royne don Ferrand et dogna Ysabel qui executèrent son dessein dont bien leur a pris au grand dommaige, deshonneur et regret de la France a qui ce bien s'estoit premièrement adressé, comme à la vérité il luy estoit principalement et particulièrement destiné.

Et affin que Vostre Magesté ne pense que j'en parle par flaterie, je la supplye très humblement d'en croire la preuve et tesmoignage des Oriantaux mesmes (chose bien considerable et admirable, Sire, et qu'on ne peult mespriser sens sacrilcige et mespris de Dieu), c'est que les Estiopiens disent avoir des profeties par lesquelles ilz sont advertiz qu'ilz auront quelque jour commerce et confederation avec les Franqués pour la destruction de la superstition mahumetane, et est ce nom de Franqué (qui n'est autre chose que François), tant estimé et respecté par tout l'Orient qu'il a fallu que les Portugais l'ayent emprunté pour y estre les bien venuz faisans à croire qu'ilz estoient les Franqués ou François. Toutes fois sachant combien Vostre Magesté veult conserver la paix avec ses voysins et restant encores, comme dict est, pour le moings la tierce partie du monde a descouvrir, le susdict d'Albaigne entend d'adresser son dessein entierement sur ce dict reste non occupé par lesdicts Portugais ou Castillans, a quoy s'il plaist a Vostre Magesté d'entendre il donnera les memoires et moyens necessaires pour y parvenir et il employera tres volontiers sa propre personne comme tres humble et tres devot serviteur de Vostre Magesté.

(*Bibl. nat., Ms. fr. nouv. acq.*, n⁰ 5395, fol. 11-12.)

II

DÉCLARATION DE BARTHOLOMIEU VIELL

AU ROI

SIRE,

Bartholomieu Viell Portugais, tres humble seruiteur de Vre Maté le faict entendre que pour Raison des promesses que Vre Maté luy a faict, a intercession de françoys dalbagno lucquoys, suyvant vre coĩmandant, a laisse sa naturel pairye, femme enfans et tous ses biens pour venir faire seruice a Vre Maté et principallement pour le Remonstrer les partyes des terres incognues qui sont de grande importance et consequence : Affin de les pouvoir auecq l'ayde de Dieu descouurir et submectre a vre obbeyssance, et que le pouuoir et renom de Vre Maté se puisse extendre en plusieurs endroits d'icelles. Par quoy est necessaire nouuel vsaige de nauigation et instruments; pour le moyen desquelz facillement se pourra faire ce que dessus et de ses instruments il appresente a Vre Maté vnne partye qu'il a faict ; et vnne memoire de beaucoup d'aultres que restent a faire comme s'ensuyt; que Vre Maté plaira veoyr et faire examiner s'ils sont assez vtiles et suffisantes pour la bonne nauigation : et apres que seront approuuez, les parachevera, si Vre Maté le commandera : s'oufrant avec led. dalbagno suyuant la promesse qu'ilz ont faict à Vre Maté employer leur vie et propres personnes pour l'accroissement et grandeur de Vre Royal Couronne.

Declaration de plusieurs rares instruments vnniuerselz, Globes, Cartes de nauiguer et Aduys, fort necessaires et prouffictables pour la vraye nauigation que Bartholomieu Viell Portugais, natyff de la cité de Lisbône appvite a Vre Maté : traduyct de son langage portugays en ceste langue françoise.

Premierement deux quadrantz de metal chũn d'ung paulm decimidiametre; l'ung different de l'aultre : neantmoins l'on laissera d'accoustumer les estrelabes commungs; auec lesquelz quadranctz l'on prend l'hauteur, ainsi come auec led. estrelabes, et donnent les degrez de double grandeur; et plus se prend l'hauteur par l'estoille du Nort de l'eleuation du Pole sans avoir esgard au Orizont.

Item. — Vng instrument pour faire que tous les Aguylles de nauiguer soyent fixes vniuersellement en tous les meridians, et que elles tireront tousiours justement au Nortt, sans nordesteer ne noroester.

Item. — Vng instrument pour prendre l'eleuation du Pole ou de ûre Zenit a l'equinoctial que l'on accoustume prendre pour le Soleill au mydy; que l'on le puisse prendre a toutheure e moment ayant soleill, deuant ou apres midi, assez facillement : Ascavoir auecq instrument orizontal que est de l'aguylle de nauiguer; et auecq quelconque estrelabe comun; avecq la declinaison du Soleill faisant l'operation en globe auec vng compas.

Item. — Vng estrelabe de metal, lequel aura vng Arc diurne en sa declination, auecq Aguille de nauiguer pour endroisser led. instrument au meridian : lequel tirera parfaitement au Nortt, auecq lequel instrument l'on prendra l'haulteur du Soleill a toutheure du jour qauara Soleill.

Item. — Que par vng globe lequel aura vng cemicercle vertical sus l'orizont, Reparty en 180 degrez et l'orizont en 360 et saichant pour l'instrument orizontal et l'ombre de son perpendicle que dans le centre tiendra, ou Rume et degré que le Soleill est separee du meridian; et auecq quelquonque estrelabe et sa declination du Soleill san compa facillement l'on puisse veoyr ladite haulteur a toutheure.

Item. — Vng instrument de boys d'ung Arc diurne, auecques sa Aguille : Avecq lequel l'on prendra l'hauteur du Soleill a toutheure du jour et monstre les heures et minutes pour le Soleill.

Item. — Que dans vnne table auecq vnne Aguylle de nauiguer, et vng estrelabe, ou Reloix et estrelabe, avec la declination du Soleill, l'on puisse prendre ladite haulteur a toutheure du jour pour deux manieres differentes.

Item. — Vnne poume d'argent la quelle a tous les Meridians et paraleles et touttes les terres que sont descouvertes et leur numeres et lectres lauorez tous à Bourill et smaltez avecq le quadranet, avec lequel se prend l'haulteur du Soleill a tout heure du jour par trois manieres, et Reloix vniversel : assez facillement auec vng compas.

Item. — Que par vnne pièce ou partye d'vng Globe lequel aura meridian et parales, aultaunt que y pourront entrer. Auecq vng quadranet agradué et la Declinaõn du Soleill, et compas, saichant le Rume en lequel est le Soleill; que facillement se puisse prendre ladite haulteur a tout heure du jour.

Item. — Que par quelconque poume auecq ses meridiens et paraleles, auecq l'estrolabe comun et declination du Soleill du dit jour auecq vn compas faisant deux observations; l'on puisse sçauoir atoutheure la dit haulteur ayant Soleill.

Item. — Que en vune Carte de Naviguer en ses propres degrez, seullement auec l'estrellabe comun, Aguylle de nauiguer, et declinaõn du Soleill; sans compaz l'on puisse veoir l'haulteur du Soleill a toutheure du jour vniuersellement.

Item. — Que par quelconque poume aussi auec lesd. meridians et paraleles et Zodiac, Reparty en 360 degrez en les douze Signes, et douze mois, auecq ses jours, et auecq les di observaõns et vng Compas, sans sçavoir la déclination du Soleill, ne que Jour il soiet, se puisse facilement sçavoir l'haulteur du Soleill a toutheure, et quelle declination a le Soleill en le tel jour : et que jour et heure il est, et dans quel degré du Zodiac est le Soleill.

Item. — Que sans Aguylle de nauiguer ne instrument orizontal, estrelabe de declinaõn du Soleill aussi en la mer come en la terre se puisse prendre l'haulteur du Soleill seullement auecq vne poume nette auecq quelconque piece de boys ; et auecq vng compas se fera tout ce que est dict.

Item. — Que estant vune nauire a la mer oceane 700 ou 800 lieues plus ou moins nõ ayant Aguylle de nauiguer ni pierre d'aumant; que auecq quelconque piece de boys, y faisant vne Rose d'aguylle comen dessus, sans artifilce de pierre d'aumant, se puisse nauiguer pour quel se veulle Itume pour la part que l'on vouldra; de jour et de nuit, tant parfaictement come auecq la propre aguylle de nauiguer.

Item. — Que se puisse sçauoir la longitud et distance du l'est oest, par l'instrument orizontal, qu'est de l'aguylle de nauiguer : laquelle vertu procede de la pierre d'aumat et partant de quel se veulle portt de mer, soict orient ou occident, se puisse facillement sçauoir, la longitude tous les jours universellement ; et aussi par ledit instrument, l'on puisse sçauoir la longitud a tout heure par vn'aultre manières.

Item. — Que l'on puisse sçauoir ladi longitud distance de l'est oest, par difference de deux Reloiges : A sçavoir vng naturel pour le Soleill, et l'autre Artifiltiel.

Item. — Que si vng Pillote alant en son nauire eusse esté vng mois sans carteer ne prendre le Soleill, et en prenant le Soleil pour l'instrument orizontal, puisse incontinent sçauoir justement sa haulteur, et combien de degrez de longitud de l'est ouest il est du port ou haure d'ou il est party.

Item. — Que l'on puisse sçauoir ladi longitud par le propre Soleil; A çavoir par ung quadrant grand come escript Ptolemee de degrez et minutes : par lequel l'on sçait la maxima declinaon, estant le Soleill aux Solstices : et en aultre terre ou endroit soict Orient ou Occident estant ung aultre quadranct de la mesme maniere, l'on puisse sçauoir facillement par le propre Soleill lad. distance de l'est oest, qu'il y a d'vng lieu a l'aultre et par ledit quadranct se pourront veriffier les estoiles et les poles du monde ; et ne parle point en longitud, pour la lune avecq estoiles fixes ne aultres planetes, pour estre variables, car la lune ne chemine pas egallement tous les jours de l'an, et seroyet vnne confusion pour les nauigantz.

Item. — Deux instruments, par lesquelz l'on peult sçavoir combien de lieues il y a de superficie de la terre au Soleill, estant en l'equinoctial et aussi de la terre à la lune come a chun des planetes et l'on doibt entendre que chune lieue est de quatre mill braces craueres, et vn brace de dix paulmes comuns.

Item. — Vne Rose d'aguylle de nauiguer que avec quelconque estrolabe, l'on puisse sçavoir par le Soleill la longitud distance de l'est oest.

Item. — Vne demonstration de coment l'aguylle nordestee et noroestee en toute la circonference de la terre vniuersellement et la quantite que donne de longitud pour degrez et minutes en tous les paraleles.

Item. — Vnne Rose d'aguylle de nauiguer dans laquelle sans aultre instrument, par le Soleill, l'on saiche seullement a la veue l'haulteur du Soleill et longitud de l'est oest.

Item. — Vnne Rose d'aguille, dans laquelle seront douze Reloiges a soleil, que seruiront vniuersellement a la part du nord et du Sull, jusques a la hauteur de cincq^e degrez.

Item. — Vne Rose d'aguille de nauiguer, dans laquelle sera vng Reloix vniuersell avec son quadranct.

Item. — Vng Reloix vniuersel de marphil ou de bois, avecq son quadranct et Aguille que nó face difference du Nort.

Item. — Vne carte de nauiguer, laquelle est en forme quarré, que l'on la puisse faire en corps rond, ainsi comme est en quantitez. Mais pourtant doibt avoir toute la longitude de l'equinoctial et les poles, et la ou se rencontreront les meridians avec les paraleles feront angles droictes; et avecq les reigles des racynes quarrez se peult approuver.

Item. — Carte de naviguer, ou poume laquelle se puisse faire parfaictement par cœur sans null patron, de quel se veulle proportions de degrez que l'on vouldra, aussi le leuant pour haultures comme toute le reste de la terre qu'est decouverte.

DOCUMENTS SUR FRANCISQUE ET ANDRE D'ALBAIGNE 163

Item. — Vng Globe vyff d'ung paulm et demy de diametre ; lequel se mouuera par soy mesmes et mettra son meridian auecques le meridian du monde, et les poles en sa elevaõn, lesquelz ayant stylz monstreront les heures par le soleill; et seruira de Reloix. A sçauoir a esté au plus lhault, et le plus bas en l'yuer, et dans ladite poume se descripra toute la terre qui est descouverte.

Item. — Vng autre glob vyff, que ce moueera continuellement par soy mesmes et aura les axes dans l'orizont.

Item. — Vng instrument pour sçavoir coment l'on doibt descripre et globe les terres que dans la carte de nauiguer sont descouvertes, par ses distances et haultures et nõ coment se coustument pour longitude et latitude, que faysoyent gran difference.

Item. — Tous les manieres de Plains selon Ptholomee et plusieurs aultres auctheurs, pour sçavoir lequel d'eulx est plus prochain au corps rond, que seront jusques a quinze pieces ou plus.

Item. — Quatre demy globes, auecq les quelz l'on puisse operer tout ainsi que l'on feroict en deux globes entieres, et auecq iceulx nauiguer de longitude et latitude vniuersellem mieulx que par la carte de naviguer.

Item. — Vnne table ronde, dans laquelle se faira vng plain spherico vyff, que par soy mesmes se mouuera; laquelle table sera de deux paulmes de diametre; et elle mesme mectra son meridian agraduer, meridionellement, auecq toutes les terres, que sont decouvertes par laquelle l'on peult carteer, comment en vng Globe et aura reloix vnniuersel.

Item. — Art pour facillement pouuoir carteer en Globe et auec les Rumes, coment vnne carte de nauiguer, et sans auleunes serimonyes.

Item. — Maniere pour carteer pour quatre manieres, aussi en Globe, come dans vng plain et sçauoir le point perdit, et le tourner à recouvrer, qu'est fort necessaire aux nauigantz.

Item. — Que auecq quel se veulle Baillestril comun, se puisse prendre le Soleill, come auecq quelle se veulle estrelabe.

Item. — Vnne demonstraõn de degrez et minutes et de combien de lieues et partiz de lieues entrent pour degrez, nauigant pour chfine des septe quartz d'aguylle de nauiguer et combien de lieues se alonge de l'est oest ; par chacune desdit septe quartz.

Item. — Que auecq quel se veulle Arc de fer ou de boys se puisse prendre l'haulture par l'estoille du Nort sans auoir esgard au orizont.

Item. — Vne demonstraõn, qu'estant beaucoup ou peu de lieues, vng port de mer loing de l'aultre saichant les hautures ; l'on puisse incontinent scavoir, que Rume l'on court, l'un port auecq l'autre, sans carte de nauiguer; et sçauoir combien de lieues ou degrez il y a de l'une terre a l'aultre du l'est oest; ou saichant combien de lieues il y a de l'est oest ou degrez seullement; que l'on puisse sçauoir la distance qu'il y a de l'ung port a l'aultre; et que Rume se court.

Item. — Que saichant l'haulture d'un port de mer que l'on vourra et saichant la quantité des lieues qu'il y a du dit port a chacun de plusieurs aultres ports, et ses Rumes; que auecq le mesme l'on court; desquelles l'on ne sçait en quelle haulteur sont, que facillement l'on puisse incontinent sçauoir en quelle haulteur est chacun desdi portz, sans regarder la carte de nauiguer.

Item. — Vnne demonstraõn des proportions des Paraleles, et combien de lieues entrent en la circonference de chacun paralele, en la terre; et combien de lieues le soleill fait chacune heure sur la terre, selon le paralele de sa declinaõn de ce jour la et par ceste maniere se peult sçauoir en les corps celestz

Item. — Vnne demonstraõn que voyant d'unne nauire plusieurs aultres nauires par la mer, pour l'instrument orizontal avec sa demonstraõn, l'on puisse incontinent sçauoir combien de lieues ou partez de lieues, il y a chacune desd. navires, et a quel Rume courrent auecq elles, et que Rume court l'un auec l'aultre; et combien de lieues, ou quelle part de lieue il y a de l'unne à l'aultre.

Par laquelle demonstraõn, allant vnne personne en vnne nauire et voyant deux ou trois terres differentes, ou isles, ou ports de mer, estantz a deux ou troys lieues loing d'elles, et suruenant vnne tempeste; que la telle personne puisse dire par l'instrument que deja pourra auoir veu, combien de lieues il est loing de la terre; et quel Rume court l'vnne avec l'aultre; et luy auecques la terre; et en quelle haulteur sont lesdit terres.

Item. — Vng instrument de prospectiue, pour lequel, quel se veulle pilote estant dans la nauire, pourra tirer au naturel et justement, quel se veulle terre, port ou isle qu'il descouurira, ou quel se veulle aultre port.

Item. — Vng instrument pour nauiguer vniuersellement, et gouuerner vnne navire coñe avec vne aguylle de nauiguer sans fers touchez en la pierre d'aumant et sans auoir pierre d'aumant; et aussi prendra l'haulteur de Soleill a toutheure que aura soleill; et l'haulture par l'estoille du nort, et monstrera la distance qu'il y a de la lune a quel se veulle estoille : et les degrez qu'il y a de l'vnne estoille a l'aultre; et seruira pour Reloix vnniuersel.

Item. — Vng Reloix vniuersel, que touchant l'heure; monstre le Rume en lequel est le Soleill; et combien de degrez est loing du meridian en l'orizont.

Item. — Art par laquelle chacun pillote pourra facillement sçauoir faire tous les instruments qui lui seront necessaires pour sa nauigation.

Item. — Vne demonstraõn, par laquelle on pourra faire et situer par geographie quel se veulle prouince, ou Royaulme, auecq tous les citez, villes, villages, Bourgades, Roches, Rivieres, forees et champaignes, concernantes a icelles, avecq ses quantitez de lieues et partz de lieues, que aura de l'vne aux aultres, et en quel Rume sont, les vngs auecq les aultres, et en quelle latitude et longitude sont touttes.

Item. — Maniere pour faire vne carte de nauiguer : laquelle occupera vng couste d'vne grande salle ; laquelle l'on pourra aisement hausler et abaiser, et ueoir clairement toutes les choses comprinses dans icelles, et aura toutte la longitude de l'equinotial, que sont 160 degrez, et la latitude iusques aux poles, en laquelle l'on poult mectre clairement tous les Royaulmes et seigneuries, auec tout leur terroir au dedans ; et le levant pour haultures ensemble aultres terres que sont descouuertes, et le Zodiacq auecq les signes degrez et caractrez ; et en icelluy les moys et jours auecq les collures et paraleles et estoilles fixes, en respect du Zodiac, auecq les climatz et demonstration des paraleles, et plusieurs aultres curiositez.

Item. — Vng plain rond spherico de trente paulmes de diametre le quel imitera le globe en ses proportions, auec les mesmes curiositez de la susdite Carte de nauiguer pour laquelle l'on pourra veoir la grand difference que il y a de la situation des terres de la Carte de nauiguer aux proportions du Globe et aura certains artiffices, lesquelz estants en vne paroe d'vne salle pres ladite Carte, l'on puisse facillement mouuoir tout alentour, affin q'vng chacun puisse clairement veoir de tout couste ce qu'il vouldra.

Et par ceste maniere de proportion du globe l'on pourra faire vne Europa d'aultres trente paulmes de longueur a sçauoir des isles des Assores jusques au Mer Caspio de longitude et de latitude des Canaries jusqu'a Norvege et Schryffinia port du Nort : en laquelle clairement se descripra tout le contenu de la terre parfaictement : et par la mesme maniere l'on pourra faire tout le Royaulme de france appart, et aussi Spagne auec Portugal et l'afrique, chacun en gran proportions ; et beaucoup d'aultres curiositez vtilles et proffictables : pour l'entiere cognoissance de la vraye Schomographie et geographie et toutes ces grandes cartes se pourront pareillement faire en tapicerie de soye, or et argent.

Souza Viterbo, *Trabalhos nauticos dos Portugueses nos seculos* XVI e XVII (Lisboa, Impr. Nac., 1890, in-8°, p. 30-36.)

III

EPITAPHE DE BARTHOLOMIEU VIELL.

EPITAPHIUM

BARTHOLOMEI VEGHLI LVSITANI MATHEMATICI AC GEOMETRI
INSIGNIS QVI NANNETIS OBIIT XX DIE MENSIS FEBRUARII
ANNO DÑI MDLXVIII.

Ingenio præstans miranda nobilis arte
Veghlus, dum terras pontum convexaq cœli
Deniq̃ dum radio totum delineat orbem
Subjectumq̃ oculis profert per mille figuras
Astrorumq̃ vices, occasus monstrat, et ortus
Quaq̃ adeunda foret nobis plaga divitis Indi
Flauentes auro qui sulcat vomere campos;
Et vada margaritis fœcunda, et littora gemmis
Cœca ignota prius manifesta, et peruia reddet.
Ocia Nannetis ducens, dum poneret illa,
Quœ miseros haurit tempestas horrida ciues:
Jamq illum Francus, iam princeps gentis Iberæ
Enixe hic repetit, cupidi ad se advocat ille
Alterutri decus, atq̃ ingens successio Veghlus :
Quem Deus interces tam magna lite dirempta
(Surcessu sic spes vana eludit inani)
Sublatum e medio superas traduxit in oras
Vnde, prius mundi qui vix simulachra patentis
Conficiens vidit rerum detentus in vmbris
Nunc prorsum emota mentio caligine, liber
Corporis exuuiis, certus videt omnia vero
Lumine, mortalis videns, ingentibus ausis
Terrarum temere, pelagique per auia ferri
Diuitiis tantum, spreta virtute petendis
Sequoquecompositum hic parua miratur in vrna ;
Ingenii fecit cui gloria rara sepulchrum
Qua polus immensos late diffusos in orbes
Et maria, et terras vastis complectitur vinis

Iac. Bougius senatus Armorici præses
Philippo de becco nannetensi
Episcopo cultiss. ac humaniss. viro
Rogante atque admonente

      posuit

cal. Aprilis MDLXVIII.

Sousa Viterbo, *Trabalhos nauticos dos Portugueses nos seculos XVI e XVII*.
(Lisboa, Impr. Nac., 1890, in-8°, p. 35-36.)

APPENDICE Nº VIII

NOMENCLATURE COMPARÉE DES CÔTES MÉDITERRANÉENNES DE LA FRANCE

G. RUSSO (1557)	VIGLIAROLO 1577	J. MARTINEZ (1582)	OLIVA (1603)	CALOIRO ET OLIVA (1631)	CARTES MODERNES
P. Uener.	P. Proer.	.	.	.	Port-Vendres.
Colibri¹.	Colliures.	Copiaru.	Copiaru.	P. Colibra.	Collioures.
.	Canet.	Canet.	Canet.	Canet.	Canet.
.	.	.	Salsas.	Salsas.	Salces.
C. Liocatn.	C. de Leocata.	C. Lacata.	C. Lucata.	C. Lucata.	C. Leucate.
Lanquis.	.	.	.	.	Leucate.
Narbona.	Narbona.	Narbona.	Narbona.	Narbona.	Narbonne.
Saper.	S. Pero.	S. Pere.	Nasero.	S. Pero.	S.-Pierre.
.	Seriguaa.	.	.	.	Sérignan.
Adæ.	Ades.	Adde.	Adda.	Adda.	Agde.
.	.	.	Salina.	Sarnia.	Salines.
Monti Sipo.	M. de Seuda.	M. de Scuta.	M : de Seuta.	M : de Seuta.	M. de Cette.
Magalonu.	Magalone.	Magalona.	Magalona.	Magalona.	Maguelonne.
Clautes.	Lates.	l.lates.	Lates.	Lates.	Lates.
Monpiler.	M : piler.	Montpaller.	M : peler.	M : piler.	Montpellier.
.	.	.	Crigos.	Crigos	Le Graux.
Aquis morti.	Acqui morti.	Aguas Mortas.	Aguas Mortas.	Aguas Mortas.	Aigues-Mortes.
.	.	.	Spicetta.	.	Pointe de l'Espiguette.
.	.	.	Sigin.	.	S¹-Genet.

¹) Les noms transcrits en italique dans ces listes sont ceux qui sont écrits en caractères rouges.

APPENDICE VIII

G. RUSSO (1557)	VILLAROLO (1577?)	J. MARTINEZ (1587)	OLIVA (1647)	CALOIRO ET OLIVA (1631)	CARTES MODERNES
Arles.	Arles.	Arles.	Arles.	Arles.	Arles.
Udor.	Odor.	Odoch.	.	.	Roque de Dour.
Bucar.	Bocori.	Boch.	.	.	Bouc.
Caloais.	.	.	Bocar.	Bocori.	Martigues.
Martaglu.	C. Colonni.	.	Martega.	Martica.	C. Couronne.
Garganta.	Marsilia.	Marzella.	C. Carena.	Corona.	Marseille.
.	Croseto.	.	Marsella.	Marsilia.	?
Moet.	Carsis[1].	Carqui[1].	.	.	Cassis.
.	Bormia.	P. Null.	P. Vio.	Cafiz.	Port Miou.
C. Circelli.	La Cita.	.	Ciuta.	La Cita.	La Ciotat.
Tolon.	C. Sereti.	.	C. Sarsee.	C. Sasiech.	C. Sicier.
.	Tolon.	Tolo.	Tolon.	Tolon.	Toulon.
Ribaldini.	Rebardini.	Tarbozara.	Tarbosoro.	.	?
.	Purrarola.	.	.	.	I. Rouband.
P. Grosso.	P. Crozo.	.	.	.	I. Porquerolles.
Bonomo.	Bonomo.	.	Illa d'Era.	.	I. Port Cros.
Resi.	Eres.	.	.	.	I. du Levant.
.	Bregansan.	Eres.	Eres.	Eres.	Hyères.
C. Binay.	.	Bergango.	.	Bergansoni[1].	Fort Brégançon.
.	C. Larde.	.	C. Larder.	C. Larder.	C. Bénat.
.	S. Tropes.	Traussen.	S. Urpe.	S. Urpe.	C. Lardier.
.	B. de Grimaldo.	.	.	.	St-Tropez.
.	.	.	.	.	G. de Grimaud.

(1) Mots transposés par les cosmographes.

G. RUSSO (1557)	VIGLIABOLO (1567)	J. MARTINEZ (1587)	OLIVA (1603)	CALOIRO ET OLIVA (1631)	CARTES MODERNES
Frigel.	Frexus.	Fréjus.	G. Fregius.	Frigues.	Préjus.
. . . . .	S. Rafel.	. . . . .	. . . . .	. . . . .	St-Raphaël.
. . . . .	. . . . .	Agaun.	. . . . .	. . . . .	Agay.
S. Margarita.	C. Rosso.	. . . . .	C. Russo.	C. Russo.	C. Roux.
. . . . .	I. de S. Margarita.	S. Margarita.	S. Margarita.	S. Margarita.	I. Ste-Marguerite.
Antibol.	C. de Caroba.	. . . . .	. . . . .	. . . . .	C. de la Garoupe.
Cancua.	Antibo.	Antibol.	Antibo.	Antibo.	Antibes.
Varo.	. . . . .	. . . . .	. . . . .	. . . . .	Cannes.
Niza.	. . . . .	Var.	. . . . .	. . . . .	Var. r.
Vila Franca.	Nissa.	Nissa.	Nissa.	Nissa.	Nice.
. . . . .	Villa franca.	Villafranca.	Villafranca.	Villafranca.	Villefranche.
. . . . .	C. S. Sospir.	. . . . .	. . . . .	. . . . .	C. S¹-Hospice.
Monker.	Monizo.	. . . . .	Monago.	Monago.	Monaco.
. . . . .	Monton.	. . . . .	Manton.	Mouton.	Menton.

TABLE DES MATIÈRES

PAR ORDRE ALPHABÉTIQUE

A

ABLANCOURT (Frémont d'). Documents géographiques recueillis en Portugal, p. 189.
ABREU (Antonio d'). Voyage aux Moluques, p. 163, 168.
AFRIQUE, p. 133-134, 426-428.
ALBAIGNE (Francisque et André), cosmographes lucquois au service de la France, p. 241-260. — Remontrance sur le fait de la navigation, p. 241, 456. — Examen critique de ce document, p. 243. — Date approximative, p. 254, 255.
ALBUQUERQUE. Commentaires, p. 174, 176.
ALCAÇABA Sotomayor (Simon de), cosmographe portugais, p. 147.
ALLEMAGNE, Allemands, p. 75, 341, 439.
ALVAREZ (Sebastian), facteur de Don Manuel en Andalousie, p. 147, 156, 181.
AMBOINE, Amboinais, p. 167, 168, 385, 389.
AMERIC VESPUCE, p. 126-128.
AMÉRIQUE. Origine de ce mot, p. 126. Son expansion, p. 128. — Carte de Ribeiro, p. 185. — Cartes de Dezoteux, p. 372.
AMERRISQUE (Sierra), p. 123.
AMIRAUTÉ (Îles de l'), p. 388.
ANATIFES, légende, p. 42.
ANGLETERRE, p. 47, 232, 434.
ANTILLES, p. 141.
ARIAS (J. L). Exploration, colonisation et conversion de la Terre du Sud, p. 218.
ARMEMENTS maritimes, p. 232, 246.
AROU (Îles), p. 166, 176.
ARSACIDES (Terre des), p. 384.
ASTURIES, p. 10.
ATLAS, mont, p. 426.
ATLAS de la Bibliothèque laurencienne, p. 90.
ATLAS catalan de Charles V, p. 36, 166, 449-450, 452-455.
ATLAS génois de Luxoro, p. 37, 91.
AUSTRALIE, Australiens, p. 193, 294, 347, 355, 381, 406-409, 412-415.

B

BAIE de Humboldt, p. 213.
BALTIQUE, p. 22, 438.
BANDA, p. 160, 166.
BANGKA, p. 159, 175.
BARBADOS, p. 195.
Barbosa (Duarte). Renseignements sur Sumatra, p. 156, sur Timor, p. 175.
BARCELONE. Son commerce, p. 3, 26, 28.

BASQUES au Spitzberg, p. 320-321.
BELT (Th.). Origine du mot Amérique, p. 194.
BENINCASA, leur origine catalane, p. 92.
BERGEN, p. 57, 437.
BERNACHES, légende, p. 41-42.
BISCAYE, p. 80.
BOSJESMANS, p. 410.
BOUFFLERS, gouverneur du Sénégal, p. 365.

BOUGAINVILLE. Voyage autour du monde p. 223, 348.
BOULONNAIS, p. 10.
BOUSSOLE. Son apparition, p. 3; son perfectionnement par Flavio Gioja, p. 1.
Brasil ou *Brazil*, p. 35, 36.
BRÉSIL, 143, 172.
BRETAGNE, p. 10.
BRUGES, p. 18, 19.

C

CABOT. Voyage au nord de l'Amérique, p. 185.
ÇAGARRA (B.), armateur majorcain, p. 96, 444.
CAITHNESS, p. 52.
CALICUT, p. 136, 137.
CALOIRO. Nomenclature des côtes méditerranéennes de la France, p. 467-469.
CANTOVA (P.). Occupation des Carolines, p. 339-340.
CAP RASE, p. 141.
CARIGNANO (G. de), cartographe génois, p. 23, 25.
CAROLINES (Iles), p. 333-341. — Leur découverte, p. 334. — Insulaires poussés par la tempête aux Philippines, etc., p. 338. — Occupation par Cantova, p. 339. — Litige et solution, 340-341.
CARTE d'Asie de Pierre Mortier, p. 189.
CARTE d'Edrisi, p. 7.
CARTE de la Nouvelle-Guinée, d'après Herrera, 206, — d'après Texeira, 209.
CARTE javanaise ou arabe, p. 176.
Carte mogrebine de la Bibliothèque Ambrosienne, p. 31. — Son ancienneté, p. 33. — Quelques termes de sa nomenclature, p. 33.
CARTE pisane (vers 1275), p. 9-11, 112.
CARTES catalanes, p. 35, 36, 92, 93, 113, 125, 419, 429, 437, 448, 452.
CARTES de Gabriel de Vallsecha, 115, 125, 452, 457; — de Godinho de Eredia, p. 295, 299, 301.

CARTES des Reinel, p. 147, 149, 152, 155, 171.
CARTES marines de l'Extrême-Orient, p. 117; — de la Mer Noire (commencement du XIII° siècle), p. 2, 112; — du nord de l'Europe, p. 4; — du Spitzberg, p. 313-315, 323-332.
CARTES plates, p. 117.
CARTES sanutines, p. 20, 21, 60.
CASH (C.-G.). Carte marine de 1629, p. 309, 331.
CASOARH, p. 207.
CASTILLANS, p. 248.
CATALANS, p. 2, 26, 92, 96, 101, 113, 420.
CATALOGUE descriptif des dessins de Petit, p. 404-415.
CHANTONNAY. Lettre à Granville sur les affaires de Floride, p. 245.
CHASTELLUX (Marquis de). Voyages dans l'Amérique septentrionale, p. 371. — Cartes de cet ouvrage, 373.
CHIAY-MASIURO, roi de Damut. Son voyage à Luca-Antara, p. 290, 291, 292.
CHIGI (Agostino), intendant des finances de Jules II, p. 184.
CHINE, CHINOIS, p. 163, 166, 176.
CIRE, p. 17, 96, 101, 444.
CLOS DES GALLÉES de Rouen, p. 241.
COLIGNY (L'amiral). Ses projets et sa mort, p. 254.
COLLECTIONS ethnographiques et an-

thropologiques des anciens voyageurs français en Océanie, p. 394.
Colomb (Barthélemy). Son séjour en France, p. 248.
Colomb (Christophe), p. 129, 247. — Ses démarches à la cour de France, p. 247, 249, 257.
Commerce de l'Espagne avec la Flandre, p. 17; — de la France avec la Russie, p. 322.
Compagnie de la gomme, p. 360.
Company of the *Muskovia Merchants*, p. 316.
Conservatoire de l'armée bavaroise, p. 149, 171.
Constructions navales en Espagne, p. 3; — en France, p. 6, 232, 246; — en Italie, p. 1, 3, 6.
Cook (James). Voyages et travaux, p. 345; — détruit l'hypothèse du Continent Austral, p. 346, 353.
Cormatin (Baron de). Ses intrigues auprès des Chouans, p. 374-375.
Corte-Real. Découvertes de terres boréales, p. 140-141.
Cortez (H.). Instructions données à Saavedra pour son voyage, p. 335.
Cosmographiæ Introductio, p. 127.
Cotentin, p. 10.
Côtes de France dans la carte Pisane, p. 10; — dans G. Russo, p. 267-268; — dans A. Dulcert, p. 421-425; — dans G. Russo, Vigliarolo, Martinez, etc., p. 467-469.
Courlande, p. 74, 439.
Coutinho (Alvaro-Pinto), successeur de Godinho de Eredia, p. 307.
Crespos (I. de los), p. 196, 208, 210.
Cresques lo Juheu, géographe juif catalan, p. 105-109, 448-451.

D

Dalrymple, géographe anglais, p. 218, 219, 344. — Ses voyages, p. 345. — Son antagonisme contre Cook et Hawkesworth, p. 346-356.
Danemark, p. 23, 80, 441.
Daniell. Cartes du Spitzberg, p. 313, 325.
Déformations des cartes marines, p. 122.
Démarcations pontificales, p. 143, 148, 172, 186, 243.
Descalante Alvarado (Garcia). Relation du voyage d'Ortiz de Retes, p. 197.
Dessins de Petit, p. 395; leur disparition, p. 396; leur recherche, p. 397; leur découverte au Havre, p. 398; leur catalogue, p. 402.
Dessins de Piron; topographie, p. 381; anthropologie, ethnographie, p. 386; zoologie, p. 389.
Détroit de Torrès, p. 219.
Dezoteux (Claude-Antoine), greffier de la Communauté des chirurgiens de Boulogne-sur-Mer, p. 374.
Dezoteux (Daniel et Philippe), apothicaires et chirurgiens, p. 374.
Dezoteux (François), inspecteur général des hôpitaux militaires, etc., p. 372.
Dezoteux (Pierre-Marie-Félicité), auteur des cartes de Chastellux, p. 371-372. — États de service, p. 373. — Son rôle dans l'histoire de la chouannerie, p. 374-375.
Drake (Francis) découvre les *I. of Thieves*, p. 337.
Dulcert (Angelino), cartographe catalan (1339), p. 34, 90, 419.
Dunkerquois au Spitzberg, p. 317-318, 320.
Durand (J.-B.-L.), directeur de la Compagnie du Sénégal, p. 357-369. — Biographie sommaire, p. 358. — Correspondance, voyages, retour et naufrage, p. 359-368.
Durand de Villegagnon. Périple de l'Ecosse, p. 238.

E

Ecosse, p. 51, 238, 310, 435.
Eden (Thomas). Dix voyages au Spitzberg, p. 317. — Carte du Spitzberg, p. 317.
Édouard I‍ᵉʳ. Ses relations avec les marchands espagnols et portugais, p. 16.
Édouard II. Ses rapports avec les marchands génois, p. 13.
Édouard III, protecteur des marchands catalans, p. 27.
Édrisi, constructeur d'une sphère et d'un disque, p. 2; — récompensé par Roger, p. 3; — partie de sa carte du nord de l'Europe, p. 7.
Elbe, fl., p. 83, 84, 441.
Empoli (Giovanni da). Relation des Moluques, p. 170, 175.
Enchuysen, p. 317, 323, 325.
Épices (Îles des), p. 161, 163.
Entrecasteaux (Bruni d'), chef de l'expédition à la recherche de La Pérouse, p. 377.
Espagnols, p. 2, 17, 19, 27, 142, 189, 194, 310, 322, 334, 337.
Europe. Ses limites anciennes, p. 63.

F

Faucons de Norvège, p. 54, 55.
Féroé (I.), p. 311.
Figueroa. Voyage de Torrès, p. 218.
Flandre, p. 16-21, 25-27, 28, 30, 89, 96, 443.
Fleurieu. Commentaires sur les découvertes australes, p. 205, 219.
Florès, p. 159, 175.
Floride. Expéditions des Français, p. 243, 245.
Flotte de Henry VIII, p. 232.
Foires de Champagne, p. 16.
Foires de Scanie, p. 60.
Français (Les) au Spitzberg, au XVII‍ᵉ siècle, p. 309-332; — aux Carolines, p. 337.
France. Ressources et caractère, p. 245. — Nomenclature géographique, p. 10, 267-268, 421-425, 467-469.

G

Galam, visité par Rubault, agent de Durand, p. 363.
Galice, p. 6.
Galles, p. 33, 47, 432.
Galvão (Antonio), conquérant des Moluques, p. 164, 195.
Gama (Francisco de), vice-roi et amiral des Indes, p. 287.
Garcia (Nuñez) de Toreno, cosmographe espagnol, p. 148.
Gascogne, p. 10, 16.
Gasconnes (Navigations), p. 12.
Génois, leurs tentatives en dehors de Gibraltar, p. 3, 428; — leurs premières cartes, p. 2, 8; — leurs navigations en Angleterre, p. 12; — en Ecosse, p. 14; — en Flandre, p. 25.
Gerfaults, p. 55.
Gerritz (Hessel). Relation et carte du Spitzberg, p. 316, 318, 325.
Gioja (Flavio), d'Amalfi, p. 1.
Godinho de Eredia (Manuel), descobridor et cosmographe, p. 281-307. — Sa biographie par lui-même, p. 284, 286. — Ses services et ses écrits, p. 284, 286, 288, 289, 306.
Gomen, p. 359.
Gourgues (Dominique de). Expédition en Floride, p. 243, 246.
Grande-Bretagne, p. 47, 48, 432.

TABLE DES MATIÈRES

GRIJALVA (Hernando de). Voyage à la côte des Papouas, p. 196.
GUÉRARD (Jean), pilote de Dieppe. Cartes du Spitzberg, p. 328-330.
GUINÉE, p. 426.

H

HABITACLE, p. 1, 2.
HANSÉATES. Renseignements qu'ils fournissent sur le Nord, p. 34.
HEEMSKERCK (J. van). Voyage aux Indes orientales, p. 288, 304.
HERMENGAIRE, comte d'Ampurias, vainqueur des Maures (813), p. 2.
HERRERA. Description et carte de la Nouvelle-Guinée, p. 206.
HISTORIA *Compostela*, p. 316.

HOLLANDE, Hollandais, p. 84, 288, 303, 304, 317, 337.
HOLSTEIN, p. 22.
HOMBRES BLANCOS (I. de), p. 202, 217.
Hugo le Despencer, amiral et pirate anglais, p. 13.
HYDROGRAPHIE de Jean Roze, p. 230.
HYLACOMYLUS, p. 127.
HYPOTHÈSE géographique, p. 93.

I

IBERNIE, p. 37.
ILE ET MER d'Or, légendes, 287, 291, 292.
ILES des Saints, p. 83.
ILES Fortunées, p. 39, 41.
INDE méridionale, p. 295-307.
INSTRUMENTS de Bartholomieu Vieil, p. 459-465.

IRLANDE, p. 37, 429.
ITALIE. Côtes occidentales, p. 452-455.
ITALIENS, p. 2. — Leurs connaissances géographiques vers 1275, p. 11. — Leurs premières navigations vers l'Angleterre, p. 18, 19, 21.

J

JAFFUDA Cresques, p. 108, 449.
JANSZ (Willem). Voyage du *Duyfken*, p. 193.
JAVA, p. 159, 165, 292.
JET de mer, p. 97, 99.
JORIS (Carl), pilote d'Enchuysen, p. 323. — Carte du Spitzberg, p. 324.
Juifs catalans et majorcains, p. 106, 108, 449-451.
JUNTE du Pont de Caya, p. 174, 180.
JUTLAND, p. 81, 441.

K

KHOUBILAÏ-KHAN, p. 138.
KOLFF. Voyage du *Dourya*, p. 193.
KUNSTMANN, p. 150. — Travaux de cartographie ancienne, 171.

L

LABILLARDIÈRE. Voyage à la recherche de La Pérouse, p. 378-380.
LABRADOR, p. 140.
LAC fortuné, p. 41, 429.
LAGAN, droit de prise, p. 97, 99.
LAMIRAL, sur le Sénégal, p. 365.

LA PÉROUSE. Expédition à sa recherche, p. 377. — Composition de l'État-Major, p. 378.
LAPONIE, p. 139.
LA POPELLINIÈRE. *Les trois mondes*, p. 255 ; — l'*Amiral de France*, p. 259.
LA ROCHELLE. Bataille navale de 1373, p. 29.
LAURIA, marins au service de l'Aragon, p. 116.
LE HAVRE, marché des huiles, p. 321.
LENNIER (G.). Dessins de Petit, p. 398, 401.
LETTRE de D. Juan el Caçador, p. 108.
LETTRE de D. Martin el Humano, p. 109.

LETTRES de D. Juan, duc de Gérone, p. 105, 106.
LETTRES de Durand à Hennin, p. 358, 363, 367, 369.
LETTRES de Godinho de Eredia à Francisco da Gama, p. 281, 282.
LETTRES de Hennin à Durand, p. 361.
LETTRES de Odet de Selve, p. 234, 235, 236, 237, 238.
LITHUANIE, p. 73, 439.
LLABRES. Cresques lo Juheu, p. 448-451.
LUCA-ANTARA, p. 290, 293, 297.
LUCIANO. Voyage en Angleterre, p. 12.
LUCQUOIS, p. 241.
LUND, p. 59.

M

MACIS, p. 161, 168.
MADAGASCAR, p. 156, 302.
MADOURA, p. 160, 165, 175.
MAGDALENA (I. de la), p. 200, 214.
MAGELLAN, p. 147, 148, 169, 170, 173, 234.
MAJORCAINS, p. 27-30, 96, 102, 149.
MALACCA, p. 138, 157, 288.
MAPPEMONDE d'Angelino Dulcert, de 1339, p. 34, 90, 419, 428.
MAPPEMONDE catalane du *Museo Borbonico* (XIVᵉ siècle), p. 36.
MAPPEMONDE cottonienne (Xᵉ siècle), p. 4, 37.
MAPPEMONDE de Giovanni di Carignano, p. 24.
MAPPEMONDE de Guillem Ros, p. 109.
MAPPEMONDE portugaise anonyme de 1502, p. 131.
MAPPEMONDES de Cresques, p. 105, 107.
MAPPEMONDES de Diego Ribeiro, p. 181-186.
MARCO-POLO, p. 138, 157, 299.
MARCOU. Origine du mot *America*, p. 122, 123.
MARCHANDISES d'Espagne introduites en Flandre, p. 17.
MARIANNES (Iles) ou *Ladrones*, p. 333, 336.

MARINE Italienne, p. 2, 11, 12, 13.
MARQUES commerciales au XIVᵉ siècle, p. 97, 100, 101, 444-447.
MARTELOGE, définition, p. 2.
MARTINEZ (F.). Nomenclature des côtes méditerranéennes de la France, p. 467-469.
MARTIRES (I. de los), p. 198, 208.
MATELIEFF (Cornelis), amiral hollandais. Voyages et combats aux Indes, p. 288, 302.
MAURES Braknaz, Trarzas, Darmankous, p. 359.
MÉLANÉSIE. Collections recueillies depuis 1766, p. 393.
MENDAÑA (Alvaro de). Voyage aux Iles Salomon, p. 259.
MENESES (Tristan de). Voyage aux Moluques, p. 170.
MENEZES (Georges de). Découverte des Iles des Papous, p. 194.
MER Noire, p. 2.
MERVEILLES de l'Irlande, p. 39 et suiv.
METZ (Frédéric). Réfutation de Dalrymple, p. 356.
MOA, Arimoa, p. 199, 212.
MOGREBINE (Carte) de Milan, p. 31, 32.
MOLUQUES (Iles), p. 147, 169, 177, 180, 181.

MONTPELLIER, p. 19.
MONTS de la Lune, p. 134.
MORESBY. Voyage du *Basilisk*, p. 187, 189.

MORTIER. Suite du Neptune françois, p. 189.
MUSCADE, p. 161, 168.
MUYDEN (Wilhelm von). Pêches au Spitzberg, p. 317.

N

NAPOLES (Vicencio de). Relation du voyage de Saavedra, p. 195.
NAUFRAGE, de F. C. Guerra devant Oye (1332), p. 96, 102, 444.
NAUFRAGE de Serrão, p. 167.
NAUFRAGES des Carolins, p. 358.
NÉGOCIATIONS relatives au poids de Bruges, p. 19.
NICOLAY D'ARFEUILLE. Cartes rapportées d'Écosse, p. 238.
NOMENCLATURE arabe, p. 33.
NOMENCLATURE géographique des côtes de France, p. 10, 267-268, 421-425, 467-469; — des îles Britanniques, p. 310, 429-436; — des pays du nord de l'Europe, p. 312, 437-443; — du Spitzberg, p. 325-326, 330-331; — des côtes occidentales d'Italie, p. 452-455.
NOMS des fêtes de l'Église imposés aux terres découvertes, p. 215, 216. — Parti qu'on peut tirer de là pour reconstituer un itinéraire, 222, 224.
NORVÈGE, p. 23, 53, 312, 437.
NOUVELLE-CALÉDONIE, p. 387.
NOUVELLE-GUINÉE, p. 163, 190, 194, 197, 198, 205.
NOUVELLE-ZÉLANDE, p. 304.
NOVOGOROD, p. 66, 439.
NUBIE, p. 427.

O

OADES, ancien comptoir portugais, p. 143.
OGERIO, charpentier de vaisseau génois, p. 7.
OLIVA. Nomenclature des côtes méditerranéennes de la France, p. 467-469.

ORCADES (I.), p. 52, 53, 436.
ORTIS DE RETES (Yñigo). Voyages à la côte de la Nouvelle-Guinée, p. 196.
OUANGUA, p. 427.
OURS blancs, p. 54.
OYE, p. 96.

P

PADRONS portugais d'Afrique, p. 134, 243.
PAPAGAIOS (Região de), p. 302.
PAPOUAS, p. 194, 199.
PARADISIERS, p. 166, 196.
PASSAGE de Vénus sur le Soleil, p. 343, 344.
PÊCHE du hareng, p. 60, 61; — de la baleine, p. 316, 323, 332.
PEGOLOTTI, agent des Bardi à Anvers, p. 20.
PÉKIN, p. 176.

PÈLERINAGE de Saint-Jacques de Compostelle, p. 10.
PÉRIPLE de l'Ibérie, p. 4.
PESSAGNO. Voyages commerciaux en Angleterre, p. 13.
PETIT (Nicolas-Martin), dessinateur à bord du *Géographe*, p. 393-417.
PIRON, dessinateur à bord de *La Recherche*, p. 378. — Sa biographie sommaire, p. 379. — Catalogue de ses dessins, p. 381.
PISANE (Carte dite), p. 9, 10, 11.

PLANISPHÈRE de Pizzigani, p. 92.
PLANISPHÈRE de Pedro Reinel, p. 148.
POIDS de Bruges, p. 18.
POLOGNE, p. 72, 439.
POMPE en métal pour les navires, p. 180.
PORTENDIK, p. 301, 363.
PORTUGAIS, p. 133, 137, 143, 145, 163, 167, 170, 174, 193, 243, 245, 283, 288, 301, 303, 307.
PORTUGAL, p. 8, 136, 189, 281.

PORTULAN, définition, p. 2.
PORTULANS arabes, p. 31.
PORTULANS scandinaves du XIIIᵉ siècle, p. 34.
PRADO (Diego de). Cartes des découvertes de Torrès, p. 227.
PRETH JEAN, p. 135.
PROJECTION des cartes, p. 117.
PTOLÉMÉE. Action de l'*hyphégèse* géographique sur la cartographie, p. 93.
PURGATOIRE de Saint-Patrick, p. 45.

Q

QUISSAI, p. 138.

QUIROS. Voyage à la Terre Australe, p. 218, 220, 223, 347, 348.

R

RABELLO (Rodrigo), voyageur portugais, p. 146.
RABOT (Ch.). Mouillage de Vaudvaag, p. 313.
RAIMOND, comte de Barcelone. Ses voyages et ses combats, p. 3.
REINEL (Jorge et Pedro), cosmographes portugais, 147, 163, 171.
REPENTIGNY (Comte de), gouverneur du Sénégal, p. 359, 365.
REYES (I. de los), p. 336.
RHIN, fl., p. 87, 88, 442.
RIBAULD (Jean), pilote de Dieppe, p. 233.
RIBEIRO (Diego), cosmographe portugais, p. 174, 179-186; — inventeur de la pompe en métal, p. 180; — ses mappemondes, p. 181-186.
RICHELIEU, gouverneur du Havre, p. 322; — île qui porte son nom, p. 311; — mémoire qui lui est adressé sur le commerce avec la Russie, p. 322.

RICO (Gaspar), pilote de l'expédition de Ortiz de Retes, p. 197, 213.
RODRIGUES (Francisco), pilote et cosmographe portugais, p. 174.
ROGER de Sicile, p. 3, 5.
ROSE ou ROTZ (Jean), hydrographe dieppois, p. 229, 238. — Atlas et cartes dont il est l'auteur, p. 229, 238.
ROSES des vents, p. 117, 152, 267, 271.
ROYALE et Générale Compagnie du commerce, p. 321-323.
RÜGEN (I.), p. 79, 440.
RUSSIE ou Ruthénie, p. 23, 66, 322, 337, 438.
RUSSO (Giacomo), cartographe de Messine, p. 261. — Son œuvre nautique, p. 262-265. — Description d'une carte inédite, p. 266-272. — Nomenclature partielle, p. 467-469.
RYPEN, p. 82, 441.

S

SAAVEDRA (Alvaro de). Voyages en Nouvelle-Guinée, p. 195. — Découverte des Iles Carolines, p. 335.
SAC de Saint-Jean-de-Luz, de Cibourre et de Soccoa, p. 322.

SAINT-BRANDON, p. 46.
SAINT-PAUL (Ile), p. 303.
SAINT-PHILIPPE et Saint-Jacques (Baie de), p. 219, 220, 223.
SAINTE-CROIX (Terre de), p. 145.

SALDANHA (Ayres de), vice-roi des Indes, p. 288.
SALOMON (Iles), p. 217, 259, 384.
SALVAT de Pilestrina, cosmographe de Majorque, p. 149, 151.
SANTAL, p. 175.
SANUTO (Marino). Voyage dans le nord de l'Europe, p. 22.
SANZAY (Anne de), comte de Magnagne, p. 154.
SARRASINS en Galice, p. 6, 8.
SCYTHIE, p. 71, 438.
SECALART (Raulin Le Taillois, dit), pilote de Honfleur, p. 233-234.
SÉNÉGAL, p. 357, 369.
SERRÃO (Francisco). Voyages aux Moluques, p. 163, 167-171.
SÉVILLE, p. 17, 96, 147, 444, 447.
SHETLAND (I.), p. 62, 436.
SKÅNOR, p. 60, 437.

SOLORZENS, p. 409.
SONDE, détroit, p. 175; — Iles, p. 159, 165, 175.
SOUDAN d'Égypte, p. 135.
SOUS (Val de), p. 426.
SPITZBERG. Nomenclature de la carte de M. Cash, p. 313-315. — Histoire de la découverte, 316. — Luttes des Hollandais et des Anglais, p. 317-319. — Les Français au Spitzberg, p. 317, 320, 332. — Premières cartes du Spitzberg, p. 323, 332.
STRALSUND, p. 76, 77, 440.
STROZZI (L.). Expédition en Écosse p. 238.
SUÈDE, p. 23, 58, 437.
SUMATRA, p. 158, 165, 175.
SUMBA ou Sandelhout, p. 297-298.
SUMBAWA, p. 159.

T

TABLE ronde de Roger (1154), p. 5.
TASMANIE, Tasmaniens, p. 382-384, 386-387, 402-406, 411-412.
TERRE des Papous, p. 190, 192, 205.
TERRE-NEUVE, p. 141.
TERRES AUSTRALES, p. 218, 244, 256, 346, 353-355.
TEXEIRA (Domingos), cartographe portugais, p. 209, 298.
THULE, p. 51, 139.
TIERRA de Buenaventura, p. 215.
TIMOR, Timoriens, p. 175, 298, 305, 409-410, 415.
TONGA-TABOU, p. 389.

TOPONYMIE en Amérique centrale, p. 123.
TORDESILLAS (Traité de), p. 243.
TORRES (Luis Vaz de), almirante de l'escadre de Quiros, p. 218. — Son rapport au roi d'Espagne, p. 220. — Commentaire sur son voyage, p. 222.
TOUSTAIN DU CASTILLON. Tentative à la recherche du passage Nord-Est, p. 322-323.
TRAITÉS de la gomme, etc., au Sénégal, p. 359, 361.
TYPE cartographique de l'école catalane, p. 35.

V

VALLSECHA (Gabriel de), cosmographe majorcain, p. 111. — Ses origines, p. 112. — Ses cartes marines, p. 113, 125. — Signatures, p. 114, 116. — Corrections des erreurs de position, 121. — Nomenclature partielle, 452-455.

VANDVAAG, mouillage près Vandö, p. 313.
VELHO (Bartholomeu), cosmographe portugais au service de la France, p. 251-253. — Écrits et cartes, p. 252. — Déclaration, p. 469. — Instru-

ments nautiques, p. 459-465. — Sa mort à Nantes en 1508, p. 252. — Son épitaphe, p. 252, 466.

VÉNITIENS. Premiers voyages en Angleterre, p. 14, 15; — en Flandre, p. 16, 21.

VISCONTE (P.), cartographe génois, p. 14, 112.

VESPUCCI (Amerigo), p. 125, 126.

VIGLIAROLO (Domenico), cartographe de Stilo, p. 274, 279, 467-469.

VILLABECA (I. O.), banquier italien de Dordrecht, p. 20.

VITERBO (Sousa). *Trabalhos nauticos dos Portugueses*, p. 251-253, 459-465.

VITI (I.), p. 388.

VOLGA, fl., p. 70.

W

WASEN, p. 90.

WAIGIOU (Ile), p. 194.

WALLIS. Voyage autour du monde, p. 344.

WALTZEMÜLLER (Martin), auteur de la *Cosmographiæ Introductio*, p. 127.

WINCHELSEA (Bataille de), p. 28.

WISBY (I.), p. 64, 438.

Y

YAP (I.), p. 336, 337-341.

Z

ZÉLANDE, p. 86, 443.

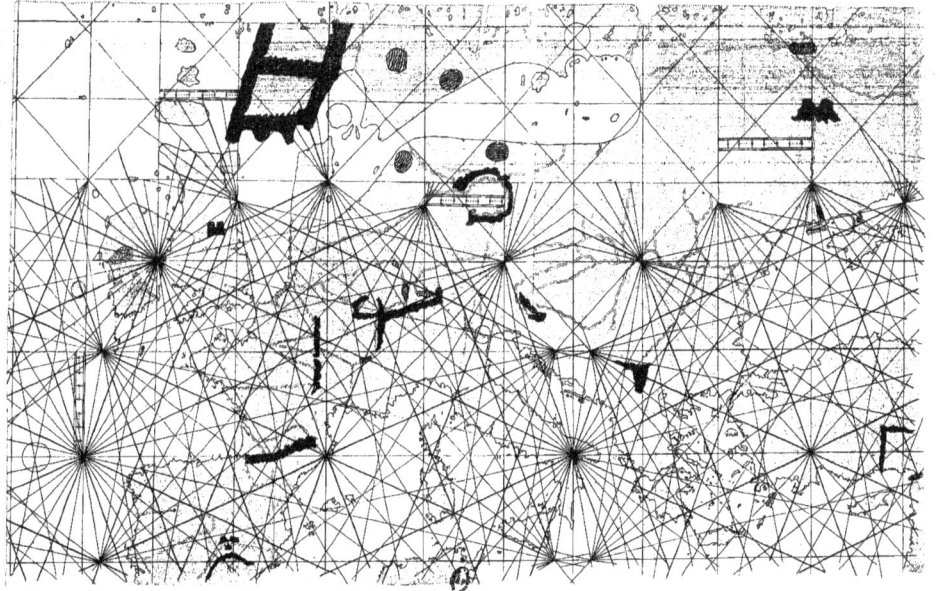

ESQUISSE RÉDUITE DE LA MAPPEMONDE D'ANGELINO DULCERT (1339).

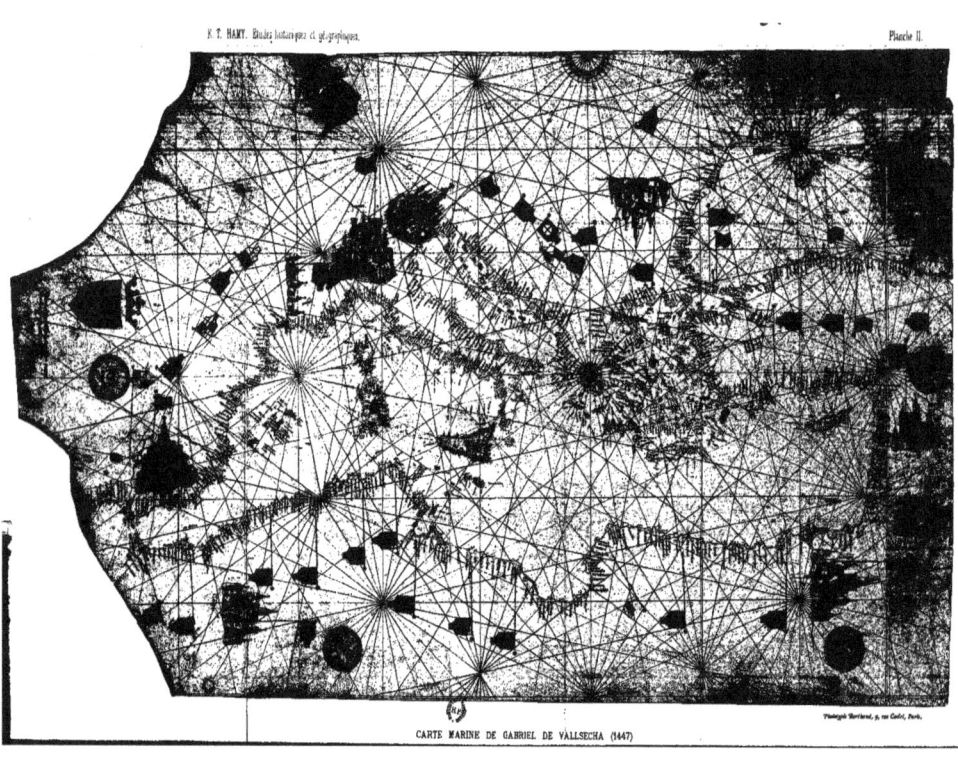

CARTE MARINE DE GABRIEL DE VALLSECHA (1447)

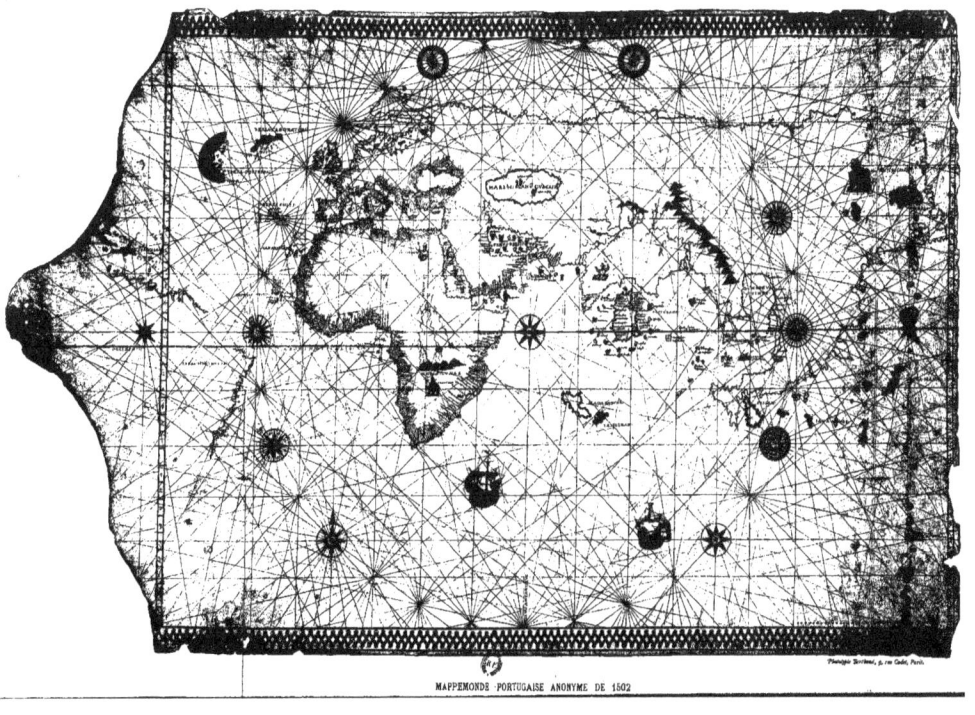

MAPPEMONDE PORTUGAISE ANONYME DE 1502

L'AMÉRIQUE ET L'AFRIQUE DE LA MAPPEMONDE PORTUGAISE DE 1502

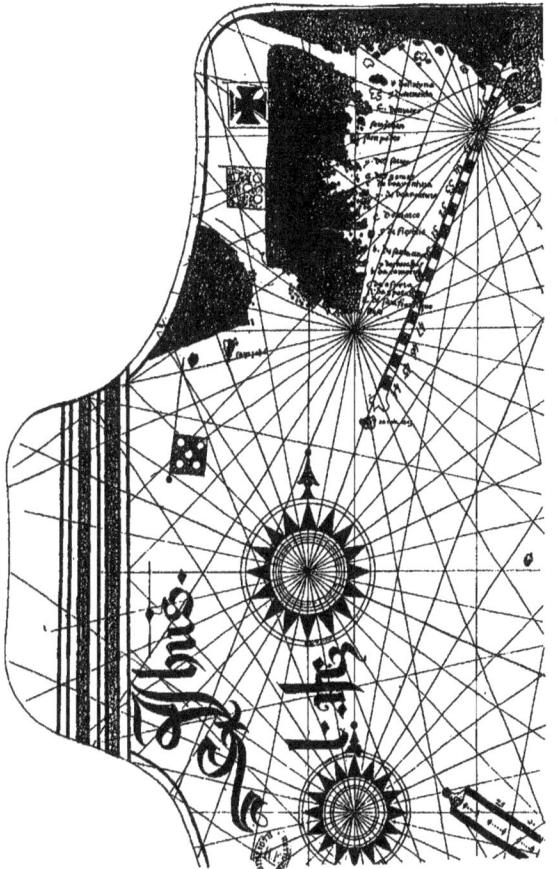

PORTION DE LA CARTE DE PEDRO REINEL (N° 1 DE L'ATLAS DE KUNSTMANN).

E.-T. HAMY. — *Études historiques et géographiques.* PLANCHE VI.

RÉDUCTION DE LA CARTE N° II DE L'ATLAS DE KUNSTMANN.

PORTION DE LA CARTE XI DE L'ATLAS DE KUNSTMANN.

E.-T. HAMY. — *Études historiques et géographiques.* PLANCHE VIII.

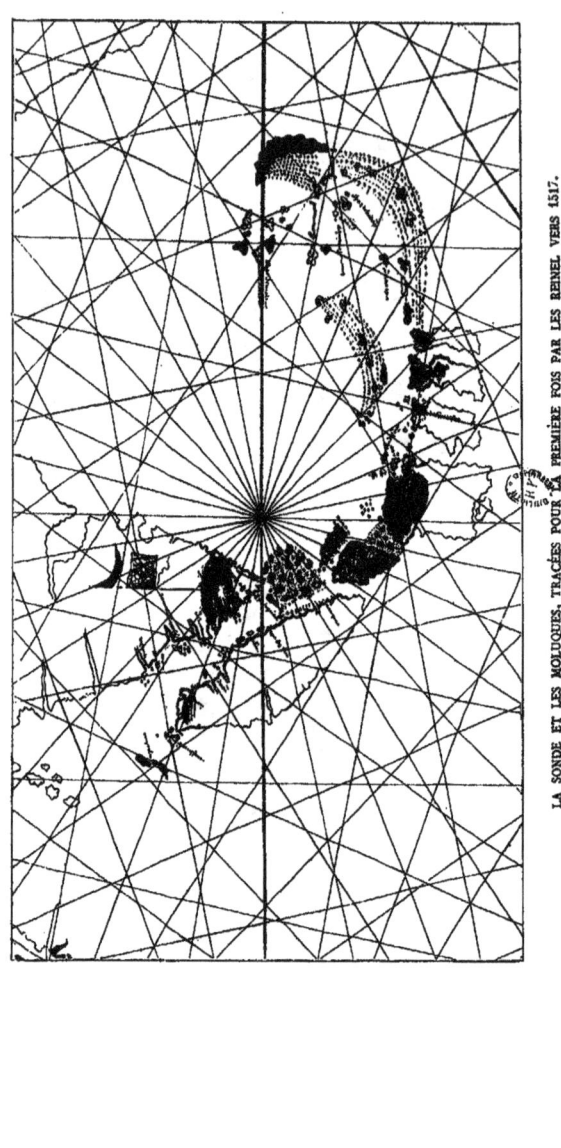

LA SONDE ET LES MOLUQUES, TRACÉES POUR LA PREMIÈRE FOIS PAR LES REINEL VERS 1517.

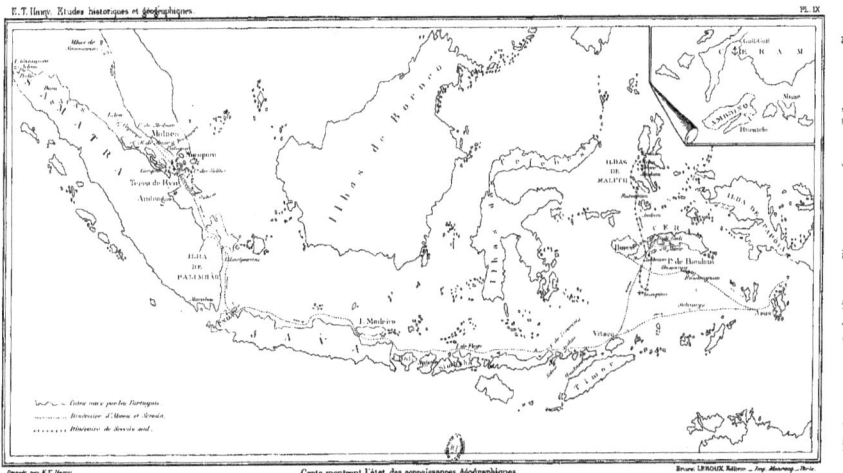

Carte montrant l'état des connaissances géographiques des Portugais en Indonésie vers 1519.

CARTE DU SPITZBERG OU FRANCE ARTIQUE (VERS 1629).

ERNEST LEROUX, ÉDITEUR
RUE BONAPARTE, 28

D' E.-T. HAMY
Membre de l'Institut

Le Muséum d'Histoire naturelle il y a un siècle

DESCRIPTION DE CET ÉTABLISSEMENT
d'après des peintures inédites de Jean-Baptiste Hilair. — 1794.
Publié avec un album de 10 planches phototypiques. In-4° oblong, illustré de
10 planches . . . . . 7 fr. 50

HOMMAGE A LA MÉMOIRE DE M. A. QUATREFAGES DE BRÉAU
Discours prononcé à l'ouverture du cours d'anthropologie du Muséum
d'histoire naturelle, le 31 mai 1892. In-8°, portrait. . 2 fr. 50

PUBLICATIONS DU MUSÉE D'ETHNOGRAPHIE

Tome Ier. Les Origines du Musée d'ethnographie. Histoire et documents, par le Dr E.-T. Hamy, membre de l'Institut. In-8°.

DÉCADES AMERICANÆ
MÉMOIRES D'ARCHÉOLOGIE ET D'ETHNOGRAPHIE AMÉRICAINES
Par le Dr E.-T. Hamy
Membre de l'Institut

1re et 2e Décades, 1 vol. in-8°, avec 4 planches et 54 figures, percaline.

RECUEIL DE VOYAGES ET DE DOCUMENTS
POUR SERVIR A L'HISTOIRE DE LA GÉOGRAPHIE

SECTION CARTOGRAPHIQUE

I. — Cartes et globes relatifs à la découverte de l'Amérique
du XVIe au XVIIIe siècle.
40 planches sur cuivre; texte par Gabriel Marcel.
Un Atlas in-folio et un volume de texte. . . . . 150 fr.
Couronné par l'Académie des Inscriptions et Belles-Lettres. — Prix Jomard.

II. — Atlas sino-coréen
Manuscrit du British Museum. Six cartes publiées en fac-similé, avec introduction par Henri Cordier. In-folio et un carton . . . . 20 fr.

III. — Choix de cartes et mappemondes des XIVe et XVe siècles.
Publiées avec une introduction par Gabriel Marcel.
10 planches gravées in-folio, en un carton. . . . . 40 fr.

IMP. DE A. BURDIN, 4, RUE GARNIER, ANGERS.

www.ingramcontent.com/pod-product-compliance
Lightning Source LLC
Chambersburg PA
CBHW050608230426
43670CB00009B/1317